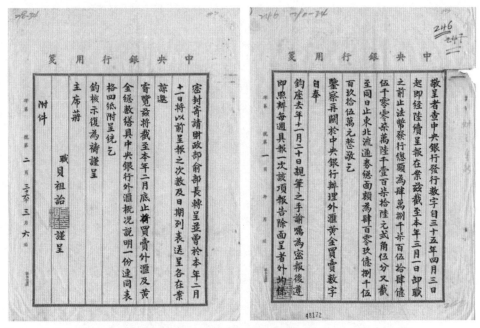

蔣介石令貝祖詒自 1946 年 11 月起，每週報告黃金外匯買賣數字（國史館藏）

1949 年 7 月 4 日至 7 月 31 日，中央銀行銀元券兌現
支付銀元表（國史館藏）

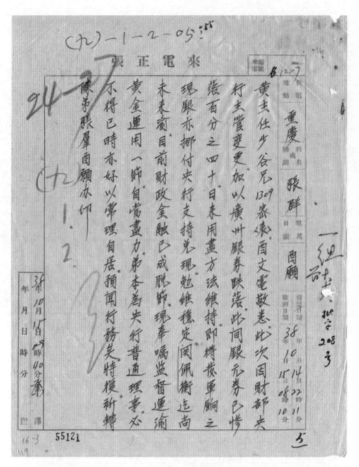

1949年10月時任西南軍政長官的張羣表示銀元券已跌價40%，
請速運黃金至重慶維持局面（國史館藏）

中央銀行黃金收付簡報

（35年3月至38年6月）

	收項	付項
35年3月物業局庫存	4766329.368	
貝總裁任內 拋售		3531680.000
張 〃 〃 美國運來	398114.460	
〃 〃 〃 購散戶	49500才.545	
〃 〃 〃 美金公債	42991.914	
俞 〃 〃 收兌	1842475.577	
〃 〃 〃 吞兌		548777.074
劉 〃 〃 拋售		277137.247
〃 〃 〃 軍費（臨時）		14849.841
〃 〃 〃 向美購	199531.248	
〃 〃 〃 主户購	46799.150	
歷年收進 內部收兌	15111.965	
〃 付出 黃金存撥		2499.442
〃 〃 英地供存		6304.797
劉總裁任內 黃金公債	276.809	
〃 〃 〃 〃卷兌		4297.949
〃 〃 〃 造幣廠密運	6657.792	
〃 〃 〃 申庫移轉存	4641.914	
38年4月23日止業局上海實際庫存	3432391.412	
〃 〃 以後上海減少		21425.237
國外存	352892.522	
聯勤存	248.712.954	
38年6月1日行院表列總庫存	4012571.651	
劉總裁任內 軍費（庫行撥）		180762.000
〃 廣州業局項	2927.000	
聯勤撥糧	8792.734	
聯勤減糧（青島）		2937.958
〃 〃 〃（昆明）		12825.171
〃 〃 〃（廈門）		5134.037
〃 〃 〃（福州）		3280.533
38年6月24日 實際總庫存	3819341.656	相差10.449 金係意外收及撥玟混差
〃 較6月1日表列總庫存	3819341.237	

1946年3月至1949年6月，中央銀行歷任總裁黃金收支情形（國史館藏）

歷年支出外匯及動用金銀綜合表　單位美元

時期	支出外匯合計數	支出金銀換称外匯數	總支出外匯數
35年3—12月	374,926,646.41	136,893,000.00	511,819,646.41
36年1—12月	214,961,961.65	39,691,000.00	254,652,961.65
37年1—12月	108,715,976.41	28,757,649.35	137,473,625.76
38年1—6月	48,549,859.15	57,112,006.90	105,661,866.05
合計	747,154,443.62	262,453,656.25	1,009,608,099.87

歷任支出外匯及動用金銀綜合表　單位美元

時期	支付外匯合計數	支出金銀換称外匯數	總支出外匯數
貝淞裁任內十二月	400,661,434.66	176,584,000.00	577,245,434.66
張 〃 〃 十五月	260,800,091.49		260,800,091.49
俞 〃 〃 八月	38,187,647.68	43,757,649.35	81,945,297.03
劉 〃 〃 五月	47,505,269.79	42,112,006.90	89,617,276.69
合計	747,154,443.62	262,453,656.25	1,009,608,099.87

歷任總裁支出外匯及動用金銀綜合表（國史館藏）

國民政府遷運黃金的消息，在第一批遷運黃金翌日，即
遭媒體批露（《華商報》1948 年 12 月 3 日）

各地金銀及銀元存數（六月廿四日編）

地名	黃金	白銀	銀元	銀角(双毫)
台北	2,935,805.145 sl 6/24		270,000.00 6/24	
廈門	2,199.521 oz	216,080.04 sl 6/24	41,676.75 "	
廣州	413,982.754 sl		193,136.40 "	
	44,893.644 "	612,466.41 sl	536,789.00 "	
			807,185.00 "	
衡城	345,293.853 oz	550,191.15 oz		
敘府		20,000,000.00 oz		
重慶	9,271.984 sl	1,550,886.30 "		
	8,951.418 "	144,956.64 "	192,725.00	
			26,821.00	
成都	399.660 "	252,645.76 sl	1,123,100.25 "	
發明	322.552 "			
東陽		195,100.00 oz		
貴陽	1,006.222 " 6/30	607,735.64 " 5/4	242,761.67	
昆明	4,899.394 oz 6/24	81,921.67 " 6/24	149,311.29	802,362 6/24
西安	29,021.312 sl			
永昌	12,036.956 " 5/4	293.15 " 5/4	3,323.50	
天剛	.086 " 6/24	10.62 " 6/24	86,320.34	
青	10.249 oz	3,884.39 "	3,088.00 "	60,843
	68.207 "	2,726.66 "	34,264.15	
	265.539 sl			
康定	1,910 oz	504.03 "	19.00	1
雅州	68.798 sl		2,200.00 "	444.50
楊歐	1,326.725 "	33,783.26 "	3,633.63 "	3,845
富	10.474 " 5/20	77.72 "	377.50	
敍	.653 "	46.68 " 5/20	36.00 "	
潮州	53.560 " 6/24		177,568.00 "	
	7,059.000 "	302.67 " 6/24	224,562.58 "	
	7.932 "			
	249.898 "			
萬縣	289.223 "	8,120.21 "	71,935.00 "	
雲	51.881 "	2,952.22 "		
柳州	27.037 "	1,631.16 "	358.50 "	
	41.818 "		99.56 "	
	434.337 "	6,177.96 "	3,371.50 "	1,246,092 "
南昌	5.661 "	5,828.09 "	163,036.00 "	401 "
	9.243 oz			
蒲圃		1,104.63 "		
遇州		659.68 "	22.00 "	
抗州		3,164.29 "	6,099.00 "	444,434 "
		14.66 "		
衡陽		75.95 "	3,313.45 "	368,841 "
寧波		1,212.51 "		
宜		235.54 "	650,336.00 "	
義			146,029.75 "	
臺			21.00 "	
			431.14 "	
鹽			1,676.99 "	
蒲州	2,927.000 sl "	20,780.21 " "		
合計	3,468,511.269 sl	1,864,435.81 sl	5,165,628.95	2,927,263.50
	352,482.377 oz	22,441,134.09 oz	487,877.25	(=$ 487,877.25)
偵報	3,819,341.237 sl	24,200,367.66 sl	5,653,506.20	

截至1949年6月，央行各地分行庫存金銀情形（國史館藏）

以上五項係

鈞座面諭傳知之件由劉總裁託昨日面告者今日上午十一時後應劉總裁之

均再往談詎有下列各點呈報

鈞察

六中信局計有三珠價因香港保險庫捉備較好擬決定包械運琮一切手續

均已辦妥本星期內可以啟運俟辦妥後另報 鈞座備案

此全國黃金分存之數如下

台北 二六〇〇萬兩 廈門 九〇〇萬兩 美國 三八〇萬兩

共計 三八〇萬兩

（詳按上海現運存二十萬兩及承先四十萬兩未計）

八宣軍外匯及 鈞座餘存（包括交案主席辦理者在內）之外匯均已辦妥惟目前外

匯頭廿包甚緊縮行政院洽於海倉外匯之案子不合槓尘者包一律追回

未予辦理

九廣東湖南均有限制中央銀行金銀外運之命令湖南省府因數三萬兩疑

54

周宏濤將與劉攻芸晤談中央銀行黃金處置報告內容呈報
蔣介石（國史館藏）。關於此數額詳情，見第五章「遷運
黃金總額」一節的內文說明。

行　銀　央　中
THE CENTRAL BANK OF CHINA

廈門分行代付撥交聯勤總部吳署長嵩慶黃金數量

(1) 廿八年六月十四日代付撥交聯勤總部吳署長嵩慶　　　356,510.000　純金市兩

(2) 廿八年六月廿五日代付撥交聯勤總部吳署長嵩慶　　　　9,143.000　〃

(3) 廿八年七月五日代付撥交聯勤總部吳署長嵩慶　　　　45,079.000　〃

(4) 廿八年七月十一日代付撥交聯勤總部吳署長嵩慶　　　50,000.000　〃

(5) 廿八年七月十八日代付撥交聯勤總部吳署長嵩慶　　　15,000.000　〃

(6) 廿八年七月廿六日代付運交蘭州分行收　　　　　　　50,000.000　〃

(7) 廿八年七月廿六日代付運交貴陽分行收　　(附註)＊　35,000.000　〃

(8) 廿八年八月十七日代付撥交聯勤總部吳署長嵩慶　　225,778.000　〃

　　　　　　　　　　　　　　　　　　總計　　786,510.000　純金市兩

＊(附註)運交貴陽分行黃金內少運壹塊(毛重411.602市兩@99.7合純金410.365市兩)
奉業資兩局當以每市兩八十元折合收繳發行局準備金帳

中央銀行廈門分行代付撥交聯勤總部黃金數量（國史館藏）

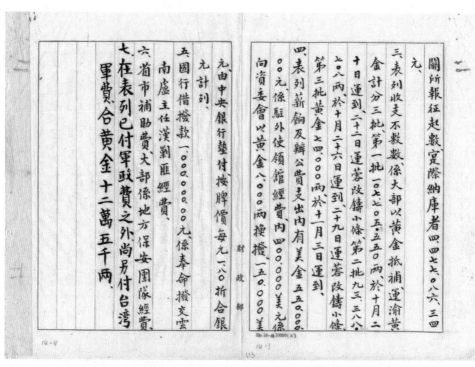

關所報徵起數寔際納庫者四、四七七、○八六、三四
元、

三、表列收支不敷數、係大部以黃金抵補、運渝黃
金計分三批、第一批一○七、○五・五五○兩、於十
十日運到、二十二日運蓉改鑄小條第二批九三、三八八、
七○八兩於十月二十六日運到、二十九日運蓉改鑄小條
第三批黃金七四、○○○兩於十一月三日運到、

四、表列薪餉及辦公費支出內有美金五五○、○
○○元、係駐外使領館經費內四○○、○○○美元係
向資委會以黃金八、○○○兩換撥一五○、○○○美

財政部

元、由中央銀行墊付按牌價每元一八○折合銀
元計列、

五、國行借撥款一○○○、○○○、○○元係奉命撥交雲
南盧主任漢剿匪經費、

六、省市補助費大部係地方保安團隊經費、

七、在表列已付軍政費之外尚另付台灣
軍費合黃金十二萬五千兩、

關吉玉呈蔣介石的國庫現金收支報告中，有列其運西南黃金各次數額（國史館藏）

貳、
致政府支遣、國防部方
面已付五千両金，間尚
約多需三千両，行政
院方面亦至少亦需等
費、
金萬急俗均說如緩

3.白長官及胡副長
官均以維持兗現需
金萬急俗均說如緩

4.
維持銀元券兗現及
軍隊領各種救時均
絕對迫付三分一許之
黃金全庫存已不足應
付。
即無法支持經核均
保實情。
故現在實到最嚴重關
頭

頭上述四項每項均
有因接濟不上而遭致
影響全局之危險
糊請
婉陳
總裁可否仍准運一次
萬両濟急今天已
廿三日去下包飛機

6.
改鑄小條之時間、已
到下月方能抵用，如
仍宜分兩次可否首
次准即日一律運成都
趕製小條因今日之
事必須爭取時間
晚三五天即有重大
關係也今早院會

關吉玉函提及白崇禧及胡宗南皆「需金萬急」，表示情勢已到最嚴重關頭，如接濟不上恐有遭致影響全局之危險（國史館藏）

總裁鈞鑒據關部長報告自十月迄今軍
政各費共支出五十七百九十餘萬元內軍費四
千八百二十餘萬元政費九百七十餘萬元稅收
收入不及十分之一張羅籌補大部仰賴庫存
黃金四十萬兩以資挹注除在台軍費留用十二
萬五千兩挹支在台軍費一千一百六十餘萬
元外運回者為二十七萬五千兩目前中央
銀行庫存垂罄而待付之款猶多當前軍

事臨急軍費急於星火而稅收受戰事影
響稅源日慶公債甫開始舉募一時尚難
集有成數本月下半月原擬運回墨西哥
代鑄銀元抵補一部份支出顧以空運阻滯
尚未能如期到達值此青黃不接之際人心
浮動不繼深恐貽誤兌現銀元推行不易萬一
支應不繼深恐貽誤事機益增軍事困難
迫不得已惟有仰懇轉請

鈞座先撥黃金二十萬兩交中央銀行代表王
鍾具領運川俾早改鑄小塊以渡年內難關
等情查所陳各節確屬實在擬請
俯准賜電陳長官辦理俾可藉最近中央
銀行疏運銀元券赴台回程飛機帶回以濟
萬急為禱專肅敬請
　鈞安
　　　　職閻錫山謹呈
　　　　　十一月二十日

時任行政院長的閻錫山，請蔣介石金援重慶，以解危局（國史館藏）

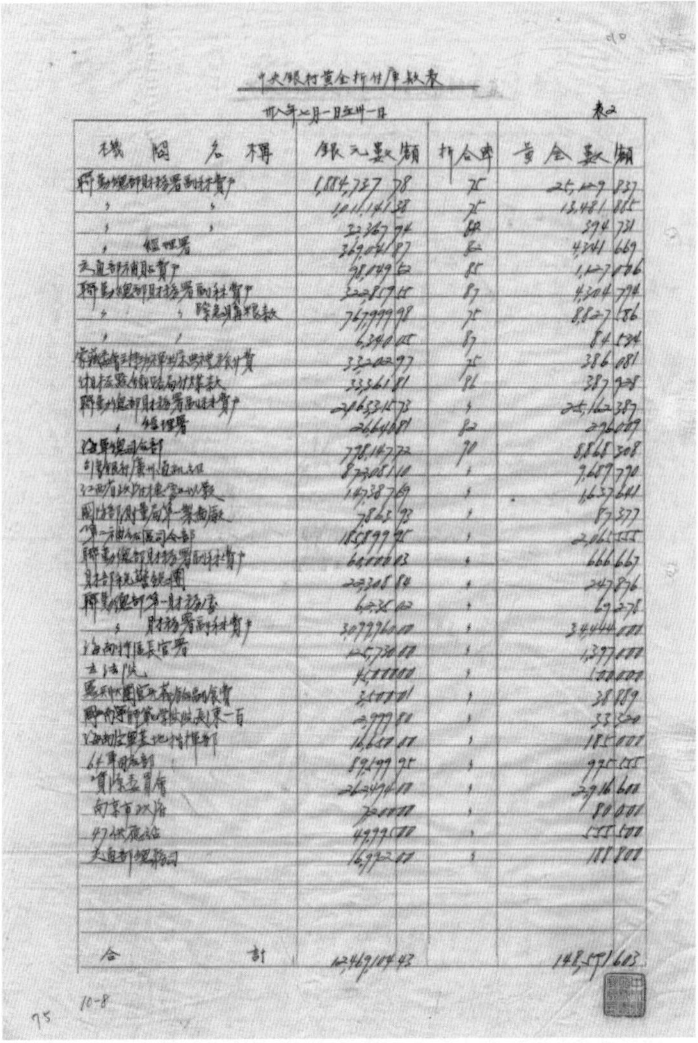

徐堪就任央行總裁後，以黃金支付折銀元支付的軍政款項（國史館藏）

行　銀　央　中
THE CENTRAL BANK OF CHINA
Cable Address "GOVERNBANK"

運臺保管黃金收付及存餘數量表
（卅七年十二月四日至卅九年二月十二日止）

收入

(1) 第一批由滬運台（卅七年十二月四日）	2,004,459.506 純金市兩
(2) 第二批由滬運台（卅八年二月七日）	554,394.896 "
(3) 第三批由滬運台（卅八年六月五日）	192,029.743 "
(4) 第一批由美運台（卅八年八月廿二日）	99,537.254 "
(5) 第二批由美運台（卅八年八月廿日）	99,537.354 "
(6) 尾差収入	11.526
總計	2,949,970.279 純金市兩

付出

(A) 駐台代表處經付由滬運台黃金（卅八年十二月廿日止）

(1) 卅八年六月廿一日撥付台灣銀行	800,000.000 純金市兩
(2) 卅八年十月十五日撥付東南軍政長官公署	125,000.000 "
(3) 卅八年十月十五日運渝銀行	275,001.434 "
(4) 卅八年十一月廿四日撥付東南油鑛揚委員會經費撥拼	10,000.000 "
(5) 卅八年十一月廿四日撥運定海分行	3,005.714 "
(6) 卅八年十二月六日撥運成都分行	49,975.527 "
(7) 卅八年十二月十一日撥付東南海鑛揚委員會經費撥拼	10,000.000 "
(8) 卅八年十二月十一日撥付國際問題萬財務署副官軍費	66,900.000 "
(9) 沖付第263號簡短少一小數	.981
以上共計撥付	黃金 1,339,883.656 純金市兩

55139

(2) 接算二頁

今日金融上最嚴重的問題，為黃金外流之加劇，據報載

台灣銀行辦理黃金儲蓄，每日達一萬餘兩，以月份計每

月即達四十萬兩。此項黃金大部均係流出省外（自去年六

月十五日台開辦黃金儲蓄以來，據估計乙由台銀發出黃

金一百六十餘萬兩。黃金外流加劇之主要原因有二，一為

資金逃避，由於失業之揚言，進攻台灣，準備赴港澳及國外

逃難者紛紛均以其資金移送省外。最近夾鈔黑市之張貼，

安每美元合新台幣十二元五角，及黃金市價既高，逃難者覺

僅值六元之兩五錢，皆緣於此。而美金市價亦高。

以黃金滙出尚較合算，故放向台銀購金者益多。二為兩

58663

39.5.15

人妻滙，黃金妻滙走私。雖經政府嚴查重懲，而大利所在

利誘難禁，目前美金市價既高至每元合新台幣十二元以

上，例如商人以千元美金在台灣售出，向台銀購置黃金

四十三、四兩，走私運港，可換購進美金一千七百元，故即以

其三分之一作走私各項費用，仍有原利可獲，以上兩種原

因，如不設救濟，足使台灣銀行現有之黃金準備於一二月

之內即可完全流出，而動搖台幣之信用，此笑一至待補救

之問題。

補救之法：（甲）如嚴禁停止黃金儲蓄，勢必引起人民驚慌，

懷疑台幣將臨法幣覆轍，物價將一致上漲，美鈔價格尤

必為人所影響民心士氣，國際觀聽，恐非所宜。（乙）將黃金儲蓄

加價，其方式，提高官價或加配公債，皆屬相同。問題在加

價之標準如何，應加至與美金黑市價格相平衡。（如美金

每元值台幣十二元五角，黃金按官價每兩美金廿五元計算

幣四百四十四元）或應加至與美金黑市價格以上，惟加至美金甚

市價以上。在貿易及財政上雖有若干利益，而利誘人心甚

大。於物價及軍公教人員將逐亦有不利影響，似不如加至

與美金市價相平衡較為穩健。

惟而黃金加價，如對於港滙不同時作適當之處置，又必

致引起資金逃避者對於美鈔之搜求，而使美鈔再度上

漲，使商逃黃金妻滙外流之原因依然存在，問題仍未解

決。政府能至不一次心，對於走逃難甚不容許，料於資金

逃避旅採取收賣（易題資本稅）辦法，而不加禁阻，亦無法

完全禁阻），以克共擾亂金融，此實一極關重要之決定。（收賣

辦法可由台銀開放對香港等處滙兌，但每百元港幣或美

元，均採以百分之三十左右貢本稅，使與黃金走私費用相

當，則資本家不必以高價搜求美鈔出口，亦不必以黃金

走私出口，而美鈔與黃金價格可大致雖平衡）蓋此種貢

金縱留於台灣，既不能從事生產，政府亦無從課稅，實無

討論黃金儲蓄存款政策執行方式的文書（國史館藏）

行 銀 央 中
THE CENTRAL BANK OF CHINA

Cable Address
"GOVERNBANK"

總行由美國運經台北黃金收付及存餘數量
（截至三十八年十月廿三日止）

收 入

		十百千萬	
(1) 第一批（卅八年八月廿二日美國運來）		99,537.254	純金市兩
(2) 第二批（卅八年八月廿日美國運來）		99,537.354	"
(3) 尾 差 兑 入		8.231	"
合計		199,082.839	純金市兩

付 出

(1) 卅八年八月廿九日奉諭運總行		50,000.000	純金市兩
(2) 卅八年九月三日奉諭運總行		50,031.143	"
(3) 卅八年九月五日奉諭撥付空軍經部（賣售銀元）		66,260.163	"
(4) 卅八年九月九日奉諭撥付海軍經部（修艦費）		5,747.126	"
(5) 卅八年九月十日奉諭撥付聯勤總部（運簽）		20,000.000	"
(6) 卅八年九月十五日奉諭運總行		7,000.828	"
		199,039.260	純金市兩
存 餘		43.579	"
合計		199,082.839	純金市兩

附註：原存紐約黃金數量為〈345,293.853〉盎斯 除運經台灣轉撥外，
尚餘拾肆萬餘盎斯聞係運運總行）

8
2-6

美國運臺灣黃金收付情況（國史館藏）

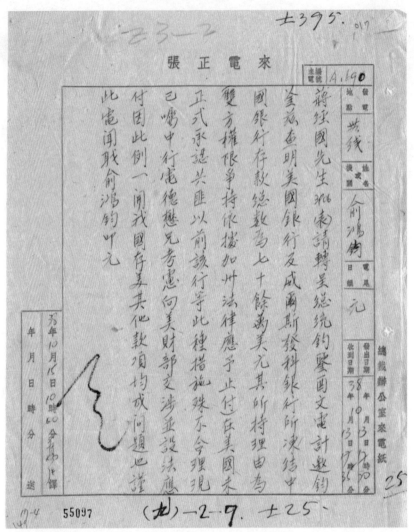

來電統號 A.690

發電地點 英錢

擬名 俞鴻鈞

電號 元

發出日期 38年10月13日

收到日期 38年10月13日午時三十分

總裁辦公室來電紙

蔣經國先生玆奉請轉呈總統鈞鑒面交電計邀鈞

金焱查明美國銀行及威爾斯發科銀行所凍結中

國銀行存款總數為七十餘萬美元其所持理由為

雙方權限爭持依據撥如州法律應予此付在美國未

正式承認共匪以前該行等此種措施殊不令理現

已囑中行電德懋兄考慮向美財部交涉並設法應

付因此例一開我國存美其他款項均成問題也謹

此電聞職俞鴻鈞叩元

卅八年10月15日10時00分 發 譯

55097

(九)—2—7— 士25

俞鴻鈞電告蔣介石調查美國銀行及威爾斯發科銀行凍結中國銀行存款情形
（國史館藏）

以金抑鈔

近代中國黃金政策與黃金運臺經緯及影響

馮健倫　著

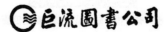
巨流圖書公司

國家圖書館出版品預行編目（CIP）資料

以金抑鈔：近代中國黃金政策與黃金運臺經緯及影響
/ 馮健倫著 .-- 初版 .-- 高雄市：巨流，2020.09
　　　面；　公分

ISBN 978-957-732-599-0（精裝）

1. 黃金　2. 貨幣史　3. 經濟政策　4. 兩岸關係

561.31　　　　　　　　　　　　　　　109013286

以金抑鈔

近代中國黃金政策與黃金運臺經緯及影響

著　　　　者　馮健倫
責 任 編 輯　張如芷、邱仕弘
封 面 設 計　毛湘萍

發　行　人　楊曉華
總　編　輯　蔡國彬

出　　　版　巨流圖書股份有限公司
　　　　　　80252 高雄市苓雅區五福一路 57 號 2 樓之 2
　　　　　　電話：07-2265267
　　　　　　傳真：07-2264697
　　　　　　e-mail：chuliu@liwen.com.tw
　　　　　　網址：http://www.liwen.com.tw

編　輯　部　10045 臺北市中正區重慶南路一段 57 號 10 樓之 12
　　　　　　電話：02-29229075
　　　　　　傳真：02-29220464
劃 撥 帳 號　01002323 巨流圖書股份有限公司
購 書 專 線　07-2265267 轉 236

法 律 顧 問　林廷隆律師
　　　　　　電話：02-29658212

出 版 登 記 證　局版台業字第 1045 號

ISBN / 978-957-732-599-0（精裝）
初版一刷 · 2020 年 9 月

定價：700 元

敬以本書紀念

先嚴　馮熊玄先生

（1955～2014）

目　錄

推薦序

　　初見健倫是 2011 年 8 月 15 日，這一天，逢甲大學歷史與文物研究所舉辦新生座談會，健倫從宜蘭員山趕來臺中，以新生身分參加座談。當天學生發言的不多，所長向同學介紹與會的師長，請每一位老師發言，歡迎新生也提供新生一些訊息。從學生個人資料中我注意到，部分新生並非歷史專業科系畢業，而是對歷史與文物有特別的興趣，才考入本所就讀，所以我當天特別勉勵非歷史專業的同學，利用暑假多讀一些基本的歷史著作，充實自己的歷史知識，但是千萬不要認為從前所學都沒有用，入學後選擇研究主題時，可以考慮跨領域的主題，充分利用大學時學習的專業知識，來深化歷史研究的內涵，發揮一加一大於二的效果。健倫大學是財務金融學系畢業，這些話語或許在他腦海中留下了些許的影響。

　　入學後，健倫先後選修了我開的兩門課，「中國近代化研究」、「中國近代經濟史研究」，他學習十分認真，從不缺課，學期報告寫得尤其好，讓我留下深刻的印象。一天，健倫到研究室找我聊天，談到國民政府在遷臺前把大量黃金運到臺灣的事，問我：「黃金運臺」是否可以作為碩士論文的題目？我當時告訴他：「黃金運臺對臺灣經濟發展影響深遠，1960 年代，臺灣遇到金融危機，臺幣貶值，物價波動、社會不安、人心浮動時，政府為了安定人心，常邀請民意代表、社會賢達與媒體記者，到新店儲藏黃金的地方，讓大家看到儲藏的黃金十分充裕，以安定民心。」我認為利用健倫財務金融的專業知識與歷史資料，是可以寫出一篇碩士論文的。健倫請我擔任他碩士論文指導教授，我欣然同意。論文主題確定後，健倫開始蒐集相關資料，十分勤奮。

　　2013 年 2 月到 6 月，健倫申請到北京人民大學短期交流，出發前他來看我，我特別提醒他有空務必去收藏國民政府檔案資料的南京第二歷史檔案館找資料。健倫到了人民大學，不但認真學習，更在北大、清華等學校遍訪名師，旁聽請益，奠定了日後負笈北大進一步研習的基礎，短期交流期間還曾試著表達知識分子的良知，在學習

與生活實踐上都非常積極，收穫豐富。回臺灣以前，他專程到南京第二歷史檔案館，雖然遇到第二檔案館資料正在數位化，無法得到相關資料，但是對該館有了基本認識。

　　健倫回臺後，根據手上史料，寫出論文大綱，與我討論後，開始撰寫論文初稿。剛開始由於書寫大篇幅論文經驗不夠，資料運用生澀，進度緩慢。到了 2014 年春天，兩件事情相繼發生，對健倫的論文寫作產生了推力，一是家庭變故，失怙之痛激發了健倫早日完成學業，以學習成果報答親恩的動能；再則，健倫獲得北京大學博士班入學許可，需要在學年結束前取得學位才能入學，健倫化悲憤為克服困難的動力，努力寫作。有一天我們見面的時候，健倫似乎有些話難以啓齒，我追問下他才說：「老師曾經告訴我：『黃金運臺對臺灣經濟發展影響深遠，1960 年代，臺灣遇到金融危機，臺幣貶值，物價波動、社會不安、人心浮動時，政府為了安定人心，常邀請民意代表、社會賢達與媒體記者，到新店儲藏黃金的地方，讓大家看到儲藏的黃金十分充裕，以安定民心。』可是我手上的資料呈現的是：為了維持遷臺前後大陸與臺灣軍事與政治必要開支，運臺的黃金到 1950 年 12 月，僅餘 50 多萬市兩，並不是一般人認為運臺黃金還有數百萬兩存在新店，臺灣日後經濟發展全靠這些黃金。」我當時告訴健倫：「我的老師李守孔教授曾告訴我：『研究一個歷史問題，最重要的是看歷史材料怎麼說，沒有史料，就沒有發言權。』我的黃金對臺灣經濟發展影響的印象，是從政府宣傳黃金庫存豐富，穩定浮動人心的媒體宣傳得到的，從未實際找歷史證據實證，你既然有史料證明政府的宣傳與事實不符合，正好可以糾正一般人錯誤的印象，這是你研究的成果，也是你論文價值所在。」健倫長時間努力蒐集資料，綜合分析史料，初步的研究成果改變了我與一般人對黃金運臺的印象，對努力研究歷史的健倫是一個很大的鼓勵，也是他日後更加努力於這個題目研究的動力之一。

　　2014 年 7 月 24 日，健倫以《國民政府黃金運臺的經過及其對臺灣經濟的影響（1948-1952）》一文通過了答辯，獲得碩士學位。從論文題目可以知曉，論文討論到：過去一般人以為國民政府遷臺時，把大陸所有的黃金搜刮一空，導致日後大陸經濟困難，民生凋蔽。實際上 1946 年因為國內政治不安定，生產力未恢復，政府財政收支赤字，法幣發行遽增，主政者試圖以戰後中央銀行儲存的 560 萬兩黃金與 8 億美金，用明配暗售的方式，大量釋出黃金，收回市場上流通的法幣，以降低通貨膨脹，此一做法效果不佳，導致央行 300 萬兩黃金與 4 億美元流入民間，在法幣持續崩跌的情境下，有了 1948 年 8 月 19 日金圓券發行，禁止人民持有黃金，國民政府從民間收兌了 167.7 萬兩黃金，央行黃金儲存回升到 4 百多萬兩，還無法恢復釋出黃金前的黃

金儲存量，健倫以此為基礎，追查運臺黃金的過程和數量，這些黃金如何運用，與運臺黃金日後對臺灣經濟發展的影響，結論是：運臺黃金主要是央行在上海的黃金儲存，這些黃金遷臺前又大多運往國民黨控制區，維持軍政開銷，延緩崩潰速度，爭取遷臺前各項布署時間，1950 年大陸淪陷後，運臺黃金實際數量已留存不多，對臺灣日後經濟發展最大貢獻是以黃金為準備，發行新臺幣，臺灣日後建設資金，幾乎看不到運臺黃金的實質影響。

2014 年 9 月，健倫到北京大學攻讀博士學位，進入人生新的階段。一般學生取得學位後，就把敲門磚的學位論文擱置一旁，可是健倫卻繼續收集相關資料，不斷修改論文內容，並且申請到一筆獎助款，準備將碩士論文出版。2018 年年底，健倫專程來臺中看我，把他修改後的論文交給我，請我幫忙提供修改意見。我注意到健倫把碩士論文的題目改為「重起爐灶：國府黃金運臺經緯及對臺灣政經的影響──兼論其黃金政策的運用與演變」，我比對了修改後的文稿與碩士論文的內容，發現兩份文稿章節、內容與參考的史料有了極大的改變，這幾年健倫不但關心家鄉，寫了宜蘭員山的文章，更大量蒐集黃金運臺前因後果的史料，充實論文內容，仔細閱讀修改稿，發現新文稿著力於抗戰後期到遷臺前兩個階段，國民政府試圖利用美國援助款中的 2 億美元，購買黃金運回國內，再利用黃金回收法幣與金圓券，以解決紙幣發行過量造成的通貨膨脹。實際上抗戰勝利前後的通貨膨脹根本原因是：戰爭導致生產停滯、物資缺乏的經濟問題，國民政府一方面以黃金回收法幣與金圓券，又不得不以大量發行貨幣的方式解決收支赤字的財政問題，沒有找到通貨膨脹的根本病因去治療，治絲益棼，成效自然不彰。這是健倫大幅修改碩士論文後的收穫，章節有些雜蕪，我建議在章節上做些調整，提醒健倫不要貪心把所有的資料都用進去，有些資料可以將來寫成其他文章。

2019 年 12 月，健倫給了我《以金抑鈔：近代中國黃金政策與黃金運臺經緯及影響》的文稿，這次的修改稿，文章內容對國民政府從 1943 年到 1952 年間，利用黃金，解決貨幣發行與財政問題的成敗分析的更加透澈，明確的點出以貨幣手段，要解決國家收支不平衡的財政問題，國家生產力未恢復的經濟問題，無異緣木求魚；指出運臺黃金主要是上海中央銀行庫存黃金，運臺黃金的實際數量，中華人民共和國建立政權後，中國民間仍持有極大數量的黃金，絕不是大陸所有黃金都被國民政府搜刮殆盡，導致日後大陸的貧窮；1949 年以後國民政府利用僅餘的黃金為準備，發行新臺幣，同時充分信任與任用技術官僚，積極恢復日治時期臺灣的生產力，又適逢韓戰爆發，美國政府轉而支持遷臺的國民政府，美援恢復，民心逐漸穩定，生產力日漸恢

復，減少財政赤字，力求財政穩定，才是臺灣日後經濟發展的主要原因。這樣內外條件配合下，運臺黃金發揮了穩定新臺幣幣值的功能。這是國民政府吸取了前兩次試圖以黃金穩定幣值，卻又浮濫發行紙幣，導致通貨膨脹，物價飛漲，經濟崩潰而失敗的教訓所做的調整。這個版本，以國民政府 1943 年以後，企圖利用美援購買的黃金穩定經濟，用「以金抑鈔」四個字加以串聯，分析國民政府黃金政策的成敗，經緯分明，較前一次題目簡單易懂，與全書內容十分契合。

　　我之所以不厭其詳的敘說我與健倫的師生因緣，與健倫前後三次論文書寫與修改的過程，是因為我從頭到尾參與了健倫三次論文的寫作與修改，提供了一些參考意見，看著他論文內容日見充實，論點與結論獲得論據的充分支持，這本書能夠出版很是為他高興。健倫是一位勤奮向學，尊師重道又努力追求歷史真相的好學生，我看著他從一個歷史學的愛好者，四處執經問道，勤於搜求資料，精益求精，經由吸收師友的經驗，不斷自我學習成長，在求學的路途上逐漸有成，十年來，我有幸看著健倫在歷史學領域中，一步一腳印地向前行，十年磨一劍，《以金抑鈔：近代中國黃金政策與黃金運臺經緯及影響》這本書的出版，象徵著健倫努力向學初步的成果，我相信，以健倫求知的熱誠，求真的執著，做事認真負責，作人謙恭有禮的性格，不久的將來，會有更精采的研究成果展現。

劉常山

（逢甲大學歷史與文物研究所退休教授）

序言

　　中國長久以來主要用銀，幣制也與白銀相聯繫，黃金雖亦有其重要價值，但在早期社會更多將其作爲飾品，而非交易媒介。彭信威先生在《中國貨幣史》一書中提到黃金使用較白銀早，但主要作爲裝飾品，戰國以後才用作寶藏及支付手段，而支付手段主要用爲賞賜、饋贈和賄賂，並不具備貨幣最重要的兩種職能，即「價值尺度」和「購買及流通手段」。[1]

　　近代中國幣制，自晚清至 20 世紀 30 年代，以銀爲核心，但隨著海運發達之後，歐洲各國在美洲獲得了大量金銀，加上世界經濟連結日益密切的影響，中國的金銀比價，漸漸不能維持往昔的孤立狀態，特別是在鴉片戰爭之後，中國金銀比價完全受到世界變動的影響。

　　在 1926 年印度放棄銀本位以後，中國成爲了世界上唯一的白銀市場，各國白銀大量湧入中國，由於中國以銀爲貨幣，鉅額數量的生銀流入，嚴重擾亂金融，中國對於金銀的流入與流出，又不能自主，故受國際經濟影響甚大。有鑑於此，經濟學者多皆呼籲應提升黃金在經濟體系中的比重，如經濟學者陶德琨即表示：「以我數千年用銅用銀之國家社會，忽感受世界金制潮流之大波及，只有急起直追，趨入與金制同化之一途而已。」[2] 在 1928 年南京國民政府建立後，正是影響劇烈，相關討論最爲熱烈之時，本書也將從近代世界的黃金職能，與中國幣制改革中與黃金聯繫的變化，從宏觀經濟角度探討黃金如何影響了中國近代經濟的變遷。

　　1930 年代後黃金在經濟體系中的重要性日益增加，在太平洋戰爭爆發後，美國希望中國能將日本牽制在遠東，給予中國經濟貸款 5 億美元，在討論用途的過程中，許多國府財經人士都有一國掌握了黃金，幾乎等於掌握了物資的觀念，使國府決定將美國 5 億貸款中的 2 億美元，在美購買黃金運回中國運用，購金事確立後，國府旋即議

---

[1]　彭信威，《中國貨幣史》（2 版），上海：上海人民出版社，2007 年 12 月，頁 47-48。

[2]　陶德琨，《幣制改革中之「金單位」問題》（上篇），北平：北平河北省政府圖書室，1930 年 9 月，頁 2-3。

決「以黃金控制物資，以物資吸收法幣」，黃金政策也成為抗戰後期國府財政經濟政策的主要依據。自此之後，黃金政策一直為國府主要的財政經濟政策之一，在社會也逐漸成為最具象徵意義的經濟資源。至 1948 年底至 1949 年國府將經濟資源遷臺時，儘管除黃金之外，尚有鉅額白銀、銀元、美鈔等，但大家皆將其稱為「黃金運臺」，而少有人稱其為「金銀運臺」、「白銀運臺」。

此研究即嘗試探討，黃金在近現代逐漸進入中國貨幣體系的過程，以及如何在進入民國後，開始成為控制社會經濟的重要手段。南京國民政府成立以後，關於黃金拋售、吸收，公債、期貨的各種政策開始推出，黃金成為一種重要經濟政策的支撐，在通貨膨脹蔓延社會時，國府對於黃金政策更是寄予厚望，冀望能透過黃金運用，解決其財政問題。

而在近代的幣制改革中，1935 年的法幣改革；1948 年的金圓券改革；1949 年的新臺幣改革，從法幣到新臺幣，黃金在幣制改革中的角色一次重於一次，黃金在政策及幣制改革中運用與收效為何，也是本書要探討的重點。

此書的另一重點，在探討黃金運臺的起念、過程及阻力。關於黃金運臺事，過程與數額，為近十年學者研究最為詳盡的部分，但也仍有值得補充之處，如以往較為人所忽略的，阻止黃金集中、運臺過程等面向，本書亦將進行探討。分析蔣介石如何在下野之後，最後仍在反對派的壓力下，將黃金大部運出，更深一層的問題是為何蔣介石離開總統職務後，仍能無所障礙地動用這批黃金？

歷史學者柯文（Paul A. Cohen）在《歷史三調》中提到「人們普遍相信過去確實發生過的事——往往與嚴肅的歷史學家在仔細研究各類史料證據後，確定的過去真正發生的事，是大相逕庭的。」[3] 此書以義和團運動為例，分析人們經歷的歷史、歷史學家筆下的歷史和神話化的歷史三者之存在的互動關係。任何歷史事件，在這三者之間必然存在其差異，然而國府黃金運臺事件的差異則顯得特別突出。

在兩岸長期或刻意或無意地，對於此事的宣傳及符號化之後，運臺黃金與故宮文物、各領域專業人才，並稱為運臺三大重點。社會大眾幾乎很少有人不知道這個「史事」，然而這種集體記憶，又帶著許多的誤區與空白，但在以往缺乏歷史證據的情況下，「史實」的影響力往往也難以與歷史故事的影響力相提並論，此著很大程度也由此得到啟發。

雖然國庫資產在臺灣貨幣體系改革中起了重要的作用，但由於早期國府並沒有公

---

[3]　（美）柯文著；杜繼東譯，《作為事件、經歷和神話的義和團》（典藏版），北京：社會科學文獻出版社，2015 年 7 月，序言。

開這些相關資料，更重要的是，1949 至 1950 年代對國府而言是一段失敗的歷史，在戒嚴時期，投入這個研究領域也意味著將承受除了學術挑戰外的其他壓力。[4] 使此事儘管引起關注與興趣，常有以此事為主題的著作，如伴野朗著《蔣介石の黃金》[5]、李喬編譯《蔣介石黃金之謎》[6] 等，卻少有相關學術研究，而這些帶有文學性質的著作，在缺乏相關學術論著情況下，很大程度取代了人們對這段歷史的理解。2007 年吳興鏞《黃金檔案：國府黃金運臺，1949 年》[7] 一書的出版，可視為此事件研究的開始，隨著檔案的開放，傳播媒介的普及，過去十年間，許多學者開始投入相關研究，但仍有許多課題未被討論。

本書即想探討這些黃金的後續運用及對臺灣政經的影響。1992 年中國大陸媒體表示臺灣的經濟奇蹟是因為運臺黃金之故，臺灣當局即做出駁斥；[8] 在臺灣內部，開始出現否定國民黨與運臺黃金對早期經濟發展的貢獻，[9] 對此質疑，國民黨方面又會強調其黃金作用。[10] 而近年關於國民黨黨產的討論，黃金又被作為一重要討論主題，[11] 各政黨皆因自身立場，對早期臺灣經濟中黃金影響程度各自詮釋，不免令人有霧裡看花之感。

本書又一重點，即想探究運臺黃金與國府遷臺初期臺灣經濟的關係。在臺灣研究中經濟方面常被提出的一個問題為「在大陸失敗後的國民黨如何做得那麼好？」[12] 對於戰後臺灣社會經濟發展，普遍認為臺灣在欠發達國家（LDCS）的成功是罕見的。臺灣在 1953 年以後的兩年中，在兩項成就尤為顯著，即經濟增長率極高，同時家庭收入分配改善；就業率不足的問題，也在 20 世紀 60 年代末期便幾乎消失。[13] 過往研究戰後臺灣成功貨幣改革及經濟增長，往往強調美國經濟援助的角色。而研究財政與

---

[4]　Shih-hui Li, The Currency Conversion in Postwar Taiwan: Gold Standard from 1949 to 1950, *The Kyoto Economic Review* 74(2): 191-203 (December 2005), p.193.

[5]　（日）伴野朗，《蔣介石の黃金》，東京：角川書店，1985 年 11 月。

[6]　李喬編譯，《蔣介石黃金之謎》，瀋陽：春風文藝出版社，1987 年 5 月。

[7]　吳興鏞，《黃金檔案：國府黃金運臺──1949 年》，臺北：時英出版社，2007 年 8 月。

[8]　〈「不奇的奇蹟」？中共播映臺灣影集抹黑我繁榮奇蹟〉，《中央日報》，1992 年 10 月 3 日。

[9]　〈「洪秀柱：國民黨帶來黃金對臺經濟有貢獻」 文史工作者：有貢獻是美援〉，《自由時報》，2016 年 8 月 28 日。

[10]　〈國民黨：帶來黃金，打造臺灣奇蹟〉，《自由時報》，2007 年 4 月 25 日。

[11]　王彬，〈算黨產 要不要算國產〉，《聯合報》，2006 年 10 月 30 日。〈國寶列黨產？藍：護送來臺交給國家〉，《聯合報》，2016 年 3 月 17 日。

[12]　William C. Kirby, Mainland and on Taiwan, 1943-1958, *The Australian Journal of Chinese Affairs*, No. 24 (Jul 1990), p.123.

[13]　John C. H. Fei, Gustav Ranis, & Shirley W. Y. Kuo, *Growth with Equity-The Taiwan Case*, Oxford University Press (1979), pp.22-23.

貨幣政策問題，通常分爲短期穩定問題，如收支失調、通貨膨脹與失業；長期增長問題，如發展投資、儲蓄供應及政府支出、私人投資的融資。[14] 本書即嘗試將早期經濟區分爲穩定與發展兩個時期，探討臺灣經濟穩定以及發展的過程，運臺黃金在其中的作用。另外國府遷臺初期黃金政策的運用，與大陸時期的差異，是否從大陸經驗中得到啓發，及這種黃金庫存豐厚的印象，對於政治、社會方面的影響，本書也都將進行分述。

上述這些問題都是本書研究關注的重點，本書雖涉及黃金運臺過程，但其目的並不在繼續深究其經過與數額，而是希望以此事爲中心，以大歷史的視野，對於國府戰時、戰後及遷臺初期經濟情勢及黃金政策的使用，運臺黃金的作用與影響，作一探討。

本書在資料方面儘量利用海峽兩岸所典藏的檔案，如國史館的《蔣中正總統檔案》、《行政院檔案》、檔案管理局，南京第二歷史檔案館的《中央銀行》、《行政院》、《財政部》，上海市檔案館等檔案，並參酌一些日記如《蔣介石日記》、《吳嵩慶日記》等及相關人士回憶錄、論著、當時報刊等，雖盡量蒐集，仍難免有疏漏情形，本書處理問題許多牽涉複雜，涉及面又較廣，許多細節部分或有未盡之礙，在研究過程中，有許多地方尚未能全盤了解，加以篇幅有限，並未延伸探討，只希望以其有限之力，從經濟層面的角度，再次檢視那個關鍵年代的經濟變遷。

現今歷史研究開始出現與各種社會科學融合之趨勢，其中許多新視角、方法、觀點，皆令人耳目一新。對照之下，實證史學相對顯得冷落。然而雖說歷史文獻史料，並非完全眞實客觀的記錄，往往夾雜有當權者的主觀，但唯有利用豐富史料爲基礎所建構起的研究，才能深入探究歷史表象背後的史實與歷史脈動，也是本書在內容上所希望達到的程度。

本書架構共爲七章：

第一章探討近代以來，世界與中國經濟聯繫日益密切之後，中國以金銀比價的變動，開始出現無謂損失，當局與各界遂討論以金爲本位，或增加其與金掛勾的經濟政策，這種討論從清末開始，至 1930 年前後中國發生劇烈的金貴銀賤時最爲熱絡，最後在 1930 年代讓金進入經濟體系，並於 1935 年改革幣制，解除國幣與白銀的掛勾，黃金與財經體系的聯繫在這個時期顯著提升的過程。

第二章探討抗日戰爭爆發後，國府開始實行金銀集中，防範其流向淪陷區的政

---

[14] Lee Sheng-Yi, *Money and Finance in the Economic Development of Taiwan*, New York: St. Martin's (2002), p.264.

策，為黃金政策的大力推行提供了法令上的基礎。太平洋戰爭後美國對華提供 5 億美元貸款，中國方面決定將其中 2 億，在美購金運華，此政策訂定的過程為何？鉅額黃金將如何運用？美國內部對運華黃金政策的拉扯，及抗戰後期黃金政策的收效如何？為第二章要探討的主要內容。

　　第三章探討抗戰勝利後，社會因接收弊端及法幣與偽幣兌換率失當等種種問題，在 1946 年開始引起通貨膨脹，當局藉由黃金政策解決經濟問題的過程和效果，並探究喧騰一時的黃金風潮案其引發原因，及分析黃金風潮案的發生如何造成黃金政策的轉向。

　　第四章探討 1947 年 2 月黃金風潮之後到 1948 年 8 月間，經濟情勢與黃金市場的變化：金圓券收兌金銀的過程、數量，1947 至 1949 年黃金運用，及拋售黃金、黃金公債等政策的施行與收效情形。

　　第五章探討國府經濟、軍事情勢日壞，決定在播遷臺灣前，將庫存金銀運往臺灣的起念、過程、反對力量的運作及遷運數量，並藉由中國共產黨建政初期的黃金儲備，看國府運臺黃金數量，在政府國庫及社會藏金量中的所佔比例。

　　第六章探討 1949 年中之後，國府已將重心移往臺灣，但中國大陸華中、華南、西南仍在國府掌握時期，國府如何在稅收大減，中央機關數次播遷，大量人員遣散，每月還須支出公務員與龐大軍隊鉅額薪餉的情況下，運用黃金應付局面，藉此分析遷運黃金的支出類目及數額。

　　第七章探討國府遷臺之後，利用運臺黃金，在臺灣推行幣制改革、黃金儲蓄存款、愛國公債與優利儲蓄存款等經濟政策，成功抑止當時臺灣惡性通貨膨脹蔓延的過程，並分析黃金政策在臺灣的施行較大陸時期成功的因素。

　　綜觀全書章節，便可看出部分章節看似與黃金政策無直接關係，然本書並不僅是對國府黃金政策的施行脈絡作一基本的梳理，而是嘗試分析從 1940 年取締黃金投機，後開辦黃金存款，抗戰勝利後嘗試拋售黃金抑平物價，金圓券改革，強迫收兌社會金鈔，後又兌出黃金等等，可說十年來圍繞著穩定貨幣的措施，無不著重於金。但以黃金政策作為重點的國家並不僅有中國，然而出售黃金確有收縮通貨，減少發行的效果，但為什麼在中國就行不通？抑低外匯確有鼓勵進口，增加物價的功用，為什麼中國的物價就是難以減低？對黃金外匯的抑低政策，必須在何種條件下才能成功？是這個政策根本要不得？還是中國的條件不具備？或是政策本身是正確的，只是國府執行的技術上有問題？

　　這些問題如想求得解答，就不能單單探討政策本身，而應以開放式的視野，從同一時間段內的當局整體財經路線、社會經濟狀態、金融風潮等面向，儘可能完整地對

當時的經濟環境有詳盡的掌握，以求更好地了解黃金在近代中國經濟體系中的角色變化。

　　最後對於書名作一說明，此書名的靈感得自金德平先生〈對上世紀 40 年代「以金抑鈔」的回顧〉一文。[15] 雖說黃金運用過程，有時拋金抑鈔，有時又在市面收金充實庫存，但整體而言，大部分的政策皆屬向市面放出黃金，希望藉此抑平物價，差別在於明拋或暗配等操作方式的不同，認為此名稱頗能表現出國府整體黃金政策的精神，故以此為名。

---

[15]　金德平，〈對上世紀 40 年代「以金抑鈔」的回顧〉，《中國錢幣》，2019 年第 1 期。

第一章
黃金在近代中國財經體系聯繫的提升

前言

　　中國自西漢以來，在很長一段時期，金銀比價十分穩定，在一千多年中，金銀比價的變動很小。中國古代的金銀比價較歐洲低，而銀價較歐洲高，隨著海運發達之後，加上歐洲人在美洲獲得了大量金銀，中國的金銀比價，漸漸不能維持往昔的孤立狀態。特別是在鴉片戰爭之後，中國的金銀比價完全受到世界變動的影響，基本以倫敦市價爲轉移。中國長期以來，經常是銀入超，金出超，因黃金在別國作爲貨幣本位，而在中國則被視爲商品、飾品。白銀作爲主要貨幣，需求數量很大，而自身生產有限，只能依賴海外輸入，1926 年在印度放棄銀本位以後，中國成爲了唯一的世界白銀市場，各國的銀大量湧入中國，雖需要有限，但由於以銀爲貨幣，故巨大數量的生銀流入中國，皆可按幣價銷售，嚴重擾亂金融，中國對於金銀的流入與流出，又不能自主，受國際經濟影響甚大，南京國民政府成立後，是否更改以往幣制，也成爲財政經濟方面的一個課題。在金融政策的改革中，黃金開始進入中國的貨幣體系，雖不屬嚴格意義上的金本位制，然黃金在金融體系中重要性的顯著提升，也爲抗戰時期國府黃金運用提供了理論上的基礎。

第一節　黃金開始進入中國貨幣體系

　　晚清以來，中國受到世界經濟影響日深，在金銀流入流出不能自主的況狀下，產生無謂損失，許多經濟學者開始倡議政府應改制金本位或加大黃金在經濟體系中的比重。

一、關於黃金進入幣制的倡議

（一）晚清時期

　　黃金在中國，其寶藏與國際購買的職能，在任何時代都具備，但它從來未正式貨幣化，也不是一種普通商品，其貨幣職能則在各個時代而有所不同。[1]

　　明清兩代社會交易，貨物流通大多使用白銀，然自清代鴉片戰爭以後，中國留心外國事物者漸多，在甲午中日戰爭後，許多知識份子認為傳統理論已不足以應付中國當下的變局，西方經濟、貨幣理論開始引入中國。約在清末開始，當時清廷因軍事、外交遭逢重大挫敗，亟欲推行新政，新派的領軍人物康有為與梁啓超，即將貨幣作為重要問題，並皆有相關的論著，光緒 21 年（1895），康有為第三次上書中列舉的救國之方，第一便是鈔法。[2] 梁啓超在光緒 23 年（1897）即著有〈論金銀漲落〉一文，內容主要在論述對時人楊宜治《奏請仿造金裂錢摺》內容不認同的原因，梁啓超認為中國不可用輔幣來作為國際支付的手段。[3] 由於這些新派代表人物的倡議，在清末掀起了一次幣制改革討論，清廷政府也開始研究改革幣制問題。

　　在這波討論中本位主題為其重點，用金或銀者皆有擁護者。在同治末年，歐洲許多國家開始採行金本位制，造成白銀跌價，中國貨幣對外價值不斷下跌，對外貿易入超反而每年增加，長此以往，將對中國經濟造成不利影響，加上甲午中日戰爭後，中國償還外債、支付賠款，因借款、賠款是以黃金為標準，無形間加重了負擔，因此主張幣改者以採用金本位為多數。[4] 主張用金方面，又分為金本位與虛金本位之別。這個時期倡議者主要為：

　　光緒 29 年（1903），時任海關總稅務司赫德（Sir Robert Hart）著《中國銀價確定金價論》，[5] 條陳政府，主張採金匯兌本位制。方式主要由政府設立統一的造幣廠，

1　彭信威，《中國貨幣史》（2 版），上海：上海人民出版社，2015 年 4 月，頁 645。

2　康有為撰，《南海先生四上書記》四卷，梁啓超輯，西政叢書，31 種（2），清光緒 23 年（1897）。

3　彭信威，《中國貨幣史》（2 版），頁 681-683。

4　彭信威，《中國貨幣史》（2 版），頁 684。

5　赫德提案內容如下：一、中央政府自行設一造幣總廠，鑄造新幣，現行各省之造幣廠，一律停閉，庶幾成色重量，可以劃一。二、新幣價格準照庫平定為一兩、五錢、二錢五分、一錢四種，均為銀幣。銅幣則分一分、一厘二種。銀與金之比價，須永遠固定。凡新幣八兩，常等英金一鎊。三、造幣總廠技師須請外國有經驗者充當，各省造幣廠機器須一律送交總廠備用。四、銀幣成色一兩及五錢者為九成，二錢五分及一錢者為八成。五、此新幣廠得准人民自由鑄造，至於舊幣暫時可以流通，但至一定時期以後不准通行。六、此幣廠開鑄之後，外國貨幣與生銀，不准通行，有生銀者得換給新幣。七、外國商人只准使用新

鑄造銀幣與銀幣作流通用。本位幣不需鑄造，只規定維持新幣 8 兩合英金 1 鎊的比價，但銀幣則可自由鑄造，形成一種金匯與銀幣的複本位制。[6] 同年，駐俄國公使胡惟德奏請整理幣制，主張以金為主，其曰：「當今環球各國既皆用金，而我國豈可獨後乎。」[7]

美國在光緒 29 年（1903），在國會設立國際匯兌委員會，以研討穩定用金國與用銀國間的匯價，精琦（一作琪）（Geremiah W. Jenks）為委員會成員之一。清光緒 30 年（1904）春季，清廷聘請精琦來華，幫助研究幣制改革，精琦於同年完成《中國新圓法條議》與《中國新圓法案詮解》，提出他的十七點建議。主張採行金匯兌本位制，以相當於白銀 1 兩的黃金為單位，人民可自由請求鑄造以此單位為倍數的金幣。另金銀間維持 1：32 的比價，政府與倫敦銀行設立信用借貸款，出售金匯票以維持比價。但其中主張聘請一外國人為司泉官，由此人全權處理，清政府以此有侵主權，故未予採納。[8]

光緒 33 年（1907），駐英公使汪大燮與駐俄公使胡惟德聯合奏請改用虛金本位制，清廷當時雖回應「鼓鑄金幣，虛金本位，劃一幣制，必應照辦」，然後來並未籌備實行。[9] 梁啟超亦建議主張採行虛金本位制，亦未被接納。[10]

康有為在光緒 31 年（1905）著《理財救國論》，其中一篇《幣制論》，於光緒 34 年（1908）改名為《金主幣救國議》[11] 出版。內容主要提倡改用金，曰：「金日漲，而銀日落，萬國皆變金，而吾國不變，國將枯死。」[12]

　　幣，凡外人持有金幣者，得照法價換取新幣。八、換得之金幣宜行存儲，以備支付外債及改鑄金幣之用。參見金國寶，《中國幣制問題》，上海：商務印書館，1928 年 7 月，頁 10-11。

[6]　彭信威，《中國貨幣史》（2 版），頁 684-685。

[7]　胡惟德，〈奏請整頓幣制摺（節錄）〉，清光緒 29（1903）年 9 月。參見陳度編，《中國近代幣制問題彙編（一）》，臺北：學海出版社，1972 年 7 月，頁 43-45。

[8]　精琦，《中國新圓法條議》、《中國新圓法案詮解》，清光緒 30 年，參見陳度編，《中國近代幣制問題彙編（一）》，頁 46-74；彭信威著，《中國貨幣史》（2 版），頁 685。精琪的十七點建議見 Gold Standard in International Trade, Report on the Introduction of the Gold-Exchange Standard into China, the Philippine Islands, Panama, and other Silver-Using Gountries and on Stability of Exchange（1904）。

[9]　卓遵宏編著，《抗戰前十年貨幣史資料（一）幣制改革》，臺北：國史館，1985 年 11 月，頁 393。

[10]　梁啟超，〈幣制條議〉，《國風報》第 1 年第 7 期，清宣統 2 年 3 月，參見陳度編，《中國近代幣制問題彙編（一）》，頁 184。

[11]　《金主幣救國議》宣統 2 年 12 月廣益書局出版。自序說稿成於光緒 34 年。

[12]　康有為，〈金主幣救國議〉，《國風報》第 1 年第 15、16 期，宣統 2 年 6 月。參見陳度編，《中國近代幣制問題彙編（一）》，頁 285。

　　上述爲議請採行金本位的主要論說。在汪大燮等人上奏後，駐美專使唐紹儀奏請幣制事應速定，清廷則認爲應先將銀幣整齊劃一後，再徐圖進步，本位制問題至此遂告一段落，清廷於宣統元年設立幣制局，擬定幣制則例，採行銀本位。[13]

　　清末主張幣制改革者，大多力主採行金本位，爲何最後仍決定採銀本位，其中原因複雜，如朝中反對金本位者張之洞即表示：「一物之值，一餐之費，罕有僅值洋銀數角者；中人一日之需，斷無僅值洋銀一圓者，故以用金爲便。中國則不然，民貧物賤，工役獲利微，庶民食用儉，故日用率以錢計；其貧民每人一日口食僅止一、二十文，中人一日口食僅止六、七十文。」意即國外行使金本位可行是因物價較中國爲高，黃金價值太大，不適用於中國。[14]

（二）民國北京政府時期

　　民國肇建後，在北京政府時期，幣制改革問題又開始被討論，1912 年民國政府即成爲第一個幣制委員會，由財政部次長章宗元任會長，王芳任副會長，同年 11 月，委員會聘請荷蘭人，前瓜哇銀行總裁衛斯林（G. Vissering）爲名譽顧問。衛斯林在清末時即已受清政府聘請爲顧問，著有《中國幣制改革芻議》一書，受聘爲名譽顧問後，衛斯林即來到北京，與幣制委員會討論幣制改革問題。

　　衛斯林主張金匯兌本位制及銀本位兩制，先定一金單位含純金 10.364883 公分，央行存款用金計算，發行金單位兌換券，在外國存金準備之處兌取外國金幣，而原各省所鑄銀幣及生銀及自由流通，等到金銀比價 1：21 時，鑄造代表金單位的銀幣，以成純粹金匯兌本位制度。[15]

　　當時這種觀點在經濟界爲主流，如民國首任財政總長陳錦濤，在其所著《幣制綱要》中，開宗明義即主張中華民國幣制應採用匯兌本位。[16]

　　幣制委員會經過 20 餘次的討論，最後一致同意實行金匯兌本位制。年底幣制委員會解散，在解散之前，委員會提出一份《幣制報告書》。報告書在分析了各種本位制利弊基礎上，著重討論實行金匯兌本位制的有關問題。指出實行金匯兌本位的優點有八：一、國際匯兌鞏固；二、國際貿易發達；三、可消滅以多貨易少貨的損失；四、外資輸入踴躍；五、隨時可改爲金本位制；六、國內仍用銀幣；七、國內銀價不致驟跌；八、不必多儲金款造成利息損失。缺點則有：一、維持金銀比價困難；二、

13　何魯瞻，〈中國新貨幣制度之檢討〉，《民鐘季刊》，1 卷 4 期，1935 年 12 月。

14　張之洞，〈奏駁盧金本位疏〉，《張文襄公全集》，卷 63。

15　何魯瞻，〈中國新貨幣制度之檢討〉，《民鐘季刊》，1 卷 4 期，1935 年 12 月。

16　陳錦濤，《幣制綱要》，民國元年。參見陳度編，《中國近代幣制問題彙編（一）》，頁 462。

開始推行困難。大致意見認爲比起金、銀本位制，金匯兌本位制利多弊少，故如要改良幣制，以金匯兌本位爲最合宜。

1913 年春季，新的幣制委員會成立，由財政總長周學熙主持。委員分爲法定委員、專任委員、兼任委員三類。專任委員中，陶德琨主張金匯總本位制，徐榮光主張銀本位制，劉冕執則主張金銀並行本位制，[17] 各方相持不下。

劉冕執在光緒 32 年（1906）尚留學於日本時，即曾著文，主張實行跛行本位制或並行本位制。1913 年繼續提出實行金銀並行（後又稱「合行」）本位制。他認爲中國幣制不能不用金，卻不能用金單本位制；不能不用銀，卻不能用銀單本位制；金銀並用，又不能用金匯兌本位制。[18]

1913 年 9 月，新任國務總理兼財政總長熊希齡解散了第二個幣制委員會，此議題則移至國務會議討論，暫定用銀本位之制。熊希齡另在國務院組織幣制會議，會議成員有司法總長梁啓超、造幣廠監督吳鼎昌等。幣制會議決定實行銀本位制，於 1914 年 2 月 8 日頒布《國幣條例》。

1915 年 1 月，財政部再設立幣制委員會，以章宗元爲委員長。委員會中關於銀本位制有三派主張：一派主張照現行《國幣條例》辦理；一派主張加鑄金幣，即金銀合行本位制；一派則主張縮小銀幣單位，理由是同人民的生活水平相適應，具體重量分有 3 分之 1 兩，5 錢、5 錢 5 分或 5 錢 3 分 6 厘（20 克），3 錢 6 分三種。另外有將原來的半元改爲 1 元，定名爲「正圓」，實行起來有方便之處，委員會撰有《中國幣制改革商榷書》，內容即傾向實行這一說。

在《國幣條例》頒布後，劉冕執因不同意其方案，即著《銀本位制亡國論》，

17　劉冕執提倡的金銀並行本位制主要內容爲：金圓含純金 0.5 克，暫緩鑄造，或鑄造百圓的金圓。銀圓含純銀 18 克，另有銀、鎳、銅輔幣。金圓、銀圓同爲無限法償，兌換時用繳納或返還換幣費來進行調節，換幣費隨時由國幣監督酌定。待金銀市價爲 1：36（金銀幣含金銀量之比）時，收回銀圓，改行金本位制。他認爲實行此一幣制可有十項利益，主要有外資輸入便利；金貨逐漸增加；銀貨逐漸減少，改行金本位制時可避免經濟急劇變動，金、銀幣都沒有熔化、流出及易造僞之弊；可免鎔虧損失與國內金貨成爲商品輸出；可逐漸培養人民用金習慣，推行便利等。缺點爲金銀無法定比價，商人的盈虧不確定，但比起其他本位制來說，仍屬於利大於弊。

18　關於金匯兌本位制，劉冕執分析有八個主要的困難：一、金銀法定比價難定。「蓋銀法價低於市價時，則有流出及熔解之弊，銀法價高於市價時，則有僞造之弊。」二、無母國保障，準備基金常陷於恐慌境地。則「必欲仰鼻息於他國之維持，始能完滿活動，似不足爲獨立國家之幣制也……如中國今尚稱爲獨立國者，乃斷不宜適用，以自趨於附屬國之地位也。」三、準備金款及改革費用至少需借款 5 千萬鎊；四、準備金款放置外國有極大危險；五、管理匯兌機關難得其人；六、現金準備較他種本位制爲多；七、妨害中央銀行制度（因正幣存於國外）；八、有損國體。

內容列舉銀本位在國際間所必受到的損失。1915 年劉著《金銀合行：本位制辦法大綱》，內容中的具體方案題爲「擬修訂國幣條例草案」，[19] 對自己原本的主張稍作修改，以作爲對《國幣條例》提出的修正。

1915 年 8 月，幣制委員會擬訂了「修正國幣條例草案」，呈送財政部。草案基本採納了劉冕執草案中的觀點，有些文字亦照錄其中，比如銀元成色按袁頭幣的既成事實改爲 89%。內容中提到中國現雖未能行使金本位，但不可不先作金本位之預備。並提議不妨先從試行金幣開始，以利他日實施金本位之基礎。實行方式即與銀幣兌換先不定金銀比價，而以換幣費視市價浮動，將來再以 1 元銀幣，陸續收回代以鈔票，則除去換幣費。並以現行輔銀作爲金本位的輔幣，即金銀兩本位制，之後再轉爲金匯兌本位制。[20]

1917 年，梁啓超任財政總長時，曾向英法俄日四國銀行團提議，善後續借款 2 千萬，作爲整理幣制之用。其所擬的改革計畫主要分爲三步驟，即：（1）劃一紙幣；（2）整理銀幣；（3）採用金匯兌本位。然在梁啓超去職後，並未施行。[21]

1918 年 8 月，財政總長曹汝霖，爲實行預備改用金本位，《金券條例》於 8 月 10 日公布。金券單位分爲 1 元、5 元、10 元、20 元、50 元、100 元六種。與現行國幣不定比價，由銀行隨時公告兌換價格。然此條例雖經公布，但因四國銀行團借款未成，加上政局變動，迄未實行。[22]

至 1919 年以後，由於政局變動快速，當局也再無暇慮及幣制問題。直到民國 17 年（1928 年），國民政府鑑於幣制紊亂，才又開始研究幣改問題。

二、南京國民政府成立後的金本位倡議

第一次世界大戰後不久，美國恢復了金本位幣制，接著 1924 年德國成功建立起新的馬克制度，將幣制穩定在黃金之上。英國也在 1925 年恢復了「金本位」，雖只是金塊本位，可幣值畢竟以黃金爲基礎，各國在英美領銜下，紛紛走向金塊本位或金匯

---

[19] 草案的主要內容有：金幣 1 元含純金庫平 1 分 6 厘 2 絲，即 0.59756202 克，且只鑄 10 元、20 元二種。銀幣有 1 元、50 分（或作「中元」）、20 分（或作 2 角）、10 分（或作 1 角）四種。1 元銀幣含純銀 6 錢 4 分 8 毫，成色 89%，總重 7 錢 2 分。金銀幣以後逐孫用紙幣收回，等到將來選擇金銀市價近 1：40 時，再宣布改用金本位制。

[20] 何魯瞻，〈中國新貨幣制度之檢討〉，《民鐘季刊》，1 卷 4 期，1935 年 12 月。〈修改國幣條例〉，卓遵宏編著，《抗戰前十年貨幣史資料（一）幣制改革》，頁 395。

[21] 張朋園，《梁啓超與民國政治》，上海：上海三聯書店，2013 年 6 月，頁 90-105。

[22] 卓遵宏編著，《抗戰前十年貨幣史資料（一）幣制改革》，頁 396。

兌本位的貨幣制度。

　　1926 年後，中國成爲世界唯一的銀本位國家，大量白銀流入中國，對國內金融影響甚大。當時國內情形，銀圓雖已普遍通行，但鑄造不統一，海關仍沿用銀兩，使幾個主要的通商口岸，始終無法廢除銀兩的虛設計算單位。紙鈔發行紊亂無序，許多私營銀行可自行發鈔，發行準備金缺少有效的法律規範。[23]

　　在北伐剛告一段落，國民政府定都南京，列強開始陸續和國民政府締訂條約，恢復中國的關稅自主權，力圖革新之時，正是改革貨幣制度的合適環境，故孫科、伍朝樞於 1928 年夏出使歐美時，聘請甘末爾（Edwin Kemmerer）來華，協助改善中國幣制。甘末爾曾任菲律賓財政顧問，協助改革菲島幣制，促成其金本位制。期間更起草各項幣制法規，並訂定郵政儲金制度。幫助菲政府設立農民銀行，歷任墨西哥、哥倫比亞、智利、波蘭等國政府的財政顧問，參與改組德國國家銀行（Reichsbank），建全德國幣制計畫，協助南非聯邦恢復金本位制，曾在厄瓜多爾、玻利維亞等國改革幣制。在到中國前，已至十餘國改革幣制，對於幣制與財政經驗豐富，在當時有「貨幣醫師」（money doctor）的綽號。[24]1929 年甘末爾偕同財經專家楊格等 14 人來華，於上海組成財政設計委員會，[25] 認爲「一國之幣制紊亂，則於貿易及國家之發展興榮，均大有障礙，今世界以銀爲本位之重要國家，厥唯中國，此項本位更予中國以莫大之打擊，尤以使其國外貿易及政府財政受害最大，國外貿易因以銀爲本位，遂易起紛擾……」[26] 很快地，在同年 11 月便提出《中國逐漸采行金本位幣制法草案》（見附錄一），全文共四十條，內容爲逐漸採用金匯兌本位制，其中幾項要點爲：「此新幣單位名爲「孫」（sun），[27] 自金本位通貨流通日布告之日起，一年以內更布告金本位法貨

23　楊樹人，〈甘末爾改革幣制方案〉，大陸雜誌社編輯委員會編，《近代史研究論集》第二輯第五冊，臺北：大陸雜誌社，1967 年，頁 297。

24　《銀行周報》第 13 卷第 8 期，1929 年 3 月 5 日。

25　除甘末爾外，其他 13 位團員分別爲 Dr. Oliver C. Lookhart，經濟學教授，美國聯邦準備銀行制度之權威；W. B. Poland 爲財政專家；Dr. Benjamin B. Wallace 爲稅則及關稅政策專家；Dr. Frederick A. Cleveland 爲預算與會計制度專家；F. B. Lynth 爲銀行專家；Dr. John Park Young 爲幣制及銀行學者；William Watson 爲會計及金融管理專家；Richard W. Bonneville; Edward F. Peely、Frank, W. Fetter、John Megregor Gibh、Henry B. Price、Donald L. Kemmerer 等人，皆具有財政貨幣方面之學養與經驗。《時報》，1929 年 2 月 17 日。

26　財政部甘末爾設計委員會擬，《中國逐漸采行金本位幣制法草案 附理由書》，上海：銀行週報社，1929 年 11 月，中國逐漸采行金本位平制法草案及理由書大要，頁 1。

27　新幣單位設想之所以名爲「孫」（sun），而不爲「圓」，爲紀念中華民國締造者孫中山先生。據時任復旦大學商學院院長李權時述：「該報告主張國幣單位名爲『孫』（sun）而不名『圓』『元』或『袁』（yuan），實在是很能體貼現在一般國人的心理的。國幣名爲『孫』，當然是紀念孫中山先生之創造民國的意思。如仍名爲『圓』，則未免有與『袁』相

日；此日以後，以金本位通貨爲契約上唯一之法定貨幣。但該法貨日當爲金本位流通日一年以後，且至少當於六個月以前布告之。」債務整理日之布告，則規定「此日以後，以銀兩或其他非金本位通貨計算的一切債務、契約及各種支付，當於其滿期日，按照政府所規定之換算率以金本位通貨支付。」關於舊貨幣的處置，則規定「督促金本位貨幣代替現行通貨，這任務委之於全國幣制委員會，其委員長以幣制處長充之，在必要時，更設各省幣制委員會，以輔助之。」[28]

中國改爲金本位制，所採用的方式，主要有間接與直接計畫兩種，兩種方式目的相同，過程相異。間接計畫意在全國採用一種銀本位制，作爲實行金本位前的過渡方式。以十進法，施行一種統一的銀本位貨幣，取代市場上紊亂的貨幣，待新貨幣通行全國後，再將貨幣改爲金本位貨幣。此方法於 1904 年至 1906 年間，英國政府曾在海峽殖民地採行。[29] 直接計畫意在將中國現行通貨，即刻改爲金本位通貨，先從適於實施的地域開始實行，後逐漸推行至其他省份，最後施行全國。此方法於 1903 年至 1906 年間，美國曾在菲律賓採行。也是設計委員會較爲建議採行的方案。[30]

據草案各項條文觀之，甘末爾設計委員會擬的草案，非爲純粹的金本位制，應屬金匯兌本位制。關於金匯兌本位制，財經專家一般認爲優點爲：「減除用金和用銀國家間的匯價變動，對外支付皆使用黃金，則金銀比價變動不造成影響；國內貿易，仍用銀幣，使銀價的需要得以維持，價值不至大減；如突然全用金幣，金幣必定被私藏或鎔化改製，致使時時補充，需耗鉅費；充額之外國金幣匯票，即足以供應付，中央銀行有不需儲備過多資金準備。」但也有其可能的缺點，主要包括：「資金自一個金本位國流入一個金匯兌本位國，因金匯兌本位制下的金貨能同時用於兩處，使後者信用易膨脹，但對前者並不發生影響。例如存於金本位國如美國的金貨，可作爲該

混之危險。」，引自李權時著，《李權時經濟財政論文集》，上海：商務印書館，1941 年 11月，頁 218-219。

28　財政部甘末爾設計委員會擬，《中國逐漸采行金本位幣制法草案 附理由書》。

29　「在 1905 年 7 月至 1906 年 2 月間，約值銀 5 千萬元之政府債券輔幣及小幣之金價，乃自 2先令等於 1 元之概率漲至 2 先令 4 便士等於 1 元之概率，故銀元之高漲乃達 16% 以上。此時海峽殖民地之通貨如以金爲計算，則其值值之增高當在英金 80 萬磅以上，此項高漲之原因，有一小部分乃因銀價高漲之故，至於政府債券價值之增加，則微與政府自國庫普通基金中劃出數十萬元以墊補債券擔保基金中金磅債券之銀價低落一事件有關。惟此時政府未設有金準備金基金，而上述之高漲，大部分實由於通貨供給之相對收縮，此項新貨幣之實值與其面值間之差額，則大都入於少數投機者之手，如用他種改革幣制方法，則此種差額，乃成爲造幣權之利益，而歸國庫所有，並可用以構成金本位基金之重要部分。」參看甘末爾著，《近代幣制改革》，頁 418，轉引自財政部甘末爾設計委員會擬，《中國逐漸采行金本位幣制法草案 附理由書》，頁 34-35。

30　財政部甘末爾設計委員會擬，《中國逐漸采行金本位幣制法草案 附理由書》，頁 24-42。

國的信用基礎，同時又可作爲金匯兌本位國的信用基礎，增加後者在金貨供求的不確定性；因黃金使用節省，易使短期資金供給增加，容易引起信用膨脹，造成繁榮假象。」[31]

甘末爾先前在各國參與幣改時，皆將基礎放在黃金，他到中國的目的也是想幫助中國貨幣更改爲金本位制，然經深入了解後，認爲短時間內在中國實行金本位是有困難的，於是建議先在江蘇採用金匯兌本位，待環境許可後，再逐漸推行至其他各省。草案提出後，適逢銀價大跌，當局擔心若以關稅擔保的各項外債，皆須按金幣折合償付，將影響財政，因此未能實施。雖然改制事未立即施行，然黃金已局部進入中國貨幣體制，如 1930 年 2 月以後，中國海關在徵收進口稅時，改徵收金單位，即來自甘末爾委員等人的建議。[32]

第二節　金貴銀賤對中國經濟的影響

近代中國是用銀大國，但自身產銀不豐，存銀幾乎皆由國外輸入，其銀價完全操縱在外國，由於世界銀價自 1928 年起，開始明顯下跌，也影響到了中國，其在 1930 年前後，中國爆發了影響經濟甚鉅的「金貴銀賤」風潮。

一、金貴銀賤的原因

關於 1930 年代前後，中國金貴銀賤的原因，是多方面的，主要有以下各點：

（一）印度採用金本位

自 19 世紀以來，印度一直是金銀並用，然自德國在 1871 年採用金本位制及各國停止鑄造銀幣後，銀需要漸減，價值日跌。印度政府的收入全是銀幣，歲出中應付的公債利息金，和對外的支付大致皆用金貨償付，因此國際匯兌行市不利於印度，從 1893 年起停止銀盧比的自由鑄造，1899 年印度政府決定將英鎊作爲本位貨幣，規定英鎊和盧比的比價爲 1：15，同時在倫敦設立「金準備」，印度人民如有對用金國的支

31　陳振驊，《貨幣銀行原理》（第三版），上海：商務印書館，1935 年 5 月，頁 64-66。

32　耿愛德（E. Kann），《中國貨幣論》（日譯本），第三版，頁 692-693。轉引自中國人民銀行總行參事室編，《中華民國貨幣史資料》第二輯（1924-1949），上海：上海人民出版社，1991 年 3 月，頁 74。

付，依此比例，將盧比交給政府，由政府在「金準備」中撥付，如人民將英鎊交給政府，也可依比例兌換國內的盧比，即所謂金兌換本位制（Gold Exchange Standarl）。[33]

（二）日本實行金解禁

在第一次世界大戰爆發後，各國為了要付出大批軍費，為避免財政呈現竭蹶現象，相較於加稅、公債等舉措，禁金出口更為直接，一次大戰時，日美兩國距離戰線尚遠，社會經濟並未受到戰爭太多影響，生產尚稱安穩，生產有驟增現象，從前由歐洲生產之貨物，亦多賴日美供給，於是日美生產品價昂而輸出額遠超出輸入之上。中國投機商人乘勢購進日金，日本亦感現金之流出，於大正6年（1917）9月12日，以大藏省第28號令禁止現金出口。但金禁之後，1920年之後歐洲生產日漸恢復，日本人民日常生活必需品大多仰賴歐洲，使日本在經濟上的發展漸成過去，輸入又超過輸出，現金流出後日本實行金禁，人民必購外國之金以付外貨之債，需要甚鉅，於是歐美金價日漲，日本金價日跌，日本國民的購買力亦隨之下降，市況呈不振之狀。而因現金不能出口，故無從調劑。歐美諸國於是相繼解禁金出口，美國在1919年6月；1924年4月瑞典；1924年10月德國；1925年4月英國，其他各國也相繼解禁，歐美因禁令低落的金價得到恢復而高漲，日本則受禁令限制無從調劑。財政方面，日本尚有許多外債待還，而在國外金貴時還外債，在規定利息外尚有無形虧損，1930年1月11日，日本金銀輸出禁止以後廢止，日本解禁之後，外匯大跌，日金奇漲，日金上漲造成中國標金下跌，因標金買賣多用東匯結價之故，標金既漲銀價自跌，故日本金解禁為中國銀價跌落原因之一。[34]

從金貴方面觀察，自19世紀中葉以來，金本位制風靡全球，英國採行最早，各國亦接踵而起，自1871年德國採行金本位制後，世界各國少有以銀為本位者，貨幣材料雖未悉數用金代銀，但本位既改，銀幣用途大減，以金消費驟增，關於金的需要增多。

---

[33] 中國國民黨上海特別市黨部宣傳部編，《金貴銀賤風潮民國十九年》，1930年，頁1-2。

[34] 中國國民黨上海特別市黨部宣傳部編，《金貴銀賤風潮民國十九年》，頁5-15。

表 1-2-1　19 世紀至 1930 年，各國採用金本位制年表

年份	國家、地區名稱
1816 年	英國採用金本位制
1854 年	葡萄牙採用金本位制
1871 年	德國採用金本位制
1873 年	北美合眾國、丹麥、瑞典、挪威採用金本位制；比利時中止鑄造五法郎銀幣；法國限制自由鑄造五法郎銀幣
1874 年	拉丁同盟國限制銀幣鑄造
1875 年	義大利、荷屬殖民地中止銀幣自由鑄造；荷蘭採兩本位制，中止繼續銀幣鑄造
1876 年	芬蘭採用金本位制、法國中止五法郎銀幣之鑄造
1880 年	海地採用金本位制
1881 年	阿根廷採用金本位制
1885 年	埃及採用金本位制
1893 年	印度銀幣及法國貿易銀幣自由鑄造中止北美合眾國廢止維持銀價之「休門」條例
1897 年	日本俄國皆採用金本位制
1899 年	印度採用金匯兌本位制
1900 年	厄瓜多採用金本位制
1903 年	菲律賓採用金匯兌本位制
1905 年	玻利維亞採用金本位制、墨西哥採用金匯兌本位制
1906 年	海峽殖民地採用金本位制
1907 年	哥倫比亞採用金本位制
1908 年	暹羅採用金本位制
1910 年	加拿大採用金本位制
1925 年	印度採用金本位制
1930 年	安南採用金本位制

資料來源：工商部工商訪問局編，《金貴銀賤問題叢刊 民國十九年》上冊，1930 年，頁 8-10。

　　到歐戰時，因禁止現金自由流通，及籌集鉅額軍費的結果，導致氏戰各國的貨幣制度均十分紊亂，金本位制實際已不存在，不換紙幣氾濫，至停戰後，各國期望恢復戰前貨幣狀態。雖當時有學者提倡廢除金本位，然而以金作為交易價值的衡量標準已成習慣，國際貨借最後收付，亦不能不以金解決，故當時金能否為幣制本位，雖曾一度猶豫，各國仍先後恢復金本位，未採用金本位者，亦均廢其銀本位而改用金本位，

表 1-2-2　世界金產額

（單位：百萬磅）

年份	產量
1913	94.7
1914	90.4
1915	96.6
1916	93.5
1917	86.3
1918	79.0
1919	75.0
1920	69.0
1921	68.0
1922	65.5
1923	75.5
1924	81.0
1925	81.0
1926	82.0
1927	82.5
1928	83.5
1929	83.5

資料來源：工商部工商訪問局編，《金貴銀賤問題叢刊 民國十九年》（上）。

如印度、安南、波斯等。[35] 金生產趕不上金需要，近年世界金產額，每年平均約為 8,350 萬磅左右，較歐戰初停之時略有增長，但與歐戰以前相較，相差甚遠，1928 年底世界存金總額（工業及裝飾用者除外）約 20 億磅，1929 年之產額從實需而論，應為 1 億 2 千萬磅，或 1 億 4 千萬磅，然而從各方面推算，去年實際產額不過 8,350 萬磅左右，比諸實際上需要量相差甚遠。

如以 4 年為一週期，則 1913-1916 年黃金產量為 93.8 百萬磅；1917-1920 年產量為 77.2 百萬磅；1921-1924 年產量為 72.3 百萬磅；1925-1928 年產量為 82.2 百萬磅。[36]

從銀賤方面觀察，銀與金同為幣材，在 1871 年德國改用金本位制以前，銀之地位較重於金，至各國改用金本位制以來，幣制上本位貨幣為金所占，銀之需要乃一落千丈，德國改行金本位制後，於 1873 年起，計畫在 7 年以內，售出現銀 8 千 5 百萬盎司，銀價乃由 59 便士跌至 46 便士。印度於 1893 年停止銀幣自由鑄造後，銀價又由 54 便士跌至 27 便士，歐戰結束之後，銀價短暫恢復，1921 年之後又逐漸走低。銀價走低，需要減少是主因，而生產量的增加，也有相當關係，純

銀礦的產量雖逐漸減少，然其他鑛石中副產之銀，則有加無減。各國因改用金本位，將歷年積存的銀準備陸續出售，為銀供給增加的重要來源。戰前世界銀產額，以 1912 年為最高，但其數不過 2 億 3 千萬盎司，且於特出之年，前後數年之數目，遠遜於此數。戰後則自 1923 年以來，產額遞增，每年皆在 2 億 3 千萬盎司以上，近數年產額，皆在 2 億 5 千萬盎司左右，為銀價低落重要原因之一。銀之供給，除銀產增加之外，尚有其他來源，既舊銀的出售，近年各國因處分戰時鑄造過多的銀幣，與減輕輔幣成色，改用他種金屬的原故，曾出售舊銀頗多，1920 年英國將 92.5% 的輔幣，減輕

---

[35]　工商部工商訪問局編，《金貴銀賤問題叢刊 民國十九年》上冊，1930 年，頁 8-10。

[36]　工商部工商訪問局編，《金貴銀賤問題叢刊 民國十九年》上冊，頁 10-12。

爲 50%，售出存銀約 9 千萬盎司，法國同年售出 2,650 萬盎司。[37]

世界銀產額增多及銀用途的減少。銀產的來源，大部分來自銅鉛等鑛的副產，在 1930 年之前，歷年銀產增加概數，1900-1925 年世界銀產每年平均爲 194,000,000 盎司；1926 年產量爲 243,000,000 盎司；1927 年產量爲 254,000,000 盎司；1928 年產量爲 257,000,000 盎司；1929 年產量爲 254,000,000 盎司。[38] 世界各國或回復金本位或改用金本位，除中國外，已無其他國用銀鑄主幣；至於用輔幣則多用其他金屬物如鎳等，用銀亦少。過去銀的用途除鑄幣面外，尚常用在首飾及細巧用具方面，近年首飾用具及一切美術工業品，多改用白金、黃金、珠鑽、寶石及其他金屬混合物。

自 1493 年發現美洲新大陸至 1900 年之間，世界銀產總額爲 8,828,531,000 盎司。1901 年至 1927 年間爲 5,377,578,000 盎司，綜計 1493 年迄 1927 年總產額爲 14,206,109,000 盎司，而前去兩年所產之 513,700,000 盎司，尚未計算，茲將 1493 年至 1929 年間世界銀產額列表如下：[39]

表 1-2-3　世界銀產統計表　　　　　　　　　　　　　　　　　（單位：1 盎司）

時間	每年或數年平均之產額	時間	每年或數年平均之產額
1493-1520 年	1,511,050	1891 年	137,170,000
1521-1544 年	2,899,930	1892 年	153,151,762
1545-1560 年	10,017,940	1893 年	165,472,621
1561-1580 年	9,628,925	1894 年	164,610,394
1581-1600 年	13,467,635	1895 年	167,500,960
1601-1620 年	13,596,235	1896 年	157,061,370
1621-1640 年	12,654,240	1897 年	160,421,082
1641-1660 年	11,776,545	1898 年	169,055,253
1661-1680 年	10,834,550	1899 年	168,337,452
1681-1700 年	10,992,085	1900 年	173,591,364
1701-1720 年	11,432,540	1901 年	173,011,283
1721-1740 年	13,863,080	1902 年	162,763,483
1741-1760 年	17,140,612	1903 年	167,689,322
1761-1780 年	20,985,591	1904 年	164,195,266

---

[37] 工商部工商訪問局編，《金貴銀賤問題叢刊 民國十九年》（上），頁 18、21-22。

[38] 中國國民黨上海特別市黨部宣傳部編，《金貴銀賤風潮民國十九年》，頁 3-4。

[39] 耿愛德（Edward Kann）著；蔡受百譯，《中國貨幣論》（上），太原：山西人民出版社，2015 年 12 月，頁 208-213。

時間	每年或數年平均之產額	時間	每年或數年平均之產額
1781-1800 年	28,261,779	1905 年	172,317,688
1801-1810 年	28,746,922	1906 年	195,054,497
1811-1820 年	17,385,755	1907 年	184,206,984
1821-1830 年	14,807,004	1908 年	203,131,404
1831-1840 年	19,175,867	1909 年	212,149,023
1840-1850 年	25,090,342	1910 年	221,715,763
1851-1855 年	28,488,597	1911 年	226,192,923
1856-1860 年	29,095,428	1912 年	230,904,241
1861-1865 年	35,401,972	1913 年	210,013,423
1866-1870 年	43,051,583	1914 年	172,273,596
1871-1875 年	63,317,014	1915 年	173,000,507
1876 年	67,753,125	1916 年	180,801,919
1877 年	62,679,916	1917 年	186,125,017
1878 年	73,385,451	1918 年	203,159,431
1879 年	74,383,495	1919 年	179,849,940
1880 年	74,795,273	1920 年	173,296,382
1881 年	79,020,872	1921 年	171,285,542
1882 年	86,472,091	1922 年	209,815,448
1883 年	89,175,023	1923 年	242,418,412
1884 年	81,567,801	1924 年	239,068,000
1885 年	91,609,959	1925 年	245,138,172
1886 年	93,297,290	1926 年	約 254,000,000
1887 年	96,123,586	1927 年	約 254,000,000
1888 年	108,827,606	1928 年	約 257,200,000
1889 年	120,213,611	1929 年	約 256,500,000
1890 年	126,095,062		

資料來源：耿愛德（Edward Kann）著；蔡受百譯，《中國貨幣論》（上），頁 208-213。

　　世界銀價大勢即逐步下跌，金銀比價，從前為 1：15，到 1930 年之前已成為 1：60，銀價愈下，則金價愈高，故半年來上海標金外匯皆飛漲，標金價由 450 餘兩漲至 600 兩以上，中國因生產落後，又為今日世界唯一用銀之國，故經濟上所受影響重大。[40]

---

[40]　工商部工商訪問局編，《金貴銀賤問題叢刊 民國十九年》（上），頁 1。

從 1918 年開始，中國已是純銀進口國，當時白銀淨進口 23.495 百萬關兩，到了 1925 年後，平均皆在 50-60 百萬關兩，到了 1929、1930 年白銀淨進口皆超過百萬關兩，到了 1930 年黃金的淨出口已達到 16.534 百萬關兩。[41] 白銀的大量進口及黃金出口，是造成「金貴銀賤」的主要原因。

二、金貴銀賤的影響

金貴銀賤對中國各方面的影響，大致可分為國際貿易、財政、工業及一般經濟等面向，以下分別從各方面略述：

國際貿易方面，中國向用金國輸入商品時，其商品價格概以金幣計算，而以銀幣折合交價。或以金幣作單位，或以銀幣作單位的匯兌率，因銀價暴跌，輸入品在平時計算為有利的，因匯兌漲高，所付銀價增多，成本增加，或反為虧損，如將貨價抬高，又恐不免影響銷售數量。中國輸入商對於客商托購的貨物，向無相當的擔保，如於貨到之時，適值金匯飛漲，訂貨者咸以貨價過高不予清結，所蒙損失不少。銀價跌落時，中國貨物若以金價銷售於國外，其所得銀幣比較以前為多。輸出商品，在國外售出，所得代價較在國內所得者為多，中國貿易有一特徵，即輸出者以原料品居多，此種原料品如屬剩餘，輸出後，固有利而無害；然中國對外貿易，一方為粗陋的原料品輸出，一方又為工業的原料品輸入，如原棉及各種材料、化學品等，粗陋的原料品，因匯票順利關係有過量流出，而工業原料品，因製造必需之故又必輸入，損失仍然不堪。[42]

另外外匯鎊虧也是重要損失，就賠款與外債方面，庚子賠款等均以金幣為單位，金價飛漲，對於中國每個金幣的虧損也會增加，中國這幾年每年的賠款，原合國幣約 35,251,950 元，合銀 2 千 5 百餘萬兩，依現金價（1930 年），需增加約 1 千萬兩。至於外債方面，中國 1929 年外債之由關稅支出者為：俄法洋款 836,670 鎊；英德洋款 947,05 鎊；英德續款 825,54 鎊；善後借款 1,496,00 鎊，合計 4,105,261 鎊。這一筆金幣的債務，假使以七兩合一幣計算，只有 2 千 8 百餘萬兩的銀子，照現在的金，卻需 4 千 1 百餘萬兩，據海關稅務司的報告，外債與賠款合計，1929 年在關稅項下所支出的本息，為規元 65,336,113,41 兩，而 1928 年度的支出，為 57,388,724,87 兩。1929 年

[41] 鄭友揆，《中國的對外貿易和工業發展（1840-1948》，上海：上海社會科學院出版社，1984 年，頁 343。

[42] 夏廣英編，《金貴銀賤問題之研究》，上海：北新書局，1930 年 3 月，頁 29-30。

所多支者，計 7,947,388,54 兩，這就是因爲金漲銀跌的緣故。[43]

財政上的影響。中國財政受金貴銀賤的影響有三：（1）金價高，外國物品將日形騰貴，國民購買力不隨之增高，則進口貨物勢必減少，進口貨減少，則關稅收入亦必連帶減少；（2）近世各國財政上的支付，不以國內爲限，中國亦然，惟他國以施行金本位故，國際間的支付雖受匯兌率變遷的影響，其漲落的程度有限，至於中國每年要支出一大部分借款及賠款，且此種款項，多指定關稅爲還本付息的基金。但借賠則爲金款，關稅收入則爲銀款，故每因金價增加，必須多撥稅款，才能清償每年應還的借款及賠款的本息。以銀款折合金鎊的虧損稱爲「鎊虧」，此項鎊虧隨匯價爲轉移，多則數百萬，少亦數十萬，以目前金匯兌率而論，至少當在千萬以上。據總稅務司的報告，1929 年由關稅支付本息規元 6,533 萬 6,113 兩 4 錢 1 分，較諸 1928 年的規元 5,738 萬 8,724 兩 8 錢 7 分，多支 794 萬 7,388 兩 5 錢 4 分，其重大原因，匯兌上的損失，達銀元 1 千萬以上；（3）金價大漲，於中國內債方面亦大不利，因中國內債大部分，係指定關稅餘款，鹽稅餘款及海關二五附加稅擔保本息。今以匯兌大漲，所謂關餘及鹽餘，用之支付外債外將所剩無幾，而二五附加稅，亦因進口貨少而減收，於是內債基礎動搖。[44]

工業上的影響。形式上看，銀價暴跌以後工業上所受的影響，應當有利，因金價增高不啻無形中增加關稅，然實際上國內工業仰賴外國供給原料品，如棉紗毛織品等及機械者甚多，本國同樣的原料品，若不因其品質過於粗陋，便是交通阻隔，運輸不能接濟。原料品的供給即仍仰賴國外輸入，則成本必隨金價漲高而亦增高，且中國工業，凋敝已極，因銀價暴跌，工業開支勢必增加，工廠亦難以維持。[45]

一般經濟的影響。銀價暴跌，致商業上產生極大不安，財政、工業方面，皆受到莫大損失，然其影響最甚者莫過於一般經濟情況，銀價暴跌的結果，銀的購買力必形薄弱低下，百貨物既以銀幣爲其權衡，必反而騰貴。物價騰貴後人民生活水準（成本）必將提高，以變少的收入，供變貴物價的使用。

國民生活方面的損失。進口商所付的貨價增加，則所欲取於本國消費者的物價，當然非提高不可。有許多洋貨，差不多已成了人民必需用品，尤以機械類的物品最多，因此對於直接消費的洋貨負擔加重，而對於洋機製造的貨物，亦必受到相當影響，其使用舶來原料之產品，因成本既已增加，則售價亦必提高，而且進口貨價提高或進口貨物減少都足使物價上漲，加重人民負擔。再自出口方面看，中國的出口貨

43　中國國民黨上海特別市黨部宣傳部編，《金貴銀賤風潮 民國十九年》，頁 21-22。

44　夏虞英編，《金貴銀賤問題之研究》，頁 30-31。

45　夏虞英編，《金貴銀賤問題之研究》，頁 31-32。

以原料品為多，外國購中國的原料品，加工製造後再復輸入中國，外國在中國購貨以銀，而其計算成本則以金，在其以金價計算範圍以內，對於銀價如何，例如國產棉花每石值銀 35 兩，假定英金每鎊合銀 7 兩，即為棉花每石值英金 5 鎊，今金價漲為每鎊合銀 10 兩，則國產棉花每石只合 3 鎊有半，成本既輕，獲利自鉅，於是出而競購國產棉花，提高其價格至值英金 5 鎊為止，而以金計則為 50 兩。同一棉花，使售於外人則可值銀 50 兩，售於國內則只得 35 兩，一物二價，其他諸貨可以類推。[46]

理論來說，銀價下落也未必沒有利益：第一，銀價跌則洋商對於中國的購買力加大，而國貨輸出便可因此增加；第二，因進口貨漲且減少，國貨中無待於舶來的機器及原料者可因此振興；第三，因進口商在金價暴前已進貨且已結帳者，其盈餘可因此增加。但實際上卻未必如此，在進口商方面，這也不過是一個很暫時的利益，且其利益又限於進口商。至於國貨的製造條件很多，絕非僅依賴銀價之下落所能振興。最後輸出增加部分，第一要看出口貨能否改良，第二要看國外對於中國貨的需要如何，第三要看海外有無強有力的競爭。銀價的下落，並非從 1929 年才開始，而中國的入超，也是有增未減，此次銀價跌得太快，大有迅雷不及掩耳之勢，所以輸出未受其惠，而鎊虧上的損失卻已很大，因此利益實微。[47]

三、挽救經濟的建議

金貴銀賤問題，自 1930 年 1 月起，引起朝野人士的廣泛關注，從國府各部門，到經濟學者等也都紛紛發表意見，與此同時，當局也極積與經濟界人士商議對策。

國府主席蔣介石就金貴銀賤問題發表意見，表示：

最近有關我國家存亡的一件很重大的事情發生，就是金價暴漲問題……因為國家經濟不能獨立，而要民族獨立是萬不可能的。現在金價暴漲，就是銀價低落，我國用銀本位，各項貨價一定抬高，貨價抬高以後，國民的生計更加困難，政府當局不能事前調劑，防患未然，當然負有責任，不過現在事情已經發生，只得為亡羊補牢之計，我們要研究金價為何高漲，其原因固非一端，根本上實因我國幣制不能統一，金本位不能實行，所以致使我國經濟權全部操於外人手中，鄙意對於此次銀價低落風潮，根本上當然要改革幣制，採用金本位，而於關稅和外國紙

---

[46] 中國國民黨上海特別市黨部宣傳部編，《金貴銀賤風潮 民國十九年》，頁 23-24。

[47] 中國國民黨上海特別市黨部宣傳部編，《金貴銀賤風潮 民國十九年》，頁 24-25。

幣，亦宜格外注意，現在各機關所擬計畫，非常之大，用人也是很多，而實際上無事可做，一年已終，毫無成績，要曉得財力人力不足，往往將機關範圍擴大，是不中用的，目前本席認為最要緊的就是要將舊的廢的東西一一整理起來，倘使整理的工作都不能做，哪裡還談到新的建設呢？

請各位政府人員注意設法挽救目前的危機。[48]胡漢民則認為中國之所以受金貴銀賤影響，主要是因生產不能增加，造成一切都需仰賴舶來品，貨物進口總是超過出口的緣故，因此惟有增加生產，減少進口，或增口貨物出口，才能從根本上彌補中國在國際金融上的損失。[49]

經濟學者俞寰澄將當時較主流的幾種救濟辦法，做一整理，分別為：（1）禁銀入口或抽稅。中國是因為銀本位，所以有白銀源源進來，如果中國無需銀之必要，不必禁而自不來，如果中國需銀硬行禁止，適造成銀根緊急，銀息苛貴，加商業以重大之損害，且禁銀入口，愈造成世界銀市之恐慌，與促銀價之跌落無異，揚渴止沸，結果必適得其反，加稅亦然如此，不過使外匯率與大條銀之計算法稍為變更而已，印度當時用此等辦法是防銀價之過漲，非防銀價之過跌，中國仿照採用，那是錯用方法了；（2）禁止投機。投機商在金銀市場力量有限，現在大勢所趨，金貴銀賤如潮流洶湧，投機商不過是其中之一泡沫，禁止與否，影響絕少，且禁止標金投機而不禁止外匯，更無用處，如為杜絕人民的冒險之舉，則應舉商業投機之事一概禁止，此屬本問題以外之事；（3）進口稅改抽金幣。此只能補救鎊虧，使償還外債，吃虧較少，於金銀價值，並無影響，或一時反使銀價更落。

俞寰澄並認為防止銀價的下跌是一方面，使中國在金貴銀賤之潮流中，收其利而避其害，又是另一方面，兩方面應分別討論。第一點是關係全世界的，非從銀之供求方面根本想法，無從防止其跌落之趨勢，記得 1920 年發生銀荒，倫敦生銀全年平均價 61 便士 5,265，上海規元最高價時每兩可兌 10 先令，當時全世界以此為重要問題，比今日銀價跌落時更為急迫（某主張我國改行金本位即在此年亦補救世界銀荒之一策），幸美國議員辟德門主張，將國庫存銀照美金 1 元 1 盎司之價售出若干，於是將銀荒風潮壓平，所謂辟德門條例盛稱一時，現在銀價暴跌，受其害者，以各國在華貿易商及銀礦家為最切，比中國人更利害，諒必在那裡想法，不過僅商業中一小部

---

[48] 蔣介石，〈如何解救經濟國難〉，工商部工商訪問局編，《金貴銀賤問題叢刊民國十九年》（上），頁 37-39。

[49] 胡漢民，〈金貴銀賤恐慌中大家應有的覺悟〉，工商部工商訪問局編，《金貴銀賤問題叢刊民國十九年》（上），頁 39-42。

分未惹起各國政府注意，惟日本已受大威嚇，若要根本維持銀價，則首先印度存銀必須於若干年內暫停出售；第二，銀礦因跌價停工者，即使銀價稍起，必須限制生產；第三，副產銀過多，美國用與辟德門條例相反之辦法，國庫收買一部分，此三樁能夠做到，銀價就使不能回到平均價格，亦可恢復到每盎司 25、26 之價，不過中國國內的事，必須英美兩國表示同情，方能說得到此。後一事專中國一國說法，無論銀價跌到多少，中國如有種種準備，可將害處竭力減輕，不失為自全之道，應趕辦者若干事。[50]

　　有人提出不少改革幣制的聲音，經濟學者馬寅初認為如欲改革幣制，除採用金本位外，別無他法。但馬氏也認為在當時的環境下欲實行金本位，需要克服的問題很多，首先欲採用金本位，則當在最短時間內，將銀兩制度廢去。金本位制如要行之無弊，則須視政府的信用如何；萬一財政當局因法定平價高於市價，認為有利可圖而增鑄，則此制效果就被破壞了；各地軍閥依然保持昔日的地盤主義，萬一利潤太過誘人，命令其原有的造幣廠銀元局改鑄新幣，中央將用何法制止；法定平價遠高於市價，則民間偽造的弊害則不能避免。到時則須視地方警察的控制力；中國的租界與租借地多未收回，國境又遼闊，如偽造大宗銀幣偷運入境，到時將用何種方式防止？現在國內各銀行偽鈔充斥市面，令人防不勝防，此問題如何解決？虛金本位制的最大缺點，在金準備存貯在外國，中國既不用一金，則銀幣不能直接兌換金幣，只能作匯兌之用，至於準備局的地點，常視與中國貿易最多的城市，就現狀看可存貯準備金於倫敦、橫濱，但如將此制的樞紐移設於外國，則是否使中國經濟變為被動等等，這些都是當下如欲實行金本位，所需要克服的問題。[51]

　　政府也積極與經濟、工商界人士商議對策，希望能有良好的解決辦法，1930 年 1 月 11 日，財政部長兼中央銀行總裁宋子文，與上海商界人士商討會中，決定停止標金交易，並擬採用金本位制，宋子文認為目前政府要改為金本位是有可能性的，且要先在海關稅收上實行。[52] 工商部則召集上海各團體與商業界人士會議，討論「金貴銀賤」的狀況及救濟辦法，與會者中，許多人都認為當前應在海關實行金本位，進口稅則以金計算，廢兩改元籌備時期應在 1930 年年中實行；上海銀行公會認為在目前情

50　俞寰澄，〈對於金貴銀賤之意見〉，工商部工商訪問局編，《金貴銀賤問題叢刊民國十九年》（上），頁 98。

51　馬寅初，〈金貴銀賤之救濟方法〉，工商部工商訪問局編，《金貴銀賤問題叢刊民國十九年》（上），頁 90-96。

52　吳景平等著，《近代中國的金融風潮》，上海：東方出版中心，2019 年 4 月，頁 180。

況，應先統一銀幣，實現廢兩改元，而後循序漸進地實行金本位。[53]

第三節　1930 年代前期國府經濟改革中的黃金因素

在金貴銀賤影響及呼籲用金的呼聲中，國府決定在 1930 年 2 月起，將中國海關在徵收進口稅時，改徵收金單位，中國海關進口關稅計徵中，所實施的金單位制度（Customs Gold Unit），也是南京國民政府成立後，在財政金融制度方面施行的一次重大安排。

雖然南京國民政府成立後，即開始籌劃設計新的貨幣制度，1928 年分別召開了全國經濟會議和財政會議，大體形成了推行金匯兌本位制的決議。[54] 但要廢除銀本位，和實行金匯兌本位的條件，並不是短時期內所能具備的。

海關金單位的實施，即被很多人看成是國府施行金本位制之前的準備政策。海關金單位並不直接採用整數黃金的稱量，只是觀念中的計算單位，這意味著中國匯率行情中產生了一個新的對象。

在金融領域，海關金單位的實施，對於當時黃金與外匯市場運作及央行的業務經營和監管、貨幣發行等方面的制度變化有著重要影響。海關金單位直接引起了當時標金和外匯市場運作體制的變化。海關金單位以生金作為結價單位，而影響了黃金市場的交易。1934 年起，海關金單位被上海金業交易所，正式用於標金[55] 的結價，上海金業交易所通常以一條重漕平 10 兩（1934 年 2 月後改為市平 10 兩），含金量為 978‰ 的標金作為交易標準單位。1934 年美國推行《購銀法案》後，造成上海金銀外匯市場，投機活動盛行，為此 1934 年 9 月 9 日，財政部取締標金外匯投機活動，並規定此後金價一律改以關金作為結算標準，標金結價廢除，外匯改按關金標準，使金價直接與價敦市場金銀供求狀況相聯繫，不再受人為所操縱，從而穩定了金價。另一方面各類匯兌的掛牌也移至央行，使央行能控制匯兌的機能大大擴張，也使統制金價成為可能，此後央行便可通過關金買賣與價格確定直接控制金市，對金融市場的黃金交易，進行有效的監管與控制。[56]

53　吳景平等著，《近代中國的金融風潮》，頁 180。

54　中國人民銀行總行參事室編，《中華民國貨幣史資料》第二輯（1924-1949），上海：上海人民出版社，1991 年，頁 61。

55　標金為標準金條的簡稱。

56　吳景平、龔輝，〈1930 年代初中國海關金單位制度的建立述論〉，《史學月刊》，2007 年第

海關金單位制度方案的推出，將有關金本位制的討論推向頂點，不久後，甘末爾設計委員會向國府遞交《中國逐步采行金本位幣制法草案》，實際上是建議實行一種金匯兌本位制。實施海關金單位制度後，稅的繳納按海關金單位結算，使進、出口商皆逐漸養成用金的習慣。在金本位的討論中，貨幣銀行學家唐慶永[57] 贊成實行英國經濟學家凱恩斯提倡的管理紙幣金融政策，他概述凱恩斯的管理通貨理論，其中一個要點即爲停止金塊的流通及黃金的自由鑄造，只留作爲準備，以防不時之需。同時用以清償國際付款及平定國際匯率。唐氏認爲此種「發行紙幣流通市面，背後用銀行（金）塊作準備」的管理紙幣制度是一種理想的政策。[58]

張素民[59] 提出管理通貨制，他建議放棄銀本位，實行金匯兌本位制。他認爲當下的中國應實行金匯兌本位制，即所謂虛金本位，主要特點在「國外匯兌用金，國內照常用銀，但在過渡時期，可專用鈔票；而國幣（銀幣或鈔票）與黃金，必規定一最高限度的交換比例」，他認爲這種幣制應叫做管理金匯兌本位制。[60]

趙蘭坪[61] 提出實行不兌現的紙幣制度，他認爲紙本位制僅能作爲一種過渡時期的制度，將來的幣制很可能是要爲金準備制，即以政府或中央銀行爲中心，發行政府紙幣或銀行紙幣，以現金與在外金匯爲兌現準備。「凡遇輸現出口，始得兌取現金或金匯，國內通貨，必以紙幣爲主，銀幣與賤金屬貨幣爲輔。」一種在嚴格管理匯兌下，行使以生金與金匯爲兌現準備的金本位制。[62]

1934 年 9 月，中國駐美大使施肇基在給美國的照會中表示：「國府有責任須設法避免銀價變動的損害，現在中國不應單獨維持銀本位制，已考慮逐漸採用金本位貨幣，因此須吸收現金。美國政府既增加國庫金準備比數，國府願通知美國政府，是否願與中國政府作金銀相互交換。」[63]可看作國府確有考慮逐步廢除銀本位，實行金本位

10 期，頁 68-70。

[57] 唐慶永曾留學俄亥俄州立大學，回國後在上海交通大學、之江大學等校任教授，並出任上海、杭州、蘇州等地的上海商業儲蓄銀行分行經理。

[58] 唐慶永，〈廢兩改元與紙幣政策〉，陳度，《中國近代幣制問題匯編・銀兩》，上海：上海瑞華印務局，1932 年，頁 286。

[59] 張素民對於貨幣與財政問題頗有研究，後曾任汪僞財政部關務署署長、汪僞國民黨中央政治委員會財政專門兼主任委員等職，著有《白銀問題與中國幣制》等。

[60] 張素民著，《白銀問題與中國幣制》，上海：商務印書館，1936 年，頁 22-24。

[61] 趙蘭坪，浙江嘉興人，生於 1898 年，幼年隨父母移居上海，後赴日本留學，獲慶應大學經濟學學士學位。回國後歷任暨南大學、中央大學、中央政治學校經濟學教授，並任中央銀行顧問，著有《經濟學》、《近世歐洲經濟學說》等。

[62] 趙蘭坪，《現代幣制論》，上海：商務印書館，1936 年，頁 6-7。

[63] 〈中國公使施肇基致美國國務卿赫爾函〉（1934 年 9 月 24 日），*Foreign Relations of the*

的想法。1934 年 9 月，財政部也宣布取締標金外匯的投機，改以央行所開的關金行市爲結價標準。

而在 1935 年 9 月至 10 月間，上海金融市場的局勢迅速惡化，也使當局須儘快作出改革，遂於同年 11 月 3 日宣布實施法幣政策，主要內容如下：

（一）自 1935 年 11 月 4 日起，以中央、中國、交通三銀行所發行之鈔票定爲法幣。所有完糧納稅及一切公私款項之收付，概以法幣爲限，不得行使現金，違者全數沒收，以防白銀之偷漏；如有故存隱匿、意圖偷漏者，應准照《危害民國緊急治罪法》處治。

（二）中央、中國、交通三銀行以外，曾經財政部核准發行之銀行鈔票，現在流通者，准其照常行使；其發行數額，即以截至 11 月 3 日止流通之總額爲限，不得增發；由財政部酌定限期，逐漸以中央鈔票換回，並將流通總額之法定準備金，連同已印未發之新鈔，及已收回之舊鈔，悉數交由發行準備委員會保管；其核准印製中之新鈔，並俟印就時，一併照交保管。

（三）法幣準備金之保管，及其發行收換事宜，設發行準備管理委員會辦理，以昭確實，而固信用。其委員會章程另案公布。

（四）凡銀錢行號商店及其他公私機關或個人，持有銀本位幣或其他銀幣、生銀等類者，應自 11 月 4 日起，交由發行準備管理委員會或其指定之銀行，兌換法幣。除銀本位幣按照面額兌換法幣外，其餘銀類，各依其實含純銀數量兌換。

（五）舊有以銀幣單位訂立之契約，應各照原定數額，於到期日，概以法幣結算收付之。

（六）爲使法幣對外匯價按照目前價格穩定起見，應由中央、中國、交通三銀行無限制買賣外匯。[64]

法幣政策使中國的貨幣制度廢除了銀本位，白銀屬性只是商品，不再具有貨幣地位，使銀價的變動不能直接影響幣值的變化。規定由政府銀行專享法幣發行權，取消其他商業銀行的發行權利，提升政府的發行主體性。另外由政府銀行買賣外匯，也有助於管控外匯市場。

在 1931 年後，仍爲銀本位的中國因國際白銀急劇升值，引發大量白銀外流、國際貿易逆差及國內通貨緊縮，使國內經濟出現危機，加上 1933 年 3 月，羅斯福總統上任之初，便開始關注通貨膨脹及財政政策問題，6 月 19 日國會通過《1934 年白銀

United States, 1934 V.3, p.443。

64 中國第二歷史檔案館等編，《中華民國金融法規檔案資料選編》（上），頁 401-403。

收購法案》，要求增加白銀儲備，直到白銀達和黃金總貨幣儲備的 25%。美國大量收購白銀，使國際白銀價格驟然提高，使中國白銀大量外流。[65] 實行銀本位制卻又無法控制國際白銀供需，使中國經濟在國際銀價波動之中，顯得十分地脆弱。終在 1935 年 11 月 4 日，放棄銀本位制，發行法幣。從銀本位制變爲 1935 年 11 月後的管理匯兌制，標誌著中國經濟的重大轉變，意味著中國歷史上，首次出現由政府掌控貨幣供應的情形，國府在貨幣及金融體系中的地位也大爲提升。

因金在中國中並不算貨幣，運用有限，故歷史上中國金價往往低於歐洲，至 19 世紀後，中國的金價開始和歐洲接近，尤其是鴉片戰爭後更爲明顯。長期看來，以白銀計算的物價並不穩定，如以米價爲標準，則每百年約要上漲 50% 以上。如從 10 世紀後半算起，至 20 世紀前半爲止，以 50 年爲一單位，則白銀的購買力在一千年間，減成三十八分之一以下，即喪失了 94% 以上；而黃金的購買力還保存了 40% 以上。就漲跌的幅度看，白銀計算的米價，每公石自 10 公分至 257 公分，相差 20 幾倍，而以黃金計算的米價，每公石自 1 公分至 6 公分多，相差不過 4 倍，[66] 詳見下表：

表 1-3-1　千年來金銀購買力比較　　　　　　（單位：1 公石 =100 千克）

年代	每千克黃金所能購得的大米 （單位：公石。括弧中爲百分數）	每千克白銀所能購得的大米 （單位：公石。括弧中爲百分數）
10 世紀後半葉	444.64（247）	71.11（1828）
11 世紀前半葉	319.16（178）	50.97（1323）
11 世紀後半葉	263.16（146）	32.89（845）
12 世紀前半葉	149.78（83）	11.47（308）
12 世紀後半葉	262.20（146）	21.85（562）
13 世紀前半葉	242.40（135）	20.20（514）
13 世紀後半葉	242.42（135）	30.30（779）
14 世紀前半葉	223.41（124）	22.34（574）
14 世紀後半葉	388.58（212）	58.17（1495）
15 世紀前半葉	594.09（330）	92.25（2371）
15 世紀後半葉	354.73（197）	61.16（1572）
16 世紀前半葉	331.78（185）	49.52（1273）

---

[65] （日）城山智子著；孟凡禮、尚國敏譯，《大蕭條時期的中國：市場、國家與世界經濟（1929-1937）》，南京：江蘇人民出版社，2010 年 3 月，譯者的話，頁 1-3、頁 156-159、204-205。

[66] 彭信威，《中國貨幣史》，頁 649。

年代	每千克黃金所能購得的大米 （單位：公石。括弧中為百分數）	每千克白銀所能購得的大米 （單位：公石。括弧中為百分數）
16 世紀後半葉	318.71（177）	43.48（1118）
17 世紀前半葉	262.54（146）	31.07（796）
17 世紀後半葉	317.87（177）	31.78（817）
18 世紀前半葉	290.70（161）	27.38（704）
18 世紀後半葉	246.91（137）	15.92（409）
19 世紀前半葉	192.31（107）	12.30（316）
19 世紀後半葉	261.09（145）	13.87（356）
20 世紀前半葉	179.71（100）	3.89（109）

資料來源：彭信威著，《中國貨幣史》（2 版），頁 649-650。

從金銀比價的變化，也可以看出近代中國金倡議背後的世界經濟因素。現將自 1840 年後，百年來的金銀比價（以倫敦市場價為準）及中國對英匯率變動的情況列表如下：

表 1-3-2　百年來金銀比價及對英匯率變動表

年次	金銀比價（年平均數）	對英匯率（關平銀 1 兩平均合金鎊數	
		先令	便士
1840（道光 20 年）	15.6190	-	-
1850（道光 30 年）	15.4431	-	-
1860（咸豐 10 年）	15.2866	-	-
1870（同治 9 年）	15.5706	6	7.1
1875（光復 1 年）	16.6416	6	2.2
1880（光緒 6 年）	18.0908	5	9.6
1885（光緒 11 年）	19.4172	5	3.5
1890（光緒 16 年）	19.7486	5	2.3
1895（光緒 21 年）	31.6308	3	3.3
1900（光緒 26 年）	33.3066	3	1.3
1905（光緒 31 年）	33.9054	3	0.1
1910（宣統 2 年）	39.2914	2	8.3
1915	39.9151	2	7.1
1916	30.1156	3	3.8
1917	23.0702	4	3.8

年次	金銀比價（年平均數）	對英匯率（關平銀 1 兩平均合金鎊數	
		先令	便士
1918	19.8264	5	3.4
1919	16.3466	6	4
1920	15.3177	6	9.5
1921	25.5728	3	11.4
1922	27.4326	3	9
1923	29.5263	3	5.8
1924	27.7352	3	7.9
1929	38.6	2	8
1930	53.4	1	11.1
1931	70.3	1	7.1
1932	73.5	1	11.4

資料來源：張家驤《中華幣制史》、谷春帆《銀價變遷與中國》，轉引自石毓符，〈近代金貴銀賤對中國的影響〉，《天津財經學院學報》，1981 年，頁 40-41。

　　從上表可以看出，金銀比價變動的長期趨勢是差距越來越大，1840 至 1880 年之前，比價常維持在 1：15 上下，40 年間金銀比價相當穩定，與清初以來一百多年的情況相似，1875 年之後，金則有明顯的上升趨勢，20 世紀之後發生劇烈變化。1930 年代之後，中國由原本的貿易入超與白銀入超並存的情況，變為貿易入超、白銀出超。在此背景下，也造成幣制中關於金的倡議越來越多，而關於銀的倡議日漸沉寂無聲。

小結

　　黃金和白銀在世界與中國的用途不同，在世界黃金是貨幣，白銀為一般商品，在中國則正好相反，白銀是貨幣，黃金是商品。因此金銀的流入或流出，對中國的影響也大不相同。

　　過去由於黃金在中國僅是商品，因此其存量多少，對中國金融影響不大，它的流入或流出也並不帶來經濟上的影響。但其價格高低對銀價及中國對外貿易、償還外債等仍有一定影響，白銀則不同，中國以銀為本位，世界銀價漲價，白銀流入或流出，與中國金融、經濟與國際貿易息息相關。但在白銀價值快速跌落後，改革與黃金有聯繫的幣制，也成為中國的主流。

　　雖然在各國均已加深金在貨幣體系中的比重，然而當時中國黃金準備薄弱，便需要大量出口白銀購取黃金，這將重創美國的購銀政策，而沒有美國的支持，中國也缺乏轉向金本位的經濟實力，在此大背景下，中國沒有轉向金本位的條件，因此1935的法幣改革，未實行金本位，而是以外匯本位取代銀本位。但法幣改革後，即停止使用白銀，使白銀與貨幣脫離，加上其他金融經策開始與黃金掛勾，黃金在中國經濟體系中的重要性已日益增加，加上設立發行準備委員會，將發行準備的黃金、白銀集中保管，收歸國有，爲國府戰時黃金政策的運用提供了便利。

附錄

附錄一　中國逐漸采行金本位幣制法草案

第一章　本位與價值單位

　　第一條　自本法施行之日起，中華民國政府採行金本位幣制，以期逐漸推行於全國。

　　第二條　貨幣之價值單位，應含有純金60.1866公毫，定名爲一「孫」（Sun）其記號爲S。

　　第三條　1孫分爲100分，1分分爲10釐。

第二章　貨幣與造幣

　　第四條　自本法通過之日起，中華民國境內不得鑄造本法規定以外之貨幣，所有本法規定之貨幣，應專由國民政府在上海中央造幣廠及其分廠自行鑄造之。

　　第五條　貨幣分爲下列4種

（一）銀孫。

（二）5角及5分之鎳幣。

（三）1角及5分之鎳幣。

（四）1分半分及2厘之銅幣。

　　前項2厘銅幣之鑄造，應於財政部部長認爲有利於公眾時行之，其流通地點亦以財政部長指定者爲限。

　　第六條　銀孫重20公分，1千分中含純銀800分，即純銀16公分。

　　第七條　5角銀輔幣重10公分，1千分中含有生720分，即純銀720公毫。2角銀輔幣重4公分，1千分中含有純銀720分，即純銀288公毫。

第八條 1角輔幣重4.5公分，5分輔幣重3.5公分，均以鎳鑄造之，其成分近於純鎳，由財政部長諮詢中央造幣廠當局後決定之，但一經正式決定，除依法律規定外不得變更之。

第九條 1分輔幣重5公分，半分輔幣重3公分，2厘輔幣重1.5公分，其成分均含有銅95分，錫與鋅各2.5分。

第十條 所有各種貨幣之直徑及厚度，與其所具之圖案及邊際之鋸齒或其他條紋，均於初鑄時由財政部長決定之，嗣後除依法律之規定外不得有何變更。

第十一條 大量銀幣成色之公差以千分之3為限，其重量之公差亦以千分之3為限，每銀幣之公差在1孫或5角以130公絲為限，在2角以100公絲為限。

第三章 金本位幣制之法律上地位

第十二條 財政部長應隨時決定，並於事前至少60日公式布告，某某省之「金本位幣制通行日」（Gold-standard currency circulation Date），屆期後各該省境內依法得使用金本位通貨從事於一切買賣、支付工資、及通貨所習行之一切業務、與夫存款負債及訂立以金本位通貨支付之任何其他契約，以上各種責任及契約當事人兩方均應遵守，並由法院認為有效。

在前項公布之日期後，各該省中除以契約別有規定者外，所有對於國民政府省政府地方政府應繳一切賦稅公費與其他債務、以及國民政府省政府地方政府供給貨物業務等之一切代價、包括郵費及政府鐵路所收之貨客費在內、均應兌成金本位通貨，並以此項通貨繳付之，其兌換率，除財政部長諮詢全國幣制委員會為特別之規定外，應以現行國幣1元作為1孫，對於上述各種付款，國民政府或任何省政府地方政府應接受任何種類及任何數量之金本位幣制。

前項公布應載明屆期後各該省向來通用之各種銀兩或非金本位通貨用以繳付對於國民政府省政府地方政府之債務時應按何種兌換率，此種新舊通貨兌換率，由財政部長按公共利益所需要，以公布隨時變更之，上述變更兌換率之公布於發表後至少滿10日始生效力。

任何省境內自上述金本位幣制通行日起，除依契約別有規定之事件外。所有國民政府省政府地方政府對其雇員支付之一切款項。得按上述兌換率以金本位通貨支付之。

自上述金本位幣制通行日起，所有各該省境內向日合法流通之各種非金本位通貨，得依本法第三十條之規定，向設在全省適當地點之兌換所，按官定兌換率隨時兌取金本位貨幣。

本法所稱金本位貨幣專指本法所規定之各種貨幣。

本法所稱金本位通貨專指前述各種貨幣及可兌取前述各種貨幣之中央銀行紙幣，所有本法關於中央銀行之規定，將來繼承其職權之中央準備銀行成立後均適用之。

第十三條　自本法第十二條規定之各省金本位幣制通行日起，一年之內，財政部長應對各該省規定並公布第二日期，稱為「金本位法幣日」（Gold-standard Standard Legal Tender Date），此日期須在財政部長公布以後至少六個月。並須在各該省金本位幣制通行日以後至少一年。

自金本位法幣日起，所有國民政府省政府地方政府對其雇員之支付款項從前尚未按金本位通貨支付者，應一律確定按此項通貨支付之。

第十四條　任何省自金本位法幣日起，在各該省境內所訂契約，除於契約中特別規定用他種通貨支付者外，其應付款項之支付概以金本位通貨為唯一法定貨幣。

自此以後，除於契約中別有規定者外，本法所稱各稱貨幣，於每次付款時。孫幣為無限法定貨幣，五角銀幣之為法定貨幣以 25 孫為止，2 角銀幣以 5 孫為止，鎳幣以 2 孫為止，銅幣以 2 角為止。

第十五條　財政部長依本法第二十五條所稱全國幣制委員會之建議，就本法所定限制為每省擇定一日公布之，稱之為「債務換算日」（Debt Adjustment Date），每一債務，契約及其他責任，連同所有國民政府省政府地方政府欠人或被欠之種種款項，原定以非金本位之中國通貨繳付，而其繳付其在債務換算日之後者，及屆繳付之期，其本息應按財政部長於債務換算日起所規定之等值率，以金本位通貨支付之，此為用孫幣與非金本位通貨間之等值清償債務。

前項對於孫幣之等值率應就各省各種非金本位通貨一一估算規定，而以債務換算日公布以前 90 日間，在各該省通行之平均市值為標準，所有各種等值率應由財政部長於公布債務換算日前至少 30 日，在各該省所有主要地方公布之。

在債務換算日以後屆滿而訂明以銀兩支付之契約，應按前述孫幣與現行國幣間之官定率用金本位通貨支付之，其官定率係假定各該契約規定之銀兩所含純銀與現行國幣 1 元所含純銀 23.90957 公分之比，而定其所值之元數。

前述債務換算日由財政部長分別省分公布，於各該日至少六個月以前行之，此日可與本法第十三條金本位法幣日相同，但不得在金本位法幣日以前。

第四章　金本位之維持——其行政機關及運用方式

第十六條　自本法施行之日起，財政部設「幣制處」（Currency Department）承財政部長之命掌管本法第十八條所設之「金本位基金」（Gold'Standard Fund）及關於設

立與維持金本位幣制之其他事務。

　　第十七條　幣制處設處長一人輔以副處長一人及法律規定之各種助理人員，處長薪水每年——孫，副處長薪水每年——孫，所有幣制處之俸給及其他費用應按每年提出預算，由本法第十八條所設之金本位基金撥付之。

　　第十八條　自本法施行之日起，應設一種特別信託基金，稱爲金本位基金，專用以建立一種金本位幣制，並維持本幣制中所有貨幣本法第二條規定之金單位平價。

　　金本位基金不得少於所有全國通行金本位貨幣總額35%，此總額包括所有各銀行之貨幣準備額在內。

　　下列各項收入應專撥充金本位基金：

　　（一）政府由金本位貨幣鑄造所得之利益。

　　（二）依本法第二十一及二十三條規定發售匯票所得之匯水。

　　（三）本基金在外國存款或投資部分所得之利息。

　　（四）依中央準備銀行法第　條規定政府對於中華民國中央準備銀行所徵之特許稅。及依前述法律第　條規定所徵之準備不足稅。

　　（五）發售政府所占中央銀行股份一部或全部所得之價。

　　（六（政府因設立及維持金本位鑄造並運用金本位幣制所得之任何其他收入。

　　（七）自本法制定後，爲鞏固通貨目的所舉各種借款之純收入。

　　但本法第十三條所稱金本位法幣日現於五省以上並經過三年以上時，本法第十九條所稱之金本位基金第一部分若超過全國流通金本位貨幣總額（包括所有各銀行之貨幣準備在內）40%，而此項超過狀態又繼續不已，則政府得將本條第一至第六項列舉之收入款項撥歸國庫。

　　金本位基金所支撥之款項以下列各種費用爲限：

　　（一）所有鑄造貨幣及運用國內各造幣廠之一切費用。但廠屋設備之開辦費不在其內。

　　（二）依本法第十六條所設幣制處之俸給及其他行政費。

　　（三）關於金本位基金之保管存儲移轉，關於按本法第二十一至二十三各條以本基金爲保證而發售匯票及關於籌備全國各種金本位貨幣互相兌換等種種其他日常費用。

　　（四）遇金本位基金容有過最之損耗貨幣時由於撤回重鑄金本位貨幣，及銷鎔此等貨幣將其所含多屬出售等所受之損失。

　　（五）由於撤回在流通中之非金本位貨幣，並將此等貨幣銷鎔，以其所含金屬出售成移交造幣廠供重鑄金本位貨幣之用等所受之損失。

第十九條　金本位基金應分為下列兩部分：

第一部分括有下列各項：

（甲）所有存於國內及國外或國外之指定金條或金幣。

（乙）所有在中華民國境外外國殷實銀行之金幣存款。

（丙）依本條末節所規定存放金本位基金之國外銀行所出經外國其他殷實銀行允兌之票據。

第二部分括有下列各項：

（甲）所有在金本位基金庫中或依本法第二十條之規定被委任為國內金本位基金代理處庫中實際保管之金本位貨幣。

（乙）所有中華民國政府購供鑄造金本位貨幣之銀鎳銅及其他金屬，此稱金屬或按購價或按市價保管，以價低者為準。

（丙）所有在國內各造幣廠保管中之新鑄貨幣。

（丁）所有由金本位基金一機關程途中之中國金本位貨幣。

金本位基金之任何部分不得按存款性質存入中華民國境內任何本國或外國銀行或本國銀行之任何外國支店，亦不得以之投資於國內。

金本位基金按存款性質由中華民國境外銀行保管之部分，只可存入世界金融中心三地點以下之殷實銀行，各該地點之匯兌必須有廣汎之國際市場。

前述金存款所存放之國家必須對於金貨有自由市場，所存之金得隨時撤回，而於輸出時無須繳納賦稅公費或受其他限制。

第二十條　幣制處處長經財政部長之認可，得設立金本位基金事務所，並委任國內重要城市之銀行為基金代理處。

每省至少有一事務所或代理處，但每地不得多於一事務所或一代理處，總事務所應設於上海。

中央銀行各分行於其所在地點內，應較其他銀行分行儘先被選為前述基金代理處。

前述基金在國內各代理處為本基金所為之業務，應按百分率受酬，此項酬率由財政部長規定之。

第二十一條　幣制處以其在上海、南京、廣州、天津、北平、漢口、瀋陽及財政部長隨時指定地點內之事務所或代理處，對於有人持請兌換適合法定重量之金本位各種貨幣時，應依幣制處處長之決擇以下列各項之一兌換之。

（一）通常用於國際付款之金條（每條價值約由 1 萬 5 千孫至 2 萬 5 千孫），按平價兌算。以 60.1866 公毫之純金為金本位貨幣之 1 孫。

（二）金本位基金向外國存款銀行之電匯款項。

（三）向前項存款銀行之即期匯票。

（四）向前項存款銀行之 60 日期匯票。

前述電匯與匯票每次不得少於 3 千孫。

凡以電匯或匯票兌回金本位貨幣時。應按收款國或受票銀行所在地之貨幣單位超過孫幣之平價，對於各該電匯或匯票收取匯水，換言之，此項匯水率應代表金貨輸出點，而適足應付由中華民國境內發售匯票之地點將金條輪運於受票地點之一切費用。

在規定電匯與六十日期匯票之匯水時，應以即期匯票標準對於利息作適當之計算，但如美國舊金山與紐約兩地藉合眾國聯合準備制度而能使金貨信用之匯兌維持其平價與免費時，對於紐約電匯與匯票所定之匯水得根據由發售匯票地點輪運金貨於舊金山所需之費用。

前述匯水率應隨時由「金本位匯兌委員會」（Gold'Standard Exchange Committee）訂定，本委員會以財政部長幣制處長中央銀行董事會推選董事一人及上海銀行公會推選國外匯兌專家一人組織之，而以財政部長為當然委員長。

第二十二條　所有金本位貨幣，經人持向金本位基金之任回事務所或代理按前條規定之條件兌取金條電匯或金匯票時，應即停止其流通，並實際保管於金本位基金或其代理處之庫內，除因本法第十八條所列支撥款項之目的，或依本法第二十三條規定按純金 60.1866 公毫等於 1 孫幣之兌換率在中國境內購買金貨以支付國外向本基金之電匯或匯票時，不得再行提出流通。

但前項條件並不阻礙幣制處處長於其認為公共利益所需要時，將存在中國境內之一部基金酌量比例分配於處理本基金之各事務所或代理處，又本基金中之各種金本位貨幣其比例得由幣制處長以其職權自由變更之，以適應本法第二十四條之需要，惟此種變更不得將本基金實際停止流通並存入國內各庫中之總額減少，又前述限制不適用於重鑄貨幣時之實際損失，亦不適用於遇本基金所存貨幣過多時貨幣銷鎔以其金塊出售所生之損失。

第二十三條　財政部長應授權並指揮代存金本位基金之國外銀行（以下簡稱外國存款銀行）（The foreign depository banks），接受其所在國流行之金本位貨幣，而售以向金本位基金兌款之電匯即期匯票及 60 日期匯票，由本基金之上海事務所兌付孫幣。

此項電匯及匯票每次不得少於 2 千孫，財政部長依自己之決擇，亦得授權並指揮任何外國存款銀行發售前述種類之電匯與匯票，向本基金代兌金本位貨幣之各事務所或各代理處兌付。

所有付給外國各存款銀行，以供購買金本位基金電匯及匯票之本金及匯水，應作

為本基金在此項出售電匯或匯票之銀行中之存款，但依幣制處處長之決擇得隨時匯劃於本基金之其他任何外國存款銀行。

前述對於金本位基金之各種電匯與匯票在國外發售時，其匯水以只能代表金貨輪運點為度，又此項外國貨幣超過孫幣金平價之匯水，必須適合由出票地將金條輪運於中華民國某地之費用，但如紐約舊金山兩地間，藉美國聯合準備制度而能維持金貨信用在匯兌時之平價與免費時，所有由紐約售出向中國境內金本位基金兌款之電匯與匯票，其匯水率得按由舊金山輪運金條於中國受票地所需之費用，於規定電匯與60日期匯票之匯水時，對利息一應因為相當之計算，而以即期匯票率為其標準。

前述各種匯兌之匯水率應由本法第二十一條第三項所稱金本位匯兌委員會隨時訂定，而公布於國內外。

第二十四條　在中華民國境內金本位基金各事務所及代理處，應依幣制處處長之訓令，存備金本位各種貨幣，所有基金事務所及代理處應於任何人請求時，就其為此目的所存血之款項範圍，免費一種金本位貨幣兌為他種，每次兌換數量以10孫或其倍數為準。

幣制處處長應於每月5日至10日之間公布關於上月底之下列各項報告。

（甲）金本位基金之總數量。

（乙）前項基金之成分，分別揭載其屬於第一部及第二部之數量。

第一部

（一）在外國銀行存款之數量。

（二）外國銀行家承兌票據之數量。

（三）撥定金條金幣之數量。

第二部

（一）在本基金各事務所代理處保管中之金本位貨幣數量。

（二）本基金之他種資產，包括在鑄造中及轉運中之金條數量。

（丙）本基金之存在地點，本款分別揭載下列各項。

（一）存在紐約之數量。

（二）存在倫敦之數量。

（三）存在其他外國都市之數量。

（四）存在其他地點之數量。本項分別揭載下列各節。

（子）存在上海之金本位貨幣數量。

（丑）存在中華民國其他各地之金本位貨幣數量。

（寅）其他各種資產。

（丁）上月內本基金之運用情形，本款括有下列各項。

（一）國內售出向國外基金兌款之電匯及匯票數量，本項應分別揭載即期匯票及 60 日期匯票之數量。

（二）國外售出向國內基金兌款之電匯及匯票數量，本項應分別揭載即期匯票及 60 日期匯票之數量。

（三）經由國內基金承辦之國內匯兌。

（四）鑄造情形，本項應揭載所鑄各種貨幣之數量。

（五）財政部長指定之其他項目。

前述報告應發交上海、南京、廣州、天津、北平、漢口、瀋陽及財政部長隨時指定其他地點之報紙公布之。

金本位基金之賬目與資產，得隨時無須報告由一委員會或會計師一人或數人審查證明之，此項委員會成會計師由下列五團體之一或其二團體以上之聯合組織委任之。

（一）上海錢業公會。

（二）上海銀行公會。

（三）上海外國匯兌銀行公會。

（四）中央銀行董事會。

前項團體中之任一團體或其任何聯合組織得隨時並任意對金本位從事前述之審查，並得公布其審查結果。

前述審查於按——法規定由國民政府監察院審核證明及按一般銀行法規定由銀行總監審查之外獨立行之。

第五章　金本位通貨對於非金本位通貨之逐漸代替

第二十五條　金本位貨幣對於現行貨幣之代替由「全國幣制委員會」（National Currency Commission）主持之，本委員會自本法施行之日起由財政部長設立之。

第二十六條　全國幣制委員會以委員三人組織之，依本法第十六條所設之幣制處處長爲本委員會當然委員會，其他委員 2 人須對於貨幣范轉具有專門學識，由財政部長委任之，除委員長外委員之任期爲 2 年，期滿得再重被委任，委員須以全部時間爲委員會服務，年俸每人——孫，並於因公出外時領受必要之川資旅費，幣制處處長對於本委員會之任務不另支薪俸，但因公出外時得與其他委員同領必要之川資旅費。

本委員會應受外國幣制專家一人之輔助，由財政部長任用之，其報酬及雇備條件由財政部長決定之。

本委員會依法律之規定及財政部長之認可，得設書記及其他助理人員。

所有委員專家助理人員等之薪俸及本委員會之其他費用，應編列每年度預算由國庫支付之。

第二十七條　全國幣制委員會於其工作之進行上，以各省幣制委員會輔助之，此項省幣制委員會於財政部長認爲對於全國幣制委員會在各該省之工作有必要時，即於各該省設置之，每省幣制委員會三人組織，由財政部長依全國幣制委員會之提名委任之，其任期爲一年，期滿如財政部長認爲於公眾利益有必要時得續行委任一年，委員三人中由財政部長指定一人爲委員長，各省委員會應直接對全國幣制委員會負責，其任何委員得依全國幣制委員會多數委員之請求由財政部長隨時解除其職務，委員每人年俸——孫，並於因公出外時領受必要之川資旅費，所有省幣制委員會委員助理員等之薪俸及委員會其他行政費均須編列預算，由國庫支付之。

第二十八條　全國幣制委員會經各省幣制委員會之協助，應爲每省或於必要時爲一省之每縣製備關於幣制改革之宣傳計畫，此項宣傳計畫應將幣制改革之事實由報紙傳單招貼講演以及專供學校應用之小冊與其他種種有效方法宣傳之。

藉上述各種方法，以淺顯之文字或言詞，使公眾明白關於幣制所爲之改革，關於改革之主要理由，關於新幣制較舊幣制之優點，關於將來行用舊幣之限制與懲罰，關於舊幣兌新幣之換算率與其兌換之地點，關於持有金本位貨幣者在金幣匯兌上之利益，以及關於在全省各地方按平價任意將各種金本位貨幣互相兌換之權利，此外並須宣傳法律上對於偽造金本位貨幣之處罰，務使公眾周知此項處罰定必屬行。

第二十九條　全國幣制委員會依各省幣制委員會之協助，應調查各省在流通中之各種通貨，以及每種通貨發行流通之條件與其價值，並隨時依財政部長之需要調查所得之結果報告之。

第三十條　全國幣制委員會應隨時以孫幣對他幣之兌換率建議於財政部長，俾兌回及撤回在流通中除十文銅幣外之各種非金本位貨幣，而履行國民政府所負之責任，前述兌換率得因各種貨幣而殊異，並得因所在地不同致同種貨幣亦有殊異。

所有兌換率依委員會之裁奪認爲公眾利益所需者，得隨時變更之，訂定此項兌換率時，應根據各種貨幣所含金屬在世界主要金屬市場之時價，並根據貨幣於預期施行官定兌換率之日 90 日以前在其流通之各該地對於金貨之約價，此外又根據其他種種資料，務使委員會所訂定之兌換率對於政府人民債主債戶均得其平。

財政部長就前述全國幣制委員會之建議加以考慮，即依建議之根據隨時爲各省或各縣發布認爲有利於公眾之各種貨幣兌換率，依本法之規定，所有財政部長對於兌換率與其適用地域及時期之決定應認爲最終者。

第三十一條　現行之 10 文或 1 分銅幣（以下稱爲單銅幣）應暫時容納於金本位

幣制內，而定其價值爲半分。

財政部長於諮詢全國幣制委員會後，應就每孫得兌單銅幣 2 百枚以上之地點設法逐漸撤回此項在流通中之單銅幣，此項撤回單銅幣之舉動應繼續進行，直至全國各地單銅幣一律達於每孫 2 百枚之齊整率爲止。

在本法施行時或於政府繼續其適用單銅幣之政策時，設有某地單銅幣之價值漲至每孫所兌不滿 2 百枚時，財政部長得以在他地撤回之單銅幣行用於該地，至每孫能兌 2 百枚爲準。

俟有三省以上之單銅幣確能保持每孫 2 百枚之交換率時，財政部長應即宣布正式鞏固單銅幣之日期，但以適用於各該省爲限，此日期稱爲「銅幣鞏固日」（Copper Coin Stabllization Date），此後如有他省亦能保持每孫二百枚之兌換率。財政部長應隨時爲各該他省正式宣布其銅幣鞏固日之各該省，應即行使本法第九條所規定之半分新銅幣，逐漸使舊日之單銅幣停止流通，嗣後所有舊單銅幣仍得在各該省中用以繳付對於國民政府省政府及地方政府一切應繳之款項，按每孫 2 百枚計算，並得按此率由政府兌回之，財政部長認爲作保省之舊單銅幣大部分業已停止流通時，應即在各該省中行使金本位 1 分新銅幣。

一省之銅幣鞏固日得與本法第十二條規定之金本位幣制通行日相同，或依財政部長之裁奪改在金本位制制通行日之後。

所有舊銅幣除由財政部或代財政部輪運者外，自本法施行之日起，不得自一省運至他省，或於本國與外國間互相轉述，直至財政部長正式宣布全國各省單銅幣均已鞏固之日爲止，凡違反前述禁令以舊銅幣輪運或企圖輪運於一省與他省之間或本國與他國之間者除沒收所運舊銅幣外，並處運輪者或企圖運者以 25 孫之罰金。

第三十二條　所有本法第三十條規定金本位貨幣對於非金本位貨幣之兌換。由國民政府或由其附屬機關代表國民政府施行之，凡由流通中撤回之貨幣應銷鎔之，自此所得之金屬由政府重鑄金本位貨幣，或依公眾利益之需要出售之。

第三十三條　全國幣制委員會應建議辦法於財政部長，將中華民國境內現行各種紙幣永久停止其流通，而以金本位貨幣及中央銀行金本位紙幣代替之。

第三十四條　財政部長根據全國幣制委員會所供給之資料及其建議辦法，並根據所得之其他資料爲每省正式宣布其「紙幣最後收回日」（Final Note retirement Date）此日期至少於 1 年以前對各省宣布之，亦不得早於各該省之債務換算日或後於此日 2 年以上。

第三十五條　各省或各地方曾經發行紙幣，或擔保任何紙幣之兌現，或直接支配或以其所占股分而支配發行紙幣之任何銀行者，應自本法通過之日起。停止此種紙幣

之續發，並設法以平價收回並撤廢現在流通之紙幣。

但財政部長對於某省或某地之紙幣於其流通時原較票面價值為低者，經將各該省或各該地方情形及各該種紙幣之流通價值調查明確後，如認為有利於公眾，得准許各該省或各該地方在平價以下兌回其所發紙幣，此種減低兌換率由財政部長依全國幣制委員會之建議決定之，務期對於公眾及負責發行之各該省或各該地方均得其平，本條所稱一省或一地之紙幣當然指本法所舉之各種紙幣。

某省或某地方若不能於紙幣最後收回日以前收回所有發行之紙幣，各該省或各該地方應於是日或是日以前以金本位存款存入中央銀行在各該省之分行，如該省並未設有中央銀行分行，則改存於在各該省內經財政部長認可作為中央銀行代理處之其他銀行總行或分行，此項存款數目應按紙幣最後收回日各該省骨舊幣對金本位貨幣之兌換率，足抵其未收回紙幣數目所代表之兌現款項，但遇前述特許按平價以下收回紙幣時，此項存款以足抵按財政部長特許減低之兌現率收回未兌現之紙幣全部為準。

前項收回紙幣之代理銀行，以各該省或各地方之代理人資格，兌回所有未兌現之紙幣而停止其流通，以所任業務之詳情報告於各該省或地方，並以作廢之紙幣繳還之，自紙幣最後收回日起屆滿 3 年，前述代理銀行應將存款未經用以兌現之剩餘部分繳還於各該省或地方，自此以後，各該省或地方對於任何人交尚未兌現之紙幣，應按反定兌換率直接負兌現之責，直至此項責任經國家法律解除後為止。

但某省或某地方無力提繳前述之存款，經財政部長所全國幣制委員會之調查報告認為滿意時，得依財政部長之書面允許，以各該省或地方充分保息之債券連同此項書面允許存入前述之代理銀行，此項債券須按金本位貨幣支付，某票面總額並須足只尚未兌現紙幣全部之平價，或有特別情形明足抵前述兌回紙幣之減低價，所有債券應附利息票，每券額面為 10 孫或其倍數，其利息每半年須付一次。其本銀限於 20 年以內清還，債券之條件須經財政部長認可。

某省或某地方之紙幣，按官定兌換率湊足十孫或其倍數時，得持向述代理銀行即時按平價換取同數之債券，代理銀行於交出債券時應將兌換日期前所有應行支付之利息票及兌換日期后應行支付之第一張利息票剪下送交各該省或地方之有權代表人。

前述代理銀行為某省或地方收回紙幣之勞務，應受取公費共數等於兌出金本位貨幣數量 1 厘之 4 分之 1，或按平價改取債券。

第三十六條　本法所稱發行銀行指任何團體或個人，無論為銀行商或私人，從事於紙幣發行作為貨幣而行用之者。

除中央銀行及除本法第三十五條第一段所揭載之省銀行或地方銀行外，任何發行銀行尚有未兌回之紙幣者，應於本法發生效力之日停止發行此項紙幣，又除下文規定

者外，應設法以平價收回及撤回所有未兌現之紙幣，但財政部長對於任何銀行其紙幣價值於本法施行時實際已較幣面減折者，得於調查該銀行情形及其紙幣在流通時之價值後認為有利於公眾時，特許其在平價下兌回所發之紙幣，此項按平價之低折率由財政部長依全國幣制委員會之建議決定之，務使公眾及負發行紙幣之銀行各得其半，除以下文規定者外，凡在一省紙幣最後收回日以後，未經兌現之紙幣，應即課以一種稅，其稅率應以每月流通之最高額為根據，自紙幣最後收回日起第 1 年內每月課以半厘，第 2 年內每月課以 1 厘，嗣後每月各課以 1 厘半，此稅應按紙幣額面代表之貨幣信官定換算率以金本位貨幣繳納之。

自紙幣最後收回日起，任何發行銀行之流通紙幣不超過前述收回日以前兩年內流通紙幣最高額 10% 時，如該銀行仍繼續撤回並註銷所有交來來兌現存儲或付債之紙幣，得免其繳納前項之課稅，此項免稅應自流通紙幣額降至 10% 以下之第一月起發生效力。

於本法施行前曾在國民政府註冊而繳足資本 5 百萬以上之發行銀行，得按其一月內持有國民政府公債之平均數量，減免其同數量流通紙幣應繳稅率 4 分之 3，俱此項減稅紙幣之額，無論何時不得超過該銀行於紙幣最後收回日所持有之國民政府公債，上月之減稅流通紙幣之最高額即為下月減稅之最高額。

前述發行銀行所持中國政府債務之數量如發生意見時，依國家信用法第——條規定之方法解決之，在紙幣最後收回日以前，國民政府應將對於前述各發行銀行尚未償還之債額全部，以現金及依本法第二十七條規定之各類公債，或專以此項公債償還之，但各該發行若根據原定契約上之權利不肯接受者不在此例，前述債額用各類公債償還之比例數由財政部長決定之。

除中央銀行外，任何發行銀行於本法施行之日以後尚有紙幣在流通中者，應於每月一日至五日之間對於銀行總監，如未設有銀行總監時則對於財政部長所指定專對此事負責人員，報告上月內未兌現紙幣之每日平均數，上月任何日未兌現紙幣之最高數，以及上月中國政府對該銀行債務已還未還部分之每日平均數及最高數。

銀行總監或財政部長指定接受前項報告之人員，應將所有未兌現而應行課稅之紙幣數量通知負責徵收本條所稱紙幣稅之人員。

第三十七條　財政部長因依本法第三十六條規定償還對於各銀行之債務，有權發行總額不超過——孫之公債，此種公債按年利息——厘，每半年發付一次，分為若干類發行，每類在——年內清償，第一類於——年滿期，稱為一類，第二類於——年滿期，稱為一類，照此類推，至最後一類於——年滿期，稱為一類，每類債額之異同由財政部長決定之。

　　前項各類公債應具充分擔保品，又為保證其本息之迅速償付起見，應由——於每月一日以受任保管人一人之名義，將至少等於全年需要十二分之一款項，存入——，此項存款由保管人以應付前述公債之本息。

　　第三十八條　凡銀行商店或私人不能遵行本法第三十六條之規定者，應由銀行總監宣布其無償還能力，依一般銀行法之規定清算之。

　　還有前項不能償還之事實，而一般銀行法尚未制定銀行總監一缺亦設置時。所有本條銀行總監行使之職權依現行法律由財政部長指定財政部員一人執行之，此項代行銀行總監職權之專員應有相當之助理人員，其薪俸及辦公費用均由財政部長決定，列入預算之內，所有關於銀行或銀行業者之清算費用，應就該銀行或銀行業者之資產最先撥付償還政府。

　　第三十九條　本法對於中華民國與任何外國締結條約所規定之權利絕不損害之。

　　第四十條　本法於通過後六個月以內發生效力，其發生效力之日期由國務會議議決公布之。

第二章
抗日戰爭時期黃金政策的運用與收效

前言

在抗戰以前，對於黃金在經濟體系中的重要性雖日益增加，但因存量有限，國府對於黃金的原則是不收購，不出售，民間自由持有，自由買賣。抗戰爆發之後，遂將金銀集中，以防流入淪陷區。太平洋戰爭爆發後，美國希望中國能將日本牽制在遠東，給予中國經濟貸款 5 億美元，當時中國對外交通，除印度空運線外，幾乎完全斷絕，國府研究之後，決定動用貸款中的 2 億美元，購買黃金運回中國運用，按當時市價，2 億元美金折合成黃金約 5,687,494 市兩。中國政府從未有過如此數額龐大的黃金，黃金政策也成為抗戰後期國府財政經濟政策的主力。

第一節　抗戰前期黃金政策與美元貸款購金政策的確立

在甘末爾設計委員會向當局建議應逐步採行金本位制，並提出相關辦法，及國府在 1930 年 2 月將中國海關徵收進口稅改徵收金單位後，黃金在中國幣制及經濟政策中的重要性日益增加，在抗日戰爭開始時，也制定了一系列與黃金有關的政策。

一、抗戰前期黃金法令與政策

在抗戰以前，國府對於黃金的原則是不收購，不出售，民間自由持有，自由買賣。抗戰爆發後，資金大量逃避，加上 1938 年 3 月，華北偽中國聯合準備銀行成立，以無擔保不兌現偽幣，換取法幣，資金外流造成的貿易入超與敵偽銀行的套購外匯，政府決對外匯進行管制，規定：「（1）外匯之賣出，自本年 3 月 14 日起，由中央

銀行總行於政府所在地辦理；（2）各銀行因正當途徑，於收付相抵後需用外匯時，應填具申請書送達中央銀行總行或其香港通訊處；（3）中央銀行總行接到申請書，應即依照購買外匯請核規則核定後，按法定匯價售與外匯。」[1]但管制也造成僑匯與出口外匯大量地流入黑市。長此以往，外匯基金必定枯竭，並防止黃金資敵，考量以後，認為有實施黃金國有之必要，決以民間黃金充實外匯基金。

金銀外匯代表一國的對外金融資產，為國際支付的後備金。作為發行準備金，又是一國貨幣價值的體現，一般各國皆將其權責交付國家中央銀行集中管理，假如準備分散，如遇金融恐慌，即可能發生難以應付的危機，集中準備在平常時期可充分發揮資金效用，金融危機可發揮準備功能。[2]

關於集中金銀準備，在戰前即已開始實行，1935年中國改行法幣政策，國府為昭示法幣發行準備工作的確實，增強人民對法幣的信任，成立了專門管理機構——發行準備管理委員會，其中主要任務之一即在負責法幣準備金的保管。設立發行準備管理委員會的主因之一，在於當時央行分支機構的數量及分佈不足，甚至在中國、交通兩行之下，中央銀行尚不足以承擔集中準備的條件，無法承擔全國各地鈔券金銀的收兌和保管職責。因此由委員會指定中央、中國、交通三行庫房為準備庫，於1935年11月，制定《接收發行辦法》，表示：「各埠發行行之現金準備，應趕速由三行分別接收，並立即運送至集中地點，限期辦妥具報。」[3]1935年11月25日，發行準備管理委員會訂定施行《中中交三行接收中南等九銀行發行鈔券及準備金辦法》；12月27日，又通過了《已接收各行發行之處理原則》，對準備金的處理作了更詳細的補充規定。[4]

對於發行準備保管地點，在法幣政策施行之前，政府大部分資產皆存於上海。法幣改革時，由於國內外環境變化，引起儲備保管地點的討論。有主張將準備庫分設全國，以昭信實。有主張在上海、天津、廣州、漢口、重慶及西安這些重要城市，組織準備保管委員會。[5]有主張上海易受敵人進佔，故不能將大部分準備存於上海。1935

---

[1] 重慶市檔案館、重慶市人民銀行金融研究所編，《四聯總處史料》（中），北京：檔案出版社，1993年7月，頁156。

[2] 劉慧宇，《中國中央銀行研究：1928~1949》，北京：中國經濟出版社，1998年11月，頁161。

[3] 交通銀行總行、中國第二歷史檔案館合編，《交通銀行史料》第1卷（下冊），北京：中國金融出版社，1995年12月，頁922-923。

[4] 中國人民銀行江蘇省分行、江蘇省金融志編委會合編，《中華民國金融法規檔案資料選編（上）》，北京：檔案出版社，1989年，頁411-412、416-417。

[5] 卓遵宏等編，《抗戰前十年貨幣史資料：（三）法幣政策》，臺北：國史館，1988年9月，頁328-331。

年 12 月 2 日，發行準備管理委員會第 19 次常務會議，通過關於發行準備保管的議決案，並致函財政部表示：「案查發行準備金在未施行法幣以前，向以在申兌現關係，大部分集中上海以應實際需要，自法幣施行以來，推行範圍以內地為較廣，各地發行數量既增，準備金自應分存各地以堅民信……嗣後對於發行準備金之調度，應隨時酌量分存各地分支行處，以昭大信而息浮言。」[6]

事實上保管地點的設置，受到政治不統一，戰爭形勢嚴峻等諸因素影響，面對日本軍事進逼的日益明顯，為使法幣順利推行，國府只有透過對地方實力派的讓步，達到穩定國內局勢的目的。面對一觸即發的戰事，沒有哪個地方可以說絕對安全，現金的運輸集中也非能馬上達成，因此暫將現金準備分存各地，逐漸透過出售白銀購買外匯和黃金的方式，將所存準備轉移國外，可說是戰時一種實際的過渡政策；[7] 國府也透過各種方式將最主要的上海庫存資產，移往安全地點。1936 年 9 月，國府將存在上海公共租界，約值 9 千萬元的白銀運往紐約，約值 3 千萬元的白銀運往香港，上海只留必要的發行準備金。[8]

但政府的集中黃金辦法，社會上多未能切實，即有黑市外匯的興起，其匯價較政府的法定匯價為低，因此上海金價，即脫離法定匯價的羈絆，而跟著市外黑市所兌換到的法幣，比政府所指定的兌換機關為多，同時投機家視黃金的買賣為獲利的捷徑，紛紛拋出法幣收購黃金，於是黃金市場劇烈變動，而各地銀樓業亦多以收兌黃金為主要業務，甚至出現偷運等情事，政府鑒於此紊亂現象影響金融市場匪淺，而黃金的源源流出，無異斷送國家經濟命脈，為杜絕投機，防止外流起見，便放棄過去黃金自由買賣制度。

1938 年 10 月，財政部公布《監督銀樓業收兌金類辦法》，規定銀樓業除中央銀行委託代收金類外，不得買賣飾金，其原文四條如：（1）銀樓業收狀者為限，金條、金塊、金葉、沙金、礦金一概不准收售（但受中央銀行委託代收金類者不在此限）；（2）銀樓業收售金飾價值，應以銀樓業與中央銀行或中、交、農三行共同商定之價值為準，不得任意抬高或抑低；（3）銀樓業違背兩條之規定時，一經查實，應予停業之處分，受停業處分之銀樓，所存各種金器金飾，及上項制品之原料，一概強制售予中央銀行，按照當日牌價付給法幣；（4）自本辦法公布之日起，專以收買沙金礦金之店

6　中國第二歷史檔案館，檔號：三九八 -12609。轉引自張秀莉著，《幣信悖論：南京國民政府紙幣發行準備政策研究》，上海：上海遠東出版社，2012 年 4 月，頁 84。

7　張秀莉，《幣信悖論：南京國民政府紙幣發行準備政策研究》，頁 84-85。

8　中國人民銀行金融研究所編，《美國花旗銀行在華史料》，北京：中國金融出版社，1990 年，頁 468。

鋪，不兼營銀樓業者，應向中央銀行接洽，訂閱承受委託代收金類合同，所有收進沙金礦金等，應悉數售予中央銀行，不得私自出售，違者應予停業處分，受停業處分之金店鋪，所有沙金、礦金等，一概強制售予中央銀行，按當日牌價付給法幣。[9]

　　政府集中黃金政策，雖採取溫和態度而逐漸推進，則不具飾物器具形式的金條金塊等生金的買賣雖有限制，而具有飾物器具形式的金貨則仍可收售，於是一般牟利商人，將生金粗制為器物，而私運出口猖獗，且中央銀行金市掛牌和上海金市價格相差頗遠，黃金勢必由黑市流向國外，政府為杜絕流弊起見，於 1938 年 10 月 21 日，財政部頒布《限制私運黃金出口及運往淪陷區域辦法》，防止黃金流入日佔區，規定黃金及任何形狀的金飾，一律禁止攜運出國或運往淪陷區域。旅客隨身攜帶金飾出國或往淪陷區域，需符合（1）金飾係指各具飾物形狀，全部或一部為金所制成而言；（2）金飾確供旅客本人現實服飾或準備自用者；（3）所攜金飾其所含純金總量不得超過 37.7994 公分等三項規定，違者沒收充公。為加強政策效果，遂對海關或執行檢查軍警機關制定獎勵辦法，海關關員單獨緝獲者，可提撥五成充作獎金；軍警或其他機關在有海關關員執行職務之場所協助海關緝獲者，可提取二成作為獎金。[10]

　　淞滬事變爆發後，上海金融市場情形為之變化，投機事業興起，國府為安定金融起見，一面頒布安定金融辦法，限制提取存款，一面明令取締非法交易，藉以制止投機操縱。上海金業交易所雖奉令停市，但錢兌業、金號、銀樓業等的現金買賣仍未停止，而政府亦無相關命令，惟《救國公債募集辦法》中，特規定人民購買公債，不以法幣為限，若以生金銀及其製成品購買救國公債時，亦可按其所值之價，以救國公債給予之，是為國府對黃金集中政策施行的開端。1937 年 9 月 28 日，國府通過《金類兌換法幣辦法》（見附錄一），規定人民凡持有生金、金器、金飾、金幣或新產的金塊、金沙等，可向中、中、交、農四行、郵政儲金匯業局等兌換法幣，或作為法幣存款。其存款期限在一年以上者，除原利息外，再加周息二厘，並給以黃金兌換法幣者三項手續費：（1）10 兩以下者，給 3%；（2）10 兩或 10 兩以上者，給 4%；（3）50 兩或 50 兩以上者，給 5%。

　　同年 10 月 10 日，財部又頒布《金類兌換法幣辦法暫行細則》11 條（見附錄二），規定詳細手續，主要內容有：（1）收兌金價，由兌換機關每日在門首掛牌；（2）

9　〈財政部公布之監督銀樓業辦法（1938 年 10 月 11 日）〉，參見中國第二歷史檔案館編，《中華民國史檔案資料彙編：第五輯第二編財政經濟（三）》，江蘇：江蘇古籍出版社，1997年，頁 93。

10　〈限制私運黃金出口及運往淪陷區域辦法（1938 年 10 月 21 日）〉，參見中國第二歷史檔案館、中國人民銀行江蘇省分行、江蘇省金融志編委會合編，《中華民國金融法規檔案資料選編（上）》，頁 430-431。

計算金類重量，以標準新衡制爲準；（3）兌換機關，估低金類成色，得就地選用公估人員辦理，不得抬高或抑低，而以公平確當爲唯一；（4）人民以金類請求兌換，無論數量多少，兌換機關，均應竭誠接待，若換得法幣，作爲存款的，應予以充分的便利，在最短時間內，辦完手續，如是使人民樂於黃金兌換法幣，以增進實施上的效能。

　　抗戰開始後，國府也開始重視收兌、採金，1938 年 5 月，四聯總處下設收兌金銀處，在各地廣泛收兌黃金；經濟部內增設採金局，在四川、雲南、西康、湖南等地，採煉金砂，充實國庫。前者收兌黃金數量爲 698,000 餘市兩，後者產量爲 21,300 餘市兩。[11]

　　1938 年 5 月間，政府復發行金公債，因是以黃金、英鎊、美金等外匯計值之故，所以稱爲「金公債」，其中的「金」，是指「關金」而言。規定以金類、外匯、國外有價證券、外幣等，購買金公債，計分爲關金公債、英金公債、美金公債三種，如人民把生命及其製成品或金幣類購買的，那麼按照其所含純金數量，以關金單位，每一純金爲 6.1866 公毫折合關金，即以關金公債發給之，金公債的發行無疑地比較救國公債的徵集黃金辦法更進一步。1938 年 5 月 1 日，分別發行關金 1 億單位、5 千萬美元、1 千萬英鎊，年息 5%。十足發行，15 年期，以鹽餘擔保。關金是指國府爲因應國際銀價大跌，於 1930 年 1 月改用關金收稅，每一關金單位爲 0.601866 克純金，折合 0.4 美元（1942 年 2 月又提高關金含金量爲每單位 0.88861 克，折合 1 美元），此爲抗戰時期首度以外匯黃金爲單位所發行的公債。截至 1942 年 8 月底止，金公債實銷數與發行數的比例，關金債票 0.01%，英金債票 0.92%，可說微乎其微。最終共計募得關金 110 萬單位，英金 132,340 鎊，美金 4,624,180 元，最多的美金部分也還不到 10%，購者寥寥，並沒達到預期設想。[12]

　　當時所施行的黃金政策，尙限於管理民間的金貨，並設法使民間的藏金售給國家，並沒有禁止人民藏金，因此使黃金政策，未能收到如何功效，爲欲防止外匯資金的分散，並施以有效的集中，非進一步實施黃金編制政策不可，財政部遂於 1939 年 1 月，頒布《收兌金銀通則》26 條，將過去所頒的各種有關管理金銀質的法規加以綜合，並確定收兌金銀事宜，概歸收兌金銀辦事處，秉承四行聯合總辦事處主任之命，督促並指揮中、中、交、農四行分行集中辦理原則，奠定統一收兌金銀的法理基礎，其主要條例如：（1）金價除由中央銀行總行電告外，得參酌當地市價核定，核定之金

11　李榮延，〈我國後方之戰時金融〉，《民國經濟史》，頁 425-431，轉引自楊雨青，《美援爲何無效？——戰時中國經濟危機與中美應對之策》，頁 158-159。

12　戴學文，《從息借商款到愛國公債，細說早期中國對內公債（1894-1949）》，臺北：商周出版，2017 年 9 月，頁 195。

價由中央銀行通知中、中、交、農各行，儲金匯業局及各金業，並送黃金評價委員會存案；（2）給百分之三至五手續費與收兌機關；（3）金業以金類出售一般顧客，每市兩得向顧客收法幣十元之手續費。根據此法，黃金的買賣由政府嚴格控制，可是民間的黃金如欲完全收歸國有，非取締黃金買賣不可，於是財部進一步，於 1939 年 9 月頒布《取締收售金類辦法》（見附錄三），主要內容在規定各地生金，應悉數由四行收兌金銀辦事處，或委託收金機關，按照規定價格用法幣收購；各省省立銀行或私立銀行、典當業，不得收購生金，但受四行收兌金銀辦事處委託者則不在此限；各產金區域所產生金，由四行收兌金銀辦事處指定四行分支行處或委託採金局及其代兌機關，按照核定牌價收購；原專行收買生金之店鋪或金販，不准再兌存等，[13] 開始收兌黃金，對於買賣則未加以取締。自該辦法公布後，1938 年 10 月頒布的《監督銀樓業辦法》，特准銀樓業收售具有器飾形狀之金物的規定即告廢止。

　　1939 年 11 月間，財政部公布收購生金辦法，明令規定凡非政府委託的機關，一概不准收兌生金，如有違反則由該地方政府，查明其收購的生金，沒收充公，該所稱的生金，則包括礦金、沙金、金條、金葉、金塊等，則部之所以頒布此令，乃藉此以加強統一收兌生金的政策。

　　金屬買賣既已有制度，金融業及典當業因業務關係，而有金貨財產權的進出，或者是移轉時，當然也須應予管理，如是而可使政策趨於健全，所以 1939 年 1 月，財政部先以電令全國銀錢業，禁止私購金銀，其原電略謂：「查收兌金銀，為戰時之金融政策，關於收兌事務，早經本部指定中、中、交、農四行收兌，金銀辦事處，及其委託之同業行莊，或其他機關辦理，銀樓金店均不得再行私收……惟金融界同業向發行銀行，領用法幣，交存進備，尚有分赴內地購金銀之事，考其收購用途，既是繳歸四行領券，於推行法幣，收兌金銀，不無輔助之益，但為杜絕假藉名義，便利私圖，亟應規定辦法，此後各地銀行錢莊，向中、中、交、農四行締結領券合約，因而收購金銀，充作準備者，應先報明接洽領券之發行銀行，並報請收兌金銀辦事處，或其他分處，隨時稽查，以杜弊端，其有未經締結領券合約，亦不先報請委託，或不接受稽查，仍行收購者，即以私購牟利論，應報請財政部，按其情節，將其金銀，強行收買，或酌予處分……。」[14]

　　同年 10 月頒布《取締金融業典當業質押金類辦法》（見附錄四），此項辦法，在

---

[13] 《加緊中央收金辦法（1939 年 9 月 15 日）》，參見中國第二歷史檔案館、中國人民銀行江蘇省分行、江蘇省金融志編委會合編，《中華民國金融法規檔案資料選編（上）》，頁 436-437。

[14] 楊照頤，〈黃金統制政策之實施〉，《中國商報》，1940 年 6 月 3 日。

使金融業與典當業，不能藉口業務上的理由，而收受金類的質押，而各該業所營的金類質押，既由政府爲之屬禁，民間就不敢收藏金類了，在這樣狀況之下，不得不以之出售於國家爲唯一辦法，所以此項取締辦法，與其謂在限制銀錢業與典當業，無寧說是在杜絕民間私藏金類，因私藏金類，倘若有其變換法幣的機會時，則其收藏尚有意義，則連質押的可能也被取消，則其捨即售給國家外，又何必私藏而犯禁例。

1940 年 11 月修正取締收售金類辦法（見附錄五），以補先前辦法之不足，開始禁止黃金自由買賣，並由中中交農四行設立收兌金銀辦事處，統一收購民間黃金，以增加戰時財政收入。[15]

1941 年後，因爲大量貸款來華，對外幣的需求緩和，加上抗戰後期，戰時通膨，物價漸高，黃金黑市價格與各地生產砂金成本已漲至收金官價之上，如提高收金官價，匯價便會因此提高，進而影響到法幣價值，使大後方物價上升，因此不調動收金官價。

由下表可知，從 1941 年後收兌金銀開始明顯減少，至 1942 年開始，收購黃金數量寥寥無幾，原意逐漸形同具文，加上各省砂金生產陸續停頓，乃於 1943 年 6 月 4 日廢止收購黃金政策。

表 2-1-1　戰時收兌金銀量值（1938 年至 1943 年）　　（單位：市兩、法幣元、枚）

年別	總計（元）	生金		銀類
		數（市兩）量	折合法幣（元）	小計（元）
1938 年	16,144,751.90	31,464.8741	6,152,948.30	9,991,803.60
1939 年	92,794,071.03	314,917.3703	88,277,294.09	4,516,776.94
1940 年	121,202,517.52	267,148.8501	119,913,437.46	1,289,080.06
1941 年	48,632,293.39	84,152.2005	48,066,114.67	566,178.72
1942 年	3,107,592.87	4,875.9914	3,078,783.44	28,807.43
1943 年	726,461.66	1,040.1535	689,463.46	36,998.20
統計	282,607,688.37	703,599.4399	266,178,043.42	16,429,644.95

資料來源：根據中央、中國、交通、農民四銀行報告編制。引自中國人民銀行總行參事室編，《中華民國貨幣史資料 第二輯（1924-1949）》，頁 408。

說明：1. 1938 年是 6 月至 12 月數字。

2. 自 1944 年 1 月起各行收兌金銀業務停止辦理。

3. 1942 年金銀折合法幣金額與總計金額，原始資料即相差 2 元。

---

[15]　趙蘭坪，《現代中國貨幣制度》，臺北：中華文化出版事業委員會，1955 年 4 月，頁 184、185。

二、五億貸款與黃金政策的確立

抗戰爆發後，美國即開始給予中國易貨借款和平準基金，對於中國抗戰前期的物資和維持法幣匯率、外匯的穩定，起到了一定的作用。但隨著抗戰過程中國際交通線阻塞，物資運輸困難，中國自身亦生產不足造成物資缺乏，物價高漲，經濟情勢逐漸惡化。

太平洋戰爭爆發後，美國希望中國能將日本牽制在遠東，計畫增強對華貸款，1942 年 1 月 9 日，羅斯福給摩根索的信中表示：「關於對華貸款，我認爲目前中國不可能拿出什麼擔保，但是，我們急於幫助蔣介石和他的幣制，我希望您能夠在這個問題上找到辦法，或許我們可以買下一定數量的中國通貨，即使這意味著以後會帶來部分損失。」[16] 數額方面，1942 年 1 月 10 日，國務卿赫爾（Cordell Hull）致信摩根索稱：「我覺得，當作一個戰時政策，並以防止對中國貨幣失去信心及中國貨幣之貶低購買力而致損及中國軍事努力起見，美國現對中國給予 3 億美元以內的財政援助，是十分適當的。」[17] 但在 1942 年 2 月 2 日，美國決定大力增強援華力度，宣布給予中國經濟貸款 5 億美元，稍後英國也宣布提供 5 千萬英鎊的貸款。

這 5 億美元的貸款遠超過此前美國四次援華借款的總和（1.7 億美元），這筆貸款給予國府極大的信心，蔣介石即表示這筆貸款：「不僅足以改善我國之經濟狀況，亦必能鼓舞我國人民奮發之精神。」並期待在「獲得此項貸款後，除用之於充實軍需以外，其主要之用途，將爲增強吾國之經濟基礎。挽回吾國之法幣，管制吾國通貨之發行，穩定吾國之物價與戰時生活標準，並將用之於增加必要之生產。」[18]

自蔣介石宣布此項消息後，引起社會上普遍注意。政府在籌劃運用辦法，民眾則作爲談資，社團則開會討論，形成一個經濟上的焦點問題。國民黨第十一中全會第七次會議，對其運用辦法，於「確實推行加強管制物價方案穩定戰時經濟案」中做出「以黃金控制物資用以物資吸收法幣」的原則指示外，仍無具體辦法。

由於這筆貸款無須擔保，沒有利息，無償還年限、指定用途、附帶條件，運用上十分靈活，如何運用這筆巨款，改善中國財政與經濟困境，是一重大問題，也引起學者專家們的重視與討論。有關這筆貸款運用的建議可謂十分多元，在吸收法幣方面即

---

[16] 吳景平，〈宋子文與抗戰時期中美五億美元借款交涉〉，《檔案史料與研究》，1990 年第 4 期，頁 57。

[17] 吳景平，〈宋子文與抗戰時期中美五億美元借款交涉〉，《檔案史料與研究》，1990 年第 4 期，頁 57。

[18] 羅敦偉，《中國戰時財政金融政策》，重慶：財政評論社，1944 年 4 月，頁 209。

有發行美金公債和美金儲蓄券；向美國購買黃金在國內市場出售；無限制買賣外匯；在國內出售美鈔等建議。[19]

抛售黃金的政策最早是由中央銀行理事席德懋於 1942 年 5 月正式提出的，他認為，既然中國人民對於黃金有傳統的愛好，出售黃金自然能比銷售債券吸引到更多購買意願。席氏第一次提出此政策時，原提議出售中央銀行庫存所有約 4 萬 4 千盎司的黃金，並從 5 億美元貸款中動用一部分經費進口黃金。[20] 在當時認為只要擁有黃金作為儲備，就能有效的控制法幣惡性貶值的人不在少數。

這項建議也得到國府中的美籍財政顧問楊格和政府的支持，1942 年 7 月 3 日，楊格在備忘錄中回應席德懋的想法，他認為出售黃金效果不如出售物資，但在當時環境大量進口物資並不現實。考慮到當時中國黃金市場較小，黃金價格偏低，控制較為容易，且可自南非和印度空運黃金，先此方案原則可行。只是楊格認為抛售黃金計畫，需深入考慮幾個問題：（1）需要自國外輸入多少的黃金，應結合市場消化量加以計算，得出具體數量；（2）若黃金售價一成不變，人們多會採取觀望態度，故出售後應適度使黃金價格上漲，以增加民眾購買意願；（3）戰時人民普遍缺乏存款，如何促使民眾將存款拿出購買黃金，需仔細思考；（4）出售黃金應由中央銀行負責，並要避免黃金投機；（5）在大規模推行黃金政策之前，應由中央銀行試銷，看效果如何。[21]

第二節　如何運用黃金的討論及定案

在美國對華貸款確立及國府提出將以這筆貸款購買黃金後，由於當局從未掌握有如此鉅額的黃金，也引起包括銀行界、工商界、經濟學者等各方的關注，對於黃金應當如何運用，提出各自的見解。

---

[19] 楊雨青，《美援為何無效？——戰時中國經濟危機與中美應對之策》，北京：人民出版社，2011 年 5 月，頁 134-157。

[20]（美）楊格著；陳冠庸譯校，《中國的戰時財政和通貨膨脹（1937-1945）》，廣東：廣東省社會科學院，2008 年 4 月，頁 211。

[21] The possible sale of gold in China, July 3, 1942, memo by Arthur. N. Young, Folder, Gold, 1942, Arthur N. Young Paper, Box 85.

一、各界對於黃金運用方法的討論

在確定從美國貸款中購買黃金在國內出售後，也開始圍繞這筆黃金如何運用進行討論，在中央銀行經濟研究處的座談會，有人建議運用借款中的一部分從美國購買黃金，運回國內出售。倘若無法辦到亦可從印度市場購買，所需費用由英美貸款項下支付。可以動用美金 3,500 萬元購買生金 1 百萬兩，假設每兩按法幣 2 千元出售，即可收回法幣 20 億元，如按當時收金官價 680 元出售，亦可收回法幣 6.8 億元。之所以認為此舉可行，在於雖然黃金出售後會分散至民間，但抗日戰爭結束後，領事裁判權和租界皆會取消，外國銀行會遵守中國法令，外匯管理會更便利，屆時重新收集民間存金並非難事。另外雖出售黃金政策，會導致部分黃金流入淪陷區，被敵偽所吸收，但戰事結束後這些損失可要求敵偽償付，這些流入敵偽的黃金也可能被收回。[22]

經濟學家楊志信認為黃金恢復自由買賣，其積極作用有三個方面，一為吸收法幣回籠；二為轉移投機對象，三為鼓勵黃金生產。關於吸收法幣回籠，政府年來已十分努力，如各種儲蓄業務的推進、公債的發行，及各種稅收的調整等。今恢復黃金自由買賣停止大量收兌，即是吸收法幣回籠更進一步之措施，用意至善。查以黃金吸收法幣回籠，其運用之方式乃為由政府拋出存金，於市場上換回法幣，惟此種方式之運用，其利害得失尚有應加考慮之處：（1）由政府拋出黃金換回法幣，如拋出之數量不大則於事無補，如大量拋出則即將引起金價下跌；金價下跌將使黃金之購買者減少，因而使吸收法幣回籠之目的不易達到。購買黃金者之動機，或為保持原有貨幣之價值（store of value）以防幣值再度下落之損失或為待善價而沽，以為獲利的手段。在此種動機下如黃金價格趨跌，購買者因不能保持原有傾向價值並無法牟利，勢必停止購買。即使政府可緩緩拋出，使金價不致下跌而趨穩定，然當此百物皆趨上漲之際，亦不能引起以營利為動機的購買者之興趣。（2）黃金在國際貨幣上將仍佔有重要之地位，戰後國際經濟關係恢復常態，黃金需要必增，此時政府拋出黃金，人民定願購買以備戰後之用。此固屬可能，然此種作用必在戰爭將告結束之時才能發生，在目前恐難實現。人民不在目前大量購買黃金而於戰事將告結束之時始大量購買，則政府拋出黃金吸收法幣以平抑物價之意義即不存在。（3）即使政府以拋出黃金手段達到吸收法幣回籠之目的，然政府是否有此大量存金以資運用則為問題。有人主張可向美國借入黃金，美國現在存有世界 80% 以上的黃金，固可借給中國，但中國以所借之黃金在

---

22 中央銀行經濟研究處座談會，〈再論如何利用英美貸款解除我國當前經濟困難〉，《大公報》，1942 年 7 月 10 日，第 3 版，頁 149；楊雨青，《美援為何無效？——戰時中國經濟危機與中美應對之策》，頁 134-139。

目前拋出，將來於戰後終歸還美國，其歸還之方式不外：（1）由政府再將國內黃金收回而以之歸還；（2）以外匯頭寸撥付；（3）輸出物品抵償。第一種方式將造成戰後通貨數量之膨脹，因而增加戰後整理通貨時之困難。第二、第三兩種方式，將減弱中國戰後建設的資力，因而影響經濟復興工作之進行。是以由美國借入黃金以吸收法幣回籠，其所生之利弊，實應詳加研究，妥為權衡。國家政策之決定，應顧及深遠，而不應為醫頭醫腳之臨時應付。吸收法幣回籠以平抑物價，雖為當前急切之需要，然其方法固有多端，而不局限於拋售黃金之一途。

轉移投機對象方面，黃金原為投機牟利的一良好對象，戰前各地標金交易所的熱鬧情形即是證明。今恢復黃金自由買賣，實為減輕貨物囤積最有效辦法。但中國地域廣大，社會組織鬆散，對於囤積物品行為，若純用政治力量強行制止，則不如採用因勢利導手段來得有效。黃金投機在目前環境下，於國家社會並無弊害，因黃金非生活上必需之物品，其價格波動與民生無關。黃金價格波動原可影響幣制，但現在中國對外經濟關係業已隔絕，金價波動對幣制不足為害。在目前之情形下，恢復黃金自由買賣，對於物價之平抑有所益，而對於幣制及民生無所損，實為最好之措施。然而僅僅恢復黃金買賣自由，恐仍不能完全發揮轉移投機對象之作用，因為黃金的買賣雖可藉金店銀樓為交易的中心，但金店銀樓分散市面，對於大量而頻繁之交易之進行頗感不便，顧客與金店銀樓的每次交易均須收付現款現貨更不便，如欲引起商民對大量而頻繁之黃金交易的興趣，必須儘量使其在交易上得到最大之便利，因此實有成立一集中交易機構之必要。換言之，即應於後方各大都市設立黃金交易所。設有黃金交易所則凡欲買賣黃金者，皆可於交易所為之，而免分散各金店銀樓接洽之勞；同時在交易所之買賣，除每月交割一次外，可免時時收付現款現貨之煩。有此兩種便利，則買賣黃金者必可增多，因而轉移投機對象之目的容易達到。為免卻人民之顧忌起見，黃金交易所可由民營，政府只立於監督地位即可。但交易所所收之交易保證金，則須一概存於國家銀行；保證金之比率，亦須提高，至少須在 50% 以上，如此則政府不必拋出黃金，而可得吸收法幣回籠之效。此外政府更可徵收有關交易所之各項稅款，以使法幣回籠，並可增加財政之收入。至於金店銀樓，如設有交易所，不但可為組成交易所之重要份子，同時於本身經營黃金買賣外，更可兼作交易所之經紀人代客買賣；故交易所的成立，對於金店銀樓業之利益不但毫無抵觸，且可促成其營業之繁榮。因此設立黃金交易所實合於當前各方面之需要，可考慮從速實現。

鼓勵黃金生產方面，恢復黃金自由買賣，礦產黃金不再由政府統收，可由人民自由採購後，因自由交易價格較政府統收官定價格為高，固可鼓勵黃金之生產，惟鼓勵黃金生產，對於整個戰時經濟是否有益？頗值得研究。中國後方各地黃金之生產多

是沙金，而少礦金，沙金之淘採所費人工甚大。以四川省松潘縣而言，每人每天平均僅能淘金1、2分，金價提高後對於淘金者之利益或可增加，但自協助平抑物價之觀點而論，則無所貢獻。因採金而消耗大量人力，對於平抑物價工作，不但無益反而有損。如能將此項大量人力引用於直接生產國防民生必需品之途，則其對於平抑物價工作之效果不言可喻。當此後方人力缺乏之時，所謂鼓勵黃金生產之企圖似應重加考慮。或謂欲達到吸收法幣回籠及轉移投機對象之目的，鼓勵黃金生產增加供給乃屬必要，此論亦係似是而非。關於前者，購買新產黃金所支付之法幣，將大部歸於採金者，作為維持生活之用，此項法幣將仍流入市場，固不能回籠。關於後者，只要有投機之便利，即可引起投機者之興趣，固不待增加黃金之供給，且投機行為貴乎能對投機物品之操縱，倘黃金之供給不斷增加，投機者反難操縱。[23]

經濟學家康永仁則將可能的利用辦法，作一利弊比較，以官價出售收回法幣，有利之處在於：（1）以收回法幣彌補一部分財政收支的不平衡，減少部分發行；（2）收縮人民手中一部分過剩購買力；（3）因發行減少購買力收縮，物價可略為降低。不利之處在於：（1）官價與市價相差過鉅，政府損失過大；（2）官價與市價相差過鉅，人民勢必爭購漁利，黃金頃刻售罄；（3）2億美元的黃金，僅能收回法幣40億元，對財政無益；且黃金售盡後，戰費之籌措，仍只能依賴發行，得不償失。

以市價出售收回法幣，有利之處在於：（1）收回之法幣，可以解決財政困難，減少發行；（2）收縮人民手中的大部分購買力；（3）發行大減與購買力收縮，物價下跌。不利之處在於：（1）以通貨收縮過剩，有發生經濟恐慌的可能；（2）黃金大量拋售時，市價下跌；（3）美金儲蓄券的支付，如何計算，將發生困難；（4）黃金以市價出售，法幣對美元的匯價將趨跌落。

用以鑄為抗戰紀念章，獎勵人民捐獻，以收回法幣，有利之處在於：（1）鑄成抗戰紀念章，定一個捐獻標準，可防止價格跌落；（2）捐獻超過金價的部分，為政府的一種收入。不利之處在於：（1）捐獻的標準，如以官價為標準，其弊同以官價出售收回法幣的辦法。如以市價為標準，其弊同以市價出售收回法幣辦法；（2）藉捐款以收回法幣，收回的數目，甚難有確實的估計；（3）鑄造時易滋流弊，而且鑄造費用之支出，亦是一筆損失。

按預算之每月不足數，尚待發行以資彌補者，改為分次出售黃金以資彌補，有利之處在於：（1）分期出售，可以避免黃金跌價；（2）分期出售，可以避免因通貨收縮過甚而發生經濟恐慌；（3）減少發行。收回法幣，可期物價下落。不利之處在於：

---

[23] 楊志信，〈對於恢復黃金自由買賣之意見〉，《大公報》，1943年6月23日。

（1）戰事何時勝利結束無法預料，黃金售罄後，戰費之籌措，仍將惟發行是賴；（2）當前經濟問題，物資亦爲一重要因素。此辦法僅從通貨方面下手，仍難解決問題。

以上辦法的共同缺點，即均忽視當前經濟問題的物資因素。用爲發行新幣的準備，發行金紙幣。這個辦法問題很多，包括：（1）中國於戰後，是否需要採行金本位而廢棄管理通貨制度，就大多數人的意見是無須廢除，既無須廢除，自可不必發行金紙幣；（2）戰時改革幣制更張過大，稍一不愼即足以動搖經濟基礎，所以各國鮮有於戰時改革幣制者；（3）法幣的信用，將因而完全破壞；（4）若以此 2 億美元的黃金，作爲準備的新幣，於戰時收回法幣既不足用，而且流弊亦正同於出售黃金辦法；（5）若將此新幣與法幣定價同時流通，定價與實際價格不合時，劣幣驅逐良幣的法則，就要發生作用；（6）戰事一日不能勝利結束，財政收支必亦難平衡，新幣膨脹後如何收拾？

此辦法的問題在認爲法幣於戰後改革。法幣於戰時固已膨脹，惟戰後失土收復，其地域要擴大甚多，且戰後工業發達，物資增加後需要也會增多，故對法幣問題無需急於改制。

以物資爲對象，發行省資證券，以物資收法幣。此辦法其利有：（1）能兼顧經濟問題中的物資與通貨兩個因素，不偏於單由物資或通貨方面下手；（2）此等鉅額黃金，可以達到掌握物資的目的；（3）掌握物資後，可進而控制生產交易消費支配；（4）物資出售後，收回的法幣可用充戰費，以彌補財政收支的不平衡，減少發行。[24]

運用黃金政策的目的，主要在穩定戰時經濟，而穩定戰時經濟的基本方針，主要在收縮通貨與提高幣值；增加生產；穩定物價三個方面。關於收縮通貨的問題，有兩種不同的意見，一種意見認爲售出黃金不一定就能夠收法幣回籠之效，即使可能，所發生的效力也非常微弱。黃金投入市場，大都變爲投機的對象，使所有游資都傾注於黃金市場。經濟學者唐理凌即認爲：「如果黃金投機的利潤達到了飽和點，並較其他的商業投機利潤減少時，這批資金又都有跳出金市場四處亂竄的可能。」[25]如果眞是如此，則法幣依然無法回籠，而只不過以黃金爲商品，作爲投機對象，結果將是市場黃金既多，法幣亦多。[26]此是從黃金爲投機的對象來立論。

至於售出金塊收回法幣的辦法，看似最簡單直接，但「法幣所有者是否願意購存金塊，與是否伺機操縱，卻是一大問題。觀於過去渝市美金儲蓄券之銷售情形，與最近數月來之金價漲跌市況，吾人不能全無所悟，良以窖藏黃金原非都市資本家之所

24　康永仁，〈二萬萬美元的黃金如何運用問題〉，《益世報》，1943 年 9 月 26 日。

25　唐理凌，〈恢復黃金自由買賣的意見〉，《財政評論》，1943 年第 10 卷第 4 期。

26　《大剛報》，1943 年 9 月 24 日。

願，他們之所以購買黃金，不過出於牟利與投機。故隨黃金售出分量之增多，而欲維持其對於法幣之實質的比值，實非易事。」[27] 因資本家追求的是利潤，利潤低則很難引起資本家投資興趣，利潤高黃金售出太多，又難以維持黃金與法幣的比值，所謂收縮通貨與提高幣值皆成為不可能。即使社會有人有餘錢購買黃金，而有餘錢購買黃金者，應該也是一些投機商人，出售黃金吸收法幣的主要恐怕只限於這一小部分人。

　　但另外一種意見，則認為大批黃金內運，是可能收縮通貨與穩定幣值的。因須做到「能發能收」才能算上健全，通貨之所以膨脹是因為能發而不能收，現在有了黃金，負起幣制「能收」的任務，自然就不怕膨脹，今後政府只須巧妙運用法幣和黃金，即可使通貨既不過份膨脹，也不過份緊縮。[28]

　　西南聯大教授伍啓文，則在〈黃金與物價〉一文，認為拋售黃金以使法幣回籠，是各種辦法中最有效和最妥善的辦法。他並提出三點應該注意的事項，一、拋售的數目至少應能吸收 200 億的法幣，並且在兩個或三個月內，將這 200 億全部拋出；二、拋售時，至少應維持每兩換 1 萬元以上（愈高愈好）的價格；三、拋售以後，黃金不在市面上流通，不成為一種交換媒介，不使法幣感受威脅。「否則，只利一種通貨去代替另一種通貨，結果通貨總量並不會減少，反而產生一種新的通貨（黃金）去威脅原有的通貨（法幣），這只會使物價情形更為混亂，而不會解決物價問題的。」不過，如何使這價值 2 億美元的黃金全部拋出？依伍啓元的意見，就是對富裕階級採取強制購買的辦法，這大概包含有轉移購買力的意義，從富裕階級手裡把購買力轉移至政府手裡，同時也收到了法幣回籠的效力。[29]

　　關於自由市場，也有不同意見。唐理凌根據戰時黃金價格變動分析，認為黃金解禁前，各地間黃金價格的變動是相當均衡的，自解禁後，金價的波動已不如過去平衡，主要原因是因為大量游資從商品市場竄入黃金市場，而這種以投機為目的的游資來回流竄，可能使戰時經濟發生巨大波動。

　　唐氏認為：「也許，對於目前黃金開禁後所發生或可能發生的種種困難，政府可以將從前握有黃金拿出來穩定金市場，採用公開市場政策，用大量的黃金來控制和支配金市場。但以政府存金的數量和目前社會經濟所具有的缺點說，我們認為這種辦法是不必要並且不可能的。即使政府能夠通過許多技術上和外交上的困難，從國外獲得大量的黃金以供應用，但以目前的通貨情形而論，其前途似仍未樂觀。」同時唐氏認為在政府有充份力量控制整個市場的前提下，對黃金市場也非要有極其精密的加以管

27　社論〈運用黃金政策的商榷〉，《中央日報》，1943 年 10 月 13 日。

28　工商團體座談，〈黃金與物價〉，《大公報》，1943 年 10 月 18 日。

29　伍啓文，〈黃金與物價〉，《當代評論》，1943 年第 4 卷第 1 期。

制不可。[30]

　　經濟學家許滌新則表示如:「金價上漲得越屬害,則其吸收法幣與轉移投機對象的能力也就越加提高。故金價上漲乃為吾人預期的好現象。為了讓金價上漲,政府對之作若干限制,顯然是不適當。……以其影響而言,將會沖潰黃金自由買賣的積極作用。……因此,我們認為金價是不宜限制的。政府所應努力的是在金價上漲時拋出黃金以吸收通貨;在金價下跌時購入黃金以維持金價。」[31]

　　重慶市工商團體在「黃金與物價」問題的座談會上,也提出同樣的意見。他們認為以市場的供求來決定金價,這「才能使大家對於黃金價值發生信仰。儘管我們整個的經濟體系是統制經濟或者計劃經濟,讓一個飢不能以為食,寒不能以為衣,而和幣制又沒有連繫的黃金有一個自由市場,是沒有什麼妨礙的。黃金雖然有了一個自由市場,政府仍可使黃金市價很平衡。政府一面有法幣,一面有黃金。金價太高,就放出一些黃金,金價太低就放出一些法幣,買進一些黃金。」「自然這種運用,也不能太頻,否則會使自由市場減色。」「自由市場的作用,不止於規定價格,而還有更大的流通作用。一定要使買進的黃金隨時可以賣得出去,大家才肯多買黃金。這就叫做流通作用。」因為今日的問題不在投機與否,而是在如何減少通貨對於物資的壓力,並將橫溢在商品市場上的游資轉化為儲蓄資金的作用,所以自由的黃金市場是必要的。[32]

　　關於吸收物資問題,各方面對這問題的意見,大體上是一致的。特別是以利用吸收物資,達到收回通貨,彌補財政收支的不平衡,與逐漸減少通貨發行額這一點,皆具有共同見解。因為穩定當前的戰時經濟,重點是在物價,但安定物價的前提,卻又在增加物資的生產與內運,其次則為收縮通貨使幣值提高。不過以物資為對象的意見,其側重點也有不同之處,一種意見是側重於如何掌握物資,如 10 月 13 日《中央日報》社論「運用黃金政策的商榷」,力主以黃金庫券徵購大戶餘糧,或「以黃金配合土地公債,圈購餘糧地區,為國家購置永久資產,更利用所產糧食以掌握其他四種(鹽、糖、煤、布)物資,統籌供需,安定成本。」本來,運用黃金為國造產,原無厚非之處,不過在戰時利用黃金配合土地公債,圈購餘糧地區,為國家購置永久資產,這有些陳義過高,即問題有些架空,不怎麼現實,假使利用黃金配合土地公債,達到「徵購資產」的目的,應該是戰後的計畫。

　　以黃金徵購資產方面,經濟學家谷春帆認為,現在既有巨額黃金,則原來徵購資

30　唐理凌,〈恢復黃金自由買賣的意見〉,《財政評論》,1943 年第 10 卷第 4 期。

31　許滌新,〈金的問題〉,《群眾》,第 8 卷第 13、14 合刊。

32　工商團體座談,〈黃金與物價〉,《大公報》,1943 年 10 月 18 日。

產，以長期內分次攤還少數售價的方式已不再需要，可改爲徵購資產一律現給黃金。2億美元黃金，達682億餘法幣，徵購的資產，土地估計可達2億5千萬畝，工商礦產資產較少，各地地價均已大漲且地價亦不一致，以全部黃金付給全部資產購價，尚嫌不足。但對於較開明的資產主人，可不必實際付給黃金，而付給金券。憑券隨時隨地兌付黃金，亦可減省運金的損失（但此點需售主同意，政府則寧可多借黃金，實地付現，以維信用）。或將分期付款與現付黃金之兩法折衷合併，而採取累進計算法。如土地在50畝或以下，資產在價值若干萬以下，概免徵購；在50畝以上100畝以下者，徵購50畝，完全付給黃金；在100畝以上200畝以下者，徵購150畝，100畝付給黃金，餘三分之一，50畝，分於短期內攤還；200畝以上者，仍徵購50畝以上餘額，付給黃金的畝數或定爲一半，餘一半分於較長期內攤還。依此類推，更大的地畝徵購，付給黃金的成數愈少，而實際所付黃金愈多。分期還款的部分愈多，其期限亦愈長。如此則有地愈多負擔能力愈大者，其分期還款的部分亦愈多。其用意與累進稅相同，土地以外的其他資產，亦可依此設定付金及攤還比例。如此則所需的黃金額可以減少，而每年應攤還的分期款價亦仍有限，不致對國庫有太多負擔，所舉畝數及付金成數只是假定，可再變更。

以黃金現付徵購資產，其優點主要有：（1）售主立刻得到全部付款，且所付之所爲價值甚高的黃金。即有少數不滿意者，亦再不能加政府以沒收等惡名。政府雖付出黃金，此金卻是借來，不需增發鈔券，因而預算平衡，戰費有著之目的仍可達到；（2）以黃金現購資產，則不肖官吏手中既無存金，自亦無可舞弊。如其有之，當不過成色分兩不足，捲款竊逃的機會也易於防杜。避免了分期付款可能產生以假名沒收多收的情形；（3）國家一次付清款價後，不必逐年支付。不必逐年將一部分購買力，以還款方式送入市場，因此國庫負擔更可減輕（還外債是另一事），物價可更安定，手續方面也更方便。[33]

社會學家朱亦松則持不同觀點，他認爲單純拋售對於回籠法幣效果有限，因爲僅有富商階級有能力大量購金，而雖然這些商家購金可以回籠法幣，但卻會用這些黃金作爲資本，做很多囤積居奇的資本行爲。因此可將黃金作爲支付公教人員及軍人的薪俸，及政府舉辦各種事業的費用，這樣既可減少法幣發行數量，亦可改善軍公教人員的生活。[34]

在黃金買賣之外，可同時採用外匯期票與直接發外幣（如美金）的辦法，利用黃

---

[33] 谷春帆，〈徵購資產與二萬萬美元黃金〉，《大公報》，1943年10月24日。

[34] 朱亦松，〈二萬萬黃金用途之研討〉，《財政評論》，第11卷第1期，1944年1月，頁66-68。

金、外幣與外匯期票以吸收市面上的法幣。因就當下情況言，不論買賣黃金、外幣或外匯期票，其利益都不如囤貨來得多，但如能繼續不絕地拋出黃金、期票或外幣，以貶低法幣對外購買力爲原則，逐漸提高黃金價格，提高美金及期票對法幣的比率，而又切實的取締囤積居奇，則購買黃金、美金以及期票的利益，將會逐步提高。購買黃金、美金、期票的利益與囤積商品的利益之間的距離，將會越來越小。縱然利益比不上囤貨，但購買黃金或期票美金的條件是比較有保障的，不負擔大的風險，仍能使大批囤貨拋入市場。[35]

也有認爲黃金自由買賣固可削弱商品投機的勢力，但仍不能直接有益於生產。因代替商品投機而起的，乃是黃金或外幣投機，對象雖然變更，投機仍是投機，這與發展生產依然背道而馳。發展生產以增強物資之供應，發展生產以擴大租稅的來源，顯然是必須實行的治本工作。擴大工貸，推進貼現業務與開闢證券市場，使生產事業能吸收著短期資金或長期資金，實有待於政府與金融機關之努力。如果政府能以吸收所得之一部分法幣，投之於生產事業，那麼工礦界或許可以因此得到甦醒。如商品投機降低，可使工礦各業在購入原料與販賣成品上，減少商業資本的壓力。要使法幣穩定，單靠一方面是不夠的，必須數管齊下，方能有濟。[36]

關於運用方法的考慮則主要有下列幾種：

（一）直接出售黃金。這是最容易被人想到的方法，然直接出售黃金在方法上也有差異：

1. 最粗淺的方法，就是由政府儘量出售黃金，直至通貨縮減，物價回跌或穩定爲止。這種方法有幾個缺點，第一，消息一經傳出，或於實際行動後爲人民所察覺，金價就要跌落且可能跌落很快，轉移投機方向的效果便完全失去，而吸收法幣的功能亦只能部分實現，平定物價的目的仍難達到；第二，如政府不顧一切繼續出售，則戰後收回黃金時，政府的損失必極大，因爲那時金價必定上漲，至少要漲到由中美購買力平價套算出來的價格，戰後的幣制整理和財政，便會遭到困難；第三，物價回跌於消費者固然有利，但生產者必定受害，產業衰頹與產量減縮，都違反戰時的需要，即使是物價平定不漲，亦必有若干工廠倒閉。因當時後方的工廠，有一部分就是靠物價上漲而存在的，故直接出售黃金的方法是不可取的。

2. 較精密的方法，是逐漸出售黃金。逐漸出售黃金，可以：（1）按每月財政入不敷出之數爲標準；亦可：（2）規定每月減發法幣若干，以期減低物價上漲率若干作爲

35 《新華日報》，1943 年 6 月 19 日。
36 《新華日報》，1943 年 6 月 19 日。

標準。這兩種方法（1）不如（2），因爲財政收支受季節的影響，有淡、旺月之分，不如按第（2）法，可使物價的變動圓滑（Smooth）。如按第（2）法，可先根據過去材料，求出一每月財政不足的平均增加率，然後規定一標準，每月應減低此增加率若干，依此再標準計算出每月應減發法幣若干，並參考每月物價變動的趨勢，修正此數，然後按金價折算每月的售金數應爲若干，再控制出售量，勿使金價趨跌。

如實行此法，政府應明白宣布絕不大量出售黃金，控制售金率，穩定金價。同時將計算方法，及出售機構、方法、時間等均保守秘密。如運用得宜，金價可不致跌落，或仍微漲，同時因法幣減發物價漲勢減緩，投機亦可減少。但因黃金的供給日增，恐金價上漲亦難，如金價落後，物價太遠，則轉移投機方向的效果必大減。但如金價微漲高於利率，則吸收法幣的效果仍甚大。至於實行此法，政府的損益如何，則視政府的售金的價格而定。如政府按市價或較市價稍低的價格出售，則損失較少；如政府按美匯官價折合金價出售，則損失較大。如戰後金價再漲，或按購買力平價計算之金價再漲，則收回黃金之損失更大。如按市價則在當時並無何損失，因市價與根據中美購買力平價所計算的金價大致相同。如購買力平價與金價仍同樣變動，則戰後政府收金，所損失者僅爲手續費與行政費。[37]

（二）發行物資券，以黃金爲擔保，收購物資，之後再出巨資收回法幣。第一個問題是物資券的準備──黃金，可否兌換？何時兌換？是隨時可兌換或是待到戰後？如隨時皆可，則恐與直接出售黃金方式差異不大，如戰後兌換，則恐物資券不受歡迎，難以推行；如分期兌換，則有延遲黃金出籠效果。

第二個問題是向何處、何人以物資券收購物資？購何種物資？出售物資的人應出售多少？這種標準頗難訂定，然而即或有一公平標準，恐怕收購的行政費用，集中運輸與保管的費用亦很可觀，如有浪費與舞弊的事情，則將更增加政府的損失。

第三個問題是依照何價格收購？這裡包括金價與物價的問題，如果黃金照法價而物價照平價計算，則政府有益或出售者有益，視兩者相對價格的高低而定（與市價比較），如皆照市價，則可無此弊，但增加了舞弊的機會，最重要的還是當物資券推行以收購物資的時候，市場上憑添了大量需要，物價必漲，結果反而加劇了物價問題，而當政府將物資售出時，則市場又被壓低，結果又妨礙了生產，而且政府未收購的物資，其相對價格亦發生變動，這種漲落的一般變動，與相關的變動必更加甚投機行爲與生產方向的移轉，而買價高、賣價低，政府必蒙受損失。

第四是物資的出售問題，按平價定量分配？在市場上公開出售？還是按市價定量

37　楊叔進，〈黃金借款的運用問題（二）〉，《時事新報》，1943 年 10 月 27 日。

分配？如按平價分配，則所吸收的法幣有限，如按市價公開出售，則市價波動，其害如上所說，如按市價分配，則分配到的人不一定有購買的能力，而游資的吸收也無從實現，同時此三法又皆無轉移投機方向的效力。

戰時通貨與物價的情況也很複雜，如將黃金摻雜以物資中，這不但違反將繁化簡的道理，且反加甚物價問題的嚴重性，如因物價問題有兩方面，物資與通貨便覺得黃金運用，小應顧到「物資方面」。

（三）發行黃金儲蓄券。可按照美金儲蓄券的方法略加改進，發行分期到期的儲蓄券。出售儲蓄券的價格可按黃金市價或再稍低，同時絕對禁止儲蓄券與貨物間的交易。此種方式的好處是：（1）可使物價漲勢逐漸減緩，財政不足逐漸減少，因為物價的變動逐漸的變好，影響於生產和投機者自較少；（2）因儲蓄券到期始能兌換黃金，故可延遲黃金出籠的時間。如是法幣先收回物價先緩升，而黃金後出籠金價減漲，轉移投機方向和及收法幣的結果會很顯著；（3）因儲蓄券到期的時間不一，黃金出籠是逐漸的，故金價不致有大波動，致影響儲蓄券的出售；（4）金價既減漲在後，且變動平衡，則一般人必因此而願保留儲蓄券，兌換黃金數量，自會少於儲蓄券發行之數，將來集中黃金的困難因而減少；（5）儲蓄券雖按市價或稍低於市價出售，但因金價變動可平穩，推行上無甚阻礙，故可收回大量法幣，而政府又不致賠累太多。

（四）舉辦黃金存款。可照發行黃金儲蓄券的辦法，存款不需印製儲券，可節省一筆印製成本，惟存款不如儲券方便變普及，故兩法可並行。

分析各種運用方法的優劣，按市價發行黃金儲券及開辦黃金存款，是較為慎重的辦法；直接出售黃金，並控制其出售率，也是可行的：惟發行物資券和無條件直接出售黃金，則不甚可取。[38]

國民黨浙江省黨部主委，畢業於德國柏林大學經濟系的羅霞天則認為，全世界黃金幾乎均集中在美國，存有一萬餘噸約佔世界存金總額 80% 以上，戰後若大家均無黃金，則各國金融勢必於黃金之外另謀途徑，此當非美國所願，故預料美國出貸黃金必不困難，有了美國支持，大量借用美國黃金在國內市場運用，吸收法幣回籠，為當前經濟問題最有效辦法。[39]

對國府財經政策有重要影響的張嘉璈，並不贊成自美國購運黃金收回法幣，他認為「應以物資為物件，即以黃金為保證，而發行一種證券，收購物資。一面設立基金保管委員會，以社會公團代表為委員。一面設立物資局，專任照市價收購物資。如黃

38　楊叔進，〈黃金借款的運用問題（三）〉，《時事新報》，1943 年 10 月 29 日。

39　〈陳果夫呈軍事委員會委員長蔣中正為羅霞天建議借用美國黃金公開買賣吸收游資消除當前經濟危機等情〉，國史館，檔號：001-016052-00014-001。

金價漲，可多購物資。政府既把握多量物資，即可穩定物價。如但用以收回法幣，則法幣在市面流通已經太多，勢將有利於操縱法幣者。」[40] 張氏曾就此向蔣介石提出意見，但並未被蔣所採納。

二、《兩萬萬美元黃金如何利用意見書》及黃金運用的確立

關於這些討論研究中，最詳細分析各種情形的為中國國際經濟協會呈上的《兩萬萬美元黃金如何利用意見書》內部研究文件，協會認為如要符合維持政治社會安定及經濟機會順利進行的兩大目標，黃金的利用就應符合下列幾個原則：（1）當前政治、經濟、社會環境均非常複雜，可能一時無法決定適當的運用辦法，如目前沒有妥善利用黃金的辦法，應設法將其大部分保留供戰後應用。當局仍可表面聲明會大量利用黃金，穩定社會，實則僅取出小量運用，保存大部分以供戰後之需，此舉縱然黃金不能發揮預期作用，但亦無大損失，勝過將黃金胡亂揮霍而無收效。（2）不將黃金與幣制方案直接聯繫，僅用以應付目前需要，因改革幣制牽涉甚廣，處理不好，易動搖國人對政府保持幣制的信心。且預算一日不能平衡，則新幣制一日不易維持，倘若戰爭很快結束，或可利用黃金抵補赤字財政，若再延長時日，則便難以收效，因此利用黃金的方式愈簡單，牽涉愈少愈好。（3）不以黃金收縮現有頭寸，僅用以減少今後因赤字財政而增發的法幣數量。現銀根業已吃緊，各種工商事業多缺乏流動資金，商業交易益感呆滯，工礦生產多無法維持，如再繼續收縮，必會因部分企業倒閉而影響金融業，進而影響商業維持，則工業產品自然缺乏銷路，工業凋蔽，就業額隨之收縮，造成所得減少，購買力下降，循環影響，必致整體物價暴跌。

因此法幣數量必須有適當限制，最好維持現有數量，但因戰費浩繁，赤字財政龐大，恐怕難以達成。政府只能一方面盡量樽節開支，一方面利用其他財政金融政策吸收法幣回籠，減少發行數量。而黃金政策便是各種減少法幣增發辦法中的一個。

關於以黃金控制物資以物資收回法幣的分析，協會仔細思考以黃金控制物資以物資收回法幣這個辦法，能否符合目標和原則，減少新法幣的發行額，防止物價上漲？分析之後列出可能的困難及流弊：（1）有一根本矛盾，在於以黃金收購物產，如以強迫手段，則一方面破壞公開市場，使中央銀行無法維持黃金價格，使擁有實金者對黃金買賣裹足不前，結果是增加政府在公開市場出售黃金的困難。如採取自由原則，則商人可接受黃金，亦可拒絕黃金。有關商人必將因不願接受黃金而不願與政府交

40　姚松齡編著，《張公權先生年譜初稿》上冊，臺北：傳記文學出版社，1982 年，頁 342-343。

易，於是減少貨幣供應來源。如採自由原則，商人可在同時在收到黃金後，又自由兌為法幣，此與商人在公開市場自由購買黃金無異，如此又何必多搭配黃金以事收購的麻煩。因商人如要黃金可持法幣至市場購買，如不要黃金第一可拒絕收受，第二可於收到後至中央銀行請求兌換法幣，或至公開市場出售，無論哪種皆不能減少法幣的發行額。（2）機構問題方面，如不成立新機構，則無以便利物資收購，如創設新組織，則過去物資局的歷史可為殷鑒。此類機構通常不但不能收縮通貨，反因其本身支出龐大而膨脹預算。（3）收購數量方面，如收購數量過小，則不能達到減少新法幣發行目的，且若零星購買，如何支付黃金技術亦有其困難。如大量收購，恐因政府需要龐大，反而刺激物價上漲，過去農本局大量購買軍糧與米價暴漲的歷史如在眼前。（4）搭配黃金成數決定的困難，在收購物資時，政府不能以黃金支付全部貨幣，蓋商人或生產者需要相當資金以為周轉，應如何根據彼等價還債券，或維持再生產所需的法幣數量，決定應付的法幣與黃金的比例至為困難。如搭配黃金成數過高，則生產者無法周轉，如成數過低即暫時所能減少的法幣支出額亦有限，且憂支付時尚存在許多技術上的困難。[41]

根據以上分析，可知狹義的直接以黃金控制物資，收回法幣的辦法，既麻煩不易執行，作用亦有限，同時容易滋生弊端。因此在目前的情況下是不可採行的。

關於黃金與幣制改革方面的聯繫，有主張以黃金根本改革幣制，實行金塊本位制的呼聲，即對內對法幣持有者按照規定兌現黃金，對外則黃金不得自由輸出。希望利用此種辦法加強國人對法幣的信任，穩定物價水準，但此法困難重重，流弊過多，不合目前需要，主要原因在於不易確定法幣與黃金間的比價。如法幣價值規定過高，則不易維持其兌現；如規定過低，維持兌現固然容易，但因為數量所限，恐難增加國人對法幣的信心；戰時預算不平衡，使新幣制不易維持。此外，金塊本位不合良好貨幣的標準，就貨幣發展史觀之，沒有一個國家在進行大規模對外戰爭時，根本改革其幣制。

另有部分人士主張以黃金為基礎，發行黃金證券，具體發行辦法，有三種不同的建議：一為普通意義的黃金證券，規定法幣與黃金間的比價；一為黃金儲蓄券，亦規定法幣與黃金間的比價；一為黃金存單代表若干黃金，惟不規定黃金與法幣的比價。協會研究之後，認為並不可行，因可能的困難與流弊在於：（1）無論哪種黃金證券，其信用當不及黃金，故不如直接以黃金在市場上拋售。（2）如欲規定法幣與黃金間的

---

[41] 〈中國國際經濟協會呈兩萬萬美元黃金如何利用意見書〉，國史館，檔號：002-080106-00041-005。

比價，則究應規定在何處，如何方能維持，國內黃金市價與匯兌平價相差甚多，其間必多漏洞，給予投機商人以盤剝機會。（3）如黃金與法幣間規定比價，則黃金證券當可市場流通，但增加了戰後整理幣制時的困難。（4）如僅爲存單式的黃金證券，則流弊較小，但除非商人感覺黃金不便，要求政府發行，否則不易推銷。且商人如欲將黃金存於政府金庫中，可給以普通金庫存單即可，何必發行特別證券，再者一般商人未必肯存於政府金庫。[42]

總之，黃金證券的發行，在戰時得不到吸收通貨的效果，在戰後增加整理幣制的麻煩，其執行又異常困難，甚易滋生流弊，因此不建議發行。

在逐漸調整外匯，分期降低法幣對外值條件下，定價出售黃金，此辦法的困難與流弊在於：（1）戰時不宜時常變更法幣對外匯價，以免動搖人心，調整匯率應等待戰後或交通恢復後再舉行。（2）如何分期逐漸調整法平對外匯價，困難很多，每次調整完應降低法幣對外價值多少，亦不易決定。（3）縱然不調整匯率，購存黃金者仍可在戰後以黃金換取美元或其他外幣，而購買物資入口絲毫不蒙損失，與現在調整匯率者同因黃金與美元間有固定的比價。

先以低價出賣黃金，然後陸續提高售價，以鼓勵商人及早購買，此辦法的困難在於：（1）應從何價格開始出售黃金，過低則政府吃虧，過高又恐商人裹足不前。（2）以後繼續提高金價，其提率如何決定並不容易。

保留全部黃金以備戰後應用，此辦法固屬穩健，但也有大缺點，即無補於戰時困難，另外如爲美國政府所知，則與撥借黃金原意不符。

協會對於具體可見的幾個主要辦法提出不可行的原因外，另外研擬了較爲可行具體利用辦法的公開市場政策。認爲唯有由中央銀行秘密運用公開市場政策出售黃金，吸收法幣回籠，以減少新法幣的發行額。同時爲便利公開市場政策的執行，必須成立黃金交易所，藉以吸收大量法幣於黃金之交易，而減少通貨對於一般商場的壓迫。其詳細辦法及運用、機構、技術、宣傳等意見主要爲：（1）改進黃金交易機構：①在重慶、昆明、桂林、西安、成都等後方大城市成立黃金交易所，便利黃金買賣。因如欲順利推銷黃金，必須持有黃金或黃金提單者，得隨時按照市價在市場上出售黃金交換法幣；同時握有資金者，可隨時按市價購儲黃金，過去後方各大城市雖有黃金市場，但無黃金交易所，黃金買賣終感不便。今後應當成立黃金交易所，其具體組織可仿照過去上海黃金交易所或倫敦交易所。②由各地中央銀行代表政府，以私人資格在

---

[42] 〈中國國際經濟協會呈兩萬萬美元黃金如何利用意見書〉，國史館，檔號：002-080106-00041-005。

公開市場上買賣黃金。③中央銀行有時可委託信用卓著，能絕對保守秘密的金融業者或經紀人，代爲買賣黃金，無需自己出面，以保存公開市場政策的秘密性。（2）確立運用技術：①公開市場政策的運用應絕對保守秘密，何時買賣，買賣若干以及交易對象等，除極少數負責人外，一概保守秘密。因實際運用消息外漏，則中央銀行將失去控制金價的力量。②金價應由黃金交易所公開買賣決定，不應由中央銀行掛牌。因中央銀行如掛牌，恐妨礙運用的秘密性。倘由公開市場決定金價，實際中央銀行亦可從中操縱管理，因其既爲最大的黃金持有者，復爲法幣發行人，其實力遠較其任何私人金融業者雄厚，因此可酌約情形管理金價。③如金價上漲，中央銀行應大量拋售黃金，因金價上漲則政府可以較少黃金換回較多法幣。④如金價不變或輕微下跌，中央銀行可繼續小量拋售黃金。因金價不定或輕微下降，大體上表示市場並非資金充斥，或銀根相當吃緊，故僅能繼續小量拋售黃金。在此種情況下，如大量拋售一方面易使金價下跌，不利政府出賣；同時吸收資金過多，使市場銀根過緊，造原工商事業過度緊縮，易發生經濟凋敝或恐慌，爲目前所不取。⑤如金價暴跌至相當程度後，中央銀行應斟酌情形決定停售或買入，以維持黃金價格。因金價下跌，則中央銀行以同量黃金只能收回較少法幣，對於政府維持法幣數量，平穩物價水準當屬不利，故中央銀行應按跌價比例的大小，決定是否暫時停止出售以挽頹局。⑥如黃金市場有行無市，中央銀行可自買自賣。因有行無市，表示握有資金者對於黃金買賣持觀望態度，爲引起一般商人興趣，並使其對黃金發生信心，中央銀行應秘密、靈活運用，佯作買賣。⑦後方各大金融市場彼此情形不一定一致，故各地中央銀行不必同時買或同時賣，應多根據其特殊情形，分別決定買賣。⑧中央銀行總行可針對客觀情形，內定黃金應有價格，再通知後方各大城市的中央銀行分支行，設法運用公開市場政策維持。中央銀行不呆板規定黃金售價，但規定其變動範圍。⑨黃金買賣應集中於後方數大城市，因市場分散既不能多吸收若干資金，同時如出售黃金過於分散，則戰後整理幣制設有需要，不易集中，故在可能範圍內應以在後方幾大城市向金融業者出賣爲原則。⑩應根據後方各大金融市場原有資金多寡，及政府每年在各區域內的估計開支額，妥爲分配黃金。惟在必要時，各區域間可互濟有無。⑪鼓勵遠期交易，黃金交易所之買賣，應不限於現貨交易，而允許甚至鼓勵遠期交易，以吸收大量法幣於黃金交易所，減少對一般商場的壓迫。⑫舉辦黃金儲蓄爲一特別的公開市場出售黃金的辦法，用以吸收小額儲蓄，因黃金交易所的買賣均係大宗交易，小額儲蓄無法問津故爲廣收法幣計，政府、銀行、儲匯局及中央儲蓄會等應經營黃金儲蓄，使小有資金者得零存法幣整取黃金。換言之，繳納定額法幣後，即可兌取黃金，其具體辦法：a. 不以時間爲限制，而以繳足法幣爲標準，即不規定儲蓄時期爲半年、三個月或其他時期，僅以一兩（或其

他單位）黃金所應繳付的法幣爲標準，繳足後即可領取。b. 黃金定價問題，有三種不同方式：第一，以各儲蓄者第一次繳款時的黃金市價爲標準，如某甲第一次繳款時黃金市場每兩1萬元，則繳足萬元即可領取1兩黃金；某乙第一次繳款時金價1萬2千元，則繳足1萬2千元即可領取黃金一兩，以此類推。第二，隨金價的變動而改變應付法幣數量。設儲蓄者第一次繳納時金價每兩萬元，若其後上漲至1萬2千元，則需繳足1萬2千元方可領取1兩黃金。若其後跌至7千元，則只繳納7千元即可領取黃金1兩。第三，金價上漲時，按第一次繳款時的金價計算；金價下跌時，則按跌價計算。如第一次繳款時金價每兩萬元，若其後至7千元，則按7千元計算，用以鼓勵小資金所有者踴躍儲蓄。[43]

就目前情形推測，如大量黃金運到，則金價似將看跌，故第一法使儲蓄者負有較大風險，似不應取；第二法隨金價的變動而改變應繳法幣額，儲蓄者與政府兩不吃虧；第三法在金價上漲時政府當然吃虧，但有鼓勵儲蓄的作用，故究應採取第二法或第三法要看政府政策如何決定。如擬廣吸收小額黃金儲蓄，則似以第三法爲佳。

公開市場政策還需有計畫的宣傳辦法相配合，可行的宣傳辦法有：（1）由政府暗示專家學者在報章雜誌上發表文章，鼓吹人民購置黃金。當局宜採緘默態度，切記常發表談話或其他急於求售黃金的表示。（2）應設法使商民明瞭戰後黃金將爲世界幣制的基礎，至少各國幣制與黃金將發生間接的聯繫，故金價很大程度會看漲不會下跌。（3）美英各國貨幣因戰爭關係，只有跌價趨勢，不過程度較輕，故以黃金與美元及英鎊比較，其價值較穩定。（4）戰前美金1元值法幣3元，現後方各地貨幣上漲100至150倍不等，而美國一般物價水準較戰前僅上漲20%-30%，故現美金1元購買力約等於法幣350元，而一盎司黃金值35元美元，如折合中國後方物價，應爲12,250元左右，故黃金市價每兩1萬元亦屬有利可圖。蓋戰後用來購買物資其購買力實高於萬元。（5）必要時政府可散布消息，謂大部分黃金已售出，即將停止出售，藉以刺激商人爭購。[44]

如推行順利，理想的出售量與可能的成就，首先，2億美元黃金不可以利用完，應保留一部分以俾戰後改革幣制之需要。理想的出售量應爲本年度政府的赤字預算，如正好出賣此數，則可使政府不因今後的赤字預算而增加發行，以維持現有法幣數量，而穩定一般物價水準。但事實上公開市場所可能出售的黃金數額，絕不能達此理

43　〈中國國際經濟協會呈兩萬萬美元黃金如何利用意見書〉，國史館，檔號：002-080106-00041-005。

44　〈中國國際經濟協會呈兩萬萬美元黃金如何利用意見書〉，國史館，檔號：002-080106-00041-005。

想標準，即黃金政策無法解決整個預算的不平衡。當局必須運用所有可能利用的辦法來應付此一問題，公開市場出售黃金，不過是各種減少新法幣發行辦法中的一個。其事實上可能的成就，還得視當時的客觀環境決定。如國際局勢好轉，國內一般經濟情況安定，經營一般商業並無高利可圖，則公開市場所能出售的黃金量可較大，如作貨獲利過厚，營商勝於一切，則公開市場所能出售的黃金量恐較少。[45]

這套公開市場政策在各方面的規劃皆屬完善，但市場也對此有懷疑的聲音，協會亦針對相關疑問提出釋疑：（1）關於敵偽盜取黃金問題。有些人以為如在公開市場出賣黃金，恐大量黃金為敵偽所盜取，增加經濟力量。其實這是不太可能的，第一，在公開市場交易時政府即可註明大量購戶有無資敵的懷疑與可能；第二，政府可運用一切海關緝私及檢查機構，阻止黃金出境；第三，縱然黃金為敵偽所盜取，當局可利用外交方式向中立國交涉。總之，當局對黃金有嚴密的防範辦法，不會有大量資敵並增強其作戰能力的情形。（2）金賤物貴問題。有人認為如在公開市場上出售黃金，很可能使黃金暴跌，造成金賤物貴的現象，其實不然。如採取其他利用黃金辦法，措施不當很有造成此現象的可能，如由中央銀行運用公開市場政策，則上述現象應不會發生。因中央銀行可在公開市場上操縱黃金價格，央行既為最大的黃金持有者，又為法幣發行人，遠較任何其他金融業者的實力雄厚，可一定程度控制金價，可斟酌金價下跌程度，決定暫時停止出售或暫時買入，以維持價格水準，而不使金價暴跌。（3）功效問題。有些人認為公開市場政策的功效很有限，不能大量吸收法幣，對於政府的巨額赤字財政無補。其實第一，縱然公開市場政策達不到理想效果，不能大量吸收法幣回籠，平衡今後預算，但能保留大部分黃金留備戰後改革幣制的需要。且平衡預算事關國家整體收支，政府運用所有辦法尚未必奏效，非公開買賣黃金一項所能單獨解決。第二，公開市場縱然不能發生積極效果，但絕不如其他辦法，反可發生不良的影響，如減少貨品的供給來源或動搖人心等。第三，如國際局勢好轉，國內一般經濟情形安定，營商並無額外厚利可圖時，則公開市場可出售相當數量黃金，吸收相當數量的法幣，以減少新法幣的發行，而防止物價的激增，是現狀下不得已的良計。[46]

另外還有如逐漸調整外匯，分期降低法幣對外值條件下，定價出售黃金。此建議的理論根據為黃金與美元間定的比價，故能逐漸降低法幣對美匯價，必可吸引商人多購黃金；先以低價出賣黃金，然後陸續提高售價，以鼓勵商人及早購買；保留全部黃

---

[45] 〈中國國際經濟協會呈兩萬萬美元黃金如何利用意見書〉，國史館，檔號：002-080106-00041-005。

[46] 〈中國國際經濟協會呈兩萬萬美元黃金如何利用意見書〉，國史館，檔號：002-080106-00041-005。

金以備戰後應用，如繳付國際平準基金中國應負定額，及用以充實中國的平準基金等建議。[47]

這份分析詳細論述了黃金政策，認為運用公開市場政策出售黃金，縱然達不到最理想的目標，但消極的可保留大部分黃金，以俾戰後改革幣制，穩定幣值之需要；積極的可部分解決目前問題，減少新法幣的發行額，防止物價的激增，在當時環境下亦屬不得已之良計。而其餘辦法或困難無法實行，或根本不生作用，或滋生流弊，或棄黃金於無用之地，兩相比較以公開市場政策更勝一籌。

「此事關係複雜，時人主張極多，其中有可採行者，亦有偏重理想，一經試行，反致貽誤者，不得不詳細商討，慎重決擇。」[48]國府多次約集專家進行通盤研究，另根據中國國際經濟協會意見，交由財政部主管詳加覆核，最後由孔祥熙將其送呈蔣介石審閱。孔祥熙認為如保持黃金作為法幣準備，同時仍繼續增發法幣，難以達到運用黃金的目的。因此不應再大量增發法幣，利用黃金使其能發揮代替法幣增發的作用，同時也要使政府能保持此項黃金不使流散。為達此目的孔祥熙主張一面利用黃金，收回市面上的法幣，以應付財政不敷；一面利用黃金收購物資，節省法幣發行；一面由央行發行黃金存單，使巨額黃金，仍能把握在政府手中。孔祥熙認為如美援運用得宜，或許一、二年後便可不再借助發行法幣平衡預算，故擬具了八條辦法，討論一段時日的貸款運用，更明確落實到具體的黃金政策上。具體實施辦法為：將美國運至中國的黃金由中央銀行保管，並委託央行指定銀行，隨市價售金，並負責平衡各地金價；各銀行賣出黃金其交付方式，分為現貨和中央銀行黃金存單兩種；央行黃金存單除隨時可提取的現貨外，得視存期長短，由央行分別酌給利息，黃金存單並得按照票面所載金額，折合法幣，作為公務及銀行保證金，但不得作為貨幣流通；由財政部責令中央造幣廠鑄 1 兩、5 兩、10 兩金抗戰榮譽章定價出售；政府收購大宗物資，得以黃金按市價給付部分價款；開辦物品交易所，準做黃金現期貨交易，並準公私銀行抵押買賣黃金；嚴防攜運黃金至淪陷區；嚴防大宗法幣流入後方，以杜絕套購黃金。[49]

孔祥熙認為運用黃金一在利用黃金時價高昂，盡量收購物品，俾能把握物資，隨市價售出，藉以平抑物價，收回法幣；二在控制公開市場，售出黃金使游資回籠，減

---

[47] 〈中國國際經濟協會呈兩萬萬美元黃金如何利用意見書〉，國史館，檔號：002-080106-00041-005。

[48] 〈孔祥熙呈蔣中正運用黃金辦法〉（1943 年 11 月 15 日），國史館，檔號：002-020300-00031-032。

[49] 〈孔祥熙致蔣介石〉（1943 年 11 月），秦孝儀主編；中國國民黨中央委員會黨史委員會編，《中華民國重要史料初編——對日抗戰時期》，第三篇，〈戰時外交〉（一），臺北：中央文物供應社，1981 年，頁 358。

少法幣流通數額，其餘之數充作準備，以鞏幣信。孔氏表示這些辦法較為實際，並已在進行當中。

　　關於第一辦法，上海方面有值法幣 2 億元的鈔布運入後方，即是以黃金照時價交換，尚在洽辦之中，惟欲以大宗黃金購買物品，頗難覓到對象。關於第二辦法，自出售黃金以後，以買賣方法機密運用，控制市價，俾不致大落，然過去市面一聞中央銀行有黃金出售，市價即行低落，買者裏足不前，造成售出數額亦頗有限，下表即這幾個月售金數額：

表 2-2-1　1943 年 9-11 月售金數額表

日期	地點	條數	重量（兩）	成色	淨重（兩）	價格（法幣元）	價款（法幣元）
9/23	成都	20	183.7800	98	180.10440	11,200	2,017,169.28
10/21	成都	10	112.6000	98	110.34800	11,300	1,246,932.40
10/22	成都	30	311.1500	98	304.92700	11,300	3,445,675.10
11/3	重慶	38	394.0950	98	386.21310	11,000	4,248,344.10
11/5	重慶	4	43.3410	99	42.90759	12,000	514,891.00
11/8	重慶	3	28.3050	99	28.02195	12,000	336,263.40
11/9	重慶	7	67.5200	98.5	66.50720	12,000	798,086.40
11/13	重慶	2	20.7300	99	20.52270	12,000	246,272.40
11/13	重慶	2	19.8010	十足	19.80100	11,900	235,631.90
11/15	重慶	9	91.6390	十足	91.63900	11,900	1,090,504.10
11/15	重慶	5	51.2230	十足	51.20000	11,900	6,092,800.00
總計		130			1,302.19194		14,789,050.08

資料來源：〈孔祥熙呈蔣中正運用黃金辦法〉，《國史館》，檔號：002-020300-00031-032。

　　時人以市面游資甚多，實則自物價高漲後，工商各業咸感資金不敷週轉，此為上列辦法未能期望過大的原因。總之，貨幣的價值在於準備的多少，法幣準備充實，本身價值仍極鞏固。現因物價高漲，因支出過多致通貨膨脹，而購買力日日增加，生產既未能比例增加，而消費品又日形減少，遂致供應失調。如欲設法補救，仍不出（1）緊縮預算，減少不急要之開支；（2）輔助增加必需物品之生產，同時切實節約消費；（3）增加國家收入，最好莫若籌辦不能轉嫁之租稅，如兵役、勞役之稅等，如能依此辦理，則不但物價可平，而國家之財政與金融亦可鞏固無慮。[50]

---

[50] 〈孔祥熙呈蔣中正運用黃金辦法〉，國史館，檔號：002-020300-00031-032。

　　蔣介石認爲，按所擬運用辦法八條，與收縮通貨有關者，概括言之實只兩項，一爲直接出售黃金；二爲以黃金收購物資。詳加研究，對於收購物資一項，將來如何有效執行，及如何杜絕抬高物價，套取黃金的流弊，須先籌擬具體實施辦法，其次直接出售黃金，雖有一時刺激收回若干法幣之效，然將來究竟能收縮通貨至何程度，亦需再有詳細數字。如一面出售黃金，一面物價仍繼續高漲，則國庫發行逐步增加，深恐每月收回法幣之數僅抵每月發行增加之數，屆時通貨膨脹的困難依然未獲解決。因去年發行美金公債與美金儲蓄券 2 億元，當時以爲必有大效，結果並未抑止發行的增加。故對此次運用黃金，不可再掉以輕心，應有切實打算，始能確達收縮通貨之效。[51]

第三節　　美國方面對華運金的討論

　　中方確立辦法後，即向美方提交借用美國黃金公開買賣吸收游資建議書，但交涉之後，沒有後續。1943 年 6 月 21 日，孔祥熙電告正在美國的宋美齡，表示：「現在社會游資頗多，政府雖有種種方法吸收，但效果甚微，一般人民對於黃金信仰甚深，收買者甚多，而國內存量極微，如美能在借款項下，許我購運 2 萬美元之黃金來華銷售，助我收縮通貨，實爲目下助我最有效之方法，此次吾妹再訪羅氏，務請竭力一提，期獲實現。」[52]

　　6 月時宋美齡在華府時，向羅斯福提議，以 2 億元購買黃金，陸續運華，藉以搜購物資，穩定物價，兼利用國人拜金心理，售出黃金，收回一部分法幣，當時羅斯福原則已同意，囑財政部長摩根索（Henry Morgenthau）接洽，由宋子文、郭秉文、席德懋等人與美國財政部縝密商討，嗣美財政部懷特請將央行現存 20 萬元黃金，先行運華，並先以 50 萬兩黃金，鑄造中美兩國合作紀念品，其餘之數分批運華，中方要求將全數 2 億元，劃交聯邦準備銀行，列收中央銀行戶帳，陸續在此戶分別付出運華。美國財政部長雖表同意，但建議鑄成硬幣運華，孔祥熙認爲目前僅需金條即可收效，

---

[51] 〈孔祥熙呈軍事委員會委員長蔣中正爲美國黃金運用辦法初稿〉，國史館，檔號：001-088330-00002-012。

[52] 〈孔祥熙致宋美齡電〉（1943 年 6 月 21 日），〈孔祥熙呈軍事委員會委員長蔣中正爲利用美國借款購運黃金回國銷售平抑物價辦理情形及有關文電〉，國史館，檔號：001-088330-00002-010。

手續亦簡便，至於鑄造硬幣，則須規定面值，在此戰時殊不合算。[53]

　　7月15日，在美國的宋子文電告蔣介石，表示已接到財政部長摩根索的告文，表示美方已允將5億借款中的2億購買黃金，但最好依照需要分次陸續撥給，以節省美方所負利息，宋子文也提出建議：戰前法幣百元約值美金30元，今日法幣在國內購買力只值百分之一，故以戰前比例計算，法幣百元僅值美金3角，但我政府所發美金儲蓄券仍維持法幣百元值美金5元，相差超過16倍。因此建議更改匯率。在此前，宋子文在重慶時便屢次提議更改值率，當時孔祥熙恐動搖人心，此次既有大批黃金為後盾，已無此顧慮，便建議最好徹底減銷中美匯價，或乾脆取消中美匯兌官價，以黃金與法幣的價格，間接決定中外匯率，否則2億美元以官價計算，僅能收回40億法幣，影響通貨膨脹甚微。[54]

　　在決定2億美元購金事後，財政部長摩根索派華愛德與郭秉文、席德懋接洽詳細辦法，商談後華愛德表示：（1）購金雖已同意，但手續上應請蔣介石來電正式提議，以便正式答覆美財部，亦已將此意逕電駐重慶代表，轉達蔣介石。（2）此次中方購金條數目甚巨，美財部須陸續向市面籌借購撥，待國府需要時，即可陸續請撥運華。（3）財政部長摩根索希望，除金條外，希望以一部分純金，鑄為1兩，2兩或5兩等金塊，或小金條以作紀念，並表示中美合作之精神，其式樣可由國府擬定。（4）將來國府開始售金時，美財政部希望中方將出售價格、方法、效果及購戶性質等情形，隨時轉告以資參考。（5）在正式手續及公布方法未定以前，雙方須嚴守秘密。（6）裝運手續擬由中央銀行，與聯邦準備銀行接洽辦理。（7）國府提議為節省運輸起見，可否就近向印度準備銀行商掉，由印度裝華，再由美方在美指定純金撥還，華愛德允予考慮。[55]

　　關於以上各點，研究之後，很快給予答覆，其中（1）已正式電財長摩根索提議；（2）查美財政部撥借美元，或須籌借至黃金，則國庫所存甚巨，似無須向市場籌借，現國內法幣亟待收縮，撥借之金所占噸位不多，因此極盼能於短期內運華備用；（3）此建議良善自當採用；（4）、（5）、（6）增可照辦；（7）由印度運華自較簡捷，倘

---

[53] 〈孔祥熙致蔣介石電〉（1943年7月6日），〈孔祥熙電呈軍事委員會委員長蔣中正為借用美國黃金吸收游資一案與美國商洽情形請鑒察〉，國史館，檔號：001-016052-00014-002。

[54] 〈宋子文致蔣介石電〉（1943年7月15日），〈孔祥熙電呈軍事委員會委員長蔣中正為借用美國黃金吸收游資一案與美國商洽情形請鑒察〉，國史館，檔號：001-016052-00014-002。

[55] 〈郭秉文、席德懋致孔祥熙電〉（1943年7月14日），〈孔祥熙呈軍事委員會委員長蔣中正為利用美國借款購運黃金回國銷售平抑物價辦理情形及有關文電〉，國史館，檔號：001-088330-00002-010。

有爲難，不妨商由南菲調撥。[56]

關於洽辦由美空運黃金至重慶事，1943 年 8 月 9 日，郭秉文、席德懋與中國航空公司龐副董事長，及汎美航空公司副經理畢克斯比（Bixby）作詳細討論，汎美航空公司現有飛機 22 架，專爲美國陸軍部，由美國邁阿密至卡拉奇一段，運輸各項軍用品成績甚佳，倘中國政府能先商得美政府同意，由美政府令汎美航空公司爲國府運金至重慶，則可免去運費，但由鐵路運金至邁阿密、保險費、在邁阿密提供臨時倉庫、航程中防護黃金責任，交航運機之機長負責等問題，需由中國政府自行辦理。

中航方面認爲黃金運抵邁阿密後，若能由國府令中航公司接運至重慶，較爲容易，畢克斯比提議爲避免妨礙美國陸軍部航運程序起見，最好請求美政府准予每一航機至邁阿密時，特留 2 千磅重的機位供中國政府作運金之用。爲了怕通過外交手續，難有相當效果，孔祥熙希望蔣介石能以私人情誼，向羅斯福直接請求。[57] 蔣介石則認爲，最好不由他電請羅斯福，而另設其他方法，等不得已時再由他親電羅斯福。[58]

關於國府要求美方將價值 2 億美元的黃金，由聯邦準備銀行劃入中方帳戶，美國財政政長助理懷特（Harry White）表示美財政部應照原定辦法實行，但因大量黃金移轉困難，恐引起國會質問，且須向市場舉債，懷特又言該項黃金存於美國財政部，或加印存於聯邦準備銀行，並無不同之處，並保證無論何時，倘中國方面有所需要，美方當即將之移轉。[59]

一份由懷特準備的備忘錄，記錄了他在 9 月 29 日與摩根索的對話，懷特向摩氏表示：「我認爲，在指定價值兩億美元的黃金，用於售金問題上，我們應當對中國強硬，因爲這些黃金運給他們之前，他們沒法出售。財長同意了。他說，他認爲我們在這件事上應當強硬。他還跟我說，放手幹，等到這些黃金可以運輸並在中國出售時再給他們。」[60] 這段內容充份表示了美國財政部的態度，但中方並不了解。國府表示，對美方困難情形甚爲諒解，詢問是否可將該項黃金分四次移轉，每次各爲價值 5 千萬

56 〈孔祥熙致郭秉文、席德懋電〉（1943 年 7 月 21 日），〈孔祥熙呈軍事委員會委員長蔣中正爲利用美國借款購運黃金回國銷售平抑物價辦理情形及有關文電〉，國史館，檔號：001-088330-00002-010。

57 〈郭秉文、席德懋致孔祥熙電〉（1943 年 8 月 9 日），〈孔祥熙呈軍事委員會委員長蔣中正爲郭秉文等來電報告關於洽辦由美空運黃金來渝事〉，國史館，檔號：001-088330-00002-011。

58 〈孔祥熙呈軍事委員會委員長蔣中正爲郭秉文等來電報告關於洽辦由美空運黃金來渝事〉，國史館，檔號：001-088330-00002-011。

59 〈席德懋、宋子良致孔祥熙電〉（1943 年 11 月 10 日），〈席德懋宋子良電孔祥熙與美商談值二億美元黃金劃入中方帳户事〉，國史館，檔號：002-020300-00031-030。

60 *Morgenthau Diaries*, vol.668, p.68, September 29, 1943; *Hearings*, Part 35, p.1987.

美元，因前此所已啓運之 2 千萬，爲中國的準備金。懷特再建議，由美聯邦準備銀行中，經常維持 1 千萬美元的黃金，以備運送中國，換言之即中方在聯邦準備銀行的黃金，降至 1 千萬美元以下時，美財政部即隨時補足，使經常維持在 1 千萬之數，此項建議可否接受，仍需孔祥熙決定。[61]

11 月 13 日接宋子良、席德懋來電，摩根索及懷特自北菲回美後繼續接洽，懷特仍未予同意照辦，藉口如允中方意見，美財部須籌得鉅款購買黃金，惟引起國會質問，只允在聯邦準備銀行開立中央銀行 1 千萬元黃金週轉戶，黃金運出後美財部隨時補足，其餘仍存美財部帳上。

查美國黃金是國有，無需籌款另購，中方並非不信任美國，爲避免將來另生枝節，與戰後美元有貶值的可能性，同時現在計畫的國際平準基金，國際銀行之黃金部分基金，擬請向美洽商，將確定的全數黃金 2 億元，即行劃入中央銀行戶帳，俾省國府每次須向美財部商洽，以致延誤時間，或多生周折，誤我運用時機。再者，目前運輸情形困難，如將黃金全數列入聯邦銀行中央銀行戶後，中央銀行則可出售黃金寄存憑證，及黃金庫券，買戶只收執存美聯邦行寄存之憑證，既省耗費巨大的運費，而即時便可利用。[62]

懷特對黃金運華一事並不贊成，他認爲黃金是戰後頗具價值的資產，如將黃金出售給中國，並不能緩和物價上漲和物資緊張，因很多黃金將會被收藏囤積。1943 年 12 月，懷特在遞交給國務卿的備忘錄中表示在中國大量出售黃金，受益的主要是投機階級，且很多黃金會流入敵占區。懷特建議國民政府透過低價出售國有資產來增加稅收，作爲黃金政策外一增加收入的途徑。他還主張美國用黃金作爲「討價還價的武器」，讓國民政府在接下來的談判中妥協。[63]

當中國催促緊急運輸黃金時，懷特提出各種原因來說明黃金運華的合理性。在 1944 年 10 月 2 日的會議上，懷特即表示中國出售黃金本質上無法遏制因物資匱乏所導致的物價上漲，且這些黃金帶來的減少法幣的效果並不明顯，國府印法幣比賣出黃金以回收法幣更便宜。[64]

1944 年 12 月 9 日懷特在摩根索的備忘錄中表示中國一直要求用商務船運輸黃

61 〈席德懋、宋子良致孔祥熙電〉（1943 年 11 月 10 日），〈席德懋宋子良電孔祥熙與美商談値二億美元黃金劃入中方帳戶事〉，國史館，檔號：002-020300-00031-030。

62 〈孔祥熙呈蔣中正有關向美國借款五億美元擬將二億美元購買黃金與美方洽商經過節略〉（1943 年 11 月），國史館，檔號：002-020300-00031-031。

63 王麗，《楊格與國民政府戰時財政》，上海：東方出版中心，2017 年，頁 164。

64 *U.S. Relations with China, 1949*, p.503.

金，而美財政部則堅持走軍事運輸。懷特表示：「我們鼓足了最大勇氣盡量拖延。」並說去年成功地將運輸到華黃金數量限制在 2,600 萬美元。我們認為此時允許繼續大量運輸，將是一個嚴重錯誤。[65]

在懷特 1944 年 12 月 23 日提交給財長摩根索，以呈送總統羅斯福的備忘錄中，懷特強化了他的論斷。他表示國府當前的黃金出售主要是對囤積者和投機者有利的方式，其中很多黃金正在流入淪陷區。運華黃金「實際上對通貨膨脹形勢沒有任何有益影響」，懷特表示雖然黃金為國府提供了額外財源，這卻是「以按照不可原諒的低廉價格，犧牲寶貴的國有財產為代表。」懷特進一步表示，美財政部頂住中國壓力，阻止黃金運輸。建議應利用黃金運輸作為對國府的「議價武器」，以使重慶方面接受「您的中國計畫」，然在考慮之後，財長摩根索並沒有將這份備忘錄交給羅斯福。[66]

另外，懷特和他幾個同樣觀點的同事，不顧財長態度，為摩根索準備了一份擬呈交總統羅斯福的備忘錄草案，同時向國務院遞送了一份該草案副本，以確保暢行無阻。草案建議應努力使中國「暫時收回其立即大批裝運黃金的請求」。關於討論情況的報告如下：

小亨利・摩根索：我要做的第一件事，請給財政部每一位拿到副本的人打電話。我要它們立即被退回來，馬上。我不會採納這種觀點。這太荒唐了。拜託你們，無論它們在哪兒，馬上把它們拿回來……

我的意思是，你們只是一直在重複同樣的理由，同樣的理由，自始至終。這並不能讓美國總統明白這些人擁有這些黃金，我，簽上了我的大名，跟他們說他們可以擁有價值兩億美元的黃金。

懷特先生：這正是我不同意的地方。

小亨利・摩根索：我知道你不同意。[67]

摩根索打定主義，在取消原政策，並向中國運送大量黃金這件事，他會得到國務院的支持和羅斯福的批准。他從助理國務聊克萊頓那裡拿到一份 1945 年 5 月 16 日的

---

[65] *Morgenthau Diaries*, vol. 802, pp.1-3, December 9, 1944; *Hearings*, Part 35, pp.1993-1994.

[66] From Hany D. White papers, lodged at the Princeton University Library, received by the Internal Security Subcommittee of the Senate Judiciary Committee, September 30, 1955. See *Morgenthau Diaries*, vol. 846, p.35, where Morgenthau states on May 10, 1945, in suggesting a letter to the President, that "there was a letter originally written on that to Mr. Roosevelt which I never took over." 轉引自：（美）阿瑟・N. 楊格著；李雯雯譯；于杰校譯，《抗戰外援：1937-1945 年的外國援助與中日貨幣戰》，頁 349-350。

[67] *Morgenthau Diaries*, vol. 847, pp.36-37, May 15, 1945; *Hearings*, Part 35, p.2029，轉引自：（美）阿瑟・N. 楊格著；李雯雯譯；于杰校譯，《抗戰外援：1937-1945 年的外國援助與中日貨幣戰》，頁 357。

備忘錄，那封信雖對出售黃金對於經濟是否有效表示懷疑，但卻建議道：「如果運輸條件允許，財政部應當按照宋子文提出的時間表，向中國運輸黃金。」[68]

　　美國財政部在運輸黃金來華上屢次施沓，楊格分析主要有以下幾方面的原因：（1）中方使用 2 億美元借款發行美金公債，卻未能取得良好效果，使美國高層普遍懷疑美金是否能被有效運用；（2）1942 年以來國民政府在太平洋戰爭中的表現，未與美國大部分官員的預期相符；（3）截至 1944 年 11 月中美雙方仍未能就美軍在華開支問題達成解決方案。楊格認為其中第三點為最重要的原因。[69]

　　儘管過程中出現了不少紛擾，但在羅斯福的支持及財長摩根索的態度轉變下，黃金運華一事可謂暫時告一段落。

第四節　黃金政策大力推展時期及收效

　　在美國 5 億對華貸款中，將其中 2 億用來購買黃金的確立後，國府旋即積極開展黃金政策，期望以此抑制戰時通貨膨脹。相關政策的施行方針，過程中的調整，政策的效果如何，將在此節進行探討。

一、黃金政策的運用

　　在中國國內，在確立了美國貸款中很大一部分將用於購買黃金運華使用後，國府開始積極地運用黃金政策，於 1943 年 4 月開始委託中國農業銀行、國貨銀行，出售黃金現貨，1944 年 6 月底，競購之風極熾，私人商號及銀錢行莊，因受官價自 18,500 元降至 17,500 元影響，損失甚鉅，造成短期內黃金與美鈔被冷落，7 月下旬改售期貨，現貨市價被迫上漲，一遇期貨兌現，價格即跌，兌現一旦拖時，市價即漲。[70] 另中國農民銀行於 1943 年 11 月 3 日，代表中央銀行開始出售黃金，最初為出售黃金現貨，每市兩定價 1 萬 2 千元，所出售黃金皆來自於重慶的庫存，約值 150 萬美元。農民銀行為避免打亂黃金價格，除節制出售數額外，有時也會購進藉以穩定市場，至

68　*Morgenthau Diaries*, vol. 847, pp.144-145, May 16, 1945; see also *U.S. Relations with China, 1949*, p.507.

69　王麗，《楊格與國民政府戰時財政》，頁 163。

70　〈一年來之黃金外匯〉，中國第二歷史檔案館，檔號：396(2)-505。

1944 年 2 月底，出售總數只約 100 萬美元，此後由中央銀行接辦出售業務。[71] 在中央銀行接手拋售後，數量開始增加，5、6 月每月都出售超過 200 萬美元，7 月份更達到 440 萬美元，這項收入也在彌補預算赤字中增加重要性，7 月紙幣發行量則增長了 63 億元，當月拋售黃金收益約 23 億法幣。另一方面，美國答應運予中國的黃金，與當時允運的數量相去甚遠，自決定將貸款中的 2 億美元在美換購成黃金後，運華進度頗為緩慢，1944 年 1 月，羅斯福希望每月能運出 2,500 萬美元，但至 1944 年上半年，只有 200 萬美元的黃金運往中國，且至 6 月底也只有一半運抵，該年年中，國府約尚有 600 萬美元存於重慶。[72]

1944 年 7 年，美國財部存心施延這一點，開始被明顯感覺出來，隨著 1944 年夏季中國售出黃金數量急劇增加，暴露出中國黃金短缺的問題，中央銀行於 7 月 12 日急電美國請求即刻空運黃金。

這是一個關鍵節點，財政部的官員就是從這一刻起，開始違背摩根索的承諾，並偏離他的指示，而未交付任何黃金。[73] 直到 8 月 3 日才又以水路方式運出 300 萬美元的黃金，9 月 23 日方到達，另在 8、9 月以空運方式運送三批共 430 萬美元抵華，10 月 3 日全部運抵，由於黃金出售速度甚快，至 9 月底已剩 21 萬 5 千美元的黃金，10 月 3 日售罄。[74] 1944 年秋，民間對於黃金的需求更盛，中央銀行也不敢停止出售黃金，只能到一批賣一批。[75] 10 月中旬，桂林、柳州一帶戰火瀰漫，外埠資金大量流入後方如成都、昆明、貴陽、西安等城市，黃金美匯成為投機對象，因顧忌政府黃金現貨一到，容易操縱漲落，因此收進較少，美鈔、美券等可更受投機歡迎。11 月起，黃金官價與市場價格出現差距，為因應此情事，11 月 13 日黃金官價提至 2 萬元，另加搭鄉鎮公益儲蓄二成，共為 2 萬 4 千元，市價則漲至 3 萬餘元，美金受到黃金官價提高刺激，市場行情一日數變，11 月下旬因桂柳會戰失利，敵軍進逼金城江，一時人心浮動，美金鈔券價格繼續狂漲，又盛傳黃金又將加價，故定購期貨，搶購現貨者益形踴躍，市場資金消耗殆盡，銀行亦遭受爆量提存危機，資金短缺，黃金市價漲至 3 萬 6 千元。[76]

---

[71] （美）楊格著；陳冠庸譯校，《中國的戰時財政和通貨膨脹（1937-1945）》，頁 213。

[72] （美）楊格著；陳冠庸譯校，《中國的戰時財政和通貨膨脹（1937-1945）》，頁 215。

[73] （美）楊格著；李雯雯譯；于杰校譯，《抗戰外援：1937-1945 年的外國援助與中日貨幣戰》，成都：四川人民出版社，2019 年 9 月，頁 345-346。

[74] （美）楊格著；陳冠庸譯校，《中國的戰時財政和通貨膨脹（1937-1945）》，頁 215。

[75] （美）楊格著；陳冠庸譯校，《中國的戰時財政和通貨膨脹（1937-1945）》，頁 215-216。

[76] 〈一年來之黃金外匯〉，中國第二歷史檔案館，檔號：396(2)-505。

　　12月初南寧等地克復，人心稍定，加上年終將屆，銀錢業緊縮放款，黃金、美鈔價格短暫下挫，迨至舊年關後，因物價上漲影響，加上市場再傳黃金官價將提高，使游資集中黃金，存款者更趨之若鶩，造成重慶銀錢業空前奇緊，至1945年3月，鄂北豫南戰事轉急，投機者多持觀望態度，黃金市場突然轉入平靜。4月黃金市場極為疲滯，銀根特緊，忍痛拋出者多，5月期貨存款已久未兌現，市場盛傳即將有大批現貨由印運華，購者多保持觀望，而轉買美鈔，美債美券價格也隨之上漲。5月28日，財政部停售黃金期貨，6月初因認為勝利在望，囤貨者紛紛拋貨，游資湧進外匯市場，美金、黃金價格隨之增高，而黃金久不兌現，外匯調整匯率，商人認為有利可圖，紛紛調撥頭寸，投入外匯市場，使外匯市場價格狂漲，受到外匯刺激，黃金價格急趨上揚，6月2日突破10萬元，市場喧騰，6月5日財政部轉飭錢業公會，嚴予取締投機份子操縱市場行為，平日公開活動者乃改暗中進行。6月8日官價提高至5萬元，現貨漲至12萬元，6月中旬市場盛傳黃金官價又將提高，資金集中黃金存款，黃金市場升至13萬元，美鈔亦達1,500元。

　　1944年7月前，中農、國貨兩銀行出售的是黃金現貨，按央行牌價，購金者付款後即可取得黃金。此大量放出黃金，已引起兩種影響：一，吸收重慶游資10億至15億元之間，使法幣回籠，頭寸愈緊，於是市面百貨忙於出脫，物價稍呈穩定；二，黃金不但不上漲，而且趨跌，無異穩定法幣價格。黃金漲必刺激物價漲，黃金跌，雖不能低壓物價，至少可使物價稍穩。

　　但因黃金不足的現象日益嚴重，國府為解決此問題，開始規劃黃金儲蓄事宜，擬收回黃金實物，但仍不妨礙民間購買黃金。一方面既貫徹售出黃金收回法幣之既定政策，一方面政府仍控有大量黃金。對於民間購金亦有方便，既可保有黃金，又可取得利息。

　　黃金儲蓄辦法預計分為二種，（1）法幣按當日金價折合成黃金存儲，定期分1年、2年、3年，利息為1年6厘、2年8厘、3年1分；（2）黃金儲蓄，以黃金存入，期限分為1年、2年、3年三種，利息為1年2厘、2年3厘、3年4厘。此二種儲蓄利息不同，即在獎勵法幣直接存入，票面擬分為1兩、5兩、10兩、50兩、100兩五種。詳細辦法正由有關機構商討之中，8月初提交四聯總處討論。[77]

　　黃金儲蓄辦法在8月初由四聯總處初步擬就後，尚待財部最後決定。該辦法確有兩項：（1）法幣折合黃金儲蓄，期限的確分為1年、2年、3年三種，然利息及折合章則未定。折合標準概以當地銀樓進出牌價平均數為標準。儲戶到期可取回黃金，存

---

[77]《商務日報》，1944年7月30日。

儲時併用內扣利息辦法；（2）黃金儲蓄其利息將盡量予以提高。黃金儲蓄事由中央銀行準備辦理，兩項儲蓄均採用直接存儲辦法，不發行儲蓄券，儲蓄單位預計可縮小至一兩以下。[78]

8月7日上午四聯總處舉行理事會議，正式通過舉辦法幣折合黃金存款辦法，根據此種辦法，人民可向三行兩局存入法幣，按照當日金價折合黃金，至一定時期即可將黃金取出，並獲得利息。預計人民購儲黃金可獲兩項便利：（1）人民可以法定價格直接購儲黃金，免除銀樓中間剝削；（2）人民購儲黃金，尚可獲得利息，而私人藏金價值則無由增利。[79]

市面也出現傳言表示中央銀行決定辦理黃金存款後，對於黃金現貨的買賣即要停止。對此也有不少疑慮，因如此一來，使黃金現貨又將生出黑市，其價格將比存款金價爲高，將來存款到期，國家對存款人所付者是什麼呢？沒有理由拒絕付金，那就無異以官價售出黃金，國家受損固不必說，而徒然自己去引起一個黑市又復何苦？若說存款者提存時硬不付以黃金，折合官價付以法幣，則不但不足以昭大信於民，且黃金儲蓄存款的種種利益，亦將爲之大打折扣，而黃金存款的號召力，亦必大改。因此停止現貨買賣是不智之舉。[80]

8月中旬，黃金儲蓄已擬定「黃金存款」及「法幣折合黃金存款」兩項辦法。前者定由中央銀行獨自辦理，後者則由中央銀行委託中國、交通、中國農民三銀行暨中央信託局及郵政儲金匯業局代辦。兩者俱不發儲券儲戶只領取存單，利息則均以法幣支付。此兩辦法的委託手續及其他應辦事項則尚在準備中。[81]

8月下旬時，原分兩項的黃金存款辦法，經中央銀行業務局研究以後，認爲以黃金存入銀行，事實上很難做到，決定只舉辦法幣折合黃金存款。[82]

除黃金存款，政府也擬利用美國運華黃金中的一部分作爲基金，發行民國33年黃金公債 500 萬兩，照金市價 94 發行，分十年還清，年息 4 厘，以黃金還本，法幣付息，所擬條例草案尚在研究中。[83]

法幣折合黃金存款（見附錄六），開始於 1944 年 8 月 25 日，辦法照當時黃金官價，向中央銀行存儲法幣，滿 6 個月後提取黃金，並付有利息。

---

[78] 《時事新報》，1944 年 8 月 5 日。

[79] 《中央日報》，1944 年 8 月 8 日。

[80] 社論〈論黃金儲蓄存款〉，《國民公報》，1944 年 8 月 9 日。

[81] 《中央日報》，1944 年 8 月 19 日。

[82] 《商務日報》，1944 年 8 月 22 日。

[83] 《中央日報》，1944 年 8 月 28 日。

　　財政部與四聯總處經過多次商討，擬具黃金存款及法幣折合黃金存款辦法兩種，提交四聯總處第236次理事會決議通過，兩種存款同時列入推行儲蓄範圍，指定中央、中國、交通、中國農民四銀行以及中央信託局，開辦黃金及法幣折合黃金儲蓄存款，規定存入法幣六個月後，開始兌現黃金。[84]

　　1944年9月15日，黃金存款開辦，分為黃金存款及法幣折合黃金存款兩種，並便利存戶起見，經委託中國、交通、農民三銀行及中央信託局，郵政儲金匯業局同時舉辦，辦理地點有重慶、成都、昆明、貴陽、桂林、西安、蘭州七處，[85]此兩種存款，黃金存款不定限額，法幣折合黃金存款每一行局的總額以20萬市兩為限。

　　關於此次黃金存款的好處，主要可以分為四大利多，即：

　　（一）此項存款可以刺激國民的儲蓄意願。1941年以來，國府對於推行儲蓄，費盡九牛二虎之力，固不論成績如何，然大多盡是依賴強迫力量，即「強制儲蓄」。以當時中國鬆散的社會組織，強制儲蓄能發揮到何種程度，是一疑問。如何鼓勵國民自願儲蓄，確是一值得考慮問。要鼓勵國民自願儲蓄，就必須顧及幣值下降時所給予儲蓄者的損失。為達此目的，舉辦物價指數存款是一辦法，但物價指數存款在中國只有理論上的價值。因此，黃金儲蓄是值得推薦的。黃金在中國已成為一種商品，它的價值是商品價值而不是幣值，因此可以使儲蓄者知道在實際上它的儲蓄不會有損失的風險。加上手續簡單，只需中央銀行逐日牌告金價便可，較之物價指數存款，要簡易得多，且易昭信於人。

　　（二）此存款可有助於穩定物價。黃金儲蓄即有削弱購買力及吸收游資的力量，對於物價有好的作用，其作用大小則需視其所鼓勵儲蓄的效果能發揮到到何種程度。而其便需視此整款的條件如何決定。

　　（三）此項存款使國家所保存的黃金得到妥當的用途。現國府保有大量黃金，以2億美元借款所換得的黃金即達570萬兩純金，這筆借款購來的黃金，原欲用來安定幣值，亦即穩定物價，然而自從換成黃金後，朝野人士對於此大量黃金的運用，始終沒有得到一致認為妥當的用途。若說抗戰時國府有此大量黃金而不加運用，豈不大為可

84　秦孝儀主編，《中國國民黨九十年大事年表》，臺北：中國國民黨中央委員會黨史委員會，1984年11月，頁391。

85　為廣泛吸收農村游資，後決定部分中央銀行分支行可代收存款，代出收條。可代收存款的中央銀行為：萬縣，三台，綿陽，倍陵，蒙自，恩施，自流井，嘉定，內江，雲陽，下關，雅安，江津，東溪鎮，廣元，北碚，康定，天水，南鄭，梁山，武威，新開寺，南泉，寶雞，瀘縣，灌縣，南充，酒泉，宜賓，立煌。為防址敵區套取，舉辦地點限於後方城市，立煌則為最近頭寸不敷，擬以此吸收通貨，而特別設置者，但其期限則規定2年後兌取。《大公報》，1944年9月15日；《商務日報》，1944年11月29日。

惜。雖說將來參加國際貨幣基金需要一部分黃金，然這空間是戰後的事，如能運用黃金以裨益戰時經濟，又何必置而不用。舉辦黃金存款，法幣可以回籠，物價得到有利的因素，並且也不致使國家所掌握的黃金流散民間太多（因人民到期提存時不一定不可再以之轉儲，亦不一定必要求付以黃金），足以留爲將來幣制復員及參加國際貨幣基金之用。

（四）此項存款可增加國家對金融的控制力。現因法定利率太低，人民手中的通貨不肯放入銀行（尤其不存入國家銀行）而存放於貨幣商號，以致中央銀行能控制的金融實在很少。辦理此項存款後，通貨及信用受中央銀行的數量必大增。以美援的570萬兩黃金來說，現每兩以1萬9千元計算，即值1,083億元，按一般儲蓄準備只需10%計，即可吸收1萬億元以上的存款，所以其可能發揮的吸收力是無窮的。只要人的儲蓄意願受到鼓勵，則其控制金融的力量不可計量，且此項政策絲毫不帶強制性質。[86]

這種存款共分兩類，一類爲「法幣折合黃金存款」，至少1年期，存儲時需按照當地當日的黃金價格以法幣折成黃金存入，到期時本金以黃金償還，利息則以法幣支付。利率1年期6厘、2年期8厘、3年期1分。另一類是直接以黃金存入，本息均以黃金償還，利率1年期2厘、2年期3厘、3年期4厘。這種黃金存款，有可能產生不了平抑物價的結果。

用黃金存款的方式出售黃金，因不用交付黃金現貨，確略較直接售黃金爲佳。但最近在拋售黃金時，買者大都只能得一期票，必須在若干時日後才能提取黃金，因此已與黃金存款相去不遠。假如在拋售黃金時所發的黃金期票，把交貨期延長到一年，則其結果已與「法幣折合黃金存款」相同，所不同的地方僅在不用給付利息。因此如果政府在售價方面，還是採用低價政策，而在出售方面，還是採取自由認購的方式，黃金存款不會與過去拋售黃金有什麼重大的不同，而且事實上還會發生若干困難：（1）在實行法幣折合黃金存款時，所根據折合的價格是什麼價格？如是政府銀行掛牌，則這個掛牌是否即等於政令出售黃金的掛牌？如屬相等，則願意購買黃金的人大都只願購買現貨，而不願作定期存款，那麼怎樣可以使人民願意存款？如不相等，則差別怎樣決定？（2）在實行黃金存款時，政府是否願意繼續拋售黃金？如繼續拋售黃金，是否與舉辦黃金存款的政策相衝突？如不繼續拋售黃金，則黃金市價是否會較政府銀行掛牌爲高？（3）在銀行收受了黃金存款後，黃金並非貨幣，不能作投資之用，那麼2厘至4厘的利息從什麼地方來？即使不辦直接以黃金存入的辦法，只辦

---

86 社論〈論黃金儲蓄存款〉，《國民公報》，1944年8月9日。

「法幣折合黃金存款」，這類的存款，在法幣折合黃金後，此項法幣應收回而不用，始能產生法幣回籠的結果。如收回不用，怎樣去求得6厘至1分的利息？事實上黃金存款是一種物價指數存款，不過以黃金價格代替一般物價。（對於舉辦物價指數存款，我們認為政府如同時停止通貨增發，則可以舉辦；但如政府繼續增發鈔票，則不應舉辦。）任何一種方式的物價指數存款都不應給付利息的。

黃金存款既有這三種困難，所以應否舉辦，負責當局似有重加考慮的必要。伍啓元認為只有在下列三種條件下可以舉辦黃金存款：（1）法幣折合黃金時，價格不低於購買力平價所求得的價格（目前約為七萬元），同時不給付利息；（2）政府不再在市場上拋售黃金現貨；（3）存款採取強迫存款方式，對富戶強迫存款。如果這三個條件不能具備，則黃金存款只會使國庫損失黃金，而不能平抑物價。[87]

中國通商銀行總經理駱清華，表示市面有意見認為，停止供應現貨黃金，會使金價突然升騰，而且黃金存款到期，既須支付現貨，仍免不了走私資敵，至多不過延期6個月以至1年以上而已。駱清華認為，是黃金之有黑市與高漲，不在於政府之是否供應現貨（去年9月以前，政府並未供應黃金，金市未嘗暴漲）。而在現貨之能否走私外流。只要能認真緝私，防止外流，在大後方的人民，現貨在目前並沒有使用上的需要。現貨與6個月以上至1年以上的存單，同樣保持幣值，並無多大的分別。存單更有利息和保藏便利的優點，駱氏也承認人們重視現貨的心理，停止供應現貨以後，現貨會較現在的黑市為高；更高於作為存單準繩的牌價，但並沒有妨害。因為金價的上漲，並不足以刺激其他物價，至今已為多數人所公認。金價上漲的結果，或可以減少走私資敵的機會，毋寧說是有利的。

如果讓銀樓同業自行議價，照近來各地市場利息普遍上漲，一般人計算利潤，流行6個月或8個月一對本，據此以推，現貨黃金的價格，可能議到每兩4萬元。若果如此，適是刺激黃金存款的推行。那麼，現貨黃金儘可讓銀樓業公會自行議價，現行的銀樓管制辦法就應該撤銷，不許銀樓執行正常業務，政府正在拋售黃金，但走遍重慶七十幾家大小銀樓買不著一枚金戒指，這不是笑話奇談嗎？駱氏認為「黃金究竟不同布米菽粟，不管制倒比管制好得多，有過去和眼前的事實可以證明。請當局細細想一想，何如少管一點罷！」要求政府減少對於黃金的管制，並建議政府：（1）宣告停止直接以現貨黃金供應市場；（2）除去黃金存款的障礙，根絕投機取巧的工具，立即停止不賒不現亦賒亦現之期貨據；（3）儘量推行法幣折合黃金存款；（4）調整牌價，目前至少應為2萬元，以後每月收調整一次，其調整價格，至少增加5%；（5）黃金

---

[87]　伍啓元，〈黃金與外匯〉，《大公報》，1944年10月1日。

存款存單，得用無記名式，持單人得自由買賣讓與；（6）嚴禁黃金走私，在內地攜帶1百兩以上之黃金，須向財政部請領運送執照。接近淪陷區1百里以內攜帶黃金過1兩以上者予以沒收。[88] 駱清華這篇〈運用黃金政策之重檢討〉一文，被美國《時代》雜誌譯成英文轉載，也爲當時國府金融經濟管理部門所重視。

黃金儲蓄存款舉辦以來，重慶已收成效，至9月下旬，六行局共吸收黃金存款已達7千兩之鉅，惟以法幣折合錄存，以便將來提取黃金者較多，期限多爲半年，是以黃金期貨問題於以發生，聞當局已予注意矣。[89]

1944年10月時，重慶的黃金交易，官價不過1萬7千5百元，黑市已漲至2萬5千元左右。一般投機者還在看漲，並且拼命收進，原因可能是因爲淪陷區的金價太高（如漢口已賣到6萬餘元，上海已達9萬多元），有不少人從內地把黃金源源不絕地運出去。運出的路線是由重慶到萬縣設一站，三斗坪設一站，轉老河口又設一站，每兩黃金運送一站的純利達2千元，到達老河口後再設法運到漢口，此外西北路線經潼關向河南流出數量尤其驚人。[90]

導致日來各地游資大量向重慶集中，其來源最多者以西安、成都、昆明爲最，其游資現象，自西安、成都來者多傾注於黃金，昆明來者多傾注於外匯、美鈔、美券、美債。[91]

1944年11月，黃金中央銀行掛牌官價提高爲每兩2萬元，外加鄉鎮公益儲蓄二成，共爲2萬4千元。法幣折合黃金存款則爲每兩2萬元。此次調整已爲第11次，今年4月提價爲18,500元，經6月底黃金風波後，7月17日調整爲17,500元。輿論界一致要求金價提高，9月26日加搭鄉鎮儲蓄一成，10月20日又加搭鄉鎮公益儲蓄一成，11月13日又提價。黃金市場，自9月6日起現貨改賣預貨，一月以來均未交貨，因此黑市活動地域很廣。出售情形，大體在9月底前後最暢，代售黃金的農行及國貨銀行每日出售貨達1萬餘兩，二次加價而久不兌現後稍疲，每日約2千兩，此次加價後，購者稍存觀望，數字僅在數百兩左右。[92]

1944年11月9日，俞鴻鈞向蔣介石報告黃金政策運用的方式及這段時間的收效。俞鴻鈞表示自准許自由買賣黃金以來，即向美接洽運入美借黃金，旋准美方請先

88　駱清華，〈運用黃金政策之重檢討：注視黃金資敵之嚴重問題〉，《大公報》，1944年10月30日。

89　《國民公報》，1944年9月26日。

90　《新華日報》，1944年10月30日。

91　《商務日報》，1944年11月13日。

92　《商務日報》，1944年11月14日。

以中央銀行自有，合美金 2 千萬元的黃金運回應市，迄至 1944 年 10 月底止，售出黃金收回法幣數目爲：（1）售出國內原有黃金 81,716 兩，合法幣 1,449,061,138 元；（2）售出由美運回中央銀行自有黃金 713,402 兩，合法幣 12,748,032,881 元；（3）總計售出黃金共計 795,119 兩，收回法幣 14,197,094,019 元。上述收回鉅數法幣，對於收縮信用，穩定物價，收到相當效益。[93]

四聯總處秘書長劉攻芸在 1944 年 11 月 17 日遷川工廠報告金融設施情況時，也表示最近金融方針的主旨在加強國家銀行力量，收縮民間頭寸，以加強生產貸款。數月來爲加強國家銀行力量，大量拋售黃金以吸收通貨，最近兩、三個月收回法幣數量甚巨，達 1 百多億，國家銀行頭寸已稍見充裕。[94]

1944 年 12 月 14 日，孔祥熙在給摩根索的電報中表示，黃金政策在中國收到了良好的效果，孔表示美國運華黃金成爲增強法幣的一個重要因素……美國政府的行爲使中國人民確信，儘管有敵人封鎖和六年戰爭下的許多問題，但是我們強大的盟友願意竭盡全力幫助中國。[95]

但問題是近來中央銀行運回自有黃金已經售罄，國府雖已電孔熙祥交涉撥運美借黃金 2 千萬美元（約 57 萬兩），但以現貨供不應求，不免有黑市發生，而偷運淪陷區的黃金，雖定有防止辦法，終不免仍有走漏，社會上遂出現有兩種主張，一是設立黃金交易所，以消滅黑市；二是停止出售黃金現貨，僅辦「法幣折合黃金存款」以防止走漏。

此兩種建議皆不健全，交易所開辦以後，金勢將暴騰，雖國庫可增收法幣，但刺激物價後，無形的損失或許更大，交易所一經開市，政府非控有巨量黃金在手，將反爲商人所操縱，應從長妥爲計議。至於停售黃金現貨，僅辦「法幣折合黃金存款」，只可延緩黃金支付的時間，對於防止流入淪陷區，仍非根本辦法，況美方亦可藉口不再撥運，且金價與物價雖無直接關係，但以黃金與法幣已有一定的比率，無形中足以表示法幣的價值，對於隱定幣信及減少物價波動，具有微妙之作用，一旦停售現貨，則黃金價格勢必飛漲，甚至牽動物價激增，至爲可慮。[96]

對於黃金售現辦法，暫仍應繼續辦理，一則國外運入黃金數量較豐，中央銀行售

93 〈俞鴻鈞呈軍事委員會委員長蔣中正爲檢討現行運用黃金政策擬暫仍繼續辦理及調整金價〉，國史館，檔號：001-080006-00002-006。

94 《商務日報》，1944 年 11 月 19 日。

95 *China's Wartime Finance and Inflation. 1937-1945*, p.284.

96 〈俞鴻鈞呈軍事委員會委員長蔣中正爲檢討現行運用黃金政策擬暫仍繼續辦理及調整金價〉，國史館，檔號：001-080006-00002-006。

現不再中斷，黑市即可消滅，一面正商請美方鑄造合美金 1 億元的金塊，分爲 1 兩、5 錢、2 錢 5 分三種，以便運往各地普遍發售，以眞正吸收法幣，並免大量外流。

俞鴻鈞表示現行售金價格過於低廉，又以條爲出售單位，且只重慶一處出售，難免予中間商以漁利之機，可將售價斟酌調整，但務須嚴守秘密，以免投機利用爲要。蔣介石表示支持後，將黃金售價改定爲每兩 2 萬元（鄉鎮公益儲蓄仍照搭二成），基於 11 月 13 日上午 9 時起，實行法幣折合黃金存款，並照新價折合，售金應以十兩爲單位，至於央行辦理重慶以外地方售金事，則等到美借黃金運到較爲充裕時，再行斟酌洽辦。[97]

自黃金加價加搭鄉鎮公益儲蓄券二成以後，黃金存款業務突飛猛進，大有超越黃金出售之上的趨勢。黃金存款自 9 月 15 日開辦，9 月份爲止達 1 萬 3 千兩，10 月份款 1 萬 8 千兩，連前達 3 萬 1 千兩，11 月份存款 10 萬，連前達 13 萬兩。9 月 15 日存入者，3 月 15 日當可兌現，獲得可達 1 分。12 月份黃金存款將更超過 11 月份數字，黃金出售情形相形退縮，子金賠累甚大，投機的購買者大呼吃虧，自 12 月份起每日數百兩、數十兩不等，中國國貨、農民兩行門市冷落，已非昔日景象。[98]

1945 年開始以來，黃金存款仍較期貨熱絡，原因在於黃金加價的謠傳不退。至 1 月底止已達 368,639 兩，各地黃金存款數量如下：

重慶市（1 月底止）190,026 兩，[99] 其他城市截止至 1 月 20 日，昆明 73,513 兩；西安 53,041 兩；貴陽 23,485 兩；蘭州 12,528 兩，總計 368,639 兩。[100]

1945 年 3 月，爲解決東南各省鈔券供應問題，將粵漢路以東，長江以南凡有四行二局之處，一律開辦法幣折合黃金存款。[101] 此兩項黃金存款舉辦後，由於黃金官價與黑價的差價太大，黃金存戶獲利驚人。財政部當初規定的各行、局舉辦法幣折合黃金存款各爲 20 萬兩的要額，已不敷社會要求。1945 年 4 月 5 日四聯總處理事會決定「各行局辦理法幣折合黃金存款，如感限額不敷時，可逕與中央銀行業務局洽增限額。」[102] 儘管國府同意增加黃金存款限額，但由於黃金供應不及時，出現到期存款不

---

[97] 〈俞鴻鈞呈軍事委員會委員長蔣中正爲檢討現行運用黃金政策擬暫仍繼續辦理及調整金價〉，國史館，檔號：001-080006-00002-006。

[98] 《商務日報》，1944 年 12 月 15 日。

[99] 其中中央 51,362 兩；中農 23,124 兩；中國 60,874 兩；中信 12,534 兩；交通 36,886 兩；郵匯 5,247 兩。其中中央 51,362 兩；中農 23,124 兩；中國 60,874 兩；中信 12,534 兩；交通 36,886 兩；郵匯 5,247 兩。

[100] 《商務日報》，1945 年 2 月 6 日。

[101] 中國人民銀行總行參事室編，《中華民國貨幣史資料》第二輯（1924-1949），頁 424-425。

[102] 中國人民銀行總行參事室編，《中華民國貨幣史資料》第二輯（1924-1949），頁 424-425。

能支付情形，再加上各地銀根亦趨緊迫，國府只好宣布自 1945 年 6 月 25 日起停止舉辦法幣折合黃金存款。

二、防止黃金外流的措施

在國府在社會開展黃金政策平抑市面通貨時，黃金流往淪陷區的問題也層出不窮，黃金內地攜運，偷運出口黃金細微，易於偷帶，敵區廣漠防不勝防，爲防止黃金流入僞區，改定查禁攜運金銀規則，《防止私運暨攜帶金銀出口暫行辦法》（見附錄七）。此前當局雖已訂有防止金銀走私的相關辦法，其劃定接近封鎖線 50 里以內地帶，爲禁止攜運金銀外出起點，仍嫌接敵過近難以防範。新修訂的辦法劃定接近 100 里以內地帶，爲黃金運輸限制區域，非持有本部護照不得攜運，以資嚴密防杜，除分電軍事委員會水陸交通統一檢查處、戰時貨運管理局海關總稅務司、緝私署遵照辦理。[103]

另外即爲調高金價，因淪陷區金價猛漲，爲預防黃金外溢，以平穩市起見，於 1943 年 11 月 2 日將黃金價格提高，收進由 10,020 元提高至 11,000 元，售出由 12,200 元增加至 13,000 元。[104]

在後方還要向美國借來黃金時，福建沿海卻常有黃金走私事發生，在 1944 年 9 月時，福建金價每兩僅 3 萬元左右，而日方在上海吸收黃金，每兩價格提高至 9 萬元，相差三倍，因此一般走私客都趨之若鶩。走私方式是先在內地收購黃金，永安、延平、融縣各地的黃金都集中到福州，由一些中年婦女，即所謂「海驢」，這些人先將黃金化爲飾物或金條，不易發現，先運至竿塘，再從沿海運出，數量不少。[105] 當局對於黃金資敵，一直有所注意，並嚴加管制，凡攜帶黃金至淪陷區者，一經查出，無論多少，一律沒收充公。販運者予以槍決，現西安、南陽、老河口等處已遵令實行。[106]

1945 年 1 月，劉攻芸呈蔣介石，表示過去半年間，物價相當半穩，與政府實行黃金及緊縮兩項政策有極大關係，但黃金外流利多害少，爲免影響黃金政策推行，現行黃金出口禁令，似應考慮改變，如能早日解禁，對吸收游資，平抑物價有所助益，1945 年前項政策允宜繼續加強實施，以宏管制物價之效。

---

[103] 《國民公報》，1943 年 11 月 5 日。
[104] 《國民公報》，1943 年 11 月 5 日。
[105] 《新蜀報》，1944 年 11 月 19 日。
[106] 《新蜀報》，1944 年 11 月 19 日。

劉攻芸分析後表示，自黃金政策實行以來，因有部分黃金流入淪陷區，政府爲恐資敵利用有害政府起見，曾經明令禁運，嚴行查緝，以致黃金不易外流，影響推行，並認爲此種顧慮，實無必要，值此僞幣日跌之際，卻在淪陷區大量換取比價日高的法幣恐亦不易，故進口者當以物資爲多數，實於後方物價的穩定俾益甚大。

至於外界傳言，敵人可吸收此項黃金，用以換取中立國物資一節，無論此項黃金多係淪陷區人民購存，不致流爲敵有，即使流入敵手，依照全國國際貿易及運輸能力觀察，其可能性及所發生的作用似均不大，因此黃金外流，既無大礙，現行禁運政策，似應考慮改變，如能早日解禁，對於吸收游資平抑物價必多俾益。關於黃金政策，擬照下列各點加緊進行：（1）由後方各地中央銀行普遍出售黃金，並將出售單位減小爲至少 1 兩，以廣吸收；（2）凡有中央銀行地點，一律舉辦法幣折合黃金存款，並委託各行局代理協助推行；（3）逐漸提高黃金牌價，以勵購存，而增吸收數額；（4）速商美國撥借大量黃金，指定噸位，按期內運，以應普遍出售之需要。蔣介石同意劉攻芸的看法，認爲這些建議可以照辦，並將劉氏的建議轉發俞鴻鈞研議。[107]

俞鴻鈞則表示自財政部購運美國黃金，推行售金政策以來，對於吸收法幣回籠，協助平抑物價頗著成效。而防止私運暨攜帶金銀出口暫行辦法之規定，非但不致影響售金政策推行，且足以對於敵人以高價吸收我黃金的計畫予以打擊，達成藏富於民的目標，原建議解除黃金禁令各節，經財政部研究後，認爲：（1）黃金流入淪陷區資敵，素爲美方所注意，如取消黃金流入淪陷區禁令，美方勢必反對，可能引起美方延緩撥交黃金之藉口，結果恐將影響整個售金政策。（2）敵人對於物資統制甚嚴，如我方將黃金出口禁令解除，則敵人可一面提高黃金價格，從事吸收，一面以奢侈品等與國防無關之物資相交換，商人惑於厚利，難免不受其利用，結果我以有用的黃金，易無用之物資，無俾於後方必需物資之補給，權衡得失，禁止黃金出口，或前往淪陷區，仍有繼續執行之必要。[108]希望維持原定政策，不加以改變。

1944 年夏季，財政部爲防止私運金銀出售以致資敵，劃定在接近封鎖線百里以內地帶禁止金銀運輸，藉以杜絕流弊。然若僅憑一紙命令，即希望能制止黃金外流，是不切實際的。黃金外流最初由不肖商人私運出口，後改由婦女夾帶，另聞有若干不肖職員，利用眷屬來往於內地與上海之間，從事走私勾當。按目前黃金官價爲每兩 2 萬 4 千元（原爲每兩 2 萬元，因外加鄉鎮公益儲蓄二成，故爲 2 萬 4 千元），而

---

[107]〈劉攻芸呈國民政府主席蔣中正爲請加強實施黃金及緊縮政策之建議〉，國史館，檔號：001-080006-00002-007。

[108]〈俞鴻鈞致蔣介石電〉（1945 年 2 月 20 日），〈劉攻芸呈國民政府主席蔣中正爲請加強實施黃金及緊縮政策之建議〉，國史館，檔號：001-080006-00002-007。

市面 1945 年 3 月前後黑市價格常在 4、5 萬元左右，淪陷區更數倍於目前官價，因黃金黑市與官定價格過於懸殊，故只能設法禁止不肖人士盜取黃金出口。關於禁運黃金出口，政府過去曾三令五申，明文公布，而財政部對於前線百里以內地區，禁止金銀運輸，已施行有段時日，然事實上禁者自禁，而運者自運，「大利所在，嚴刑難止」，然政府疏於防範，對於走私人員始終寬縱姑息，致使彼輩膽大妄爲，亦爲其中要因之一。

對此，經濟學者袁進安提出三點建議供當局參考：

（一）破除情面。如上所述，目前私運黃金出口者，一爲不肖之商人，二爲特種人員之女客，三爲若干行局不肖之職員。商人唯利是圖，於茲姑不置論，至若政府機關之職員，身受國家俸祿，對於政府法令匪特置若罔聞，反且利用權勢地位，公然走私，喪心病狂，莫此爲甚，政府苟有決心禁絕黃金外流，實宜首先破除情面，由主管機關通飭各方，徹查此事，倘證據確鑿，或事有可疑，宜即分別輕重，依法嚴辦，以儆傚尤，而挽頹風。

（二）加強緝私。固然黃金因體小價昂，藏於襟懷，人莫能察，因此雖欲檢查，亦頗不易。但苟主其事者，對於來往商旅，能嚴密偵查，而於走私工作更力求改進，設法加強，對於目前此種層出不窮之黃金走私事件，必可使其漸趨斂跡。

（三）提高金價。目前黃金官價與黑市價格相差至鉅，淪陷區與大後方之價格尤覺懸殊，諺云，「利之所在，人必趨之」，故欲防止黃金外流，逐漸設法提高金價，亦不失爲一有效之辦法，抑政府所以施行黃金政策，原爲吸收法幣回籠，倘金價久不改變，人民必心存觀望，甚或不願投資，故政府爲防止黃金外流計，固應逐漸提高金價，而欲求黃金政策繼續施行有效，亦應隨時調整其價格！[109]

政府庫存黃金日少，除需盡量防範黃金流向淪陷區外，更重要的仍需寄望在美黃金盡早運內中國，以支應黃金政策的繼續推行，但就在此關鍵時刻，重慶卻發生了黃金舞弊案，也爲美國黃金運華及黃金政策的順利推展造成了變數。

第五節　黃金舞弊案至抗戰勝利的黃金政策

1945 年當局爲切合黃金市價的變動，宣布自 3 月 29 日起，提高黃金儲蓄價格，由每市兩 2 萬元提高至 3 萬 5 千元，此原爲正常調整，然而在政府公告前一日，3 月

---

[109] 袁進安，〈防止黃金資敵〉，《商務日報》，1945 年 3 月 7 日。

28 日重慶市售出的黃金期貨和黃金存款，突然比平時多出 1 萬餘兩，此事引起社會懷疑，認為其中定有舞弊情事。此「黃金舞弊案」不但影響人民對於黃金政策的信心，對於原本在美待運中國的黃金，也產生了不少的變數。

一、黃金舞弊案及後續影響

在 1945 年國府決定調整已施行一段時間的黃金政策，3 月 28 日財政部宣布：出售黃金價格及法幣折合黃金存款折價，自隔日起，改為每兩 3 萬 5 千元，出售現貨搭銷鄉鎮公益儲蓄辦法，同時廢止。[110]

實施黃金政策的最大目的，在於吸收法幣回籠，當回籠之數不能與增發之數恰相抵銷，或遠落於增發之數，則黃金的黑價必然要逐漸上升。法幣因黃金政策的實施，的確已有大量回籠，同時因戰時需要關係，法幣的增發從未停止，所以黃金黑價也有與日俱增的趨勢。

吸收法幣越多，則黃金政策效果越大，怎樣獲得最大效果？不外二途：一是刺激對黃金的購買欲，所以黃金官價應該訂得特別低；一是以等量的黃金，其所吸收法幣，必須隨法幣的增發而增多，所以黃金官價應適時調整。以上二點看來似乎互相矛盾，因官價調整就會減低購買欲，而欲提高購買欲，便不能提高官價，實則並非如此。因為官價有提高趨勢，且有此必要，黑價才受著刺激上升，才會引起購金者的興趣，假如官價永遠不變，黑價縱有上落，亦不致相差太大，且從長期看來，必將由穩定而趨冷淡，不免影響黃金政策效果，所以調整官價與刺激購買欲，雖相反而實則相似。

黃金官價提高是正確的，但如何提高？提至何程度？則關係黃金政策實施的效果。在這次調整之前，黃金官價最近一次提高，是在 1944 年 11 月 13 日，由 17,500 元提到 2 萬元，現貨另搭二成公益儲蓄券。距離這次調整時間 4 個半月，不能算長，然在這段期間，黃金官價與黑價之差已超過一倍，當時的官價調整，亦僅 2,500 元（搭銷儲蓄券辦法，並非正常，不應論列），為額雖不大，但予黃金政策的影響十分良好，因人人皆抱有黃金官價必定逐步漲高的看法，所以無論存款或現貨（當時因存底充足，尚無所限期貨）都有優越的成績。在當前通貨的增發情形下，黃金黑價有必然上升的趨勢，既然如此，為加多吸收法幣起見，黃金官價自應斟酌黑市情形適時調整，不適時提高，對於黃金政策的運用，便不免發生兩個流弊：第一是減少法幣回籠

---

110 《商務日報》，1945 年 3 月 29 日。

的數額，因爲提高官價的失時，黑市價格已跑在官價前面很遠，如此時才一口氣將金價暴提，在其心理上將發生一種強烈的反映，即如果黃金黑價不比例的上升，其於購金興趣必一落千丈。第二是鼓勵投機，擾害金融市場。黃金官價既有必然提高的趨勢，假如提高不能適時，自必引起投機狂潮，人人都在猜測提高的時間，希望於提價前夕大量買進，轉手之間即成巨富。每值提價風傳之時，市面頭寸緊縮，比期利息奇高，正常市場受其影響亦不穩定。有心商人因黃金官價調整失時，故意假造謠言，興風作浪藉以漁利。黃金提價不應成爲了不起的大事，黑價官價間的差額達到某一程度時，就應該予以調整，雖不便預爲公開提示，但應該讓他們都能明瞭其大概趨勢。以黃金政策吸收法幣，應從長期打算，而不是像賭博式的刺激，使購存黃金者時刻存有僥倖心理，每次提高金價便造成一次紛擾，不將提價成爲授人以取巧作僞的機會。[111]

美國方面，雖然一直有運華黃金對中國經濟助益有限的聲音。但 1945 年 3 月，美國財政部觀察員艾德勒，根據其在中國的觀察，向美國國務院表示將黃金拋售政策作爲反通貨膨脹計畫的組成部分，其效果很可能是相當大的，它可能使每月赤字維持在可控的比例內。[112]正當此報告可能改善美國運華黃金的拖沓時，中國卻發生了黃金舞弊案。

1945 年 3 月 28 日，財政部長俞鴻鈞召集中央銀行，中央信託局、中國銀行、交通銀行負責人會議，宣布自 3 月 29 日起，提高黃金儲蓄價格，由每市兩 2 萬元提高至 3 萬 5 千元。但在就 3 月 28 日當天，重慶市售出的黃金期貨和黃金存款，突然比平時多出 1 萬餘兩。[113]

此事引起社會懷疑，輿論普遍認爲應：（1）需嚴查有無動用公款用以購存黃金之政府人員，如有應以貪污罪懲罰之；（2）從速清查各國家銀行庫存，以明瞭有否動用庫存購存黃金者；（3）對 3 月 28 日延長營業時間之國家銀行予以處分。[114]

4 月 6 日，國民參政會駐委會例會時，即通過議案請政府徹查黃金提價消息透漏案。陳博生、錢公來、冷遹等參政員 16 人提出的原案表示：此次黃金提價命令，是在 28 日下午 5 時以後送達各銀行，而 28 日下午售出的數目竟達 3 萬餘兩之鉅，顯有舞弊情事，所以提出建議：（1）請政府宣布，28 日售出的黃金一律無效；（2）查明大量購買黃金的究竟是哪些人？並將他們購買黃金的法幣充公；（3）徹查透漏消息的重

---

[111] 《商務日報》，1945 年 4 月 4 日。

[112] *China's Wartime Finance and Inflation. 1937-1945*, p.292.

[113] 祝世康，〈轟動重慶的黃金舞弊案〉，中國人民政府協商會議全國委員會、文史資料研究委員會編，《法幣、金圓券與黃金風潮》，北京：文史資料出版社，1985 年，頁 131-132。

[114] 《大公報》，1945 年 4 月 11 日。

要人員，予以嚴辦；（4）舞弊的銀行和主要人員徹查屬實後，嚴厲懲辦。最後決議將以上建議送請行政院徹查。[115]

監察院與財政當局，進行徹查，據財部徹查結果，黃金存款之應認爲無效者，已有 1 萬 1 千 5 百兩，此限於轉帳購存的儲戶，其在漲價前一天以現款購存的，還未計入。[116] 黃金舞弊一事，使當局顏面無光，也加大了緝私力度，如 4 月 12 日即槍決 2 名私運黃金 800 兩的犯人。[117]

監察院監察委員韓駿傑對記者表示，關於黃金舞弊案，據調查結果，重慶市一地至少有 3 萬 5 千兩，而財政部 7 日公布無效數量僅 1 萬 5 千兩，數字出入頗大，尚不無弊端之處。另外韓氏認爲其違法所得之財物，應予普遍宣布無效，不應僅限重慶一地。再者，有人在 3 月 28 日買到黃金，29 日再將票據轉售他人，而從中漁利者，並未受到任何處分，此種情形也應予以清查。黃金存款爲各指定銀行的正常業務，28 日售出的黃金，不僅是舞弊者所購，如一概作爲無效，未免有欠公允，其依法定手續購得而合於常情者，應該給予承認。[118]

倘若黃金加價的決策傳達，確是發生在 3 月 28 日中午以後，則在上午購存者，應該一律恢復有效。午前的購存者雖用票據，必在 12 時之前交換完畢。習慣上第一批票據 11 點就開始送出，計算填寫、簽蓋、登錄等時間，則上午購存者，應在 11 點後不久，不會相差太多。此時間段之前者應是不知情的。午後購存者，其判別不應僅從其付款形式著手。如有心舞弊，現款較票據更易。如 29 日甚至 30 日，若用現款，很容易補存黃金，只要庫存未結清即可將之補入，作爲 28 日的日期。若在 28 日甚至可補入 27 日的日期，此需看銀行每日結有習慣如何而定。然付款形式本身並不能決定有無情弊，如無其他證明，只是因其付款方式爲票據，則在法律上不能作爲證據。因此若無其他證明，僅因其爲用票據付款者，則應和用現款者，受同等待遇。主管或執行當局或機構，若無任何證據，可以證明其洩漏或參與購存，則應不受嫌疑。因購存黃金是外面人存入，其選擇權不在行局本身，而在存戶。[119]

黃金加價決定雖代行政院長宋子文於 3 月 28 日前已取得蔣介石同意，然迄消息發布時並無第三人得知。而 3 月 28 日上午，宋子文召集有關負責人開會商討加價問題時，在座者亦僅宋子文、財政部長俞鴻鈞、中央銀行業務局長郭景琨、四聯總處秘

[115] 《新華日報》，1945 年 4 月 7 日。

[116] 《益世報》，1945 年 4 月 11 日。

[117] 《新民報》，1945 年 4 月 13 日。

[118] 《新民報》，1945 年 4 月 13 日。

[119] 《商務日報》，1945 年 4 月 18 日。

書長劉攻芸、行政院機要秘書林維英五人。下午4時宋子文復召各有關部分負責人開會，先討論其他金融財政事項，會該會議進行至5時，宋氏始宣布關於黃金加價事，在已商得蔣介石同意後，決定加爲3萬5千元一兩，並囑財政部當局及各行局負責人從速宣布，財政部宣布調整黃金價格時，爲5時一刻，是時各銀行應已停止營業，而轉日又爲革命先烈紀念日休假。而違法收存的各行局，多在晚間7時尚在辦理黃金存款。[120]

財政部已將3月28日購儲20兩以上的戶名，各承辦行局違法舞弊情節及有關人員名單送呈蔣介石核辦。其中關係最重要者：（1）某承辦黃金儲蓄之國家銀行總經理，曾以一紙支票於3月28日購儲黃金1千兩，情節最重；（2）各承辦行局延長營業時間收存問題，較透漏消息的責任尤重，決予嚴辦；（3）各承辦行局收存以支票及銀行轉帳通知書購儲，四聯開會時已議定爲違法行爲，亦將嚴辦。[121]

黃金舞弊案一直未有具體的調查結果，也引起社會各界的不滿，《新華日報》載：「黃金存款舞弊案暴露迄今，已將近兩旬，社會不滿日增，而當局除將一部分存款退還作敷衍解決外，其他迄今未見有何具體消息，以慰輿情。」「又社會人士目前所最關切者，除公布當日大量存金者的姓名外，尚有徹查走漏消息的責任和事後徹底嚴辦問題。關於走漏消息者爲誰，政府當局迄今與大量存戶姓名一樣，始終未見宣布。」[122]「我們堅決的要求嚴辦這一舞弊案，要求政府敦請社會人士，有各黨派人士參加的，成立的一個調查委員會，負責調查這一大舞弊案，以保證能辦得徹底。」[123]主張政府應對黃金舞幣案調查到底。

面對社會的呼籲，1945年4月11日，蔣介石電令俞鴻鈞此次購買黃金情弊，除將走漏消息之人員徹底根究外，並將不合法大戶化名購買者的眞實姓名，必須徹查詳報。[124]

黃金提價舞弊案，經財政部俞鴻鈞與四聯總處劉攻芸奉命徹查後，已將3月28日各經辦行局收受黃金存款情形作成報告，由行政院發表（見附錄八）。

社會對於此案所存疑竇有三：（1）有人事前洩漏黃金加價消息；（2）經辦人員化名購存黃金；（3）經辦人員與購戶勾通舞弊。關於第一點，報告書中並無肯定絕無泄

---

[120] 《新蜀報》，1945年5月2日。

[121] 《大公報》，1945年4月14日。

[122] 《新華日報》，1945年4月17日。

[123] 社論〈黃金舞弊案怎樣了結？〉，《新華日報》，1945年4月17日。

[124] 〈蔣中正電令俞鴻鈞徹查購買黃金走漏消息人員及不合法大戶眞實姓名〉，國史館，檔號：002-010300-00056-043。

露消息情事，不過截至目前為止，尚未查出償何方面有洩露消息的實證，將來法院偵查結果，如確是有人洩露消息，絕不姑息。並認為 3 月 28 日當日購存黃金額特別多的原因，有可能是人民心理作用，因 2 月 28 日亦曾有市面謠傳黃金加價，遂致購存額比 27 日多 1 萬 9 千餘兩。關於第二點，已決定將化名購存黃金的中央信託局經辦人員戴仁文、朱治廉先行撤職，移送法院懲辦。

兼任行政院長的蔣介石，對於處理此案，核示三項辦法：（1）經辦行局不依規定接受購戶轉帳申請書，其主管負責人員應予撤職，聽候法院偵查，至於各商業行莊不合法令經營業務，應予取締；（2）本案全案應移送重慶地方法院偵查，以明各經辦行局主管經售人員有無與購戶勾通舞弊之處；（3）中央信託局儲蓄處建儲科戴仁文、朱治廉二員，挪用公款，化名購存黃金，應即撤職，並移送法院依法究辦。[125]

社會很多呼聲，主張要繼續深究，《商務日報》即表示現在第一尚需要追究的是走漏消息。各行局的情弊所在，已經調查清楚，詳細公告。而走漏消息部分，尚無下落。黃金存款潮的突高，是開始於 3 月 28 日下午 2、3 時，辦理存款的行局，情弊是在下午 5 時以後。5 時以前 2、3 時以後的存儲除情弊外（如有情弊，因為此種存款可有情弊，亦可無情弊），必尚有消息走漏情事，這不能不追究。這次黃金加價事，是由行政院主持，行政院現在就應當直接負責追求其消息走漏的內情。監察院監察對象不是人民而是政府，則監察院應負全責的徹查這消息走漏部分。[126]

黃金洩漏消息案，前經監察院暨國民參政會提請政府偵查核辦後，此案即移送重慶實驗地方法院。

自中信局儲蓄處職員戴仁文、朱治廉移送法院後，因案情複雜，牽涉甚多，該處經理王華、主任張華棟，相繼被傳，並加以拘押，聞此案牽涉人犯達 20 餘人。[127]

據重慶實驗地方法院檢查處悉：本年 3 月 28 日，政府宣布調整黃金官價後，中央信託局儲運科主任戴仁文，與助理員朱治廉共同舞弊，仍照原價每兩 2 萬元，補購黃金 50 兩，化名李子琦等七戶，經財政部會同四聯總處查悉，密電該局將戴仁文、朱治廉移送重慶實驗地方法院檢察處究辦。經檢察官嚴密偵訊，複查得該局助理員龍毓萱探知黃金加價消息後，於 3 月 29 日上午，分約戴仁文及該局普儲科主任張華棟，往晤儲蓄處經理王華，要求依照原價為同人補購黃金，經王華允諾，並詢有無辦法。旋囑戴仁文、張華棟同往飛機碼頭中央信託局庫房翻閱帳冊，檢查何種存款可以設法挪移。由張華棟查帳，戴仁文記錄，計得法幣 70 萬元，倒填日期，補購黃金 35

[125]《中央日報》，1945 年 4 月 19 日。

[126]《商務日報》，1945 年 4 月 21 日。

[127]《商務日報》，1945 年 4 月 25 日。

兩，分由戴仁文、張華棟、龍敏萱、汪增鎮等，各得數量不等。王華另囑該局助理員汪增鎮向其同鄉黃允熹商借法幣 200 萬元，於 30 日上午 10 時，持黃允熹開給之支票到局，意圖補購黃金，但因風聲外露，戴仁文忙於應付，未及辦理，僅將數字加入，表報中央銀行。午後 3 時，該局會計及集合會同查帳，請開示時無法掩飾，當場剔除承認檢承辦檢察官訓得前情，立即檢舉姜文華等傳案訊辦亦依法起訴移送刑庭審理致洩漏消息，其他舞弊人員，重慶地方法院檢察處正搜集證據嚴密偵訊，一次偵查完畢當即依法辦理。[128]

該院主任檢查官賀壽祺對記者表示：「除經偵查確實者有五人已提起公訴外，其餘部分尚在偵查中。按法律上規定，此類案件至多不得逾四月，因此案極為社會人士所注意，自當於短期內求其水落石出。當不致拖延過久。」[129]

由於擔心黃金舞弊案，會為美國運金事發生變化，蔣介石即電孔祥熙表示「黃金案由法院審查結果，中央銀行業務局正副局長，皆發現重大嫌疑，若不即時提審，則政府威信與中行信譽皆難維持，而且無法延宕」，讓孔祥熙即日回國，一面即電中行速調換業務局長，照法院手續依法受審，以明是非。照近來情勢，無論對內對外若不秉公處理，則政府決不能維持下去，為公為私都請從速回國，親自主持中行，以免社會指摘，十日內如無明確處置，則只有任法院對業務局長依法處理。並向孔祥熙表示「為國家與政府威信計，再不能有所庇護。」[130]

孔祥熙收電後，為顧全大局，即遵照蔣介石電令，將業務局負責人員，去職調整並依法辦理，但由於其長官責任，還是針對各項罪狀，逐項向蔣介石解釋，表示：（1）售金，非僅中央銀行一家，專對中央銀行人員苛求，似非公允；（2）加價事，渝方主管送經商討，社會早有所聞，所謂洩漏消息，嫌疑人數頗多，應請根究來源，人證物證，方足使人悅服；（3）購戶戚誼，在法理上無關，勾通舞弊，必需確有證據；（4）售金業務，係屬櫃上例行交易，職員即可辦理，並非事事均系局長經手，此事發生多日，國內雖廣播宣傳，而國外尚無所聞，忽巧日美國各報露布此案，並同時由廣播電臺廣播，顛倒事實，如謂銀行特別延長時間，至深夜，令人購買，經派人查詢，據謂系此間華人擬就交載，何人所交，不允洩漏，即此一端，可見奸人之用心矣，連日美方友人，尤其銀行界，對此事訪問者頗多，皆因共事多年，深知為人廉介公正，

---

[128] 《中央日報》，1945 年 5 月 13 日。

[129] 《新中國週報》，1945 年 5 月 28 日。

[130] 〈蔣中正電孔祥熙查法院審查黃金案結果對中央銀行業務局正副局長皆發現重大嫌疑請即日回國親自主持中行另即電中行速調換業務局長照法院手續受審以明是非〉，國史館，檔號：002-090106-00017-199。

聞訊均深駭異，謂中國政府，以社會無端指摘，即隨意處置，對人民毫無保障，在此屬行法治時期，殊使外人動搖中國法治信心，徒增自毀信譽；（5）郭爲梁士詒之婿，爲人公正梗直，向不遷就，不善應付，因公見罪於人，或所難免，張爲張壽鏞之子，均出名門，學有專長，均系行中舊人，與個人向無關係，抗戰以還，茹苦含辛，出死入生，不避艱險，爲公犧牲，知者頗多，雖家屬屢屢催辭職避險，惟伊等感於鈞座艱苦卓絕，爲國盡職之義，毫無反顧，若欲圖利，以伊等之經營經驗，正當機會正多，弟敢斷其決不自金價內圖利；（6）此案如何處理，爲中外觀瞻，及爲國服務人員心理所繫，處理必需詳察事實，顧及大體，軍心以世界政治眼光，公平處理，方昭大信。[131]

　　本年 3 月 29 日，黃金提價洩漏消息案，經重慶實驗法院偵查完畢，認有關人員有刑法與懲戒貪污條例所舉之罪嫌，已提起公訴。其所根據之事實摘要如下：本年 3 月 28 日，政府擬議調整黃金存款價格，中央銀行業務局局長郭景琨曾於是日上午 10 時，赴代院長宋子文在化龍橋私邸參與會議，會議中知道了黃金價格改爲每兩 3 萬 5 千元消息。郭景琨內與李祖永先前在上海時便相識，交誼甚篤，知其存有巨額現款，遂將前項因職務所得之消息向其洩漏，使之得利，李祖永即於是日下午乘機簽發匯豐銀行支票三紙，計法幣 6 千 6 百萬元，分書 24 戶名單，派該公司職員分赴中央銀行業務局，中央信託局信託處，辦理購存黃金手續，前者購存黃金 2 千兩，後者購存黃金 1 千 3 百兩，合計 3 千 3 百兩。財政部總務司司長王紹齎利用職務上機會，於是日下午 4 時，親赴中央信託局，就財政部總務司暫存戶公款，提取法幣 40 萬元。簽發支票一紙，向該局信託處換取本票，化名張志明戶，轉向儲蓄處購存黃金 20 兩。自前開調整黃金價格消息洩漏後，重慶市各承辦行局經收黃金存款之數額，突形增加，交通銀行副理沈笑春，亦以該行支票一紙，計法幣 50 萬元，化名沈老太太等 6 戶，購存黃金 25 兩，爲該行是日收存之最末戶，已逾辦公時間。中央信託局信託科主任胡仁山利用職務上機會，除用自己眞名購存 1 兩外，複以其妻徐瑞祥等名義分存 4 戶，持大同銀行支票一紙，計法幣 54 萬元，購存黃金 27 兩。楊管北許子毅得悉調整黃金價格消息較遲，楊管北先向中南銀行借得支票一紙，計法幣 6 千萬元，轉向金城銀行調換轉帳申請書，爾時銀行辦公時間已過，遂勾結交通銀行襄理沈慰之，利用職權機會圖利，化名 6 戶，向該行購存黃金 300 兩，當日取得存單。許子毅於是日 5 時以後，持同心銀行轉帳申請書一紙，計法幣 50 萬元，勾結交通銀行儲蓄股主任馮韶，利用職務上機會圖利，化名許誠等 3 戶，向該行購存黃金 25 兩。由監察院函送依法

---

[131]〈孔祥熙電蔣中正爲中央銀行黃金提價引起波動業已遵令調整業務局負責人並陳明相關業務及國人外匯存款情形〉，國史館，檔號：002-080109-00022-003。

審理，業經檢察官偵查完備，認有刑法第一百三十二條第一項，懲治貪污條例第一條第一項後段第二條第六款，第三條第六、七兩款之罪嫌，依法提起公訴，即送刑庭審理。至各承辦行局主管經售人員，接收儲戶轉帳申請書是否違法部分應待各承辦行局呈財政奉部核示解釋再行核辦。[132]

參政會第三次大會，俞鴻鈞報告財政事後，參政員對黃金舞弊案提出問詢，會場空氣頓形緊張。關於黃金案，田炯錦等四監委調查認為俞鴻鈞事前監督不周，事後處理失當，總務司長王紹齋，中央銀行業務局長郭景琨等均有勾通舞弊或違法牟利嫌疑。經重慶實驗法院偵查，亦認為郭景琨洩漏黃金加價消息，王紹齋利用職權圖利，田炯錦等四監委已正式糾舉俞鴻鈞、王紹齋、郭景琨。[133]

黃金加價舞弊案，監察院嚴莊委員等已向行政院提出糾舉案。指出 3 月 28 日中央、交通、中信、郵政等均曾延長辦公時間，自 5 至 9 時、12 時不等，此顯非行局職員所敢決定，必有負責人之默許，因此行局總經理局長等 7 人均在糾舉之列。[134]

1945 年 7 月 10 日，中信局職員舞弊套購黃金案宣判，戴仁文判處有期徒刑 17 年，王華 3 年 6 個月、朱治廉 5 年、張華棟 3 年 6 月、龍毓萱 1 年 9 月、汪增鎮 1 年 9 月。[135]

7 月 27 日，重慶實驗地方法院檢查處偵查竣事，對郭景琨、王紹齋、李祖永、胡仁山、沈慰之、許子毅、楊管北、沈笑春及馮韶等九人，有洩漏消息，利用職權，意在圖利，擾亂金融等罪嫌，提起公訴。[136] 隨著 8 月 15 日抗戰勝利，勝利也沖淡了貪污案的關注。

二、黃金舞弊案對美國黃金運華的影響

1945 年後，隨著戰局逐漸明朗，國際運輸多路即將開通，1945 年 1 月，孔祥熙訪羅斯福，希望盡量增加對中國接濟軍械交通物資。黃金方面，孔祥熙向羅斯福表示，現在中國財政困難，預算不敷，通貨情形日趨嚴重，希望將允售黃金迅即啟運，以增準備而利運用。羅斯福謂他深知中國通貨膨脹情形，黃金及墊款外匯事，他會再

---

[132] 《中央日報》，1945 年 7 月 1 日。

[133] 《國民公報》，1945 年 7 月 10 日。

[134] 〈孔祥熙電蔣中正列多路即將開通望增加對我接濟軍械交通工具物資以利反攻及請速啟運黃金等中美合作事〉，國史館，檔號：002-090103-00005-207。

[135] 《中央日報》，1945 年 7 月 11 日。

[136] 《中央日報》，1945 年 7 月 28 日。

催辦。[137]

　　羅斯福對於美國黃金運華事是支持的，然羅斯福於 1945 年 4 月突然逝世，加上
3 月底中國的發生黃金舞弊案，對黃金運送事宜，產生一些不確定的因素，因此羅斯
福逝世才剛過幾日，同月宋子文便邀財長摩根索商討黃金事宜，宋子文對其表示黃金
事關係重要，必須迅速解決。[138] 2 天後，4 月 23 日，美財政部對國府黃金運用表示
懷疑，詢問國府出售黃金究竟售與何方？以前售價為何如此之低？政策如何？皆不明
瞭，故美方不得不持觀望態度，對這些問題，宋子文只能表示關於出售黃金，國府亦
願與美財政部公開洽議，並希望其隨時提供意見。[139]

　　因為重慶的黃金舞弊案，此案的消息在美國發酵後，1945 年 5 月，宋子文在華盛
頓受到的質疑相當大，以摩根索、懷特為首的財政部官員，以黃金政策對抑制通貨膨
脹無效、黃金裝運困難和國民政府高層存在貪污舞弊三項理由，拒絕繼續向中國運輸
黃金。

　　摩根索提出設立 5 億美元平準基金的替代方案，其中 2.4 億未用餘額抵充，另由
中國方面提供現款 2.6 億。並提出「以後黃金不售期貨，如售現貨應以中國存美之美
金購買。」即意味美國不願動用 5 億美元再向中國運輸黃金。[140]

　　5 月，財政部仍舊表示，因國府出售黃金價值太賤，亦不知售與何方，種種不
當流弊，故多反對運金赴華，最大限度只能交我已經出售之期貨，未售者恐不能續
交。[141]

　　面對此突發變化，宋子文、貝祖詒、林維英只能繼續與摩根索討論黃金撥運事
宜，對於黃金事，摩根索希望以後黃金不售期貨，如售現貨，應以中國在美美金購
買。宋子文表示以中國經濟危機，目前必須用黃金吸收法幣，以往已售中國的黃金，
應即運華。以後在美金 2 億元範圍內亦應照售。摩根索不正面回應，約明日再談，並
對國府發行美金公債及儲券事甚多責難。對於摩氏的態度變化，宋子文不知該如何應

[137]〈孔祥熙電蔣中正列多路即將開通望增加對我接濟軍械交通工具物資以利反攻及請速啟運黃
　　金等中美合作事〉，國史館，檔號：002-090103-00005-207。
[138]〈宋子文電蔣中正晤摩根索談黃金問題及與國務卿會晤情形〉，國史館，檔號：002-020300-
　　00031-054。
[139]〈宋子文電蔣中正報告與美國財政部要員對中國出售黃金事咨詢情形〉國史館，檔號：002-
　　020300-00031-055。
[140]〈宋子文致蔣介石電〉（1945 年 5 月 8 日），參見秦孝儀主編；中國國民黨中央委員會黨史
　　委員會編，《中華民國重要史料初編——對日抗戰時期》，第三篇，《戰時外交》（一），頁
　　387。
[141]〈宋子文電蔣中正美國財政部因中國出售黃金流弊滋多反對運金赴華〉國史館，檔號：002-
　　020300-00031-056。

對，只能先電蔣介石表示「摩今日態度極壞，對以往借款未用餘額 2 億 4 千萬，意有抵賴，根本原因，係對我政府過去運用美金公債儲券及黃金等事極不滿意，職以中國金融財政非黃金運華無法支持，關係太大，明日摩再不允，擬逕向總統商請，鈞意如何請電示。」希望蔣介石給予意見。[142] 亨德森（Hopkins Henderson）考慮到摩態度游移，為避免計畫生變，宋子文即託亨德森密向新任總統杜魯門進言，大意為祈勿因小失大，借題賴帳。萬一美國不能立即供給，使中國發生動搖，必為共產黨所乘，將來美國在太平洋不能安枕，如財政部堅持已見，其危險甚大。

5 月 9 日宋子文又約摩根索進行私人談話，感覺態度好轉，宋氏認為此明顯是杜魯門示意所致。宋向摩根索表示黃金美方原已應允，且中方急需，美方不能借題反悔，至於過去公債儲券黃金運用不當，美方盡可提出證據，如有弊端，中國政府應當嚴辦，並公開宣布以解眾疑。國府已考慮對公債儲券黃金徵所得稅，以彌補損失，國府決無意容許任何人發國難財，摩根索見宋子文態度堅決，語氣即趨和緩，問國府每月究竟需要多少黃金？宋氏表示目前已售 170 餘萬兩，應即交運，以後每三個月至少需 1 百萬兩。

下午再正式訪摩財長外，財政部主管人均在，宋子文首先就表示中國需要黃金情形，繼謂建設基金甚可歡迎，摩根索謂黃金當照約履行，並聲明與基金係屬兩事，並不混為一談。宋子文即備函財長，將本日談話經過正式換文，俾免再生變化。摩根索復函到後當即電陳查黃金運華，摩根索初擬以過去美金公債、儲券、黃金等弊端塞宋子文之口，使宋子文不得不堅決聲明立場，並不得不允對公債出券黃金，抽取所得稅，以免摩根索再為藉詞推諉。關於抽稅一事，擬請蔣介石准辦，至詳細辦法，則待返回中國後，再與蔣介石核定此事。[143]

5 月 12 日，宋子文表示已提交黃金裝運日期單，將所有到期及將來出售之黃金確定日期，要求其務須按期運出，託外交部及國外經濟局，亦會同告摩根索對黃金事非履行交貨不可，此事大約 5 月 15 日可望解決。[144]

---

[142]〈宋子文致蔣介石電（2 封）〉（1945 年 5 月 8 日），〈蔣中正接受俄新任駐華大使彼得洛夫呈遞國書另分致美英法蘇四國領袖電賀歐洲盟軍完全勝利又宋子文電稱摩根索對以往借款未用餘額兩億四千萬意存抵賴係對我政府過去運用美金公債儲券及黃金等事不滿另據鄭介民稱蘇日戰爭即以東四省為戰場且外蒙與蘇聯有攻守同盟之約行將捲入漩渦〉，國史館，檔號：002-060100-00200-008。

[143]〈宋子文電蔣中正與摩根索為黃金運華及五億美元平衡基金事談話要點〉，國史館，檔號：002-020300-00031-060。

[144]〈宋子文電蔣中正黃金事經提出裝運日期下星期二可望解決〉，國史館，檔號：002-020300-00031-063。

　　先前在舊金山時，宋子文接俞鴻鈞電告表示「美財政部不允黃金運華，已售黃金到期無法兌現，有失政府威信，請示應付方針，然黃金出售實爲政府控制經濟成功之樞紐，4月1日至5月5日，出售黃金收回法幣數目達108億元之鉅，倘同時有大量存金能出售現貨，則價格尙可提高，政府所可吸收法幣，或有彌補每月所需增加發行之一大部分……」希望宋子文繼續接洽，宋子文到華府後，即與摩根索多方折衝，摩根索對以往美政府允許黃金運華，固不敢明白抵賴，但藉口中國過去利用美國借款，發行儲券公債種種弊端，非將中國在美外匯一部分加以束縛不可，故有5億元平衡益金或建設基金的擬議，宋子文告以黃金與此爲截然二事，現應先解決黃金運華，此項交涉目前正在最緊要關頭。[145]

　　宋子文電蔣介石表示「毛財長（即摩根索）因我急切要求運濟黃金，曾託詞我財政部出售黃金美金儲券及公債黑幕重重，並謂此事洩漏美國與論質問甚難置答……」[146]並向蔣介石表示，5月14日美國著名廣播評論家雷蒙特斯文（Raymond Swing）在廣播評論3月29日的黃金案，並透露《大公報》批評國府的評論及該案詳情，值此正與美方交涉運濟黃金之際，美方第一次廣播此案，明顯是摩根索的授意，可以此爲藉口阻延。[147]

　　爲此宋子文在5月15日約斯文（Swing）見面，請斯文於今晚繼續廣播解釋此問題，斯文則表示出售黃金爲中國目前抵制通貨膨脹最有效的方法。關於黃金舞弊案，此次《大公報》等的評論，乃根據中國財政部與監察院報告，此案的文件更足見此案乃我政府有積極調查，與論不過影響而已。[148]

　　在摩根索已經同意繼續向中國出售黃金時，懷特始終不願同意，甚至違背摩根索的意見，起草一份備忘錄打算遞交美總統並抄送國務院，建請說服中國：「暫時收回迅速裝運大量黃金來華的要求。」[149]對此摩根索決定，將黃金運華最終決定權交由總統決定。

　　因爲此事，5月17日上午宋子文急忙再訪摩根索，對黃金交涉作最後談判，摩

---

[145]〈宋子文電蔣中正到美國後與財長交涉黃金運華經過情形〉，國史館，檔號：002-020300-00031-065。

[146]〈宋子文電蔣中正有關摩根索授意宣布黃金案大公報攻擊中國政府之評論〉，國史館，檔號：002-020300-00031-066。

[147]〈宋子文電蔣中正有關摩根索授意宣布黃金案大公報攻擊中國政府之評論〉，國史館，檔號：002-020300-00031-066。

[148]〈宋子文電蔣中正有關摩根索授意宣布黃金案大公報攻擊中國政府之評論〉，國史館，檔號：002-020300-00031-066。

[149] *China's Wartime Finance and Inflation. 1937-1945*, p.295.

根索坦率見告，實在不贊成中國出售黃金政策。但杜魯門向摩根索表示，宋子文又來找，聲明美政府前已允諾，囑即履行，故摩根索準備即照我方開送運金清單實行，惟盼嗣後黃金出售，勿再引起各方不滿，並希望國府考慮 5 億元基金事。摩根索並正式送來長函，詳明證實，至運金清單如下：五月份運金價值美金 3,500 萬，三成空運，七成船運；六月份 3,500 萬，空運船運各半；七月份 2,800 萬，八分之三空運，八分之五船運；八月份 2,100 萬，三分之一空運，三分之二船運；九月份 1,750 萬，五分之二空運，五分之三船運；十月份、十一月份各 1,750 萬，各五分之三空運，五分之二船運；十二月份 1,050 萬，三分之一空運，三分之二船運；明年一月份 722 萬 4 千元，空運船運各半，共值美金 1 億 8,922 萬 4 千元。在黃金陸續運華，初幾批到華後，對到期黃金擬請暫緩交付，俟到華數目除交付期貨外，餘額足敷出售現貨時，再為交付，以確能控制市面，此點美財部非常注意，宋子文亦表示贊同，茲黃金交涉業已圓滿洽成。[150]

雖然黃金事宜看似告一段落，然日來美國各報及無線電廣播，對重慶 3 月 28 日黃金案，大為張揚，共產黨亦趁此機會攻擊國府，宋子文意此事如無良好處理，無法以塞他人之口，以免釀成國際上不名譽事件，且恐美財政部將借此賴帳，查此案法人員必須從嚴處分。宋子文建議國府查獲貪污舞弊實據，決予嚴懲，並詢蔣介石，萬一美方詢及國府將如何懲處犯法人員時，應如何答復為宜？蔣介石對此表示：「對黃金舞弊聲明案，中極贊成至懲處罪犯人員必依法律並公開執行。」[151]

美方對 3 月 28 日黃金案極為注意，對過去美金儲券公債運用有意見，故此次交涉頗費周折。宋子文思考之後，認為嗣後黃金發售事宜，似應設立委員會處理，委員定為三人，人多易於洩漏消息，以財政部俞部長為主任委員，另聘美方駐重慶的安達拉（Adler）為委員之一，俾美財政部可隨時明瞭售金詳情，如此辦理於我方根本方針並無抵觸，而對此後美財政部繼續助我，可謂甚多俾益。[152]

就在運送黃金案現已全部洽定，分期支配輸送，自 1945 年 5 月開始，陸續分 9 個月運清。惟日來不知何方，意存破壞，將月前重慶售金風潮，在美擴大宣傳，損害中國政府信譽，意圖激起反感，欲礙進行。宋子文只能再與聯邦準備銀行洽妥，先轉

---

[150] 〈宋子文電蔣中正黃金運華已圓滿洽成美國已允照運金清單方式以空運船運陸續運華〉，國史館，檔號：002-020300-00031-068。

[151] 〈宋子文電蔣中正重慶三月二十八日黃金案美詢中國政府如何懲處犯法人員〉，國史館，檔號：002-020300-00031-071。

[152] 〈宋子文電蔣中正美國政府對黃金案極為注意嗣後黃金發售應設委員會處理〉，國史館，檔號：002-020300-00031-072。

帳美金 6 千萬元，分於 5、6 兩月起運。[153]

對於黃金案，此案雖因中國嚴密的檢查制度，幾個月來幾乎沒太多消息傳抵美國，而在重慶則爲一傳播甚廣的問題。此案所牽涉的黃金，即爲美國於 1942 年貸與中國 5 億美金信用借款之一部分，美國官方對此案整個事實諱莫如深，但在華盛頓的中國人員方面，則似急於令人週知，此案的調查業在進行，宋子文認爲所有牽連人員，必將嚴予懲處，才能息事。[154]

三、抗戰勝利前夕的黃金政策

美國交付黃金問題，而 1945 年 5 月已處於嚴重關頭，6 月 8 日，中央銀行將牌價從 3 萬 5 千元提高至 5 萬元，但仍沒有黃金現貨控制市場，也沒人有把握何時會有黃金運達。到 1945 年 6 月 25 日，法幣折合黃金儲蓄存款，暫停辦理。停辦時黃金官價爲每兩 5 萬元，停辦後黃金價格開始飛漲，官價每兩 5 萬元形同具文，半個月後，每兩達到 20 萬元。

金融與財政經濟的關係至爲密切，金融設施應配合財政經濟，相輔爲用，在目前尤應以穩定物價制止通貨膨脹，以減少財政經濟上的困難爲最大目的，本年物價激漲，支出驟增，財政日感困難，經濟頓形艱窘。關於金融方面，應即加強實施，緊縮銀行信用以謀配合，一方面似應迅謀幣值之穩定。

售出黃金數目日鉅，自 5 月 31 日至 6 月 4 日止，4 天內售出總額達 13 萬餘兩，每日平均約售 3 萬 2 千 5 百餘兩，又聞黃金現貨價格已漲至法幣 8 萬餘元，6 月 5 日，宋子文建議蔣介石，黃金存款似應趕速加價，以裕國庫收入。如蔣贊同，即密令俞鴻鈞部長暨中央銀行，自即日起將黃金存款每兩加至法幣 6 萬元。[155]

俞鴻鈞也表示，查自運用黃金以來，迄今吸收法幣已達 680 億元，惟因運輸梗阻，黃金來源一度中止，致一部分現售及折金存款，不能如期繳付，不無缺憾，現運金問題已告解決，以往欠付黃金，在 7 月底以前當可全部付清，但現已將現售辦法暫停施行。但近來黃金市價上漲每兩已達十萬元以上，而折金存款價格，每兩僅 3 萬 5 千元，致購儲者爲數甚多，如繼續如此低價供售，不但影響國庫收入，且易引起社會

---

[153] 〈孔祥熙電蔣中正重慶售金風潮不知何方在美國擴大宣傳圖阻黃金運華〉，國史館，檔號：002-020300-00031-074。

[154] 〈吳國楨呈蔣中正譯呈宋子文十八日電示國際新聞社黃金案報導〉國史館，檔號：002-020300-00031-075。

[155] 〈宋子文呈蔣中正建議黃金價格事〉，國史館，檔號：002-080109-00024-006。

責難，似可因應情勢，對現行辦法，酌加變更，思考後提出改善辦法二項：（1）現時價格暫予維持，待大量黃金運抵後，即宣布折金存款停辦，由售金委員會按照市價拋售現貨，以宏吸收；（2）即日將價格提高至每兩 5 萬元，以後並斟酌市場情形隨時調整。希望能藉此加強黃金的運用效果。[156]

抗戰後期的黃金官價雖多次提高，然黑市比官價漲得更猛，而美匯價格定為 1 美元合 20 元法幣後便維持至抗戰結束，更使法幣對外匯與黃金的貶值相差甚遠，黑市分為上海和重慶兩個主要市場，價格也時常出現差異。下表為 1942 年 6 月至抗戰勝利前夕，上海與重慶的美鈔與黃金黑市價格比較，從中便可看出其變化，起初重慶價格一直高過上海價格，1944 年下半年，游資往上海集中，上海金價開始狂漲，拉開與重慶金價差距，也帶動起美元價格。

表 2-5-1　美鈔與黃金的黑市價格（1942 年 6 月 -1945 年 6 月）

日期	上海				重慶			
	1美元值法幣數	指數	1兩黃金值法幣數	指數	1美元值法幣數	指數	1兩黃金值法幣數	指數
1942 年 6 月	33	10	2,209	18	-	-	3,350	28
12 月	-	-	3,146	26	-	-	5,100	43
1943 年 6 月	-	-	5,430	46	58	17	6,933	59
12 月	-	-	-	-	85	25	13,849	118
1944 年 6 月	-	-	20,966	179	192	57	19,500	167
12 月	885	265	73,057	626	542	163	35,132	361
1945 年 6 月	25,040	7,512	-	-	1,381	415	120,348	1,032

資料來源：吳岡編，《舊中國通貨膨脹史料》，頁 141-151。轉引自石毓符，《中國貨幣金融史略》，頁 312。

註：原表中重慶美鈔與黃金的黑市價格無指數。本表中 1937 年 1-6 月重慶的一美元值法幣數和一兩黃金值法幣數的兩個指數，是按上海的價格計算。

　　小數點省略。

由於自 1945 年 1 月 26 日至 6 月 14 日，美國方面一直沒有黃金運來，黃金現貨的不足，使民眾對於中央銀行的黃金供應能力缺乏信心，變相鼓勵了黑市的猖獗，這段期間，國府內許多政要深感市面黃金短缺的壓力，從中穿梭交涉，希望加速美國黃金運華。1 月 31 日，俞鴻鈞電在美的席德懋，詢問黃金運華事：「運華二千萬美

---

[156]〈俞鴻鈞呈蔣中正金融設施與財政經濟宜相輔尤應迅謀幣值物價穩定及調整黃金牌價之意見〉，國史館，檔號：002-080109-00024-008。

元，黃金除六百萬元已運到外，其餘一千四百萬元，已否運出，何日可悉數運到，希查明見復，又美造幣廠代鑄之金紀念章，及應繼續運華之八千萬美元黃金，並希就近洽催，迅速辦理，以應需要。」[157] 4 月 7 日，宋子文赴美出席聯合國會議，13 日到達後，即開始與美磋商黃金運華事，表示到期無法兌現，有失政府威信，但未獲得結果，美國財政部仍延擱應該運中國的黃金事，宋也電呈蔣介石告知美國態度，並告知將前往華府，與美國財政部長摩根索繼續交涉。[158] 7 月 10 日，翁文灝電駐美大使魏道明：「國內鈔票待用迫切，盟軍需要爲數亦巨，在印存券不多（魏德曼將軍曾向委座提出備忘錄），請迅洽美方充分撥給，由美至印（印度）鈔票船位，並盼電復。」[159]請代洽美政府迅將貸款運華。

　　國內社會給予的壓力也越來越大，國民參政會第四屆第一次大會上，參政員楊叔葆等便對於黃金存款及黃金期貨到期未付事等提出激烈的質詢：「（1）定期黃金存款總數若干兩？到期已付者若干兩？到期未付者若干兩？未到期者若干兩？到期未付者何時再付？（2）無定期之黃金期貨共出售若干兩？已付者若干兩？未付者若干兩？未付者何時再付？（3）定期之黃金存款何以到期不付者甚多，此事於政府之信用有關，曾考慮及之否？（4）照近日每兩黃金差 23 萬元左右之黑市與政府售出黃金之總數之原價相較其差數若干？（5）以後政府是否以黃金現貨斟酌黑市定價售出？是否不再做黃金存款及黃金存貨？」並請財政部長俞鴻鈞逐項查明後答復。[160]

　　財政部於調查後，於 7 月 7 日做出回覆：「（1）法幣折合黃金存款總數爲 2,198,120 兩，到期已付者爲 26,311 兩，到期未付者爲 238,633 兩，未到期者爲 1,933,176 兩。（2）黃金現貨共售出 1,063,237.961 兩，已付者爲 751,207.961 兩，未付者爲 312,030 兩。所有到期未付法幣折合黃金存款及未付黃金期貨，本部曾於本年 5 月 29 日宣布，可於 7 月底全部付清。」[161]

　　1945 年 3 月底，將牌價從 2 萬 4 千元，一舉提高到 3 萬 5 千元，並將原搭配儲蓄券取消，略低於當時市場價格，但因事先消息洩漏，缺少黃金現貨，很快地，市價又遠高出政府牌價，引起通貨膨脹及弊端。此時期貨已到期，卻無法兌換成黃金數目，

[157]〈翁文灝、俞鴻鈞催運鈔券及餘額黃金電文抄件（英文）〉，中國第二歷史檔案館，檔號：2-938。

[158] 秦孝儀主編，《中華民國重要史料初編——對日抗戰時期 第三編 戰時外交（壹）中美關係》，頁 394-395。

[159]〈翁文灝、俞鴻鈞催運鈔券及餘額黃金電文抄件（英文）〉，中國第二歷史檔案館，檔號：2-938。

[160] 中國人民銀行總行參事室編，《中華民國貨幣史資料》第二輯（1924-1949），頁 735-736。

[161] 中國人民銀行總行參事室編，《中華民國貨幣史資料》第二輯（1924-1949），頁 735-736。

表 2-5-2 戰時四行兩局各種儲蓄存款結餘額（1937-1945 年）

（單位：法幣元）

年別	總計	普通儲蓄	節約建國儲蓄	有獎儲蓄	外幣定期儲蓄	美金節約建國儲蓄	鄉鎮公益儲蓄	黃金存款	信託存款
1937 年底	228,891,852	228,262,704	-	629,148	-	-	-	-	-
1938 年底	248,243,185	247,594,877	-	648,308	-	-	-	-	-
1939 年底	303,048,145	302,316,037	-	732,108	-	-	-	-	-
1940 年底	554,665,930	441,589,931	111,764,292	1,311,708	-	-	-	-	-
1941 年底	1,229,054,862	627,361,894	535,450,215	58,439,820	7,802,933	-	-	-	-
1942 年底	3,064,523,086	1,100,363,672	1,352,683,389	120,308,664	6,756,701	484,410,660*	-	-	-
1943 年底	8,435,385,554	2,982,475,635	2,468,559,000	296,188,000	4,440,919	2,070,260,000	-	-	613,461,000
1944 年底	18,796,900,000	6,366,372,000	3,499,134,000	564,065,000	2,184,000	2,070,260,000	1,209,325,000	3,467,292,000	1,618,268,000
1945 年底	73,422,500,000	34,042,968,000	4,331,456,000	-	-	-	7,405,793,000**	27,642,283,000***	-

資料來源：財政部統計處編，《中華民國戰時財政金融統計》，頁 91。

說明：*美金節約建國儲蓄券係自 1942 年 4 月 1 日開始發售。**1945 年鄉鎮公益儲蓄內包括信託存款。***1945 年黃金存款內包括外幣定期存款。

已達 108 億元法幣。[162]

　　黃金問題至 1945 年 5 月達到高潮，由於黃金期貨的期限不定，引起社會批評，1945 年 5 月停止出售黃金期貨，只辦法幣折合黃金存款，即黃金儲蓄。

　　6 月下旬銀行結息之後，重慶、成都金融市場上謠傳黃金儲蓄券即將提價，於是購者比肩接踵而至，通貨源源流回國庫。尤其是重慶的商業銀行感覺行內存金不敷，應付維艱，當局為應付這種困難，乃宣布黃金存款暫時停辦。年來黃金政策收縮通貨確見功效，已收回法幣 8 百餘億元，同時也造成金融市場的緊迫局面，不得不暫時停止。

　　戰時國府採取多種儲蓄存款，八年抗戰期間，先後舉辦特種儲蓄，計有外幣定期儲蓄存款、美金節約建國儲蓄及黃金存款等項，四行兩局共吸收各種儲蓄 7 百餘億元，黃金存款部分，1944 年達 3,467,292,000 法幣，1945 年達 27,642,283,000，其戰時各年各種存款吸儲情形，詳見上表。

　　抗戰初期國府所辦儲蓄，僅有普通儲蓄與有獎儲蓄，且儲蓄存款額有限。這種情形在 1940 年之後開始有所改變，1940 年開始舉辦節約建國儲蓄金與節約建國儲蓄券，1941 年後又相繼舉辦外幣定期儲蓄、美金節約建國儲蓄券、鄉鎮公益儲蓄及黃金存款，並在全國推進節約建國儲蓄運動，全國儲蓄存款數逐年上升。黃金存款雖在 1944 年才開始，但一開辦即占重要地位，1944 年時占了全部存款中的近 20%，1945 年更達全部存款中的 37%，詳見下表。

表 2-5-3　戰時四行兩局各種儲蓄歷年所占百分比變化表（1937-1945 年）

年別	普通儲蓄	節約建國儲蓄	有獎儲蓄	外幣定期儲蓄	美金節約建國儲蓄	鄉鎮公益儲蓄	黃金存款	信託存款
1937 年底	99.73	-	0.27	-	-	-	-	-
1938 年底	99.74	-	0.26	-	-	-	-	-
1939 年底	99.76	-	0.24	-	-	-	-	-
1940 年底	79.61	20.15	0.24	-	-	-	-	-

---

[162] 此為每兩 2 萬存入者，提高每兩 3 萬 5 千元者為 3 月 29 日起，須至 9 月 29 日起始可兌取黃金。

年別	普通儲蓄	節約建國儲蓄	有獎儲蓄	外幣定期儲蓄	美金節約建國儲蓄	鄉鎮公益儲蓄	黃金存款	信託存款
1941年底	51.04	43.57	4.75	0.64	-	-	-	-
1942年底	35.91	44.14	3.93	0.22	15.80	-	-	-
1943年底	35.37	29.26	3.51	0.05	24.54	-	-	7.27
1944年底	33.86	18.61	3.00	0.01	11.01	6.43	18.47	8.61
1945年底	46.37	5.89	-	-	-	10.09	37.65	-

資料來源：崔國華編著，《抗日戰爭時期國民政府財政金融政策》，頁 435。

　　6 月 25 日，財政部停止黃金存款，市價受此刺激黃金漲至 17 萬元，美鈔漲至 1,750 元。法幣折合黃金存款，自 1944 年 9 月 15 日舉辦以來，至 1945 年 5 月底共收回法幣 429 億 5,200 餘萬元，至出售黃金自開辦至 1945 年 3 月 28 日共收法幣 210 億 4 千萬元，兩者共 639 億 9 千餘萬元。6 月份黃金存款仍踴躍，6 月 8 日金價提高至 5 萬元後，曾稍疲幾日，又恢復搶購情形。[163]

　　6 月 25 日政府宣布停止舉辦黃金存款後，各地開始討論著黃金存款的兌現問題，在本屆參政會中，有很多參政員主張政府應重新考慮黃金政策，1945 年 7 月召開第四屆國民參政會，7 月 19 日下午政會十七次會議通過有關經濟財政交通等問題的提案 39 項，與黃金有關的就有：（1）朱惠清等提請變更黃金數；（2）王冠英等提請政府防範黃金走私，以免流入敵偽案；（3）提請政府迅速制止黃金美鈔黑市，避免過分刺激物價影響民生案。這些提案都決議通過，送請政府切實注意、斟酌辦理。[164]

　　有意見表示黃金存款收縮的只佔後方人民收益中，很小一部分的流動資金，平抑物價還未見效果，已先使金融市場緊迫，因為黃金存款未曾把人民尚未購物的進款收縮，僅收縮了已不敷應用的通貨。如欲抵抗通貨膨脹，吸收人民尚未購物的進款才是首要之圖。

　　戰時政府支出浩緊，如其中有一大部分是以新鈔彌補，則人民的收入水準抬高，購買能力增強，物價上揚，過了某個限期之後，收入的增加，速於通貨數量的增加，

[163]〈一年來之黃金外匯〉，中國第二歷史檔案館，檔號：396(2)-505。
[164]《前線日報》，1945 年 7 月 21 日。

所以籌碼不敷與物價上漲是並存的現象，但收入與通貨間有一個比例。如某人某月月入 30 元，由月初起每日花用 1 元，至月底正好用完，則此人每月平均所需的週轉現金爲 15 元。（每日花用 1 元後，所餘之數，以日數除之即得此數）。因此可說 15 元現鈔，可以支持 30 元的收入水準；換言之，流動金與收益的比例是一比二，也可以說流動金是收入的二分之一。如此比例越小，則 15 元現鈔可以支持的收入水準便越高，即貨幣的流通速度越大，則物價與收入越高。

人民的收入與市場上的流動資金是兩件事，任何時期內國民收入總額定比市場的流通資金要多得多。卻忽略了一個更重要的，即收益與流動資金間有比例的關係，只要二者之一變動，其他一項也要變動，所謂我們很難從收縮通貨流通媒介，與流動資金來有效地減少人民購買力，即時將流通媒介與流動資金收回，亦只能收回人民全部購買力之一極小部分，就是忽略了流動資金與收入或購買能力的比例關係所得到的結論。

假使今年上半年全部國民收益是 5 萬億，豈不是市面上可吸收的流動資金，僅爲全部國民收益的 20% 嗎？其實通貨減少 8 百億，收益所減少者不只是 8 百億，而是 8 百億乘以貨幣的流通速度。這一點看來無關宏旨，實則非常重要。

爲何在通貨膨脹期間，社會惟恐政府再發新鈔，就是因爲收入與人民的購買力所增加，不止於是新鈔數額，而是若干倍於新鈔數額，所以才說是「通貨膨脹期間，物價上漲，速於通貨之增加」。[165]

換句話說，如今年上半年，大後方人民的收益是 5 萬億元，後黃金存款收回通貨 8 千億後，國民收益不復是 49,200 億元（5 萬億減去 8 百億），而是一個比 49,200 億元爲小的數字。依次而論，黃金政策不僅是吸收了市場上的流動資金，同時也吸收了更大一部分人民的進款，凡能直接吸收通貨的方法，間接即可收人民的購買力。收縮通貨的眞正病因，並不是黃金存款不能吸收人民潛在的購買力，而是執行政策時沒有考慮到金融市場上的「彈性」，無論任何收縮通貨方法，如果在極短期內，驟然間收了金融市場上一大部分資金，立刻就會醞釀風潮。

1945 年 7 月，政府公告《黃金現貨及法幣折合黃金存款兌付辦法》，1944 年 11 月以後售出，應付還未付的黃金現貨，及 1945 年 7 月底以前到期的法幣折合黃金存款，自 1945 年 7 月 31 日起，由原經辦行局一律開始分別兌付。上項黃金因造幣廠分鑄不及，得由購戶或存戶自行拼湊足額，向原經辦行局整塊領兌，收條與存單分別辦

---

[165] 如 A、B 兩人，A 賣糖果，B 賣酒，A 先以 100 元買酒，B 得到這筆收益後，又以之買糖果，如此循環，100 元現鈔或流動資金所生產的收益可達數千之多，所以市場上現鈔減少 100 元，人民的收益與購買力所減少者絕不止 100 元，而是 100 元的倍數。

理，有不願拼湊者，可等到 8 月 15 日後廠條鑄繳後續照兌。凡拼湊整塊兌付者，其尾差應按各單支付日期牌價計算找補。外埠各地應兌付的到期黃金，由中央銀行運往當地，運到時再通知，由當地各行局公告領兌。[166]

1944 年 12 月，宋子文任代行政院長，俞鴻鈞由財政部政務次長眞除部長，宋子文希望藉由拋售黃金，吸收法幣回籠。但在 1945 年 7 月 31 日，儲蓄到期應支付黃金時，宋子文宣布爲充實反攻軍費起見，凡法幣折合黃金存戶，所存黃金存款一次捐獻四成，作爲義務捐獻，儲額一律按六成支付黃金，使民衆對於政府與法幣信任一落千丈。[167] 自辦理以來至 1946 年 2 月 28 日止，重慶各行局已收獻金 44 萬餘兩，以法幣折繳獻金 23 億 8 千萬餘元。[168]

美國剩餘的大批黃金於 1945 年 7 月開始運達，從 7 月至 10 月，有 1 億美元以上的黃金陸續運抵中國。這些黃金大大增強了政府對於控制經濟的希望。蔣介石 7 月 31 日於日記寫到：「（本月）美國黃金已運到大部，布匹亦已起運，經濟與物價問題下月或可望其漸穩耳。」[169]

關於這段期間的黃金運入情形，截至 1945 年 7 月 9 日止，到重慶黃金，計共314,026 兩；7 月 21 日由美運印黃金續有一批抵重慶，共 29 桶（總重約 84,000 兩），連同以前到達數共爲 398,026 兩，又由美運抵加爾各答黃金，截至 7 月 13 日止，共爲308 桶（約 893,000 兩），陸續運往汀江，分批運入；7 月 27 日，續到黃金 250 桶，共670,690.893 兩，連前共爲 1,068,717.37 兩（其中包括資源委員會換錫黃金 18,489.492兩）現存加爾各答黃金總數爲 278 桶，計畫在 8 月份內陸續運入；8 月 10 日財部駐加爾各答的代表電稱，美金續由美軍交到 53 桶，現存加爾各答待運總數共 331 桶，約40 噸，經戰時生產局洽商，於 8 月 15、16 兩日，將黃金 331 桶，約合 100 萬兩用飛機一次運抵重慶白市驛機場，連前共約 2,100,227 兩。現存加爾各答待運者，尚有 96桶，也於之後陸續運入。[170]

---

[166] 〈黃金現貨及法幣折合黃金存款兌付辦法（1945 年 7 月）〉，中國第二歷史檔案館等編《中華民國金融法規檔案資料選編》（上），頁 466-467。

[167] 程大成，〈我參與「金圓券」條例起草的若干回憶〉，《上海文史資料存稿匯編經濟金融（4）》，頁 363-372。

[168] 中國人民銀行總行參事室編，《中華民國貨幣史資料》第 2 輯（1924-1949），頁 737。

[169] 《蔣介石日記》（未刊本），1945 年 7 月 31 日。

[170] 〈俞鴻鈞呈蔣中正中央銀行業務局報告最近由美國運往印度重慶等地黃金數量〉，國史館，檔號：002-080109-00014-012。

表 2-5-4　1942-1945 年美國給予中國的貸款和租借援助

美國五億美元貸款			
年份	使用金額	用途	租借援助
1942	200.0 百萬美元	擔保國內公債	100 百萬美元
1943	10.5	交付黃金	49
1944	20.0	購買鈔票	53
	12.5	交付黃金	-
1945	111.3	交付黃金	1107
	35.0	購買鈔票	-
	25.0	購買紡織品	-
總計	414.3		1309

資料來源：楊格著、陳冠庸譯，《中國的戰時財政和通貨膨脹（1937-1945）》，頁 266-267。

表 2-5-5　五億美元動支情況　　　　　　　　　　　　　　　　（單位：百萬）

撥款日期	用途	數額
1942 年 4 月 15 日	設立償付美金公債券的準備基金	200
1943 年 2 月 1 日	購買黃金	20
1943 年 3 月 2 日	購買鈔票及供應品	20
1944 年 10 月 13 日	購買黃金	20
1945 年 5 月 22 日	購買黃金	60
1945 年 6 月 12 日	購買黃金	60
1945 年 7 月 18 日	購買紡織品	10
1945 年 7 月 27 日	購買黃金	60
1945 年 8 月 3 日	購買鈔票	35
1945 年 2 月 7 日	購買紡織品	1.5
1946 年 3 月 13 日	購買原棉	13.5
總計		500

資料來源：世界知識出版社編，《中美關係資料匯編》第一輯，頁 497。

　　由上面兩表可知，國內借款的 2 億美元於 1942 年撥給中國支用後，購買黃金的次數最多，但到了 1944 年才開始大量動用，而黃金部分，此項價值 1 億 1,130 萬美元的黃金，在 1945 年中國僅在 1 月收到 300 萬美元，6 月收到 400 萬美元以供出售。1945 年 6 月 25 日起，暫停出售黃金後，7 月份有又有 3,700 萬美元運到，其餘 6,730 萬美元的黃金，在戰爭結束後方才運到。另在 1946 至 1947 年還收到 8,570 萬美元的

黃金，此為 5 億美元借款的剩餘部分。[171]

　　自美國黃金運華開始，使中國在黃金政策運用更為靈活，然自 1944 年 10 月起，國內黃金運用出現短缺數，社會對於黃金的需要又與日俱增，使缺額增加十分快速，這個問題直到抗戰勝利時都未能解決，間接造成抗戰後期黃金政策收效受限。此階段欲利用黃金回收法幣，維持經濟穩定似不成功，反造成金價不斷上漲，社會不安，欲使經濟穩定的目的並未達成。

表 2-5-6　1943 年 9 月 -1945 年在中國國內黃金的售出、運到和庫存數額

（單位：千美元）

	售出		本月運到數額	月底累積供應或短缺數
	本月數額	累積數額		
農民銀行售出				
1943 年 9 月	6	6	-	1,544*
10 月	14	20	-	1,530
11 月	207	227	8,417	9,740
12 月	101	328	2,070	11,709
1944 年 1 月	218	546	-	11,491
2 月	605	1,151	-	10,886
中央銀行售出 **				
3 月	1,088	2,239	-	9,798
4 月	613	2,852	1,077	10,262
5 月	2,062	4,914	-	8,200
6 月	2,118	7,032	-	6,082
7 月	4,393	11,425	1,093	2,782
8 月	1,800	13,225	-	982
9 月	5,260	18,485	4,493	215
10 月	7,175	25,660	2,849	-4,111
11 月	7,600	33,260	-	-11,711
12 月	3,185	36,445	2,949	-11,947
1945 年 1 月	10,325	46,770	2,927	-19,345
2 月	12,390	59,160	-	-31,733
3 月	17,815	76,975	-	-49,550

---

[171]（美）楊格著；陳冠庸譯校，《中國的戰時財政和通貨膨脹（1937-1945）》，頁 266-267。

	售出		本月運到數額	月底累積供應或短缺數
	本月數額	累積數額		
4 月	9,240	86,215	-	-58,790
5 月	12,775	98,990	-	-71,565
6 月	16,345***	115,335	3,979	-83,931
7 月	-	-	37,056	-46,875
8 月	-	-	36,836	-10,039
9 月	-	-	-	-10,039
10 月	-	-	30489	20450
合計	-	-	134235	-

資料來源：楊格著；陳冠庸譯，《中國的戰時財政和通貨膨脹（1937-1945）》，頁 286。

說明：

* 在美國開始裝運來華之前，中央銀行在中國國內的黃金庫存數是 155 萬美元。把這一庫存數加在運抵中國的黃金總數上，再減去售出的總數，則在此時期末了的庫存結餘應爲 2,045 萬美元。

** 出售數額中包括自 1944 年 8 月開始的預售黃金和黃金存款。

*** 黃金的出售自 1945 年 6 月 25 日起暫停，實際上在戰爭的其餘日子裡都未恢復出售。

　　貨幣與物價的問題，牽一髮而致全身，價格是經濟活動的反映，因此在討論黃金運用時，需先看金價和與金價有關的匯價與物價的變動。下表是 1943 年 1 至 9 月重慶的黑市金價、匯價和發售物價指數：[172]

表 2-5-7　1943 年 1 至 9 月重慶黑市金價、匯價、發售物價指數

月份	金價（每市兩值法幣數）	物價指數（1936年7月至1937年6月為基期1）	匯價（每元美金值法幣數）
一月	5,700	85	45
二月	5,300	92	45
三月	6,000	95	45
四月	7,400	101	49
五月	8,300	112	54
六月	8,400	127	59
七月	11,000	145	63
八月	10,900	164	81
九月	10,200	179	82

資料來源：楊叔進，〈黃金借款的運用問題（一）〉，《時事新報》，1943 年 10 月 26 日。

[172] 金價和匯價是根據四聯總處金融週刊所載材料計算而得，物價指數是南開大學經濟研究所編製。

　　就上面這九個月的時間觀察，就上漲的速度而言，物價快於金價，金價又快於匯價，但差別並不大。4、5 月間金價上漲的程度，曾超過了物價上漲的程度，6 月間則復低於物價。此時金價上漲緩慢，原因在政府變更了黃金政策，恢復黃金的自由買賣，因而一般人士紛紛揣測政府將拋售大量黃金。但此時成都、昆明各地的金價，則均突漲。重慶銀樓業見此情形，同時又覺政府並無拋售黃金之意，於是在 7 月間便也改訂金價，金價上漲程又超過了物價。但到了 8 月金價又回跌，此應為 7 月份過份樂觀高估金價的結果，9 月份金價再跌，黃金借款就在此月公布。物價則在 8、9 月份又稍躍進，超過金價的增漲。至於匯價，雖因美金儲蓄券的停售，曾一度受到了上漲的刺激，但其趨勢還是落在金價之後。

　　就上漲的幅度看，物價和金價相差仍不算大，但匯價則落後甚遠。如以 1943 年 6、7 兩月平均計算，則物價較戰前上漲約 135 倍，至於金價，成都金價指數今年 8 月是 10,342。[173] 顯示，金價是落在物價之後的，即就今年 9 個月而言，物價的高度也是高於金價的，至於匯價，戰前約 3 元法幣合美金 1 元，6、7 月份重慶市黑市匯價平均為 61 元，上漲僅達 18 餘倍。[174]

　　物價上漲之所以如此之快，基本原因當然是通貨膨脹和物資或生產的不足，變本加厲的因素是囤積。黃金在中國戰時的紙幣本位制度下，也是貨物的一種，可以說是及於所有貨物的，雖然因各種貨物的供需不一，導致所產生的反應程度不同。至於生產的困難在到達充份就業的境界後，也會普及於所有工業，因此黃金的產量和成本，自然也與其他貨物的情形大致一樣。至於囤積居奇更是無孔不入，哪種貨物的漲價落後一步，哪裡貨物便成了下一次囤積的最好對象。所以如無其他外來因素，後方金價與物價的變動必極相近，惟因黃金非生活必需，其漲價自當稍落物價之後，這是物價與金價變動關係的一種因素。[175]

---

[173]　見金陵大學出版的 *Economic Facts*，1937 年上半年為基期 100。

[174]　楊叔進，〈黃金借款的運用問題（一）〉，《時事新報》，1943 年 10 月 26 日。

[175]　楊叔進，〈黃金借款的運用問題（一）〉，《時事新報》，1943 年 10 月 26 日。

表 2-5-8　1944 年 7 月 -1945 年 6 月重慶市黃金外匯價格變動表

	黃金			美金現鈔		美金儲券		美金公債	
	最高	最低	官價	最高	最低	最高	最低	最高	最低
1944 年 7 月	21,000	19,600	1 日 18,500 18 日 17,500	200	180	136	130	110	98
8 月	25,000	22,000	17,500	224	180	140	136	118	104
9 月	28,000	19,000	17,500	260	240	155	139	112	106
10 月	24,000	21,000	17,500	275	255	195	163	122	106
11 月	38,000	22,000	1 日 17,500 13 日 20,000	490	480	320	198	285	125
12 月	36,000	32,000	20,000	685	540	345	330	310	210
1945 年 1 月	35,000	34,000	20,000	560	520	350	330	270	255
2 月	39,000	33,000	20,000	625	516	325	320	286	270
3 月	60,000	44,000	1 日 20,000 29 日 35,000	670	520	425	355	410	270
4 月	84,000	75,000	35,000	775	700	520	410	540	500
5 月	85,000	82,000	35,000	940	750	760	530	750	520
6 月	170,000	89,000	8 日 50,000	1,700-1,900	950	1,550	820	1,500	800

資料來源：中國第二歷史檔案館，檔號：396(2)-505。

　　綜觀一年來金價、匯價波動，主要因素在於：黃金官價提高；黃金期貨遲發；外埠價高使黃金外流；國際運輸已通，外匯需要增多，工業界也開始購進外匯作戰後準備，匯價上升刺激金價；1945 年下半年物價逐漸穩定，游資轉向黃金、外匯等等。[176]

---

[176] 〈一年來之黃金外匯〉，中國第二歷史檔案館，檔號：396(2)-505。

四、抗戰後期售金數量

從 1943 年 6 月起至 1945 年 5 月 25 日宣告黃金停售時爲止，共出售黃金 1,145,453 兩，其中有 81,716 兩是國內存金。在 1944 年 11 月 3 日以後因黃金未能運到，改售期貨。[177] 統計自 1943 年至 1945 年 5 月 22 日止，政府售出黃金現、期貨統計達 1,145,453 市兩。

1944 年 8 月起，由四行二局舉辦黃金存款。即按官價存入法幣，定期半年，可取黃金，另計利息。自開辦之日起，至 1945 年 5 月 22 日止，共收存黃金 1,624,793 兩，連同現售黃金（包括期貨），收回法幣計達 800 億元以上。[178]

由於黃金存量短缺，1945 年 6 月財政部公告：「……現因各地銀根均趨緊迫，爲安定金融市場起見，所有法幣折合黃金存款，應於 6 月 25 日起，各地一律暫行停辦，以資兼顧。俟 7 月底大量黃金運到，除清還前售現貨及到期存款外，再於 8 月初繼續售現，以貫徹原定政策。……」[179] 宣布自 6 月 26 日停辦法幣折合黃金存款，統計自 1944 年 8 月　至 1945 年 5 月 22 日，黃金存款統計達 1,624,793 市兩。

另一方式則是黃金存款。黃金存款開始於 1944 年 8 月，由中央、中國、交通、農民四行及郵政儲金匯業局、中央信託局同時舉辦。直至 1945 年 5 月 22 日

表 2-5-9　售出的黃金現（期）貨統計

（單位：兩）

1943 年至 1944 年出售中國所有黃金	81,716
1944 年 4 月底以前出售美國運來的黃金	17,482
1944 年 5 月	65,980
1944 年 6 月	115,650
1944 年 7 月	125,461
1944 年 8 月	51,416
1944 年 9 月	150,326
1944 年 10 月	187,080
1944 年 11 月	144,716
1944 年 12 月	27,031
1945 年 1 月	61,730
1945 年 2 月	94,535
1945 年 3 月	20,730
1945 年 4 月	1,600
1945 年 5 月（22 日止）沒有增加	-
累計	1,145,453

資料來源：楊培新著，《舊中國的通貨膨脹》，頁 47。

---

[177] 中國人民銀行總行參事室編，《中華民國貨幣史資料》第二輯（1924-1949），頁 400-403。

[178] 中國人民銀行總行參事室編，《中華民國貨幣史資料》第二輯（1924-1949），頁 400-403。

[179] 朱斯煌主編，《民國經濟史：銀行週報三十週年紀念刊》，大事記，上海：銀行學會銀行週報社，1948 年 1 月，頁 780。

表 2-5-10　黃金存款統計　　（單位：兩）

1944 年 8 月	369
9 月	9,264
10 月	18,998
11 月	105,156
12 月	64,134
1945 年 1 月	233,730
2 月	159,237
3 月	477,801
4 月	256,104
5 月（22 日止）	200,000
總計	1,624,793

資料來源：楊培新著，《舊中國的通貨膨脹》，頁 48。

（同年 6 月 25 日正式停止）爲止，共收存了黃金 162 萬餘兩（見下表）。

抗戰後期國民政府拋售黃金數量，1943 年爲 1 億 1,400 萬元；1944 年爲 209 億 4,000 萬元；1945 年爲 717 億元法幣。拋售黃金彌補了政府一部分的財政赤字，對抑制通貨膨脹起到幫助。中央銀行於抗戰期間開始收購黃金，計收購了 703,599 市兩，雖未達到大量收入黃金的初衷，但也一定程度防止了黃金的喪失。

表 2-5-11　1944 年 8 月至 1945 年 5 月國民政府以黃金存款形式售出黃金數量及其收回法幣數額的估計

時間	收存黃金存款（兩）	牌價（每兩、元）	收回法幣數額估計（百萬元）
1944/8-10	28,631	17,500	501
1944/11-12	169,290	20,000	3,386
1945/1-8	970,768	20,000	19,415
1945/4-5	456,104	35,000	15,964
共計	1,624,793	-	39,266

資料來源：楊蔭薄著，《民國財政史》，頁 142。

出售黃金政策確立後，即由央行委託中國農民銀行和中國國貨銀行出售黃金。開始時售出數量不大，直至 1944 年 3 月底止，出售量僅 8 萬多兩。1944 年 4 月起，售數漸大，至 10 月達到最高峰，當月即售出 18 萬 7 千多兩。11 月 3 日起，現貨改爲期貨，後售數漸減。至 1945 年 5 月 28 日停售爲止，共售出黃金 114 萬 5 千多兩（見下表）。

表 2-5-12　1943 年 7 月 -1945 年 5 月國民政府售出黃金數量及收回法幣數額估計

時期	售出黃金（兩）	平均牌價（每兩、元）	收回法幣數額估計（百萬元）
1943/7-1944/3	81,716	16,750*	1,369
1944/4-12	885,142	20,750**	18,367
1945/1-5	178,595	29,500***	5,269
共計	1,145,453	-	25,005

說明：
* 本期內牌價最低為 12,000 元，最高為 21,500 元，取平均數 16,750 元。
** 本期內牌價最低為 17,500 元，最高為 24,000 元，取平均數 20,750 元。
*** 本期內牌價最低為 24,000 元，最高為 35,000 元，取平均數 29,500 元。
資料來源：楊蔭薄著，《民國財政史》，頁 142。

從下表可見，在此政策實施的兩年中，由此所獲得的收入，以與該兩年的稅收數字比較，約合其 50%，其中 1944 年占其 76%，當時此一政策對於國民政府的財政幫助不容低估。

表 2-5-13　1944-1945 年國民政府售出及存款兌出黃金估計收回法幣與稅收比較占其百分數

年份	售出及存款兌出黃金數量（千兩）			收回法幣數額的估計（百萬元）			收回法幣合同期稅收的百分數	
	售出	存款兌出	合計	售金收回	存款收回	合計	稅收（百萬元）	合占稅收百分數
1944	967*	188	1,165	19,736	3,887	23,623	30,849	76.3%
1945	178	1,427	1,605	5,269	35,379	40,648	99,984	40.6%
共計	1.145	1,625	2,770	25,005	39,266	64,271	130,833	49.1%

* 有幾萬兩（大致不會超過四、五萬兩）係 1943 年下半年售出，無法劃出，因以併入本年計算。

表 2-5-14　戰時國民政府舉辦法幣折合黃金存款的數額

儲蓄時期	付金時期	黃金數量（市兩）	價值（法幣元）
1944 年 8 月	1945 年 2 月	370	6,475,000
1944 年 9 月	1945 年 3 月	9,336	163,380,000
1944 年 10 月	1945 年 4 月	19,210	336,175,000
1944 年 11 月	1945 年 5 月	105,079	1,969,667,500
1944 年 12 月	1945 年 6 月	64,156	1,283,117,500
1945 年 1 月	1945 年 7 月	233,562	4,671,240,000
1945 年 2 月	1945 年 8 月	259,176	51,835,200,000

儲蓄時期	付金時期	黃金數量（市兩）	價值（法幣元）
1945 年 3 月	1945 年 9 月	488,246	9,808,130,000
1945 年 4 月	1945 年 10 月	255,627	8,942,180,000
1945 年 5 月	1945 年 11 月	305,649	10,692,570,000
1945 年 6 月	1945 年 12 月	466,921	19,604,720,000
總計		2,207,332	109,312,855,000

說明：1. 東南各省 1945 年 3、4、5 三個月共售 2,597 市兩，折合法幣 79,000,000 元未列入。2. 法幣
折合黃金存款是 1945 年 6 月 25 日停止，6 月以後無數字。
資料來源：財政部統計處編，《中華民國戰時財政金融統計》，1946 年，頁 104。

下表總結了戰時中國黃金價格、零售物價、匯率及黃金折合美元價格的主要數
字：[180]

表 2-5-15　戰時黃金、零售物價、匯率及黃金折合美元價格

年份（年底）	市場平均零售價格	每兩黃金平均價格（單位：法幣）	自由市場匯率（法幣／美元）	每盎司黃金平均折算價值（單位：美元）
1937	118	115	3.35	34.40
1938	176	210	6.10	34.50
1939	323	400	13.30	30.10
1940	724	750	18	41.70
1941	1977	2400	28	86.00
1942	6620	6150	49	125

季度末		官方價格	自由市場價格	均值	基於	
					官方價格	自由市場價格
1943（四）	22500	12500	12977	83	150	157
1944（一）	33300	17000	17895	170	100	105
1944（二）	46600	18500	18803	203	91	93
1944（三）	56200	18500	20070	209	89	98
1944（四）	75500	22500	28932	441	51	66
1945（一）	142000	24500	38235	558	44	69
1945（二）	216700	39500	92477	1060	37	87

資料來源：（美）楊格著；李雯雯譯；于杰校譯，《抗戰外援：1937-1945 年的外國援助與中日貨幣
戰》，頁 474。

---

[180] 零售價格乃後方主要城市的自由市場平均物價，並採用中國農民銀行 1937 年 1-6 月的資料
作爲基數值 100。1942 年的黃金價格係成都地區的自由市場價格，由金陵大學編制，此後則
爲重慶地區的自由市場價格，由中央銀行編制；官方平均價格因各季度存在變化，爲各季度
的近似值。自由市場匯率在 1942 年之前爲上海地區的電匯匯價，此後則爲對美鈔的匯價。

在 1943 年之前，金價一般是隨著零售物價平均數一起變動的，但其後因爲大量拋售黃金，金價便落後於零售物價平均數了。

中國拋售黃金的收入款和增發鈔票數的比較見下表：

1943 年 11 月至 1945 年 5 月，國民政府拋售黃金收回市面法幣，自 1944 年下半年開始，發揮了顯著的影響，然而收回的法幣，趕不上增發的法幣，卻也是其不爭事實。

表 2-5-16　中國拋售黃金收入款和增發鈔票數的比較　　　　　　（單位：百萬元）

季度	拋售黃金的收入數（法幣）	增發鈔票數（法幣）	拋售黃金的收入款占增發鈔票數的百分比
1943 年第四季度	114	14,900	0.8
5 月 1944 年第一季度	979	20,500	4.8
1944 年第二季度	2,534	26,900	9.4
1944 年第三季度	6,067	27,400	26.9
1944 年第四季度	11,360	39,300	28.9
1945 年第一季度	29,700	57,400	51.8
1945 年第二季度	42,000	150,900	28.0

資料來源：中國人民銀行總行參事室編，《中華民國貨幣史資料 第二輯（1924-1949 年）》第 2 輯，頁 883。

小結

黃金作爲國際貿易的重要支付工具，在國際交通暢達和國際貿易仍有相當自由的情況下，一國掌握了黃金幾乎等於掌握了物資。中國自 1930 年起就禁止金貨出口，惟在國內仍可自由買賣。抗戰以後，政府爲收集民間現金，增強對外支付能力，以便向外大量購取軍需民用物資，乃陸續頒布法令，禁止人民買賣黃金，由政府規定價格，集中收購。但自國際交通阻斷，歐、亞事務日漸密切，中國對外購取物資，償付代價的情形更變，黃金的對外支付作用已暫告喪失；另一方面，因黃金向爲人所重視，加上幣值下落，在國內反爲人民所爭購珍藏，以期保護其收入的購買力，以致黑市金價猛漲。在此情形下，政府所掌握的黃金，其對外支付作用既暫告喪失，其對內價值反大爲提高，在此背景下，國府恢復國內黃金自由買賣，並放出已握有的黃金，吸收法幣回籠，使游資多一出口，減少其對物資的壓迫，以收穩定物價之效。

　　政府決定此項運用黃金政策，經國民黨十一中全會議決：「以黃金控制物資，以物資吸收法幣。」於 1943 年下半年開始出售黃金，至 1944 年 1 月間，這個階段金價始終穩定在 1 萬元左右，其時社會心理並不非常重視黃金問題。國府拋售黃金政策，原是針對一般人不信任法幣，恐懼幣值繼續下跌的心理，孔祥熙表示：「黃金為國人習慣上認為最有價值之實物，且價值頗高。政府拋售黃金，可使一般人民移轉其囤積貨物之目標。而購儲黃金，藏富於民。」但用購儲黃金的手段，影響的還是少數殷富階級，多數人民顧及利潤較量利息，這個階段國內重要城市的金價多停留在萬元左右，淪陷區金價較內地城市低，人民見無利可圖，更知政府擁有大量黃金，深恐一旦低價拋售，反使購金者虧折血本，於是多觀望不前。

　　1944 年開始，隨著國府黃金政策的推展，人民購儲黃金心理日愈踴躍，然在 8 月因宣布現貨售罄，但仍有兩行拋售不定期的期貨，即由國行出立貨到即付的收據，於是現貨黃金即產生黑市，此時黃金價格漲得很快，後現貨及時運到方告平息，而現貨數日售盡，又出期票，故黑市又起，隨著現貨若斷若續，黑市忽起忽滅。這個階段，接近淪陷區各地金價，均遠較重慶為高，而淪陷區的金價又比各地高出數倍，於是購求現貨黃金，轉周運銷淪陷區，可以獲暴利，在重慶一手拋出現貨，一手買進期貨，一轉移盼可獲利 30% 至 70%，群趨若鶩，舉國喧騰。在前方軍事吃緊，後方產業萎縮，惟有黃金獨露頭角，蔚成黃金世界，把整個金融市場，攪成緊馳無定，甚將部分游資引向投機。

　　拋售黃金以收縮通貨，所要收縮的通貨是發行在大後方的通貨，因為後方通貨發行過多，因此要「黃金出籠，法幣回籠」以求平抑物質穩定幣值，至於對淪陷區，政策應當是要「推出通貨，吸進物質」，不應用黃金去發掘淪陷區人民窖藏的法幣，更不應用黃金去交換偽儲備銀行所掠奪而已經凍結的法幣。然而事實上，黃金不斷經由西安、南陽、三斗坪、老河口流往淪陷區以資敵，換回的不是物資（敵偽編制甚嚴，淪陷區一般的缺乏物資，換回的根本不是物資），而是已經窖藏或已經凍結的法幣，源源不斷的經由原路而內流，與當初所設想的目的，拋售黃金以收縮通貨，卻得到相反的結果，但如此情形，筆者認為不能將其完全歸究於政策錯誤，要穩定幣值必先穩定物價；穩定物價必先收縮通貨，在軍費政費支用浩繁，戰區日隘，稅源越少，又以非基層組織鬆散，公債、儲蓄勸募困難，沒有其他妙法使法幣回籠，減少發行，抗戰的勝利是首位，渡過眼前難關，比將來的一切重要。自從拋售黃金以來，所換回的籌碼數百億元法幣，因此戰時運用黃金政策雖有不足之處，仍獲得相當實效。

　　戰時財政方面，戰前中國的主要稅收主要是關、鹽、統稅三種，而在抗戰時期，這三種主要稅收比照當時物價簡直微不足道，至於所得稅因開始徵收時間不長，加

上當時仍屬農業社會，故稅收甚少。至於發行公債，抗戰時期，全國金融中心相繼淪陷，可銷納公債的地區日益減少，市場利率又因物價日高而上升，公債銷路更益困難。加上國統區日益縮小，使增進金產量的效果有限，而美方黃金的運入，則很好填補了政府財政方面的不足。抗戰時期國府頻繁頒行黃金法規，抗戰前期國民政府採取集中收兌黃金，增加金產量以及避免黃金外流的收購政策，雖未達到預期大量收進黃金的目的，但也防止了黃金的流失。抗戰後期因有美國運來的黃金支持，國府一改原先政策，藉出售黃金以回籠法幣，抑制通貨膨脹，所採取的拋售黃金及黃金儲蓄並用政策，雖未達到預想那麼大的效果，但一定程度上支援了抗日戰爭。但由於過程中美國對於國府的黃金運用產生疑問，運華黃金在談判中一再中斷，使中國黃金接濟不上，黃金出現斷貨，已售的黃金不能交貨，這也是後來國民政府「黃金捐獻」的原因之一，一定程度造成政府威信喪失，影響了戰後黃金政策的推展。

附錄

附錄一　金類兌換法幣辦法
金類兌換法幣辦法
（1937 年 9 月 28 日）

　　一、凡以生金、金器、金飾、金幣或新產之金塊、金沙等金類兌換法幣，或換算作為法幣存款者，悉照本辦法規定辦理。

　　二、金類兌換法幣機關，由財政部委託中、中、交、農民四銀行、郵政儲金匯業局、郵政局及其分支行局處，或其委託代理機關辦理之。

　　三、金類兌換法幣，按其實含純金成分，依照中央銀行逐日掛牌行市計算。

　　四、以金類交由第二條規定兌換機關兌換法幣者，依下列規定給予手續費。

　　（一）十兩以下者，給百分之三。

　　（二）十兩或十兩以上者，給百分之四。

　　（三）五十兩或五十兩以上者，給百分之五。

　　前項手續費，由財政部負擔。

　　五、以金類由中、中、交、農民四行換算法為法幣存款，定期在一年以上者，除以第四條之規定加給手續費外，並照銀行規定利率加給利息，周息二厘。

　　六、以金類購買救國公債者，得不依本辦法第四條之規定，毋論多寡，一律加給百分之六。

附錄二　金類兌換法幣辦法施行細則
（1937 年 10 月 10 日）

一、凡攜帶金類前往兌換機關兌換者，軍警機關應予保護，不得留難。除私運金類出口及在沿海地方私帶金類意圖偷運出口，經海關查獲，仍照禁金出口通案處辦外，至本部前定內地帶運用金取具起運地商會證明書辦法，應予停止。

二、中央銀行純金逐日掛牌行市，應分電中、中、交、農四行各省分支行，抄送各級郵政局或郵政儲金匯業局及其他委託代理機關於門首懸牌公告之。其交通不便地方，函電到達遲緩者，以收到最後所報告之行市為標準，予以兌換。

三、計算金類重量，悉以標準新衡制為準，不得沿襲習慣以舊衡秤量。

四、兌換機關如無相當人員估定金類成色時，得就地選用公估人員辦理，務使公平確實，不得抬高或抑低。

五、兌換機關應將金類兌換法幣辦法，於該機關門首顯著地方揭示之。

六、凡依照金類兌換辦法之規定，金類兌換法幣或換算作為法幣存款者，兌換機關應予以充分之便利，務於最短期間內辦完手續。

七、人民以金類請求兌換，無論數量多少，兌換機關均應竭誠接待，尤不得稍有留難輕慢。

八、兌進金類由兌換機關每十日列報一次，送由各該管機關轉送財部查核。

九、兌換機關得按照收兌金類價額支用百分之幾之手續費，作為估色、秤量、運輸之用。前項手續費，由財部負擔。

十、兌換機關收兌金類成績之優良者，由財部頒給獎狀，以資鼓勵。

附錄三　取締收售金類辦法
（1939 年 9 月 16 日）

一、本辦法所稱金類，包括礦金、沙金、金條、金葉、金塊等生金及一切金單、金飾、金幣。

二、金類之收購，專由中、中、交、農四行收兌金銀辦事處指定四行之分支行處及其以書面委託之各地金融機關、銀樓、典當、郵電局所辦理，未受委託之任何團體機關、個人，均不得收購金類，違者沒收。

三、受委託者收購金類，應切實遵守中央銀行（及未設中央銀行地方之中國、交通、農民銀行）公定牌價收兌，不得抬高抑低。收速之金，依照委託契約所訂條件，繳納於原委託之四行收兌金銀辦事處或約定之四行分支行處領取兌價及獎金，不得遲繳。

四、受委託收購金類者，應專立帳簿，隨時接受委託行及該管地方政府或四行收兌金銀辦事處直接委派人員之檢查或調閱，不得有隱匿、虛偽之記載。

五、各地銀樓業原存製造器飾之金料及製成品與半製成品，應於本辦法頒到之日，由所在地或就近之中、中、交、農四行或並由四行會同該管地方政府查對封存。其附近未設四行地方，即由當地最高行政長官查對封存，不得有絲毫隱匿。封存後，即由當地及附近之四行或其委託收兌機關，依實含純金量，照公定牌價收兌。

六、各地銀樓業遵照本辦法交出存金，特准照代兌機關依金類兌換法幣辦法第四款規定應得之手續費及獎勵兌換辦法交出大量存金應得之特獎金，連同金價一並給予。

七、各地銀樓業遵照停止製售金質器飾後，均得申請當地或附近中、中、交、農四行委託爲代兌金類機關，經四行審核認可訂立委託契約，實行代爲收兌，享有領取決定手續及特獎金之利益。

八、各地銀樓業（原稱金店、金號者，視同銀樓業）經奉頒到本辦法後，將原存金料及製成品與半製成品藏匿不肯交出收兌或僅交出一部分，或拒絕隨時檢調帳簿，或爲虛偽之記載者，經四行收兌金銀辦事處或四行分支行處查明屬實，應由該管地方政府即時勒令停業，並將其所有金料或製成品、半製成品交由四行強製收兌，除給應得之金價外，手續費及獎金停給。

九、自本辦法公布後，若有規避銀樓業名義而私自收購金類或私自製售金飾、金器者，經該管地方政府或四行收兌金銀辦事處及四行分支行處查明屬實，應由該管地方政府處以所值價額十倍以上、五十倍以下罰鍰，並沒收其金類及金製品，交由當地或附近四行任何一行之分支行處接收，並由接收行專案報部。

上項罰鍰，得以五成充賞，五成解庫。其充賞部分，並得酌提若干，獎給原查獲人及密告人。

十、本部二十七年十月二十一日頒定之監督銀樓業辦法特准銀樓業收售具有器飾形狀之金之規定，應即廢止。

附錄四　取締金融業、典當業質押金類辦法

（1939 年 10 月 28 日）

一、自本辦法施行後，各地金融業（銀錢行號）、典當業不得再行質押金幣、金質器飾或生金（金幣、金質器飾、生金，以下統稱金類）。

二、各地金融業、典當業在本辦法施行前質押之金類，應於本辦法頒到後，即依照規定表式，據實按戶填列，分報該管地方政府暨當地或就近之中、中、交、農四行或其委託之代兌機關查核。其附近未設四行地方，即專報該管地方政府查該，不得有絲毫隱匿。

三、各地金融業、典當業在本辦法施行前質押之金類，屆質押期滿無力贖取例應變價者，不得自由變賣，應由該金融業、典當業送交當地或最近之四行或其委託代兌機關兌換法幣。於應得兌價外，並得享有領取法定手續費及特獎金之利益。

四、各地金融業、典當業在本辦法施行前質押之金類，其所含純金重量在關平一兩（37.7994 公分）以內者，准由原質押人贖取。

五、在本辦法施行前質押之金類，其所含純金重量超過關平一兩者，原質押人請求贖取時，其超過部分之金類，應即由受押之金融業、典當業眼同物主點看，派人執持一同前往當地或附近收兌金銀機關兌換法幣。除原受押者收回應收之本息外，其餘兌價暨手續費、特獎金，仍歸原質押人領取。

六、金融業、典當業如違反前第一、第二、第三、第五各條之規定，經查獲或告發屬實者，應由該管地方政府就私行質押或隱匿或私行變賣或交付之件，按其價值處以十倍以上、五十倍以下之罰鍰，並追沒其金類。

依本辦法所處之罰鍰及沒收物變得之價，得以五成獎給查獲及告發人，五成解繳國庫。

七、金融業、典當業如違反本辦法經處罰三次仍有違反情事者，應由該管地方政府呈報最高主管官署予以勒令停業之處分。

八、各地方政府暨四行收兌機關於金融業、典當業表報質押金類後，應即按照所列號數逐一查核登記，並得調對各該業帳冊登記辦齊後，應造具報表轉財政部查核，但至遲不得逾本辦法頒到後一個月。原登記情形有變動時，如兌換或贖取，仍隨時登記。

各地方政府依照本辦法執行處分之案件，應隨時具報主管官署轉部查核。

附錄五　修正取締收售金類辦法

（1940 年 11 月 9 日修正）

一、本辦法所稱金類，包括礦金、沙金、金條、金葉、金塊等生金及一切金器、金飾、金幣。

二、金類之收購，專由中、中、交、農四行收兌金銀處指定四行之分支行處，及其以書面委託之各地金融機關、銀樓、典當、郵電局所辦理。未受委託之任何團體機關、個人，均不得收購金類，違者沒收。

三、受委託者收購金類，應切實遵守中央銀行（及未設中央銀行地方之中國、交通、農民銀行）公定牌價收兌，不得抬高抑低。收進之金類，依照委託契約所訂條件繳納於原委託之四行收兌金銀處，或約定之四行分支行處，領取收兌價及獎金，不得遲繳。

四、受委託收購金類者，應專立帳簿，隨時接受委託行及該管地方政府，或四行收兌金銀辦事處直接委派人員之檢查或調閱，不得有隱匿、虛偽之記載。

五、各地銀樓業原存製造器飾之金料及製成品與半製成品，應由本辦法頒到之日，由所在地或就近之中、中、交、農四行，或並由四行會同該管地方政府查點封存。其附近未設四行地方，即由當地最高行政長官查點封存，不得有絲毫隱匿。封存後，由當地及附近之四行，或其委託收兌機關依實含純金量，照公定牌價收兌。

六、各地銀樓業遵照本辦法交出存金，特准照代兌機關依金類兌換法幣辦法第四款規定應得之手續費及獎勵兌換辦法交出大量存金應得之特獎金，連同金價一併給予。

七、各地銀樓業遵照停止製售金質器飾後，均得申請當地或附近中、中、交、農四行委託為代兌金類機關，經四行審核認可，訂立委託契約，實行代為收兌，享有領取法定手續費及特獎金之利益。

八、各地銀樓業（原稱金店、銀號者，視同銀樓業）經奉頒到本辦法後，將原存金料及製成品與半製成品隱匿不肯交出收兌，或交出一部分，或拒絕隨時檢調帳簿，或為虛偽之記載者，經四行收兌金銀辦事處或四行分支行處查明屬實，應由該管地方政府即時勒令停業，並將其所有金料或製成品、半製成品，交由四行強制收兌，除給應得之金價外，手續費及獎金停給。

九、各地銀樓業及其職工於停止私自收購金類暨停止製售金飾、金器後，若有規避各義仍私自收購或製售者，經該管地方政府或四行收兌金銀處及四行分支行處查明屬實，應由該管地方政府處以所值價額一倍以上、十倍以下之罰鍰，並沒收其金類及金製品，交由當地或附近四行任何一行之分支行處接收，並由接收行專案報部。

上項罰緩，得以五成充賞，五成解庫。其充賞部分並得酌提若干，獎給原查獲人及告密人。

十、本部二十七年十月二十一日頒定之監督銀樓業辦法，特准銀樓業收受具有器飾形狀之金之規定，應即廢止。

附錄六　法幣折合黃金存款辦法
（1944 年 8 月 25 日）

一、中央銀行委託中國、交通、中國農民三銀行暨中央信託局、郵政儲金匯業局（以下簡稱各行局），代辦法幣折合黃金存款，依照本辦法辦理。

二、各行局代辦法幣折合黃金存款，以中央銀行指定之地點為限。

三、法幣折合黃金存款，以黃金「兩」為單位，一律以法幣繳存。法幣折合黃金之比價，由中央銀行規定之。

四、前條比價變更時，應於公布前一日，由中央銀行命其分行，通知當地各行局查照辦理。

五、法幣折合黃金存款，分為定期半年、一年、二年、三年，利息半年週息四厘，一年週息六厘，二年週息八厘，三年週息一分。其利息以法幣支付。

六、法幣折合黃金存款，由收存行局開給記名存單。

七、各行局所屬經辦法幣折合黃金存款之分支機構，應逐日將所收存款，按戶開列清單，送交當地中央銀行存查，並於每月十日、二十日及月底，分別將上、中、下三旬所收存款，解交當地中央銀行收帳。

八、各行局所屬經辦法幣折合黃金存款之分支機構，於經辦存款到期前一個月，應將到期各戶開列清單，還請當地中央銀行，按各戶存款數額，撥給黃金及法幣利息。

九、各行局代辦法幣折合黃金存款，應於解交存款時，照經收存款數額扣除手續費百分之一。

附錄七　防止私運暨攜帶金銀出口暫行辦法
（1943 年 5 月 6 日公布）

第一條　本辦法所稱金，包括礦金、沙金、金條、金葉、金塊、金幣及金製成品。所稱銀，包括銀幣、廠條、銀錠、銀塊、雜銀及銀製成品。金銀製成品係指備具飾物、器物形狀，全部或一部為金銀製成者而言。

第二條　本辦法所稱出口，依下列界限定之。

一、國界。

二、依封鎖敵區交通辦法規定之封鎖線。

第三條　本辦法所稱內地，指國界暨封鎖線以內各地。

第四條　金銀一律不准私運出口。其因正當事由必須運送出口者，應先向財政部請領准運護照，持憑報運。其在內地攜運並不出口者，概免區域、數量暨請領護照之限制。

第五條　旅客出口如攜帶金質或銀質有關文化或紀念之物品或古幣、稀幣等項，應先向海關估明價值，由旅客照價繳納保證金放行。在一年期內，仍攜原物進口，准將保證金發還，逾期即予沒收充公。旅客出口領有過境護照或購有輪船、火車、飛機客票或持有其他合法文件可證明係繞道前往內地者，如攜有金或銀製成品，不論其係何性質品類，均依前項交納保證金之規定辦理，於到達目的地後，可邀保證明原物並未出口，申請原收保證金機關准將保證金發還。逾一年未申明者，即予沒收充公。

第六條　運送金銀出口未持有部照或持有部照而超過部照所填數量者，查獲後應予悉數沒收充公。其因私運觸犯其他法令規定者，並應從其規定論處。

第七條　旅客出口或係繞道前往內地，攜帶金或銀製成品並未報明遵繳保證金者，應將所攜原件悉數沒收充公。

附錄八　國府對黃金提價舞弊案調查報告

財政部部長俞鴻鈞，四聯總處秘書長劉攻芸會查報告全文如次：謹查關於 3 月 28 日調整黃金價格各經辦法幣折合黃金存款行局有無情弊一案，前經鴻鈞於 4 月 7 日將派員分往重慶各行局調查帳目情形，並擬具處理辦法呈奉鈞座批示：「即照所擬將是日在重慶市承辦各行局以轉帳申請書抵充現款，及以一本票或支票化名多戶分存之黃金存款，一律作為無效，一面由財政部會同四聯總處徹查各行局主管人員，有無與購戶勾通舞弊情事，速再查明詳報。」等因，除業將處理辦法由財政部公告實施，並由各行局對已轉帳申請書購儲及以一本票或支票化名分存之存戶，辦理退款手續外，其餘舉辦此項存款之昆明西安等地，已分電各該地四聯分處派員調查。至重慶市各行局，前經查明 3 月 28 日共計折存 21,394 兩，雖較 3 月 26 日之 12,044 兩，3 月 27 日之 10,816 兩為多，惟市面對於提高價格猜測已久，每逢例假或星期日之前一日，均有擠存現象，例如 2 月 28 日市面謠傳加價，重慶各行局共收 38,199 兩（2 月 27 日僅售 9,060 兩），即較 3 月 28 日所收為多，是以收存較多，是否尚有其他不法情弊所致，勢須多方面查究，庶較易於明瞭。財政部及四聯總處遵令徹查，鑒於各行局帳目曾於 4 月 5 日由財政部派員檢查一次，為追溯存戶原名以便查實真相，從事根究起見，乃

先於 4 月 9 日至 12 日檢查與購存法幣折合黃金存款大額票據之有關行莊帳目，計共檢查匯豐、大同、同豐、同興、重慶、浙江興業、金城、國貨、中南、中國實業、中國通商、複禮、上海和豐、華僑興業、光裕、華僑聯合、金源、泰豐、新華、聚康、同生福等 23 家，繼於 4 月 13 日至 16 日根據所得資料，複查各行局帳目及個別詢問有關經辦人員，請將調查所得臚陳如後：

一、中央銀行

業務局部分：

查該局 4 日收存 5,514 兩，除各分行匯款至局存儲 2,320 兩外，門市計收 3,194 兩，其中一百兩以上大戶占 2,100 兩。計：

李祖燕等 16 戶共 2,000 兩，係以匯豐銀行支票二紙 4 千萬元交存，原出支票人為李祖永，又李祖永另以匯豐銀行支票 2 千 6 百萬元向中信局信託處購存 1,300 兩。查李祖永為大眾印刷公司負責人，款項來源為 3 月 20 日中央銀行發行局所付印鈔費。

張餘軒 1 戶一百兩，該戶係以中央銀行本票第 6582 號至第 6595 號共十四紙交存，經查中行賬上原本票係以泰豐銀行本票計 3,970,000 元及復興義銀行第 10598 號支票計 1,500,000 元調換（中央銀行張餘軒所繳之 2,000,000 元本票即屬其中之一部分）。複再向泰豐、復興義兩銀行調查，在泰豐賬上共 25320 號本票係由活期存款內廖啓志（南岸野貓溪郵局轉）開出第 18184 號支票掉換（廖啓志戶 27 日僅有餘額 1,842,949.55 元當日賬上係付出後再收進，收進之票據中，聚康銀行陳維善戶 31 日方送交換，聚康賬上該戶 28 日僅有存額 8,005.40 元，30 日收入泰豐轉帳申請書 2,200,000 元後再行付出）至復興義銀行支票 10598 號係四川畜產股份有限公司所開（經理吳懋卿，滄白路）。該戶 28 日透支餘額 9,590,332.59 元，複查該局依照規定，並未收轉帳申請書。

二、中國銀行

重慶分行部分：

查該行是日收存 2,186 兩，較以往數日均少。其中一百兩以上之大戶占 375 兩，計：史達清一戶 104 兩，係以華僑興業本票交存，原本票係大興工業社（錢福山）及美儀行（韋振武）二戶所開支票換取，陳毛生 16 戶共 167 兩，係以聚鎮鑫記（鄭志華）及鈺合祥二戶所開支票換取。

朱松齡等 6 戶共 104 兩，係以中行支票交存，該行曾收轉帳申請書二紙。

三、交通銀行

重慶分行部分：

查該行是日收存 6,259 兩，較他行為多，較以往數額亦大，且多為大戶以轉帳申

請書交存，其中一百兩以上大戶占 4,727 兩，計：

楊管北等 6 戶共 300 兩，係以金城轉帳申請書交存，金城出此申請，係根據中南所處出 3 月 30 日期之本票，中南具函聲明，該行本票係 28 日下午 5 時一刻左右所出，依此推算，則交通銀行收到金城所出申請書，當在 5 時一刻之後已逾辦公時間，惟交通銀行湯經理則顧客票據，恐係金城先出申請書，事後方收到中南本票等語。

錢理等 10 戶共 1,150 兩，係以同心轉帳申請書交存，原申請書系瑞華企業公司及興國工礦公司二戶所開支票換取（瑞華董事長李文彬亦為同心董事長），該二戶前一日尚無如此數額之存款，是日連收入金城浙江興業及重慶等三行轉帳申請書，方可遞補，惟以上三行賬上均為對同心銀行折款。

錢德馨等 10 戶共 1,000 兩，系以重慶銀行本票交存，原本票系華昌慶昌二公司所開支票換取（華昌董事長潘昌獻亦為重慶銀行總經理）。該二公司的一日連收昆明及成都分行各電匯 1 千萬元，經素閱原電，據該行副理趙世厚稱：係電話通知，故無電報。

張哲生等 10 戶共 500 兩，係以國貨轉帳申請書交存，原申請書係光裕陳爾緯戶所開支票換取（光裕保付），但光裕賬上並無保付支票記載，而國貨賬上則為折放與光裕。

張仲義等 4 戶共 242 兩，係以大同轉帳申請書交付，原申請書係李明戶（李叔明）（該支票系因購買美金儲券開給張元夫）所開支票換取，據大同銀行具函證明，支票係由重慶銀行趙世厚交來調換。又據趙世厚稱，係帶代張元夫向交通銀行存款。

李斌等 20 戶共 225 兩，係以上海本票交存，原本票係順記戶（方少軒）所開支票換取。

沙市紗廠 1 戶 750 兩，係該廠開交通銀行本票交存，該廠以前未有存過。

劉龍洲 1 戶 110 兩，係以大同本票交存，原本票係劉述之戶所開支票換取（劉龍洲係大同銀行經理）。

蔡慎生 1 戶 100 兩，係以 S 和豐本票交存，原本票係源業記（中正路景德鎮磁號）所開支票換取。

賈台卿等 40 戶共 200 兩，係金城轉帳申請書交付，原申請書係同心銀行本票掉換。

舒舍予等 5 戶共 150 兩，係以金城轉帳申請書交存，原申請書係楊管北所開支票換取。

四、中國農民銀行

重慶分行部分：

該行是日收存 1,655 兩，與以往數字相仿，其中百兩以上大戶計錢南銘等 10 戶，共 500 兩，係以國貨銀行轉帳申請書交存，原申請書係折放與金源錢莊，據金源錢莊具函證明，該莊所折得之款係轉折與光裕，由光裕交來保付支票，但查光裕賬上無保付支票之記載。

五、中央信託局

重慶分局部分：

該局是日收存 4,994 兩，較以往數日為多，其中儲蓄處經收 1,450 兩，信託處經收 3,544 兩，內百兩以上之大戶占 3,592 兩。查儲蓄處建儲科主任戴仁文，及助員朱治廉挪用市社會局所交該局鄉鎮公益儲蓄款 1 百萬元，化名李子琦等 7 戶購存 50 兩，原款於 31 日補還。（該處是日多報 35 兩，業於 30 日向中央銀行更正。）儲蓄處大戶購存情形：

沈昌等 5 戶，共 105 兩，係以和豐本票交存原本票系源業記戶（景德鎮瓷號）所開支票換取。

鹽養管理委員會等 6 戶共 100 兩，係以中國銀行本票交存，原本票係由鹽務局養老金保管委員會開支票換取（該會另向其他行局分存 200 兩，共為 300 兩。）

李金髮等 5 戶共 250 兩，係以通商轉帳申請書交存，原申請書係杜月笙戶所開支票換取該戶透支數為 650 餘萬元。

劉利卒等 5 戶共 150 兩，係以同豐轉帳申請書交存，原申請書係均誠商行戶（朱允告）所開支票換取。

許敬賢等 2 戶共 100 兩，係以華僑聯合轉帳申請書交付，原申請書係以李德民以現款及和通本票換取，不足 39 萬 5 千元，向該行暫欠。信託處大戶購存情形：

李光勳等 8 戶共 1,300 兩，係以匯豐銀行李祖永戶支票交存（與向中央銀行業務局所存共為 3,300 兩。）

程如澤等 138 戶共 1,137 兩，係以大同本票交存，原本票係張質夫戶所開支票換取。

何華等 20 戶共 200 兩，係以泰豐本票交存，原本票係新業字型大小（經理劉仲衡）所開支票換取。新業字型大小戶內，當日進賬聚康支票二紙 150 萬元，泰豐遲至 30 日始提出交換，經向聚康查明，28 日該支票戶僅存 8 千餘元。

周敬熙 2 戶共 150 兩，係以中國實業轉帳申請書交存，原申請書係建業營造廠及周敬熙戶所開支票換取。

高文華等 2 戶共 100 兩，係以複禮本票交存，複禮本票係周作梅戶所開支票換取。

另查儲蓄處所收有張志明1戶20兩，係以該局信託處本票交存，原本票係財政部總務司暫記戶所開支票換取，當經向總務司調查，據該司王司長稱：該支票40萬元係付修理職員宿舍工價開給森益營造廠，有廠主陸鳳森領去，並將該營造廠估價單及領款收據呈閱。

六、郵政儲金匯業局

重慶分局部分：

該局是日收存840兩，與以往相仿，且多屬小戶，亦未收轉帳申請書。該局於票據時間（下午四時）之後，所收各戶以他行票據交存之54兩，曾向顧客聲明，應以30日交換後再開存單，嗣以價格變更，已函請中央銀行退銷，並通知存戶。以上所陳，係向各行局及有關商業銀行莊查明情形，報請鈞座瞥核批示祗遵，謹呈兼院長蔣。

政院批示

財政部俞部長，四聯總處劉秘書長，據呈徹查3月28日調整黃金價格，本市各行局經售各情已悉。茲分別核示如次：

①關於各經辦行局不依規定接受購戶轉帳申請書，顯有不合應由財政部及四聯總處查明各負責主管人員，先令各該行局分別予以撤職處分，並聽候法院偵查。關於各商業行莊不合法令，經營業務各節，應由財政部分別予以取締。

②關於各經辦行局主管經售人員有無與購戶勾通舞弊觸犯刑章之處，應由財政部將全案移送重慶地方法院依法偵查。

③中央信託局儲業處建儲科主任戴仁文及助員朱治廉挪用公款，化名購存黃金50兩，顯已觸犯刑章，應由財政部責令信託局，將該員等立即撤職，並移送重慶地方法院依法究辦。以上三項仰即遵照，並將辦理情形限於三日內具報爲要。中正卯巧院機印。

第三章
抗戰勝利至經濟緊急措施方案黃金政策及影響

前言

　　抗戰勝利後，中國經過了一段物價平穩的時期，但隨著接收時的種種錯誤，和中儲券與法幣兌換比率制定的失當，惡性通貨膨脹逐漸蔓延，國府由於有先前美國運至，及勝利後自日偽區接收，數額龐大的黃金，加上抗戰時期的黃金運用經驗，行政院長宋子文及中央銀行總裁貝祖詒，決定以黃金抑止通膨，中國的黃金政策也進入了戰後新階段。

第一節　戰後接收造成的不良影響

　　七七盧溝橋事變後，中國獨力抗日。1942 年 12 月日本偷襲珍珠港，美國對日宣戰，太平洋戰爭揭開序幕。[1] 美日開戰後，初期美軍節節敗退，1944 年，盟軍在太平洋諸島反攻順利，1943 年底，中、美、英三國領袖在開羅集會後，發表《開羅宣言》。國民政府在中日戰爭成為世界大戰的一部分後，從 1943 年起由國防最高委員會中央設計局研擬戰後收復地區的設計工作，[2] 以期勝利後順利接收淪陷區。1945 年 7 月26 日，中、美、英三國發表《波茨坦宣言》，力促日本無條件投降。[3] 8 月 6 日、9 日美國兩次在日本投擲原子彈，逼使日本在 1945 年 8 月 15 日，正式宣布接受《波茨坦宣言》，無條件投降，也開始了國民政府的接收工作。

　　抗戰勝利的突然到來，國民政府有些措手不及，為了開展收復區的經濟接收工

1　李雲漢，《中國近代史》，臺北：三民書局，1985 年 9 月，頁 516。

2　劉維開，〈國防最高委員會的組織與運作〉，《國立政治大學歷史學報》，第 21 期，臺北，2004 年 5 月，頁 135-164。

3　梁敬錞，《開羅會議》，臺北：臺北商務印書館，1974 年，頁 107-156。

作，國民政府於當月制定《行政院各部會署局派遣收復區接收人員辦法》，共 5 條，其要點爲：

（一）行政院各部會署局爲辦理接收收復區直屬各機關及事業機關，得呈經本院核准，派遣特派員或接收委員。

（二）各部會署局得依其接收之機關及事業之性質分別派遣接收委員，如接收之機關較多事業較鉅者，並得分區派遣特派員，所有在各該區內接收委員應受特派員之指導。

（三）特派員辦公地址應以各區受降軍事長官駐在地爲原則，並得設置辦公處，於接收完畢時撤銷。前項辦公處人員，以就原派遣機關之人員調用爲原則，其員額應呈經行政院核定，並將名冊呈報備案。

（四）特派員及接收委員，均由各部會署局呈行政院核轉中國陸軍總司令部令派，並受中國陸軍總司令部之指導監督。[4]

國民政府接收的敵僞金融財產沒有確切的統計資料，但僅從汪僞的中央儲備銀行和中國聯合準備銀行被接收時的庫存財產即可看出其數額之巨大。這兩大銀行當時共存有黃金約 72.35 萬兩，白銀 764 萬兩，銀元 37.2 萬枚，美金 670 多萬元，英金 26,544 鎊，悉數被中央銀行接收。[5]

從 1945 年 8 月到 1946 年底，國民政府一共接收了多少敵僞產業，牽涉到資料的不完整，與幣值換算的困難，無法準確計算，保守估計爲 3.35 億美元，以法幣計算後換算爲美金，按當時法幣官價 12,000 元兌 1 美元折算，則爲高達 7.9 餘億美元。[6]

國民政府的全面經濟接收，獲得巨大的物質財富，所接收的金融資產，成爲穩定國統區經濟的重要資本。不過接收時的諸多問題與錯誤，也加大了人民對於政府的不滿，造成「民怨沸騰，輿論指斥，或謂接收物資，不接收人心，或謂接收財產，不接收事業，貪婪成風，賄賂昭彰。」後人甚至以「接收了土地，喪失了民心」[7]評價國府接收工作的影響。

4　秦孝儀主編，〈行政院各部會署局派遣收復區接收人員辦法〉，《中華民國重要史料初編——對日抗戰時期 第七編 戰後中國（四）》，臺北市：中國國民黨中央委員會黨史委員會，1981年，頁 10。
　　陸仰淵、方慶秋主編，《國民社會經濟史》，北京：中國經濟出版社，1991 年 11 月，頁 727。

5　石柏林，《淒風苦雨中的民國經濟》，河南：河南人民出版社，1993 年，頁 386。

6　張忠民、朱婷，《南京國民政府時期的國有企業（1927-1949）》，上海：上海財經大學出版社，2007 年 12 月，頁 237。

7　祝毓等編輯，〈接收處理敵僞物資工作清查團總報告〉，1947 年，頁 48、86。轉引自張忠民、朱婷，《南京國民政府時期的國有企業》，頁 238。

在勝利後，東北由於受到中國共產黨及蘇聯的影響，未能落實其接收工作，西北許多地區則為共產黨控制的「解放區」，對於這些解放區，國民政府根本無法有效進行接收，因此以下以戰時被日軍完全佔據，對日抗戰後又得以施行完整接收政策的平津地區，作為主要的探討範圍，探究接收的相關問題。

首先，接收單位的紊亂與權責規劃不一，各單位為了自身的利益，都搶著進行接收工作，造成各單位的衝突和重複接收。張鵬談及天津經濟接收工作時指出：

> 一九四五年八月日本投降以後，國民黨政府在天津臨時拼湊了幾套接收班子，即天津市黨部接收委員會、河北平津區敵偽產業處理局、天津漢奸財產調查委員會和資源委員會駐津特派員辦公室等，均企圖搶先接收，大發橫財。一時之間封條滿天飛，甚至一個工廠大門上竟同時貼上幾個封條。[8]

接收單位權責分配的問題，正好給接收人員有上下其手的空間，也使這些初嚐勝利喜悅的官員，在如此龐大的資源當中，迷失了自我，接收人員的貪污情形，也最為人詬病。時任軍事委員會委員長北平行營主任的李宗仁即形容得很生動：

> 當時在北平的所謂「接收」，確如民間報紙所譏諷的，實在是「劫收」。這批接收人員吃盡了抗戰八年之苦，飛入紙醉金迷的平津地區，直如餓虎撲羊，貪贓枉法的程度簡直駭人聽聞。他們金錢到手便窮奢極欲，大肆揮霍，把一個民風原極淳樸的故都，旦夕之間便變成罪惡的淵藪。中央對於接收職權的劃分也無明確規定，各機關擇肥而噬。有時一個部門有幾個機關同時派員接收，以致分贓不勻，大家拔刀相見。

> 最令當時平、津居民不能忍受的，便是這批接收官員為便於敲詐人民，故意製造恐怖氣氛，隨意將人以漢奸罪名而加以逮捕。一時漢奸帽子亂飛，自小商人以至大學教授隨時有被戴上漢奸帽子坐牢的可能。因而凡是抗戰期間沒有退入後方的人，都人人自危。於是頗有一些年高德劭的學者和居民來向我泣訴，希望能稍加制止。[9]

8　張鵬，〈天津冶金工業史略〉，《天津文史資料選輯》，第51輯，1990年7月，頁66。
9　李宗仁口述；唐德剛撰寫，《李宗仁回憶錄（下）》，臺北市：遠流出版，2012年2月，頁767。

接收機關的混亂，接收官員素質的低落，加上接收人員常以有色眼睛來看待戰時淪陷區的百姓與機關，認為淪陷區的人在戰時不願隨政府內遷，皆為有二心的投機派，這種心態或多或少影響官員對於淪陷區的態度和行為，都使得接收官員的貪污嚴重，隨著貪污情形加劇，使民眾財產造成嚴重損失，以及人民對政府的不信任危機。蔣介石有鑑於此，深知戰後接收人員的機關與紀律皆有弊端，除 1945 年 10 月 25 日，致電時任中國戰區陸軍總司令何應欽查明，原電為：

> 據確報京、滬、平、津各地軍政黨員窮奢極侈，狂嫖濫賭，並借黨團軍政機關名義佔住人民高樓大廈，設立辦事處，招搖勒索無所不為，而以滬平為甚，不知就地文武主官所為何事，究有聞見否？收復之後腐敗墮落，不知自愛至此，其何以對陣亡之先烈。……希於電到之日，立刻分別飭屬嚴禁嫖賭，所有各種辦事處之類，大小機關名稱一律取消封閉，凡有佔住民房招搖勒索情事，須由市政當局負責查明，一面取締，一面直報本委員長，不得徇情隱匿，無論文武公教人員及士兵長警不得犯禁，並責成各級官長連帶負責，倘再有發現，而未經其主官檢舉者，其主官與所屬同坐，決不寬貸。[10]

除蔣介石外，北平的最高行政長官北平行營主任李宗仁對此也極為重視，多次在會報中提及，並於 1945 年 11 月 23 日的北平行營第三次黨政軍接收會報中提議：「應如何查禁操縱物價及假藉名義在外招搖撞騙者請各抒所見」案，會後決議：（1）由行營通令凡公務人員如有利用公款囤積貨物，以操縱物價者，一經查出，決依法處死刑。（2）囤積貨物糧煤之奸商，由市府予以澈查，平價令其出售，否則予以沒收。（3）由行營通令並佈告凡假藉名義在外招搖撞騙或詐取財物者，一經查出概處死刑。[11]

政府為肅清不法行為，於 1946 年 5 月，成立接收清查團。清查團成員由國民參政會、中國國民黨中央監察委員會和監察院三方面共同組成，成員由國民參政會 2 至 5 人、監察院 1 至 2 人、中央監察委員會 1 至 2 人組成。[12]冀察熱綏區清查團在清查

10　秦孝儀，《總統蔣公思想言論》，卷 37，〈別錄〉，頁 325。轉引自：林桶法，《從接收到淪陷——戰後平津地區接收工作之檢討》，臺北市：東大發行，1997 年，頁 247。

11　經濟部冀熱察綏區特派員辦公處與北平市黨政接收委員會等關於接收平津區日偽機關聯繫文書，中國第二歷史檔案館，檔號：536-207。轉引自：林桶法，《從接收到淪陷——戰後平津地區接收工作之檢討》，頁 248。

12　林桶法，《從接收到淪陷——戰後平津地區接收工作之檢討》，頁 248。

後的建議報告稱：

> 於是譏者謂「接收」為「劫收」，本團認為接收工作之貪污寡效，由於人事者
> 半，由於政策者半。查敵人侵佔華北，原有整個計畫，推行此項計畫，有一統一
> 機構。中央於接收之初，專注重一時國庫收入，不顧及百年建設大計，既未先設
> 整個統一之機構，全盤接收，又未制訂一整個接收計畫，既無負責統一接收之機
> 構，亦無統一指揮接收之大員。關係各部分之派員來平，特派員頭銜者，不知若
> 干名。接收機關不下數十處，各不相謀，各自為政，明為接收，實為搶攘。敵偽
> 一機構，我則數機關爭接收之，故報章謂為「大卸八塊」，以致若干生產機構及
> 工廠停頓關閉，支離破碎。[13]

　　清查團對於貪污情勢的追查可說相當積極，也逮捕了眾多不法的貪汙官員，平津
地區貪汙被發現移送法院的，根據林桶法教授統計，就多達 40 件。[14]

表 3-1-1　接收期間平津地區檢舉貪污移送法院案件一覽表

姓名	職稱	涉案情形	結果
1. 王錫鈞	天津市公用局局長兼黨政接收委員會委員	盜賣接收物質	被提公訴
2. 羅承維	天津市公用局主任秘書	盜賣接收物質	被提公訴
3. 姚震籬	天津公用局代理委員	盜賣接收物質	被提公訴
4. 張曉春	天津運輸株式會社接收科長	盜賣接收物質	被提公訴
5. 朱樹安	天津運輸株式會社接收科長	盜賣接收物質	被提公訴
6. 劉寶玉	天津接收郡茂洋行倉庫看守員	監守自盜	被提公訴
7. 吳鷺生	天津接收東京麵粉工廠臨時雇員	私運物資盜賣	被提公訴
8. 李筱峰	天津接收東京麵粉工廠臨時雇員	私運物資盜賣	被提公訴
9. 張彭瑞	天津接收東京麵粉工廠臨時雇員	私運物資盜賣	被提公訴
10. 康公烈	經濟部冀熱察綏區特派員辦公處接收北平大二洋行駐廠員	盜賣	被提公訴
11. 崔世恩	接收後管理員	盜取	被提公訴
12. 劉振東	接收人員	監守自盜	被提公訴
13. 劉乃沂	華北海軍專員辦事處主任	盜竊接收物質	被判死刑

---

[13]　行政院敵偽物資清查團，接收處理敵偽物資工作清查團報告，南京第二歷史檔案館藏，頁
　　86。轉引自：林桶法，《從接收到淪陷──戰後平津地區接收工作之檢討》，頁 235-236。

[14]　林桶法，《從接收到淪陷──戰後平津地區接收工作之檢討》，頁 239-240。

姓名	職稱	涉案情形	結果
14. 徐明道	交通部平津區接收委員	盜竊接收物質	被提公訴
15. 趙伯敏	河北省第四倉庫主任	盜竊接收物質	被提公訴
16. 吳謙	北平查獲南郊分局局長	接受賄賂	移送法辦
17. 賈成和	燕京造紙廠廠長	隱匿接收物資變賣爲己有	移送法辦
18. 范濟川	經濟部冀熱察綏區特派員辦公處工電組組長	隱匿接收物資涉及侵佔	移送法辦
19. 李天開	燕京造紙廠副理	隱匿接收物資涉及侵佔	移送法辦
20. 盧道清	燕京造紙廠庶務	隱匿物資據爲己有	移送法辦
21. 簡召洪	日用品處理委員會職員	侵佔	被提公訴
22. 郎啓洵	平津區敵僞產業處理局職員	侵佔	被提公訴
23. 崔君陸	平津區敵僞產業處理局職員	侵佔	被提公訴
24. 王鴻溥	平津區敵僞產業處理局職員	侵佔	被提公訴
25. 葉篤傑	平津區敵僞產業處理局職員	侵佔	被提公訴
26. 白文彬	天津海關職員	侵佔	被提公訴
27. 陳家緯	天津海關職員	侵佔	被提公訴
28. 文成章	天津海關職員	侵佔	被提公訴
29. 薛愼微	教育部天津地區接收委員	侵佔	判罪
30. 劉錚達	天津市公用局科員	共同侵佔公款	被提公訴
31. 趙英華	河北平津區敵僞產業處理局第三組組長	圖利他人	被提公訴
32. 王維鈞	河北平津區敵僞產業處理局專門委員	圖利他人	被提公訴
33. 劉彥儀	河北平津區敵僞產業處理局專員	圖利他人	被提公訴
34. 張家傑	河北平津區敵僞產業處理局第三組副組長	圖利他人	被提公訴
35. 王宗選	河北平津區敵僞產業處理局科員	圖利他人	被提公訴
36. 李金洲	天津市財政局長	貪污	未經查證
37. 周鳴珂	經濟部接收委員	偷運公物貪污	不起訴
38. 王光英	天津分處接收專員	侵占（清冊不實）	不起訴
39. 武恩佑	天津分處接收專員	侵占（清冊不實）	不起訴
40. 韓扶生	天津分處試用職員	岩淵工廠遺失物資案	不起訴

資料來源：林桶法，《從接收到淪陷—戰後平津地區接收工作之檢討》，頁239-240。

第二節　中儲券與法幣兌換率失當引發通膨

抗戰勝利收回淪陷區後，經濟方面收回各淪陷區的貨幣是一重點，然而在訂立法幣與淪陷區貨幣兌換率上的失當，使許多人民產生無謂損失，有心商人利用此兌換率，穿梭兩地進行謀利，也加速了戰後社會通貨膨脹的發生。

一、中儲券兌換前的準備

戰後初期造成通貨膨脹的重要因素，國統區和淪陷區之間不合理的貨幣兌換率為一重要因素。戰後由於勝利的鼓舞，樂觀心理使商號將戰時囤積的貨物，大量地拋售進市場，加上日本待遣軍僑拋售物資，市場上物資充足，物價下跌甚多。從 1945 年 8 月到 9 月，百貨價格下跌 50-60%，黃金價格下跌 80%，美鈔跌落 70%。[15] 政府得以重回富庶的沿海地區，及東北、臺灣的收復，接收到大量的物資財富，財政收入大增，種種因素，都有利於經濟的穩定。戰後初期，工業復員，經濟復甦，戰時通貨膨脹的情形漸漸緩和停歇。好景不長，同年年底，各地經濟便開始劇烈變動，尤其是沿海收復區的漲勢更形明顯。主要原因乃是因不合理的法幣與偽幣的兌換率。

抗戰期間，以陪都重慶為中心的國統區使用法幣，日軍佔領的淪陷區改用汪偽中央銀行發行的中儲券。抗戰剛勝利時，蔣介石即想到日佔區使用貨幣的兌換率問題，8 月 16 日，與財政部長俞鴻鈞商討法幣與中儲券兌換方針，記曰：「與鴻鈞討論淪陷區偽幣處置方法，在我法幣未能遍普發行以前，准其偽小券百元以下者暫時通用，以救濟民眾之生活也。」19 日，人在國外的行政院長宋子文電呈法幣與中儲券處理原則四項，重點包括：市場偽幣應准照常流通，但不規定與法幣折合率，聽其自然。政府與政府銀行應一律以法幣為本位，不准收受偽幣。[16] 蔣介石也認為：「對偽鈔在淪陷於法幣未運到以前，暫准偽鈔通用，但不得掉換法幣繳納稅款及作為存款之用。惟限定日期，逾期擬取銷禁用辦法，但其價是否與法幣應定比值，當研究。」[17]

9 月 6 日，行政院頒布《收復區財政金融復員緊急措施綱要》，將收復區分為京滬、冀魯察熱、晉豫綏、鄂湘贛與粵桂閩五個區，收復區中經濟佔最重者為京滬區，包括南京、上海二市，江蘇、浙江、安徽三省，財政金融特派員為央行副總裁陳

---

[15]　虞寶棠，《國民政府與國民經濟》，上海：華東師範大學出版社，1998 年 12 月，頁 445。

[16]　〈宋子文致蔣中正電〉（1945 年 8 月 19 日），國史館，檔號：002-090105-00014-135。

[17]　《蔣介石日記》（未刊本），1945 年 8 月 16、19 日。

行出任。[18]

　　國民政府在陸軍總司令部轄下成立黨政接收計畫委員會，由總司令何應欽任主任委員，9 月初，何應欽與第三方面軍司令長官湯恩伯，上海市市長錢大鈞等人先後飛抵上海，接收部隊與人員也陸續抵達各淪陷區，其中這些偽券與法幣如何通流的問題，則為首先要面對的重點，蔣介石於日記寫道：「令財政部籌定新幣制方案與實施日期。」[19]何應欽覆電蔣介石，稱已著陸軍總司令部派員至中央儲備銀行調查及處理該行存金數額，以及偽券發行情形。[20]

　　自抗戰勝利後，進入淪陷區接收的軍隊與政府官員，主要是使用敵偽銀行發行的偽券，當時中儲行雖然已停止營業，仍有中央交付維持市面，及供給接收軍人員的需要，陸軍總司令部發布公告，自 9 月 12 日起京滬地區機關、銀行一律使用法幣，通告公布後，接收政軍人員及官兵身上攜帶的法幣，便在收復區大行其道，在這一、二個月間，中儲券增發的數字十分驚人，據陳行報告，自日本宣布投降，至正式接收偽中央儲備銀行的 9 月 12 日，中儲券便增加發行了 2,170,147,049,000 元，其中上海便增發了 1,581,764,389,000 元。[21]照周佛海所述，中儲行成立至抗戰勝利，中儲券約發行 4 萬億元，而抗戰勝利後一個多月，增發的中儲券便高達 2 萬餘億元，這些增發的鈔券大多是為供應接收的軍政人員及軍隊所用。[22]

　　過渡時期，兩種貨幣同時流通。當時政府對於淪陷區的貨幣和法幣的兌換，並未作事先規劃，周佛海在戰後奉命維持治安，周研擬後建議以變賣黃金等準備金來收回中儲券，政府以中儲券的發行額與其準備金的比例，收復區和大後方的物價差距，及中儲券與法幣對美金的市價，來決定收兌的比價。周佛海認為，中儲券擁有充足的準備金，如以中儲行庫存的黃金來回收中儲券，不足則向日本提出賠款要求，即可解決收兌問題，周氏認為此處置為減少人民財產損失的最佳作法。[23]但政府最終將收兌

18　鄭會欣，〈關於戰後偽中儲券兌換決策的制定經過〉，吳景平、戴建兵主編，《近代以來中國金融變遷的回顧與反思》，上海：上海遠東出版社，2012 年 5 月，頁 317。

19　《蔣介石日記》（未刊本），1945 年 9 月 1 日，「上星期反省錄」。

20　〈蔣介石致俞鴻鈞代電〉（1945 年 9 月 8 日），《民國檔案》，1990 年第 3 期，頁 35。轉引自鄭會欣，〈關於戰後偽中儲券兌換決策的制定經過〉，吳景平、戴建兵主編，《近代以來中國金融變遷的回顧與反思》，頁 319。

21　〈俞鴻鈞致蔣介石代電〉（1945 年 10 月 12 日），國史館，檔號：001-084100-0005。

22　鄭會欣，〈關於戰後偽中儲券兌換決策的制定經過〉，吳景平、戴建兵主編，《近代以來中國金融變遷的回顧與反思》，頁 321。

23　林美莉，〈抗戰勝利後國民政府收兌汪偽中儲券問題〉，一九四九年：中國的關鍵年代學術討論會編輯委員會編，《一九四九年：中國的關鍵年代學術討論會論文集》，臺北縣：國史館，2000 年 12 月，頁 389-390。

僞政權貨幣，定位爲內政問題，加上在國府「以德報怨」的政策下，並未要求日本賠款。使收兌僞政權的資金，無法自戰敗的日本身上取得，收兌僞政權貨幣的經費，自然必須由國府自籌。在未能向日本取償，加上國共局勢緊張，內戰一觸即發，使政府財政吃緊，使國府的收兌工作受到限制。也造成了犧牲收復區人民利益的「壓低比價、限期收兌」決策。

二、兌換比率制定後引發的經濟恐慌

中儲券已在淪陷區建立廣大的流通地區，遽然停止，必定引發通貨緊縮，加上短期內也無法大量供應法幣，故周佛海仍不放棄維持中儲券流通地位的希望，致電戴笠，提及：「……准中儲銀行暫維現狀，並准其所發紙幣暫行流通，徐謀整理。數省人民最懼者爲中央不承認中儲券，人民損失將不貲。如能暫予承認，則人民對主座當頌德不忘，此爲收拾淪陷區人心之最好方法。」[24] 希望僞政權機關取消無妨，但儲備銀行應暫時保留。

但在政府決定以法幣收兌中儲券政策後，中儲券退出貨幣市場已成定局。財政部於 1945 年 9 月 26 日公布《僞中央儲備銀行鈔票收換辦法》（見附錄一）。其要點爲：

（一）僞中央儲備銀行鈔票准以二百元換法幣一元，由中央銀行及其委託之機關辦理收換事務。收換規則另訂之。

（二）自民國三十四年十一月一日起，至三十五年三月三十一日止，爲收換期間，逾期未持請收換之僞鈔，一律作廢。

蔣介石原以爲僞中儲券的兌換辦法訂定後「淪陷區華中僞幣與後方金價問題亦已如期解決，民生經濟當可漸穩，物價則已大落矣。」經濟可以逐漸平穩。[25]

辦法中規定兌換時間到 1946 年 3 月 31 日，中儲券以 200 元兌換法幣 1 元。[26] 國府以 200 比 1 的比率全面收兌中儲券後，受到各方質疑。按照這個比率，法幣在收復區的購買力，遠較大後方爲高。[27] 周佛海在日記寫道：「行政當局不加詳細考慮，爲近視之利益觀念所蔽，爲幼稚之主張所惑，不顧及人民之利益，不了解政府之要事爲

24　南京市檔案館編，《審訊汪僞漢奸筆錄》，南京：江蘇古籍出版社，1992 年，頁 181。

25　《蔣介石日記》，1945 年 9 月，「上月反省錄」。

26　中國第二歷史檔案館編，《中華民國史檔案資料匯編：第五輯第三編財政經濟（二）》，江蘇省：鳳凰出版社，2010 年 6 月，頁 381-382。

27　《中央銀行月報》新 1 卷第 1 期，1946 年 1 月，轉引自洪葭菅主編，《中央銀行史料》下冊，北京：中國金融出版社，2005 年，頁 930-931。

收拾人心，對於金融之措置鑄成大錯，致使人民財產大受損失，助長物價高漲，而爲喪失人心之一有力分子也。儲備卷（券）與法幣定爲二百對一之比例，暫准流通後，即以此比例收兌儲備卷（券）。此於經濟及人心均有莫大損失。」[28]

曾任汪僞政權中央儲備銀行副總裁的錢大槐，以9月10日重慶白銀及外匯牌價爲標準，計算中儲券的發行準備與其發行額，認爲中儲券兌法幣的比率應訂爲28：1。[29]邵毓麟則在9月20日，邀集中日銀行界人士舉行座談會，根據京滬地區物價指數、中儲券發行總額、中儲行庫存現金及外匯總額、大後方物價指數、法幣發行總額及其對美金匯率等資料，研討法幣與中儲券的合理兌換比率，不應該超過中儲券100元對法幣1元的比率。[30]

比較重慶和上海的戰後物價指數，上海以中儲券爲單位的物價，雖然從1945年7月的25.46倍，增加到1945年9月的53.99倍；華北物價和重慶的指數從1945年7月的1.3倍增加到1945年9月的3.48倍，比重慶以法幣爲單位的物價高出近54倍，如果按照當時法幣流通區物價戰後比戰前上漲情形，以法幣爲基準計算，僞幣價值遭到嚴重低估，雖然這使得法幣的增發降到最低限度，但由於僞幣仍能在市面上流通，使持有低價僞幣者得以在1946年3月31日，兌換期限截止前套購貨物。低的兌換率、長的兌換期、每人兌換額限制、允許僞幣流通等因素，造成淪陷區人民在兌換限期大量購買物資，以免兌換的損失，加速了通貨膨脹。[31]握有法幣者購買力驟然提高，使大後方資金湧向收復區，加上政府還都，大量人口東移，需求大增，造成收復區物價的劇漲。[32]

表 3-2-1　抗戰勝利前後重慶、上海和華北物價比較表

	重慶批發物價指數 1937=100	上海批發物價指數 1937=100	上海爲重慶的倍數	華北批發物價指數 1936.7-37.6=100	華北爲重慶的倍數
1945.7	164,500	4,188,600	25.46	214,455	1.30
1945.8	179,300	8,640,000	48.19	305,170	1.70
1945.9	122,600	6,619,740	53.99	427,234	3.48

資料來源：中國科學院上海經濟研究所、上海社會科學院經濟研究所編，《上海解放前後物價資料彙編（1921-1957）》，1992年，頁168、181、198。

28　公安部檔案館編注，《周佛海獄中日記》，北京：中國文史出版社，1991年，頁91。

29　金雄白，《汪政權的開場與收場（上）》，臺北：風雲時代，2014年，頁119。

30　邵毓麟，〈勝利前後（四）〉，《傳記文學》，第10卷第1期，臺北：1976年1月，頁47-48。

31　張公權著、楊志信摘譯，《中國通貨膨脹史（1937-1949年）》，北京：文史資料出版社，1986年，頁49。

32　秦孝儀主編，《中華民國經濟發展史》第二冊，臺北：近代中國出版社，1983年，頁913。

由上述可知，政府規定的 200：1 比率，將法幣的價值提高 3 倍多，相對而言，中儲券則是強行貶值最少一半以上。對於收復區的民眾，這意味在抗戰時期的「財產減半」，人民損失慘重。

兌換比率制定後，各地大量的法幣從各地蜂擁而來，淪陷區人民的財富大幅貶值，國民參政員黃宇人，到淪陷區後，用在大後方已所值無幾的 50 萬法幣，換了 1 億元偽幣，用這些錢購置了一幢四合院外，居然還剩下不少錢，便再用來購買一些家具及夫人和孩子們的衣物。[33]

蔣介石原本以為兌換率制定後，經濟便會穩定，見到京滬經濟反更加動盪後，「經濟危機未過，平津、京、滬一帶自偽幣比率規定以後，物價暴漲，人心不安……」[34] 1946 年 3 月 4 日，國民黨六屆二中全會第三次大會，檢討財政經濟報告，鄧飛黃以為財政之困難，金融之紊亂，可以兩例說明，一即黃金政策之失信於民，二即偽幣法幣二百比一之不合理。[35]

由於中儲券兌換法幣比率定案後，使上海物價上漲，因此到決定北平偽中國聯合備銀行發行的紙幣「聯銀券」時，就較為慎重。財政部於 1945 年 11 月 21 日公布的《偽中國聯合準備銀行鈔票收換辦法》（見附錄二），[36] 要點如下：

（一）偽中國聯合準備銀行鈔票准以 5 元換法幣 1 元。由中央銀行及其委託之機關辦理收換事宜。

（二）自民國 35 年 1 月 1 日起至同年 4 月 30 日止為收換期間。逾期未持請收換之偽鈔一律作廢。

規定收兌期間在 1946 年 4 月 30 日止，以偽聯銀券 5 元換法幣 1 元。但聯銀券的兌換比率，明顯厚聯銀券而薄中儲券，造成汪政權治區下民眾的不諒解。因此，在此收兌比率成定局後，周佛海在日記中對主事者痛加批評：

> 考幼稚分子之所以如此主張者，乃存淺薄、幼稚、意氣用事之報復心理。其意謂，儲備券乃敵偽所用之偽幣，故應壓低其價。殊不知幣為偽幣，民非偽民，儲備券乃人民手中之財產，即使全不承認，視為廢紙，於偽無損，於敵更無損，受

33　黃宇人，《我的小故事》下冊，多倫多：自印，1982 年，頁 8。轉引自鄭會欣，〈關於戰後偽中儲券兌換決策的制定經過〉，吳景平、戴建兵主編，《近代以來中國金融變遷的回顧與反思》，頁 325。

34　《蔣介石日記》，1945 年 11 月，「上月反省錄」。

35　《中央日報》，1946 年 3 月 5 日。

36　中國第二歷史檔案館編，《中華民國史檔案資料彙編：第五輯第三編財政經濟》第二冊，頁 382-383。

損者乃中國人民也。此種初步常識尚不具備，而令其為收接（接收）幹部已屬可怪，陸軍總部竟採其議，行政當局竟不加糾正，更屬怪中之怪。蘇聯在東北發行軍票，尚知顧念中國人民利益，以軍票與偽滿貨幣一對一交換。而中國當局反不知此，實太傷心。苟以一對一比例，以法幣兌收儲備券，萬一儲備銀行之準備金不足，可以求償於敵。此乃以敵之負擔保全人民之利益。至二百對一，乃政府欲完全取得儲備銀行之準備金，而犧牲人民之利益。其結果甚至成為招致中國人民之損失，減輕敵人應負擔之負擔。不智如此，不仁亦如此，又何怪！還都一年，情形更加惡化，辜負最高當局求治之心，人民望治之情，可嘆也。[37]

上述諸多問題，再加上同年底，民眾預期上海將重回中國金融領導地位，以及國民政府與中國共產黨之間，關係惡化，內戰將起，使大量資金往上海聚集，種種原因，都加大了通貨膨脹的幅度。

第三節　以黃金政策調節經濟金融

經過美國貸款及戰後接收，1946 年初，中央銀行擁有近 9 億美元與近 6 百萬兩黃金（折合美元近 3 億元）的金融性財產。[38] 外匯和黃金歸納，有四個方面：（1）1942年美國的 5 億美元貸款和英國的 5 千萬貸款；（2）根據「中美租借協定」，美國在華的駐軍費用，及建立空軍基地的所需費用；（3）原來「外匯平準基金」儲備；（4）「中央儲備銀行」等庫存黃金。[39] 在此基礎下，國府也開始規劃戰後黃金政策的施行。

一、實行金融開放政策，黃金自由買賣

抗戰勝利後經過接收復員，非常時期已過，經濟也逐漸步上正軌，上海黃金市場也開始漸漸活絡，此時偽幣不值錢，上海黃金一時成為競購目標，也造成以「條子」論價的風氣很盛，頂房子、買車子、買物資等，大都以黃金若干條為計算標準。因此

---

[37] 公安部檔案館編注，《周佛海獄中日記》，1947 年 5 月 7 日，頁 92。轉引自林美莉，〈抗戰勝利後國民政府收兌汪偽中儲券問題〉，《一九四九年：中國的關鍵年代學術討論會論文集》，頁 408-409。

[38] 楊格在 1946 年 1 月 1 日的報告中，紀錄的數字為 85,805 萬美元，黃金 568 萬盎司。

[39] 上海金融史話編寫組，《上海金融史話》，上海：上海人民出版社，1978 年，頁 156-170。

上海的黃金市場與美鈔同為投機家的寵兒。抗戰勝利後上海黃金市場的主力可分為三個方面，一是金號，約有 40 餘家，出售金條為業，做的是批發的生意；[40] 一是銀樓，大的有如慶和、老慶雲、新天寶、費文元、北慶雲、寶成、老鳳祥、鳳祥和記、老天寶、方九霞、景福等，這些大銀樓實力雄厚，常凌駕於金號之上。而小的銀樓多不敢在市場插足，安份守己做零售買賣，銀樓為數約百餘家；一是銀號錢莊，如天元、震康、同康、裕中、裕泰、信成等銀號，謙泰、天成、寶康等錢兌莊。[41]

　　抗戰勝利前夕，1945 年 7 月 31 日，黃金儲蓄到期應支付黃金時，突然公告黃金購戶存戶獻金辦法，辦法大要為：（1）政府為充實反攻軍費起見，特舉辦黃金購戶存戶獻金，依照本辦法規定辦理；（2）本辦法公布前，已向中央、中國、交通、中國農民、中國國貨五行，中信、郵政兩局購入黃金及存入法幣折合黃金存款之購戶存戶，於兌取黃金時，應依照本辦法規定之定率捐獻黃金，但其數額在 1 兩以內者免於捐獻；（3）捐獻黃金定率定為所購所存黃金數額之 40%；（4）購戶存戶捐獻黃金於經辦行局兌取黃金時一次獻繳，但依購戶存戶之便，得按兌取黃金時中央銀行總行掛牌金價，以法幣折合繳獻之。[42] 宋子文以充實反攻軍費為由，規定法幣折合黃金存戶，所存黃金存款一次捐獻四成，作為義務捐獻，儲額一律按六成支付黃金，使民眾對於政府與法幣信任一落千丈。

　　為了不使經濟社會產生不良影響，蔣介石令財政部和四聯總處會同研究擬具穩定金價的具體辦法，1945 年 9 月 22 日，四聯總處理事會議，約集行政院副院長翁文灝、財政部長徐堪及各行處主管人員共同商議，會議認為目前金價下跌，主因是因日本投降，百物下跌所影響，財政部以往抵押辦法，對於金價繼續下跌的趨勢已予遏止。惟目前金價，除去獻金，對於存戶仍不無損失，亟宜採取進一步的辦法，使黃金運用更趨靈活，因而穩定其價格。則黃金及黃金存單，自可發生信用工具的作用，以減輕市面籌碼緊縮的困難，同時中央銀行可藉運用黃金以控制信用，對於整個金融必有所裨益，經參酌各意見，擬定辦法有：即日廢除 17 萬元黃金牌價，另由中央銀行懸掛黃金買價及賣價二種，賣價得高於買價 5%，即由中央銀行照比買賣黃金，獻金價給以買價為計算標準。

40　其字號有洽豐永、志泰、福泰永、永興、泰康恆、福大、協興、元茂永、崇信、大豐恆合記、永豐餘、匯豐、泰康潤、祥發、新泰、慶福星天記、萬泰、順記、辛豐、宏慶永、兆豐昌成記、致遠、同康和、義大、寶大、同興、明豐、瑞豐恆、景德和記、降昌、德康、聯和、仁孚、元盛永和記、福興、大同、益康、福康永、祥和、鴻興、華南等。

41　楊培新，〈上海的黃金市場〉，《中央銀行月報》，1946 年新 1 卷第 10 期。

42　〈黃金購戶存戶獻金辦法〉，中國第二歷史檔案館等編，《中華民國金融法規檔案資料選編》上冊，頁 468-469。

　　買價擬暫定每兩 10 萬元，賣價每兩 10 萬 5 千元，將來得斟酌情勢，量予變更，黃金及黃金存單准由銀行業同業及商場交易，依照中央銀行買價抵充收解款項之用（黃金存單應扣除獻金四成計算）。

　　如此辦理，黃金運用既趨靈活，價格自可穩定，銀錢行莊及商場交易，得以黃金存單照價抵解，籌碼亦可寬裕，實際向中央銀行求售者當不甚多，不致付出巨額法幣，且中央銀行可於市面寬裕時，賣出黃金收回法幣，而於市面緊迫時，買入黃金付出法幣，信用亦可控制，至買賣價格斟酌情勢，可予變更，當更增運用之便利。[43]

　　抗戰勝利後，經濟環境改變，當局黃金政策的運用是否改變，也為各界所關心，有意見認為現在淪陷區已經收復，法幣流通的區域已擴大數倍，法幣膨脹的成份已顯著緩和，黃金政策也應有所調整，首先黃金存單本是一種合法的有價證券，從前的不許抵押即限止使用範圍，是在避免膨脹信用而刺激物價，現在物價已在下落，相關辦法即顯不合時宜；另外中央銀行可重訂黃金官價，逐日以後方各城市及收復區各地金價的綜合平均數為標準；戰時所訂定的金融法令，也應重行改正，改正束縛黃金及黃金存單的法令及障礙。黃金為現在或日後法幣改制以後的準備，過去以出賣黃金維持法幣實勢非得已，現在可乘機使黃金回籠，以作日後發行新法幣的準備。[44]

　　針對這個問題，《經濟週報》於 1945 年 11 月 11 日的座談也提出大致相同的看法。此次與會經濟學者有史惠康、吳大琨、吳承禧、盛克中、蔣學棟、謝壽天等人，會議重點即圍繞在國際貨幣基金協定與中國今後外匯政策和黃金政策。關於如何樹立外匯與黃金政策，他們認為中國政府原有的外匯和黃金在抗戰的初期即已動用，現在所有的外匯和黃金大多是美國和英國所貸給的。除了對於國家和民族有直接的利益的用途外，對這些外匯和黃金應該珍惜使用。現在對於外匯和黃金的主要用途可分為三類，一是政府使領人員及旅居海外人員所需；二是國際貿易恢復後差額的彌補；三是利用它從事鞏固金融和穩定物價。至於國際貿易差額的彌補，現在還談不到。利用黃金來從事鞏固金融和穩定物價，充其量只能收一時之效而不能持久，因此並不希望國府再去運用。至於政府使領人員所需，這無可非議，然而一般旅居海外人員所需則有考慮的必要。為縮短中國戰後經濟復興過程起見，現存的外匯和黃金該如何設法集中保存起來，以供戰後經濟建設有計畫的利用。

　　世界貨幣制度發展到現今，黃金不再是幣材了。黃金是商品。但因在商品中有崇高的地位，有共同被人愛好的特點。在國際間可以作為收支差額最後支付的手段，在

<hr />

[43] 〈俞鴻鈞呈蔣中正金融設施與財政經濟宜相輔尤應迅謀幣值物價穩定及調整黃金牌價之意見〉，國史館，檔號：002-080109-00024-008。

[44] 池，〈論復員時期之黃金政策〉，《銀行通訊》，1945 年第 25 期。

國內可以有穩定金融收縮通貨平抑物價的作用。故在過去中國政府曾一再利用以收縮法幣。不過這種政策是否能循環運用而收絕對的效果，還以財政問題的解決爲先決條件。因爲財政不能平衡，一批法幣流出，一批黃金用以收縮法幣，法幣再流出，黃金跟之再流出。如此循環不已，結果在市場仍是充滿法幣，政府的黃金都到民間的手中去了。爲今後中國經濟力的增強打算起見，黃金政策也不能離開這一個軌跡而進行。所以今後黃金政策，就對外關係而言，與其採用放的政策，不如採用收的政策，而與其採用收的政策，不如採取健全財政收支政策，如此一方面可以充作國際貨幣基金的認定分配額，必要時也不妨在通貨物價方面做一次急救劑。[45]

　　但當局或有不同的想法，因勝利後政府握有鉅額黃金，從敵僞方面又接收了許多黃金，再度從美國借款購進黃金也不難，同時防止黃金和物資逃亡或私運也較容易，況且戰後一般心理皆趨於穩定，黃金政策的運用，預估收效能更爲顯著，因此即有重振開放黃金市場政策的意向。在 1946 年 3 月重新採取開放政策，此時社會已出現通貨膨脹現象，面對物價上漲的壓力，行政院長宋子文等人認爲，物價上漲的原因是外匯與黃金的刺激引起，因此希望透過開放外匯市場、管理進出口貿易和拋售黃金等方式使物價和幣值穩定，[46] 其中尤以黃金拋售政策爲主要。決定以中央銀行藏金爲基礎，由官方訂定價格，透過市場買賣，吸取民間游資，同時進行，即可開放外匯市場刺激對外貿易，又可透過黃金平抑通膨，穩定通貨。

　　之所以敢開放黃金外匯市場，完全依賴於戰後央行庫存黃金、美元和接收物資，主要在抗戰勝利後，黃金價格驟跌，市場信用緊縮，乃將黃金訂定買入與賣出的官價，指定中國銀行在重慶承辦買賣金務，黃金也由收縮通貨，兼具調節通貨、穩定經濟的雙層作用。[47] 時任行政院院長的宋子文爲收縮通貨，穩定物價，開始抬價收購黃金。1945 年 8 月的重慶金價爲每市兩 5 萬元，中央銀行以每市兩 8.5 萬元收購，次年 2 月底，已收購 68.5 萬兩。其次是獻金運動，規定購買黃金 1 兩以上者，必須獻出 4 成，收回 82 萬兩。[48] 1945 年底，央行黃金外匯儲備約爲 85,805 萬美元，其中黃金爲 568 萬盎司。[49] 加上接收日僞、汪僞銀行黃金，在 1946 年僅上海變賣的接收物資收

---

[45]　史惠康、吳大琨、吳承禧等座談，〈外匯與黃金〉，《經濟週報》，1945 年第 1 卷第 4 期。

[46]　石柏林，《淒風苦雨中的民國經濟》，頁 418。

[47]　中國人民銀行總行參事室編，《中華民國貨幣史資料 第 2 輯（1924-1949）》，頁 738-739。

[48]　虞寶棠，《國民政府與國民經濟》，頁 449。

[49]　Strictly Confidential, January 1, 1946, Arthur Young Collection, Box 116, Hoov er Archive, Stanford University, Stanfo rd, U. S. A., Hear after HA，轉引自汪朝光，〈簡論 1947 年的黃金風潮〉，《中國經濟史研究》，1999 年第 4 期。

入即達法幣 6,698 億元，[50] 中央銀行的黃金外匯儲備量，達到歷年最高峰，國庫黃金充足，使政府有自信能利用黃金收回市面上過剩的通貨。

1946 年 2 月 26 日，貝祖詒出任中央銀行總裁，金融開放政策準備開始實行。為了抑制通貨膨脹，1946 年 3 月開始，由中央銀行在上海配售黃金，配售方式為明配暗售，即對銀樓業正式配售，同時暗地在市場拋售。

1946 年 3 月 8 日起，在外匯市場開放時，同時實行黃金配售。就原則方面，與以前的黃金牌價政策，一脈相承，並無顯著不同，但亦有一些差異，如新行的黃金政策雖然也是由中央銀行配售，可是配售方法是隨市價而變動，不再固定於一點，以免與市價發生巨大差額，而引起投機；配售的對象是以金銀業中人為限，不再以人民為對象；配售地點已由重慶遷至上海，產生資金集中的效果等等。

然黃金政策施行過程，也不乏讓人疑慮之處，3 月 4 日，國民黨六屆二中全會，第三次大會檢討財政經濟報告中，潘公展稱政府對外黃金及外匯價格，久不決定，使投機者有可乘之隙。[51] 5 日，第四、五次大會，各委員皆十分關心政府黃金政策施行情形，魯蕩平讓政府公布過去黃金買賣的確認數字；羅時實詢問這些年的黃金政策，政府與人民的得失如何；張九如問拋售黃金回籠法幣情形如何？黃金流出國外情形為何？今後是否繼續執行黃金政策等等，檢討經濟政策之餘，也抨擊官僚資本對社會經濟的影響。[52] 3 月 25 日，財政部長俞鴻鈞在國民參政會上報告財政時，表示將以黃金、外匯物資穩定幣值。利用國外的善後救濟物資，為善後救濟另一財源，及洽借外債以購買復員建設之必需器材物資。[53] 國民參政會也建議政府，以前運用黃金政策收縮通貨，未盡妥善之處應注意。黃金外匯的管理與運用，應再審慎考慮，力圖改進，才能藉此收縮通貨，平衡收支。[54]

1946 年 3 月 4 日，中央銀行開放外匯市場，以法幣 2,020 元兌 1 美元價格買賣美元。3 月 8 日起按照市價開始在上海發售黃金，8 日拋出價為每條（10 兩）165 萬元，9 日售價為每條 170 萬元。[55] 作為配合，制定「黃金買賣細則」，明配暗售同時進行，

---

[50] Strictly Confidential, January 1, 1946, Arthur Young Collection, Box 116, Hoover Archive, Stanford University, Stanford, U. S. A., Hear after HA，轉引自汪朝光，〈簡論 1947 年的黃金風潮〉，《中國經濟史研究》，1999 年第 4 期。

[51] 《中央日報》，1946 年 3 月 5 日。

[52] 《中央日報》，1946 年 3 月 6 日。

[53] 《中央日報》，1946 年 3 月 27 日。

[54] 國民參政會史料史料編委會編，《國民參政會史料》，臺北：國民參政會在臺歷屆參政委員聯誼會，1962 年，頁 528-530。

[55] 中國人民銀行總行參事室編，《中華民國貨幣史資料 第 2 輯（1924-1949）》，頁 738-739。

一面由各銀樓向央行申購黃金，一面委託幾間指定金號隨時拋售，同時進行，控制黃金買賣市場的平衡。拋售過程中，暗售數量遠大於明配。[56]

　　實施初期也收到一定成效，4月賣出3,674條，買進3,000條，買賣之間大體持平，從5月開始，賣出開始明顯超過買進，6月賣出19,982條，買進僅402條，表示市場對於未來經濟的悲觀，以及對法幣的不信任，同一時期，美元的買賣情況，則與黃金大體相當，6月淨賣出達2,492萬美元，[57]因中央銀行掌握黃金美元數量允足，透過大量拋售，尚可維持黃金外匯價格。7月經濟漸佳，法幣並未增發，[58]對於財經方面新聞也開始進行管制，蔣介石電國民黨組織部長陳立夫「以後對外不可再發表對於經濟財政有關之言論」，以統一對外發言口徑。[59]

　　由於在金融開放之初，高估了法幣與美元的比價，許多經濟學者皆認為這個匯率訂得過低，造成國外商品大量進口，外貿入超嚴重，外匯市場售匯壓力日增。加上游資市場將法幣套取黃金美元，使工商業陷於危機，行政院長宋子文於8月18日發表聲明，調整外匯匯率，取消出口關稅，目的在求輸出貿易趨於平衡，及生產事業的發展，並言將繼續運用黃金準備，穩定國內幣值。[60]央行乃於8月19日將法幣與美元比價調高至3,350比1，法幣貶值66%。在調整匯率後，上海金價暴漲40%。[61]央行總裁貝祖詒急忙接見記者發表談話，其中對於中央銀行配售黃金的價格隨市價升降，似乎不是防止金價波動的好方式，是否可以規定官價，無限制配售，貝祖詒表示中央銀行出售各種方法都曾試驗過，在重慶時官價配售亦曾實施，現在配售辦法係根據過去經驗而決定，如果價格固定，一般投機份子仍將黃金搬移各地，運東運西地跟你在空中兜圈子，引起各地物價波動，[62]因此暫不實行。就貝氏表示：「政府運用黃金政策，早具決心，投機者當自食其果。」而言，可看出當局早已默察匯率的調整，必會刺激物價上漲；倘若物價因調整匯率而上漲，則所謂扶助工商業，鼓勵生產，增加輸出減少輸入的政策必定失敗，乃以黃金政策的運用，配合調整匯率的實施。希望黃金的投入能達到：（1）抑止金融波動：匯率一旦提高，金融會是最先受刺激者，外幣上漲正

---

[56]　1946年全年明配為42,100條，暗售則為231,600條。引自中國人民銀行總行參事室編，《中華民國貨幣史資料》第2輯（1924-1949），頁740。

[57]　T. V. Pei to T. V. Soong, July 22, 1947, Arthur Young Collection, Box, 116, HA，轉引自汪朝光，〈簡論1947年的黃金風潮〉，《中國經濟史研究》，1999年第4期。

[58]　《蔣介石日記》（未刊本），1946年7月31日。

[59]　〈蔣中正致陳立夫電〉（1946年7月28日），國史館，檔號：002-010400-00003-022。

[60]　《中央日報》，1946年8月19日。

[61]　T. V. Soong Collection, Schedule A. Box 22. HA.

[62]　《金融匯報》，1946年第23-24期。

面看提高匯率的目的已達，但反面看外幣又會導致黃金上漲。但黃金乃為安定法幣對內價值的主要成份，黃金的上漲，法幣對內價值也會跟著對外價值一起下降。（2）避免物價受刺激：金融波動幣值就不穩，法幣對內價值則降，則投機者又將趨向實物，物價將被抬高。物價上漲工業製成品的成本增大後，市場即被舶來品所取代，輸出的農產品成本亦會增加，輸出者無利潤可言，因此若不能壓止物價要跟匯率上漲，所謂既定政策也將終歸失敗。[63]

黃金政策既與對外匯有密切關係，則對外匯率的施行是否成功，端賴黃金政策的地方就不會少。雖然貝祖詒表示：「此次調整匯率，政府籌思已久，具有絕大把握。」看來信心十足，但當局始終未將外匯基金及黃金的存量公布，在沒把握時不公布還說得過去，但既然言有大把握，又不將數字公布，則難免影響人民信心。

說明調整匯率原因，且外匯雖調整新匯率，但對前訂之一切外匯法規，均無變動，期望社會支持，另中央銀行對黃金的配售，仍按一貫政策，運用準備無限制銷售，以穩定國內幣值。19 日上午，央行即以每市兩 26.5 萬，配售黃金 197 條。[64] 21 日國民黨中常會再次表示將由中央銀行在市場儘量供給黃金，[65] 以黃金壓下物價，暫時收到成效，蔣介石也認為：「物價與金價，經一度之波動似已逐漸平復矣。」[66]

一旦金價、匯價上漲幅度過大，黃金反而刺激物價上漲，使市場動盪。宋子文指示央行總裁貝祖詒，再由貝氏令央行業務局長林鳳苞與副局長楊安仁，由央行指定同豐餘等 5 間金號銀樓，代為在市場拋售黃金。由於其他城市金價明顯高於上海，加上央行拋售黃金，使金價漲幅小於物價漲幅，使游資向上海集中，搶購黃金。11 月份，蔣介石認為：「還都以來，外匯基金已為商業匯兌減損至三億餘美金之多，其間不少為投機者所得，此乃子文政策錯誤所致，國庫空虛為慮。」[67] 並令貝祖詒，將過去半年以來，中央銀行的外匯收支盈虧數目及在各國結存總數，列表詳示。今後每月初將上月總行營業及外匯情形，作一書面報告，到南京面交，方便詳詢。[68] 後於 12 月 16 日再令縮短期間，今後外匯收支詳數，每週私下報告一次。[69]

---

[63] 趙錦津，〈調整匯率與黃金政策〉，《經濟評論》，1946 年第 1 卷第 3 期。

[64] 郭廷以編著，《中華民國史事日誌》第四冊，臺北：中央研究院近代史研究所，1979 年，頁554；《中央日報》，1946 年 8 月 20 日。

[65] 《中央日報》1946 年 8 月 21 日。

[66] 《蔣介石日記》（未刊本），1946 年 8 月 25 日。

[67] 《蔣介石日記》（未刊本），1946 年 11 月 31 日。

[68] 〈中央銀行、財政部及蔣介石等關於外匯、黃金事宜函、統計表等（中、英文）〉，中國第二歷史檔案館，檔號：2-267。

[69] 〈中央銀行、財政部及蔣介石等關於外匯、黃金事宜函、統計表等（中、英文）〉，中國第二

　　進入 1946 年 12 月，上海金價每條突破 300 萬，報紙記載：「黃金、美元在市場上成爲搶購的對象，而法幣則成爲大家所認爲一過宿，便遭到損失的通貨。」[70] 央行決定加大拋售黃金力度，壓下漲勢，在 12 月 24 日金價每條漲至 400 萬時，央行 2 天即拋售 16,000 條黃金。「物價上漲至五千倍，通貨澎〔膨〕漲，法幣激增至三萬三千億元之多，出口貨斷絕，進口貨湧進，外匯減損至二億美金之多。此爲最大之損失，實由於子文經濟金融政策之失敗。」[71] 此時社會經濟動盪嚴重，蔣介石也開始認爲是宋子文的財經政策出現問題所導致。

　　1 月金價再漲，1 月 30 日一日央行即拋出 19,000 條黃金，回收 750 億元法幣，稍微暫緩漲勢，到了 2 月漲勢又起，2 月 6 日上海金價每條漲至 550 萬，「自中央銀行黃金限數售出以來，物價必漲，經濟嚴重已極點⋯⋯外匯減少，黃金限售，經濟日艱，物價騰漲，敗壞公事貽誤大局者必此人也，奈何。」[72] 除宋子文外，蔣對貝祖詒也開始心生嫌隙。

　　上海金價不穩，連動引發各地金價上升，南京、廣州、重慶等城市金價漲至 600 萬，已幾無法控制，乃於 2 月 8 日央行停止暗售，10 日開市，每兩黃金價格便由近 600 萬元，跳到 960 萬元，猛漲 60%，央行緊急停止對金號之配售，從此以後，中央銀行便不再出售黃金，而只收購黃金了。[73] 2 月 15 日，停止拋售黃金，次日宣布「經濟緊急措施方案」，希望藉此穩定金融，同時公布《取締黃金投機買賣辦法》，禁止黃金、外幣買賣。1947 年 1 月至 2 月 15 日，央行拋出黃金約 8 萬條，相當於售出總數 1/4。[74]

表 3-3-1　黃金帳目報表 1946 年 12 月 31 日

原始黃金數量		5,851,074.670
金條減少總額		
自 3 月 4 日至 8 月 17 日	58,556	
自 8 月 19 日至 12 月 31 日	215,230	
	273,786	

歷史檔案館，檔號：2-267。

[70]　〈社會經濟的兩路口〉，《中央日報》社論，1946 年 12 月 17 日。

[71]　《蔣介石日記》（未刊本），1946 年 12 月 31 日。

[72]　《蔣介石日記》（未刊本），1947 年 2 月 5 日。

[73]　上海金融史話編寫組，《上海金融史話》，頁 164。

[74]　中國人民銀行總行參事室編，《中華民國貨幣史資料 第 2 輯（1924-1949）》，頁 740。

	2,731,500.033	
從各種渠道收到黃金	22,110.356	
		2,709,389.677
總計		3,141,684.993
截至 1947 年 2 月 28 日的黃金平衡狀況如下：		
儲存上海黃金		2,007,416.598
同盟財產管理黃金		
上海保管數量		308,534.384
南京保管數量		198,865.264
儲存在紐約聯邦儲備銀行黃金		394,248.379
各分支機構儲存黃金		232,620.368
總計		3,141,684.993

資料來源：中國第二歷史檔案館，檔號：396(2)-267。

表 3-3-2　黃金帳目報表 1947 年 2 月 28 日

原始黃金數量		5,851,074.670
金條減少總額		
自 3 月 4 日至 8 月 17 日	58,556	
自 8 月 19 日至 12 月 31 日	294,612	
	353,168	
	3,523,476.013	
從各種渠道收到黃金	43,862.459	
		3,479,613.554
總計		2,371,461.116
截至 1947 年 2 月 28 日的黃金平衡狀況如下：		
儲存上海黃金		1,237,570.129
同盟財產管理黃金		
上海保管數量		308,534.384
南京保管數量		198,865.264
儲存在紐約聯邦儲備銀行黃金		394,248.379
各分支機構儲存黃金		232,242.960
總計		2,371,461.116

資料來源：中國第二歷史檔案館，檔號：2-995。

　　由中央銀行上面兩表可看出，自 1946 年 12 月底至 1947 年 1、2 兩個月（其實至經濟緊急措施方案施行前，只有約 40 餘天），便售出黃金 791,975 兩，超過總售出數量的 22%，而只收進 21,752 兩，一個月餘損失黃金 77 萬餘兩，引起政府與經濟動盪，也就不足爲奇了。

　　中央銀行爲穩定物價，曾實施黃金限額出售，但貝祖詒事前既未提前讓蔣介石知曉，以致臨事毫無準備，故央行出售黃金以來，物價仍繼續騰飛，上海黃金每兩已漲至 50 餘萬元法幣。宋子文對此也無良策，只要求蔣介石能核減預算，蔣氏對於宋子文面對黃金、美鈔及物價的大漲，不言如何處理，只一味要求核減預算，此舉無異本末倒置，不知輕重緩急。[75] 認爲今日最急切的，莫過於改變經濟政策，先對公教人員改發實物，勿再增發貨幣，應研籌改革幣制的具體方法。[76] 1947 年 2 月 10 日，在先前幾次宋子文堅持下，仍保持觀望態度，但今日事態已使蔣完全失去耐性，認爲「繼續拋售黃金，則適中奸黨與市儈擾亂投機之毒計」，令中央銀行停止黃金配售。[77]

　　1947 年 2 月 11 日，蔣介石急召宋子文及財經首長，商討應付金融的混亂局勢，認爲政府在華北軍事遭遇失敗，人心轉變，加上政府印鈔機日夜趕印，並發行大鈔，人人怕存鈔票，紛紛拋出法幣轉購金鈔，使黃金、美鈔價格暴漲，政府手中所存外匯已近枯竭，黃金存底損失大半，內戰消耗日益增加，應設法制止黑市，解決經濟問題。[78] 當日於日記曰：「上海市場之混亂，美鈔 1 元值法幣 1 萬 6 千元，黃金 1 兩達 90 萬元，米已漲至 10 萬元以上，百物皆有價無貨，投機居奇者從中操縱……余本既定之決心，任其混亂，看其作怪究至何時，故對外匯與黃金仍限制定量，亦不停止買賣，然決不因此加量出售，徒使奸黨與投機者擾亂發財，一面調查實情，準備根本剷除此百年來上海萬惡之習俗也。」[79]

　　1947 年 2 月 12 日主持國民黨中常會，宣布將設立經濟政策委員會，草擬具體方案，消弭當前經濟危機。13 日宋子文率財經顧問與蔣介石商談經濟措施，宋仍主張變更外匯與繼續拋售黃金，蔣形容宋「除此之外並無其他方案……子文在此重要緊急時期，一似失其腦力，而完全受貝崧生（淞蓀，即貝祖詒）與羅杰斯（Cyril Rogers）之操縱，但有悲痛而已」，[80] 蔣則認爲重點在物價，如物價不能管制，投機不能取締，雖

[75]　《蔣介石日記》（未刊本），1947 年 2 月 8 日。

[76]　秦孝儀，《總統蔣公大事長編初稿》卷六（下），頁 283。

[77]　秦孝儀，《總統蔣公大事長編初稿》卷六（下），頁 385。

[78]　《華商報》，1947 年 2 月 13、19 日。

[79]　《蔣介石日記》（未刊本），1947 年 2 月 10-12 日。

[80]　《蔣介石日記》（未刊本），1947 年 2 月 14、15 日。

變更匯率，決不能持久，繼續無限拋售黃金，只是正中奸商擾亂投機之計，絕不可再行。研商後，決定停拋黃金，擬定管制物價、取締投機、禁用外鈔等辦法，再變更匯率與黃金政策，之後同時發表整體方案。[81]

此次黃金狂漲幾個側面的原因：第一，此次金價狂漲是以英鎊──港幣貶值為導火線，因在 5 月份廣州和上海開始盛傳港幣貶值，這種謠傳的主要根據是英國的美匯基金已將用罄，而後港也有英鎊──港幣貶值的傳言，來源同上，人民恐懼英鎊貶值，盼拋出手中的港幣，而黃金就被一般人認為是最為保值的手段，於是爭買黃金。這次金價上漲，是從國內引起，最初是漢口，而後影響到廣州、上海、香港。第二，是國內銀根緊俏及港幣貿易停頓的結果。這段期間國內銀根緊極，有幾個主因，一是政府有意收緊，拋售出物，催收貸款，停止各埠對上海的匯兌等；二是僑匯增加，廣東、福建匯款大都經由上海轉駁，加速了資金下鄉而使都市資金增長；三是近半年來，較有規模的行號，大都加緊收回欠款，頭寸紛紛回籠。而銀根收本就會造成兩種結果，一方面是一般物資回跌，而另一面就是使法幣回升，但因傳聞英鎊──港幣的貶值，卻加速了港幣的下跌，這些人對法幣也沒信心，遂紛買金，造成金貨上漲。以前每次國內黃金上漲，港幣也同時上漲，相反，金價下跌港幣亦跌，故在香港便常只看到法幣跌，而很少見到金價大波動。但此次情況則完全兩樣，即黃金和港幣之間的聯繫已暫時脫離，故在國內金漲港幣跌，香港則法幣穩硬黃金漲，此兩者相背而馳是此次黃金上漲一特殊而顯著的特點。[82]

金價暴漲後，引發各方議論，也開始出現攻訐孔祥熙和宋子文的言語，當初所採拋售黃金，以穩定幣信政策，出自行政院長宋子文，此事失敗，宋子文的信用也大受打擊。1947 年 2 月 13 日，外交部長王世杰在日記中述及金鈔問題，便曰：「近日因政府發行大票（每張 1 萬元），並停售黃金，上海及南京突起金融大風潮。黃金每兩突由 5、6 萬元漲至 90 萬元（實際已至 93 萬元）；美鈔由每元 7、8 千元漲至 1 萬 6 千元。政府信用與宋院長理財之信用，均受大打擊。」[83]中央銀行常務理事會時，孔祥熙也以常務理事名義，提案主張徹查 1946 年初 3 月至 1947 年 2 月這段期間出售黃金案帳目及收購行號、人名，希望導正自身信用方面之形象。[84]

受金鈔價格變動刺激，全國各地金融市場紊亂，物價狂漲，除與外匯有關的棉

---

[81]　秦孝儀，《總統蔣公大事長編初稿》，卷六（下），頁 385。

[82]　梁春芳，〈二月金潮剖析與瞻望〉，《浙江經濟月刊》，1947 年第 2 卷第 2 期。

[83]　王世杰，《王世杰日記》第六冊，臺北：中央研究院近代史研究所，2012 年 12 月，頁 22-23。

[84]　《華商報》，1947 年 2 月 14 日。

紗、五金及顏料等物品上漲外，日用品、糧食等，亦受金鈔波動影響，市價一日數易，且出現大量囤積行為，限制賣出，有價無市，上海、南京等城市開始發生搶米風潮。另一貨幣市場奇怪因素，在上海、南京美元兌率出現明顯差異，1 元美鈔在上海值法幣 1 萬 4 千元，但在南京卻只值法幣 8 千元。[85] 為解決問題，當局也開始動用警察力量介入，蔣介石指示上海淞滬警備司令部，有效防止物價波動，並派鄭介民赴上海組成經濟監察團。淞滬警備司令宣鐵吾，於 2 月 14 日舉行記者招待會，稱已開始查詢近期大量購買黃金的顧客姓名，但金融界人士對於此舉是否能追獲在黑市中被賣去的黃金，表示懷疑。[86]

二、1947 年 2 月實施經濟緊急措施方案，禁止黃金買賣

緊縮政策本為中國戰後經濟的對症良藥，但其非但不能獲得預期的效果，而發生不良後果，一為廉價拋售大量黃金後，存金銳減不得不停止出售，金價因此暴漲，物價隨之上升；二為黃金拋售價格過低，養成人民對於金價與物價的錯誤認識；三為匯價過低，幣值過高，與當時物價相差極遠，大量供應外匯，在外金匯為之銳減，於是不得不改行進口許可制，嚴格限制外匯供應，物價因此更貴；四為匯價與物價相差極巨時，進口貿易並未嚴加限制，低廉進口貨物大量輸入，國內產業大受打擊；五為一面廉價拋售黃金，大量供應外匯，實行緊縮政策促進法幣回籠，一面奉行低利政策擴大市場信用，遂使緊縮政策不能獲得預期效果。這些皆為 1946 年執行緊縮政策時技術上的錯誤，這些錯誤使政策無法繼續。

醞釀一些時日的經濟方案也開始進入最後商議，草案送由國防最高委員會審議外，1947 年 2 月 15 日，蔣介石召集五院院長及財經首長，研討經濟緊急措施方案：[87] 同時在國民黨中央黨部舉行經濟政策研究會，由陳立夫主席，宋子文、戴傳賢、徐堪、劉健群、俞鴻鈞等人參與，黃金為主要討論重點，旨在禁止黃金買賣及外匯在國境內流通，另嚴禁以黃金外幣為交易媒介，如有以黃金外幣在國內訂貨、購買、租房等情事，當以擾亂金融，危害國家治罪。[88]

16 日，國防最高會議通過經濟緊急措施方案（見附錄三），主要內容為：「（1）

---

[85] 《華商報》，1947 年 2 月 14 日。

[86] 《華商報》，1947 年 2 月 16 日。

[87] 郭廷以，《中華民國史事日誌》第四冊，頁 607；秦孝儀，《總統蔣公大事長編初稿》卷六（下），頁 385。

[88] 《中央日報》，1947 年 2 月 16 日。

政府所有外匯以及黃金之運用應予撙節，故於本月 17 日起，將匯率改定為每美元以國幣 1 萬 2 千結匯。此次新訂匯率，雖較以前所訂者為高，但衡之國內物價水準，並未超過。（2）禁止黃金在市場上之買賣，並禁止外國幣券之流通與買賣，以遏止投機之風，同時由中央銀行充分供給正當合法之外匯。」[89]

此時蔣介石對於宋子文和貝祖詒的不滿已到臨界，並認為宋、貝已無法解決問題，決定自己出面解決經濟問題，當時記曰：「上海黃金及物價大風潮已應（應已）定與沉著，不為宋（子文）、貝（祖詒）等浮噪荒謬之議所動，故已漸穩定，此乃一最危急之關頭，倖免崩潰。」[90]

17 日，國民政府宣布「經濟緊急措施方案」，禁止黃金買賣與外幣流通。[91] 宋子文本意在透過黃金的拋售，吸收游資、緊縮貨幣，同時吸引美國商品進入中國市場，達到壓制物價上漲的目的。然而一些投機者及黨政要員，利用外匯及黃金自由買賣的政策漏洞，向美國購進黃金，回國內高價轉手倒賣，造成金價大漲，卻未能平抑物價，以致宋子文欲利用央行拋售黃金平抑物價的措施完全失敗。政府於 1947 年 2 月 17 日頒布「經濟緊急措施方案」，開始禁止黃金買賣，其中有關取締黃金買賣的要點為：

（一）禁止黃金條塊及金飾之買賣，違者沒收充公。

（二）禁止以黃金代替通貨，作為交易收付之用，違者沒收充公。

（三）禁止攜帶黃金條塊出國境，違者沒收充公。旅客攜帶金飾出國者，每人不得超過關秤二兩以上，超過者沒收充公。

（四）指定中央銀行公告黃金價格。凡黃金持有人，得以所有之黃金，向當地中央銀行或其委託之銀行兌換國幣。

（五）淘採黃金，應由主管機關登記，予以保護，但其所產之黃金，應按照公告價格，向中央銀行兌換國幣。

（六）工業及醫療需用之黃金，准向財政部申請核准，由中央銀行按照公告價格售給之。

（七）除中央銀行或其委託銀行得收兌黃金外，其他銀行錢莊不得從事黃金之買賣，違者以投機操縱擾亂金融論罪，除沒收其黃金外，並處經理人五年以下之徒刑，吊銷商業行莊之營業執照。

（八）各種報章雜誌，不得以任何方式，登載公告價格以外之黃金行市。

---

[89] 《大公報》，1947 年 2 月 17 日。

[90] 《蔣介石日記》（未刊本），1947 年 2 月 16 日。

[91] 《國民政府公報》，第 2752 號，1947 年 2 月 18 日。

（九）銀樓業及首飾店金飾之處理，其辦法另定之。[92]

這些規定主要說明政府停止配售黃金，並嚴禁黃金買賣。意味著勝利以後的出售黃金政策，宣告結束。[93] 同時因為庫存黃金遽減，將黃金政策從出售黃金，又帶回到收購黃金。其政策目標在凍結黃金，使頭寸緊縮，不得不將民間黃金，以官價售予中央銀行。「經濟緊急措施」禁止買賣黃金，取締黃金投機，把黃金收購價壓低到每兩48 萬元。[94]

此次方案分五大項：第一項是關於平衡預算；第二項是關於取締投機買賣安定金融市場；第三項是關於發展貿易；第四項是關於物價工資；第五項是關於民生日用必須物品供應辦法，並附取締黃金投機、禁止外幣流通、管制金融業務等辦法。[95] 這一次的經濟緊急措施方案，五項中實際上為緊急措施的，僅為取締投機買賣，即禁止黃金買賣與禁止美鈔之買賣、流通而已。金鈔既已暴漲，對物價的不利影響已經發生，此時視金鈔為罪魁禍首，禁止其買賣與流通，尤為不利。金鈔在國內實可視為物資，物價簡單地說，是物價與通貨的比例，為了安定物價，將全市場的物資減去兩項，且都是重要值錢的貨物，而增加法幣對物資的比例，在道理上說不通。事實上，政府所頒行的取締黃金投機買賣，除掉第三點「禁止攜帶黃金條塊出國境」，確有需要外，其餘各點均屬不通。如第一點規定「禁止黃金條塊及金飾之買賣」，為了平仰物價而減少投機對象，提高通貨對物資的比率，人民拿原預備買黃金的錢，去買其他物資，同樣提高物價。第二點規定「禁止以黃金代替通貨，作為交易收付之用」，如幣值不能穩定，則禁止恐難收效，即使能收效果，人民還可以別的物資作為收付交易之用，再則因黃金暴漲有領導物價之弊，固可禁止其買賣，但禁止買賣黃金後，如果之後糧、布或其他物價有領導物價之嫌時，又該如何辦理？所以想藉禁止黃金買賣的辦法，而求物價的安定，實行不通。第四點規定「指定中央銀行，公告黃金價格，凡黃金持有人，得以所有之黃金，向當地中央銀行或其委託之銀行，兌換法幣。」這表示黃金只准售予中央銀行，假定能成功，人民因為黃金沒有別的出路，拿黃金拿出賣予中央銀行，央行收進資金，放出法幣，通貨信用因而膨脹，很可能將造成更大的黃金風潮，而這一條也很難有效果，因央行所公布的金價每兩48 萬元，規定過低，與市價相差過巨，人民不會將黃金賣給中央銀行。因此黑市交易難禁絕，在方法上也存在矛

---

[92] 中國第二歷史檔案館編，《中華民國史檔案資料彙編：第五輯第三編財政經濟（一）》，南京市：鳳凰出版社，2010 年 6 月，頁 46。

[93] 趙蘭坪，《現代中國貨幣制度》，頁 193-194。

[94] 上海金融史話編寫組，《上海金融史話》，頁 164-165。

[95] 梁春芳，〈二月金潮剖析與瞻望〉，《浙江經濟月刊》，1947 年第 2 卷第 2 期。

盾之處。

經濟學者康永仁即提出建議，認爲正確的辦法應比照物價將黃金另定合理價格，繼續出售；外匯匯率應當按照中美貨幣購買力平價，規定合理的匯率；對法幣的對外價值莫再高估，且隨時調整，不訂在固定價格，如此金鈔價格便不容易再暴漲。且檢視近年物價與金鈔價格的長期趨勢，便知金鈔絕對並無領導物價。如政府存金不多，亦可停止拋售，但應禁止輸出，對黃金的買賣，沒有禁止必要。[96]

1947 年 2 月 19 日，蔣介石接見財政部長俞鴻鈞、經濟部長王雲五，聽取實施經濟緊急措施情形，獲知自經濟緊急措施實施後，上海黃金及物價已漸趨平穩。中宣部也就黃金持有原則說明，宣傳部長彭學沛於記者會表示：「任何人持有黃金與外幣者，並不即視爲非法，亦不追其向政府兌現，但凡從事黃金與外幣買賣者，則將加以懲罰。」[97]

三、拋售黃金數量

1947 年 5 月 23 日，財政部長俞鴻鈞在參政會第五次大會報告時表示：自去年 3 月至本月 2 月止，一年間，因中央銀行拋售黃金，法幣回籠數約在 1 萬億元左右。自去年年底以來，全國各地游資麇集上海，群以黃金爲投機對象，央行如不大量拋售，則金價日高，刺激物價。如擬以全力與投機者相搏，則犧牲甚大，徒使牟利者益增利潤。於是政府運用黃金政策，不得不改弦易轍。[98] 而自中央銀行檔案記錄黃金減少數量與自 1946 年 3 月至 1947 年 2 月，共售黃金 353 萬餘兩，收回 9,989 億元法幣，可知收回法幣的數目。[99]

1947 年 2 月 28 日繼任中央銀行總裁張嘉璈，在向蔣介石報告時提到：「當貝淞孫（祖貽）接任中央銀行總裁時（按：貝氏 1946 年 2 月至 1947 年 2 月任央行總裁），有黃金 560 萬兩，連同其他外匯，總值美金 8 億元。現只剩黃金 260 萬兩，連同其他外匯，合值美金 4 億元，約去其半。」[100]

依張嘉璈的報告，自 1946 年 2 月貝祖詒任央行總裁，至 1947 年 2 月 28 日，央

96　康永仁，〈金鈔無罪辦法不通〉，《世紀評論》，1947 年第 1 卷第 9 期。

97　《申報》，1947 年 2 月 20 日。

98　《銀行周報》第 31 卷第 24 期，1947 年 6 月 16 日。

99　中國人民銀行總行參事室編，《中華民國貨幣史資料 第 2 輯（1924-1949）》，頁 744。

100　姚崧齡編著，《張公權先生年譜初稿》下冊，臺北：傳記文學出版社，1982 年 1 月，頁801。

行共賣出黃金 300 萬兩，另據中央銀行代財政部在市場上拋售黃金數量，自 1946 年
3 月到 1947 年 2 月 25 日的統計，則為 3,334,340 兩，列表如下：

表 3-3-3　中央銀行代財政部賣出黃金數量表 *

（自 1946 年 3 月份起至 1947 年 2 月 25 日止）

月份	實付條數
1946 年 3 月份	4,090
4 月份	674
5 月份	11,330
6 月份	19,598
7 月份	12,721
8 月份	37,339
9 月份	20,776
10 月份	18,188
11 月份	53,802
12 月份	76,250
1947 年 1 月份	62,797
2 月份	15,869
共計	333,434 條

* 1 條為 10 市兩。
資料來源：洪葭管主編，《中央銀行史料 1928.11-1949.5》，頁 1106。

　　上面所述，張嘉璈報告為 300 萬兩，洪葭管紀錄則為 333,434 條，每條 10 兩，共
賣出 3,334,340 兩，與央行報告的 3,531,680 兩皆很相近，可能是統計起迄時間前後差
別幾日所致，可得知此時國庫大致庫存概況。到 1947 年 6 月底，央行所存外匯只剩 3
億 2 千萬美元，比原先的儲備減少 64%，黃金 200 餘萬兩，較原先儲備減少 2/3。[101]
原先宋子文等人希望透過拋售黃金等方式使物價及幣值穩定，然而在消耗鉅數黃金
後，物價沒有穩定反而更加上漲，使此階段的黃金政策在日後飽受批評。

---

[101]　上海金融史話編寫組，《上海金融史話》，頁 165。

第四節　黃金風潮案

黃金風潮指的是國府爲穩定市場，彌補財政赤字，由中央銀行向上海拋售黃金，而引起的搶購風潮。1946 年 3 月，央行拋售黃金初期對物價的上漲，起到一定的抑制作用，但由於庫金減少，從 1946 年下半年金價開始大幅度上漲，至 1947 年初發生搶購黃金和物價的風潮，致使物資奇缺，物價飛漲，市場與金融一片混亂，2 月 16 日國府頒布「經濟緊急措施方案」，禁止黃金買賣後風潮暫息，風潮平息後，當局開始對此風潮展開調查。

一、對金潮案進行調查

上海的黃金風潮爆發，不但引發經濟危機，更重要是導致了治安動盪，社會輿論嘩然，對於國民政府的統治造成衝擊。1947 年 2 月 13 日，監察院在第 104 次會議中，決定對最近黃金物價波動劇烈，關係國計民生重大一事，選定何漢文、谷鳳翔、張慶楨、萬燦等委員，並令審計部指派審計范士興、科長王詩敏等人，共同徹查此次金價變動眞相，有無措施失當及其他情弊。[102]

2 月 15 日，立法院會議中，身爲行政院長的宋子文又未列席，僅讓財政部長俞鴻鈞代表他出席報告，俞氏首先說明最近黃金美鈔突然上漲之根本原因，不外游資作祟，此實爲整個經濟問題在金融方面表現而已，將市場混亂歸咎於政府下一財政年度的龐大預算，認爲預算赤字嚴重造成心理的混亂，引起黃金搶購，並說明中央銀行仍握有大量黃金外匯，足以應付市場需要。但許多委員對宋子文不親自出席會議，表示憤怒，對於宋氏未能實行政府的經濟政策，大施抨擊，並指摘宋氏不理會立法院所提出，關於政府對黃金的措施的建議，一位立法委員高呼：「宋子文是共產黨從來所未有過的，最好的國民黨行政院長。」立法院長孫科因而在會上宣布：下週舉行臨時會議，邀宋子文院長列席，報告財政經濟設施。[103] 同日，身爲國民參政員傅斯年在《世紀評論》第 1 卷第 7 期發表〈這個樣子的宋子文非走開不可〉，專文抨擊行政院長宋子文，其中列舉宋氏的罪狀如下：（1）黃金政策前後矛盾。（2）攫奪一切有利可圖的企業（包括敵產）作爲「國營」，而把無利可圖的企業賣給民間，迫使小工廠倒閉。（3）宋氏由於未能停止他私人的企業經營，已喪盡外國所曾寄予他的一切信任。致使

---

[102] 《大公報》，1947 年 2 月 14 日；《申報》，1947 年 2 月 17 日。

[103] 《華商報》，1947 年 2 月 16 日。

外國人抨擊中國，說中國竟有經營出入口的「特權家族」的存在，又說這些家族就有獲得外匯的便利。（4）據說宋氏把政權集中在幾個智囊人物的身上，完全蔑視他的同僚。他又目中無人，例如他屢次拒絕出席立法院，「彷彿除了他的奴隸——各部長以外，再沒有別人活著了。」[104]

公開批評宋子文藉人頭炒作黃金、外匯，處理接收產業不當，將部長視為奴隸等，並指孔、宋家族貪污將拖垮政府。蔣介石則在閱完此文後記曰：「閱傅思義（斯年）痛斥宋子文一文，難堪異甚。」[105]

除此篇文章外，又在 22 日於《世紀評論》第 1 卷第 8 期發表〈宋子文的失敗〉，3 月 1 日於《觀察》發表〈論豪門資本必須鏟除〉，傅斯年在 10 餘天連寫三篇文章抨擊宋子文，並在國民參政會上要求宋子文辭職，同時清查孔、宋家族資產，文章細數宋子文以往的作為，發表時間恰在國民政府公布「經濟緊急措施方案」前夕，使宋子文更為國人所不諒。[106]

事實上，在宋子文 1945 年 6 月 25 日任行政院長後，為籌集軍費，制定了黃金獻金條例，規定存有 2 兩黃金以上儲戶都要捐獻黃金，存戶購戶捐獻黃金，到期兌取時繳獻原存額的 40%。該條例由於徵獻起點低，幾乎影響到所有黃金存戶者的利益，因而引起不少批評，但傅斯年當時對於此政策卻是支持的，在《大公報》發表〈黃禍〉一文，表示：「不損傷既得利益階級，戰費是無從籌措的……我對於政府近年之施政，什九失望，獨這一次還感覺興奮。」[107]戰時傅斯年以抗日大局，支持宋子文的政策，由於以往的支持，加上自身的社會聲望，使傅斯年反對宋子文時，引起社會巨大反響，使金潮案成為全國矚目的焦點。由於傅斯年文章內容引起社會高度關注，1947年 2 月 16 日，監察委員谷鳳翔、何漢文、張慶楨、萬燦等人也趕抵上海加緊徹查金潮案。抵達上海後，即與同時在上海負責調查、處理的機關，上海市政府、淞滬警備司令部、上海經濟監查團及財政部、國防部派遣的調查人員進行聯繫，交換意見。重點在將當時中央銀行買賣黃金，金號銀樓售金情形加以查察稽核。[108]

17 日，國民參政會會議，討論各參政員對當前金融財政提案，均感此次黃金風潮影響民生至鉅，故一致決議辦法六項送請政府，建議切實施行，節略如下：

（一）此次黃金風潮，行政院長及有關機關當局未能預為防止，貽誤國計民生至

---

[104] 傅斯年，〈這個樣子的宋子文非走開不可〉，《世紀評論》，1947 年 2 月 15 日。

[105] 《蔣介石日記》（未刊本），1947 年 2 月 21 日。

[106] 《華商報》，1947 年 2 月 16 日。

[107] 歐陽哲生主編，《傅斯年全集》第四卷，長沙：湖南教育出版社，2003 年 9 月，頁 300-304。

[108] 《申報》，1947 年 2 月 17 日。

鉅，應請國防最高委員會查明責任所屬認眞處分。

（二）建議政府由參政會與立法、監察兩院共同組織調查團，徹查以下事項：（甲）此次黃金風潮及京滬兩地金融概況。（乙）官僚資本之壟斷情事。

（三）政府應妥定辦法，吸收游資，用於生產事業，爲促進生產事業之切實發展，凡生產貸款有經手中飽及移作投機用途者，應嚴厲取締，並制定取締辦法。

（四）凡利用公款及利用職權從事非法牟利者，（包括延期發薪發餉以牟利）應嚴厲取締，並制定取締辦法。

（五）日用必需品應採有效辦法全面管制，並須實行節約，禁止浪費。

（六）從速制定平抑物價辦法，切實施行，務期恢復一月份之物價標準。[109]

隨著此案注目程度的提升，由數個機構同時進行，也產生了負責機構的矛盾，由於「經濟緊急措施方案」直接由最高國防委員會通過，引起立法院的批評，2 月 20 日的立法院會議，認爲此方案應先提交立法院審查，對於方案內容，立法委員也有不同意見，有委員認爲許多人見法幣貶值，便把積蓄換成黃金，現在又強迫持有黃金的民衆，把他們的黃金照官價賣給政府，對於人民大衆的損失將比官僚資本更甚。另有委員認爲除了外交上的關係，有些私人也需要外匯，所以想藉由禁止美鈔流通消滅黑市是行不通的。有委員認爲既然戰爭已結束，又爲什麼要把措施稱爲「緊急」？在外國的外匯存款，爲什麼不包括在該命令裡？等等質疑，揚言拒絕立法。在孫科主持下，立法院一致決定將該請求書送回該委員會，孫科答應將邀宋子文出席 3 月 1 日的會議，報告經濟狀況和答覆各立法委員的提問。[110]

2 月 22 日，上海經濟監察團接蔣介石指示，即召開團務會議，嚴格徹查過去從事黃金投機操縱之分子。[111] 24 日蔣手令經濟監察團曰：「經濟監察團應與在滬徹查金潮案之四監委取得緊密聯繫，限於二月底以前，將金潮案全部經過，彙成報告呈核。」給監察團下最後期限，監察團接到手令後，即於警備部召開會議，並分訪四位監委。[112] 蔣氏希望盡速得出調查結果，並控制在政府範圍內，不使影響擴大。

3 月 5 日，監察院調查的監委，發表調查上海金潮案，洋洋萬言，指前行政院長宋子文，前中央銀行總裁貝祖詒，[113] 央行業務局長林鳳苞，副局長楊安仁，應負黃金政策失敗的責任，報告認爲由於他們的政策，致市場陷於狂亂，加速中國最惡劣的經

---

[109] 《大公報》，1947 年 2 月 18 日。

[110] 《華商報》，1947 年 2 月 22 日。

[111] 《大公報》，1947 年 2 月 23 日。

[112] 《中央日報》，1947 年 2 月 25 日。

[113] 兩人因黃金風潮案，於 1947 年 3 月請辭。

濟危機，宋氏辭職時，已達極點，報告中列舉 11 項這 4 人應負責的事情，並舉出市場混亂的 12 個理由。該報告稱宋、貝二人，創始政府出售黃金的政策，以圖維持法幣，而於此政策證明失敗時，仍不取消。林、楊二人，執行這政策時，犯有處理不善和舞弊圖謀私利罪。央行售出的大部分黃金，落在幾個操縱市場的商人手裡，並指摘央行的職員（林、楊二人在內），犯有縱容投機之罪。又指摘在發給金舖執照上舞弊，有五家金舖實際居於獨占的地位。並在一、二月份通貨膨脹達高潮期間，軍事機關取自央行的款項，超過法幣 1 千億元。本用以維持工業的生產貸款 6 千億元，則用於黃金投機上面。[114] 這份調查報告首先明顯出幾個應負主要責任的人，且判定各自應負之任。

黃金風潮案涉其層面極廣，人數眾多，究責不易，爲查明行政院長宋子文的個人責任，監察委員何漢文等四人，特別將宋子文誤國失職的事實挑出，就宋氏一人，提專案彈劾，彈劾書約千字，茲誌如下：

（一）財政金融政策之失當：查宋子文接掌行政院後，財政金融由其一手所獨攬。彼時中央銀行庫存黃金 500 餘萬兩，外匯美金 6 億餘元，益以黃金儲蓄扣發百分之四十，及接收敵僞銀行之存金，通貨雖有膨脹，而央行準備不謂不豐，使能善爲運用，戰後財政未始無辦法，法幣何嘗不能回籠。乃還都以後，一昧以投機取利爲財源，結果不但不能使法幣回籠，反使通貨日形膨脹。抗戰期間，後方增設之商業銀行如雨後春筍，然以管制不嚴，大都超出營業範圍，囤集物資，高利貸款，使物價步步高升。勝利後，即當愼重注意，以求其合理。乃一年以來，上海一地，銀行錢莊已正式准其交換者，達二百三十餘家，經核准者尙有二百餘家，因之，央行支運外埠之大量法幣，輾轉又流回上海。是以遊資益多，投機之風益滋。財政部當局固不能辭其咎，然實際直接控制金融之宋子文，更不能不負重大錯誤之責。此其失策者一。

（二）摧殘生產事業，使國民經濟瀕於破產：抗戰期間，後方新興生產事業甚多，均慘澹經營，有其不少功績。宋子文自掌行政院以來，未見其有何扶植之策略，徒以大量吸收外貨，高利貸壓迫，工資陡增，而政府貸款又多爲少數官僚資本所獨占，以致正當之生產事業，一年以來倒閉者達百分之七十。生產資本流入市場變爲游資，爭相投機，使國民經濟陷入絕境，國家之正當稅源，因而枯竭。此宋子文之失策者二。

（三）運用黃金政策之失敗，貽誤國家財政：中央施行黃金政策之目的在收縮通貨，吸收法幣回籠。同時法幣爲法定之通貨，而黃金爲貨品，一如白銀，非爲貨幣。

---

[114]《華商報》，1947 年 3 月 6 日。

乃宋子文指揮央行所施行明配暗售方法之失當，一變而爲投機之標的。執行黃金政策者，反自落於投機之窠臼。且以本身秘密弱點暴露於投機者之手，黃金拋售之作用早已失去，向以黃金換取法幣，今則成爲法幣套取黃金，黃金日少，法幣日多，乃至橫溢氾濫，永無回籠之望。名爲緊縮通貨，實爲助長通貨膨脹。始以投機之策略圖壓倒投機者，結果反爲投機者所嚇倒。查中央銀行自開始買賣黃金，逐日均有詳細英文報告一份呈宋院長，於本年一月起，每星期始有向主席及財政部有買賣黃金統計表之呈送。由此可知，中樞明瞭黃金出售情形者，僅宋子文一人而已。且黃金政策之施行，對於國計民生關係至巨，既不使財政部過問其事，行政院亦應規定央行執行此項業務之妥愼辦法，以防流弊。乃一年以來，僅憑宋院長對貝祖詒、林鳳苞、楊安仁之指揮行事，致失職疏忽之事實層出，予承售商以操縱之機會。又央行全部買賣黃金情形及底數，宋院長知之最深，黃金政策是否宜於繼續施行，宋院長自當早爲考慮。及金價逐步上升，中央銀行總裁貝祖詒始於 2 月 8 日晉京請示，突然停止配售，使金價突然暴漲，此尤爲措施之失當者。詢據貝祖詒稱，此系奉主席諭令。經委員等調查，主席並無此項指示，可知此項措施，純係宋子文、貝祖詒於倉卒間，擅自決定。宋子文既負此重責，既無長策作未雨綢繆之計，及至總崩潰之境，手忙腳亂；又無善法以應倉卒之變，頓然停止配售，一切物價俱隨之逸出常軌，社會因而騷動，黃金政策遂演成徹始徹終之失敗，使國家人民蒙受重大之損失。此種失職之責，宋子文當負其全責。此失策者三。

（四）浪費外匯，促成金潮：抗戰勝利之初，央行所存外匯不爲不厚，前已言之。乃一年以來，外匯浪費殆盡，以寶貴之外匯換取之物資，幾何爲國家所必需。年來充斥於各地市場之外貨，盡人皆知。外匯日缺，黑市日增，黃金物價俱隨之上漲。如是浪費國家鉅資，鑄成今日財政上之大難，宋子文更應負其責任。此其失策者四。

（五）獨斷孤行，貽誤全盤行政：查我政府之行政院長，相當於美國之國務卿，英國之首相，當高瞻遠矚於政府全部以爲決策之張本。宋子文自受任以來，國家內政、外交、交通等全盤之行政何曾顧及，斤斤注意於金融商業。就地域論，不注意於全國各省市，所注意者僅僕僕於上海一隅，國家財政金融僅操之於其本人及貝祖詒等。而其一切財政金融之措施，無一系爲民謀利，無一不與民爭利，無一不在培植官僚資本，無一不爲洋貨張目。人皆譏爲買辦政權，非無因也，此其失策者五。

中國抗戰八年，全民族流血流汗，方取得復興之機運，一年以來，幾盡爲行政院長宋子文之失策、失職所貽誤。今大錯鑄成，翛然引退，不僅爲政府之罪人，實民族之罪人。委員等職司風憲，對於此失職誤國之行政院長宋子文，豈敢默然置而不問。

茲依法提出彈劾，即請移付懲戒，以正綱紀。[115]

內容對宋氏過去所行黃金儲券政策、黃金政策、及專注財政金融而忽略其他政務，咸加指責。該案將送中央監察委員會。[116]

該案也於 3 月 15 日，由監委審查成立。[117]

在社會輿論的壓力下，宋子文已於 1947 年 3 月 1 日請辭行政院長一職，當日上午，宋子文以行政院長身分，前往立法院施政報告：「民國二十四年，美國實施白銀政策，白銀價格因之高漲。同時，我國白銀出口，亦爲數激增，國內經濟局勢非常嚴重。政府爲解除危機起見，於是廢止銀本位改用法幣政策，這個時候，白銀運往國外出賣，而以外匯基金爲準備本位，本人記得很清楚，英國財政部的李滋羅斯爵士，當時是實施政策的顧問，他曾說過，法幣制度無疑的是可採用制度中最好的一個，但政府必須能夠自加約束，因爲自紙幣兌現取消之後，對於通貨膨脹爲自然限制，也已經同時消失了，許多年來，這個忠告，本人永遠不忘……直到今天，本人仍堅決反對國庫支出不必要的增加，因此本人已經好像是公衆的仇敵。每當物價暴漲，本人即被人唾罵，當本人鑒於費用過於龐大，要求重加考慮的時候，報紙上即有文章，說是別人都已贊成，獨有行政院長加以阻礙。」[118] 報告由國府改法幣政策開始談起，對自身責任親描淡寫，內容仍充滿對自身決策辯解，報告完畢後，即辭去行政院長職務。當日下午，由國防最高委員會議決議：「宋子文辭行政院長照准，院長一職，由蔣主席暫兼。」[119] 事實上在前日，宋子文已先面見蔣介石，請辭院長職務，蔣已決定由自己暫代行政院長，3 月 1 日於日記寫道：「本日於國府正午約各院長商行政院長人選，暫由余自兼，衆無異議。四時到中央常會與國府會議，常委數同志懇切說明不贊成余兼理行政院事，討論甚久，最後仍決議暫兼，以此時非余自兼不能維持時局，尤以經濟與政治問題爲然；（宋）子文辭職行政院長由余暫兼，實爲政治轉機之鎖鑰也。」[120]

蔣原以爲在宋子文下臺後，民怨可消，此事便可告一段落，然在 3 月 22 日，國民黨中央執行委員梁寒操、潘公展、張道藩等 20 餘人，於三中全會中聯名要求黨中央徹查孔祥熙、宋子文在處理外匯政策等事件，並言「本黨之聲譽爲少數不良分子而

---

[115] 中國人民銀行總行參事室編，《中華民國貨幣史資料 第 2 輯（1924-1949）》，頁 740-743。

[116]《申報》，1947 年 3 月 16 日。

[117]《申報》，1947 年 3 月 16 日。

[118]《東方雜誌》，卷 43 第 6 號，1947 年 3 月 3 日，頁 80-82。

[119] 秦孝儀，《總統蔣公大事長編初稿》卷六（下），頁 396、397；《申報》1947 年 3 月 2 日。

[120]《蔣介石日記》（未刊本），1947 年 3 月 1 日。

損毀淨盡。」[121] 蔣介石於本日記曰：「三中全會對子文、庸之（孔祥熙）要求清查其財產……不負責的挾意報復，只求逞快一時，而不問是非、不顧大局之行為，不僅為共匪稱快造機會，實為毀滅本黨自身之禍因，黨德黨紀毀滅盡矣，可痛。」[122] 對於黨員們提議撤查孔、宋等人，並不認同且十分痛心。

二、貝祖詒為監察院調查與其有關部分的說明

（一）央行過去一年黃金買賣經過

首先說明中央銀行自 1946 年 3 月 7 日至 1947 年 2 月 17 日，辦理黃金買賣一年來的經過。自 1946 年 2 月 25 日國防最高委員會通過「開放外匯市場案」及《中央銀行管理外匯暫行辦法》後，黃金可以自由買賣，央行遵照政府政策，察酌市面情形隨時買賣，關於價格一項，央行鑒於過去定價出售辦法未臻完善，故決定隨市價起伏機動買賣。為符合自由買賣的宗旨，並謀控制整體金市起見，故出售的對象以專營金業的金號及銀樓為准，希望透過該業供應市場，乃屬業務局，接洽金業、銀樓業，將各金號及銀樓每日申請配售條數，彙總後由代表人，於每日上午 10 時前往央行接洽，於 10 時開市時照市價配給，成交後一面由代表以電話通知其自身金號或銀樓轉知各同業，一面由央行簽出計數單，交由代表攜回作為憑證，當日彙總攜款來行交割清楚，此即所謂明配。

後來此項明配辦法，對於控制金市仍嫌不足，因整個市場上的需要數量及價格上落的幅度，均須隨時斟酌調整，故又囑由業務局指定金號及銀樓若干家，隨時向業務局報告行市，以供央行比較市價參考，央行即可斟酌市情，隨時委託其分筆陸續出售，以弭平物價，此項出售的逐批總數及價格，不對外宣布，就是指定的金號、銀樓，事前亦不知悉，以免為投機所利用，此即所謂暗售辦法。

黃金自由買賣的主要原則，即成交以後按所成交的價格，由買賣雙方如期將現款與黃金對交，故凡與央行買賣者，均須以現款交割，上午成交下午交割，下午成交則次日上午交割，一經交割，買賣雙方責任清楚，此乃正當的商業習慣，固無須明文規定。

關於指定金號銀樓的選擇，因此項買賣黃金辦法也屬初創，一切進行均從試辦著手，加上暗售對外應守機密，故不便普遍公開指定代理，家數不可過多，同時須選擇

---

[121] 國史館編，《蔣中正總統檔案：事略稿本》第 69 冊：民國三十六年三月至五月，2012 年 7 月，頁 132-136。

[122] 《蔣介石日記》（未刊本），1947 年 3 月 23 日。

各該業中，信譽較佳者。央行指定的金號為同豐餘、泰康潤、大豐恒三間（此外尚有經央行指定的裕發永、同豐永二間金號表示無意經營），銀樓為方九霞昌記與楊慶和發記二間，均夙有聲譽，同豐餘等三間金號，在戰前即代央行買賣過鉅額黃金，久具歷史，且同豐餘主持人詹蓮生，戰前原任金業交易所經紀人主席，後任金業同業公會理事長，在此業具有份量，因予以較多黃金，此項委託買賣辦法，試行數月，該金號等均能迅捷完成所託，買賣交割雖數量龐大，一經成交，即使市場下落，委託金號亦從無貽誤等情事，所以一年以來央行都指定它們辦理，減少委託間數也避免辦理上的困難。

央行運來黃金多是美國大條，其成色為 995 至 999，央行向市出售必須加以鎔制，改為上海市面通行的 99 成色，10 兩重的金條。當時因中央造幣廠遷上海後，設備尚未齊全，而央行須即刻出售應市，逐交同豐餘、泰康潤二間分配各金號代為鎔制，除火耗及鎔工計 3‰ 外，往來皆核實計算，每次交易均有清單可查。央行發給售出的金條，亦由同豐餘、泰康潤負責分別領取，其他金號、銀樓則除本身出具收條外，複由同豐餘加章證明，以資安慎，此為央行負責人為審慎公款起見，不得不如此辦理。

黃金政策的執行，在國家收支不能平衡，通貨日趨膨脹的過程中，除有無限量的存金，可供市場持續不斷的需要外，欲使物價徹底平穩，事實上是不可能的，惟有藉由黃金買賣，以吸收游資節制市場波動，而緩和物價惡性上漲的程度，減少人民生活負擔上的困苦，從而待整體局勢的改善，此則為政府政策的中心，也是央行之所以採取明配暗售方式希望達到的任務。[123]

（二）過去一年來黃金市場概況

央行開始黃金交易之初，交易數量不多，市面游資尚能控制，1946 年 3 月至 7 月，這五個月經央行的管制，金價每條始終在 200 萬元內，可稱穩定，至 8 月 19 日匯率調整後，市面本很可能引起劇烈波動，但在央行大量黃金明配暗售下，數日後市面即恢復常態，9、10 二個月亦無明顯波動，11 月起實行限制進口撙節外匯支出後，游資少了一個出路，故皆群趨購金，亦經央行壓平。惟因戰事影響，外埠金價逐漸上漲，常遠較上海金較高出不少，致各地匯來款項及攜帶現鈔來上海者蜂擁而至，以致價格日漲。當時因馬上將到國曆及舊曆二年關，若於當時改弦易轍，必將引起市面極大危機，央行只有仍照以往壓制金價的辦法，而舊曆年關後，游資日增，購者越多價

---

[123] 〈中央銀行總裁貝祖詒呈本行辦理黃金買賣經過〉，國史館，檔號：001-084251-00001-007。

格越高，雖經拋壓收效也很有限，若長此以往，徒然國家損失存金，也失去最初平價的原意，即兩次請示政府減少售數，迨 2 月 17 日政府宣布經濟緊急措施，禁止黃金自由買賣，央行出售黃金政策才告終止。

再者央行存金及買賣數量，不單關係到國家資產的機密，其影響到市場人心，故自 1946 年 3 月起，每日買賣黃金及外匯暨市面情形，逐日均有書面報告，密封寄呈行政院長宋子文察閱。到 1946 年 11 月 21 日，奉蔣介石令，將每週買賣黃金及外匯數字密報一次，亦即照辦，該項報告除由本人到南京時當面交給外，其他時候則密寄由財政部長俞鴻鈞轉呈。[124]

（三）對監察院「金價變動責任之分析」中，貝祖詒責任部分的說明

1. 所謂考其內容漏洞重重，情弊叢生，又任意指定 5 間金號銀樓，僅憑一己關係，漫無標準等語。央行指定金號標準已如前述，絕非私人關係。又曰業務執行的決定，則旁落於副局長楊安仁一人。查隨市買賣黃金，其業務執行部分，自應由專人辦理，楊安仁任職央行近 20 年，在前局長席德懋任內，即協助辦理外匯及黃金業務，經驗豐富。1946 年 3 月開始買賣黃金時，即責成楊安仁專司該項黃金買賣接洽事項，由業務局局長監督辦理。

2. 所謂央行一意跟隨黑市，且有迎頭趕上領導黑市之嫌。查過去央行在重慶時，曾委託中國銀行售行，價格釘住在固定一點，結果與黑市金價相差懸鉅，形成擠購現象，故不久後即告停止。央行以有限的黃金，應付無限的需要，為謀穩定金價，只有跟隨市價起伏，使黃金供應增多，市價不致劇變。只是後來各地游資廣集上海爭購，情勢惡劣，在逼不得已下，只能一面勉力應付市場，一面請示方針，我已苦心維持，實不能負此波動的責任。

3. 所謂央行決定在上海公開買賣之際，即應針對市場情形，考慮在全國各地同樣分配一節。查國家存金及供應來源本就有限，而各地需求無法預計，若配儲各重要都市，力量分散，控制不易，至於黃金的配售，使一切投機的不合法者，因黃金投機的合法而合法化，則黃金的自由買賣，固有政府明文規定，非我一人所能任意變更。

4. 所謂 1947 年 2 月 8 日以前，央行中止暗售數日，導致漲風，10 日突公布停配，使金價一日數變一節。當時在舊曆年關之後，市面情形已脫離常軌，因拋壓未收顯效。乃請示宋子文院長，宋氏令其減少售數，故中止暗售只作明配，因此漲風更甚，而事態日益嚴重，乃於 8 日赴南京請示當局，告以繼續照售徒助長投機，是否限

---

[124] 〈中央銀行總裁貝祖詒呈本行辦理黃金買賣經過〉，國史館，檔號：001-084251-00001-007。

制配售等，經宋子文同意後，停止配給金業，只配售銀樓業，10日即囑業務局照此辦理，當日上午10時公布停止配給金業，而對銀樓業繼續配售，直到17日政府公布經濟緊急措施，禁止黃金買賣，這些經過，央行均是聽從政府意旨辦理。

5. 所謂央行委託5間配售，為何同豐餘占數最多一節。央行既委託5間買賣，自只能視各家需要予以供應，無法予以平均分配。至於同豐餘在政府宣布停止配售前半小時，突然大量購進金條，顯是事先聞風從事操縱，執行業務者與同豐餘之間，不免有默契與嫌疑一節。查央行當日除配給銀樓118條外，並未配給金號，再查業務局長林鳳苞，在宣布停配金號以前的行市，始終在558萬至565萬之間盤旋，並無急遽上漲的情形，此有當時上海各報所載金價狀況紀事可查。

6. 所謂央行列報1月4日至2月15日的配售數字，與5間帳薄所列配售條數逐日各有不同，總數亦有出入一節。按買賣交割，只要在下午成交各筆，須於次日辦理交割，央行記帳則是在成交後即加記錄，每日營業終了必與金號銀樓計數核對，從無不符。至於金號銀樓方面的記帳方法，央行不得而知，或是照交割時當日數位記錄，則與央行帳目在一日之中，因記帳的先後而有參差，但總數必定相同，此則雙方均有帳冊可供稽查。

7. 所謂銀樓業市價，決定於金業市價，金業市價決定於詹蓮生與楊安仁的對話一節。市價的決定須依照整個市場上供求雙方成功交易而後可以產生，以上海市場之大，實非任何個人所能左右。

8. 所謂5間配售帳目中，受戶有央行同人多筆，其中業務局襄理王松濤亦列有購買金條帳目各節。央行稽核處最近有密查的報告二份，呈送總裁張嘉璈核辦，另有該處李處長與詹蓮生之問答記錄一份，可供其調查參考。[125]

最後貝祖詒表示，以黃金買賣為過止通貨膨脹的手段，各國不乏前例，這個政策是否應該屬於政策問題，見仁見智。中央銀行既然遵照政府決定執行任務，一年以來努力控制金價，為社會各界人士所共見。1947年初，上海市一地就集中游資不下數千億，政府對於整個黃金政策，不得不重加考慮，在2月17日公布經濟緊急措施方案，禁止黃金自由買賣。此決定為政府針對事實，適應時機，嚴密統籌後的結果，絕非一人所能輕易決定。貝祖詒表示自己已在金融界30餘年，一向奉公守法，局長林鳳苞服務於中國銀行亦達25年，歷任該行國內外重要職務，學識經驗俱優，為金融界人士所共知，對其人格貝祖詒表示可絕對擔保，副局長楊安仁雖非素識，但在央行

---

[125]〈中央銀行總裁貝祖詒呈本行辦理黃金買賣經過〉，國史館，檔號：001-084251-00001-007。

任職近 20 年，自 1946 年 3 月一起共事以來，其操守亦未有任何可議之處。[126]

三、中央銀行內部調查

1947 年 3 月 12 日，經濟監察團將調查的操縱金潮黑名單送呈蔣介石，將其中情節重大者 10 餘人，先予拘捕法辦，包括前央行業務局長林鳳苞、副局長楊安仁及同豐餘金號經理詹蓮生 3 人。[127] 經監察委員提出彈劾後，蔣介石令飭淞滬警備司令部嚴辦，新任央行總裁張嘉璈得知業務局正副局長林鳳苞、楊安仁被捕消息，認為林、楊二人，尚為中央銀行行員，應由主管先行查核有無弊竇。因約俞鴻鈞見蔣介石，也請其准將林、楊兩員交由行方查核，然後移交法院，蔣介石表示同意。[128] 林、楊兩人偕同央行前總裁貝祖詒同車到南京，詹蓮生則解送地方法院。[129] 在對宋子文個人專案調查，中央銀行主張本行職員自行調查後，此案也分為兩個調查體系，中央銀行也開始內部調查，由於內部調查，意味著公開程度較不透明，讓人有要將大事化小之感，此事也頗為社會所不諒。

央行內部調查的步調緩慢，至 5 月才公布調查結果，在查核中央銀行業務局買賣黃金案帳務的報告首先便提到，中央銀行隨市買賣黃金，即依照相關條例辦理。其中由業務局存款科立有「代售財政部黃金國幣戶」帳，然當時黃金業務事屬機密，如非指定主管部分，實難探究，大而關於政策的運用，小而關於帳務的處理，均未獲公開。負責調查的財政部參事賀其燊等人，對於央行政策運用，帳務處理的過程皆難以窺視，已經預示了調查的結果。[130]

1947 年 5 月底，中央銀行稽核處處長李立俠，監事會稽核吳光國，財政部參事賀其燊等人，將關於業務局買賣黃金案的調告結果整理後，繕寫報告書呈報：[131]

（一）中央銀行奉命察酌市面，依照供求實況，隨時買賣黃金一事，以整個市場為對象，以穩定金價為目的，執行此項任務，既須符合政府意旨，又須適應商場習慣，當局以極機動之方式，隨時命令執行，方能推行盡利。

---

[126] 〈中央銀行總裁貝祖詒呈本行辦理黃金買賣經過〉，國史館，檔號：001-084251-00001-007。

[127] 《大公報》，1947 年 3 月 14 日。

[128] 姚崧齡，《張公權先生年譜初編》下冊，頁 809。

[129] 《申報》，1947 年 3 月 14 日。

[130] 中國人民銀行總行參事室編，《中華民國貨幣史資料 第 2 輯（1924-1949）》，頁 743-745。

[131] 〈中央銀行稽核處處理外匯私逃、黃金買賣及林鳳苞貪污等事宜案〉，中國第二歷史檔案館，檔號：2-12444。

（二）滬市黃金交易例須賣方先付金條後，收價款其應付價款現鈔，與行莊本票並用，央行暗售黃金，係透經五家指定行號到達市場，由五家行號分向客戶收款轉解央行。

（三）原判謂楊副局長專司其事一點，殊與事實不符，查楊之職務僅限於外匯買賣之接洽，及隨時奉命辦理黃金成交事宜而已，至於成交以後之交割記帳交換覆核等事，均由出納外匯交換會計各科分層負責，各有所司，並非由楊一手全部，經辦有央行售出黃金成交數量，逐日均有書面報告，分陳層峰。

（四）原判以 2 月 8 日成交，應於次日交割之黃金，於前一日交付而利用票據交換時間之停止遲一日轉帳，疑有勾結圖利情事，按 2 月 8 日上午 11 時 45 分始奉命開始暗售，直至 12 時 45 分即奉命停售，在此一小時之時間中，透經同豐餘、泰康潤、大豐恆、方九霞四家，成交達 68 筆之多，總計連續暗售黃金 800 條，按照售出時間，及當時迫切情形自係當日交割復按 2 月 8 日適值星期六，時間比平日更爲侷促，該日暗售 800 條，連同當日明配 854 條，計共應收法幣 90 餘億元，又因暗售開始已遲，票據繁多不及趕進交換者 29 億餘元，其中 25 億爲同豐餘，4 億爲方九霞交來之行莊本票，此項不及交換之本票爲出票，行莊之直接債務，流通甚廣，滬上貨物買賣用行莊本票出貨，以代替現鈔之搬運係屬商業習慣，市商會及銀錢兩公會均可證明，故央行對於金號交來之行莊本票，遇有交易特多之日，對於收到此項本票較遲，當日不及提出交換，延至次日轉帳，既係商場習有之事，當然例同視爲現金，在請求開具本票之金號，及收受此項本票之央行，均無從取巧圖利，自 12 點 3 刻奉命停售以後，下午一無交易，安有次日交割之事，所謂提前交付，遲日轉帳一節，與事實不符。

（五）原審認抵數票據，係出納主任奉楊副局長命辦理，查行莊本票不及交換，留待次日交換，在央行雖力求避免，但有時因事實上之困難，祇得依照銀行及商業慣例辦理，央行當局認爲可行，行之已久，出納科所謂奉命辦理，論其性質，實係報告而已，在楊之方面，事前既未有所指示，事後自亦難加變更。

（六）原判爲何厚於同豐餘，而薄於泰康潤，查黃金成交，央行意志必使透經各金號銀樓，散售市場，以收抑制之效，倘必欲追逐，事實上不盡可能，且亦有失出售黃金之意義，央行對於泰康潤向無歧遇，所稱本年 1 月 11 日退還黃金，非由央行主動，事屬顯然且楊副局長事前事後均無所聞，更不能強謂楊有何厚薄存於其間。

綜觀此調查報告，否定業務局副長楊安仁對於交易過程一手包辦，交易期間上下其手；交易延至次日交割，屬於商場常有之習；央行無獨厚同豐餘金號之情事等，各要點避重就輕，推卸責任，報告於 30 日編製三份分送財政部、央行總裁及監事會

查核。[132]

四、金潮案判決

1947 年 5 月 22 日監察院政務官懲戒委員會通過了議決書，內文提到違法失職行爲：

> 央行出售黃金，指定由同豐餘等五家行號負責，每日金價之決定，以五家與央行
> 對講電話報告爲準，而五家行號之指定，係由貝祖詒、林鳳苞、楊安仁三人任
> 意決定，漫無標準。益以此五家均係詹蓮生一人介紹，顯然放任詹蓮生把持操
> 縱。……

> 查閱五家配售黃金行號之出售金條賬目，列有中央銀行同人購買之黃金數十筆，
> 計百餘條，甚至管理黃金庫存之襄理王松濤，亦購進金條。

> 突然宣布黃金停止配售，致金價暴漲，無法收拾，並諉卸停售責任，實屬不法已
> 極。[133]

在中央銀行調查結果出爐後，監察院在參考之後，做出調查結果，認爲中央銀行總裁貝祖詒、業務局長林鳳苞、副局長揚安仁、襄理兼出納主任王松濤等，有下列違法失職之行爲：（1）中央銀行之存金底數，關係國家機密，尤與黃金政策實施之前途有重大影響，乃該行總裁貝祖詒等，竟以全部出售金塊，交同豐餘金號一家負責分配與大豐恒等七家熔化金條，而不交中央造幣廠熔化，是央行全部售金之熔化數量，已使同豐餘洞悉。又央行所有指定五家行號配售之黃金，均須經同豐餘金號主持人詹蓮生一人蓋章方能領取，是又以中央銀行售出黃金總數量，使詹蓮生全部洞悉，自不難據此總數，以推悉央行存金之多寡，而伺機與黃金政策作投機之決鬥，以獲取巨利，該貝祖詒等實有意洩漏此項機密之嫌疑。（2）央行出售黃金，指定由同豐餘等五家行號負責，每日金價之決定，以五家與央行對講電話報告爲准，而五家行號之指定，系由貝祖詒、林鳳苞、楊安仁三人任意決定，漫無標準，益以此五家均係詹蓮生一人介

---

[132] 〈中央銀行徹查黃金案〉，中國第二歷史檔案館，檔號：2-55。

[133] 洪葭管主編，《中央銀行史料 1928.11-1949.5（下卷）》，頁 1098-1102。

紹，顯然放任詹蓮生把持操縱，謂爲官商勾結，實非過分。（3）央行暗售金條，分配五家行號任其自由處分，而此項暗售方略，非政府所決定，當爲貝、林、楊三人擅定之辦法。（4）查閱五家配售黃金行號之出售金條帳目，列有中央銀行同人購買之黃金數十筆，計百餘條，甚至管理黃金庫存之襄理王松濤亦購進金條，該貝祖詒漫不加以約束，實有縱使部屬，染指黃金投機買賣之嫌疑。（5）在本年1月初以來，金價逐步上升，黃金政策已不能支持之先，該貝祖詒等自應據實呈報，另籌善法，乃延至2月10日突然宣布黃金停止配售，致金價暴漲，無法收拾，並諉卸停售責任，實屬不法已極。根據上列事實，提案彈劾，請將中央銀行總裁貝祖詒、業務局長林鳳苞、副局長楊安仁、襄理王松濤一併移付懲戒，經監察委員金毓黻、王子弦、于樹德審查成立，由監察院呈奉國民政府發交到會。[134] 並先做出第一波的裁罰，貝祖詒、王松濤僅分別受到申誡與免職處分，且王氏僅停止任用一年。

7月13日，金潮案宣判，中央銀行前業務局局長林鳳苞，副局長楊安仁，勾結同豐餘金號經理詹蓮生，於配售黃金時營私舞弊案，經監察使提出糾舉後，由上海地方法院檢察處依貪污罪提起公訴，送經地方法院審訊後，楊安仁因共同對於主管事務直接圖利，處有期徒刑7年，褫奪公權10年；詹蓮生因共同對於主管事務直接圖利，處有期徒刑4年，褫奪公權5年；林鳳苞則無罪釋放。[135]

原先社會最爲關注的宋子文，則早在3月監察院便已做出裁決，認爲宋氏自任職以來，對於財政金融大計，措施失當，尤以黃金政策運用更爲重大失敗，但依《公務員懲戒法》第三條之規定，凡選任政務官，其懲戒處分，僅限於免職及申誡。金鈔風潮事，宋子文責任屬政策運用問題，尚未舉出有何犯罪情事，且宋子文於金鈔風潮發生後，既經自請去職，應毋庸再付懲戒。[136]

數月前幾乎動搖國本的金潮案，在各單位數月的調查後，最後僅一個央行副局長和一個金號經理負主要法律責任，黃金風潮案就此雷聲大，雨點小的了結。而之後國府雖嘗試從市面收回黃金，但再也沒能回到黃金風潮之前的庫存數量。

---

[134] 《申報》，1947年6月5日。

[135] 《中央日報》，1947年7月13日。

[136] 中國人民銀行總行參事室編，《中華民國貨幣史資料 第2輯（1924-1949）》，頁743。

第五節　蔣介石與宋子文因黃金政策導致關係生變——以蔣介石日記為中心

　　蔣介石和宋子文，遇事時皆較為堅持己見，因此自雙方共事開始，宋在不少問題上都曾對蔣的作法不滿，並常公開表示歧見，在任財政部長6年期間，[137] 便提出過4次辭呈，而蔣也不乏對宋氏的抱怨，儘管如此，蔣仍需要宋在財經方面的長才。在戰時擔任外交部長期間，蔣宋關係整體而言較為融洽，在爭取美援和對蘇聯談判兩項外交使命，蔣都給宋較大的空間。

　　雙方關係在1946年至1947年初的黃金風潮中，再次產生嫌隙。1946年11月社會經濟惡化之時，蔣介石即認為：「還都以來，外匯基金已為商業匯 減損至3億餘美金之多……此乃子文政策錯誤所致，國庫空虛為慮。」[138] 12月又記：「物價上漲至5千倍，通貨澎〔膨〕漲，法幣激增至3萬3千億元之多……實由於子文經濟金融政策之失敗。」[139] 期間蔣介石多次考慮是否變更政策，然在宋子文堅持拋售黃金下，蔣氏也持觀望態度，使國庫流失了鉅額黃金，蔣介石對於宋子文不思考財經政策，想辦法抑止通膨，反要求蔣核減預算的態度表示不滿。[140] 在經濟緊急措施實行前幾日，宋仍主張應繼續拋售黃金，蔣形容宋：「除此之外並無其他方案……子文在此重要緊急時期，一似失其腦力……但有悲痛而已。」[141] 也決意跳過宋、貝兩人，出面主導經濟政策，設法停損。黃金風潮過後，黨內普遍認為宋子文開放外匯與黃金市場，直接干預中央銀行，致使國庫空虛，應負主要責任，宋氏因此於1947年3月1日，辭去行政院長職務，再次離開國府核心。在宋子文辭去行政院長後，相繼又被免去行政院綏靖區政務委員會主任和「四行」聯合辦事委員會副主席職務，並在國民黨中央執委改選中落選。[142]

　　宋子文雖已下臺，但5月下旬國民參政會議上，參政員黃宇人揭露孔、宋經營的揚子、孚中公司利用特權向中央銀行結匯，大量進口管制的物資，牟取暴利。《中央日報》的陸鏗得到這個消息後，即派記者漆敬堯深入調查，於7月29日在《中央日報》刊出專文，指孚中、揚子等公司，違反進出口管制條例，將大量進口奢侈

---

[137] 國民政府時期第5任（1928年1月-1931年12月）；第8任（1932年2月-1933年11月）。
[138] 《蔣介石日記》（未刊本），1946年11月31日。
[139] 《蔣介石日記》（未刊本），1946年12月31日。
[140] 《蔣介石日記》（未刊本），1947年2月8日。
[141] 《蔣介石日記》（未刊本），1947年2月14、15日。
[142] 戎向東編著，《蔣介石評說古今人物》，北京：團結出版社，2007年1月，頁103。

品於上海等市拋售，牟取暴利。其中揭露孚中公司自 1946 年 3 月至 11 月，共結外匯 1 億 5,377 萬美元，揚子公司共結匯 1 億 8,069 萬美元，占中央銀行同期售出美元總額 38,150 萬美元的 88%。另在政府頒發禁止奢侈品進口條例後，設法搞到進口許可證，購買了 989 輛汽車、無線電器材等 108 箱禁止進口的物資回國拋售，賺取暴利。[143]

蔣介石看到報載後十分驚訝，曰：「子文自私誤國，殊爲可痛，應嚴究懲治，以整紀綱。」[144]「對孚中與揚子各公司違法外匯，子文私心自用如此，昔以其荒唐誤國，猶以其愚頑而尙未舞弊之事諒之，今則發現此弊，實不能再恕，決不能以私害公，故依法行之，以整紀律。」[145] 蔣介石認爲宋子文事「……人雖不敢當面責難，然此心不安異甚，實爲近年來自反不縮之第一事。親屬卑污而情法兩難，徇私不公，何以自全，應記大過一次。」對自己在處理宋氏情事上的不明快表示反省。[146]

黃金風潮事件告一段落後，宋子文向蔣介石表示想到廣東，宋子文雖在經濟政策上爲蔣所不諒，但思考後仍將宋子文派往廣東主政。[147] 在 1947 年 9 月國民黨六屆四中全會，宋子文宣布捐獻出他在中國建設銀公司的股份，約 5,000 億法幣。[148]《周末觀察》雜誌評論道：「宋氏之捐獻，爲豪門開放第一聲，爲『拋磚引玉』，對今後大小豪門繼步續續捐巨款抱著極大的希望。」[149] 宋子文的捐獻使蔣很滿意，在會上稱：「外間近對宋委員子文有所汙衊，現宋本人願將其在中國建設銀公司之全部股份捐出，以供抗戰及剿匪殉難黨員家屬救濟基金之用，希望大家能效法他。」[150] 同月 20 日，宋子文便被委任爲廣東省政府委員兼省主席。

然而在宋子文被任命爲廣東省主席後，在中央政治會議上，張道藩、張厲生提出質問，稱應先經中央政治會議通過才可任命，而不是由行政院先任命再請求追認，認爲任命宋子文的程序不合乎規定。

---

[143]《中央日報》，1947 年 7 月 29 日。

[144]《蔣介石日記》（未刊本），1947 年 8 月 1 日。

[145]《蔣介石日記》（未刊本），1947 年 8 月 2 日。

[146] 按：國民政府委員孔祥熙在 8 月 10 日以照顧夫人爲由，由上海前往美國，見《申報》，1947 年 8 月 11 日。《蔣介石日記》（未刊本），1947 年 8 月 16 日。

[147]〈蔣中正致羅卓英電〉（1947 年 9 月 18 日），國史館，檔號：002-080200-00320-026。

[148]《知識與生活》第 8 期，1947 年 10 月 1 日。轉引自吳景平，《宋子文評傳》，福州：福建人民出版社，1992 年 9 月，頁 516。

[149] 文史精華編輯部編，《宋子文與蔣介石的恩恩怨怨》，北京：中國文史出版社，2005 年 2 月，頁 450。

[150] 榮孟源主編；孫彩霞編輯，《中國國民黨歷次代表大會及中央全會資料》（下），北京：光明日報出版社，1985 年，第 1190 頁。

　　另外監察委員王新令、谷鳳翔等人，基於宋氏過去的不良紀錄，也擬建議書，於9月29日送呈行政院，收回任命宋子文一事，建議書內容略稱：（1）宋子文長行政院時，措施乖謬，以致引起民怨，危及國家，因此宋氏始引咎辭職，而今政府德意未見大彰，宋子文改過未見大效，適因其捐出小部分財產，邃拜封疆大吏之命，斯舉乃開捐官鬻爵之先例；（2）所捐之款乃其財產之一小部分，且並非獻之國庫，而僅以救濟黨員，誠不可謂之爲公，因此建議：「1. 立即否決政院宋子文主粵之任命；2. 明令嘉勉宋子文，勿求躁進，以觀後效；並令宋子文與孔祥熙，同時捐獻其大部分財產，或徵收其全部財產，藉以充實國庫。」

　　由20餘位監察委員聯名簽署，其中萬燦等人，即爲當時負責調查宋子文在黃金風潮案責任的監委，對宋子文的錯誤，有其更深刻的體會，自然也更反對任命宋主政廣東一事。[151]

　　但蔣介石派宋子文主粵，除郎舅關係外，也有其利益考量：（1）當時廣東和美國潘宜公司訂立《接納美資辦法三十條》，允許美國在廣東投資，而時任省主席的羅卓英不擅買辦業務，派宋子文有助於與美經濟投資對接；（2）當時在廣東、廣西的軍政大員如張發奎、黃旭初等，皆非蔣的心腹，在國共緊張對峙局面，蔣需要一位心腹坐鎮廣東，力保廣東在其控制之下，最後仍決意由宋子文主政廣東。[152]

　　1948年初，北方經濟問題嚴重，瀋陽物價昂貴，大米一斤法幣6萬元，豬肉一斤13萬元，雞蛋1個2萬法幣，大多商店倒閉，[153] 蔣介石記曰：「屢思今日政治軍事外交之失敗與恥辱，皆由（宋）子文前年蒙蔽欺妄、用空外匯，以致今日經濟崩潰，對內對外皆要蒙受此奇恥大辱，此種苦痛無從申訴。而子文本人漫不知恥悔罪……」[154] 在焦頭爛額之餘，對於宋子文也多有抱怨。

　　1948年6月10日，報導稱每石白粳價格已漲至765萬元，並指出現今物價如此，與宋子文經濟政策錯誤有關。當晚蔣介石於日記寫道：「經濟危險至此，比軍事更足憂慮，此皆（宋）子文種其禍根與惡因，而余之疏忽過信、所用非人，實應負其重責也。上海經濟應速謀澈底改革之道，方能挽救此危局。」[155] 經濟情勢每下愈況，

---

[151] 《大公報》，1947年9月30日。

[152] 文史精華編輯部編，《宋子文與蔣介石的恩恩怨怨》，頁450。數十年後，蔣介石在檢討其一生失敗的原因時，對於任命宋子文爲廣東省政府主席，表示錯誤，記曰：「對敵何其寬厚，待己何其刻薄，此乃余一生失敗之最大罪因，尤以待毛共爲然。而再派（宋）子文爲廣東主席，更難自恕也。」，引自《蔣介石日記》（未刊本），1971年6月2日。

[153] 《大公報》，1948年1月30日。

[154] 《蔣介石日記》（未刊本），1948年2月21日。

[155] 《蔣介石日記》（未刊本），1948年6月10日。是日《新聞報》（上海）載每石白粳價格爲

無可挽救，最終於 8 月 19 日實行幣制改革，發行金圓券，並於當晚記曰：「此爲三年來一貫之政策與惟一之主張，因（宋）子文、岳軍（張羣）、公權（張嘉璈）、（俞）鴻鈞等皆畏縮不決，未敢執行。而今日雖以事急勢迫，不得不有此一擧。然詠霓（翁文灝）與（王）雲五能毅然實施，亦可謂奮勇難得矣。」[156] 蔣早有幣改之意，他認爲若不是宋子文等人，缺乏果斷，猶豫不敢負責，讓幣改早些實施，今天經濟情勢也不會危急至此。

其後時局變化更加劇烈，國府在大陸局勢江河日下，宋子文於 1949 年 1 月 21 日蔣下野時同日辭職，前往香港，5 月 16 日離開中國大陸，前往法國、美國。

雖時人常將孔、宋並稱，作爲官僚資本的代表，但在蔣介石心裡，對兩人的評價與好惡存在明顯差異。1962 年蔣介石生日時，孔祥熙由美來臺祝壽，當日蔣記曰：「念彼（孔祥熙）在抗日期間財政充裕，而且改革幣制，統一財政，此爲前清以來，至民國二十三年歷史，從所未有之成績也。至其財政交卸時，尚存有美金 9 億餘，與現金 1 億餘美元，此亦從來所未有之政績。」對於孔祥熙財政治理上的表現給予了極高的評價，並認爲宋子文沒有延續孔氏留下的良好基礎，「在抗戰後，財政爲子文弄糟，以致政府失敗，卒致最後大陸淪陷於匪手之一重大原因也。至其個人對我之忠誠，則與子文完全相反也。」[157]

初到臺灣，蔣介石更決心重新整頓，在檢討大陸的失敗時，「每念失敗之因素，以財政爲第一。」並認爲財政失敗，宋子文應負最大責任，「（宋）子文誤國之大，思之痛心，此乃余用人不當之過，於人何與。今後財政，應時刻檢討與注意每週經過之情況，而以外匯與出入口之數量更爲重要。」[158] 在兩岸情勢穩定後，蔣開始著手進行國民黨改造，1952 年 10 月 9 日，主持國民黨中央改造委員會第 420 次會議時，宣布改造工作告一段落。[159] 革新之際，在幾天後的國民黨第七次全國代表大會，蔣介石以往對宋子文雖不滿但鮮少公開討論，此次則在政治報告時，公開表達宋子文在大陸時期的錯誤，曰：「民國三十六年間，行政院宋院長擅自動用了中央銀行改革幣制的基金，打破了政府改革幣制的基本政策，於是經濟就在通貨惡性膨脹的情勢之下，

---

765 萬元，又此處指宋子文政策錯誤，係指 1946 年 2 月至 1947 年 2 月宋子文開放外匯事，見鄭會欣，〈宋子文與戰後初期對外貿易政策的演變〉，收入吳景平主編，《宋子文與戰時中國（1937-1945）》，上海：復旦大學出版社，2008 年，頁 236-265。

[156] 《蔣介石日記》（未刊本），1948 年 8 月 19 日。

[157] 《蔣介石日記》（未刊本），1962 年 10 月 31 日。

[158] 《蔣介石日記》（未刊本），1950 年 3 月 24 日。

[159] 中國國民黨中央委員會秘書處編印，《中國國民黨中央改造委員會會議決議案彙編》，臺北：中央委員會秘書處，1954 年，頁 543。

游資走向投機壟斷，正當的企業不能生存，中產階級流於沒落，社會心理日趨浮動之中，經濟崩潰的狂瀾，就無法挽救；這是大陸經濟總崩潰最重要的環節，亦是今後經濟事業最重要的教訓，不可不特別警惕。」希望其他黨員今後不再犯宋氏的錯誤。[160] 1953 年 3 月 12 日，主持國民黨七屆十九次中常會時，唐縱向其報告黨籍總檢查情形，蔣令對孔祥熙、宋子文等人不再發予黨證，以整頓紀律，重振革命陣容。[161]

兩岸局勢逐漸穩定後，蔣介石白天佈署反攻事宜，夜幕低垂後也常反省過往在大陸的種種，尤其時常思考爲何失去大陸，自五十年代開始，便時常反省其大陸失敗的原因，1952 年 7 月 4 日，在翻閱自己 1946 年的日記後，「甚覺當年軍事政治之情勢如無外交與經濟之危機，則滅共統一之基礎實已確立，最後失敗之最大關鍵，實由馬歇爾與宋子文（經濟）二人致之也。」[162]期望在之後的經濟決策中，不重覆大陸時期的覆轍，如 1953 年，臺灣面臨缺糧危機，部分財經決策人士考慮用黃金購糧，蔣介石得知後命行政院秘書長黃少谷，切勿用黃金購糧，認爲「此無異三十六年子文私自動用改革幣制基金，迨余發覺已不及補救法幣崩潰之罪惡相等。以政府今日之存糧，無異大陸法幣之基金也。」[163]在蔣介石後期的反省中，更加不諒解宋子文，認爲除了經濟，在政治、外交層面，宋氏皆有其不可推卸之責，如 1955 年 10 月反省時，便記曰：「回憶過去對英、對俄、對日、對蒙政策，以及政策（原文即如此），以及對黨、對共、對胡（漢民）與外交、經濟、政治、黨務、軍事之失敗，都是用非其人，尤其在不能培植考察人才，於是誤用宋子文一人，以致政治、經濟與外交皆至一敗而不可收拾。」[164]

到了晚年，蔣介石在回憶、反省國共關係及過往政敵態度都隨著時間逐漸客觀、平緩，但對於宋子文的態度則始終未變，每每思之，仍認爲宋子文應該對大陸的經濟崩潰甚至最終的失敗，負有最主要的責任。如 1969 年 10 月，自省識人不明、用人不當方面的錯誤時，即記曰：「……惟恨可以成功而反致失敗者，皆知人不明、用人不當之咎果爲最多，以宋子文爲最惡也，因此而有張學良、吳國楨、孫立人、張發奎之叛徒，是皆宋子文所保者，而其本人之奸詐卑劣，尚不計在內也，其實汪精衛之奸賊，亦爲其所造成也，排除胡漢民而利用汪精衛，故以其能聽從鮑羅廷所指使爲

---

[160] 秦孝儀總編纂，《總統蔣公大事長編初稿》，卷 11，頁 258-259。
[161] 《蔣介石日記》（未刊本），1953 年 3 月 12 日。
[162] 《蔣介石日記》（未刊本），1952 年 7 月 4 日。
[163] 《蔣介石日記》（未刊本），1953 年 4 月 5 日。
[164] 《蔣介石日記》（未刊本），1955 年 10 月 3 日。

之。」[165] 認爲除了宋子文本人以外，其他錯誤人選也應由宋氏負主要責任。1971 年 4 月 15 日反省，對於大陸時期行政督導不力深感懊悔，記曰：「一、近來甚悔，在大陸時期對於科學與教育，注意與督導不夠努力，以致國家落後至此，其原因爲：日本之外侮與共匪之內亂，乃專心於軍事與外交所致。二、爲（宋）子文之財政與（何）應欽與（周）至柔等軍事建設之無知及不願服從與負責耳。但其總因則不能不歸咎於本人行政督導無方也。」[166] 幾天後，再次自省用人不當所受苦果，記曰：「行政與人事不能分離，以行政注重於行，而政在人爲，故曰人存政舉，人亡政息。此亡與存二字並不是生存與死亡之意，而在於舉措得失之意。如選用得其人，則政善而爲，如不得其人，則政敗而亡。大陸之所以失敗即在於用人不當，乃不得其人也。（宋）子文、（何）應欽、（陳）果夫實爲黨政軍之罪人，實爲余之用人不當之咎也。」[167] 蔣介石對於國民黨軍政人物的評價，隨著時間而有所調整，但對於宋子文的評價，尤以其所犯錯誤、應負的責任，可謂一生未變。

小結

抗戰勝利後，中國渡過了一段經濟平穩時期，但在接收時的種種錯誤，和中儲券與法幣兌換比率制定的失當，物價很快出現動盪，使國府雖然有豐厚的黃金存量，但並沒有良好的經濟環境，和足夠的時間研擬戰後黃金政策，可以說一在 1946 年初開始顯著推展時，就已趨於被動局面，而從 1946 年 3 月至 1947 年 2 月，這一整年的時間，黃金運用過於單一沒有彈性，加上政治局面動盪影響，到後來更形成金價追著物價跑，甚至領導物價的現象，導致最初平抑物價的目標並未達成，當局卻損失了數百萬兩黃金，過程中還產生徇私舞弊情形，使當局在人民心中形象大打折扣，爲應付日益艱困的財政與改善經濟情況，國府只能在 1947 年初將黃金政策又作一大轉變。

---

[165]《蔣介石日記》（未刊本），1969 年 10 月 14 日。
[166]《蔣介石日記》（未刊本），1971 年 4 月 15 日。
[167]《蔣介石日記》（未刊本），1971 年 4 月 25 日。

附錄

附錄一　財政部公布僞中央儲蓄銀行鈔票收換辦法

僞中央儲備銀行鈔票收換辦法

（1945 年 9 月 26 日）

一、僞中央儲備銀行鈔票准以二百元換法幣一元，由中央銀行及其委託之機關辦理收換事務。收換規則另訂之。

二、自民國三十四年十一月一日起，至三十五年三月三十一日止，爲收換期間，逾期未持請收換之僞鈔，一律作廢。

三、僞中央儲備銀行鈔票票版業經接收銷毀，其已發行之鈔票種類及發行總額，並據財政部京滬區財政金融特派員查報，如有超過原報數額以外及種類不符之鈔票，不予收換。

四、凡操縱牟利，故爲高下，違反本辦法第一條之規定者，以擾亂金融論罪。

五、財政部公布僞中央儲備銀行鈔票收換規則

僞中央儲備銀行鈔票收換規則

（1945 年 10 月 30 日）

第一條　本規則依照（財政部公布）僞中央儲備銀行鈔票收換辦法第一條之規定訂定之。

第二條　收換僞中央儲備銀行鈔票（以下簡稱僞中儲券），由中央銀行負責辦理。中央銀行爲便利收換，並得委託其他銀行或機關代爲辦理。其辦理手續，由中央銀行規定之。

第三條　僞中儲券持有人向中央銀行及其委託之銀行、機關申請收換時，每人每次以國幣拾元爲最低限額，國幣五萬元爲最高限額。

第四條　中央銀行及其委託之銀行、機關收換僞中儲券，爲免擁擠起見，得按券類之大小，按月增加收換種類，第一個月收換一千元以上券，第二個月增加收換五百元、二百元、一百元券，第三個月增加收換五十元、十元、五元券，第四個月增加收換一元券及輔幣券。

第五條　收換僞中儲券如遇殘缺不全者，應照中央銀行所規定兌換殘缺券之標準辦理。

第六條　收換僞中儲券如遇僞造及種類不符之鈔票，應由收換機關當場加蓋作廢戳記，不予收換。如持券人有混兌嫌疑者，並應送請當地司法機關依法究辦。

第七條　各地收換之僞中儲券，由中央銀行分地集中點驗保管，列表報請財政部

查核，聽候會同審計機關或地方政府派員監視銷毀。

第八條　本規則自公布之日起施行。

附錄二　財政部公布僞中國聯合準備銀行鈔票收換辦法

僞中國聯合準備銀行鈔票收換辦法

（1945 年 11 月 21 日）

一、僞中國聯合準備銀行鈔票，准以五元換法幣一元，由中央銀行及其委託之機關辦理收換事宜。收換規則另訂之。

二、自民國三十五年一月一日起，至同年四月三十日止，爲收換期間。逾期未持請收換之僞鈔，一律作廢。[168]

三、僞中國聯合準備銀行鈔票票版業經接收銷毀，其已發行之鈔票種類及發行總額，並據財政部冀魯察熱區財政金融特派員查報，如有超過原報數額以外及種類不符之僞鈔，不予收換。

四、凡操縱牟利，故爲高下，違反本辦法第一條之規定者，以擾亂金融論罪。

僞中國聯合準備銀行鈔票收換規則

（1945 年 12 月）

第一條　本規則依照僞中國聯合準備銀行鈔票收換辦法第一條之規定訂定之。

第二條　收換僞中國聯合準備銀行鈔票（以下簡稱爲僞聯銀券），由中央銀行負責辦理。中央銀行爲便利收換，並得委託其他銀行或機關代爲辦理，其辦理手續，由中央銀行規定之。

第三條　僞聯銀券持有人向中央銀行及其委託之銀行、機關申請收換時，每人每次以國幣一百元爲最低限額。

第四條　收換僞聯銀券如遇殘缺不全者，應照中央銀行所規定兌換殘缺券之標準辦理。

第五條　收換僞聯銀券如遇僞造及種類不符之鈔票，應由收換機關當場加蓋作廢戳記，不予收換。如持券人有混兌嫌疑者，並應送請當地司法機關依法究辦。

第六條　各地收換之僞聯銀券，由中央銀行分地集中點驗保管，列表報請財政部查核，聽候會同審計機關或地方政府派員監視銷毀。

第七條　本規則自公布之日起施行。

---

[168] 僞聯銀券收換期限後延至 1946 年 5 月底止，5 月 15 日起停止流通。

附錄三　國民政府經濟緊急措施方案

（1947 年 2 月 17 日）

一、關於平衡預算事項

（一）、本年度政府各部門預算內，凡非迫切需要之支出，均應緩發，應由行政院會同主計處斟酌情形，妥擬辦法呈核。

（二）、嚴格執行徵收各種稅收，以裕庫收，特別注重切實徵收直接稅，並加闢新稅源，其實施辦法，由財政部迅速擬具，呈準施行。

（三）、政府所控制之敵偽產業及購得之剩餘物資，應由各主管機關加緊標售，並將辦理情形按旬報告。

（四）、凡國營生產事業，除屬於重工業範圍及確有顯著特殊情形必須政府經營者外，應即分別緩急，以發行股票方式公開出賣或售與民營。

二、關於取締投機買賣安定金融市場事項

（一）、即日禁止黃金買賣，取締投機。附取締黃金投機買賣辦法。

（二）、即日禁止外國幣券在國境內流通。附禁止外國幣券流通辦法。

（三）、加強對於金融業務之管制，以控制信用，配合政府經濟政策，安定金融市場。附加強金融業務管制辦法。

三、關於發展貿易事項

（一）、為恢復國際收支平衡及挽救國內工商業之衰落起見，外匯匯率應予改訂，中央銀行外匯牌價自即日起以法幣一萬二千元合美元一元。至二月六日公布之出口補助及進口附加稅辦法，即予廢止。

（二）、輸出貿易之發展，除調整匯率外，應由輸出推廣委員會從改良生產技術、採取貨品標準化、減低成本及開發新市場方面入手，飭即擬具切實方案積極實施。

（三）、按照修正進出口貿易暫行辦法所規定之輸入許可制度，若干原料品及機器之進口為國內工業所必需，估計總值本年全年度達四億七千二百五十九萬美元或等值外幣。其大宗貨品之限額既經輸入臨時管理委員會予以規定，應先將一至六月之限額予以公布，其所需外匯共達美金二萬萬元，即由中央銀行準備支付。

（四）、現行之中央銀行管理外匯暫行辦法關於買賣黃金及外鈔部分應予修正。所有應予修正條文詳見附件。

四、關於物價工資事項

（一）、行政院指定若干地點為嚴格管制物價之地，各該指定地之地方政府及有關機關應動員全部力量穩定物價。

（二）、各指定地一切日用必需品嚴格議價，依照取締違反限價議價條例及評議物

價實施方案辦理。

（三）、各指定地職工之薪水，按生活指數計算者，應以本年一月份之生活指數爲最高指數，亦不得以任何方式增加底薪。但此項工廠應就食糧、布匹、燃料三項按本年一月份之平均零售價，依定量分配之原則配售於各職工，各工廠爲供應工人所需之糧食、布匹、燃料，應請由政府代購，不得自由採購，變相囤積。

（四）、二十七年府令修正公布之非常時期農礦工商管理條例應嚴格執行，對於指定之企業及物品依該條例切實管理。其管理要點如左。

1. 明定勞工待遇及物品售價利潤等。

2. 在經濟緊急措施時期之內，禁止閉廠罷工或怠工。

3. 禁止投機壟斷或其它操縱行爲。

4. 對違反該條例規定者從嚴處罰。

（五）、原定非常時期取締日用重要物品囤積居奇辦法應嚴格執行，違者除沒收其囤積之物品外，並依該辦法及非常時期農礦工商管理條例處罰。

（六）、在本辦法施行期間，各指定地政府爲制止投機買賣之必要，得暫行封閉某種市場。

（七）、本辦法自公布之日施行。

五、關於日用品供應事項

民生日用必需物品供應辦法

（一）、政府對下列各項民生日用必需物品充分供應：食米、麵粉、紗布、燃料、食鹽、白糖、食油。

（二）、政府對於上列物品以定價供給，公教人員按用之正當需要勿使缺乏，就京滬兩地先行試辦，並於市場隨時出售，以安定市價。

（三）、政府對於第一條所列物品項目，得按照供需及各地情形隨時增減之。

（四）、民生日用必需物品之生產運銷，除政府機關自行經營外，應協助並鼓勵人民多運米麵部分，並由政府充分向國外購運。

（五）、政府應在各重要地區分期推進，充分供應民生日用必需物品。

（六）、最高經濟委員會爲調度供應民生日用必需物品之督導機關，負決定政策、指示方針、考核業務之責。

（七）、經濟部、財政部、糧食部、資源委員會，應各按其主管範圍秉承最高經濟委員長（會）之指導，分別掌管民生日用必需物品之供應。

（八）、各省市地方政府應負責監督經營民生日用必需物品之各行業遵行政府政策，供應社會需要。

（九）、民生日用必需物品出售之價格，由主管機關核定公布之。

（十）、經營民生日用必需物品之工商行號，不得有下列行為：

1.出售民生日用必需物品超過公布價格者。

2.囤積民生日用必需物品延不供應者。

違反上列事項者，以擾亂市場論罪，從重懲處。

（十一）、各項實施辦法，由最高經濟委員會督促各主管機關核定施行。

本辦法自公布日施行。

第四章
黃金風潮後至國府遷臺前黃金政策及影響

前言

在 1947 年 2 月經濟緊急措施方案實行後，國民政府雖徹查相關人士是否在此次風潮中存在不端行為，但並沒有放棄黃金政策的使用，而是重新檢討了黃金政策的失策，於之後運用時須再充實之處，而隨著 1947 年國共戰局逆轉，國府再次將黃金作為挽救危局的重要資源。

第一節　黃金風潮後至金圓券幣改前經濟情勢與黃金市場

中央銀行總裁貝祖貽在 1947 年 2 月 28 日卸任前夕，到立法院報告過去一年來執行金鈔政策，認為：此一政策去年對平抑物價不無功效，然今年情勢已變，因之能否繼續施行，實有詳加考慮必要。……金鈔政策過去所能收效一時，主要由於國內和平，今年情勢大變，此一政策，能否繼續施行，實有詳細加以考慮必要。貝氏繼分析上海最近金潮原因，謂與各地游資紛紛集滬大有關係。[1]

對於民間的批評，貝祖貽認為其對於抑止物價達到不少功效，為自己的政策辯護，但也承認，接下來的財經政策，有調整的必要。黃金風潮在行政院長宋子文和央行總裁貝祖詒負起政治責任下臺之後，究責之聲逐漸平息，3 月 3 日，新任中央銀行總裁張嘉璈抵上海就職。[2] 行政院長也由蔣介石親自兼任，期望「經濟政策澈底改正」。[3]

---

[1] 《東方雜誌》，43 卷第 6 號，1947 年 3 月 3 日，頁 80-82。

[2] 姚崧齡，《張公權先生年譜初稿》下冊，頁 802-805。

[3] 《蔣介石日記》（未刊本），1947 年 3 月 31 日。

　　次日，蔣介石即以行政院長身分，主持行政院會議，會中決議將原最高經濟委員會改爲全國經濟委員會，改隸於行政院管轄，由院長任經委會的委員長，並在下設物價委員會，負責穩定全國各城市物價。[4] 其中南京、上海兩市市長，爲物價委員會指定委員，以京、滬爲其管轄重點。[5]

　　1947 年 3 月 11 日，立法院鑒於近來 5 千元及 1 萬元大額法幣的發行，對於平抑物價的努力將造成抵銷作用，爲達到穩定物價，安定市面的目的，由樓桐孫、譚惕吾、戴修駿、劉通等委員等人建議，建請財政部立即停止發行票面金額 1 萬元的券幣，並不再發行票面金額超過 1 萬元以上的券案，由院長孫科宣付表決通過。[6]

　　1947 年 2 月中旬至 4 月中旬，物價暫時平緩，在經濟緊急措施方案中，因處非常時期，一些法規制定過於嚴苛，難免不切實際，因此在經濟平緩時期，對於已訂定的政策，也依執行的實際狀況進行修正，關於取締黃金投機買賣辦法中第一條「禁止黃金條塊及金飾之買賣，違者沒收充公」條文內的「及金飾」三字刪去，第九條「銀樓業及首飾店金飾之處理，其辦法另定之」，修正爲「銀樓業收兌及製造金飾之管理，其辦法另定之」，並轉飭各銀樓業知照。[7]

　　在情勢逐漸穩定之後，蔣介石也將行政院長一職交棒張群擔任，4 月 23 日張群就職行政院院長，在中央廣播電臺發表就職演講，對於經濟談道：

> 中國經過了這八年的苦戰，國家元氣凋喪，人民生活困苦，再加上戰後一年有餘的國內動亂，國家財政與社會經濟的危機一天一天的深刻化，在治標方面，政府早已頒布經濟緊急措施方案，自當繼續切實執行。在治本方面，政府也要逐步實施既定方案。……凡是無關於預算平衡幣制整理，無關於國計民生的迫切重要事項，絕對不輕舉行動，務期從安定中求進步。更當竭力扶植民營經濟事業，使社會游資得以轉用生產，而政府立誠立信，尤其是一切進步與改革的基礎。[8]

預告了新內閣將以預算平衡與整理幣制爲最迫切事項。

　　到了 4 月下旬至 5 月上旬，以米價爲首又掀起了漲風，米價由 4 月初的每石

4　《華商報》，1947 年 3 月 6 日。

5　中華年鑑社編，《中華年鑑》，南京：中華年鑑社，1948 年，頁 1034-1035。

6　《申報》，1947 年 3 月 12 日。

7　《國民政府公報》，第 2782 號，1947 年 3 月 25 日。

8　《大公報》，1947 年 4 月 24 日。

107,000 元，下旬已漲至近 280,000 元，[9] 19 日蔣介石記曰：「經濟情勢又起波動，應加注意。」[10] 28 日，政府公布「黃金外幣買賣處罰條例」[11] 並由財政部令各地財政主管當局，密切查禁黃金及美鈔黑市，一經發覺，處予嚴懲。[12]

1947 年 5 月 1 日，蔣介石與行政院長張群、財政部長俞鴻鈞與央行總裁張嘉璈等人討論財政應急措施，張嘉璈提出中央銀行對於政府的墊款應有限度，但俞鴻鈞持反對意見，表示軍費支出無法拒絕，因此不能規定中央銀行墊款限度，蔣也表示同意俞言，故討論無結果而散。張嘉璈於當天日記寫道：

> ……此點實爲抑止通貨膨脹之關鍵，亦爲我擔任央行職務之成敗所繫，實亦政府基礎能否穩固之所繫。此一建議，不能施行，美金黑市必日見高漲，人民如何肯以美金來購公債，對於庫券亦必觀望不前。且本息以法幣照美金市價償還，法幣支出勢必增加，殊不合算。我之發行公債庫券計畫，將全盤失敗，等於一場空夢。誠恐國家惡運，注在今日矣。[13]

米價上漲情況十分快速，浙江將價格定在每石 127,000 元，米店因議價過低，紛紛閉門拒售，招致市民不滿，杭州許多糧行米店，相繼遭市民搗毀，上海市長吳國楨只能被迫改高米價，先提高至 170,000 元，至 5 月初又改爲 200,000 元。但對於是否能平息漲風，吳也表示悲觀。[14] 蔣於日記寫道：「物價高漲，米價已至 20 萬元以上，緊急方案一經生隙，則經濟物價如野馬脫韁，無法措置矣。」[15] 除了浙江、四川成都、江蘇無錫境內，均開始發生搶米風潮，若干米店被搶，情形混亂，成都於 5 日宣布戒嚴。[16] 南京與上海兩市政府，開始積極取締囤積居奇，擾亂糧價的商人，並於 6 日頒布調節糧食辦法，包括：（1）米商採購和運輸食米時，地方當局應加以保護和予以便利。（2）制止囤積居奇，未經登記的米商不得營業，舉辦糧貸。（3）米商須向地方當

9　中國科學院上海經濟研究所、上海社會科學院經濟研究所編，《上海解放前後物價資料匯編（1921-1957）》，上海：上海人民出版社，1959 年 10 月，頁 36。

10　《蔣介石日記》（未刊本），1947 年 4 月 19 日。

11　《國民政府公報》，第 2810 號，1947 年 4 月 28 日。

12　《申報》，1947 年 5 月 3 日。

13　姚崧齡，《張公權先生年譜初稿》下冊，頁 828-829。

14　《華商報》，1947 年 5 月 3 日。

15　《蔣介石日記》（未刊本），1947 年 5 月 3 日。

16　郭廷以，《中華民國史事日誌》第四冊，頁 638。

局登記存米數量。（4）地方黨政軍當局不得妨礙食米自由流通，期望壓制漲風。[17]

　　此時國共已開始軍事衝突，在孟良崮戰役開始前，張靈甫電蔣介石，痛陳國軍各部不能合作，「勇者任其自進，怯者聽其裹足，犧牲者犧牲而已，機巧者自為得志，賞難盡明，罰每欠當，彼此多存觀望，難得合作，各自為謀，同床異夢。匪能進退飄忽，來去自如；我則一進一退，俱多牽制。匪誠無可畏，可畏者我將領意志之不能統一耳。」[18] 1947 年 5 月初以來，各地糧價漲風不斷，民心浮動，蔣介石慨然之餘，於日記寫道：「前方將領又多猶豫滯遲，毫無決心與勇氣，茫茫前途，究不知如何結局矣。後方人心疲弱驚恐，物價高漲，各都市多發生搶米風潮，共匪專造謠諑擾亂社會，情勢至此，最謂嚴重，無任憂慮。」[19] 最重要的經濟中心上海，也發生搶米情形，上海在取消限價後，米店為防止米被搶，在店前設起欄杆，有的店家只將店門半開，以便發生騷動時方便關門，[20] 北京 17 日起北大、清華開始罷課，並發表《反饑餓反內戰罷課宣言》，19 日上海 7 千多名學生舉行「反饑餓反內戰」遊行，5 月下旬每石米已超過 400,000 元，食油、紗布等也隨之上漲。[21] 23 日，米價漲至 43 萬元，26 日又漲為 50 萬元，5 月底，商討糧食配給的可能性，[22] 6 月 9 日，上海成立民食調配委員會，實施計口授糧，大口 1 斗，小口 5 升，與原本預定的大口每人 3 斗，小口每人 1 斗有不小落差。[23]

　　1947 年 6 月下旬因解放軍開始在東北及津浦、平漢鐵路線發起攻勢，東北、華北局勢緊張，造成大批游資南下，衝擊市場，金價美鈔黑市上漲約 1 倍，民生必需品亦上漲數成，糧食開始配售，另在上海組織「經濟監察團」，嚴禁黑市活動，加上傳出美國貸款的消息，7、8 月間物價略為平緩，但仍不甚穩定。[24]

　　8 月，又公布了「經濟改革方案」，為 1947 年的第二次，1947 年 2 月的緊急方案的重點在於取締投機、安定金潮與管制物價，以應付上海金潮為目標，努力於物價穩定，因此取締黃金買賣，禁止外幣流通，嚴格議價限價，改訂匯率，調整金融，緊

---

[17]　《華商報》，1947 年 5 月 6、9 日。

[18]　〈張靈甫致蔣中正電〉（1947 年 5 月 6 日），國史館，檔號：002-020400-00014-007。

[19]　《蔣介石日記》（未刊本），1947 年 5 月 6 日。

[20]　《華商報》，1947 年 5 月 7 日。

[21]　中國科學院上海經濟研究所、上海社會科學院經濟研究所編，《上海解放前後物價資料匯編（1921-1957）》，頁 36。

[22]　《華商報》，1947 年 5 月 27 日；姚崧齡：《張公權先生年譜初稿》下冊，頁 835-836。

[23]　《中央銀行月刊》，第 2 卷第 6 期，頁 1-3。

[24]　中國科學院上海經濟研究所、上海社會科學院經濟研究所編，《上海解放前後物價資料匯編（1921-1957）》，頁 37。

縮信用，列管制辦法十條，是屬於一種統制經濟的臨時措施。此次改革方案的重點則在於謀求生產事業的開發，目的在於改善經濟現狀，標明增加物資，才能穩定物價，而想增加物資就得努力生產，而增加生產，便需擴充貸款，於是擴充信用，設立縣、省銀行，龐大金融機構，以期促進生產建設，謀財政充裕，因此統制經濟的色彩較淡。[25]

在「經濟改革方案」頒布後，黃金政策應如何處置，為各方所關切，有主張開放黃金，由政府定價收購，也有主張將黃金折換外匯，購非禁止進口物資輸入中國等，為此經濟學者朱斯煌、吳承禧、湯心儀、魏友棐、李宗文、沈光沛、盛慕傑等，還就黃金的利弊進行討論，其認為開放黃金的利益有：（1）充實外匯基金。因中國素來是入超國家，外匯基金，常感覺到不足，戰前仰賴僑匯，戰時則倚靠美、英等國借款以資挹注，戰後在各國借款尚無眉目時，外匯市場開放後僑匯增加，雖較樂觀，但能否平衡入超仍是疑問，如其能將黃金開放，充實外匯基金，對經濟是有益的。（2）避免黃金凍結。現在黃金屬於凍結期間，人民持有黃金卻無法運用，商人如有交易的便屬犯法。不但黃金功用無法顯現，然而黑市交易，當局雖嚴禁依然無法禁絕，但效果有限。中國工商業目前資金短絀，如能將黃金開放，對於市場來說是有兩方面的助益，一是可利用黃金向銀行押款。如黃金開禁，他們在資金短缺時期，自可利用黃金向銀行作押款，對於資金週轉即多一條途徑；一是多一筆購買原料的資金。因現在黃金凍結，工商界的黃金只可存於庫中，如將其開放，且規定一個黃金兌換美匯的比率，則凡持有黃金的工商界，可向政府換取美匯，以便向外訂購原料。認為開放黃金的弊害有：（1）比價的不易規定。此項比價可分為對美匯兌法幣兩方面言，黃金美匯官價是35元，而紐約黃金自由市場每盎司黃金最近超過40元，澳門金價每盎司則超過50元，中國之前黃金官價是以40美元為基準，後來美金公債中規定黃金每兩值50美元，所以如其開放黃金，則黃金與美匯的比價究應如何規定，是值得考慮的問題。如按官價35元計，恐怕人民意願不高，如照市價計算則政府又吃虧，如不徹底折中計算，則收效必定不大。再則黃金對於法幣的比價更難決定，近期因香港金市動盪，已對上海造成莫大壓力，黑市黃金每兩在260萬兩以上，但按黃金與美匯的比價計算，每兩不到200萬元，此項市價能否吸收黃金，如加以提高，則對於美匯比價是否同時提高，為其困難之處。（2）容易刺激物價。黃金開放之後，黃金市價必定會較之前官價更高，此對於物價已有刺激作用，何況黃金凍結後已近半年，現在一旦開放，必定

25　趙迺摶撰，〈重論政府公布的經濟方案〉，《大公報》，1947年8月24日。

供不應求，金價上漲的結果，物價一定也將隨之上漲。[26]

　　1947 年 8 月 18 日，外匯平衡基金會在上海成立，公布《新外匯貿易管制辦法》，改變過往固定外匯牌價的作法，設立外匯平準基金會，調節外匯市場，進口物資除幾種必需品按官價結外匯，其餘均按市價，出口物資外匯，一律按照市價收買，當時官價 1 美元合法幣 1 萬 2 千元，黑市 1 美元合法幣 4 萬元，沉寂已久的出口商品價格受此刺激，立即大漲。上海方面，除紗布外，其他各物一致上揚，其中食米來到每石 41 萬 5 千元，較上週上漲萬餘元，麵粉等必需品皆上漲數千至 1、2 萬元不等。[27] 加上美國宣布暫停對華貸款，解放軍越隴海路南下，進入大別山地區，已威脅到武漢。共軍在東北、華北地區也轉入攻勢，游資大量流入上海，自 9 月上旬開始物價全面上漲。9 月 24 日，因應付日益龐大的軍政費開支，打算發行 5 萬元、10 萬元大鈔，上海金融界得知將有大額紙幣發行，屆時物價必然受刺激高漲，開始在上海搜刮黃金，更有動用飛機載運鈔票到廣州收購黃金港元者，恰逢廣東省主席異動，控制較鬆，官僚資本也加入套取外幣，當局進行壓抑，派探員監視十三行黑市開盤，但炒友仍避開耳目，祕密開盤。[28] 就經濟學者分析可知，黃金開放是利害參半，外匯既已開放，若只將黃金緊閉，看似不合理，可是外匯的引誘力尚不如黃金，如在外匯尚無法控制之下，同時開放黃金市場，如把握不好，便會加速通貨膨脹和人心浮動。

　　自 9 月上旬物價上漲開始至 10 月這一個多月，各種物品漲幅都在 60%，10 月底，蔣介石寫下反省：「經濟狀況日下，（每）石米價漲 80 萬元以上，滬市實為建國之制（致）命傷，應使有以根本解決也。」[29] 11 月中旬因石家莊易手，物價再次受到刺激，金鈔黑市上漲約 70%，蔣記道：「各都市物價狂漲，米價每石有至 80 萬元以上，而美金黑市且至 13 萬元兌換美鈔 1 元者。」[30]「近來各大都市，游資充斥，物價波動，尤以上海為甚，致各地各物皆受其影響。」[31] 12 月 5 日，指示張群於上海設置經濟會議，以管制當地物價金融。[32]

　　1947 年 12 月 10 日，中央銀行開始發行關金券 1 千元、2 千元和 5 千元，即 2 萬元、4 萬元、10 萬元三種大鈔。上海為因應局面，由上海市警局出動全部經濟警察，

26　朱斯煌、李宗文、吳承禧等，〈黃金之前途〉，《銀行週報》，1947 年第 31 卷第 36 期。

27　《大公報》，1947 年 8 月 20 日。

28　《華僑日報》，1947 年 9 月 25 日。

29　《蔣介石日記》（未刊本），1947 年 10 月 31 日。

30　《蔣介石日記》（未刊本），1947 年 11 月 30 日。

31　國史館編，《蔣中正總統檔案：事略稿本》第 71 冊：民國三十六年九月至十二月，臺北：國史館，2012 年 9 月，頁 507-509。

32　《蔣介石日記》（未刊本），1947 年 12 月 5 日。

嚴密監視各個廣場，取締非常交易，故情況尚可控制，其他城市則如預期，於大鈔發行起各地物價便又暴漲，太原獲悉發行消息後，物價即如脫韁之馬，麵粉 10 日每袋即漲至 147 萬元，香油每市斤亦迫近 10 萬。《大公報》見此景即寫道：「人民爲生活而掙扎，已喪失其求生之信心，此種險惡現象，誠堪憂慮。」[33] 18 日，蔣介石以四聯總處主席身分，召集全體理事，舉行會議，說明經濟重於軍事，想到近來經濟動盪，心煩意亂，會中嚴厲批評四聯總處的無作爲，痛斥其自私與不負責任。[34] 並做出四項指示：續採緊縮政策；必須之貸款首重吸收游資；計畫外之放款需呈報給蔣先核定；利用政治力量平抑市場的波動，如取締黑市。[35] 而金鈔黑市價格上漲之速更甚物資，金鈔爲投機品，反應更爲敏感，司法院只能頒布法令，規定報章雜誌不得登載公告以外的黃金外匯行情，登載者即違反經濟緊急方案。[36]

　　至 1948 年，物價已如脫韁野馬，無法收拾，這個時期物價上漲的間歇期越縮越短，2 月中旬開始物價上漲，一直到 4 月稍緩，5 月又開始上漲，6 月以後每天都在上漲，3 月 25 日，蔣介石手諭張群，稱：「……上海證券交易所成立之後……與工商業本身毫無關係，純爲買空賣空。一般投機操縱者，如飲狂藥，肆求暴利，專以搞亂市場，鼓動風波，抬高利息，抬高物價爲目的，種種離奇怪誕，損害政府之謠言，均由交易市場製造而出，搖惑（動搖蠱惑）人心，實足影響戡亂工作……今既弊害叢生，應即剋期將其停辦，並禁止一切場外交易，希即遵辦具報。」命將上海證券交易所停辦。[37]

　　經濟情勢每下愈況，各種措施皆不見改善，1948 年 5 月 2 日，張群請辭行政院長，行政院進行改組，由資源委員會秘書長翁文灝擔任行憲後首任行政院長，央行總裁張嘉璈也辭去央行總裁一職，由俞鴻鈞接任。身爲最高領導人，蔣介石對於這段時期的米價狂漲頗爲擔憂，並時刻追蹤米價的變動，6 月 10 日記：「市物價以端午節近，兼之各方法幣皆向上海流入，因之百貨暴漲，白米每石已至 700 萬元，美鈔聞已漲至 150 萬元。」[38] 16 日記：「米價每石已漲至 980 萬圓，以後將繼續飛騰，經濟情勢已至最險惡之境地……」，[39] 19 日記：「經濟情況江河日下，米價每石已至 1,010 萬元

---

[33] 《大公報》，1947 年 12 月 11 日。

[34] 《蔣介石日記》（未刊本），1947 年 12 月 18 日。

[35] 《申報》，1947 年 12 月 19 日。

[36] 《大公報》，1947 年 12 月 23 日。

[37] 〈蔣中正致張羣手諭〉（1948 年 3 月 25 日），國史館，檔號：002-080200-00591-001。

[38] 《蔣介石日記》（未刊本），1948 年 6 月 10 日。

[39] 《蔣介石日記》（未刊本），1948 年 6 月 16 日。

矣。」[40]26 日記：「本週 5、6 兩日，上海物價飛漲，石米至 2,300 萬元，美鈔至 430 萬元。經濟已呈崩潰之象，危極矣。」[41]7 月 17 日記：「本週末石米已漲至 4,300 萬，而美元黑市且漲至 650 萬元以上矣。」[42]

對於米價的暴漲，6 月 12 日《大公報》關於米價的一段話，形容的很傳神：「上海市最近米價跳動特別厲害，昨天 1 石米就要 1 千萬，聽來真是駭人！假使說 1 石米960 萬，算一算，1 升米有 3 萬 2 千粒，1 粒米就要 3 塊洋鈿。」[43]為抑止米價上漲，6月 15 日上海民食調配委員會，規定米價門市每石不得超過 1 千萬元。並發動經濟警察，到各米店調查，違者停止營業資格，嚴格要求米店要將賣出的米詳細登記，購者姓名、住址職業都要詳細記上，凡米店門市零售價格每石超過一千萬者，也希望市民檢舉。[44]上海因實行高壓管制，各處都派警員 1 人，會同民調會人員監視食米限價，市場暫時交易冷清，[45]但市價早已與牌價脫節，16 日起，各地逐發生搶米風潮，寧波 1日共 29 間米廠被搶，[46]重慶 1 日共 70 餘家米店被搶，失米 7 千餘石。[47]

1948 年 7 月 18 日，中央銀行以「最近各地鈔券缺乏，工商業深感週轉困難，本行迭接各方函電，要求增發較大面額之鈔券」及「現行面額鈔券，民間購物及攜帶，均感不便」為由，宣布發行關金 1 萬元、2 萬 5 千元、5 萬元、25 萬元 4 種大鈔，央行總裁俞鴻鈞談到：「政府對於收縮通貨，平抑物價，已有通盤之籌措，此次發行較大面額之鈔券，純為便利人民……」，為此次增發大鈔一事辯解。[48]

綜觀這幾個月的經濟情形，物價上漲幅度越來越大，漲風間隔越來越短，主要在於法幣的發行額無法守住，1948 年 5 月份的發行額較上月增加 47.8%，6 月份較上月增加 85.1%，7 月份較上月增加 100%，票面額從 1 萬，最後升至 500 萬元。

軍事上的節節敗退，也嚴重著影響著經濟，1947 年冬季，解放軍戰略轉為全面進攻，至 1948 年 6 月，已取得城鎮 160 座，6 月 16 日攻佔開封後，物價便因此上漲約1 倍，7 月解放軍相繼攻克兗州和襄陽，並包圍了濟南，物價也朝著戰事變化而瘋狂上漲。解放區的擴大導致法幣流通區域縮小，多數法幣都集中在上海等少數城市，後

40　《蔣介石日記》（未刊本），1948 年 6 月 19 日。
41　《蔣介石日記》（未刊本），1948 年 6 月 26 日。
42　《蔣介石日記》（未刊本），1948 年 7 月 17 日。
43　《大公報》，1948 年 6 月 13 日。
44　《大公報》，1948 年 6 月 16 日。
45　《大公報》，1948 年 6 月 17 日。
46　〈寧波全城搶米案紀詳〉，《大公報》，1948 年 6 月 16 日。
47　《大公報》，1948 年 6 月 18 日。
48　《大公報》，1948 年 7 月 20 日。

逐日增發的大量發行額迅速流向上海，造成上海游資日多，而銀根鬆濫的局面。

　　關於這段期間的主事者央行總裁張嘉璈與行政院長張群，實有非戰之罪。過去任央行總裁，總有一些資源作為憑藉，但張嘉璈的憑藉，無論內在或外在的，皆太少了。過去的一年半中，防止通貨膨脹的手段，就中央銀行的立場看，內在有黃金的拋售，外匯的供售；外在有敵偽產業的標賣，物資的供應。現在黃金外匯賣完，敵偽產業也只剩紡建公司及中華煙草公司等，至於物資也大多用完，紡建的紗布要供軍用和供出口之用，再要如過去的配合起來收縮通貨便不太現實。如張嘉璈要成功一定要有一個平衡的財政，景氣的工商，張氏很了解今日之弊為何，所以美金債券和放金在他的策動下進行，美金債券目的是希望以增募公債的方式來吸收剩餘購買力，以達阻止或緩和通貨膨脹的目的；中央銀行貼放委員會是想以充分供應資金而扶助生產。希望糾正中央銀行的基本缺陷，使中央銀行能名符其實，並克服當前的經濟危難，[49] 然而效果有限。在貝祖詒任內，宋子文還可以依仗拋售黃金外匯，標賣敵偽產業，來挹注中國經濟，但到了張嘉璈任內，敵偽物資既已大半拋光，黃金也有限的情況，張嘉璈在和張群的密切計議下，宣布了六大急救計畫：（1）加強外銷：對於出口物資，由政府統購統銷，實施補貼政策；（2）嚴格限制外匯使用：需用外匯的預算，能核減的決定核減；（3）停止舉辦非現時急迫需要的任何事業；（4）停止或減少一部分國營公用事業的補貼政策；（5）舉辦一次財產稅，冀以稅收所得彌補國庫的不足；（6）發行美金短期庫券，藉以吸收法幣回籠。然而實施結果證明，第一項雖可以獎勵外銷，惟終因物價波動太劇，以致出口貿易依然無甚起色；第四項由於國營公用事業一再漲價，結果雖然在表面上是減少了國庫一部分的開支，但事實上仍在領導著其他物價的猛漲，迫使法幣貶值，故通貨膨脹依然日益猛烈；第六項除了遭遇到銀行界的反感以外，使人民反而認為是一種變相的「攤派」，故實施以來，認購的成績甚為平平；第二、三、五三項則根本沒有實行。[50]

　　國府改組後的十二條施政方針，僅有兩條是關於財政的，分別為：「第九條，徹底整理稅制及財政，簡化稽徵，或續減少賦稅種類及附加稅，以減輕人民之負擔；第十一條，今後所有舉辦外債，應指定專為穩定並改善人民生活及生產建設之用。」這兩條的前半節的說法與後半節的目的，是不易吻合的，所謂徹底整稅制及財政，舉辦外債，不過是為了增加財政收入而竭澤而漁的作法。內戰財政不足，不舉辦新稅在政府已算德政，如何能減少？如果不加重某一類的課稅率，又如何輕易減少賦稅種類及

49　盛慕傑，〈論張嘉璈氏的路線〉，《經濟週報》，1947 年第 4 卷第 14 期。

50　高公，〈張嘉璈與貝祖詒的比較〉，《中國新聞》，1947 年第 1 卷第 9 期。

附加稅？至於舉辦外債，則在內債一再失信下，人民信賴度打了折扣，因此更難舉債。[51]

以下列表說明法幣自 1945 年 7 月中日戰爭結束前 1 個月，至 1948 年 8 月 19 日，中央銀行發行法幣數額，如果拋售黃金以當時市價約每兩 300 萬元的平均價格計算，出售黃金共計收回法幣約達 11 萬多億元，然而 1947 年增發的新鈔卻有 29 萬多億元，1948 年 8 月發行額爲 1945 年 7 月的 1,308 倍，說明當時拋售黃金實際上已起不到緊縮通貨、縮緊銀根的作用。[52]

這個時期黃金禁止買賣，只進不出，但收金官價一開始訂價就已低於黑市價格 10 餘萬元，且官價從公告日 1947 年 2 月 17 日起，至 1947 年 8 月 17 日止，始終未變，與黑市價格愈差愈遠，不過因爲黃金雖已禁止買賣，卻仍可持有，致使走私盛行，黑市價格持續上漲。[53] 由下表可知，自 4 月至 7 月，4 個月間，黃金價格上漲超過 10 倍，美鈔價格則上漲超過 12 倍，經濟情勢危急至此，當局認爲除幣制改革外，已無其他解決辦法。

表 4-1-1　抗戰勝利後法幣發行額表

(單位：元)

年月	法幣發行額累積
1945 年 7 月	462,326,724,829.25
8 月	556,907,473,921.25
9 月	673,793,162,561.79
10 月	807,939,837,119.85
11 月	901,023,645,159.85
12 月	1,031,931,915,483.00
1946 年 1 月	1,141,673,365,302.75
2 月	1,261,293,492,701.80
3 月	1,359,284,882,839.80
4 月	1,527,141,992,439.80
5 月	1,795,969,105,483.75
6 月	2,116,996,652,001.75
7 月	2,158,644,946,782.00
8 月	2,376,096,508,213.75
9 月	2,700,555,872,545.00
10 月	2,983,852,232,353.75
11 月	3,296,218,574,333.00
12 月	3,726,118,368,205.07
1947 年 1 月	4,509,521,775,308.28
2 月	4,837,805,726,178.05
3 月	5,744,089,214,507.25
4 月	6,901,080,565,421.25
5 月	8,381,303,096,786.25
6 月	9,935,176,815,294.79
7 月	11,664,193,137,444.25
8 月	13,697,381,048,086.25
9 月	16,948,161,314,240.15
10 月	20,791,224,427,905.15
11 月	26,878,920,036,528.15
12 月	33,188,575,810,645.44
1948 年 1 月	40,940,997,382,646.15
2 月	53,928,768,959,611.15
3 月	69,682,157,479,578.15
4 月	97,798,921,356,823.15
5 月	137,428,812,768,732.15
6 月	262,535,374,640,000.65
7 月	500,671,256,000,000.15
8 月 19 日	604,642,776,182,020.15

資料來源：張維亞，《中國貨幣金融論》，臺北：臺灣新生報，1952 年，頁 271。

---

[51] 盛慕傑，〈論張群氏的經濟路線〉，《經濟週報》，1947 年第 4 卷第 18 期。

[52] 石柏林，《淒風苦雨中的民國經濟》，頁 419。

[53] 虞寶棠編著，《國民政府與民國經濟》，頁 451-452。

表 4-1-2　1948 年上海黃金、美鈔黑市價格　（單位：兩、美元）

時間	黃金	美鈔
4 月 10 日	35,000,000	630,000
4 月 20 日	37,500,000	670,000
4 月 30 日	41,000,000	770,000
5 月 10 日	58,500,000	1,100,000
5 月 20 日	61,000,000	1,180,000
5 月 30 日	61,500,000	1,250,000
6 月 10 日	78,000,000	1,500,000
6 月 20 日	125,000,000	2,100,000
6 月 30 日	180,000,000	3,500,000
7 月 10 日	270,000,000	5,400,000
7 月 20 日	320,000,000	6,900,000
7 月 30 日	400,000,000	8,200,000

資料來源：中國第二歷史檔案館，檔號：4-40301。

第二節　幣制改革的起念到金圓券收兌金銀

隨著戰後接收，原淪陷區貨幣兌換率的失當，到 1946 下半年，國共在軍事上的鬥爭逐漸檯面化，社會經濟開始明顯惡化，通貨膨脹蔓延各大城市，當局開始產生以幣制改革改善經濟困境的想法，最終在 1948 年 8 月推行金圓券幣制改革。

一、幣制改革的起念

（一）蔣介石對於幣制改革的起念

抗戰剛勝利時，蔣介石便已經產生改革幣制的想法，在 1945 年 9 月即令中央銀行總裁俞鴻鈞「今後改革幣制發行新幣之方案，以及其實施之時期，希即密為研究議擬……」[54] 然蔣此時雖已萌生想法，但當時他的全盤規劃中，幣改並不是迫切之事。戰後初期經濟情勢尚稱平穩，自然不會在變動現況方面著墨太多，近一年後，1946 年 7 月，為維持公教人員生活，致函行政院長宋子文時表示：「如果幣制改革須待半年以

---

[54] 〈蔣中正致俞鴻鈞手諭〉（1945 年 9 月 12 日），《蔣中正總統文物》，檔號：002-080200-00582-004。

後，則公教人員之薪津，如不能照物價指數隨時增給，則只有速籌發給實物一道，而且此種實物發給之實行，愈早愈好，絕不可拖延到兩個月以後。」[55]可知幣制改革在當時並沒有一個固定的日程，暫定的時間在 1946 年底，但並無其他強勢方式推行。在 8 月時，幣制改革籌備的草案有了初步結果，蔣於日記寫道：「外匯率之改正、新幣制之籌備、金融與預算以及收購糧食計畫亦已核定，此乃一大事也。」[56]

然而就在外匯匯率調整之後，物價開始明顯上漲，此時的蔣介石對於經濟方面尚具有耐心，認為此乃經驗與研究不足的原因，如果匯率能等到幣制變革前的幾日再提高，當不致發生如此劇烈影響，此教訓之後應特別注意。[57]

由於缺乏一專門統籌機構，國內也有其他軍政情事需要關注，因此至 1947 年初，仍未實行幣制改革，雖有其進展但並不以上述提到的 1946 年底為目標，在為抑止黃金潮造成影響擴大，實行經濟緊急措施方案後，1947 年 3 月，蔣日記記道：「概自上月經濟緊急措施方案發表以後，經濟日加穩定，而今第二步驟發行債券之實行，則經濟基礎已固，此後第三步驟即可著手改革幣制矣。」[58]

1947 年中，經濟再起動盪，每當社會物價波動，通貨膨脹蔓延時，蔣便會後悔沒有盡早實行幣制改革，5 月社會以米價為首掀起漲風，引發搶米風潮時，蔣記曰：「本月經濟危急，物價激漲，石米將近五十萬元，法幣已發至八萬億元，金融至此，實已不可收拾矣。此乃於勝利時，余改革幣制之主張不行，而子文專待美國借款方可改幣之妄想所誤，直至去年底，大部外匯乃為子文消耗過半，已形枯竭，不易改革。及至本年二月底，經濟緊急措施方案發表時（法幣實數尚在五萬億以下），乃為最後改制之時期，而（張）公權又不贊成，延至今日措施方案一經破裂，則物價如野馬奔騰不可抵止，實已造成無法收拾之局勢矣。」[59]

1947 年 6 月下旬，因解放軍開始在東北發起攻勢，造成東北及華北局勢緊張，北方大批游資南下，幾天時間黃金價格即近翻倍，7 月 5 日，蔣記述表示決定儘速進行幣改，但當時主張是以白銀為幣改主要資源，記曰：「發行銀幣，收兌法幣，改革幣制之策已決，此乃無法之法。」[60]

---

55 國史館編：《蔣中正總統檔案：事略稿本》第 66 冊：民國三十五年六月至八月，臺北：國史館，2012 年 6 月，頁 344-348。〈蔣中正致宋子文電〉（1946 年 7 月 22 日），《蔣中正總統文物》，檔號：002-010400-00003-018。

56 《蔣介石日記》（未刊本），1946 年 8 月 10 日。

57 《蔣介石日記》（未刊本），1946 年 9 月 30 日。

58 《蔣介石日記》（未刊本），1947 年 3 月 29 日。

59 《蔣介石日記》（未刊本），1947 年 5 月 31 日。

60 《蔣介石日記》（未刊本），1947 年 7 月 5 日。

　　到了 1948 年，舊曆年剛過，市場即起波瀾，2 月中旬物價又開始明顯上漲，蔣於 2 月記曰：「經濟奇窘，決不能使我政府崩潰，余已作最後之準備。」[61] 3 月記曰：「經濟險惡，物價飛漲，以通貨膨漲不能壓阻為最可慮。乃召公權（張嘉璈）來商，決改幣制，準將招商局、中紡公司等國有財產歸中央銀行抵為發行新幣基金之用。」[62] 開始進入實質性的準備工作。

　　物價於 4 月稍稍放緩，但旋即在 5 月又開始上漲，進入 6 月幾乎是每天上漲，米價從每石 700 萬元漲至 2 千餘萬元，美金由 150 萬元漲至 300 萬元，經濟的惡化也使蔣對時局表示悲觀，10 日記：「經濟危險至此，比軍事更足憂慮……上海經濟應速謀澈底改革之道，方能挽救此危局。」[63] 28 日思考原因後記：「此乃奸商與共匪互相利用，完全由人為所造成，而決非物價本身之事也。故對於上海經濟與物價，非痛下決心澈底解決不能生存矣。」[64] 翌日，蔣介石與行政院長翁文灝、財政部長王雲五面晤，共商改革幣制及平定物價之根本辦法，並令翁、王研擬方案後呈報。王雲五 6 月就任財政部長後，即開始計畫幣制改革工作，在王氏就職約一個月後，便將方案提請行政院長翁文灝參考，並呈送蔣介石核奪，蔣於 7 月 3 日記曰：「對於改革幣制與管制物價，已有大體之辦法，惟在實行與準備如何耳。」[65]

　　翁文灝閱過幣改方案，並與王雲五交換意見後，兩人於 8 日面見蔣介石，逐條申述方案理由，翁文灝並向蔣介石表示，中央銀行總裁俞鴻鈞對經濟與幣制改革計畫不甚贊同，以致蔣「處置為難」，思考之後，表示此方案原則贊同，但為慎重起見，指定中央銀行總裁俞鴻鈞及專家三人，協助草擬幣改方案有關辦法。[66] 隔日，蔣介石再召見中央銀行理事席德懋，詢問外匯存數並研究發行新幣事宜。蔣所信任的財經人士多不贊成，也使他考慮後決定暫緩實施。[67] 並曰：「上海物價又起漲風，（每）石米幾至 2,500 萬以上之價，其他物品亦隨之暴漲，對於改革幣制與經濟緊急措施尚未能

---

[61]　《蔣介石日記》（未刊本），1948 年 2 月 8 日。

[62]　《蔣介石日記》（未刊本），1948 年 3 月 12 日。

[63]　《蔣介石日記》（未刊本），1948 年 6 月 10 日。

[64]　《蔣介石日記》（未刊本），1948 年 6 月 28、29 日

[65]　王雲五，《岫廬八十自述》，臺北：臺灣商務印書館，1967 年 7 月，頁 494-495；《蔣介石日記》（未刊本），1948 年 7 月 3 日，「上星期反省錄」。

[66]　王雲五在回憶錄記曰：「7 月 9 日至 28 日之兩旬間，我與翁、俞及專家三人，成立小組，逐日就我原擬方案詳加研討，一切取決於多數。」，參閱王雲五，《岫廬八十自述》，頁 498-499。

[67]　《蔣介石日記》（未刊本），1948 年 7 月 8、9 日。

統一意見，故尚未能實施也。」即指俞鴻鈞等態度保留的財經高層。[68] 7 月 29 日，再約翁文灝、王雲五、央行總裁俞鴻鈞及外交部長王世杰等人，商談改革幣制問題。記曰：「本日對於剿匪方略之改正與幣制改革、經濟管制之措置，皆能有一大體之想定。此乃半年未能處理核定大問題，乃能在莫干山休養二日整理就緒，是靜處休養之效也。」[69] 月底再記：「下月軍事會議之準備以及幣制改革與經濟管制，皆已有大體之決定……上海物價飛漲，（每）石米竟至 4,300 萬以上，認為國家與政府無上之恥辱也。可痛。」[70] 可知，蔣已基本說服俞鴻鈞支持幣制改制，幣制細節及經濟管制方案，也都已初步形成。

（二）幣制改革方案的差異

在幣制改革作法上，央行總裁俞鴻鈞主張，法幣繼續流通，除法幣外，另發一種類似戰前曾發行的關金券的金元，專門作為買賣外匯和交納稅款之用，不在市場上流通。俞鴻鈞預估，如政策順利將可使國庫收入提高至支出的 40% 至 50%，或可緩和通貨膨脹的壓力。財政部長王雲五主張，以中央銀行所存黃金和證券作為保證，發行一種新的貨幣（即金圓券），完全代替法幣。據《王雲五先生年譜初稿》記載：王雲五在擔任行政院副院長期間，即 1947 年就有改革幣制的想法，並完成改革幣制評議物價平衡國內及國際收支方案初稿，王氏在 1948 年 6 月 1 日被任命為財長，說明蔣介石基本上是認同王氏改革幣制的方案。1948 年 7 月 9 日，翁文灝、王雲五面見蔣介石，提出改革幣制方案，得到原則同意的表示，為慎重起見，指定央行總裁俞鴻鈞、副總裁劉攻芸、財政部政次徐柏園、臺灣省財政廳長嚴家淦組成六人小組詳加討論，經過研擬，決定修改王案後實施。[71]

在研議金圓券幣制改革案期間，反對發行新幣的人不少，中央銀行副總裁劉攻芸、初卸任的央行總裁的張嘉璈、學者蔣碩傑都持反對意見。劉攻芸反對主因在於國庫之準備金已不足提供幣制改革之用，趙世洵在〈悼劉攻芸先生〉一文中提道：

---

[68] 《蔣介石日記》（未刊本），1948 年 7 月 10 日，「上星期反省錄」。

[69] 《蔣介石日記》（未刊本），1948 年 7 月 29 日。

[70] 《蔣介石日記》（未刊本），1948 年 7 月 31 日。

[71] 王壽南撰寫的《王雲五先生年譜初稿》中對六人小組修改王雲五先生原案之修改條文記載十分詳細，見王壽南編，《王雲五先生年譜初稿》第二冊，臺北：臺灣商務印書館，1987 年，頁 627-650。

發行金圓券收兌法幣及金銀外幣……當蔣總統徵詢先生意見時，先生直陳曰：改革幣制要有充分之準備，我們目前之準備，已愈用愈少。王雲五先生曰：我們有關餘，可充新幣之準備。先生乃曰：此時我只剩一個上海關了，試問還能收到多少？[72]

1948 年 8 月 17 日蔣介石召見張嘉璈，徵詢幣制改革意見時，張即以財政赤字過鉅與無法有效管制物價為由反對，其日記云：

總統仍以幣制不能不改革為言。我告以根本問題在財政赤字太鉅。發行新幣，若非預算支出減少，發行額降低，則新幣貶值，將無法抑制。總統云，物價必須管制，使其不漲。現決定各大都市派大員督導，激底實行。我答以：中國地大，交通又不方便，無法處處管到。僅在幾個大都市施行管制，無法防止內地各縣各鎮之物價上漲，從而影響及於都市；或則內地物產不復進入都市市場。故期期以為不可。[73]

次日，蔣又交閱「改革幣制計畫書」予張嘉璈，並讓張閱畢後給予意見，張氏於日記云：

我細讀後，認為成敗關鍵在（1）能否保持二十億圓發行額之限度，（2）能否維持八月十九日之物價限價。總統休息後，來問我意見。……答以我已閱過，認為物價絕對無法管制，因之二十億圓發行額無法保持。……若四億人民棄紙幣而藏貨品，則情勢實不堪設想。故請總統慎重考慮。……[74]

但蔣介石此時心意已決，於 1948 年 8 月 19 日，國民政府即依據《動員戡亂臨時條款》之規定，頒布《整理財政及加強管制經濟辦法》（見附錄一）、《財政經濟緊急處分令》，及《金圓券發行辦法》、《人民所有金銀外幣處理辦法》、《中華民國國民存放國外外匯資產登記管理辦法》（見附錄二）。[75] 以銀行所存黃金、白銀和外匯作為準

72　吳興鏞，《黃金往事：一九四九民國人與內戰黃金終結篇》，臺北：時報文化，2013 年 11 月，頁 124。

73　姚崧齡編著，《張公權先生年譜初稿》下冊，頁 1015。

74　姚崧齡編著，《張公權先生年譜初稿》下冊，頁 1015-1016。

75　《總統府公報》，第 80 號，1948 年 8 月 20 日。

備，發行金圓券，取代法幣，實行 13 年的法幣制度，就此劃上休止符。

二、金圓券發行的插曲──金圓券洩密案

1948 年 8 月 19 日，政府頒布財政經濟緊急處分令，公布《金圓券發行辦法》等幣改管制經濟辦法，並舉行記者會公告，期望各界擁護政府改革幣制的決策。爲確保政策推行，在政策研究過程中，皆應嚴格保密，至政策公布。司徒雷登回憶：「坊間到處充斥了關於這個時間點（幣制改革）的猜測。整個計畫事前都在暗中進行，沒有走漏風聲，這在中國是一件了不起的成就。」[76] 然而就在法令剛公布時，《大公報》在 21 日刊載〈幣制改革的事前跡象：豪門鉅富紛紛搜購金公債 隱名之人曾大批拋售股票〉一文，內容透露：「19 日上午，有某隱名之人從南京乘夜車抵滬，下車後不洗面不吃東西，就匆匆趕到某熟悉證券號，一個上午向市場拋售 3 千萬股永紗，照昨天股票慘跌的行市計算，此人大約可獲利 4、5 千億元。」[77] 消息見報後，立即引發社會轟動，市場充斥小道消息。

今日我們已知幣改消息爲徐百齊與陶啓明所透漏，但他們是在何時得知的消息呢？前文提及，7 月 8 日，翁文灝與王雲五面見蔣介石，提出幣制改革方案之後，蔣原則上表示同意，但爲愼重起見，指定中央銀行總裁俞鴻鈞及專家三人協助詳加研究，草擬各種有關辦法。此專家三人，在王雲五著《岫廬八十自述》中並未提及，但據徐柏園記述有關金圓券的紀錄，透露此三人分別爲嚴家淦（時任臺灣省財政廳長，兼美援會聯絡人）、劉攻芸（時任中央銀行副總裁）和徐柏園（時任財政部政務次長）。[78]7 月 9 日至 28 日間，王雲五與翁文灝、俞鴻鈞、嚴家淦、劉攻芸、徐柏園等人，就原擬方案繼續研討，有意見時則取決於多數。

在 7 月底討論逐漸定案至幣改前夕，據王雲五敘述：「查過去一月有餘，我雖無時不爲改革幣制的研究和準備而費了不少的精神，尤其是各種文件的起草，甚至謄正，爲著高度保密起見，也都是自己一手辦理，不肯假手他人。直至莫干山歸來後，因須將各種方案複寫若干份，俾小組會議得作細密的文字修正，始令財政部簡任秘書趙伯平（冠）到我家裏擔任複寫。又遲至 8 月 11、12 日，因該案與錢幣司攸關，其

---

[76] （美）司徒雷登著；陳麗穎譯，《在華五十年：從傳教士到大使──司徒雷登回憶錄》，上海：東方出版中心，2012 年 5 月，頁 133。

[77] 〈幣制改革的事前跡象：豪門鉅富紛紛搜購金公債 隱名之人曾大批拋售股票〉，《大公報》，1948 年 8 月 21 日。

[78] 徐柏園遺稿，〈徐柏園先生有關金圓券的紀錄〉，《傳記文學》，44 卷 4 期，1984 年 4 月。

中有些準備工作，不能不令該司之長王撫洲親自辦理，故又開始使其與聞。到了 15 日左右，因對外宣傳關係，不能不把全案文字譯爲英文，遂又委託財政部公債司司長陳炳章在家擔任英譯。以上財政部的高級職員三人，均能恪遵指示，嚴密處理，一點沒有走漏內容。」[79]

　　幣制方案即將頒佈之際，「本日（18 日）我因要以全副時間處理此案，所以全日均在私寓辦事。首先將英文譯稿核閱；其次即起草改幣宣布後我的談話稿；再次與陳炳章司長及國際銀行候補理事張悅聯商洽草擬致國際基金會電文。此外則在寓所準備與有關人員商洽各事。午前徐次長柏園來寓商洽公事後，我即將日前錢幣司王司長撫洲所擬命令各銀行錢莊及交易所暫停營業之電稿，交其帶回部中整理拍發，大約因王司長所擬內容及程式與最近商定者不甚符合之故。最後，則於晚間偕同翁院長及徐次長赴總統的晚餐，報告最近幾日決議辦理的事項……」[80] 由上述內容可知直至 18 日，幣改消息尚未外流。「是日徐次長（徐柏園）自我家到部後，即令主任秘書徐百齊在次長室重行擬稿，稿中對於開始停業之日期及所停日數均留空白，未予填明。擬就後，即徐次長於午間散值後，攜到我家，待我判行。」[81] 徐百齊在幣改方案公布的前一天得知內容，也是在此時將消息透漏給陶啓明。

　　徐百齊原爲中央研究院研究員，從事翻譯工作，因水平出眾，得到商務印書館總經理王雲五賞職，自 1931 年至 1942 年擔任商務印書館法律書籍主編。抗戰勝利後，王雲五出任行政院副院長，由於與徐百齊已共事多年，有良好默契，將其任爲行院主任秘書。1948 年王雲五改任財政部長時，便又將徐氏改任財政部秘書長。同年 6 月，原在臺灣法院擔任推事的陶啓明因「法律、英文均好」，被徐百齊引薦進入財政部任秘書。[82]

　　事件發生後，經過追查，很快便發現洩密者爲徐、陶二人，陶於 9 月 2 日，因遭到查緝單位拘捕，[83] 徐百齊則在陶氏被補第二天，自感罪責難逃，主動向王雲五坦承洩密事，[84] 查緝過程在此不贅。

　　在幣改幾乎完成之際，最後因英譯事，交徐百齊擬稿，徐氏因一己之私，將絕對

79　王雲五，《岫廬八十自述》，頁 512。

80　王雲五，《岫廬八十自述》，頁 512-513。

81　王雲五，《岫廬八十自述》，頁 513。

82　李琴芳，〈眞實的「北平無戰事」——民國密檔之金圓券洩密案〉，《檔案春秋》，2015 年 3 月，頁 45。

83　郭廷以編，《中華民國史事日誌》第四冊，頁 285；王壽南編著：《王雲五先生年譜初稿》，頁 648-649。

84　李琴芳，〈眞實的「北平無戰事」——民國密檔之金圓券洩密案〉，《檔案春秋》，頁 45。

機密之法案內容，洩漏給秘書陶啓明，而引出了陶啓明乘機大抛股票以賺取暴利之案。整起事件，由王雲五的話說：「這本是改革幣制全案中一件枝節的事，不料竟因此鬧出極大的風潮，即所謂洩漏改幣機密案。查改幣案醞釀四、五十日，始則由我一人獨任，繼則五、六委員參加研究，最後數日復令部中高級人員數人協助，始終沒有洩漏半點，卻於最後一日，因此一項枝節事項之起草，不幸偶有透漏，致不滿於我的人借題發揮，極盡渲染之能事，終幸事不離實，眞相卒大白，在我個人精神上雖飽受刺激，尚無關重要，但新幣值之受此影響亦不爲輕，言念及此，眞是痛心。」[85]

由於徐百齊的財政部秘書長身分，等於知法犯法，監守自盜，此事件在社會觀感造成不小的影響，在 9 月初抓到主謀後，同月 15 日，仍有媒體表示：「最高當局因爲改革幣制伊始，不願使這件事牽連更多或更大的人物以致影響政府威信，進而影響新幣制的威信，所以決定陶案至徐百齊爲止。」[86]此洩密案導致政府的威信受到打擊，也爲金圓券幣制改革起了個不好的開頭。

三、幣改前的金本位討論及金圓券本位問題

此次幣制改革，爲 1935 年法幣改革後，事隔 13 年後再次實行幣改，金圓券幣制改革的一個特殊之處，在於與黃金之間的關係，而關於幣制是否以黃金爲主要支撐，即金本位的問題，在此次幣改之前即有過長時間的討論。

抗戰後期，即有部分人士主張立即施行金本位，以恢復貨幣信用，安定金融。此辦法看似有理，實則不見得，因當時戰事尚未結束，財政預算無法平衡，換言之，即無法杜絕通貨膨脹的源頭。在中國金融統制失效狀態下，不能使膨脹的通貨，不透過商人與消費者之手，而反映於物價，即不能使購買力不降低，以構成所謂「膨脹物價」（Inflated Price）。同時物資缺乏，轉運維艱，又在管制無方，競購囤積的狀態下，而構成所謂「稀少物資」（Scarce Price），如此交相反映，醸成通貨惡性膨脹。

實施金本位，必須先確定一合理的物價水準，否則金本位即無法著手。黃金價值受其生產與供給量支配，已使若干年來黃金價值，爲相對與絕對的變動，若定爲貨幣的標準，即由於貨幣數量的變動，又安能保持貨幣價值穩定？

金貨幣時代的物價上漲，與今日非金貨幣時代之物價上漲，並無二致。在此上漲**趨勢**，通貨繼續增加之時，如何能以有限的黃金，以維持其合法之金準備。即有充足

---

[85] 王雲五，《岫廬八十自述》，臺北：臺灣商務印書館，1967 年 7 月，頁 513。

[86] 《新聞天地》，1948 年 9 月 15 日。

的金準備，而在通貨繼續增加的情勢下，金幣的價值固需下落。如無充足的金準備，則信用大崩，其幣值亦必大落。反正均是下落，其關鍵即在貨幣數量與物資數量能否控制，而不在貨幣本質爲紙幣或爲黃金，總而言之，在戰事尙未結束，財政預算與物資缺乏兩大因素下，金本位貨幣無法保證安全。

　　1944 年夏天成立的國際貨幣基金協定，規定各國必須實行金本位，必須規定金平價，或與 1944 年 7 月 1 日通用美元相當價值，中國爲參加國，將來也必應爲金本位，但在長期苦戰的財政經濟情形下，歷史上還未有一國能確保其金本位貨幣制度的完整者，更遑論在此時期而實行金本位，至於藉由金本位制度的實施，而能安定貨幣金融者，爲另一個時期，只能說在戰爭時期，中國還沒有實行金本位的條件。[87]

　　關於抗戰勝利後是否實行銀本位？立法院秘書長兼全國經濟委員會秘書長樓桐孫，以警語表示：「中國切不能進入銀本位國家，蓋此項落後之幣制之本位，徒虛耗費其鑄制費用，銀本位國寶幣制，終低於金本位之幣制，非獨立工業國家應有之幣制也，何況中國亦非產銀國，銀本位殊不宜於中國。」[88]

　　立法委員張肇元向立法院建議主張以新的銀本位代替現在通貨膨脹的法幣之建議，認爲這是恢復人民信心的最佳辦法。張氏認爲 10 億兩白銀足夠建立新幣制，並指出「美國爲產銀並保有大量存銀國家，借給白銀較借給黃金易。」此提案在 1948 年 2 月 18 日在立法院財政委員會中，遭到多數立委的強烈反對。[89]

　　由此可看出此時當局雖對於是否實行金本位意見不一，但重回銀本位則是一致反對，認爲銀本位制的缺點尤在眼前，不應重蹈覆轍。確實，銀本位制的缺點顯而易見，問題不在對內而在對外，現代國際間的經濟金融關係日益密切，對外匯價的變化直接影響中國經濟，在世界各國都以黃金爲貨幣對外價值標準的時代，中國單獨行使銀本位制，在對外經濟金融方面，有害無利，也使國內一般經濟不能有健全的發展。

　　對於金本位的呼籲，並不是沒有緣由，自 19 世紀以來，黃金即被作爲貨幣的本位，紙幣可隨時兌換黃金，故各國當搜購黃金充作紙幣的準備，藉以增強紙幣信用，但在 1929 年世界經濟恐慌，各國相繼金本位後，黃金在事實上雖已不再被採用作爲國內貨幣本位的基礎，但對外貿易逆差的清算，仍要以黃金爲清償手段，故黃金在國際經濟關係上仍具有國際貨幣機能的價值。

　　而世界黃金的產量，據之前國際聯盟統計，除蘇聯外，自 1929 年至 1938 年的產

---

[87]　程紹德，〈我國目前不宜立刻施行金本位之理由〉，《銀行通訊》，1945 年第 23-24 期，頁 3-4。

[88]　《小日報》，1948 年 2 月 13 日。

[89]　《金融日報》，1948 年 2 月 18 日。

表 4-2-1　1929-1938 年世界黃金產量概數（蘇聯除外）

（單位：公斤）

年份	數量
1929 年	581,100
1930 年	604,700
1931 年	641,700
1932 年	696,800
1933 年	707,300
1934 年	726,800
1935 年	777,400
1936 年	859,200
1937 年	920,000
1938 年	980,000

量約如表 4-2-1：

抗戰爆發後，自 1939-1943 年五年間，世界黃金產量除 1943 年外，每年均在 100 萬公斤以上，計 1939 年爲 107 萬公斤；1940 年爲 113 萬公斤；1941 年爲 112 萬公斤；1942 年爲 100 萬公斤；1943 年爲 83 萬公斤。[90] 在戰爭結束後，各產業陸續復員後，產量又逐漸增加了。[91]

也因此經濟學者姚念慶會形容：「幾年來紙幣價值下跌之速，時時會令人想起金本位。最近政府停止黃金存款，更使一部分人士以爲是實行金本位的前奏。」[92]

1947 年 2 月 17 日頒布「經濟緊急措施方案」後，金本位的建議再度被提起，1947 年 3 月，國民黨中常會經濟政策委員會主任委員陳立夫，向國民黨三中全會提出經濟改革方案，經小組委員會審查通過，提交大會討論，其要點爲：重新釐訂經濟緊急措施方案，發行新幣，改用金本位制，國家銀行專門化，中央銀行專門發行法幣；中國銀行輔助輕工業的發展；農民銀行專營貨款業務，使成爲各縣級銀行的母行；交通銀行經營國家重工業的發展，提高銀行存款的法定利率，吸收游資，調整國家經濟機構，撤銷四聯總處及中央信託局等。[93] 此改用金本位制包括三個要點，一是採用金本位制發行新幣；二是新幣的發行有一定限額可用以兌換黃金；三是新幣發行後，舊幣作爲輔幣，不再增發，並另訂逐漸收回計畫。[94]

中央黨部經濟政策委員會向三中全會建議樹立金本位制發行新幣事的提案，在社會很快發酵，上海甚至有報紙載政府已決定幣制改爲金本位之說，財政部只得出面否認。[95]

但幣制將改爲金本位的消息傳播後，上海各界也極爲注意並探討其可行性，經

---

[90] 1943 年產金數量明顯減少原因爲 1940 年後，交戰各國全力應付戰爭，將採金的設備與勞力移轉於軍需工業，例如美國、澳洲、英領西非及加拿大等國都將金礦封閉停止採金。

[91] 婁立齋，〈黃金的面面觀〉，《經濟周報》，1946 年第 2 卷第 13 期。

[92] 姚念慶，〈金本位與貨幣穩定〉，《經濟建設季刊》，1945 年第 3 卷第 3-4 期。

[93] 《金融日報》，1947 年 3 月 18 日。

[94] 《金融日報》，1947 年 3 月 19 日。

[95] 《和平日報》，1947 年 3 月 18 日。

濟學家章乃器認爲如現在實現金本位，當視政府能否在短期內，收支預算平穩，及有40%的準備金爲原則，此原則將成金本位能成功與否的關鍵。[96] 程紹德則表示：「目前有人在三中全會提議，我國應立即改革幣制，實行金本位，這全是不明瞭將來世界貨幣趨勢所致。」因爲：「這是三十年前的貨幣思想，亦可以說是李嘉圖時代的貨幣思想，那時候歐洲各國都想恢復拿破崙戰爭前的金本位，可是現在是信用貨幣制度的時代，不能再抄襲過去歷史傳統的習慣。」[97] 綜觀各界評論，一般經濟學家對此事均認爲不可行，最大原因乃爲中國無準備金無外匯，一個國家欲實行金本位制必須具備二種條件，一是政府能有把握在短期內平穩預算，二是政府最低限度需要40%的準備金，如今中國此二條件皆不具備，如何能實行金本位制？[98]

　　贊成的呼聲也不少，時任上海暨南大學銀行會計系主任丁洪範，在校開設「經濟政策」課程，擅長將世界各類經濟制度進行比較，丁氏即認爲「實施金本位就是避去幣災的良法，愈早實施，其利益愈大，損害愈小。此刻就是實施金本位的好時機。」也建議當局若採行新金本位幣制，其內容大要應包含各項：（1）規定新國幣單位的含金約等於現行的1美元的1/4（即平價4元國幣等於1美元）。這個單位價值比戰前的價值略低，公務員的薪俸如照戰前的數額支付和戰前比較是吃虧了一些，可是便於國際收支及工商業的計算；（2）照此規定准許自由鑄造。因單位價值太小，仿照從前美國成例不鑄單位金幣，僅鑄其倍數，暫定爲50元與100元兩種；（3）鑄造銀質，鎳質銅質三種半虛值輔幣，與金幣平價使用，無限制兌換；（4）以金幣六成作現金準備交中央銀行發行兌換券，有法償資格，但准持券人向發行銀行無限制兌換金幣。照上述規定，3億美元黃金可鑄12億元國幣，發行20億元兌換券，比戰前的法幣發行額大得多了，自無周轉不靈之虞。爲預防緊急時機可另訂伸縮比例準備辦法，逾額發行課累進發行稅；（5）因爲世界各國向無實施十足的金幣本位者，爲應付國際環境及國際貨幣基金的條件起見，暫時限制黃金的自由進出口而採取核准制。這條規定，使所擬實施的新金幣本位制帶有「管理金本位制」的色彩；（6）新金幣與法幣的兌換率應參酌黃金的計價規定之；（7）美借款談判一成功，立時印發金幣兌換券，先行兌回法幣，然後鑄造金幣，以備兌換，庶幾迅赴事功，安定金融。[99]

　　當時中國已加入國際貨幣基金委員會，國際的貨幣是按黃金作價，所參加的國家

---

[96]　《時事新報晚刊》，1947年3月18日。

[97]　《金融日報》，1947年3月24日。

[98]　《和平日報》，1947年3月19日。

[99]　丁洪範，〈亟應實施金本位以安人心：改組後的政府應做的一手〉，《清議》，1947年第1卷第1期，頁8-11。

所發行的幣制若需與國際貨幣聯繫，亦必須以黃金拆合，故參與國際貨幣黃金會的國家即爲當然的金匯兌本位國家，中國亦不能例外。但當時中國的金融尚未穩定，外匯無法兌換，國際貨幣基金會特准中國暫不提出法定匯率，因此中國的金匯兌本位制尚未實行。因此中國之後貨幣無疑是金本位，但並非金幣本位或金銀本位，而是在國際貨幣基金下的新金本位制度。

在金本位下也又有數種不同的內容，金本位制經長時期的演進後，形態數次變更且各不相同，有往昔的金幣本位、金塊本位、金匯本位，與國際管理金本位的區別（當時尚無正確定名，暫稱之爲國際管理金本位）。

金塊本位，因金價並不十分穩定，金價的變動影響物價的穩定，物價如爲金價所控制，則不利於中國經濟發展。金幣本位制下，通貨數量爲存金量所限，在經濟發展與生產力增強後，通貨即不能隨生產狀況而擴張，於是勢必造成通貨緊縮，妨礙產生發展。

至於在中國當局與學者間影響很深的虛金本位制（至清末至 1935 年實行法幣政策爲止，改革幣制建議中與金有關者，大多爲金匯本位制。如 1929 年甘末爾所設計的「中國逐漸採行金本位幣制法草案」內容即是金匯本位制），則是最多人認爲可行的幣制。簡單來說，對內用銀對外用金的金匯本位制，即所謂虛金本位制，所謂金匯本位制，及甘末爾的草案，就是鑄造銀幣流通於市，銀幣的實價低於面價，銀幣的面幣則與一定量的外國金幣保持等價，並在外國設置匯兌基金，以維持國內銀幣對國外金幣的比價。此種制度的成敗關鍵在於國內銀幣對於外國金幣的法定比價能否維持，若外匯基本金不多，而國際收支逆差太大，國內銀幣對外國金幣的法定比價便無法維持，逐漸下落至銀幣的實價，即變成銀本位制。

至於國內流通的爲銀幣或不能兌換金屬貨幣的紙幣，是不重要的，因全國通行的即使都是不能兌換的紙幣，假如外匯基金充足，對外匯價穩定，而國內的通貨並不膨脹，那便是健全的幣制。而後後中國的幣制改革，不應注重國內通貨的形態爲何，而宜著重外匯基金是否充實，對外匯價是否穩定，因此改革幣制也並無採行金匯本位制的必要。[100]

至於國際管理金本位制，它與舊制的不同之處，在國際金本位制有舊金本位制的優點，兼管理通貨制的精神，能有助於國際匯兌的穩定，對經濟後進國很適宜，因不必厚存黃金，且有國際的合作，國際收支的短期差額，可由基金融通而得平衡，匯兌的穩定不必賴於黃金的輸送。國際金本位制具有管理通貨制的精神，可不受存金量的

---

[100] 趙蘭坪，〈吾國幣制改革與本位問題〉，《中央銀行月報》，1947 年新 2 第 12 期。

嚴格束縛，通貨數量可按國內經濟的需要而伸縮，而達到穩定國內幣值的目的。在今信用發達的時代，貨幣對內價值（物價）的穩定，不在現金準備的充實，而在通貨數量與生產狀況的均衡。[101] 經濟學者程紹德認爲這種制度的特點主要在兩方面：一，貨幣單位連繫黃金，其目的在求國際物價水準的穩定與平衡，便利國際資本與商品的流通，根據貨幣基金協定，規定今後國際貨幣的價值，應以黃金或美金表示，美金有固定的金成色（1 兩黃金 =35 元美金）。換言之，今後全世界的貨幣價值皆需與黃金連繫。二，各國貨幣今後與黃金連繫後，其與黃金價格的變動，不能超過 1%，以前的金本位，匯價與金平價的差額構成現金輸送點，想以現金輸送點來控制國際黃金的移動，如此便可達到金貨幣自由流通與自由輸出入，現在因硬性規定幣值與金值爲 1% 的差數，則以前現金輸送點調整匯價與金價的功用已喪失，其結果必造成國際資金與黃金移動的限制，如此便與從前金本位時代，黃金自由流入與自由兌現的精神不同，這也就是今後的新金本位與過去若干時期的金本位的不同之處。

換言之，即今後的貨幣雖連繫黃金，而事實上摻雜若干管理方法在內，即傳統的金本位與 1931 年後管理通貨本位，兩個制度綜合的結晶。[102]

在 1948 年 8 月金圓券改革時，新幣制中關於本位問題，乃新貨幣政策的中心問題。金圓券爲何種本位制？依據《金圓券發行辦法》第一條規定：中華民國之貨幣，以金圓爲本位幣，每元之法定含金量爲純金 0.22217 公分，由中央銀行發行金圓券，十足流通行使。若依以金圓爲本位幣的詞意，則此新幣制是採一種金本位制，但金本位制的特性，根據埃第（Edie）《貨幣，銀行信用與物價》一書中所申述，其要點有六：（1）價值計算單位以一定量及一定成色之黃金爲標準；（2）每一單位標準均具法償之資格；（3）金本位幣保持自由無限鑄造幣；（4）一切紙幣及信用貨幣比與金本位幣保持平價兌現；（5）金幣之自由熔化與自由應用之保持而不受任何限制；（6）允許金貨之自由進入或輸出。

而《金圓券發行辦法》十七條和上述條件比較，除（1）、（2）兩項有明文規定外，其餘（3）、（4）、（5）、（6）各項，均無一有採用，此與金本位制的主要原則，金幣自由無限鑄造，紙幣平價兌現，金貨自由輸出入等相去甚遠，故不能稱爲金本位制。

金圓券的發行準備，以美匯爲主要準備，此新幣制似屬一種與美金聯繫的金匯兌本位制，爲《人民有金銀外幣處理辦法》第三條（四）所規定「美國幣券每元兌給金

101　潘世傑，〈新金本位制實施之商榷〉，《銀行通訊》，1946 年新第 12 期。

102　程紹德，〈通貨膨脹與貨幣改革：中國能實行金本位嗎？〉，《現代經濟文摘》，1947 年第 1 卷第 4 期。

圓券4元」，同辦法第四條（二）「……如為黃金白銀幣得依照前條各項兌換率折合美金存儲」，整理財政加強管制經濟辦法第八條規定：「政府機關及人民因正當用途需用外匯者，由政府核准結售之」，同辦法第十一條（一）「美金每元折合金圓4元」，（二）「其他外匯由中央銀行參照美金對金圓之匯兌率隨時規定。」

但上列各條文與金匯兌本位制的要義又不相同，蓋在金匯本位制國家，其本位幣雖不以發行金幣為必要，而可以國內紙幣或銀幣為通貨，但必須符合兩點：（1）金匯兌本位幣的準備為外匯基金，在本國金融中心及經濟關係密切的外國金融中心，預存此充分之匯兌基金；（2）金匯兌本位幣券持有人，得請求無限制兌換外匯聯繫國的貨幣，為對外的支付，而中國此次新幣制所規定，金圓券的準備為發行準備監理委員會管理下的四成金、銀與外幣，及六成保證準備，同時此金圓券持有人不能有無限制兌換外匯聯繫國幣的請求。

就金圓券發行條例的內容，新幣制的精神在使通貨鍍金，此與金本位制的基本原則「貨幣黃金化，黃金貨幣化」相合，此種本位制既非第一次世界大戰前，英、法等國所採用的金幣本位，也不是1925年後，各國所採的金塊本位制，以及斐力律印度等政府所實行的金匯兌本位制，較為類似近年各國所採取的國際新金本位制，其特色在集合金本位制與管理通貨本位制的特點，可謂一種別開生面的本位制。[103]

四、金圓券發行

1948年8月20日，政府頒布《財政經濟緊急處分令》，並公布《金圓券發行辦法》、《人民所有金銀外幣處理辦法》、《中華民國人民存放國外外匯資產登記管理辦法》、《整理財政及加強管制經濟辦法》，正式實行幣制改革，發行金圓券。其中最重要者莫過於《金圓券發行辦法》，其發行要點為：

（一）自本辦法公布之日起，中華民國之貨幣，以金圓為本位幣。每圓之法定含金量，為純金0.22217公分。由中央銀行發行金圓券，十足流通行使。

（二）自本辦法公布之日起，法幣及東北流通券，停止發行。所有以前發行之法幣，以300萬折合金圓1圓。東北流通券，以30萬元折合金圓1圓。限於中華民國37年11月20日以前，無限制兌換金圓券。在兌換期內，法幣及東北流通券均暫准照上列折合率流通行使。

---

[103] 邱人鎬、沈松林，〈略論「金圓本位」貨幣政策、新幣制與新經濟〉，《浙江經濟月刊》，1948年第5卷第2期，頁11-17。

（三）金圓券之發行，採十足準備制：前項發行準備中，必須有 40% 為黃金白銀及外匯，其餘以有價證券及政府指定之國有事業資產充之。

（四）金圓券發行總額，以 20 億圓為限。[104]

而有關黃金政策部分，有《人民所有金銀外幣處理辦法》十五條，其要點為：

（一）自本辦法公布之日起，黃金、白銀、銀幣及外國幣券，在中華民國境內，禁止流通買賣或持有。

（二）人民持有黃金、白銀、銀幣、或外國幣券者，應於中華民國 37 年 9 月 30 日以前，向中央銀行或其委託之銀行，依下列各款之規定兌換金圓券：

1. 黃金按其純含量，每市兩兌給金圓券 200 圓。

2. 白銀按其純含量，每市兩兌給金圓券 3 圓。

3. 銀幣每元兌給金圓券 2 圓。

4. 美國幣券每元兌給金圓券 4 元，其他各國幣券，照中央銀行外匯率兌給金圓券。[105]

此辦法在金銀方面最大的轉變，即禁止社會上的黃金、白銀流通買賣及持有，必須兌換金圓券，即強制收歸國有。事實上自勝利後，一直都有將金銀收歸國有的建議，如抗戰勝利後不久，經濟學者張一凡即認為，對於漲得過份的匯價和物價，最有效的抑制方法莫過於把黃金收歸國有。因此舉可以獲得許多良好效果，比如：（1）去除刺激匯價物價不斷暴漲的病根；（2）拔除信用膨脹中最重要的基礎，促成通貨收縮，因為用法幣收回黃金，至少可收縮信用二至三倍；（3）可防止國內黃金的分散，藉以增強外匯及法幣的保證基礎；（4）可為政府未來的幣制整理，先確立一個基礎。因中國今後的幣制總不出管理通貨制，所以收回黃金國有，和收回白銀國有一樣重要；（5）可增強外匯統制的效果，因黃金就是變相的外匯，因此黃金收回國有，即等於外匯收回國有；（6）可補救貿易管理上的不同，因今後的貿易，將不許採行關稅等保護政策，定額分配等管理限制政策，黃金流在民間，確有促成不必要進口的增加，收回國有後，無形中就取消了不必要進口的可能等等。張氏認為不論為減少市面上的投機，抑平物價，或將來增強外匯與幣制基礎，調整對外貿易與國際收支，黃金國有都是一個有效的步驟。[106]

---

[104] 中國第二歷史檔案館編，《中華民國史檔案資料彙編：第五輯第三編財政經濟（三）》，南京市：鳳凰出版社，2010 年 6 月，第 2 次印刷，頁 803。

[105] 中國第二歷史檔案館編，《中華民國史檔案資料彙編：第五輯第三編財政經濟》第三冊，南京：鳳凰出版社，2010 年 6 月，頁 805。

[106] 張一凡，〈我國應採之外匯與黃金政策〉，《財政評論》，1946 年第 14 卷第 3 期。

　　但也有意見認爲，在政局不穩定的時期，實施黃金國有恐將促成窖藏，反造成黃金黑市價格上漲。如馬寅初就認爲黃金本就應散在民間，將黃金鑄成小金圓，攜帶與分配上都方便，但現在中國的情形，因沒有分割的設備，連把黃金分成一兩一兩的都不容易，分割開的金塊分量常不準確，散金於民的意思原是要將黃金普遍散於民間，不落入少數人手裡。但事實上做不到，如政府一次將美國運來的黃金抛出來，交易數百兩數百兩地做，弄得市面鈔票不足，還需請命於蔣介石，最後由央行放款，結果造成放出的紙幣比收回的還多。過去白銀進口，民間的吸收力極強，不論運進多少皆很快售罄，現在黃金亦然。現在央行所定的官價不但不能壓平黑市，反而跟著它走，目前央行對於黃金，是賣也不好不賣也不好，因賣出會隨黑市走，不賣出黑市將更瘋狂，只是使投機更方便而已。[107]

　　在 1947 年 2 月經濟改革時，當局即有將黃金收歸國有的想法，爲此陳果夫還特別向蔣介石表示，抗戰勝利之前，政府獎勵人民黃金儲蓄，後又忽然規定以四成捐獻政府，此舉使政府無所得卻失信於人民甚多，至今仍有許多責難的聲音。陳果夫進而表示：「購買黃金者中，大部分爲工人傭僕、家庭婦女，以歲尾年頭的分紅年賞，或積蓄購兌小量首飾，積少成多，數量可，據估計上海去年年底，全市工人雙薪分紅總數約爲 2 千億元，至少有 1 千元購買黃金，全國計之其數更鉅，故如決定黃金國有，平民的零星首飾固無從收買，其影響人民對於政府的信仰，必較上次更爲普遍深切，若有人從中挑煽，製造事件，則央行可能首當其衝，或竟可能釀成變亂。」勸告蔣介石黃金國有一事，萬不可行。[108]

　　在方法上，主要建議則有兩種：

　　（一）收買法——由政府公定價格，任意收買或強制收買黃金。在此種情形下人民保有黃金不違法，攜運黃金亦屬自由。但在強制收買情形下則政府有價，人民有貨，限期成交，過期即可沒收。爲了黃金國有，強制收買自然勝過任意收買，但在通貨膨脹情況下，實行強制收買必須增發大量通貨，則更將促進物價的飛漲，此爲事理上所不允許。如採自由收買，如以官價 4 萬 8 千元收兌黃金，如以 1 萬 2 千元的匯價相折合，每盎司僅值 33 美元（$480,000 元 \div 12,000 元 \times \frac{10}{12} = 33.33$ 即 us\$33.33），這種價格較同期的美國官價低了不少，人民自不願將黃金售與央行。

　　（二）徵稅法——對於黃金的保有，徵課一種個別財產稅（special property tax），

---

[107] 〈論黃金政策與官僚資本：上海各經濟團體聯誼會成立記詳〉，《經濟週報》，1946 年第 2 卷第 21 期。

[108] 〈陳果夫呈蔣中正黃金猛漲人心震盪關於黃金國有說萬不可行謹陳所見〉，國史館，檔號：002-020400-00036-056。

不過起稅點應盡量提高，庶稅負著落於富有者，而不由貧民去負擔，也避免了苛擾。為實行黃金徵稅，家稽戶察過於麻煩，不太可行，一方面行申報登記，一方面行攜帶檢查，較事半功倍，凡保有黃金超過某一數量，須行申報與登記，然後課之以比例稅或累進稅。攜帶的時候如無納稅之證明，便須加倍補稅或處罰。黃金徵稅可與黃金收買相並行，因與其保有此項財產年年納稅，不如把它賣與政府。收買價格卻不應定得太低，至少必須與黃金的國際價格相差不多才算合理，人民不至於吃雙重的虧。[109]

　　然而此次的辦法既非常規的收買法亦非徵稅法，而為強制限期收兌辦法，這種缺乏彈性的收兌辦法，使國府此次幣改只能成功，不能失敗，否則後遺症極大。

　　幣改辦法公布後，為表決心，同日，蔣介石在勵志社舉行茶會，招待京滬金融界人士談話，表示幣制改革，雖於勝利復員之初便曾提及，但過程中因若干問題沒有實施，此次經行政院長翁文灝及財政部長王雲五充分準備後，始得實施，這次改革與民眾生活關係太大，一經實施，只許成功不許失敗，籲請京滬金融界能協助政府穩定金融，使幣改成功，同時要求集中資源，將所有外匯移存中央銀行。[110]

　　行政院同時成立經濟管制委員會，並分區設置經濟管制督導員，辦理調節物資與管制物價工作，因此銀行休業二天，各地市場均呈停頓。對於管理社會經濟情勢方面，設經濟管制委員會，對於金圓券本身，則成立金圓券準備監理委員會，期望嚴格控制金圓券發行準備。成立該委員會之前，翁文灝即以行政院長身分，去函時任浙江實業銀行董事長、上海銀行業公會理事長李銘，[111] 請其擔任該委員會主任委員，主持會務。[112] 李銘同意接受此職務後，8 月 22 日，金圓券發行準備監理會在上海中央銀

109　周伯棣，〈黃金政策之過去與今後〉，《時與文》，1947 年第 2 期。

110　《蔣介石日記》（未刊本），1948 年 8 月 20 日。

111　李銘（1887-1966），字馥蓀，浙江紹興人，日本山口高等商業學專業畢業後，曾於日本橫濱銀行實習，實習期間積累了豐富的現代銀行經營管理經驗，回國後出任浙江銀行上海分行副經理後，開始和上海、江浙銀行界人士連結，漸次以李銘等人為首，在浙江實業銀行的周圍衍生起了富有現代金融知識的銀行團體，並以此為基礎，先後成立上海銀行公會和全國銀行公會，李銘並多次被選為銀行公會主席。抗戰勝利後，李氏仍任浙江實業銀行董事長、上海銀行公會理事長，同時被國民政府派任輸入管理委員會主任委員及中央銀行貼放委員會委員，在銀行界、公會及政府皆被委以要職，加上對日抗戰時期，1940 年 3 月汪偽政府在南京建立後，組建中央儲備銀行過程中，多次希望爭取李銘，都遭李斷然拒絕，使李氏在銀行界及民間都有一定的聲望與公信，因此由李氏主持監督金圓券發行，可說是最合適的人選。司徒雷登回憶時表示：「當時政府為了保持匯率，在上海找了一批德高望重能力超群的人成立了委員會，每個月公布賬目。政府對物價和貨幣兌換實行嚴格控制。」參見（美）約翰・司徒雷登著；程宗家譯，《在華五十年：從傳教士到大使——司徒雷登回憶錄》，北京：北京出版社，1982 年 4 月，頁 133-135。

112　〈翁文灝關於聘用李銘擔任金圓券發行準備委員會主任委員事的函件〉，上海市檔案館，檔號：Q270-1-292-45。

行正式成立，並召開首次會議，出席者有主任委員李銘、委員李儻、龐松舟、蔡屏藩、劉攻芸、徐寄廎、王曉籟、秦潤卿等人，財政部及中央銀行也參與會議，財政部次長徐柏園向委員會報告撥供準備金詳情，現金準備包括黃金、白銀、外匯共 2 億美元，其中黃金、白銀均折價於市價之下，計黃金每兩折合美金 35 元，實際市價為 50 美元；白銀每兩折價美金 7 角，實際市價為美金 7 角 5 分，另外匯之存儲均有憑證可資檢查，保證準備 3 億美元，均為有價證券及國營事業的資產，將發行準備詳列清單交委員會接收保管，之後每月月底檢查國行發行金圓券數額及發行準備情形，並作檢查報告書公告。[113]

23 日，開始發行金圓券，由中央銀行委託全國各地三行二局一庫及省銀行各分支機構代兌，首日兌出 4 百餘萬元，各地市場大致平靜。[114] 人在財政部處理公務的王雲五，上午 11 時便接到俞鴻鈞的電話祝賀，表示收兌金銀外幣第一日上午，過程十分順利。[115] 8 月 25 日，前 3 天兌出金圓券 2,430 餘萬，折合法幣 729,260 億 8,526 萬餘元，躉售物價回跌，銀根由緊轉鬆。自 23 日開始收兌金銀外幣以來至 25 日，三天之中，據中央銀行發表共收進：黃金：51,948.539 兩；白銀：59,856.993 兩；銀幣：142,965 元；美鈔：3,137,014.63 元；港幣：1,207,279.9 元。[116] 收兌黃金部分，23 日為 7,748 兩；24 日為 17,128 餘兩；25 日為 27,071 餘兩，26 日更達 32,585 餘兩，民眾兌換情況可謂相當積極，新聞局長董顯光在 26 日的記者招待會上，答覆記者詢問時即表示：「……過去三日內，人民對於金圓券所表現之信念，最足令人快慰。」[117]

其中北平發行新券前三日，收兌金銀外幣各項數目如下：

表 4-2-2　北平收兌金銀外幣數目

類別／日期	二十三日	二十四日	二十五日
1. 黃金（純金）	201.814 市兩	404.796	608.03
2. 白銀（純銀）	5,417.37 市兩	8,563.23	23,916.86
3. 銀圓	23,995.5 枚	42,997	165,193.5
4. 美鈔	27,222 元	51,433	46,093

資料來源：〈俞鴻鈞與各方往來函電〉，中國第二歷史檔案館，檔號：2-629。

---

[113] 《外交部周報》，第 88 期，1948 年 9 月 1 日。

[114] 《大公報》，1948 年 8 月 24 日。

[115] 王雲五，《岫廬八十自述》，頁 534-537。

[116] 《大公報》，1948 年 8 月 25 日。

[117] 《外交部周報》，第 88 期，1948 年 9 月 1 日。

其中黃金一項，爲 1,214.640 市兩，僅佔總收兌數約 2%，顯示收兌重心仍在上海。[118]

收兌第一週市場平靜有序，民衆兌換情形也屬踴躍，蔣介石觀察第一週經濟情形後，記曰：「幣制改革與經濟管制自本週一日起實施以來，除粵、川等省以新金圓比值與當地物價差額過高，略有漲落以外，其他皆甚穩定，而且金銀美鈔來兌新幣者皆擁擠異常，一星期中，共收總數，以美金計約有 1,800 萬元以上。人民擁護政策，如此熱情，以及如此成績，實出意料之外，因之人心爲之一振，政府威信，亦突然增強。以如此行將崩潰之經濟，在財政經濟專家，以爲絕望，決難挽救者，而竟得轉危爲安，可知人心未去，只要政府能自振作實幹，人民莫不遵令守法，愛國自愛也。感謝天父恩澤無量。」[119]

總計金圓券發行第一週（8 月 23 日至 29 日），[120] 黃金、白銀及外幣收兌額折合美金爲 2,720 餘萬元，計有美金約 744 萬餘元；港幣 1,445 萬餘元；黃金 30 萬餘兩；純銀 75 萬 3 千餘兩；銀元 343 萬 7 千餘枚。其中黃金與美金收兌，以上海爲最多；港幣則以廣州市最多；白銀、銀元以北平爲最多。[121]

而綜觀 8 月份各地收兌金銀外幣統計，黃金收兌總數爲 357,558 市兩，其中上海收兌 191,750 市兩，收兌黃金超過半數來自上海，廣州、漢口、重慶、臺灣四座大城市合計收兌黃金 9 萬 3 千餘兩，南京、天津、杭州、福州、西安、長沙六市合計收兌 4 萬餘兩，上述城市收兌黃金，幾乎等於總兌入金額。而西南、西北等地戰時實行黃金存款，民間存金頗多，西南又爲沙金產地，但成都、昆明等城市的收兌情形並不踴躍。[122] 爲使物資供需能夠平衡，使物價穩定，8 月底物價供應局在上海大量拋售日用品。[123]

進入 9 月，金圓券施行情況，仍被國府視爲成敗關鍵，蔣介石記曰：「軍事、經濟、黨務皆已敗壞，實有不可收拾之勢，因之政治、外交與教育亦紊亂失敗，亦呈崩潰之象……如能穩定經濟，則後方人心乃可安定，前方士氣亦可振作，然後再謀軍事

---

[118] 郭榮生，〈八月份各地收兌金銀外幣統計〉，《中央銀行月報》，新 3 卷第 9 期，1948 年 9 月，頁 77-79。

[119] 《蔣介石日記》（未刊本），1948 年 8 月 28 日。

[120] 收兌金銀外幣第一週，上海中央銀行於 27 日爲孔子誕辰紀念日及 29 日星期例假，銀行暫停收兌，共收兌 5 日。

[121] 《外交部周報》，第 89 期，1948 年 9 月 8 日。

[122] 郭榮生，〈八月份各地收兌金銀外幣統計〉，《中央銀行月報》，新 3 卷第 9 期，1948 年 9 月，頁 77-79。

[123] 〈上海商業儲蓄銀行關於幣制改革以來大事記〉，上海市檔案館，檔號：Q275-1-1619-18。

之發展……一俟經濟改革有效，立即全力從事於軍事……」[124] 決心先解決經濟問題，再謀軍事方面發展。6 日，蔣介石在總理紀念週上報告最近改革幣制、管制經濟情形：「……最近幣制與經濟實施的情形，截至上週末爲止，全國各地所兌進的黃金白銀及外幣和結匯證在內，總值約在 4 千 5 百萬美元以上，此外國家三行兩局金庫移存中央銀行外匯共達 1 億 1 千 6 百萬美元，兩者共計總在 1 億 6 千萬美元，故金圓券發行的準備，今後益見充實。」但也表示「商業銀行對於政府法令，尚存觀望態度，所保有之黃金白銀及外匯，仍未遵照政府的規定移存於中央銀行。」[125] 斥行莊自私自利，罔知大義，並限 8 日以前將外匯移存央行。[126] 隔日即召翁文灝、王雲五、徐柏園、俞鴻鈞等人，詢問上海商業行莊繳存外匯資產情形，得知至 9 日下午 5 時，計有三百餘家已開列清單送達中央銀行，總數額約爲 1 億美元，其餘數十家尚未完成申請者，10 日午前爲最後期限，申報完畢後，由金管局長林崇墉彙集後送財政部審核，再另定移存辦法。[127]

此時國共雖有戰事，但皆在外圍，重要城市損失不大，8 月底時豫西陝州、蘇北洪澤湖激戰；9 月 5 日河南戰事激烈；8 日解放軍進攻長春，濟南外圍已醞釀大戰；12 日遼西走廊戰事又起，濟南外圍緊張；13 日冀東遼西激戰進行，徐州宿縣鐵路中斷；18 日濟南危殆，冀南告急。[128] 濟南的戰事不利，則對國府軍政界產生不小影響，當日蔣即記曰：「改革幣制與經濟管制初見成效，而共匪又向我濟南進犯，以余專事於經濟之指導，而對於軍事則反忽略……」對於濟南的陷落，蔣很是自責懊惱，「此乃余自無決心，以致誤事至此，能不愧怍。」頗有大局被破的感慨。[129]19 日，濟南守軍吳化文投共，濟南進入市區爭奪戰，24 日，濟南易主，司徒雷登回憶：「大概 9 月中旬，重要的戰略要地濟南失守，民衆的士氣已經變得極爲沮喪渙散了。」[130] 因爲濟南的易主，使徐州的北面有了開口，司徒雷登表示：「攻克濟南之後，共產黨的指揮官陳毅開始向南向大約在南京北面 200 英里的徐州進發。徐州是重要的鐵路樞紐，也是國民黨軍隊和物資最集中的地區。國民黨官員和士兵都已經抱有悲觀失敗主義情

---

[124] 《蔣介石日記》（未刊本），1948 年 9 月 3 日。

[125] 《外交部周報》第 90 號，1948 年 9 月 15 日。

[126] 〈上海商業儲蓄銀行關於幣制改革以來大事記〉，上海市檔案館，檔號：Q275-1-1619-18。

[127] 《大公報》，1948 年 9 月 10 日。

[128] 〈上海商業儲蓄銀行關於幣制改革以來大事記〉，上海市檔案館，檔號：Q275-1-1619-18。

[129] 《蔣介石日記》（未刊本），1948 年 9 月 18 日。

[130] （美）約翰・司徒雷登著；程宗家譯，《在華五十年：從傳教士到大使——司徒雷登回憶錄》，頁 133-135。

緒了。」[131]

9 月中旬開始濟南的情勢不定，造成社會民心不安，物價亦開始產生浮動，24
日，濟南易手，很大打擊了國民黨內高層的士氣，立院質詢軍事外交，請求發言者達
五十餘人，要求政府為濟南事負責。[132]

25 日，俞鴻鈞將財政經濟緊急命令公布後，中央銀行自 8 月 23 日起至 9 月 24 日
止，收入金銀數額整理呈報蔣介石：

表 4-2-3　收兌金銀外幣數量表

(外埠自 8 月 23 日起至 9 月 22 日止；上海自 8 月 23 日起至 9 月 24 日止)

共計	外埠部分	上海部分	類別
1,189,761.984	433,260.373	756,501.611	黃金（純金市兩）
6,474,837.339	5,765,336.623	709,500.716	白銀（純銀市兩）
13,199,844.32	10,993,844.82	2,205,999.50	銀元（元）
2,207.337		2,207.337	銀角（枚）
29,238,946.46	9,550,088.24	19,688,858.22	美鈔（元）
52,010,964.86	45,454,181.14	6,556,783.72	港鈔（元）
外埠部分係根據各分行已到電報數字編製			
自 8 月 23 日起至 9 月 24 日止收兌金銀外幣折合美金			91,910,487.62
自 8 月 23 日起至 9 月 24 日止進出口外匯淨收入折合美金			18,650,347.73
共計			110,560,835.35

資源來源：〈陶希聖、俞鴻鈞、張嘉璈呈蔣中正調查金融市場大幅波動問題與停業上海商業行莊以助
　　　　物價安定情形及外匯國庫收支墊款發行等〉，國史館，檔號：002-080109-00003-006。

截自 9 月 24 日止，收兌金銀外幣折合美金 9,191 萬餘元，在該時期內進出口外匯
淨收入折合美金 1,865 萬餘元，綜計收兌金銀外幣及商用外匯淨收入共合美金 11,056
萬餘元。

原定收兌期限截止後，10 月 2 日，金圓券發行準備監理會在中央銀行舉行第三次
檢查會議，並於會後對金圓券發行總額及收兌金鈔支出數額發表公告：金圓券發行總
額，自 8 月 23 日起至 9 月底止，共計 956,752,494.4 元。其中收兌金銀外幣支出的，
折合美金約 1 億 5 千萬元，合金圓券 6 億元。收兌法幣及東北券約 5 千萬金圓券，進

---

[131] （美）約翰‧司徒雷登著；程宗家譯，《在華五十年：從傳教士到大使──司徒雷登回憶
　　錄》，頁 137。
[132]《大公報》，1948 年 9 月 25 日。

出口結匯及僑匯淨收入，約美金 2 千萬元，合 8 千萬金圓券。其餘 2 億 2 千萬金圓，則爲改幣之後國庫及其他業務支出。

已收金圓券準備金：（1）現金部分計黃金 2,389,493.638 市兩，合美金 83,632,277.33 元，白銀：17,222,637.528 兩，合美金 12,055,846.27 元。以上兩次合計美金 95,688,123.6 元，折合金圓券 382,752,494.4 元。（2）保證部分：中紡公司股票計金圓 4 億 2 千萬元，招商局股票計金圓 1 億 5 千 4 百萬元。[133]

自 8 月發行金圓券，初期因政經情勢尚稱穩定，惟暗潮洶湧。9 月下旬濟南失守，軍事失利，影響民心至鉅，金圓券在沒有穩定的政治經濟支持下，人民漸失信心。

第三節　上海經濟管制與延長收兌期限

金圓券幣制改革的一重點，在於強制收兌黃金、白銀及嚴格管制物資，當局將上海作爲經濟管制最重要的城市，認爲上海經管的成敗，將對全國經管的成敗產生至關重要的影響，上海也以蔣經國爲實際負責人，進行一系列的相關辦法。

一、上海經濟管制情形

自 1948 年 8 月下旬金圓券幣制改兌開始，至 9 月底，收兌的成果頗令當局滿意，主要原因除了硬性的收兌期限外，經濟管制也是一個重點。爲加強經濟管制，在金圓券政策頒布後，於 8 月 21 日在上海、天津、廣州三大城市，設置經濟管制督導員。以俞鴻鈞爲上海區經濟管制督導員，蔣經國協助督導；張厲生爲天津區經濟管制督導員，王撫洲協助督導；宋子文爲廣州區經濟管制督導員，霍寶樹協助督導。上海爲經濟管制成敗最爲關鍵的城市，蔣介石因此將蔣經國派往上海，記曰：「此舉實爲國家存亡成敗所關，明知此於其個人將爲怨府與犧牲之事，但除經兒之外，無人能任此事，故不能不令其負責耳。」[134]

---

[133] 金圓券發行準備監理會所保管的準備金，按照行政院的規定，第一項所列黃金、白銀及外匯 2 億美元及第二次國營事業、敵僞產業價值 3 億美元股票契據，已由監理會轉交中央銀行發行局保管。上列已發行金圓券的準備，即爲本案接收保管各項準備金數内的一部分。參見《大公報》，1948 年 10 月 3 日。

[134] 《總統府公報》，第 82 號，1948 年 8 月 23 日。秦孝儀總編纂，《總統蔣公大事長編初稿》卷 7，上冊，頁 128。

　　蔣經國受命後，即刻前往上海中央銀行設置經濟管制督導員辦公室，並確定上海經濟管制工作計畫。蔣經國對於自身負責督導管制上海經濟，有很高的期許，23 日對戡建大隊官佐講話中說道：「我們今天不能再粉飾了，而當老老實實的承認，今天國家和人民的處境已到了最危險、最痛苦的地步……應當明瞭今天是國家存亡的最後關頭，只有大家一心一德，團結一致，共同守法，以最大的忍耐，作最善的努力，才能挽回危局。」[135]

　　在 8 月 25 日行政院政務會議中，正式通過設置「經濟管制委員會」，並公布委員會成員，為表重視，主任委員由行政院長翁文灝兼任，委員則有張厲生、王雲五、俞鴻鈞、陳啓天、蔣經國、嚴家淦等人。[136]次日，蔣經國即開始上海的經管工作，宣布限制紗布南運，禁止食油油料出口等。[137]為強化經濟管制工作，27 日，在上海設置檢查、物資調節及物價審議三個委員會，並發布委員名單，宣告展開全面檢查。[138]28 日即由金管局根據調查所得，開列涉嫌銀樓 20 家名單，會同經警大隊 150 人，自上午 11 時開始，分 20 路赴各銀樓搜查，其中 16 家涉嫌違法，共扣留黃金條塊在 2千兩左右，相關負責人帶回警局調查，所有帳冊即送金管局審查，如審查後發現有收兌條塊記載，除沒收黃金外，並移送法辦，若僅為持有，則令其向國行依值兌換金圓券。[139]29 日開始，嚴格檢查上海倉庫，導致存貨逃避。[140]除了檢查各商家外，也開始逮捕蓄意藉由惡性通貨膨脹來獲利的商人，宣示「只打老虎，不拍蒼蠅」的決心。[141]

　　打擊投機富商的節奏，可謂雷厲風行，永安和申新兩棉紗廠產紗很多，但皆堆存倉庫不肯出售，市警局便將永安郭副總經理拘押，經具結答應出售後交保釋放。申新紗廠總經理榮鴻元，月前因一私套港匯案被牽涉，由榮一新保出後赴港，9 月 2 日晚由港返回上海，也被捕後押於警局。紙張業公會理事長詹沛霖，因黑市交易，及查出囤紙達 3 千噸，9 月 1 日逮捕後已送特刑庭審理。

---

[135] 《申報》，1948 年 8 月 24 日。

[136] 《外交部週報》，第 88 期，1948 年 9 月 1 日。

[137] 〈上海商業儲蓄銀行關於幣制改革以來大事記〉，上海市檔案館，檔號：Q275-1-1619-18。

[138] 三個委員會組織規程已由行政院在 8 月 19 日及 26 日間陸續公布施行，三委員會名單分別為：一、檢查委員會委員名單：蔣經國、俞叔平、宣鐵吾、周力行、林崇墉、張勇年、張毓泉、王震南；二、物資調節委員會委員名單：劉攻芸、李立俠、程遠帆、束雲章、楊綽庵、江杓、沈熙瑞、沈鎮南、張茲闓、張希為、王嵐曾；三、物價審議委員會委員名單：吳國楨、吳開先、潘公展、方治、李立俠、徐寄廎、吳蘊初、水祥雲。參見《大公報》，1948 年 8 月 27 日。

[139] 《大公報》，1948 年 8 月 28 日。

[140] 〈上海商業儲蓄銀行關於幣制改革以來大事記〉，上海市檔案館，檔號：Q275-1-1619-18。

[141] 《大公報》，1948 年 8 月 28 日。

　　永泰和煙公司囤煙不賣，於倉庫查出囤煙 1 萬 3 千餘箱，將負責人黃以聰逮捕後送特刑庭。布疋業近來投機很盛，囤布大王吳錫麟已逮捕送交特刑庭。鴻興證券號負責人杜維屏，因牽涉改革幣制前夕的拋售永紗案被傳訊，偵悉證交停業後，曾做場外交易，被警局扣押，將其吊銷執照並移送地檢處訊辦。在開始檢查初期，即令上海商界為之震動。[142]

　　得知蔣經國將上海囤積積居的鉅商都法辦後，蔣介石記曰：「經兒將滬上最大紗商榮鴻元與杜月笙之子等拿辦交法庭，可謂雷厲風行，竭其全力以赴之，惟忌者亦必益甚。此為國為民之事，只有犧牲我父子，不能再有所顧忌。」[143] 在得知被逮捕的商人，依靠人脈關係希望影響運作時，蔣介石即「指示立法、監察兩院委員，今後政府政策與經濟管制辦法。對於省縣自治法不宜輕易制定或實施，必須慎重出之。對上海王林公司（王春哲）私營外匯黑市案，判決處死刑後上訴，聞有力者向司法院說情，警告王、謝應照原判處死，不得變更。否則上海經濟管制將前功盡棄矣」，不論黨內其他雜音，全力支持蔣經國的打貪行動。[144]

　　然以嚴格法令威嚇，整頓商戶，積極「打虎」的經濟成果為何？管制期間，「煤炭大王」劉鴻生，[145] 被迫交出每條重達 10 兩的黃金 800 條，也就等於是 8,000 兩黃金，及數千枚銀元，230 萬美元。上海商業儲蓄銀行總經理陳光甫，[146] 也被逼迫交出 114 萬美金至中央銀行。京城銀行的總經理周作民，[147] 據報因害怕蔣經國，晚間連家都不敢回，每天換地方睡覺，最後稱病住進上海虹橋療養院，還是被迫簽下切結書，不讓其離開上海。另將貪贓枉法之官員戚再玉、[148] 囤積居奇的商人王春

---

[142]《大公報》，1948 年 9 月 4 日。

[143]《蔣介石日記》（未刊本），1948 年 9 月 4 日。

[144]《蔣介石日記》（未刊本），1948 年 9 月 6 日。

[145] 劉鴻生（1888-1956），浙江寧波定海縣（今舟山）人，民國實業巨頭，有「煤炭大王」、「火柴大王」等之譽。由於其涉足眾多實業領域，又有「企業大王」之稱。

[146] 陳光甫（1881.12.17-1976.7.1），原名輝祖，字光甫，後易名輝德。銀行家、企業家，是民國時期上海商業儲蓄銀行與上海商業銀行的創辦人。資料來源：吳相湘，《民國百人傳》第四冊，臺北：傳記文學，1971 年，頁 1-42。

[147] 周作民（1884-1955），原名維新，江蘇淮安人。銀行家，1917 年 5 月創辦金城銀行。

[148] 戚再玉，浙江嘉興人。時任第六稽查大隊長之職。戚之貪污案揭發經過，起因於徐繼莊案，戚平時出入歌臺舞榭間，得識徐妾王白梅（曾為百樂門紅舞女），徐案既發，戚奉命辦理，王白梅以私交及以金錢為誘，戚乃先將徐藏匿，繼後助其化裝難民，逃往香港，但事前即被發現。除徐案外，戚接獲密報，有吳寶康者，隱匿敵偽物資甚彩，有無線電方棚萬餘只，軍用電話機百餘只，戚於呈准後，飭由該隊上尉稽查員陳文貽率將吳寶康拘捕帶隊，交該隊少校督察周文遠等承訊收押，戚以有機可乘，由金潤聲經手，向吳寶康勒索四億五千五百萬元，託名獻金，以為掩飾，並作為賞金分配部屬，藉杜眾口，該案亦經被害

哲，[149]判處死刑予以槍決。[150]工商界大戶被捕入獄者達64人，其中包括申新紡織總公司總經理榮鴻元，[151]在1927年四一二清黨行動中幫了蔣介石大忙的杜月笙，其子時任中匯銀行經理的杜維屏，[152]也被以囤貨炒股的罪名，判了6個月的徒刑。[153]然而查封揚子建業公司，造成蔣經國與孔令侃的衝突，使原先管制經濟的步調受到影響。9月中旬開始，各地經檢漸退回呈拍蒼蠅狀態，上海黃牛黨開始有活躍跡象。[154]

　　9月下旬，重新加大管制力度，上海經發局規定將旅客攜帶物品出境數量，減至最低限度，嚴防偷運，京滬路也開始至車上搜查金鈔。行政院方面在修正擴大上海市經發督導員的管理轄區，包括南京上海兩市，及江蘇、浙江、安徽三省。[155]加上收兌日期

中央日報登載孔宋集團破壞經濟秩序情事

　人告發，經蔣督導員飭由警備司令部究辦，終被法院判決，處以死刑。

[149] 王春哲，於民國36年與林名照合夥，開設林王公司，於上海北京路131號，勝利後改爲林王商行，由王春哲獨資經營，自任經理，以經營紗布花邊橡膠進出口爲掩護，大規模經營各種黃金美鈔港幣黑市買賣。在政府公布經濟緊急措施令改革幣制後，該公司仍然經營黑市，顯係故違法令，擾亂金融，妨害戡亂。因其觸犯外幣買賣處罰條例第一條及中央銀行管理外匯辦法，故經法院判處死刊，於9月24日槍決。迨臨刑時，王始發出哀鳴稱：「希望所有商人均能因其受法律制裁而警惕，改過自新，則伊雖死，亦覺死得值得。」

[150] 《1949大遷徒前傳──國共失金記》，發行：電視線國際多媒體有限公司，類別：DVD，片長：99分鐘，發行日期：2012年12月10日。

[151] 榮鴻元（1906-1990），名溥仁，江蘇無錫人。交通大學畢業，歷任上海申新第二紡織廠副廠長、廠長，申新紡織總公司總經理，兼任恒大紗廠、鴻豐等廠總經理和建新航業公司董事長及中國紡織工程學院院長、上海市參議員及國大代表等職。

[152] 杜維屏，爲杜月笙與三太太孫佩豪之子，畢業於麻省理工大學紡織工程系，鴻興證券號負責人。以牽涉陶啓明案曾於9月2日由金融傳訊，查明在陶案中爲經手人，8月19日清晨，陶啓民妻子李國蘭就是他的鴻興交易所拋出400萬股。中匯銀行經理杜維屏因「囤貨炒股」，在交易所外拋售永安紗廠股票2800萬股，被蔣經國以投機倒把罪逮捕，後判了六個月的徒刑。

[153] 王章陵編著，《蔣經國上海「打虎」記：上海經濟管制始末》，臺北：正中書局，1998年，頁110-118。

[154] 〈上海商業儲蓄銀行關於幣制改革以來大事記〉，上海市檔案館，檔號：Q275-1-1619-18。

[155] 〈上海商業儲蓄銀行關於幣制改革以來大事記〉，上海市檔案館，檔號：Q275-1-1619-18。

將屆，《中央日報》社論即言：「現在是九月的盡期，持有金鈔即將視爲違法，而政府對於金鈔兌換期限絕對不會延展，預料今後一星期內，市民提出金鈔兌換金圓，必將更爲踴躍……」[156]的確，9月最後一週，人民以金鈔求兌者，較前更爲熱烈。9月30日，上海區經管督導處舉行經濟檢查委員會議，由蔣經國主持，出席者有俞叔平、張勇年等委員。據上海區經管督導員辦公室所發消息，目前向國家行局兌換金鈔者，多爲零星小戶，黃金沒有超過百條，美鈔沒有超過千元，眞正的大戶皆沒出面兌換。上海誰是大戶，督導員辦公室都有資料，至截止兌換以後，辦公處即將以斷然手段迫令他們全部供獻國家。至於黃金外幣收兌工作，原定9月30日截止，故前往兌換人數衆多。9月30日上海市中央銀行及各行局共兌出金圓券36,551,904.29元，爲收兌以來最多的一天。並據中央銀行今日徹夜統計，自上月23日開始收兌截至今日，上海市收兌金銀外幣，共值金圓券372,482,715.8元。茲將今日收兌之各項數字列下：黃金95,668.116兩，白銀48,768.12兩，銀幣473,157個，銀毫525,006個，美鈔3,839,858元，港幣1,164,642.06元，菲幣2,602.15元。會中並決定完成物資檢查，各業存貨結束登記。[157]

二、延長收兌期限引起惡性通膨

金圓券原規定中央銀行收兌人民持有金銀期限是9月底，時間到了9月底，10月份開始，是否如期停止抑或延期收兌，考驗著金圓券的信譽，結果到了10月，國府決定將收兌金銀延期，黃金外匯兌換延期至10月31日，白銀和銀幣兌換限期到11月30日止，這無異宣告金圓券的信譽破產。王雲五回憶當時曰：「……行政院臨時卻將收兌金鈔之期限延長。那時候，我正在美國開會，接到此項消息，至感奇異，但自延長之日起，即10月1日起，不僅求兌者寥寥無幾，而40日之樂觀局面，也就從此突變。」[158]許多民衆本就不願收存金圓券，先前既然限價，正好拿去買進物資商品，因此在頭一個月裡，百貨業的存貨已售去大部，綢布店的棉布、紙、糖、油、糧等幾乎脫銷。[159]10月3日，上海發生搶購風潮。[160]全國各地掀起搶購現象，南京、上海等

---

[156] 《中央日報》，1949年9月24日。

[157] 《大公報》，1948年10月1日。

[158] 王雲五，《岫廬八十自述》，頁536。

[159] 上海金融史話編寫組，《上海金融史話》，頁156-170。

[160] 〈上海商業儲蓄銀行關於幣制改革以來大事記〉，上海市檔案館，檔號：Q275-1-1619-18。

地糧食尤感奇缺。[161] 4 日，上海糧食菜蔬日缺，黑市急升。5 日，上海米市到貨減至
400 石，爲抗戰勝利以來最少之一日。南京、杭州、無錫等地搶購，旅客擁擠，廣州
紗業停市。當局爲解決物資缺乏情勢，上海一切物資禁止出境，經發局勒令米商運米
來滬，購買綢緞百貨亦需身分證，[162] 9 日，上海經管局重申限價政策，蔣經國並向蔣
介石報告管制經過，聽取上海經濟管制經過報告後，蔣介石記曰：「經濟本爲複雜難
理之事，而上海之難，更爲全國一切萬惡詭詐薈萃之地，其處理不易可想而知。對於
孔令侃問題，反動派更借題發揮，強令爲難，必欲陷其於罪，否則即謂經國之包蔽，
尤以宣鐵吾機關報攻訐爲甚。余嚴斥其妄，令其自動停刊。」[163]

　　市場面對行政手段強迫凍結物價，俗話說「殺頭的生意有人做，虧本的生意沒人
做」，商人面對虧本買賣，自然想方設法囤積貨物，等之後有機會再圖出售，造成的
結果就是有價無市，大多交易轉往黑市進行。面對此市場局勢，10 月中旬之後，經
濟檢查也更加嚴格，上海棉紗恐慌日趨嚴重，廣州宣布經營黑市金鈔者處死。[164] 10
月 21 日，行政院長翁文灝邀王雲五、劉攻芸、徐柏園、蔣經國、關吉玉、李惟果等
人商討目前經濟情況，並對安定經濟另訂一套新辦法。華中剿總政委會也邀請新聞界
座談，常委袁守謙表示希望華中各報，不再刊載黑市物價的消息，以免刺激物價及人
心。[165] 市場也開始出現將開放限價的謠言。討論之後，翁文灝攜新經濟方案飛北平請
示蔣介石。[166] 26 日，監察院因經濟情勢嚴重，決議列舉通貨膨脹、生產減縮、貨物
藏匿、銀根鬆濫、黑市高漲等情事，對行政院提出糾正案，促其對此嚴重現象速謀有
效制止之法。[167] 同日，行政院訂定安定經濟新辦法：日用必需品價格分區調整，緊縮
通貨，增加生產，改善公教人員生活。[168]

　　蔣經國原期望在中國的金融中心上海，進行雷厲風行的管制經濟，藉此在全國產
生嚇阻作用。如司徒雷登形容：「以警察國家的方法來壓制經濟定律」，[169] 以行政手段

161　李守孔，《中國現代史》，臺北：三民書局，1973 年 9 月，頁 160。

162　〈上海商業儲蓄銀行關於幣制改革以來大事記〉，上海市檔案館，檔號：Q275-1-1619-18。

163　此處應指宣鐵吾主辦之《大眾夜報》，於 10 月 8 日刊出〈揚子囤貨案，監委進行徹查，必
　　要時並將傳訊孔令侃〉、〈社論：請蔣督導爲政府立信，爲人民請命〉兩文，主張徹查揚子
　　公司。《蔣介石日記》（未刊本），1948 年 10 月 9 日。

164　〈上海商業儲蓄銀行關於幣制改革以來大事記〉，上海市檔案館，檔號：Q275-1-1619-18。

165　《大公報》，1948 年 10 月 22 日。

166　〈上海商業儲蓄銀行關於幣制改革以來大事記〉，上海市檔案館，檔號：Q275-1-1619-18。

167　《大公報》，1948 年 10 月 27 日。

168　《大公報》，1948 年 10 月 27 日。

169　（美）司徒雷登，《司徒雷登回憶錄》，江南出版社，1984 年 2 月，頁 202-208。李敖、汪榮
　　祖著，《蔣介石評傳（下）》，吉林：時代文藝出版社，頁 62-63。

強迫凍結物價，王雲五言：「本來經濟政策之推行，固不能不兼用政治力量」，問題在於強制限價的時間延長，對於民眾預期心理上，造成很大損傷，王雲五對於經濟管制的形容，可謂一語中的，他表示：「以政治力量強其凍結，在短時期內或不成問題，但持續過久，難免不引起反抗。此種反抗，在政府強有力之時，還不致過分強烈，或逾越範圍；但政府威信如有喪失，則政治力量式微，在式微的政治力量下，而影響強施重大的壓力，則人民之反抗力勢必超越範圍，一發而不可收拾。」[170]

再者，經濟管制雖然在上海收到短暫成效，但當時政府根本沒有足夠的人力在全國各地進行經濟管制行動。以上海而言，戡建大隊全部人數約 300 人，還包含負責經濟調查、研究分析、法令宣導、文教聯絡與情報蒐集等。初期訂立一有效辦法，爲設立密告箱，在全市共設數十處，派隊員經常守護，如有違反經濟管制條例的行爲，知情的都可密告，寫成書面投入密告箱，或口頭告知守護隊員皆可。設立《獎勵密報經營金銀幣紗布黑市交易辦法》對於告密民眾給予將勵，獎勵金額爲查獲金額的 30%-40%，對於民眾而言很有吸引力。[171] 據 8 月 31 日申報記載：「戡建大隊人民服務站，服務開始工作之第二日，各區市民前往投送密告函者，大爲踴躍，中午一部分密告箱開啟結果，即達百餘封之多。」[172] 但這些檢舉當中，大部分均爲檢舉零售商抬高物價，甚少揭發投機囤積者，因事證無從知悉。收兌期限延長後，商店貨品無幾，也沒人檢舉了，效果自然較先前大打折扣。

10 月 29 日，李惟果攜行政院長翁文灝的補充經濟改革方案稿，及辭職書見蔣介石，蔣在見完李惟果感慨地記曰：「經濟改革計畫與金圓政策似已完全失敗，以限價已爲不可能之事，則物價飛漲比前更甚，尤其糧食斷絕難購，最爲致命傷也。」[173] 自 8 月 19 日廢除法幣改行金圓券之後，同時實施物價及工資管制，現已疲乏，30 日蔣介石召集黨政主管，商討經濟問題，認爲「市況與社會，幾無物資，又絕糧食，若不放

---

[170] 王雲五，《岫廬八十自述》，頁 541。

[171] 關於《獎勵密報經營金銀幣紗布黑市交易辦法》要點爲：凡在管制區之公司行號個人有：一、擅自收兌黃金白銀或外國幣券；二、買賣黃金外幣或以黃金外幣代替通貨作爲交易者；三、以超過法定兌換率之價格買賣金飾銀飾者；四、經管棉紗棉布囤積居奇，違反非常時期取締日用重要物品囤積居奇辦法及該辦法補充要點之規定者；五、棉紗棉布交易價格違反限價議價條例辦法第五條規定者，不論任何國籍人民，據實檢證，以口頭、書面向管區當地主管官署密報，一經查獲，屬一二三項之案件，給獎金百分之四十，屬第四項案件，給百分之三十，屬第五項案件，照所科罰金百分之三十給獎，並對密告人絕對保守祕密，如挾嫌誣報者，亦依法懲處。

[172] 《申報》，1948 年 8 月 31 日。

[173] 《蔣介石日記》（未刊本），1948 年 10 月 30 日。

棄限價，恐生民變，故決定改變政策也。」[174] 11 月 1 日，行政院召開臨時會議，通過改善經濟管制辦法，要點包括：糧食依照市價交易，自由運銷，有囤積居奇，依違反糧食管理治罪條例懲處。紗布、糖、煤、鹽由中央主管機關，核准定價，統一調節。其他民生必需品及工業原料，授權地方政府參酌供應情形，依據本定價之原則予以流通。對於重要生產事業、補充設備供應原料等，由政府切實予以協助。[175] 辦法中規定「糧食依照市價交易，自由運銷」，宣告物價管制失敗。同日，蔣介石記曰：「到政治會議報告軍事經濟大勢約一小時餘，追認行政院經濟補充辦法，可說限價政策完全失敗矣。」[176] 在物價限額解除後，蔣經國也於 1948 年 11 月 1 日辭卸京滬區經濟督導員職務，[177] 在上海實施的經濟管制工作結束之後，經濟管制督導員蔣經國，發表了告上海市民書，表示：「在七十天的工作中，我深深感覺沒有盡到自己應盡的責任，不但沒有完成計畫和任務，而在若干地方上反加重了上海市民在工作過程中所感受的痛苦……今天除了向政府自請處分，以明責任外，並向上海市民表示最大的歉意。」[178] 經濟管制委員會於同日全面撤銷。

　　自收兌開始自 10 月 31 日止，全國 66 個收兌地區，共計收兌黃金 1,677,164 兩，白銀 8,881,373 兩，銀元 23,564,069 兩，美鈔 49,851,877 元，港幣 85,097,451 元。共計約值美金 168,296,390 元。[179]

[174]《蔣介石日記》（未刊本），1948 年 10 月 30 日。

[175]《新聞報》，1948 年 11 月 1 日。

[176]《蔣介石日記》（未刊本），1948 年 11 月 1 日。

[177] 蔣經國 1948 年 11 月 1 日離開上海時，發表〈致上海市民書──別矣上海〉，見何智霖編，《贛南與淞滬箚記》上冊，臺北縣：國史館，2009 年，頁 743。

[178]《大公報》，1948 年 11 月 2 日。

[179] 法令資料來源為：秦孝儀主編，《中華民國經濟發展史》第二冊，頁 998-1000。數據資料此書只計至千位，而虞寶棠，《國民政府與國民經濟》，頁 455，計至個位數，較為精確，故採用此書數據。

表 4-3-1　全國各地收兌金銀外幣統計表（1948 年 8 月 23 日至 1948 年 10 月 31 日止）

	黃金 （純金市兩）	白銀 （純銀市兩）	銀元（元）	銀角（角）	美鈔（元）	港幣（元）	菲鈔 （元）
上海部分	1,102,528	966,398	3,693,201	3,905,178	30,820,622	10,512,084	16327
外埠部分	552,450	8,072,136	19,853,659	35,141,981	17,146,709	76,959,091	
總計	1,654,978	9,038,535	23,546,860	39,047,159	47,967,332	87,471,175	16,327
收兌金銀外幣折合美金：				142,135,172			

資料來源：洪葭管主編，《中央銀行史料 1928.11-1949.5（下卷）》，頁 1337。
說明：原數據資料記至小數點二至三位，在此省略。

　　上述可知，在財政經濟緊急處分令規定收兌期間內，政府統計資料為 1 億 6 千 8 百萬美金，中央銀行對於此一時間的收兌數額卻統計為 1 億 4 千 2 百萬美金，兩數相差竟達兩千餘萬美金，也可看出，在遍地烽火，兵荒馬亂的情況下，就是官方統計的數據資料，準確度也得打些折扣。但由此也可推估，1 億 5 千萬美元上下，當為可信之收兌總額。[180] 按新比率 20 元折合，值金圓券約 30 億元。

　　收兌的重點在當時為金融中心的上海，然除上海外，外埠部分各地域的收兌詳細數字統計資料如下表：

表 4-3-2　分區收兌金銀外幣統計表　　　　　（自 8 月 23 日起至 10 月 31 日止）

地域	黃金 （純金市兩）	白銀 （純銀市兩）	銀元 （元）	銀角 （角）	美鈔 （元）	港幣 （元）
華東	64,206	410,370	2,443,978	3,012	1,707,820	298,611
華南	250,330	2,072,505	1,529,350	16,511	8,127,524	76,402,769
華西	65,547	809,306	3,334,411	15,397	358,320	29,829
華北	42,367	2,851,556	4,574,837	93,603	6,552,901	53,848
華中	129,998	1,928,398	7,971,083	127	400,143	174,033
總計	552,450	8,072,136	19,853,659	35,141	17,146,709	76,959,091

資料來源：洪葭管主編，《中央銀行史料（1928.11-1949.5）》，中國金融出版社，頁 1337。

---

[180] 在蔣經國 1948 年 10 月 13 日致行政院長翁文灝信中有云：「查政府自改革幣制以來，收兌黃金、外幣、銀圓等，共值美金一億五千餘萬圓，兌出金圓券 6 億元以上。」見何智霖編，《贛南與淞滬箚記》上冊，〈上翁詠霓先生意見書〉，頁 742。

從收兌金銀統計表的黃金一欄得知，當時除上海外，全中國收兌黃金數量，僅約為上海的收兌數的一半。

10 月 29 日時，王雲五亦如翁文灝、蔣經國提出辭呈，幾經慰留後仍堅持，11 月 1 日寫給翁文灝的第二封辭職信中，對於幣改之後應如何應付，也提出幾點自己的觀點：

（一）雲五為建議與主持改幣之人，無論由於計畫未周，或議而未行，責任所在，實不能不辭。

（二）今後應付局勢，似非就財經緊急處分原案作重大轉變不可。雲五以主張原案最力之人，信用既失，從事轉變，斷不能取信於國人，不如易人主持，面目一新，事半功倍。

（三）財長職責，首在平衡預算，就目前情勢言，行將提出之三十八年度國家總預算，支出如此龐大，收入之責端在財部，雲五既乏點金之術，自難為接近平衡之計；按憲政先例，財長苟不能平衡預算，實不容須臾戀棧。[181]

第四節　維持金圓券幣值及修正辦法

1948 年 8 月，國府實行幣制改革，改行金圓券，取代實行 13 年的法幣。金圓券政策頒行後，如何維持幣值，使其不在幣改初期即告崩潰，成為當局在經濟方面最重要的工作。

一、金圓券發行準備監理委員會

在金圓券發行開始時，即規定了發行上限為 20 億元，金圓券發行準備監理委員會也隨時緊盯金圓券發行數額，定期報告，10 月下旬，金圓券發行額已逾 17 億元，委員會再次發函中央銀行發行局，表示金圓券發行總額已屆上限，應注意。央行發行局 11 月 1 日回覆委員會，表示經月終將各回籠作業後，發行總額仍達 15 億 9 千餘萬元，較上月份增發達 6 億餘元。並悲觀地表示以此推算，則 11 月發行數額，無論如何有超越 20 億元限額之虞。同時發行局也希望從法令解釋中找漏洞，表示行政院規定第一期以 20 億元為度，對於第二期發行限額是否可予增加，尚無明令，萬一因事

181　王雲五，《岫廬八十自述》，頁 545。

實之需要，必須超額之時，應如何處置？

希望藉此解決超發問題，也試探委員會的態度。

發行準備監理委員會在 3 日的回覆，則明確表示「金圓券發行辦法第九條規定，金圓券發行總額以 20 億元為限，此一數字，並無第一期第二期之說。」除此之外，第十四條、十五條又規定，本會如發現準備不足，應通知中央銀行停止發行，收回超過發行的金圓券，中央銀行非經本會檢查認可，不得續增發行，就此而言，本會以準備不足尚應通知中央減少發行，則於 20 億元之限度更應絕對遵守。對於發行局希望超發一事表達明顯反對態度，並堅守上限規定。[182]

然發行局之所以認為 11 月限額 20 億一定無法守住原因之一，在於金圓券的印發事宜由他們負責，自然對發行狀況瞭若指掌。就在發行準備監理委員會回覆同日，發行局局長梁平也以機密發文劉攻芸，報告各地金圓券的趕印情形。

國外部分，10 月下旬已囑美鈔公司速印，因國內通貨膨脹，因此囑其趕印 5 圓以上券，並將定製額內，少印 1 圓券 6 億張，改印 5 元、10 元券各 1 億張，50 元、100 元券各 2 億張。據該公司駐上海代表面稱，11 月份可趕就 1 圓券 5 千萬張，5 元、10 元券各 250 萬張，共計面額 3,750 萬元，印好後均用飛機由美國速運上海。至於將 1 元券改印 50、100 元券細節，則待與總公司洽妥後再陳報劉攻芸。

國內部分，梁平有鑒於金圓券發行增加速率過鉅，因此在 10 月密囑中央印製廠刊版備印，在接可印 5 元金圓券命後，即開始趕印中。但因需用兩面凹版的關係，最快也需要兩個月時間，如果改用一面凹版，一面平版，則時間可以縮短，請示劉攻芸意見。

香港部分，在 10 月密囑中華書局幫忙印製，已奉面准印 10 元券，現在趕印中，如用一面凹版一面平版，約於本月底可以開始印製。惟該書局以趕印需要經費，中華書局稱因本行先前印製法幣印費尚未結清，致經濟方面調度困難，要求央行將前欠印費速行結付，共港幣 400 餘萬元，定金 280 餘萬元。

雖然各地趕印狀況基本順利，積極進行，但梁平也表示「默察情勢，猶恐不足以解本年內之脫節危險。」[183]

至 11 月初，金圓券發行總額已達規定的 20 億上限，於是工商停頓，社會經濟陷於混亂。為應付局面，政府於 11 日公布《修正金圓券發行辦法》和《修正人民所有金銀外幣處理辦法》，將金圓券法定含金量減為原來的 4/5，對金圓券發行總額，修正

---

[182] 〈中央銀行發行局關於增加金圓券發行限額問題與行政院的來往文書〉，中國第二歷史檔案館，檔號：2-14927。

[183] 〈劉攻芸重要私函〉，中國第二歷史檔案館，檔號：2-109。

辦法將第十二條改爲「金圓券發行總額另以命令定之」，實際上即無限額規定。至此金圓券發行準備監理委員會的存在，也幾乎失去其監督功能。[184]

二、修正金圓券發行及人民所有金銀外幣處理辦法

控制不住經濟情勢後，當局於 11 月 1 日頒行《改善經管補充辦法》，放棄限價，期望以物價政策的變更來緩和當前物資供應的失調。11 月 11 日王雲五辭財政部長，由徐堪繼任，[185] 爲了重建幣信，於同日公布《修正金圓券發行辦法》及《修正人民所有金銀外幣處理辦法》（見附錄三），規定黃金、白銀及外國幣券，准許人民持有，並得以金圓券向中央銀行兌換黃金，23 日起開始實施。《修正金圓券發行辦法》其中幾項要點爲：（1）貶低了金圓券的含金量，原案規定每 1 金圓的含金量是純金 0.22217 公分，修正案是 4.4434 公毫，貶低了 80%；（2）取消了發行限額，原案規定金圓券的發行限額是 20 億元，修正案規定另以命令規定；（3）恢復了購買外匯和兌現辦法，原案金圓券既不能購買外匯，也不兌現，修正案規定金圓券持有人可依照管理外匯辦法的規定購買外匯，並可兌換金圓，在金圓未鑄成前，得兌換黃金和銀元；（4）放棄了公開發行制度，原案規定金圓券的發行應由發行準備監理委員會每月實施檢查發行準備，製成報告書報告行政院並公告於人民，修正案規定只要向行政院報告，不必再向人民公告。

同時公布的《修正人民所有金銀外幣處理辦法》，其要點爲：（1）提高了金銀外幣的法定價格，配合金圓含金量的減低，把金圓券兌換金銀外幣的法定價格一律提高了 400%；（2）恢復了人民持有金銀外幣的權利，原案不許人民持有金銀外幣，修正案爲了配合金圓券的兌現，又准許人民持有金銀外幣，而且准許銀幣在市面流通。把這二個辦法合併起來看，可看出當局是要利用人民重視金銀的心理，將金銀拋出以收縮通貨，嘗試重建幣信。[186]

此次所修正辦法在貨幣方面爲：（1）貶值 5 倍。在《修正金圓券發行辦法》第一條中將原定含金量下降，第四條將 1 分輔幣取消，以 5 分輔幣爲最低單位，在修正人民所有金銀外幣處理辦法第三條中規定黃金、白銀、銀幣、美鈔對金圓券兌換俱提高 5 倍。（2）發行數量不作硬性規定。舊辦法規定爲 20 億，修正辦法第十二條，發行

---

[184] 李守孔，《中國現代史》，頁 160。

[185] 《總統府公報》，第 150 號，1948 年 11 月 11 日。

[186] 中國第二歷史檔案館編，《中華民國史檔案資料彙編：第五輯第三編財政經濟（三）》，頁 903。

總額另以命令定之。（3）發行量及準備情形不再公告。修正辦法第十六條，將舊辦法第十三條金圓券發行準備監理委員會應於每月終了後……作成檢查報公告之的「公告之」三字刪除。（4）發行金硬幣。

　　關於金銀外匯方面為：（1）金銀外幣准許持有。修正人民所有金銀外幣處理辦法第二條規定如此。（2）飾金銀轉讓範圍及價格放寬。修正辦法第七條刪除舊辦法第七條，但書：「不得超過規定兌換率之價格買賣」，舊辦法第八條：「人民得以黃金條塊改鑄金飾」完全刪除，修正辦法第十二條將舊辦法第十三條「以超過兌換率之價格買賣金飾」的處罰刪去，修正第三條並將告密報酬標準，由沒收品價值40% 減為20% 。（3）外匯控制改變方式攜帶外幣進入國境者，將舊辦法第十條應繳送中央銀行或其委託行兌給金圓改為「得依其志願兌給金圓或購公債或儲存」，出國者將舊辦法第九條「附有售給外國幣券銀行出具證明書的旅行零用」等語刪除，即不追究其獲得外幣的來源，《修正金圓券發行辦法》第十條並規定在進出口連鎖制下得購貿外匯。[187]

　　由這幾項條文可知，和發行金圓券時的差別，在取消了 20 億元的發行額限制；金圓券的含金量，由 0.22217 克下降為 4.4434 毫克；人民又可持有金銀，可向銀行兌換金銀，惟兌換價格一律提高五倍。金圓券含金量減少 4/5，意味著之後的金圓券，僅值舊金圓券的 1/5。原金圓券兌換率，黃金每市兩兌 200 元；白銀每市兩兌 3 圓，銀幣兌 2 圓，美鈔 4 圓。新法全提高五倍，改為黃金每市兩兌 1,000 元；白銀每市兩兌 15 圓，銀幣兌 10 圓，美鈔 20 圓。但此時民眾對於金圓券，已全然失去信心，只會換回黃金保值，等於人民的資產，又憑空蒸發了 80% 。蔣介石在中政會議後記曰：「提出經濟措施修正案，即金圓貶值至五分之一，及通用銀元與存一兌一之辦法。余信此案實行以後，經濟與人心可安定，再以銀元購米，使糧食迅速集中於京滬，以供給軍糧民食也。」[188]

　　改善的原則很顯然的在尋求兌換的公平與簡易，但如真為求普遍公平，則就應該：第一，必須擴增承辦兌換的行處，不僅在幾個國家銀行在各地的總行可辦，在其他都市也應準由四行的分支行處開辦，只有這樣才能普遍，才能消滅一部分的擠兌現象；第二，每人限兌 10 兩，同時憑身分證，自然是求達公平普遍的方法，但必須再規定每一份身分證，在某一時間內存兌的次數。例如第一次存兌後三個月後（假定）才能存兌第二次；或不規定次數，而規定存兌數量累積 50 兩後，須於三個月後（假定）

---

[187] 石見，〈論金銀存兌辦法的改善〉，《經濟評論》，1948 年第 4 卷第 10 期。
[188] 《蔣介石日記》（未刊本），1948 年 11 月 11 日。

才能存兌第二個 10 兩，另外在身分證上不僅加上存兌的字樣，且要註明已兌的數量和日期，其次爲求手續的合理簡易，申請和領取的辦法必須改進。現在一張申請書有市價，應使其在手續上，讓申請和領取可以一次辦法，或大額小額存款分開幾個櫃臺辦理，軍公教人民可由各人所屬機關總彙向指定銀行存兌，避免申請、領取上的擁擠問題。[189]

　　根據修正辦法的內容看，與其說是貨幣制度的轉變，不如說是一個黃金政策的轉變。根據現行辦法，政府每日出售的黃金必極有限，遠不足彌補財政收支的差額，時間一長市場通貨必又日益增多，物價繼續上漲，黑市金銀價格高昂，而停止存款兌現，則黃金物價亦上漲，若仍繼續向市面出金，則所有方式不外幾種：（1）維持現有辦法，維持現有金價。此辦法無異每三個月平價配給成年市民每人黃金 1 市兩，不知其意義何在；（2）維持現有金價，購買數額不加限制。則市場籌碼日久累積增加後，其投於黃金購買的壓力將難以想像，當局現有黃金恐將立被購罄；（3）維持現在辦法，但調整黃金白銀的售價（調整黃金價格，相當貶低金圓券價值，這與《修正金圓券發行辦法》不一致，所以唯一可行辦法，恐怕是調整存款部分金額），則由於購買數額限制太嚴，依舊難以產生收縮通貨的效能；（4）改良現行辦法，對於出售數額不加以嚴格限制，金價亦予以機動調整（即機動增多存款金額），除非放棄黃金政策，這恐怕是政府今後黃金政策唯一可能的出路，但假設這是將來黃金政策唯一的歸宿，又爲什麼一定要經過此階段，使財政收支日陷困境，市場通貨日益泛濫後才要實施呢，則令人所不解。[190] 事實是貶低金圓券價值，只是讓民衆對金圓券更無信心，張嘉璈便曰：「物價管制與金圓券限額，乃幣制改革成敗之兩大關鍵。茲既未能澈底實行，則金圓券之崩潰，已成定局矣。」[191]

　　根據這二個修正案，中央銀行擬定《存款兌現通則》，經由財政部核定，於 11 月 22 日起先在南京、上海、重慶、廣州、漢口、天津與北平施行；12 月 1 日後再推行於杭州、成都、昆明、長沙、廈門、漢口等二十個城市。根據二修正案及兌現通則規定，申請人申請兌換黃金 1 兩，須付出金圓券現鈔 2 千元，其中 1 千元爲兌價，1 千元作定期存款，即中央銀行放出黃金 1 兩，可收縮金圓券 2 千元。[192] 中央造幣廠連日已趕鑄成大批 5 錢、1 兩、3 兩、5 兩、10 兩金條數種，陸續運交中央銀行。剛開始幾日，各地收兌數額大致爲：上海市國行及其委託銀行，於 24 日兌出之黃金銀元連

---

[189] 石見，〈論金銀存兌辦法的改善〉，《經濟評論》，1948 年第 4 卷第 10 期。

[190] 鍾毓，〈黃金政策走入歧途〉，《經濟評論》，1948 年第 4 卷第 11 期。

[191] 姚崧齡編著，《張公權先生年譜初稿》下冊，頁 1018。

[192] 王則徐，〈存款兌現與黃金政策〉，《中國建設》，1948 年第 7 卷第 3 期。

同存款，其收回金圓券 5,287,892 元。據統計：其中黃金部分共兌出 2,400.416 兩，計央行兌出 758.312 兩，中國 444.162 兩，交通 632.843 兩，中農 565.099 兩，合計收回金圓券 2,400,416 元。銀元部分：計央行兌出 12,708 元，中國 6,635 元，交通 3,103 元，中農 1,907 元。共 24,353 元，收回金圓券 243,530 元。南京：本日爲金圓券存款兌現開始之期，京市中央銀行分行，計共開定期存款戶頭 365 戶，兌出黃金 168.981 兩，銀幣 5,000 元，計共收回金圓券 437,962 元。昨日該行最大之存款兌現戶，兌出黃金 20.06 兩。漢口：24 日爲國行辦理存款兌現第三日，計兌出黃金 5 錢，銀幣 4,968 枚，金圓券回籠共計 100,360 元。北平：中央銀行北平分行連日存款兌現，共收回金元券 202,540 元。天津：國行津分行 24、25 兩日辦理存款兌現，計收回金圓券 18,000 元，售出黃金 9 兩。[193]

由中央銀行內部所做的金融經濟調查報告，則記錄了黃金黑市價格的高漲：自 11 月 22 日開始出兌金銀開始，第一週因黑市金價低於官價，約 1,900 元，加上對於請兌手續處於觀望，兌換情形並不踴躍。出兌第一週週末（11 月 27 日）升至 2,200 元，後來逐步上升，因黑市價格漸高，情況日趨熱烈，12 月 2 日時已漲至 2,600、2,700 元之間，加上行局出兌黃金限制每戶 10 兩，黑市立即騰升至 3,100 元，4 日更升至 3,300 元，銀元方面情形亦相同，其中不乏專事套購牟利者，而行局人手有限，加之未能儘量供應，以致糾紛叢生。出兌情況，開始時多 10 兩以下小戶，隨著出兌進行，每戶幾均達數 10 兩甚至超過百兩者亦不在少數，可見兌換對象已由散戶轉爲大戶，一般民眾並未普遍獲得請兌機會。[194] 上海市立國民學校校長聯誼會，便上書劉攻芸，表示自辦理存款兌現以後，大戶豪富利用黃牛恃強，佔據行列大量套購牟利，一般善良民眾不獲存兌機會，而我公教人員爲國服務無暇分身，更乏兌現時機，政府法良意美之規定，反成畫餅充飢之口惠，爲便利教職員存兌金銀，准予集體申請集體兌現。[195]

自 11 月初遼瀋會戰結束後，北方軍事情勢突變，也影響了北平的經濟情勢，據中央銀行北平分行行員俞丹榴 12 月 2 日致使劉攻芸函中表示：自 11 月 22 日開始辦理存款兌現以來，初因黃金銀元黑市價低，來兌存者不多，至 27、28 日黑市價格節節上升，來兌存者驟然增加，門市擁擠異常，每日凌晨即有多人在門前守候，又因軍人及黃牛黨滲雜其中，秩序極爲紊亂，現庫存黃金共 1,832 市兩已兌罄，故改開給臨時收據，至 12 月 1 日止，共計登記兌存金圓券 3,208,000 元，約欠黃金 1,600 餘市

---

[193] 《外交部周報》，第 101 期，1948 年 12 月 1 日。

[194] 〈中央銀行業務局爲上海黃金買賣案與秘書處來往函〉，中國第二歷史檔案館，檔號：2-2547。

[195] 〈劉攻芸重要私函〉，中國第二歷史檔案館，檔號：2-109。

兩。同時擠兌銀元者日來人數轉多，因有每戶兌數限制，12月1日，共計兌出銀元42,303元。[196]

日來各行局承辦存兌黃金銀幣工作，紛紛表示受到社會上部分人士壟斷（俗稱黃牛黨）及部分軍人警察爭先搶兌，秩序難以維持，致使一般善良民眾無法辦理情事，中央銀行也擬出解決辦法，將軍警部分另組二隊分駐警備司令部，及市警總局集中辦理，在行局前對軍警聲明勸導，前往該二處分別辦理存兌，以減無謂糾紛。對於黃牛部分，則採用核對身分證辦法，以資限制，並於每筆存兌辦訖時，在身分證上加蓋戳記，以資辨認。[197]

11月底開始，前往申請兌換民眾日漸踴躍，中央銀行及其他各承兌銀行門前均排長隊。進入12月中旬，擠兌情勢逐漸失控，11日，央行漢口分行便急忙致電總行，表示漢口擠兌金銀情況混亂，報告表示：

> 本分行昨日（10日）擠兌金銀情形愈為嚴重。晨7時起，市民即聚集行門，為數約萬餘人，交通為之斷絕，包圍行屋，無法開門。經請憲兵及保警大隊到行維持，始在正門打開一交通路線。詎市民嗣將保警隊包圍，隨以電話通知警備司令部，派來警備堡壘五座，向市民密集處開沖，始有退卻，但始終包圍。屢勸排隊，以便依次分發申請書，但毫無結果，秩序紊亂異常。由保憲警三方協同，維持門首交通。下午開門時，門首市民及退役軍人愈集愈眾。2時15分，退役軍人約4百餘人沖入行內，市民隨之蜂擁而入。經憲警再三驅逐，互相鬥毆，秩序大亂。保警隊士兵被毆傷頭部口部及手足者6、7人……市民退出後，退役軍人仍不肯出外，乃通知警備司令部派糾察隊來行，始勸令散去……至晚9時許，市民包圍本分行門側，尚未散去，經保警大隊整隊持槍驅逐，始陸續散去……計昨日出動軍警憲來行維持秩序者共2百餘人。[198]

鑒於擠兌事件影響觀感甚大，如11日央行天津分行即以「存兌銀幣登記，本日秩序又轉惡劣」為由，索性暫停登記一日。[199]上海金融管理局也介入調查後，調查後

---

[196] 〈劉攻芸重要私函〉，中國第二歷史檔案館，檔號：2-109。

[197] 〈劉攻芸重要私函〉，中國第二歷史檔案館，檔號：2-109。

[198] 〈中央銀行漢口分行致總行電——報告漢口擠兌金銀混亂情況〉，《中央銀行檔》，參見中國人民銀行總行參事室編，《中華民國貨幣史資料第二輯（1924-1949）》，頁766-767。

[199] 〈中央銀行天津分行致總行電——存兌銀幣登記，秩序又轉惡劣〉，《中央銀行檔》，參見中國人民銀行總行參事室編，《中華民國貨幣史資料第二輯（1924-1949）》，頁767。

將 11、12 二日的考察呈給財政部長徐堪，金管局副局長畢德林表示：

存兌秩序極壞……隨時有釀成巨變可能。職昨日親往各行考察，目睹群眾擁擠情形，各行鐵窗門多被擠毀，根本無法依次排行。擠者均爲衣服不整及穿著藍色半長短衫之流氓，而其附近則站立衣冠整齊之觀眾。此種人實即雇用「小黃牛」之人，其數又倍於擁擠請兌之人，此爲門外景象。門內則持申請書領取黃金者，又爲衣冠整齊之人物。上述衣服不整者，均被稱爲「黃牛」。此種「黃牛」有資力者，自行兌取轉售牟利；無資力者，則出賣申請書，10 兩申請書，索價 4 千元，49 元銀元申請書，索4、5 百元。

另對於管理秩序的警察，亦發現與投機者勾結牟利之情事：

維持秩序之警員，據各行承辦人面告，仍有請求格外通融之事，不予融通，則維持秩序不力，融通則又不勝其煩；且聞守門警憲與「黃牛」實爲聲氣相通。「大黃牛」無須排隊或參加擁擠行列，即可取得申請書。此外並有高級警官，逕赴央行管理部門，請求格外融通，甚有拔槍，聲稱不達目的即行自殺者。凡此種種，實爲上海方面兌金秩序難於維持之表面原因（主因是因黑價太高所致），自屬不成事體。

雖然事態嚴重，但畢氏也建議，爲免發生其他不良影響，惟有暫行隱忍，不予公開揭穿。[200]

關於擠兌情事的報導

12 月中旬平津會戰打響，北平正被軍事包圍，導致物價飛漲。[201] 北方的不利局面，很快便影響了上海的經濟，22 日上海市民擠兌金銀時，局面混亂，擠斃數

[200]〈財政部上海金融管理局副局長畢德林呈財政部長徐堪函──報告上海辦理存兌金銀混亂情況〉，《財政部檔》，參見中國人民銀行總行參事室編，《中華民國貨幣史資料第二輯（1924-1949）》，頁 768。

[201]《大公報》1948 年 12 月 22 日。

人。[202]23 日，上海市長吳國楨致財政部長徐堪電表示，自中央銀行辦理存兌金銀以來，每日擠兌人數有加無減，本府召集軍政會報，並轉飭警察局極力維持秩序。惟今日人數逾 2、3 萬，雖竭力維持，而擠死者已達 7 人，傷者更眾。表示實難繼續維持，請示財政部，對此財政部表示，經行政院令決定暫停存兌，待改善辦法決定後再辦。[203]

1948 年 12 月 23 日上海外灘，購買黃金的人流。（資料來源：*Illustrated London News*，1949 年 1 月 8 日，頁 51）

翁文灝因無力改善情勢，於 12 月 23 日辭去行政院長一職，同日孫科及吳鐵城就任行政院正、副院長，或許由於社會經濟情勢混亂之故，並未舉行就職儀式。[204] 孫

202　郭廷以，《中華民國史事日誌》第四冊，頁 817。
203　〈上海市長吳國楨敦財政部長徐湛電——辦理存兌金銀，發生傷亡事故〉，《財政部檔》，參見中國人民銀行總行參事室編，《中華民國貨幣史資料第二輯（1924-1949）》，頁 768-769。
204　《外交部週報》第 105 期，1948 年 12 月 29 日。

科內閣的當務之急即是解決擠兌問題，視事第一天便指示中央銀行，以存兌金銀辦法有待改善，爲維持地方秩序、保障人民安全起見，現行存兌辦法暫行停止。央行副總裁劉攻芸於下午 5 點宣布此令。[205] 並在 25 日，公布制定《民國三十七年短期國庫券條例》，分爲一個月、二個月及三個月，三種期限發行，希望藉此調節金融、吸收游資。[206]

此時社會各界對於金圓券已是怨聲載道，諷刺不斷，報刊便刊出改編李清照菩薩蠻的諷刺詞：

> 李濁照著，菩薩蠻（迎金圓券）
> 人人爭道金圓券，金圓二字何曾見？枉自想金洋，依然紙一張，簇新多彩澤，舊鈔無顏色，可再似從前？圈圈圈上天。[207]

到了 1949 年，1 月 4 日中央銀行公布《改善金圓券存款兌現辦法》；並規定自 5 日起，依照新辦法恢復存兌。[208] 1 月 10 日，國軍豫東永城附近部隊被全部消滅，杜聿明被俘，邱清泉自殺，徐蚌會戰結束。在徐蚌會戰失敗後，1 月 16 日，行政院會議決議廢止黃金兌換，改發短期黃金庫券。已決定分爲半兩、1 兩、5 兩、10 兩及 50 兩五種。月息定爲 4 釐，兩年之內償還。[209] 但此時解放軍正大舉準備南下，北平已被圍，民眾對此短期公債缺乏信心，至 2 月中旬，總數 200 萬份僅售出不足 4 千份。雖購買此公債，到期時可按當日黃金價格收回成本，且另有利息，但民眾顯然對此政策是否支撐兩年感到懷疑，此辦法即不知不息地便默默被撤銷了。[210] 徐蚌會戰的失敗，也直接導致了蔣介石的 1949 年 1 月 21 日宣布下野，由副總統李宗仁，代行總統職權。

1949 年 2 月 5 日，行政院遷廣州正式開始辦公（並於 4 月 29 日正式通告中央政府所在地爲廣州）。[211] 7 日，財政部遷廣州辦公，並在福州成立辦事處，重要文電發

---

[205]《申報》，1948 年 12 月 24 日。

[206]《總統府公報》，第 187 號，1948 年 12 月 25 日。

[207] 李濁照，〈菩薩蠻（迎金圓券）〉，《中國青年》，第 1 期，1948 年 12 月 20 日，上海市檔案館，檔號：D2-0-21-17。

[208]《外交部周報》，第 106 期。

[209]《華商報》，1949 年 1 月 17 日。

[210] 陳孝威，《爲什麼失去大陸》下冊，臺北：躍昇文化事業，1988 年 7 月，頁 364。

[211] 蔣經國，《危急存亡之秋》，頁 396；黃純青監修；林熊祥主修；陳世慶纂修，《臺灣省通志稿——卷首 大事記》第三冊，南投：臺灣省文獻委員會，1951 年，頁 199。

由廣東省財政廳收轉，一般公文寄福建省財政廳收轉。[212] 2 月 19 日，行政院公布制定《民國三十八年黃金短期公債基金保管委員會組織規程》。[213]

三、財政金融改革案

黃金政幣辦法成效不佳，李宗仁代行總統職權後只得另想辦法（資料來源：《星光日報》，1949 年 1 月 5 日）

在李宗仁代任總統後，開始研擬新的改革方案，打算大刀闊斧改革財經政策，行政院會議 2 月 23 日通過財政金融改革案，李宗仁代總統於 25 日頒布，即日實施，「其有關法令與本案牴觸者，由行政院分別擬議修訂廢止」。其財政金融改革案關於財政要點：

（一）薪餉數額以銀元為標準計算之。

（二）副秣費數額以銀元為標準計算之。

關於金融幣制要點：

（一）黃金白銀准許人民買賣，中央銀行為平準市價，亦得為金銀之買賣。

（二）銀元准許流通買賣，政府籌購白銀鼓鑄銀元。

---

[212]《臺灣省政府公報》，1949 年春字第 39 期，頁 537。

[213]《總統府公報》，第 216 號，1949 年 2 月 28 日。

（三）外國幣券仍禁止流通，中央銀行收兌外幣，應參照黃金價及外匯移轉證價格計算。

（四）黃金白銀銀元及外國幣券，除中央銀行外，非經財政部特許，不得運送或攜帶出國，其旅客攜帶金飾總量不超過 2 市兩，銀飾不超過 20 市兩，外國幣券總值不超過美金 500 元者，不在此限。

（五）黃金白銀銀元及外國幣券之運入國境者，除中央銀行外，黃金白銀應徵進口稅，其稅率另定之，至旅客攜帶金飾總量不超過 2 市兩，銀飾不超過 20 市兩，外國幣券總值不超過美金 500 元者，免予徵稅。[214]

此次改革最重要之處，在以白銀作爲物價標準，並宣布銀洋可在市面流通，物價可以銀洋標價，這是自 1935 年法幣發行以來，「大頭」和「小頭」再次在市面流通。在金圓券失敗後，政府試圖通過利用現有的白銀儲備，在 1949 年 2 月 24 日發行銀元鈔票在中國流通，試圖恢復白銀在貨幣中的地位。根據法律，這些鈔票必須有白銀的最低儲備爲 50%，[215] 然而此政策有其先天不足之處，即每枚銀洋所含純銀略少於 1/3 兩，當時黑市銀洋價格，每元值金圓券 320 元，即每兩白銀值金圓券約 1,000 元，而此時市面流通金圓券發行額已近 600 億元，若要穩定金圓券幣值，則需 6,000 萬兩白銀作爲後盾，但事實上國庫所存白銀及銀洋共 2,500 萬兩，當局宣布撥出半數作爲準備金，實際僅 1,250 萬兩。[216]

3 月 8 日，行政院長孫科請辭，代總統李宗仁，提候選人何應欽、顧孟餘、閻錫山、居正、吳鐵城，請蔣介石在其中決選一人。9 日蔣約吳忠信、張治中討論行政院長人選，蔣希望由吳鐵城任行政院長，何應欽任國防部長，然而何應欽堅持不願任國防部長一職，與吳、張兩次再談後，決定由何應欽擔任行政院長。[217]

3 月 11 日，全國銀行公會理事長兼上海銀行公會理事長李銘，有鑑於黃金市場的問題，致劉攻芸函表示：「中央銀行平準金銀市價之工作，現已開始，連日出售黃金後，昨日市面已回降，頗見明效。惟市價一日數變，而央行每日訂定售價一次，且低於市價，平準力量之運用，恐有不甚經濟而易於被人取巧者。目下市場資金尚未集中於金市，倘今後投機集中，力量增巨，則其殫心竭力以從事於此，尤將無孔不入。」認爲在訂定價格上應該靈活，「宜買賣並列，買進價宜稍低於市價，賣出價宜稍高於

---

[214] 《總統府公報》，第 216 號，1949 年 2 月 28 日。

[215] Lee Sheng-Yi, *Money and Finance in the Economic Development of Taiwan*, 2002, p.72.

[216] 陳孝威著，《爲什麼失去大陸》下冊，頁 365-366。

[217] 《蔣介石日記》（未刊本），民國三十八年三月八、九日；周美華編，《蔣中正總統檔案：事略稿本》第 79 冊：民國三十八年二至四月，臺北：國史館，2013 年 9 月，頁 213-214。

市價，開盤之後，一日中即依市價變化，隨時爲適當之調整，作必要之行動。」並以政府 1946 年拋售黃金政策失敗爲例，表示「三十五年間央行出售黃金，價格過廉，受惠者爲少數人，不普及於民眾，於市面裨益無多，而央行實力消耗甚鉅，未滿一年，終於停止。今雖匯價水準與售金辦法，與前已有不同，但價格總以求取最大之彈性爲妥，其售價不宜常常偏低。」[218]

此時因現鈔緊勢仍未減緩，中央銀行爲補救現鈔周轉不足現象，3 月 18 日起開始對銀錢同業之提現者，搭發銀洋。凡銀錢同業隔日有存款者，申請提現者得按存款餘額發現鈔 5%，銀洋 25%，兩者合共爲 30%。但連日上海鈔荒情形嚴重，市價零售價格已發現票據與現鈔兩種，前者高於後者約一成，非抽緊現鈔所可解決。[219] 由於物價飛漲，現鈔缺乏，中央銀行於 3 月 28 日發行 5 千、1 萬、5 萬、10 萬元本票，並規定此種定額本票可代替現鈔行使。[220] 3 月底，面對軍事失利，蔣介石反省原因，記曰：「經濟、金融政策之失敗，實爲軍事崩潰之總因。」[221]

4 月 4 日，中央銀行致中央信託局、中央合作金庫上海分庫、上海銀錢信託業三公會表示，爲補救現鈔短缺，即日起發行發行定額本票，分爲 1 萬元、5 萬元、10 萬元三種。該項本票與現鈔同樣使用，可抵充庫存，但不能交出交換與掛失。[222] 4 月下旬，國共和談破裂，解放軍砲擊長江南岸，準備渡江。行政院各部會全部陸續遷往廣州辦公，23 日宣布政府全體軍政機關，緊急撤離南京。[223] 在政府撤離南京後，上海人心惶惶，部分政府單位私下散發費用，對此，京滬杭警備總司令部政務委員會命令表示：「查保衛上海軍事當局已有萬全準備，本會爲安定社會秩序，經決定本市任何機關團體，不得發放應變費用……否則即嚴行究辦負責人」，宣示保衛上海決心。[224] 5月 7 日，蔣介石自記「上海軍事經濟措置已大略完成」。[225]

自從 1948 年底放開金圓券限額後，其結果便和法幣一樣，面額越來越大，價值

[218] 〈劉攻芸重要私函〉，中國第二歷史檔案館，檔號：2-109。

[219] 《金融周報》，20 卷 12 期，1949 年 3 月 23 日。

[220] 《華商報》，1949 年 3 月 29 日。

[221] 《蔣介石日記》（未刊本），1949 年 3 月 31 日。

[222] 〈中央銀行業務局致中央信託局、中央合作金庫上海分庫、上海銀錢信託業三公會函〉，中國第二歷史檔案館，轉引自：中國人民銀行總行參事室編，《中華民國貨幣史資料第二輯（1924-1949）》，頁 625。

[223] 秦孝儀總編纂，《蔣總統大事長編》，1967 年，頁 363；閻伯川先生紀念會編，《民國閻伯川先生錫山年譜長編初稿》第 6 冊，臺北：臺灣商務，1988 年，頁 2302。

[224] 〈中央銀行關於存兌黃金的文件〉，中國第二歷史檔案館，檔號：2-3158。

[225] 《蔣介石日記》（未刊本），1949 年 5 月 7 日。

一瀉千里，11 月底，發行額即已超過 32 億元。[226] 以下將 1948 年 8 月 31 日到 1949 年 4 月 15 日金圓券發行數額列表呈現其遽增情形。

表 4-4-1　金圓券發行數額表

	金圓券	金圓輔幣	總計	較上月底增加數
1948 年 8 月 31 日	292,540,727	4,276,474	296,817,201	
1948 年 9 月 30 日	947,702,091	9,050,403	956,752,494	659,935,293
1948 年 10 月 31 日	1,595,386,691	17,166,574	1,612,553,265	655,800,771
1948 年 11 月 30 日	3,204,321,603	22,809,074	3,227,130,677	1,614,577,412
1948 年 12 月 31 日	8,186,333,371	35,165,174	8,221,498,545	4,994,367,868
1949 年 1 月 31 日	20,821,562,771	49,588,174	20,871,150,945	12,649,652,400
1949 年 2 月 28 日	59,663,510,771	61,899,374	59,725,410,145	38,854,259,200
1949 年 3 月 31 日	196,059,526,871	69,144,374	196,128,671,245	136,403,261,100
1949 年 4 月 15 日	760,670,282,690	67,813,674	760,738,096,364	564,609,425,119

資料來源：洪葭管主編，《中央銀行史料 1928.11-1949.5（下卷）》，頁 1330。

　　自 1949 年初，金圓券的發行量便直線上升，其發行的額度，甚至比法幣更大，至 1949 年 4 月中旬，發行總額已達 7 千餘億，完全失去貨幣的基本功能。

　　金圓券發行不僅量的增加，面額也不斷增加，1948 年 8 月初發行僅為 10 元、5 元、1 元券三種，同年 11 月 15 日已發行 20 元面額鈔票，12 月 28 日發行 50 元面額券，1949 年 1 月 25 日發行百元券，5 月 24 日發行 100 萬面額券，實在驚人。

---

[226] 洪葭管主編，《中央銀行史料 1928.11-1949.5》（下卷），頁 1300。

表 4-4-2　金圓券最大發行面額表

發行日期	金圓券票面額
1948 年 8 月 19 日	1 元券、5 元券、10 元券
11 月 15 日	20 元券
12 月 28 日	50 元券
1949 年 1 月 25 日	100 元券
3 月 1 日	500 元券、1,000 元券
4 月 1 日	5,000 元券、10,000 元券
4 月 18 日	50,000 元券
4 月 26 日	100,000 元券
5 月 5 日	500,000 元券
5 月 24 日	1,000,000 元券

資料來源：洪葭管主編，《中央銀行史料 1928.11-1949.5（下卷）》，頁 1329。

表 4-4-3　1949 年 4-5 月中央銀行在上海簽發金圓券定額本票情況　（單位：元）

發行日期	券額
4 月 2 日	10,000
	50,000
	100,000
4 月 28 日	500,000
	1,000,000
5 月 6 日	5,000,000
5 月 14 日	10,000,000

資料來源：《中央銀行檔》，轉引自中國人民銀行總行參事室編，《中華民國貨幣史資料第二輯（1924-1949）》，頁 626。

四、金圓券遭到民眾拒用

　　金圓券雖走上與法幣同樣的道路，但金圓券的發行速度，又大大地超過法幣時期。1948 年 12 月底，金圓券發行額達 83.2 億元，1949 年 1 月底達 208 億元，4 月底達 51,612 億元，5 月 23 日達 679,458 億元。[227] 金圓券從 1948 年 8 月 20 日發行至 1949 年 5 月 23 日共 9 個月 3 天，發行總額 109 萬 5,000 餘億元。在 9 個月的時間，

---

[227] 洪葭管主編，《中央銀行史料（1928.11-1949.5）》下卷，頁 1328-1329。

金圓券發行額增加了 30 多萬倍，同面額價值縮小了約 500 萬倍。[228] 不論從哪個方面看，此種貨幣價值的貶值程度都是前所未有的。

由央行向美鈔公司要求更改紙鈔的部分過程，即可從另一面向觀察通貨膨脹之速。央行原與美鈔公司訂購 50 元、100 元券，然還未印畢，便因惡性通膨，面額已不適用，故聯繫美鈔公司，將已訂購的 50 元、100 元券停印，已購的 50 元券 1 億 5,800 萬張，100 元券 1 億 7,350 萬張，由 50、100 元券改印為 50 萬元券，尚可改印數額計 50 元券 9,400 萬張，100 元券 1 億 4,150 萬張。

已印成的 50 元、100 元因已不合時宜，又不准外流，即在美予以銷燬，計 50 元券 6,400 萬張，100 元券 3,200 萬張，共計 9 千 6 百萬張。

費用部分，該公司允為照補改印 50 萬元券，以上改印券計 2 億 3,550 萬張，每千張印費計增加美金 1 角應補付定金計 5,887.50 美元。又補印券 9,600 萬張，每千張印價計 10.25 美元，應付定金共 246,000 美元。至於銷燬的 50 元券 100 元券共 9,600 萬張，應付印費 574,005 美元。此外尚有 1 千 5 千及 5 萬元券三種製版費，每塊計美金 2,500 元，共 7,500 美元應予全數補付，又前經洽定銷燬之 10 元券計 3,500 萬張應付印費 156,798.10 美元。以上各款計共應補付美金 990,190.60 元。[229] 除原本訂版印鈔所需費用，這一次改印、銷燬，即需再增加約百萬美金，這些費用都是在奇異經濟環境下的額外支出。

另一間委託印製鈔券的德納羅公司，央行先前才聯繫，將訂印之 5 千元券 17 億張內其中 2 億張，改印為 5 萬元券，因通貨膨脹太快，聯繫將改印好的 5 萬元券，再改印為 50 萬元券，再從未改訂的鈔券中拿 2 億張改印。[230]

因券鈔貶值過鉅，金圓券漸為社會所拒用，拒用以後，民間日常所需，及社會交易媒介，須有代用之物支應，而此時各省最普遍使用者為舊鑄的銀行券，通商大埠則以美金、港幣等外幣交易，商店、學校出現以紙片記數，加戳以代籌碼，流通籌碼可謂十分紊亂。而其時政府各種軍政支出受環境影響，只能以庫存外幣、黃金、銀元支應。在 4、5、6 三個月，國庫方面先後付出計：（1）銀元 34,435,970 元；（2）白銀約 700,000 兩；（3）黃金 195,610 兩；（4）臺幣 4,435 億餘元；（5）各種外幣折合美金 24,605,396 元。以上各項支出，皆為多數地方拒用金圓券後，國庫金銀外匯支出，

---

[228] 楊蔭溥，《民國財政史》，北京：中國財政經濟出版社，1985 年，頁 216。

[229] 〈中央銀行發行局關於國外各公司停印小額券改印較大額券的有關文件〉，中國第二歷史檔案館，檔號：396(2)-2424(4)。

[230] 〈中央銀行發行局關於國外各公司停印小額券改印較大額券的有關文件〉，中國第二歷史檔案館，檔號：396(2)-2424(4)。

此外應付未付金額，積欠數字達銀元 5,000 餘萬元，後經行政院檢討後將其減至銀元 2,600 餘萬元。[231]

　　市場有其自身秩序，繼續管制收到的效果也有限，因此 5 月 25 日李宗仁宣布廢止修正人民所有金銀外幣處理辦法，及黃金外幣買賣處罰條例。[232] 6 月 3 日，西南軍政長官張群批准轄區各省市之金銀，准許自由流通，不加限制，至於金銀帶至轄區以外各省數量，黃金仍限 2 兩，銀元限 50 枚；轄區以外攜帶金銀入境者則，不予限制。[233]

　　1949 年 6 月，解放軍接收上海後，上海市軍事管制委員會財政經濟接管委員會負責接管上海經濟，旋即於 6 月 18 日宣布：「黃金全部移存中國人民銀行上海分行（原物存儲暫不兌換）取據保存；銀元全部向中國銀行兌取人民幣，再向中國人民銀行上海分行開戶存放；外幣現鈔全部移存中國銀行易取外匯存單。」

　　凍結黃金、銀元、外幣、現鈔，並限於 23 日前完成作業，所有兌存之人民幣及外匯存單其支用辦法另候通知。[234]

第五節　拋售黃金及黃金短期公債政策的施行

　　金圓券經濟管制隨著延長收兌期間而告失敗後，惡性通貨膨脹蔓延全中國，在此環境下，國府決定再行黃金政策挽救經濟，期望藉由人民對於黃金的興趣，向市面放出黃金，藉以抑制金圓券的發行量。

一、民國三十八年黃金短期公債的推行

（一）黃金短期公債的制定

　　1948 年 11 月修正金圓券發行條例後，同月 11 日公布《金圓券存兌金銀辦法》，

---

[231] 〈財政部長兼中央銀行總裁徐堪的財政金融報告（有關金圓券崩潰情況及墊發黃金、白銀數目〉，《財政部檔》，參見中國人民銀行總行參事室編，《中華民國貨幣史資料第二輯（1924-1949）》，頁 646-647。

[232] 《總統府公報》，第 226 號，1949 年 5 月 30 日。

[233] 周開慶，《民國川事紀要》，臺北縣：四川文獻月刊，1972 年，頁 413。

[234] 〈上海市軍事管制委員會財政經濟接管委員會重工業處關於接管各單位所凍結黃金、銀元、外幣、現鈔各項應請各單位負責人至 1949 年 6 月 23 日前負責按照辦法處理並按原系統轉報的通知〉，上海市檔案館，檔號：G97-1-99-5。

開始辦理新的黃金銀元存兌辦法，原目的在求金圓券對內幣信的樹立，故不以官價無限制存兌金銀。然自開兌以來，金銀官價與黑市價格越差越遠，以至釀成擠兌慘案，後雖修正改善但官價與黑市距離仍在，擠兌情形如故，由於擠兌嚴重，於同年 12 月 24 日暫行停兌。此政策已不可久行，然亦不敢貿然停止，因停止存兌後必定造成金銀黑市價格飛漲，刺激物價上升，當局考慮之後決定發行黃金公債，以代替存兌金銀政策，即可收存兌金銀收縮通貨的效果，又可免存兌政策的缺點。

1949 年 1 月 13 日，徐堪向蔣介石報告 1949 年度總預算收支不敷甚鉅，亟應籌謀抵補之道，其方法除擬加緊整頓稅收運用外援，出售物資等項外，並擬運用公債政策，期於彌補預算之外，兼收鼓勵儲蓄吸收游資之效，惟在目前情勢之下，鑒於已往募債經驗，如再發行金圓公債或外幣債券，恐均難收宏效。思考之後，只能再依靠黃金，發行黃金短期公債，規定以黃金償付本息，此種公債符合一般人民需求，預計可以暢利推銷，也與金圓券存兌金銀，有殊途同歸的意義，可將現行存兌辦法，加以修正。

徐堪表示自 1948 年 11 月 11 日政府公布《金圓券存兌金銀辦法》以來，原為因時制宜的措施，實行以來對於挽回幣信也不無裨助，惟辦理手續雖設法改善，乃困難重重，國庫損失重大，有籌劃改革的必要，但在未將替代辦法規劃完成之前，驟然停兌，則必影響幣信。現在游資氾濫刺激市場的狀況，如利用庫存黃金，配合美援計畫，宣布發行黃金短期公債，則持有金圓券存兌金銀者，可改購黃金公債，原有存兌金銀辦法暫停施行，在持有金圓券存兌金銀者，仍有兌取現金之機會，其所得利益與現行存兌辦法沒有太大區別，而政府鼓勵儲蓄吸收游資，穩定金融平衡預算之目的仍能達到，似屬一舉兩得的辦法。在與美國駐華經合分署及美援運用委員會成員數度磋商後，擬具「民國三十八年黃金短期公債條例草案」，呈蔣介石評估是否可行。[235]

在徵得蔣介石的同意後，1 月 16 日臨時政務會議決定，發行黃金短期公債，預計從 2 月 1 日開始，取代黃金存兌。政務會議同時決定：（1）過去所發公債應由財部迅即擬具整理辦法；（2）現行金銀存兌辦法應予廢止；（3）開放交易所問題，由財政工商兩部迅即會商辦法。[236]

發行黃金公債辦法擬訂之初，曾經與美駐華經合分署及美援運用委員會負責人磋商始作決定，以去年 11 月政府公布的金圓券存兌金銀辦法，其主旨在挽回幣值，吸

---

[235] 〈徐堪呈蔣中正請核定民國三十八年黃金短期公債條例草案〉，國史館，檔號：002-080109-00004-003。

[236] 〈國內經濟紀要（元月十六日至二十二日）：存兌金銀辦法之停止與黃金短期公債〉，《金融週報》，1949 年第 20 卷第 4 期。

收游資，1949年國家總預算收支不敷甚鉅，抵補辦法，除加緊整頓稅收，運用外援，出售物資等項外，必須運用公債政策，以資彌補，兼收鼓勵儲蓄吸收游資之效。該案在16日提出於政務會議時，財政部長徐堪曾就草案條文詳加說明，討論之後，僅在發行原則中加列黃金公債票面數額一條，其他沒有作修刪，即告通過。[237]

1月16日政務會議決定，即日起廢除黃金存兌辦法，並定2月1日起發行黃金短期公債，計頒發行原則九點，發行條例十四條（見附錄四），其要點如下：（1）黃金公債之發行，其目的在鼓勵儲蓄，吸收游資，穩定金融，平衡預算；（2）發行總額計黃金二百萬兩，分兩期發行，以金圓券依僑匯牌價折算購買，利息四厘，於兩年內逐月以黃金償清本息；（3）公債本息基金半由政府撥充，半由美援運用委員會撥款購足，交由政府代表及中外金融商界代表所共同組織之保管委員會全權保管備用；（4）本公債得自由買賣、抵押，並得作爲繳納各種保證金及準備金之代用品。

在行政院臨時會議通過發行民國三十八年度黃金公債200萬兩後，財政部長徐堪於1949年1月18日下午，在中央銀行召集金融界人士，說明發行黃金公債的意義，並坦白表示：「渠在國家財政萬分困難時，負此重任，其第一目的既在努力使收支平衡，無如開支太大，通貨膨脹，雖經極力整頓稅收，運用外援，結果仍得不償失，不得不發行公債以謀把注。」[238] 希望金融經濟界協助政府完成業務，到場者有霍　樹、宋漢章、趙棣華、秦潤卿、王曉籟、王志華、徐寄廎、顧善昌及匯豐銀行史坦士、花旗銀行代表安諸德等20餘人。對於黃金公債，宋漢章及趙棣華均認爲此辦法妥當基金可靠；徐寄廎認爲行莊方面當組織銀團，購買公債，不過目前游資並不通過行莊，因此行莊力量有限，所以應急恢復證券交易所，便開闢一條出路，方可使交易活絡；匯豐銀行史坦士代表外商銀行，認爲外商銀行對中國財政措置息息相關，此公債發行條件優惠，辦法妥善，當予擁護；王曉籟認爲上海工商界，一本初衷擁護國策，惟希望政府應明瞭人民痛苦，一切以人民利益爲前提。[239]

宣傳已久的黃金公債，原擬在2月1日發行，但當局表示因時局緊張，決定延期，發行地點究竟會在上海、廣州或臺灣也引起猜想。[240] 2月8日，財政部公債司司長陳炳章，與中央銀行總裁劉攻芸、業務局局長林崇墉、國庫局陳希誠副局長舉行會議後，決定將發行日期定在2月11日正式開始。

---

[237] 《申報》，1949年1月17日。

[238] 萬里，〈「黃金公債」保證兌現現金撥中外人士保管〉，《羅賓漢》，1949年1月19日。

[239] 〈國內經濟紀要（元月十六日至二十二日）：存兌金銀辦法之停止與黃金短期公債〉，《金融週報》，1949年第20卷第4期。

[240] 青，〈黃金公債安身何處？〉，《飛報》，1949年2月3日。

（二）黃金短期公債基金保管委員會

國府公債政策，經過十餘年間戰時通貨膨脹的結果，已到山窮水盡之境，人民聽到政府發行公債，莫不視爲畏途，甚至強迫攤派，人民是不肯自願承銷的。但在預算收支不平衡的狀況已到不可收拾的程度，在這種情勢下如實行普通公債政策，以謀彌補預算差額，無論發行金圓公債或外幣公債，恐均難收效。此次國府決定發行黃金短期公債一種，規定以黃金償付本息，即可保持幣值，後迎合一般人民的心理，其發行前途應能暢銷。但過去政府發行公債，多因幣值貶值，到償還本息時，已失去原本儲蓄意義。大失政府債信，因此此次國府宣布自發行黃金公債之日起，即將全部黃金交付基金保管委員會，負全責保管處理，希望能對於債信的建立有所助益。

基金保管委員會組織規程規定：委員會由政府指派代表三人，並選聘中外金融商界代表六人組織，前項政府代表其中一人應爲財政部代表，其餘由財政部延聘。委員會設常務委員三人至五人，除其中一人應爲財政部代表外，其餘由委員中互選，並由常務委員互選一人爲主任委員。（見附錄五）

保管委員共九人，三人由政府指派，六人爲中外工商各界代表，外籍二人，本國四人，國內工商金融團體，爲全國銀行業聯合會、全國錢莊業聯合會、全國工業會、全國商聯會等主事人擔任。爲謀人選，徐堪也到上海，徵得上海金融工商各界領袖杜月笙、徐寄頎、李馥蓀、徐國懋、秦潤卿、王曉籟等人士同意出任；政府方面將指派林崇墉、夏晉熊等出任，至主任人委員一職，已決定由秦潤卿氏擔任。[241]

2月11日，黃金公債已於今日在上海開始發售，原定同時成立的黃金保管委員會，因人選未完全決定，已延期成立。[242]

民國三十八年黃金短期公債基金保管委員會，1949年3月1日下午4時，在上海市中央銀行三樓會議室召開成立會。[243] 財政部長徐堪到會主持，央行總裁劉攻芸、傅汝霖、陳炳章、全國銀聯會代表徐國懋、全國商聯會代表朱惠清、全國錢聯會代表關能創、工業協會代表莊智煥等出席，成立會由公債司司長陳炳章爲臨時主席，報告籌備發行黃金公債經過。

繼即召開第一次基金保管委員會，通過的要議如下：（1）推選常務委員，由傅汝霖、陳炳章等四人爲常務委員，將另推一外商銀行代表充任；（2）公推傅汝霖爲主任委員；（3）會中章程由常務委員會擬定後提下次委員會討論，辦公地點暫設於銀行公會二樓；（4）關於第一期債票本息基金的接收及保管，本息基金共計爲104萬8千4

---

[241] 《益世報》，1949 年 1 月 20 日。

[242] 《時事新報晚刊》，1949 年 2 月 11 日。

[243] 《力報》，1949 年 3 月 1 日。

百兩，第一期第一次應付本息計 50,300 兩，由基金保管會撥交中國、交通、中農、中信局等承辦銀行辦理。[244]

（三）關於黃金短期公債的社會反應

社會對於當局將發行黃金短期公債，一般反應前途頗難樂觀，主因還是在政府的債信問題上，過去政府所發行的公債，到現在還沒一個妥善的整理辦法。黃金存兌之所以踴躍的原因是領取時間很短，如改發行黃金公債後，人民購買者必不多，因此收縮通貨目的不能達到，對防止經濟惡化現象恐怕效力有限。

工商部政務次長簡貫三表示：「公債的目的，在於吸收市場過多的游資，而導之於工農生產的開發途徑，今黃金公債以金銀為對象，實已失去公債原有意義。」[245]至於可能的收效，簡氏認為：「政府發行黃金公債，乃變相出售黃金辦法，其效果如何，目前尚難預測，因時若不能好轉，則購買者自不至踴躍。」[246]

在政府決定發售黃金公債後，上海金融界星五座談會也在 1949 年 1 月 21 日舉行第 18 次座談會，討論當局發行黃金公債問題。主席包玉剛認為此次黃金公債的發行，有幾個特點：（1）基金保管委員會委員名單有外國人在內，展示出對於維持債信的注重，（2）黃金公債期限雖為二年，但每月抽幾還本一次，將來上市，其價值或不致低落，（3）基金除半數由國庫提出外，半數以美援物資購存，較為可靠。但他認為在新債發行之前，必須整理舊債，來昭示政府債信。祝百英則表示此次黃金公債能吸收多少通貨是一重點，公債的黃金定額為 200 萬市兩，每月平均約為 8 萬多兩，不論每月能夠實際發行公債為多少，這等於 8 萬多兩的債券應可發得出，此數額的金圓券應當可以收回無疑。如以 1 月 20 日僑匯價 200 金圓計算，則可收縮通貨約為 8 億多金圓券，公債原定是於本年 2 月 1 日及 6 月 1 日分兩次發出，倘若公債能出售得快，則在 2 月 1 日發出的半數，於 6 月 1 日前售完，則四個月便可售出 100 萬兩黃金的公債，還是能有效果的。會員們各抒己見，為黃金公債提供意見。[247]

報上也出現許多關於黃金公債的評議，《商報》寫道：「徐部長上台之初，就知道政府一再失信於民的政策，所以極力想恢復幣信，黃金存兌辦法就是他的一個試金石。現在存兌辦法垮了，金圓券步了老法幣的後塵，變做不兌換紙幣的第二代恢復幣信的雄心，當然也化為塵埃，今後如何再敢信口雌黃，叫老百姓盲目的提出一百分的

244 《金融日報》，1949 年 3 月 2 日。

245 松光，〈黃金公債叫誰來買？〉，《經濟週報》，1949 年第 8 卷第 3 期。

246 《金融日報》，1949 年 1 月 17 日。

247 《金融日報》，1949 年 1 月 24 日。

信心，『兩年』是好長的一個時期，在此兵荒馬亂的時候，叫人期待兩年再得兌換，似乎太渺茫點。」[248]《大公報》刊有：「市場狹隘，時局動蕩，誰肯捨棄眼前的現實利益，而去求將來或生變化的虛礙利益。利益大小的比較，以及每月抽籤還本兩年還清的時間觀念，均應另有看法。」[249] 這些見解，頗能代表一般人民的看法。

也有提出是否將黃金公債改為黃金獎券的建議，因黃金公債是以兩年為期，每月抽籤還本一次，從表面上看，公債有 24 分之 1 抽到的債券，可即時還到黃金，而抽不中者，卻須等待半年、一年至二年。與其如此，則不如直接發行黃金獎券，倘若黃金可以而且必須作為一種緊縮通貨的工具，則黃金獎券較黃金公債在各方面都更為優越。從財政上看，黃金獎券可以藉小量黃金，吸收多量通貨，如果獎額設得大一些，則獎券的推銷量可望增加不少，其所收縮的通貨自屬可觀。獎券可每月發行一次，使購買者感到十分近期，有助於推銷。而黃金獎券又不至於如黃金公債，在市場上被充作投機工具，妨害正當金融。[250]

黃金公債於 1949 年 2 月 11 日在上海開始發售，決定當日黃金公債牌價為每兩52,250 元，牌價在原則上每日均將視市場情況加以更動，[251] 首日售出公債票面黃金846 兩；[252] 2 月 12 日黃金短期公債每兩為 57,750 元，較昨日高 5,500 元，[253] 共售出黃金公債637.5；[254] 2 月 16 日牌價 66,250 元，售出 250 兩；[255] 2 月 22 日牌價 114,500元，售出 94 兩；[256] 2 月 26 日牌價 114,500 元，售出 94 兩。[257] 由黃金公債開始發售的前幾日可得知公債牌價每日調整，上升調度很快，且售出的數量並不多。

另外，黃金短期公債原計畫在上海和廣州兩地發行，然而廣州分行於 2 月 17日，突奉中央銀行總行命令停止發售，也造成民間議論，經濟界人士認為廣州央行奉令停售黃金公債，是當局實施經濟新方案，改革幣制的先兆。[258] 此舉或許也是代總統李宗仁不看好此政策的一種表現。

---

[248]《商報》，1949 年 1 月 18 日。

[249]《大公報》，1949 年 1 月 19 日。

[250] 社論〈再論黃金公債〉，《銀行週報》，1949 年第 33 卷第 7 期。

[251]《時事新報晚刊》，1949 年 2 月 11 日。

[252]《大眾夜報》，1949 年 2 月 12 日。

[253]《大眾夜報》，1949 年 2 月 12 日。

[254]《金融日報》，1949 年 2 月 13 日。

[255]《金融日報》，1949 年 2 月 17 日。

[256]《大眾夜報》，1949 年 2 月 22 日。

[257]《大眾夜報》，1949 年 2 月 26 日。

[258]《金融日報》，1949 年 2 月 21 日。

　　根據「黃金短期公債發售收款換票及還付本息守則」（見附錄六），每月抽籤還本一次，因此發售後的隔月即可抽籤領回黃金，3 月 2 日上午 10 時，在中央銀行禮堂舉行黃金短期公債的第一期債票第一次還本抽籤，公債基金保管委員會主任委員傅汝霖暨各機關銀行代表數十人，監視及執行抽籤，共抽籤 5 支，中籤號爲 10、42、51、78、96，凡持有上項債票末尾二字與上項號碼相同者，爲此次中籤債票，並於次日開始由中央銀行辦理兌付手續。此次中籤還本者僅 250 兩，迄今賣出的數量僅 4 千餘兩。中籤黃金國庫局已準備就緒，3 月 3 日即可發出。[259]

（四）黃金短期公債的問題

　　先前 1947 年 4 月間發行的美金公債和短期庫券，一以美金外匯還本付息，一以美金牌價折合法幣還本付息，並設有基金監理委員會，同黃金短期公債所設計的，極力在使購買者有保障，但結果並不理想，這有關於政府的債信問題，也有關利益的比較，自抗戰以來，公債發行迄未在財政上發生重大作用。此前財政當局發行黃金短期公債，其用意或許有下列二點：一，金銀存兌縱然兌現數有限，多少還可以維持金圓券與黃金的表面聯繫，一旦此種象徵工具廢止，表面聯繫不在後，無論在人心與市面方面，均易發生刺激作用，今以黃金公債代替，這種象徵工具備可繼續維持。二，造成物價上漲的主要原因在於游資，若發行黃金公債，恢復證券交易所，則可使游資有一去處，減少其對於物價的壓力，因此黃金公債的發行，可兼收穩定金融及物價的作用。[260]

　　要發行新公債，對於舊公債的整理問題，應提出具體有效整理辦法，1948 年 8 月 19 日金圓券發行後，已有提出整理辦法，即將舊有各種法幣公債，一律按加價倍數，折合金圓券清債。對於各種外幣公債，除民國三十六年美金公債，到期仍照原條例給付外匯外，其餘均照官價匯率，照美金 1 元折合金圓券 4 元的匯率，換發金圓公債。這兩項整理舊債辦法，在去年 8 月金圓券發行時假定金圓券假值穩定不變，可是至今日的物價，較 1948 年 8 月 19 日時的物價，上漲何止百倍，如仍按原定整理法幣及外幣公債辦法清償及換發，則政府債信何在？[261]

　　就債信和吸引力而言，人民對於黃金的信心是很大的，此次發行黃金公債，每月抽籤還本一次，最多兩年就全部還清，就新債本身的信用來看是很好的。如何保障中籤黃金公債本息的給付，爲樹立黃金公債信用的先決條件，黃金公債基金的保管最好

[259]《中華時報》，1949 年 3 月 3 日。

[260] 馮子明，〈黃金公債與游資〉，《銀行週報》，1949 年第 33 卷第 5-6 期。

[261] 宋同福，〈發行黃金短期公債平議〉，《金融日報》，1949 年 1 月 22 日。

存於安全、不受政局影響的地區，如臺灣或委託香港代為保管等，其給付手續只要經過基金保管委員會決議即可，不必再由政府過問，必要時連抽籤事宜也由基金保管委員會自行決定，政府監督即可。

此次黃金公債的基金本息，規定於每期發行日，即 2 月 1 日及 6 月 1 日，一次由中央銀行庫存黃金撥付半數，其餘半數由美援運用委員會，就美援物資出售價格中撥款購足。前者因是從央行庫存黃金撥付本金 100 萬兩及息金 48,400 兩，這方面人民疑問不大。後者是就美援物資出售價格項下撥款購足 1,048,400 兩黃金的底款，這筆款項將由美援棉紗 7 千萬美元中，規定半數成品出口換取外匯，即 3 千 5 百萬美元成本的棉織品，出口售價約在 4 千萬美元左右，但在美援售款項下購買黃金未到達之前，當局應先由央行庫存黃金一次墊於發行日撥足 1,048,400 兩，可增加新債信用。[262]

然而黃金公債能有效抑平物價，條例中說發行的目的在於收縮通貨，平衡預算，最樂觀的估計公債的黃金定期為 200 萬兩，每月平均約可發出 8 萬多兩，如以 1 月 20 日僑匯價 200 金圓計算，則可收縮通貨 8 億多金圓券，若照原定 2 月 1 日和 6 月 1 日分兩次發出，則由 2 月至 6 月可售出 100 萬兩黃金，則每月收縮通貨可達 25 億元，但現在政府每月只發行 25 億金圓券嗎？

至於設定基金委員會，亦難使人相信。在發行金圓券時，政府說發行總額限制為 20 億，當時也有監理委員會，每月公布發行數字，但不到三個月就完全推翻，這讓人擔心基金會也將有被撤銷的一天。再者，比率以僑匯牌價為準，將來政府僑匯牌價，必發生矛盾，因掛得過高與市價靠近，購買者吃虧則購買意願低落；掛得過低則政府蒙受損失，僑匯無法吸收。[263] 這些都是黃金短期公債需克服之處。

民國三十八年度的黃金公債，是收買黃金與配給黃金以後的代用品，因為要便於發行，還使證交加速復業。後因時局變遷快速，證交所無疾而終，發行工作也失其效用，黃金公債的發行無法發展，1949 年 5 月，黃金公債基金保管會負責人決定停止工作，同時各委員均已辭職，所有負責保管的基金已全部撥存央行。[264] 第一期於 5 月 19 日即停止發行，第二期則未再發行，總計僅售出 9,090 市兩。[265]

---

262 宋同福，〈發行黃金短期公債平議〉（續昨），《金融日報》，1949 年 1 月 23 日。

263 曾銳成，〈略談黃金公債的發行〉，《穗商月刊》，1949 年第 3 期。

264 寶樹，〈黃金公債宣告辦理結束〉，《飛報》，1949 年 5 月 20 日。

265 戴學文著，《從息借商款到愛國公債，細說早期中國對內公債（1894-1949）》，臺北：商周出版，2017 年 9 月，頁 252。

二、國府大陸時期最後的拋售黃金政策

在 1949 年 2 月頒布財政金融改革案，恢復白銀標準後，庫存黃金仍是政府希望解決經濟問題的重要籌碼。

國府為設法收回市面多餘的金圓券，自 1949 年 2 月起，上海黃金市場尚未正式開始交易時，即委託交通銀行在香港及上海兩地，拋售外匯及黃金，並將每日拋售情形隨時報告，希望透過黃金穩定經濟。或許為了不讓市場宣揚，央行也讓交通銀行以英文函告。[266] 為配合政府 2 月 25 日的新財政改革方案，同時呼應工商界的要求。[267]

黃金短期公債規劃之後，上海證券交易所理事長王善昌也積極準備，希望能在 2 月 1 日恢復交易，因交易所恢復對推銷黃金公債便利很多，可直接在市場公開開拍。[268] 2 月 18 日下午 4 時，上海市證券交易所，舉行常務理事會，出席理事長杜月笙，理事徐寄頑、王志莘、徐維明、莊叔豪及總經理顧善昌等，會議通過黃金短期公債上市辦法草案，分現期貨兩種。[269] 經劉攻芸與徐堪等人討論後，黃金公債決定於 3 月 3 日正式上市，同時央行金債牌取消。[270]

黃金短期公債在 3 月 4 日開始在證券交易所上市買賣，買賣期間為每日上午 9 時至 12 時半，下午 2 時至 3 時開拍，星期六下午停市，交易期限分現貨及一日期貨二種，成交單位暫定為票面黃金 1 兩，叫價單價以黃金 1 兩合金圓券之數叫價，價格升降單位暫定為 50 元，漲跌限度定為 10%，交割準備金一日期交易徵收準備金 40%，概以現金繳納。[271]

金號復業方面，普通商業行莊依財政金融方案規定黃金白銀准許人民買賣，惟一般銀錢行莊不得經營買賣，除特許者外，不得買賣金銀。至於民國三十八年黃金短期

---

[266] 〈交通銀行代為央行在港、滬兩地拋售外匯、黃金的報告〉，上海市檔案館，檔號：Q55-2-1099。

[267] 1949 年 3 月 1 日，吉泰、寶泰、承泰、鎮興、順豐、祥泰、福昌、福泰、寶豐、福利、文泰等十餘家金號銀樓的負責人，但聯名承請當局能恢復黃金市場交易，使金銀有一平臺可自由公開買賣。呈請內容主要希望政府能做到：一、吸收游資，調節黃金之供求，以達成政府穩定幣值，安定物價之目的；二、平準黃金價格，接受政府指導監督，促進現行經濟政策之推行；三、買賣雙方均獲法律保障，以減免商業糾紛；四、嚴格規定黃金含量之成色，以杜絕流弊；五、訂成合法佣金，減低買賣價格之差額，以減輕人民負擔，使金價波動逐漸平穩。參見〈中央銀行業務局為上海黃金買賣案與秘書處來往函〉，中國第二歷史檔案館，檔號：2-2547。

[268] 梅塢，〈證交下月復業推銷黃金公債各業公會攤購〉，《鐵報》，1949 年 1 月 20 日。

[269] 《益世報》，1949 年 2 月 19 日。

[270] 《金融日報》，1949 年 2 月 27 日。

[271] 司徒，〈黃金短期公債今日上市開拍 成交單位黃金一兩〉，《誠報》，1949 年 3 月 4 日。

公債屬有價證券，行莊可以買賣，到期中籤後，應將還本付息所得黃金移轉情形呈報財政部，金融管理局奉令後，昨已轉飭銀錢信託三業公會遵照辦理。[272]

　　1949 年 3 月 1 日，吉泰、寶泰、承泰、鎮興、順豐、祥泰、福昌、福泰、寶豐、福利、文泰等十餘家金號銀樓的負責人，聯名承請當局能恢復黃金市場交易，使金銀有一平臺可自由公開買賣。[273] 爲此以上海市金業公會名義編撰《買賣黃金現貨辦法》（見附錄七），提交財政部參考，辦法大要爲：買賣黃金，以現貨赤金爲限，由各金號在公會內自行議價交易，以十兩爲一單位（即大條一條）實銷實買，不得有會外交易，以杜流弊；每日上午買賣之價格，與上日下午收市之價格相較，其漲落超過 10% 時，應即停止交易。下午買賣價格，與當日上午收市價格相較，漲落超過百分之十時亦同；凡下午成交之買賣，不得在價格上另加利息計算。對此辦法，財政部方面批准並備案，第一批核准復業金號 63 家。[274]

　　黃金自由買賣，爲徐堪任政部長時改訂新經濟辦法中的一重要部分，自新經濟辦法公布後，上海黃金市場即開始籌備，在 3 月 22 日上午開始營業，第一日上市交易者，金業公會會員增至 67 家。中央銀行、上海金融管理局、上海市社會局、上海市商會等均派員視察。第一天喊價大條爲 557 萬元，時值銀根呈緊，成交很少，公會會員爲捧場，賣多於買，午後收盤降至 546 萬元。第 2 天之後，金價即開始上漲，央行雖隨時加以拋售，但未能稍遏漲勢，至 3 月 26 日，在短短的 5 天中，每大條一條竟漲超過 43 萬元，平均每日上漲 7.6%。

　　當局用意，無非根據每日利率加以控制，使投機者無利可獲，藉以穩定物價，且可隨時收縮通貨，誠屬一舉數得。但推行以來，非但無補時艱，且有逐漸變本加厲的趨勢，原因在過去政府失信於民太甚，就是一個有利政策的更始，人民總是疑信參半，不抱有信心，使效果大打折扣。

　　另外在 1949 年 2 月開始施行的財政金融改革方案，金融部分正在籌劃付諸實施。關於該方案金融幣制者第一款規定，黃金白銀准許人民買賣，中央銀行爲平準市價，亦得爲金銀之買賣。其中丙項關於進出口貿易者第二款規定，中央銀行應維持外匯移轉證之合理市價，以鼓勵出口及僑匯，此項金銀外匯的買賣，必須審愼機密，並以熟悉市場情形的公正人士主持其事。關於此點已由財政部電囑中央銀行即在上海設立金銀平準委員會，並以中央銀行總裁劉攻芸、中國銀行總理席德懋、交通銀行副總

---

[272] 濤，〈黃金短期公債行莊准許買賣〉，《誠報》，1949 年 3 月 19 日。

[273] 〈中央銀行業務局爲上海黃金買賣案與秘書處來往函〉，中國第二歷史檔案館，檔號：2-2547。

[274] 《金融日報》，1949 年 3 月 22 日。

經理李道南爲委員，另以美援運用委員會秘書長沈熙瑞、央行業務局長林崇墉、設計委員邵曾華、中央銀行國外部經理陳長桐等四人參加。[275] 廣州分會則派央行副總裁陳行、中國銀行副總經理霍寶樹、央行粵桂區行主任兼分行經理丁世祺爲委員，另以央行設計委員林鳳苞、及駐港代表林維英參加。[276] 所有上海、廣州兩地金銀外幣買賣，統由該會根據市場情況，核定價格大量拋售，或視事實需要隨時買進。

平準會成立後，規定每星期舉行一次檢討會議，分請當地監察委員行署及財政部指派代表出席監督，當局希望此辦法實行之後，金銀外幣市場情況可望改觀。[277]

黃金市場開業的目的，照財政部核准的《買賣黃金現貨辦法》第四項規定「金號買賣黃金，須以穩定市場爲宗旨，不得有投機行爲」，此大致可認爲是央行對黃金市場運用的目的。關於這個問題本身是兩方面的，一爲央行運用黃金市場，是否可以穩定金價？二爲即使黃金價格可以穩定，對於物價將產生何種影響？關於第一點，牽涉到央行的存金數量，如數量有限應該只能在短時期內得到穩定，對於黃金的長期穩定難以獲致效果；其次，就央行過去拋售黃金的經驗看，常是央行黃金配價較市場漲得更快，而在市價疲弱時卻在市場補進，這種作法或許可以相同數量的黃金，收回更多金圓券，但黃金市價的波動便無法穩定了。這樣則與《買賣黃金現貨辦法》中的規定，「須以穩定市價爲宗旨」的條款背道而馳。事實在黃金市場上，央行是最大的大戶，金價很大程度取決於央行，央行如運用逢高補進，逢低進吸的政策，則一般散戶除被坑殺外，是無能爲力的。[278] 另外，即使央行能運用黃金市場使金價穩定，但其對物價到底有多少作用則值得壞疑。幣值貶值太快，一椿交易從成交到交貨，普通最少需一天，賣方貨到拋出了，到第二天才收回法定的通貨，和成交時比一比，實已吃虧了 1、2 成。因此貨款用法定通貨計算收帳，在此時是不划算的。[279]

中央銀行於 3 月上旬開始發售銀樓，惟因市上現鈔奇缺，搜集頭寸困難，故銀樓業前往申購者寥寥，售出黃金數量亦少。例如 3 月 23 日，黃金公債市場呈呆滯，全日僅成交 3 兩，價格自上午開盤至下午收盤，一直保持在 35 萬元。[280]

據銀樓業公會負責人表示，銀樓業對國行配售黃金不感興趣的主要原因，因央行

---

[275] 《新聞報》，1949 年 3 月 9 日。

[276] 《金融日報》，1949 年 3 月 9 日。

[277] 《羅賓漢》，1949 年 3 月 9 日。

[278] 草明山禾，〈一月經濟金融動態（三月份）：黃金政策和黃金潮〉，《錢業月報》，1949 年第 20 卷第 4 期。

[279] 草明山禾，〈一月經濟金融動態（三月份）：黃金政策和黃金潮〉，《錢業月報》，1949 年第 20 卷第 4 期。

[280] 《新聞報》，1949 年 3 月 24 日。

配售價格，常超過暗拋價格，故一般同業若門市數量一大，遂密向黑市購買，而不再接受明配。

有鑑於此，央行金銀平準會與檢討會討論結果，對於拋售黃金，決採取暗拋方式，[281] 一以防止明拋價格日高，影響市價，以使市場不及準備，使控制市場的效果更有收獲，故銀樓配金，乃採取申請數量再予配售。央行方面已按照此原則，機動暗拋。3月26日，財政部長劉攻芸與各方商討有關財經事宜，席德懋、陳道南、沈熙瑞、李立俠等均參加會議，會議認為在目前過渡時期中，央行仍將繼續執行拋金政策，以穩定市場。[282]

據金銀平準委員會報告，自3月8日至21日，配售銀樓業黃金淨賣折合美金共計4萬8千餘美元，詳數見下表：

表 4-5-1 黃金買賣數額　　　　　　　　　　　　（單位：美元）

	買進	賣出	淨買（+）或淨賣（-）	累計
3月8日	-	286.213	286.213（-）	286.213（-）
3月9日	-	2,824.397	2,824.397（-）	3,110.610（-）
3月10日	-	5,945.600	5,945.600（-）	9,056.210（-）
3月11日	-	4,035.508	4,035.508（-）	13,091.718（-）
3月12日	4,982.828	7,054.179	2,071.351（-）	15,163.069（-）
3月14日	6,990.029	244.233	6,855.767（-）	8,307.302（-）
3月15日	-	5,856.556	5,856.556（-）	14,270.829（-）
3月16日	-	5,134.587	5,134.587（-）	19,405.416（-）
3月17日	-	9,908.257	9,908.257（-）	29,313.673（-）
3月18日	-	6,846.816	6,846.816（-）	36,160.489（-）
3月19日	-	1,649.414	1,649.414（-）	37,809.903（-）
3月21日	275.046	10,749.662	10,474.616	48,284.519（-）

資料來源：〈中央銀行金銀平準委員會第1至7周工作報告〉，中國第二歷史檔案館，檔號：396(2)-2741。

---

[281] 買賣黃金之辦法為：分配售銀樓業及在市場暗中買賣兩種，前者按本會核定價格及數量，由國行分配出售予本市銀樓業，後者經本會核定數量或價格後，由國行委託交通銀行暗中在市場拋售或收購。參見〈中央銀行金銀平準委員會第1至7周工作報告〉，中國第二歷史檔案館，檔號：396(2)-2741。

[282] 《時事新報晚刊》，1949年3月26日。

　　另委託大德成、兆豐昌等金號，在場外出售黃金，其佣金按 2‰ 計算，不久後，開始黃金期貨交易，並派員監視受託金號代爲買賣黃金之實際交易狀況。[283]

　　4 月 4 日，央行在黃金市場上拋金 6 千餘大條，引起上海金融界的軒然大波，大小行莊因軋不平頭寸而動搖者竟達 20 餘家之多。[284] 隔日，央行業務局長林崇墉關於中央銀行大量拋售黃金事向記者表示，近日來黃金市價波動過烈，當局爲遏止漲風，決貫徹拋售政策，以收平抑之效，昨全日拋出黃金共 6 萬餘兩，且黃金拋售後、市價已趨下降，投機商人乘機擬由 1,256 萬元抬高至 1,500 萬元之妄想，經央行拋金打擊後，予以粉碎，蓋無限制拋售之力量，投機商人實無法應對，因此可預期在金市下降後，物價趨勢亦將隨之穩定。[285]

　　幾天後，因金融又復動盪，4 月 7 日財政部長兼央行總裁劉攻芸，與財政部次長夏晉熊，由南京前往上海，在中國銀行會議室召集金銀平準委員會，討論繼續拋金及向美訂購黃金等事項。參加者有沈熙瑞、李道南、席德懋、林崇墉等，會議重心在檢討此次拋金二噸的得失，及其所引起各市場的反響。會議決定今後仍將繼續拋金，抑阻漲風，惟在技術上將做若干改善。劉攻芸會後對記者表示財政部與中央銀行決定繼續拋售黃金，平抑市場漲風，至拋售辦法如何，看將來情形即可分曉。[286]

　　所謂改善方面，即在黃金高價時，提高官價結果無人購買，而場外黃金交易則極猛烈，若任其延續，勢必失去拋售效用。故對於黃金場外交易，須加以消除，務使黃金交易集中市場。[287]

表 4-5-2 黃金現貨價格變動表　　　　　　　　　　　單位：每 10 兩（金圓券元）

時間	價格	時間	價格
3 月 24 日	5,950,000	4 月 19 日	122,000,000
3 月 26 日	6,800,000	4 月 21 日	228,000,000
3 月 28 日	7,800,000	4 月 22 日	220,000,000
3 月 30 日	9,000,000	4 月 23 日	240,000,000
4 月 1 日	9,830,000	5 月 6 日	2,200,000,000
4 月 2 日	10,550,000	5 月 7 日	2,200,000,000

---

[283] 〈中央銀行關於存兌黃金的文件〉，中國第二歷史檔案館，檔號：2-3158。

[284] 〈中央銀行拋金記〉，《中國新聞》，1949 年第 4 卷第 4 期。

[285] 《徵信所報》，1949 年第 915 期。

[286] 《和平日報》、《中華時報》，1949 年 4 月 8 日。

[287] 《中華時報》，1949 年 4 月 12 日。

時間	價格	時間	價格
4 月 4 日	12,500,000	5 月 10 日	2,200,000,000
4 月 9 日	26,800,000	5 月 12 日	2,200,000,000
4 月 11 日	33,000,000	5 月 13 日	2,850,000,000
4 月 12 日	34,500,000	5 月 14 日	3,200,000,000
4 月 13 日	39,200,000	5 月 17 日	5,000,000,000
4 月 15 日	55,000,000	5 月 18 日	5,800,000,000
4 月 16 日	70,000,000	5 月 21 日	19,500,000,000
4 月 18 日	90,000,000		
黃金期貨價格變動表			單位：每 10 兩（金圓券元）
4 月 11 日	32,500,000	18 日	118,000,000
12 日	37,500,000	19 日	145,000,000
13 日	35,000,000	20 日	180,000,000
15 日	65,000,000	21 日	270,000,000

資料來源：〈中央銀行金銀平準委員會第 1 至 7 周工作報告〉，中國第二歷史檔案館，檔號：396(2)-2741。

　　此拋售一直持續到國府自上海撤退為止，且不隨著局勢日壞而縮小力度，此就上海 5 月易手前幾天觀察：5 月 14 日，委託大德成金號在場外出售黃金現貨，每條（10市兩，成色 99，以下皆同）金圓券 32 億元，無限制拋售，當日共售出 219 條，每條價 32 億元，應收價款約 7,008 億元。17 日，委託金號在場外出售黃金現貨每條金圓券 50 億元，及其以上之價格無限制拋售，當日共售出 147 條，計 52 億售出 54 條；51 億售出 39 條；50 億售出 54 條，應收價款約為 7,497 億元。18 日委託金號在場外出售黃金現貨，每條金圓券 58 億元及其以上之價格無限制拋售，當日售出 380 條，售價每條 58 億元，應收價款約為金圓券 22,040 億。21 日委託金號在場外出售黃金現貨，每條金圓券 195 億元及其以上之價格無限制拋售，當日上午售出黃金現貨 154條，內計每條以 220 億售出 30 條；210 億售出 25 條；200 售出 97 條；195 億售出 2條，應收價款約為 31,640 億元，其間價格變化見上表。[288]

　　拋售黃金並以喊價遞減的方式，壓平了黑市行情，減緩黃金價格的上漲速度。但此次拋售黃金，無非是宋子文時期拋售政策的重現。在國際環境缺乏奧援，又無充分的黃金存量，怎能應付大量拋售。在軍政費用繼漲增高之時，極易被通貨膨脹的洪流所吞噬，結果雖可暫時收回一部分小額通貨，在即將問世的巨額面值之前，這些抑制

---

[288] 〈中央銀行業務局買賣黃金現貨日報〉，中國第二歷史檔案館，檔號：2-695。

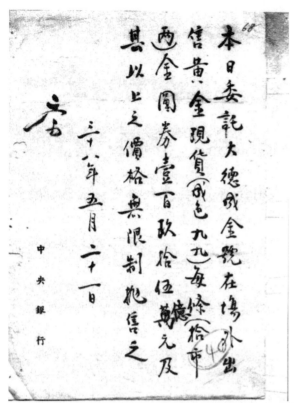

中央銀行委託金號在場外拋售黃金，希望藉以收回市場上的金圓券。至 1949 年 5 月 21 日，此時黃金每條（10 市兩）價格，已達金圓券 195 億元（資料來源：中國第二歷史檔案館）

動作顯得微不足道。金價方面，當局的拋售價每每追蹤買方的趨勢，自然你拉我抬，造成原旨在抑平物價反而刺激物價的局面，都導致了此次拋金效果有限。

過往許多書籍皆將金圓券幣制改革，形容爲單純爲了搜刮社會上的黃金、白銀所制定，而忽略 1949 年國府爲設法收回市面多餘的金圓券，推行的拋金政策。如果當初製訂金圓券改革方案，即爲歛取社會金銀，那大可不必在局勢日壞，甚至在已可預見必從上海撤出之後，仍繼續雞持黃金拋售政策，以有限黃金，收回無限的金圓券，因此此作法對於抑制通貨膨脹效果實則有限，然其政策動機、內容、成效等也都應置於金圓券政策下，作一整體看待。

第六節　銀元券時期的黃金運用

　　1949 年 5 月 30 日，何應欽內閣總辭，閻錫山奉命組閣，6 月 13 日閻錫山在廣州就任行政院院長兼國防部長職。[289] 閻內閣時期的財政可分爲徐堪掌財政部與關吉玉掌財政部兩個時期。前者就任由 7 月 1 日至 9 月底止，最重要的財經措施爲再次改革幣制，恢復銀元本位。

---

[289] 閻伯川先生紀念會，《民國閻伯川先生錫山年譜長編初稿》第 6 冊，頁 2317-2319。

一、發行銀元券

當金圓券體系在 1948 年 11 月初開始崩潰時，政府無法應付收支情況，在中國共產黨進佔北京、天津後，政府的權威被動搖，各省政府開始發行兌付銀元的本地銀行紙幣，同時截流本屬顧中央的各項收入。到了 1949 年 2 月，政府宣布用關金單位（1關金 =0.4 美元）或等值的金圓券徵收關稅，實物徵收統稅，或在徵收日以市場價格徵收等值的金圓券。軍餉則以銀元或等值的金圓券支付。3 月因實物徵收統稅的計畫遭到抵制，當局設計了一種新的稅金單位，以作為計算關稅以外所有稅負的基礎，一個稅金單位等於 1/100 盎司黃金。但在惡性通貨膨脹蔓延過程中，這些措施收不到成效。[290]1949 年春季之後，物價瘋狂上騰，政府開支急遽增加，加之稅收大減，收支差距日大，鈔券貶值快速，雖漏夜印製仍不及支付，導致鈔荒現象，紙幣信用大跌，最後則為人民所拒用。

中央政府財政壓力日深，各省地方政府財政亦感窘境，以致時有提用中央銀行各地分行庫存金銀情況，6 月 20 日閻錫山於中央常會報告表示，財政支出月需至少銀元 4,500 萬元，財政收入每月可能收入 1,200 萬元，則月短少 3,300 萬元。庫存金銀及外匯，約合銀元 2 億 7 千萬元，但各省留支者則未查明。假如庫存金銀能支持兩年，則每月可支配金額至多為 1,100 萬元，如此每月便可有 2,300 萬元，每月尚不足 2,200 萬元。截至目前（6 月 20 日），欠發軍費 1,700 萬元，服裝費 1,000 萬元，政費約 800 萬元，各種外債約 250 萬元，徵收田賦款款 400 萬元，以上需款約 4,150 萬元，為現在中央政府財概況。[291]

徐堪則表示，目前急需支付的軍政款項，6 月份以前積欠軍政各費折合銀元約 5,000 萬，閻錫山與主計長龐松舟邀集相關主管人員討論後，將目前辦理困難及無力辦理事項先行停辦或緩辦，機關人事等經費，經減支後尚需銀元 2,600 萬元，7 月份軍政各費於上半月內須支付者約銀元 2,000 萬元，因此近日內需籌妥銀元 5,000 萬元以備應付。稅收部分，自 5 月以後因金圓券日益貶值，稅收幾乎為零，研究整理稅收辦法後擬改徵銀元，就目前情況估計，每月關稅約可得銀元 100 萬元，鹽稅約有 300萬元，各種統稅及直接稅約有 400 萬元，合計共 800 萬元，預估在改制第一個月，至多收到銀元 600 萬元，最快第三個月起整理就緒後，進入旺季每月估計可收足 1,000萬元。

---

[290] 張嘉璈著；于杰譯，《通脹螺旋：中國貨幣經濟全面崩潰的十年：1939-1949》，北京：中信出版社，2018 年 10 月，頁 293。

[291] 關吉玉先生遺著，《民國四十年來之財政》，臺北：經濟研究社，1976 年 9 月，頁 199-203。

　　經上述推估，每月收入至多 1,000 萬元，而軍政費用支出每月須 4,500 萬元，短缺 3,500 萬元，現擬整頓稅收外，參照歷年徵借糧食辦法，強制派募公債以增加收入，精兵簡政，裁併緊縮。現階段的短缺，徐堪雖然表示「最近一兩月內國庫支款，幾於完全以金銀外幣撥用，不但實力消耗過大，窮於應付，且亦不成體制」，但在金圓券快速貶值情況下，仍僅能依靠庫存金銀，「擬請自 6 月份起，每月動支存金 20 萬。」[292]

　　上述可知政府財政經濟狀況艱難，加上金圓券已完全失去貨幣所應有的交易、貯藏功能的情況下，只有再次改革幣制以維持局面。

　　關於銀元券幣制改革，早在 1949 年 4 月下旬到溪口與蔣介石商談金融事宜時，蔣即囑咐劉攻芸應速發兌現（洋）幣券，以延長軍餉發現（洋）之有效時期。蔣介石所謂的兌現幣券，即是以發銀元券來減少銀元、黃金的支出。[293] 在 5 月上旬時，相關單位就此事展開討論，5 月 6 日在財政部長劉攻芸處集會，討論幣制改革後的預算問題，初估約在 3 千至 4 千萬元之間。[294] 1949 年 7 月 3 日，行政院宣布停止發行金圓券，改發行銀圓券，冀望以再一次的幣制改革作為停損點，使中國大陸南方的經濟情勢能夠穩定。[295] 7 月 3 日銀圓券發行，公布制定《銀圓及銀圓兌換券發行辦法》（見附錄八），其要點為：

　　（一）中華民國國幣以銀元為單位，銀元壹元總重為 26.6971 公分，成色為 880‰，含純銀 23.493448 公分。

　　（二）銀元之輔幣分為 1 分、5 分、1 角、2 角、5 角五種，其質量成色另定之。

　　（三）為便利行使起見，由中央銀行發行銀元兌換券及銀元輔幣券。銀行兌換券之面額分為 1 元、5 元、10 元、50 元、100 元五種。銀行輔幣券之面額分為 5 分、1 角、2 角、5 角四種。輔幣及銀元輔幣券每次授受，以合銀元 20 元為限。

　　（四）銀元兌換券及銀元輔幣券之發行，應有十足準備，其中銀元、黃金、或外匯合計不得少於六成，有價證券、貨物棧單合計不得多於四成。

　　銀圓券的發行，以舊有民國二十三年帆船版銀幣為標準，恢復使用銀本位的銀圓貨幣，政府以銀圓及新發行的銀圓券交易。銀圓券 1 元折合為銀圓 1 元，可無限兌

---

[292]〈徐堪呈蔣中正對當前中央銀行庫存情形及急需支付軍政款項暨整理稅收可能結果與今後財政收支等情擬定處理辦法〉，國史館，檔號：002-080109-00004-005。

[293]《蔣介石日記》（未刊本），1949 年 4 月 25 日。

[294]吳嵩慶著；吳興鏞編注，《吳嵩慶日記（一）1947-1950》，臺北：中央研究院臺灣史研究所，2016 年 6 月，頁 314。

[295]李守孔，《中國現代史》，頁 172。

換。停止發行的金圓券以 5 億元折合爲銀圓券 1 元，限於 9 月 1 日前收兌完畢。[296]

發行之日，徐堪表示：「在此軍事時期，交通運輸至感困難，現金、現銀之調撥，以及各地幣券之配備，均非易事。爲求取信於民、兼顧事實起見，當先指定若干都市，責成中央銀行負責兌現，並規定各級政府機關徵收任何稅費、公營事業機關收費，一律收受銀元兌換券，以利收支，而固幣信。」[297]

此外更再次強調財政收支平衡的重要性，徐氏表示歷來幣制信用毀壞的主要原因都不在幣制本身，而在於財政收支不平衡之故。因此此次幣制改革，當絕對依照規定，發行銀行兌換券與國庫收支調撥，當各自獨立爲兩個系統，國庫需周轉時，必須提交準備金給中央銀行後方能支其款項，各部門在預算範圍外的措施，除非先籌有財源，否則不予請支經費，至於虧短之數，則先以庫存金銀外匯項下調度補充。[298]

政府表示過去地方政府對於中央銀行庫存金銀之運用，曾有干預限制之舉。現既採用十足準備，充分兌現，辦理各地金銀之調運存儲，均爲全體持券人利害之所關，各級地方政務需切實維護，保障安全。中央銀行負統籌調度之責，其他機關絕對不能再有提用限運情事，庶兌現工作得以順利推行，新幣信用始可建立。各地預計發行兌換時間爲，7 月 4 日廣州；8 日重慶；9 日桂林、貴陽、衡陽、福州、梧州、柳州、贛縣、長沙、汕頭、廈門、海口、南鄭等地；11 日成都；12 日萬縣、自流井、南寧等地，屆時省地軍政及稅收機關，公營事業一律收受銀元券，非指定兌換地處人民持銀元兌換券向本分行申請兌現者，應准免費匯往附近的兌換行處洽兌。[299]4 日，銀元券掛牌，中央銀行公布銀元兌換外幣、黃金牌價如下：

但據銀行界指出，雖有黃金外幣爲餌，但華南各地通貨仍以港幣爲主，人民儲蓄以黃金美鈔爲主，故銀元流通範圍有限，銀元券無法取港幣地位代之，金融界對此普遍不感興

表 4-6-1　銀元券兌換外幣、黃金牌價

類別	單位	對銀元券比値
港幣	每元	0.24
英鎊	每鎊	3.12
美元	每元	1.55
黃金	每市兩	75.00

---

[296] 《總統府公報》，第 231 號，1949 年 7 月 4 日。

[297] 〈行政院代電——實行「幣制改革」，以銀元爲本位，並發行銀元兌換券〉，《財政部檔》，參見中國人民銀行總行參事室編，《中華民國貨幣史資料第二輯（1924-1949）》，頁 658-659。

[298] 〈行政院代電——實行「幣制改革」，以銀元爲本位，並發行銀元兌換券〉，《財政部檔》，參見中國人民銀行總行參事室編，《中華民國貨幣史資料第二輯（1924-1949）》，頁 658-660。

[299] 〈中央銀行發行局致各分行處代電——各地開始發行銀元券日期及應行注意事項〉，《中央銀行檔》，參見中國人民銀行總行參事室編，《中華民國貨幣史資料第二輯（1924-1949）》，頁 664。

趣，兌換情形寥落，[300] 加上社會對於發行準備信心不足，7 月 28 日徐堪即表示「昨應提 150 萬，僅提 42 萬，而十三行即得知消息，認央行已無銀元，故銀券抑價。」[301]

銀元券的發行也影響了往各城市運送通貨的類別，7 月 20 日吳嵩慶即記「上午十一時又赴財部討論撥款日期及方法，分匯款、發金及銀三類，西北仍發金，漢中、長沙、贛州、昆明、海南島、定海發銀元，餘均匯發銀券。」[302]

二、各地拒用銀元券

然而許多地方實力派，對於是否接受銀元券，尚持觀望態度。7 月 16 日，西康省政府主席劉文輝致徐堪電，表示 5、6 兩月關元折發銀元經費，因央行無銀元撥付，致本省數千員工兵警兩個月以來一直忍痛貸款。銀元券幣改以後，本省又未被指定為有銀元兌換地點，西康人民鑒於數次幣制貶值損失，對此次幣改仍為疑慮，視同金圓券拒絕使用。因此請央行迅指定本省康定、雅安、西昌等地為銀元券兌換地點，並飭央行火速趕運大量銀元到省，以維員工兵警生活。[303] 徐堪收到劉文輝的電文後，也急忙表示安撫，表示此次發行銀元券是採十足準備與兌現辦法，對於交通困難地點，運輸維艱，也正在逐步推進。西康省開兌事宜，已正在積極籌備當中。[304]

7 月下旬，長沙、衡陽戰事一觸即發，株州易手加速銀元券價值跌落。7 月 28 日，內政部財政部函表示，湘、桂、黔區鐵路工會稱，柳州市拒絕以銀元券作為薪貼，表示柳州為廣州經濟命脈，地位重要，請財政部及中央銀行迅於柳州設立兌換處，以維幣信。[305] 8 月 4 日，閻錫山致財政部電表示據憲兵司令張鎮情報稱，中央銀行運往廣西的銀元券為 200 萬，但僅有 30 萬可兌現，廣西當局乃停用銀元券，使銀元券在廣西頓成廢紙。中央公務人員及過境部隊所領薪餉皆為銀元券，廣西此舉，

---

[300] 《大公報》，1949 年 7 月 5 日。

[301] 廣州十三行，又稱廣東十三行、十三洋行，清朝最早在廣州城南珠江邊設立對外貿易特區內的十三家商行，後來數量不斷增加，仍通稱十三行。參見吳嵩慶著；吳興鏞編注，《吳嵩慶日記（一）1947-1950》，頁 349。

[302] 吳嵩慶著；吳興鏞編注，《吳嵩慶日記（一）1947-1950》，頁 345。

[303] 〈西康省政府主席劉文輝致財政部長兼中央銀行總裁徐堪電——銀元券尚不敢發行，請速指定兌換地點，並趕運銀元來康〉，《中央銀行檔》，參見中國人民銀行總行參事室編，《中華民國貨幣史資料第二輯（1924-1949）》，頁 665。

[304] 〈徐堪複劉文輝電〉，《中央銀行檔》，參見中國人民銀行總行參事室編，《中華民國貨幣史資料第二輯（1924-1949）》，頁 665。

[305] 〈內政部致財政部函——柳州拒用銀元券〉，《財政部檔》，參見中國人民銀行總行參事室編，《中華民國貨幣史資料第二輯（1924-1949）》，頁 676。

使其遂感斷炊威脅，造成社會不安。已電桂林綏署主任李品仙力予維持，另飭財政部速派飛機往廣西運現，且需爲無限制兌現，以安軍民，維持戰區金融。[306] 8 月 3 日起廣州規定市場一律改以銀元標價，至今已超過一週，市場交易依以港幣作爲單位，廣州市政府連日派出警察分別抽查各商店，同時市府強調物價不得超過 7 月 29 日的基數價，但事實上銀元與銀元券之間總是有著差價，如 8 月 6 日中午銀元價爲 3 元 8 角時，銀元券僅爲 3 元 5 角，相差達 3 角。另外自衡陽局勢緊張之後，華南民眾擔心廣州局勢，加上對於中國共產黨抵制銀元券的警告，使物價持續上漲，至 8 月中旬物價平均上漲已達 50%。[307]

三、最後的努力

9 月 11 日，西南軍政長官張群表示，銀元券能否順利流通爲戡亂財政金融成敗之所繫，因此銀元券要十足準備，十足兌現，與銀元間等值行使，不容稍有歧視。幣制初改，各地鑄銀元不及，只能利用庫存黃金條塊彌補銀元的不足，同時規定各項輔助推行銀元券辦法，其中較爲重要的要點爲：（1）凡未設央行之縣市、請由央行委託代庫行局，免費承匯銀元券至兌現地點兌現；（2）請財政部改鑄庫存黃金條塊爲一錢、二錢、五錢、一兩等小條塊或金幣，用以補銀元兌現之不足，而便授受；（3）央行及代庫行局於支付銀元券時，應多發輔幣券及一元券，其五元、十元等大額券，非在必需之地區，概予緩發；（4）各國營事業、公用事業、稅收等機關及規費收入，均應一律收受銀元券，嚴禁收受銀元。由本署印製公告張貼各地及機關門首，如有故違，准由人民檢舉，以憑嚴懲；並由本署派員分赴各縣市明密檢查，執行法紀，務期貫徹；（5）軍餉不再集中成、渝兩地撥發，儘量匯由各部隊駐在地央行或代庫行支付銀元券，配發銀元及輔幣券，以期便捷。各部隊軍需人員如有領得薪餉後，稽延不發，或轉放生息，或於領得銀元券後又立向央行兌取銀元，此等自損幣信之行爲，顯違國防部以銀元券發放軍餉之命令，著各部隊長官隨時嚴查糾正制止，並由本署監察處會同政工處及聯勤第四財務處、渝央行檢查利合組糾察機構，隨時明密監察，如敢故違，定予嚴懲，決不寬貸。另各機關團體負責人，切實宣傳，並將辦理情形克日具報，以

---

[306] 〈行政院長兼國防部長閻錫山致財政部代電——據報廣西已停用銀元券，請速派機運現赴桂〉，《財政部檔》，參見中國人民銀行總行參事室編，《中華民國貨幣史資料第二輯（1924-1949）》，頁 677。

[307] 《經濟報導》第 134 期，1949 年 8 月 16 日。

憑考核。[308]

　　銀元券發行過程，主要在廣州和重慶發行，[309] 從銀元券發行數額看，第一個月（7月31日），銀元券發行總額及準備金情形如下：

（一）發行總額共計銀元券　　13,298,542 元

　　　內計　銀元券　　　　　12,632,542 元

　　　　　　輔幣券　　　　　　666,000 元

（二）準備金總額共計　　　　13,298,542 元

　　　內計　銀元　　　　　　8,268,542 元

　　　　　　銀角　　　　　　580,000 元

　　　　　　黃金　　　　　　55,625 兩，折合銀元 4,450,000 元 [310]

　　9月以後，據9月13日廣州《前鋒報》記載：「據官方透露：最近全國銀元券發行……估計目前發行總額已達1億之多。除兌現及稅收收回者外，實際流通額約達2千萬元。發行總額中，廣州占最多，估計為5千萬元，目前實際流通額為1千萬元。其次，重慶發行額約占3千萬元，目前實際流通額約5百萬元。其餘各地發行額約占2千萬元，實際流通額共占5百萬元。」[311]

　　由上述兩個時間比對，可知銀元券的發行數額增加十分緩慢，除了信心不足之外，也與國府統治區日少有關。至11月時，局面已無力維持，11月19日閻錫山致電關吉玉表示四川綿竹一帶已一律拒用銀元券，有商店於交易後當面將銀元券撕毀等情事。維持部隊最低限度的副食費已成問題，情勢嚴重，懇請當局速籌辦法以安軍心。[312]

　　銀圓券發行原意是以舊有銀本位的銀圓來取代當時已如廢紙的金圓券。但1949年下旬，大城市如骨牌效應般淪陷，國民政府在大陸陷落的速度超乎想像，加上銀圓券發行期間，民眾剛從法幣、金圓券的痛苦中走來，對於銀圓券並無信心，因此雖然

---

[308] 〈西南軍政長官張群致各省市政府代電──規定各項輔助推行銀元券辦法〉，《財政部檔》，參見中國人民銀行總行參事室編，《中華民國貨幣史資料第二輯（1924-1949）》，頁 669-670。

[309] 金圓券在廣州以5億元兌換銀元券1元，在重慶以金圓券7.5億換銀元券1元。

[310] 〈財政部呈行政院文──會查銀元券發行總額及準備金情形〉，《財政部檔》，參見中國人民銀行總行參事室編，《中華民國貨幣史資料第二輯（1924-1949）》，頁 667-668。

[311] 《前鋒報》，1949年9月13日。

[312] 〈行政院長兼國防部長閻錫山致財政部長關吉玉電──四川綿竹一帶已拒用銀元券，請速謀解決對策〉，《財政部檔》，參見中國人民銀行總行參事室編，《中華民國貨幣史資料第二輯（1924-1949）》，頁 683。

政府對於銀圓券的兌換採強硬手段，若抓獲擅自買賣銀元之黃牛，甚至處以槍決[313]，兌換情形仍不理想，加上 7 月 17 日中國共產黨由新華社發表聲明：「待西南解放後，不接受銀圓券。」此聲明一出，根本沒有民眾敢接受銀圓券，並重蹈金圓券覆轍，以銀圓券搶兌銀圓，而銀行因銀圓儲備不足，8 月開始改為限額兌換，造成市民對銀圓券僅有的信心完全崩潰，銀圓券價值暴跌，最後無疾而終，10 月中廣州失陷，後軍事繼續失利，同年 11 月 17 日重慶中央銀行宣布停兌銀圓券，實施 5 個月的銀圓券宣告收場。[314]國民政府在大陸推行的最後一個法定貨幣，便隨著中國大陸政權的易手而覆滅了。

據中央銀行報告，截至 11 月停止發行為止，在川陝區發行的銀元券約在 2,500 餘萬元，已陸續收回，留存民間者僅千萬元，其中大多流入成都一帶。華中、華南部分留存者約 400 餘萬元，大都流入廣東、廣西。[315]

1950 年 1 月 12 日，已遷至臺北的財政部表示將負責收回全部所發銀元券，[316]由於此時西南已易主，此回收令自然也形同具文。至於攜帶來臺的銀元券，財政部表示撤離重慶、成都時所發放的經費、員工資遣費及旅費、官兵副食費等，均全部付給銀元或黃金，因此來臺的軍公人員應不致攜帶太多銀元券，若有攜帶來臺銀元券，即按在四川及海南銀元券當銀元、黃金十分之一的市價，折合新臺幣收回。[317]

自戰後至國民政府遷臺這段期間，由於經濟的動盪，在戰事不利的大環境下，只得以不斷更換對財經決策具有主要影響力的行政院長、財政部長、中央銀行總裁的消極方式，期望能找出一套穩定經濟之道，導致這三個部門的首長在此時期走馬換將如走馬燈，每次財金官員上臺，就推出新的財經政策，企圖抑制物價，維持貨幣信用，政策朝令夕改，作法使人眼花撩亂，同時黃金存量的變化也相當劇烈，因此將其整理為表。

---

[313] 黃純青監修；林熊祥主修，《臺灣省通志稿——卷首 大事記》第三冊，頁 210。

[314] 劉翠溶，《中華民國發展史・經濟發展》上冊，臺北市：政大出版，2011 年，頁 66。

[315]《中央日報》，1950 年 1 月 13 日。

[316] 財政部表示將令中央銀行將庫存準備黃金 1 萬 1,500 市兩及價格銀元 35 萬元的鎳幣，撥交四川省政府，會同省參議會辦理收兌工作。如按當時黃金市價，每兩值銀元券 800 元計算，約可收回銀元券 955 萬元，加上先前川省徵實米穀中央應得的三成，可收回銀元券數額已超過市面流通數。

[317]《中央日報》，1950 年 1 月 13 日。

表 4-6-2　1945-1949 年行政院長、財政部長、中央銀行總裁及大陸黃金存量變化表

時間	行政院長	財政部長	中央銀行總裁	大陸黃金存量變化
1945 年 8 月（戰後）	宋子文	俞鴻鈞	俞鴻鈞	約 580 萬兩。
1946 年 2 月 26 日	｜	｜	貝祖詒	大量拋售黃金約 350 萬餘兩。
1947 年 3 月 1 日	蔣介石（暫兼）	｜	張嘉璈	此時庫存黃金約爲 250 萬餘兩。
1947 年 4 月 20 日	張群	｜	｜	
1948 年 5 月 31 日	翁文灝	王雲五	俞鴻鈞	以發行金圓券收回黃金約 145-170 萬餘兩。 至年底時，上海庫存黃金存量約爲 400 餘萬兩。
1949 年 1 月	孫科	徐堪	劉攻芸	此後大部分黃金已運臺，以下不述。
1949 年 3 月 23 日	何應欽	劉攻芸	｜	
1949 年 6 月 13 日	閻錫山	徐堪	徐堪	
1949 年 10 月	｜	關吉玉	（無）	
1950 年 1 月	｜	｜	俞鴻鈞	
1950 年 3 月 15 日	陳誠	嚴家淦	｜	

　　1949 年中，上海庫存黃金約 400 萬餘兩，這其中包含了金圓券幣改時兌入的 160 萬兩左右，由於不清楚 1948 年 11 月修正人民所有金銀外幣處理辦法後，兌出的黃金數量，因此也很難知道運臺黃金中，由金圓券所獲得的比例。

小結

　　1947 年 2 月經濟緊急措施方案後，社會經濟暫時平緩了數月，黃金政策也沉寂了一段時間，但很快在 1947 年 8 月宣布經濟改革方案後，對黃金政策又做出調整。隨著國共戰局逆轉，1948 年時經濟已至崩潰邊緣，國府認爲已到非幣制改革不能挽救的地步，於是在 1948 年 8 月推行金圓券改革，終結了通行 13 年的法幣。1948 年 8 月的金圓券改革，也是近代歷次與貨幣有關的改革中，與黃金聯繫最密切的一次，此辦

法在金銀方面最大的轉變，即禁止社會上的黃金、白銀流通買賣及持有，必須兌換金圓券，即強制收歸國有。並以經濟督導員、戡建大隊、大上海青年服務隊等團體，嚴格在社會控制物價，但事後證明，企圖以政治力量控制經濟，違反了最基本的經濟規律，時間一長，範圍擴大以後都不可能獲得成功。此次改革，雖從社會收兌了 100 多萬兩的黃金，卻也造成社會怨懟之聲四起，雖在 1948 年 11 月修改辦法，允許兌換金銀，但已使當局大大地喪失了民心，使原已在內戰中處於劣勢的國民黨更加劣勢。儘管如此，國民政府仍然沒有放棄以黃金改善經濟危局的想法，1949 年 2 月，推出黃金短期公債，並從 3 月開始在社會拋售黃金，直至 5 月上海易手為止，但效果皆很有限。隨著 1949 年 7 月銀元券幣改，國府在大陸的黃金政策可說告一段落，雖在此後仍處處有黃金痕跡，但已屬於單純地支撐財政了，與此同時，臺灣則開始積極地運用黃金政策，詳細過程於下面幾章詳述。

附錄

附錄一　國民政府關於整理財政及加強管制經濟辦法

整理財政及加強管制經濟辦法

（1948 年 8 月 19 日）

　　第一條　政府為平衡國庫收支，調節國際收支並加強管理物價、薪資、金融業務，特制定此法。

　　第二條　切求增進各種稅收，其稅率低於戰前標準者，應參照戰前標準調整之，奢侈性之課稅標的，並應提高其稅率。

　　關於前項稅收增進事項，需要修正現行法律者，應由財政部迅行計議，報經行政院提請立法院修訂之。

　　第三條　國營公用及交通事業之收費低於戰前標準者，準參照戰前標準調整之，以期自給，其由國庫貼補者，應以受軍事破壞之地區為限。

　　第四條　各種國營事業應竭力節省浪費，裁汰冗員，所有盈餘，應由主管部會責令悉數解交國庫。

　　第五條　剩餘物資及接收敵偽物資產業，應盡量加速出售，以裕國庫收入。

　　第六條　文武機關員工士兵名額，應嚴格核實，不得浮濫。

　　第七條　民國三十七年下半年度國家歲入歲出總預算，應於金圓券發行後，依照

本緊急處分令，按金圓改編，其因實際情形必需變通辦理者，並應由行政院咨請立法院修正。

　　第八條　政府機關及人民正當用途需用外匯者，由政府核准結售之。

　　現行中央銀行管理外匯條例，依本令有關各條之規定，予以修正。

　　第九條　輸出入管理辦法，以左列各款予以調整。

　　輸入限額自第七季起，照第五、第六兩季平均標準，至少核減四分之一。

　　除前項限額貨品外，應另行指定若干類貨品准許商民申請輸入，以其存儲於中央銀行之外幣存款支付貨價。

　　出口商輸出貨品所得外匯，按金圓對外幣之匯兌率，全部結售於中央銀行。

　　凡可供輸出之物資，應獎勵其增加生產，並得限制國內消費。

　　第十條　華僑匯款按金圓對外幣之匯兌率，由中央銀行收兌，並由國家銀行對僑匯予以便利。

　　第十一條　第八條、第九條、第十條之外匯匯兌率，依左列各款之規定。

　　全金每元折合金圓四元。

　　其他外匯由中央銀行參照美金對金圓之匯兌率隨時規定。

　　第十二條　凡物資須由國外輸入者，應依左列各項屬行節約。

　　在上海及行政院指定之其他都市內，限於本辦法公布後兩個月內，核減各類汽車執照四分之一至三分之一，並嚴格限制汽車用油量。

　　禁止進口之物品，自民國三十七年十月一日起在指定都市內禁止銷售，違者以走私論處，其辦法由工商部會同財政部定之。

　　第十三條　全國各地各種物品及勞務價格，應照民國三十七年八月十九日各該地各種物品及勞務價格，依兌換率折合金圓出售，由當地主管官署嚴格監督執行。

　　第十四條　各種物品及勞務價格，依前條折合金圓後，應嚴格執行取締違反限價議價條例，其有特殊原因者，非經主管官署核准，不得加價。

　　第十五條　各種公用交通事業，除國營者按第三條之規定調整外，民營者應參照第三條之規定及實際成本，經主管官署核定後，改收金圓，以後非有特殊原因，不得準其加價。

　　第十六條　在上海及行政院指定之其他都市，實施倉庫檢查並登記其進出口貨品，凡違反非常時期取締日用重要物品囤積居奇辦法之規定者，應依法從嚴懲處。

　　第十七條　自本辦法施行之日起，報紙通訊稿及其他印刷物，不得記載金銀外匯及各種日用、重要物品之黑市價格，違者依妨害國家總動員懲罰暫行條例第十條之規定處罰之。

第十八條　自改行金圓本位之日起，所有按生活指數發給薪資辦法，一律廢止。

第十九條　文武公教人員之待遇，一律以金圓券支給，其標準以原薪額四十元為基數，實發金圓券，超過四十元至三百元之部分，按十分之二發給金圓券，超過三百元之部分，一律按十分之一發給金圓券，士兵薪餉副食悉按戰前基數實發給金圓券，概不折扣。

第二十條　京滬區文武公教人員及士兵，按照前條標準發給，京滬區以外各區原有生活指數，較京滬區高低者，按其七月份與京滬區之比例，由行政院核定，照前條標準加成或減折發給之。

第二十一條　國營事業人員之待遇，應依第十八、第十九、第二十各條之規定，改發金圓券，其每人實際所得，除照國營事業人員待遇辦法，較同級公務員所得，最多得加三成外，其超過此限度之部分，一律取消。

第二十二條　民營事業員工薪資，一律折合金圓支給，但其半月所得，不得超過八月份上半月，依各該事業原定辦法應領法幣折合金圓之數。

第二十三條　在本辦法實行期內，禁止封鎖工廠、罷工、怠工，違者依妨害國家總動員法懲罰暫行條例第五條第四款之規定處罰之。

第二十四條　國營銀行局庫，不得以任何方式作商業性質之放款，對於奉行國策之貸款，並應負考核資金運用及成效之責，由主管機關妥定辦法，嚴格執行。

第二十五條　商業銀行錢莊應嚴格遵守銀行法及金融管制法令經營業務，不得以任何方式繼續經營物品購銷業務，其有此種情形者，由財政部查明，責令限期結束，違者除吊銷其營業執照外，並以囤積居奇論罪。

第二十六條　信用合作社除收受社員存款並以所收存款及社股貸放於社員外，不得經營銀錢業之其他業務，違者除勒令解散外，並以私營銀行之規定處罰。

第二十七條　除銀錢業外，任何公司商號不得收受存款或放款，違者除勒令停業外，並依私營銀行之規定處罰。

第二十八條　本國銀行在海外設有分支機構者，應由財政部考核其業務成績，凡成績不良者，限期勒令撤銷其海外機構。

第二十九條　銀錢業有左列情事之一者，應吊銷其營業執照或予以停業處分。

被停止票據交換者。

違反經濟管制法令者。

資力薄弱，營業難循正軌發展者。

第三十條　財政部應即參照戰前銀行法規定之銀行最低資本額，擬定各區銀行錢莊信託公司之最低資本額，報經行政院核定後，限令於兩個月內增達最低資本額，其

現金增資部分，不得少於百分之五十，逾期無力增足者，一律勒令停業，限期清理。

第三十一條　上海天津證券交易所應即暫停營業，非經行政院核准，不得復業。

第三十二條　市場利率應予抑低，國內匯率應分區調整，以期活潑金融，維護生產，由財政部、中央銀行切實辦理。

第三十三條　本辦法自公布之日施行。

附錄二　國民政府頒布財政經濟緊急處分令及王雲五的談話和蔣介石手啓

（1948 年 8 月 19-21 日）

一、財政經濟緊急處分令

（8 月 19 日）

茲依動員戡亂時期臨時條款之規定，經行政院會議之決議，頒布財政經濟緊急處分令，其要旨如左。

自即日起，以金圓爲本位幣，十足準備，發行金圓券，限期收兌已發行之法幣及東北流通券。

限期收兌人民所有黃金、白銀、銀幣及外國幣券，逾期任何人不得持有。

限期登記管理本國人民存放國外之外匯資產，違者予以制裁。

整理財政，並加強管制經濟，以穩定物價，平衡國家總預算及國際收支。

基於上開要旨，特制定（一）金圓券發行辦法，（二）人民所有金幣外幣處理辦法，（三）中華民國人民存放國外外匯資產登記管理辦法，（四）整理財政及加強管制經濟辦法，與本令同時公布，各該辦法視同本令之一部分，並授權行政院，對於各該辦法頒布必要之規程或補充辦法，以利本令之實施。此令。

總　　　統　蔣中正

行政院院長　翁文灝

財政部部長　王雲五

金圓券發行辦法

第一條　自本辦法公布之日起，中華民國之貨幣以金圓爲本位幣，由中央銀行發

行金圓券，十足流通行使。

第二條　金圓之輔幣為角及分，以十分為壹角，拾角為壹圓。

第三條　金圓券券面分為壹圓、伍圓、拾圓、伍拾圓、壹百圓五種。

第四條　金圓輔幣為壹分、伍分、壹角、貳角、伍角五種，以銅、鎳分別鑄造，並由中央銀行發行金圓輔幣券，同時流通。

第五條　自本辦法公布之日起，法幣及東北流通券停止發行，所有以前發行對之法幣，以叁百萬圓折合金圓壹圓，東北流通券以叁拾萬圓折合金圓壹圓，限於中華民國三十七年十一月二十日以前無限制兌換金圓券。在兌換期內，法幣及東北流通券均暫准照上列折合率流通行使。

臺灣幣及新疆幣之處理辦法，由行政院另定之。

第六條　自本辦法公布之日起，公私會計之處理，一律以金圓為單位。

凡依法應行登記之事項，須載明金額者，應於本辦法公布後六個月內為變更之登記。

第七條　自本辦法公布之日起，所有法幣及東北流通券之公私債權債務，均應按照本辦法第五條規定之折合率，折合清償。

政府發行之法幣公債尚未清償者，由行政院另定辦法處理之。

除民國三十六年美金公債應照原條例償付外，所有民國二十七年金公債、民國二十九年建設金公債、民國三十一年同盟勝利美金公債及民國三十六年美金短期庫券，應按法定兌換率換發金圓公債。

第八條　金圓券之發行，採十足準備制。

前項發行準備中，必須有百分之四十為黃金、白銀及外匯，其餘以有價證券及政府指定之國有事業資產充之。

第九條　金圓券發行總額，以貳拾億元為限。

第十條　金圓券發行準備之檢查、保管，設金圓券發行準備監理委員會辦理之，其組織規程由行政院定之。

第十一條　金圓券須經中央銀行總裁及其發行局局長簽署，方得發行。

第十二條　金圓券每月發行數額，應由中央銀行於每月終列表報告財政部及金圓券發行準備監理委員會。

第十三條　金圓券發行準備監理委員會，應於每月終了後，檢查中央銀行發行金圓券之數額及發行準備情形，作成檢查報告書公告之，同時報告行政院，並以副本分送財政部及中央銀行。

第十四條　金圓券發行準備監理委員會，如發現金圓券之準備不足或金銀外匯之

準備不及第八條第二項規定之百分比時，應即通知中央銀行停止發行，收回其超過發行準備之金圓券，並分別報告行政院及財政部。

第十五條　中央銀行接到前條通知後，應即兌回其超額部分之金圓券，或補足其發行準備，非經金圓券發行準備監理委員會檢查認可後，不得續增發行。

第十六條　金圓券不得僞造、變造或故意毀損，違者依妨害國幣懲治條例治罪。

第十七條　本辦法自公布之日施行。

人民所有金銀外幣處理辦法

第一條　本辦法所稱人民，包括中華民國境內之自然人、法人及其它社團。

第二條　自本辦法公布之日起，黃金、白銀、銀幣及外國幣券，在中華民國境內禁止流通、買賣或持有。

第三條　人民持有黃金、白銀、銀幣或外國幣券者，應於中華民國三十七年九月三十日以前，向中央銀行或其委托之銀行，依左列各款之規定，兌換金圓券。

黃金按其純含量，每市兩兌給金圓券貳百圓。

白銀按其純含量，每市兩兌給金圓券叁圓。

銀幣每元兌給金圓券貳圓。

美國幣券每元兌給金圓券肆圓，其他各國幣券照中央銀行外匯匯率兌給金圓券。

第四條　黃金、白銀、銀幣及外國幣券之持有人，除按前條規定兌換金圓券外，並得依其志願，就左列二款之一處之。

購買民國三十六年美金公債。如爲美國幣券，得以原幣請購。如爲黃金、白銀、銀幣或其它外國幣券，得依照前條各款之兌換率折購之。

存儲於中央銀行。如爲外國幣券，各以其原幣存儲。如爲黃金、白銀、銀幣，得依照前條各項兌換率折合美金存儲。

前項存儲之款，得憑輸入許可證支付輸入物品之貨價，或支付經財政部核准之其他用途。

第五條　國內生產之礦金、砂金及礦銀，由中央銀行或其委托之銀行隨時定價收兌之，不受第三條之限制。

第六條　醫學、工業及其他正當需要購用金銀爲原料者，應隨時報請財政部核准辦理。

第七條　人民持有之金飾、銀飾，准許繼續持有及轉讓，但不得以超過本辦法第三條所定兌換率之價格買賣之。

第八條　人民不得以黃金條塊改鑄金飾。

第九條　黃金、白銀、銀幣及外國幣券，一律禁止攜帶出國；但每人所攜金飾總量不超過貳市兩，銀飾總量不超過貳拾市兩，或附有售給外國幣券銀行出具證明書之旅行零用外國幣券，其總值不超過美金壹佰元者，不在此限。

第十條　攜帶黃金、白銀、銀幣、金銀飾物或外國幣券進入國境者，應報明海關。除每人所攜金飾總量不超過貳市兩、銀飾總量不超過貳拾市兩准許攜帶自行持有外，其餘應繳送中央銀行或其委托之銀行，按照第三條之規定，兌給金圓券。

過境或游歷旅客，除得按前項規定自行攜帶之金飾、銀飾外，所有之金、銀、外幣仍須攜帶出境者，應於入境時報明海關，交由中央銀行或其委托之銀行封存保管，於出境時領回原物。但於入境後六個月後仍未請求發還攜帶出境者，應按照第三條之規定，兌給金圓券。

第十一條　除中央銀行外，所有其它中外銀行，非經中央銀行之委托，不得收兌、持有或保管黃金、白銀、銀幣或外國幣券。

第十二條　違反本辦法第三條、第四條之規定不於限期內兌換或存儲者，及違反本辦法第八條、第九條、第十條、第十一條之規定者，其黃金、白銀、銀幣或外國幣券一律沒收。

第十三條　違反本辦法第七條之規定者，或違反第十一條之規定擅自收兌黃金、白銀、銀幣或外（國）幣券者，除將其標的物沒收外，其違反第七條規定以超過兌換率之價格買賣金飾，或違反第十一條規定擅自收兌黃金或外國幣券之行為，並應依照黃金、外幣買賣處罰條例處罰之。

第十四條　對於違反本辦法第三條、第四條規定，不於限期內兌換或存儲，及違反本辦法第七至第十一條規定之行為，向主管官署報告，因而查獲沒收者，應以沒收品價值百分之四十，獎給報告人。

第十五條　本辦法自公布之日施行。

中華民國人民存放國外外匯資產登記管理辦法

第一條　依國家總動員法第三條第九款之規定，茲指定外匯資產為國家總動員物資之一，並依同法第七條第一項之規定，管理其使用，遷移或轉讓。

第二條　為達前條目的，中華民國人民存放國外之外匯資產，應予登記。

第三條　本辦法所稱之中華民國人民，包括自然人、法人及其他社團。

第四條　本辦法所稱整外匯資產，係指在國外之活期或定期存款，暨存放國外之

外幣、金塊、金條以及從外國方面獲得之任何支付權益，包括外國或中國政府之外幣證券、股票、債券、地契、保險單、分年收款、遠期收賬、買賣預付金、證券買賣保證金及一切流通票據在內。

第五條　中華民國人民，除其經常生活本據（居）在國外應視為華僑者外，均應將截至民國卅七年八月二十日為止，存放國外之外匯資產，於民國卅七年十二月三十一日以前，依照規定表格，向中央銀行或其委託之銀行申報登記。其在民國卅七年陰二十一日以後，所獲得之外匯資產，應自獲得之日起，二個月內申報登記。

第六條　現在居留國外之中華民國人民，應受八條拘束者，得備前條規定赴當地或不近中國使館、領事館或外交部特派員辦事處登記其所有外匯資產。

前項居留國外之人民，所有外匯資產，不超過美金叁千圓或其等值之他國貨幣者，免於申報登記。

第七條　依照本辦法應行申報登記之外匯資產，包括中華民國人民託由在外國之代理人、受託人、經紀人，在外國註冊之法人或其他社團等所持有之外匯資產在內。

前項外匯資產，無論其與外國人或外國法人，或與其他社團所共有，單獨管理或共同管理，均應將其所有部分申報登記。

第八條　自本辦法公布之日起，中華民國人民均不得意圖避免申報登記，將外匯資產移轉於國內外任何自然人、法人或其他社團。

第九條　凡依本辦法申報登記之外匯資產，其存款及外幣暨資產之收益或變賣所得部分，除經財政部照左列規定准許保留之一定數額外，均應以原幣移存於中央銀行或其委託之銀行。

本人及眷屬居留國外之日常生活及醫藥費用。

本人或子女在留學期間之學費。

本人或眷屬在國外旅行及回國之旅費。

以上各項，以於本辦法公布前已在國外者為限，其保留額另定之。

凡經核准並經中央銀行結售之外匯，尚未動用者，准予保留，仍應依照本辦法之規定申報登記。

第十條　凡移存於中央銀行或其委託銀行之外匯存款，得依左列規定使用之：

經財政部核准之正當用途。

憑輸入許可證支付輸入貨款。

兌換金圓券，或購買民國三十六年美金公債，或政府將來發行之金圓公債。

第十一條　中華民國人民違反本辦法第五至第八條之規定者，依妨害國家總動員法懲罰暫行條例第五條之規定，處七年以下有期徒刑，得並科罰金。

前項違反本辦法規定者，於判決處刑後，其存放國外之外匯資產，由政府向各該外國政府交涉沒收之。

第十二條　對於違反本辦法第五至第八條之行爲，向主管官署報告因而判決處刑並沒收其存放國外之外匯資產者，應以此項沒收外匯資產價值百分之四十獎給報告人。

第十三條　南京、上海、天津、廣州、漢口各市（及其他經行政院指定之地點），應於本辦法公布後，立即成立中華民國人民外匯資產申報登記指導委員會，由市長、市參議會議長、財政部代表一人、中央銀行代表一人及由市長就市參議員及各該市法團中遴聘聘三人至五人組織之，以市長、市參議會議長爲召集人，並由財政部、中央銀行及各該市政府酌配辦事人員。

前項委員會之任務如左：

使所在地人民周知本辦法之內容。

指導及協助申報者辦理登記。

對於市區內殷富人民及商家，負詢問及勸導之責。

接受關於匿報外匯資產者之情報，並移轉於主管官署。

第十四條　在國外經行政院指定之地區內，由使領館館負責組織與前條性質相似之中華民國人民外匯資產申報登記指導委員會，其詳細辦法由行政院定之。

第十五條　本辦法自公布之日施行。

整理財政及加強管制經濟辦法

第一條　政府爲平衡國庫收支、調節國際收支，並加強管理物價、薪資、金融業務，特制定本辦法。

第二條　切實增進各種稅收，其稅率低於戰前標準者，應參照戰前標準調整之，暑侈性之課稅標的，並應提高其稅率。

關於前項稅收增進事項需要修正現行法律者，應由財政部進行計議，報經行政院提請立法院修訂之。

第三條　國營、公用及交通事業之收費低於戰前標準者，准參照戰前標準調整之，以期自給。其由國庫貼補者，應以受軍事破壞之地區爲限。

第四條　各種國營事業應極力節省浪費，裁汰冗員，所有盈餘應由主管部會責令悉數解交國庫。

第五條　剩餘物資及接收敵僞物資產業，應盡量加速出售，以裕國庫收入。

第六條　文武機關員工、士兵名額，應嚴格核實，不得浮濫。

第七條　民國三十七年下半年度國家歲入、歲出總預算，應於金圓券發行後，依照本緊急處分令用金圓改編，其因實際情形必須變通辦理者，並應由行政院咨請立法院修正。

第八條　政府機關及人民因正當用途需用外匯者，由政府被准結售之。

第九條　輸出入管理辦法，依左列各款予以調整：

輸入限額自第七季起，照第五、第六兩季平均標準至少核減四分之一。

除前項限額貨品外，應另行指定若干類貨品；准許商民申請輸入，以其存儲於中央銀行之外幣存款支付貨價。

出口商輸出貨品所得外匯，按金圓對外幣之匯兌率，全部結售於中央銀行。

凡可供輸出之物資，應獎勵其增加生產，並得限制國內消費。

第十條　華僑匯款按金圓對外幣之匯總率，由中央銀行收兌，並由國家銀行對僑匯予以便利。

第十一條　第八條、第九條、第十條之外匯匯兌率，依左列各款之規定：

美金每圓折合金圓肆圓。

其他外匯由中央銀行參照美金對金圓之匯兌率隨時規定。

第十二條　凡物資須由國外輸入者，應依左列各項屬行節約：

在上海及行政院指定之其他都市內：限於本辦法公布後兩個月內，核減各類汽車執照四分之一至三分之一，並嚴格限制汽車用油量。

禁止進口之物品，自民國三十七年十月一日起，在指定都市內禁止銷售，違者以走私論處。其辦法由工商部會同財政部定之。

第十三條　全國各地各種物品及勞務價格，應照民國三十七年八月十九日各該地各種物品及勞務價格，依兌換率折合金圓出售，由當地主管官署嚴格監督執行。

第十四條　各種物品及勞務之價格，依前條規定折合金圓後，應嚴格執行取締違反限價議價條例，其有特殊原因者，非經主管官署核准，不得加價。

第十五條　各種公用交通事業，除國營者按第三條之規定調整外，民營者應參照第三條之規定及實際成本，經主管官署核定後，改收金圓。以後非有特殊原因，不得准其加價。

第十六條　在上海及行政院指定之其他都市，實施倉庫檢查，並登記其進出貨品，凡違反非常時期取締日用重要物品囤積居奇辦法之規定者，應依法從嚴懲處。

第十七條　自本辦法施行之日起，報紙通訊稿及其他印刷物，不得記載金銀、外匯及各種日用重要物品之黑市價格，違者依妨害國家總動員（法）懲罰暫行條例第十

條之規定處罰之。

第十八條　自改行金圓本位之日起，所有按生活指數發給薪資辦法，一律廢止。

第十九條　文武公教人員之待遇，一律以金圓券支給。其標準以原薪額肆拾元為基數，實收金圓券超過肆拾元至叁百元之部分，按十分之二發給金圓券，超過叁百元之部分，一律按十分之一發給金圓券。士兵薪餉、副食，悉按戰前基數實發金圓券，概不折扣。

第二十條　京滬區文武公教人員及士兵，按照前條標準發給，京滬區以外各區，原有生活指數較京滬區高低者，按其七月份與京滬區之比例，由行政院核定，照前條標準加成或減折發給之。

第二十一條　國營事業員工之待遇，應依第十八、第十九、第二十各條之規定改發金圓券，其每人實際所得，除照國營事業員工待遇辦法較同級公務員所得最多得加三成外，其超過此限度之部分一律取消。

第二十二條　民營事業員工薪資一律折合金圓支給，但其半月所得不得超過八月份上半月，依各該事業原定辦法應領法幣折合金圓之數。

第二十三條　在本辦法施行期內、禁止封鎖工廠、罷工、怠工，違者依妨害國家總動員法懲罰暫行條例第五條第四款之規定處罰之。

第二十四條　國營銀行、局、庫不得以任何方式作商業性質之放款，對於奉行國策之貸款，並應負考核資金運用及成效之責，由主管機關妥定辦法，嚴格執行。

第二十五條　商業銀錢行庄應嚴格遵守銀行法及金融管制法令經營業務，不得以任何方式繼續經營物品購銷業務，其有此種情形者，由財政部查明責令限期結束，違者除吊銷其營業執照外，並以囤積居奇論處。

第二十六條　信用合作社除收受社員存款，並以所收存款及社股貸放於社員外，不得經營銀行業之其他業務，違者除勒令解散外，並依私營銀行之規定處罰。

第二十七條　除銀錢業外任何公司、商號，不得收受存款或放款，違者除勒令停業外，並依私營銀行之規定處罰。

第二十八條　本國銀行在海外設有分支機構者，應由財政部考核其業務成績，凡成績不良者，限期勒令撤銷其海外機構。

第二十九條　銀錢業有左列情事之一者，應吊銷其營業執照或予以停業之處分。

被停止票據交換者。

違反經濟管制法令者。

資力薄弱營業難循正軌發展者。

第三十條　財政部應即參照戰前銀行法規定之銀行最低資本額，擬定各區銀行、

錢庄、信託公司之最低資本額，報經行政院核定後，限令於兩個月內增達最低資本額，其現金增資部分不得少於百分之五十，逾限無力增足者，一律勒令停業，限期清理。

第三十一條　上海、天津證券交易所應即暫停營業，非經行政院核准不得復業。

第三十二條　市場利率應予抑低，國內匯水並應分區調整，以期活潑金融維護生產，由財政部、中央銀行切實辦理之。

第三十三條　本辦法自公布之日施行。

二、財政部長王雲五於財政經濟緊急處分令頒布後發表談話
（8 月 19 日）

財政部王部長雲五，於八月十九日總統頒布財政經濟緊急處分令後，特發表談話如下：

今日總統頒布之財政經濟緊急處分令，係經最深切之考慮，以最大之決心，從事於財政經濟之重大改革。本人職司財政，對於翁內閣財政經濟施政方針之形成，開始即參與，而對於當前財政經濟種種嚴重問題之解決，實亦責無旁貸。茲當改革伊始，謹舉其要點以告國人。

本緊急處分令共分四種辦法，以改革幣制爲出發點，以穩定物價，安定民生爲目的，而以控制金銀外匯，平衡國家歲出入預算，及平衡國際收支爲主要措施。

關於改革幣制者，前此尚多有以時機未至，條件未備，謂宜有待者。最近由於通貨膨脹漸達惡性最後期，原有法幣之貶值愈演愈烈，物價隨而愈漲愈速，於是人民對於原有法幣之信心愈益薄弱，而對於新的交易媒介需求愈殷，政府就當前局勢深思熟慮，認爲法幣之發行最近雖急劇增加，然以美金比率，只需要五六千萬美金已足收回其全部，我國國庫目前所有黃金白銀與外匯，雖未必甚豐，然以之應付此舉，實綽有餘裕。　國家所有資產可供發行準備者尤多，在理法幣不應如是貶值。惟以由於平時發行之未採公開制度，發行準備亦未確定，人民之信心既失，與其強就原有法幣恢復其信用，事倍而功半，何如根本政革，自始即確定充分準備，建立公開發行之基礎，並嚴格限制發行數額，以昭信於國人。此次決定發行金圓券之辦法，以黃金白銀外匯合二億美元及可靠之資產值三億美元，兩共五億美元，按與美元四對一之比值發行金圓券二十億圓，每一金圓券均有十足準備，並組織發行準備監理委員會，由政府各關係部門代表，與工商會戡各業及會計代表，共同組織，按月對發行數額與實存準備切實檢查，公開報告。至於輔幣方面，除銅鎳及紙幣外，大量鑄造銀輔幣，以便利人

民之行使。自金圓券發行之日起，所有法幣及東北流通券，即停止發行，無限制兌換金圓券。本年底以後，舊法幣及東北流通券，一律收回，不再流通。除臺幣因特殊情形暫准在臺灣省使用，另候處理外，全國得以金圓券為唯一通貨，而其最高額為二億元，與戰前之發行額十四、五億圓相較，戰前國幣對美元三比一，今後金圓券對美元為四比一，故實際發行限額仍與戰前相等。在通貨發行額收縮至戰前之程序時，倘其他相關條件均能配合，深信物價水準亦當逐漸回復到戰前程度也。

關於金銀外匯者，因金圓券係以黃金白銀外匯為主要準備，又因過去若干年間，金銀外幣非法買賣，成為擾亂國內市場之重要因素。政府為達穩定物價之目的，並為充實發行準備及平衡國際收支計，故有收兌人民在國境內所有金銀外幣，及登計管理國人在國外所有外匯資產之必要。茲決定於金圓券開始發行同時，頒布人民所有金銀外幣處理辦法與中華民國人民存放國外外匯資產登記管理辦法。按照該兩辦法規定，政府於推行國家政策之中，仍寓尊重人民財政之意，所有黃金白銀外匯，除准許其持有人以等於實際之幣值向中央銀行兌取金圓券外，因金圓券具有十足準備，又與美元有固定之換兌率，雖經兌換，仍可保持其原有幣值，並得依持有人之志願，或按法定兌換率折購民國三十六年美金公債，或以其原幣移存於中央銀行。所有移存於中央銀行之原幣，有正當用途或需要輸入國外貨物時，均須於呈經主管官署核准後，提取應用。是此項金銀外匯之持有人，於遵行政府功令擁護國家政策之際，對其自身之權利，實際並無損失。本人深信國人愛國者多，對此有益於國無損於己之措施，自必樂於贊同。至於少數不明大義者，政府為執行政策，固絕不姑息。愛國人士為擁護政府政策，亦定肯舉其所知，報告主管官署，一經查獲，政府定必按照規定，除沒收違反規定者之金銀外幣外，並依法予以懲處。深信持有金銀外幣者，權衡利害，當能作賢明之抉擇。

關於平衡歲出入總預算者，改革幣制而不能平衡預算，縱可收效一時，斷難維持永久，此固不易之論，亦即對改革幣制懷疑者之有力主張，實則預算上之絕對平衡，在我國戰前尚難達到，不過彼時幣值穩定，預算上之赤字可藉公債彌補，而不專賴發行之增加。今則法幣經八年抗戰與戰後數年動蕩不安之情況，逐年劇增其發行，致人民對法幣之信心，遠遜於實際發行膨脹之程度，在此幣值日益不穩之情況下，國家之收入實值，遠較較前為低，國家之支出，卻不能不隨物價飛漲而大增。收支上原有之差額，除由於軍費之龐大外，更因此益巨，且有加速惡化之徵象。倘坐待收支完全平衡，然後改革幣制，則幣值愈落，物價愈高，收入愈減，支出愈增，將來縱擬改革，而不可得，政府此次改革幣制，不僅圖達穩定物價，安定民生之目的，並可藉此幣值之穩定，收支預算有接近平衡之可能。同時，預算收支之接近平衡，又可使幣值維持

其穩定。彼此相互爲因果，故於改革幣制之後，特別注重預算收支之接近平衡。本人曾就歷年國家歲出歲入總預算比較研究，雖由於法幣幣值之時有不同，未易以法幣數字作正確之表現，但如按美金對法幣逐年之兌換率折算，則戰前數年間我國總歲出按彼時對美幣之匯率折合計算，平均不過五億美元。戰後每年平均十億美元，而三十七年上半年度不過四億美元，今後總歲出預算如能力爭撙節，控制得宜，每年實際支出，當可減至九億美元之等值，即金圓三十六億圓。至於歲入方面，應將現有各稅切實整頓，其稅率低於戰前標準者，參照戰前標準調整，其具有奢侈性者，並酌量提高稅率，同時改正輸出入政策，以裕稅源，估計關稅全年收入爲金圓四億八千圓，貨物稅七億元，直接稅三億六千萬元，鹽稅三億二千萬元，其他各稅連同國營事業盈餘規費收入等共二億圓，出售剩餘物資敵僞產業等約四億元。以上收入共金圓二十四億六千萬元，收支相抵，所短之數爲十一億四千萬元，約當總歲出百分之三十弱，擬運用美援以抵補其一部分，其尚不足之數，當發行金圓公債，以資彌補。此項平衡歲出入計畫之能否實現，在歲入方面，固有賴立法院之支持與各方之努力，在歲出方面，更須政府各部門充分合作，尤以軍費開支占歲出之最大部分，當特別核實與節約，則所減省者不在少數。本人竊敢自信，倘能獲得上述之支持與合作，在改革幣制以後，國家預算之接近平衡，非不可能也。

　關於平衡國際收支者，此與幣值穩定及物價穩定均有重大關係，依本緊急處分令各種辦法之規定，對於收入方面，以切合實際之兌換率，使輸出品與僑匯增加，並以合理之方法，盡量利用人民所有之黃金外匯。對於支出方面，極力節約公私消費，節省不必要之外匯支出。試觀最近兩月之實例，自採行結匯證辦法以後，輸出品所得匯價因已接近市價，輸出量遂有顯著之增加，計七月份輸出入外匯收支相抵外，其盈餘竟多至九百萬美元，今後外匯按固定之匯率兌取有十足準備之金圓券，使輸出品與僑匯均獲得更合實際之代價，則將來收入之外匯，較最近一月更有過之，可以斷言。同時，政府既實行收兌國內金銀外幣，並登記管理國人存放國外之外匯資金，由此而獲控制之外匯，深信必不在少數也。

三、蔣介石手啓
（8月21日）

　各省政府主席、各市政府市長均鑒：中央此次依據動員戡亂時期臨時條款之規定，於本月十九日頒布財政經濟緊急處分命令及各項辦法，業已通令全國，一體施行，此乃改革幣制，穩定經濟之必要措施，曾經長期縝密之研究，針對當前國計民生

之迫切需要，而審慎訂定。綜其要旨，有應特爲昭示者：第一，新幣制金圓券之發行，係以十足準備公開發行，以使新幣制之信用永久確立。第二，人民所有金銀外幣及存放國外外匯資產之處理，係使人民凍結無用之資產，導入工商事業正當之用途，並充分顧全人民固有之利益，絕無絲毫之損失。第三，整理財政及加強管制經濟辦法，則對平衡收支，穩定物價，促進生產爲積極之推動，並對投機操縱，囤積居奇諸不良現象，爲嚴格之取締。深信循此辦法全般實施，不惟民生疾苦將獲紓解，即國家大計之財政基礎，亦得奠定。各級政府及全國人民必須同德同心，通力合作，俾此重大措施，迅收最良效果。尤其各級地方政府負有執行之責，應即切實曉喻人民，凡能忠實守法共同努力於新幣制之推行與經濟之安定者，政府自必充分保障其權益。倘有投機囤積怙惡不悛，敢於違反法令以圖自私自利者，則是自絕於國家民族，無異爲奸匪作倀，其罪行即等於賣國之漢奸，無論其憑藉何種勢力地位，各級地方政府，應即當機立斷，執法以繩，嚴加懲辦，不容稍有寬假。所望各級政府切體時需，自懷職責，以決心建立事功，以強力打破障礙。無論遭遇任何困難，中央必爲全力支持，設或陽奉陰違，怠忽職守，致法令不能貫徹，或對所屬執行人員監督不嚴，考核不力，致所屬違法舞弊，影響法令之實效者，則各級主管應負失職之咎，中央亦必嚴屬處分，決不稍存姑息。須知中央此次改革幣制，整理財政，管制經濟，爲整個國家民族榮枯禍福所係，以我國民力之富，地利之厚，我政府各級人員果能認清法令之精神，抱定堅強之信念，赴以最大之決心，率身作則，發揚圖功，則新幣制與新經濟之成就，決可於最短時期內致自力更生之明效。其各勉之，蔣中正手啓。

附錄三　修正金圓券發行辦法及修正人民所有金銀外幣處理辦法
（1948 年 11 月 11 日）

修正人民所有金銀外幣處理辦法

第一條　本辦法所稱人民，包括在中華民國境內自然人、法人及其他社團。

第二條　自本辦法公布之日起，黃金、白銀、銀幣及外國幣券，准許人民持有，但除銀幣外，禁止流通、買賣。

第三條　人民持有黃金、白銀、銀幣或外國幣券者，得向中央銀行或其委托之銀行，依左列各款之規定，兌換金圓或金圓券。

黃金按其純含量，每市兩兌換壹千圓。

白銀按其純含量，每市兩兌換拾伍圓。

銀幣每元兌換拾圓。

美國幣券每元兌換貳拾圓，其他各國幣券照中央銀行外匯匯率計算兌換。

第四條　黃金、白銀、銀幣及外國幣券之持有人，除按前條規定兌換金圓或金圓券外，並得依其志願，就左列二款之一處理之：

購買民國三十六年美金公債，如爲美國幣券，得以原幣請購。如爲黃金、白銀、銀幣或其他外國幣券，得依照前條之兌換率折購之。

存儲於中央銀行如爲外國幣券，各以其原幣存儲。如爲黃金、白銀、銀幣，依照前條兌換率折合美金存儲。

前項存儲之款，得支付輸入物品之貨價或支付由財政部核准之其他用途。

第五條　國內生產之礦金、砂金及礦銀，由中央銀行或其委托之銀行隨時定價收兌之，不受第三條之限制。

第六條　醫學工業及其他正當需要購用金銀爲原料者，應隨時報請財政部核准辦理。

第七條　人民持有之金飾、銀飾，准許繼續持有及轉讓。

第八條　金圓、黃金、白銀、銀幣及外國幣券，一律禁止攜帶出國，但每人所攜金飾總量不超過二市兩，銀飾總量不超過二十市兩，外國幣券其總值不超過美金壹百元者，不在此限。

第九條　攜帶金銀、外幣進入國境者，得依其志願，按照本辦法第三條規定之比率兌給金圓或金圓券，或按照第四條之規定購買公債或存儲。過境或遊歷旅客所有金銀、外幣，仍須攜帶出境者，應於入境時報明海關，交由中央銀行或其指定之銀行封存保管，於出境時領回原物。但於入境後六個月內仍未請求發還攜帶出境者，應依照第三條規定之比率兌給金圓或金圓券。

第十條　除中央銀行外，所有其他中外銀行，非經中央銀行之委托，不得收兌或買賣黃金、白銀、銀幣及外國幣券。

第十一條　違反本辦法第二條但書、第八條、第九條及第十條之規定者，其黃金、白銀、銀幣或外國幣券一律沒收。

第十二條　違反本辦法第十條之規定，擅自收兌或買賣黃金、白銀、銀幣或外國幣券者，除將其標的物沒收外，並應依照黃金外幣買賣處罰條例處罰之。

第十三條　違反本辦法第二條但書、第八條、第九條及第十條規定之行爲，向主管官署報告因而查獲沒收者，應以沒收品價值百分之二十獎給報告人。

第十四條　本辦法自公布之日施行。

修正金圓券發行辦法

第一條　中華民國之貨幣，以金圓爲本位幣，每圓之法定含金量爲純金四 . 四四三四公毫，由政府鑄造交由中央銀行發行之。

第二條　金圓之輔幣爲角及分，以拾分爲壹角，拾角爲壹圓。

第三條　金圓單位分爲壹圓、伍圓、拾圓、伍拾圓、壹百圓五種，以金、鋁分別鑄造。並由中央銀行發行金圓輔幣券，同時流通。

第四條　金圓輔幣分爲伍分、壹角、貳角、伍角四種，以銅、鎳分別鑄造，並由中央銀行發行金圓輔幣券，同時流通。

第五條　自金圓券發行之日起，法幣及東北流通券停止發行。所有以前發行之法幣，以叁百萬元折合金圓壹圓，東北流通券以叁拾萬元折合金圓壹圓，限於中華民國三十七年十一月二十日以前無限制兌換金圓券。在兌換期内，法幣及東北流通券均暫准照上列折合率流通行使。

臺灣幣及新疆幣之處理辦法，由行政院另定之。

第六條　自金圓券發行之日起，公私會計之處理，一律以金圓爲單位。

第七條　自金圓券發行之日起，所有法幣及東北流通券之公私債權、債務，均應按照本辦法第五條規定之折合率折合清償。

政府發行之法幣公債尚未清償者，由行政院另訂辦法處理之。

除民國三十六年美金公債應照原條例償付外，所有民國二十七年金公債、民國二十九年建設金公債、民國三十一年同盟勝利美金公債及民國三十六年美金短期庫券，應按法定兌換率，換發金圓公債。

第八條　金圓券之發行採十足準備制，其中百分之四十爲黃金、白銀及外匯，其餘百分之六十爲有價證券及政府指定之國有事業資產。

第九條　凡持有黃金、白銀、銀幣及外匯者，得按照規定比率兌換金圓或金圓券。

前項比率另定之。

第十條　凡持有金圓或金圓券者，得照政府管理外匯辦法之規定購買外匯。

前項管理外匯辦法，關於進出口貿易部分，應依連鎖制制定之。

第十一條　凡以金圓券存入中央銀行指定之銀行，定期滿一年者，除照章計息外，並得於存款時以與存款同額之金圓券，向存款銀行兌換金圓，在金圓未鑄成前，得按規定比率兌取黃金或銀幣。

前項存款銀行之指定及收受存款、兌換金銀之開始日期，應由中央銀行於本辦法

公布後十日內公告之。

第十二條　金圓券發行總額，另以命令定之。

第十三條　金圓券發行準備之檢查、保管，設金圓券發行準備監理委員會辦理之。其組織規程由行政院定之。

第十四條　金圓券須經中央銀行總裁及其發行局局長簽署，方得發行。

第十五條　金圓券每月發行數額，應由中央銀行於每月終列表報告財政部及金圓券發行準備監理委員會。

第十六條　金圓券發行準備監理委員會應於每月終了後，檢查中央銀行發行金圓券之數額及發行準備情形，作成檢查報告書報告行政院，並以副本分送財政部及中央銀行。

第十七條　金圓券發行準備監理委員會如發現金圓券之準備不足或金銀外匯之準備不及第八條規定之百分比時，應即通知中央銀行停止發行，收回其超過發行準備之金圓券，並分別報告行政院及財政部。

第十八條　中央銀行接到前條通知後，應即兌回其超額部分之金圓券或補足其發行準備，非經金圓券發行準備監理委員會檢查認可後，不得續增發行。

第十九條　金圓券不得偽造、變造或故意毀損，違者依妨害國幣懲治條例治罪。

第二十條　本辦法自公布之日施行。

附錄四　民國三十八年黃金短期公債條例

第一條　政府為鼓勵儲蓄吸收游資，穩定金融，平衡預算，發行公債，定名為民國三十八年黃金短期公債。

第二條　本公債定額為黃金二百萬市兩，於民國三十八年二月一日及六月一日分兩期發行，每期發行半數。

第三條　本公債十足發行其發售價格，按照中央銀行每日僑匯牌價折算黃金價格，以金圓券繳購。

第四條　本公債在各地市場公開銷售，並得由中外銀行組織銀團承銷。

第五條　本公債償付本息，依照票面付給黃金。

第六條　本公債利率定為月息四厘，自發行日起算，息隨本付，惟息金總數不滿五市錢者，按照債票中籤還本期次開始支付日之中央銀行僑匯牌價折付金圓券。

第七條　本公債償還期限定為兩年，自發行日起，每月抽籤還本一次，並對中籤債票計付息金，每次償還數目依還本付息表之規定。

第八條　本公債本息基金半數由政府在庫存黃金項下撥存，半數由美援運用委員會撥款購足，於每期發行日全數撥交本公債基金保管委員會，全權保管備付。

第九條　本公債特設基金保管委員會，由政府指派代表三人，並選聘中外金融商界代表六人組織之，其組織規程另定之。基金保管委員會對於本公債基金之保管處理，應負全責，在本公債未償清前，其保管權限不得變更。

第十條　本公債還本付息，指定中央銀行及其委託之銀行爲經理機關。

第十一條　本公債票面分爲黃金五市錢，一市兩，五市兩，十市兩，五十市兩五種，均爲無記名式，不得掛失。

第十二條　本公債得自由買賣抵押，凡公務上須繳納保證金時，得作爲代替品，並得爲金融業之保證準備金。

第十三條　對於本公債有僞造或毀損信用之行爲者，由司法機關依法懲治。

第十四條　本條例自公布日施行。（按該條例於十九日正式公布）

附錄五　民國三十八年黃金短期公債基金保管委員會組織規程
（1949 年 2 月財政部公布）

第一條　政府依據民國三十八年黃金短期公債條例第九條之規定，特設民國三十八年黃金短期公債（以下簡稱本公債）基金保管委員會，辦理本公債基金之保管事項。

第二條　基金保管委員會由政府指派代表三人，並選聘中外金融商界代表六人組織之。前項政府代表其中一人應爲財政部代表，餘由財政部延聘之。

第三條　基金保管委員會設常務委員三人至五人，除其中一人應爲財政部代表外，餘由委員中互選之，並由常務委員互選一人爲主任委員，常務委員及主任委員任期均爲一年，連選得連任。

第四條　基金保管委員會每屆委員暨所互選之主任委員及常務委員人選，應報財政部轉報行政院備案。

第五條　基金保管委員會設祕書長一人，秉承主任委員綜理會務，並視業務需要設祕書一人至二人，組長二人至三人，組員六人至九人，並得酌用雇員。

第六條　基金保管委員會對於政府依照本公債條例第八條規定於每期公債發行日所撥備付該期全期公債本息之黃金基金，負保管處理之全責，在本公債未清償前，其保管權限不得變更。

第七條　本公債基金之存放地點及機關由基金保管委員會全權處理之，但應報請

敗政部轉報行政院備案。

　　第八條　基金保管委員會對於有關鞏固債信維護持票人權益事項，得隨時向財政部建議之。

　　第九條　本公債每次還本付息到期前，基金保管委員會應於保管之黃金基金內按照每月到期應付本息黃金數額預先配定所需各種重量之金塊數目，必要時可開列清單，連同所需黃金交由中央造幣廠依照鑄造撥由基金保管委員會驗收，轉交經理銀行備付，並登報公告，一面報請財政部備案。

　　第十條　本公債債票中籤付訖本息後，由經理銀行將收回債票及應附帶息票打孔作廢，送交基金保管委員會核點轉送財政部核銷。

　　第十一條　基金保管委員會對於本公債基金之收支存款每月結算一次，報請財政部轉報行政院備查。

　　第十二條　基金保管委員會應訂定會議規則、基金保管規則及辦事細則，報請財政部轉報行政院備案。

　　第十三條　基金保管委員會開辦費及經常業務費，應分別編具預算，報請財政部轉呈核定撥支。

　　第十四條　本規程如有未盡事宜，得由基金保管委員會提請財政部轉呈行政院修改之。

　　第十五條　本規程由行政院核定公布施行。

附錄六　民國三十八年黃金短期公債發售收款換票及還付本息守則

　　第一條　本公債之發售。由財政部委託中央銀行依照本公債條例第三條之規定辦理之。

　　第二條　本公債發售地區。由中央銀行斟酌市場及交通情形核公定告之。並報財政部備查。

　　第三條　中央銀行發售本公債。除指定若干地區分行辦理外。並得轉託其他中外銀行辦理。仍由中央銀行負彙總之責。

　　第四條　本公債在各核定地區開始發售日期。由各當地中央銀行公告之。

　　第五條　本公債由財政部隨時參酌國庫需要及市場情形分批核定數目。叫中央銀行分配各地發售。

　　第六條　本公債之發售採自由認購方式。

　　第七條　各地中外行莊得組織銀團向當地中央銀行承銷本公債。其承銷辦法另定

之。

第八條　本公債發售價格。按照中央銀行每日僑匯美金賣出牌價折算黃金價格（每兩暫照美金五十元折算）。以金圓券繳購。中央銀行應以最迅妥之方法。將每日僑匯美金賣出牌價。於當日開售前。通知各地經售分行及其轉託銀行。以便發售。

在臺灣繳購。及在國外發售以外幣繳購者。其折算率由中央銀行分別擬定。報請財政部核定之。

第九條　凡認購本公債者。應填具申請書。對其認購債額將應繳債款當時一次繳足。經售銀行不得向認購人收取手續。

如遇認購人以當地行莊之當日票據在當日票據交換時間以前申請認購者。應俟交來票據收妥後。發給預約券或債票。如遇交來票據當日未能兌收。應退還認購人。

第十條　各期債票發行後。在第一個月內繳購者。應附給第一期至第廿四期息票。在第二個月內繳購者。應附給第二期至第廿四期息票。並將第一期息票。由經售銀行剪下繳館。其餘類推。

第十一條　各地經售銀行。對已繳足債款者。在債票未印就運到前。應先填發預約券。交認購人收執憑以換領正式債票。預約券由財政部印製。交中央銀行分發各地經售銀行應用。在債票印就運到後。即逕行發售債票。免填預約券。

第十二條　各地認購人所持預約券。應於正式債票印就運到後。於限期內持向原經售銀行換領債票。其各地開始換領日期及換領期限。由各當地中央銀行公告之。

第十三條　各地經售銀行。應將其每日經售預約券或債票之張數、號碼。票額。及經收債款繕製經售日報表是份。以一份存查。其餘三份於當日營業時間終了前。送達當地中央銀行。如當日未將日報依限填送者。作為未售出論。不得追請補報。

各地中央銀行收到上項日報後。應即連同本身繕製之經售日報彙填經售清單三份。以一份存查。其餘兩份附同上項日報表兩份寄送中央銀行國庫局彙轉財政部公債司查核。並須於當日下午七時以前。將各受委託行及本身經售債票總額及經收債款總額以電報報告中央銀行國庫局。抄送財政部公債司查核。如當日各受委託行及本身均無售出。亦應依限電告查洽。

各經售行當日經收債款內。如有當地他行票據收入。須經當日票據交換後方能確定能否收妥。致不及在當日營業終了以前確定能否收妥者。仍應依限先另以書面通知當地中央銀行。述明當日經售債票總額。經收債款總額。並註明內有債款若干之票據尚未收妥。各地中央銀行電報內對於未收妥票據數額。亦應依照列明。

第十四條　各地經售銀行每日經收債款。應於收款次日填製報解債款日報表五份。以一份存查。其餘四份連同全部債款。（如以票據報解應在當日票據交換時間以

前送達當地中央銀行）解繳當地中央銀行核收。如有不依規定報解者。得由中央銀行報請財政部公債司核辦。各地中央銀行收到上項報解債款日報表及債款後。應即連同其本身所填製之上項日報表彙填報解債款清單四份。以一份存查。其餘三份連同上項日報表三份寄送中央銀行國庫局彙轉財政部公債司國庫署查核。並將債款當日以收款報單報收中央銀行國庫局彙解國庫。

第十五條　各地經售銀行於公告掀起辦理換領債票後。應自次月起每月一日將上月份換發債票之種類、張數、號碼。面額。及收回預約券號碼面額。造具發票月報表四份。以一份存查。其餘三份送交當地中央銀行。

各地中央銀行收到上項月報表後。應即連同其本身繕製之上項月報表造具發票月報總表三份。以一份存查。其餘兩份連同各經售銀行月報表二份。於每月二日交郵分寄財政部公債司及中央銀行國庫局存查。其寄出日期以各地郵局蓋戳日期爲準。各地經售銀行在債票印就運到後。逕行發售之債票。（即不填預約券）應於每月一日將上月份經售之債票結算清楚。并將此項債票之種類。張數、號碼、面額、造具發票月報表四份。以一份存查。其餘三份送交當地中央銀行。各地中央銀行收到上項月報表後。應即連同其本身繕製之上項月報表。造具發票月報總表三份。以一份存查。其餘兩份連同各經售行月報表兩份。於每月二日交郵分寄財政部公債司及中央銀行國庫局存查。其寄出日期。以各當地郵局蓋戳日期爲準。

第十六條　本公債定於每月二日依照各期債票還本付息。表所定期次舉行上月份還本抽籤。其抽籤事務。得由財政部委託本公債基金保管委員會辦理。並由財政部指派代表監視。每次抽籤由基金保管委員會另行分別邀請當地審計機關銀行公會錢業公會商業等團體。各派代表會同監視。暨中央銀行經付本息銀行及本公債承銷銀團。各派員執行抽籤。

每次抽籤中籤號碼。由基金保管委員會即日抄送中央銀行國庫局核對後。即日分電各地經售分行查照。並由基金保管委員會公告報請財政部審計部備案。

前項規定抽籤日期如遇例假。應即改爲次日。

第十七條　各地經售銀行。在本公債發售期間。自次月起。每月一日至三日暫停發售。並於每月一日照前條規定填寄上月份發票月報表。二日整理未售債票封存。等候該日中籤號碼。三日將未售出之中籤票債別出列表送當地中央銀行轉送中央銀行國庫局送請本公債基金保管委員會查點轉送財政部公債司核銷。對於餘存未售債票。除留備換發部分外。其餘債票上所附上月份息票。應於經售時按經售數額將以前各月到期息票剪下。按認購時應付息票期次連同本付票給認購人。其剪下之息票。應於當日列收財政部寄存戶帳。按月詳細列表。連同剪下息票。繳送當地中央銀行彙送中央銀

行國庫局轉送本公債基金保管委員會查點轉送財政部公債司核銷。上列日期如遇例假應即遞延。

第十八條　財政部對各地經售銀行門市經售債票（或預約券）按債款解庫數額。給予十分之一手續費。按日給付金圓券撥交中央銀行轉發。此項手續費包括經售銀行印製各種應用表報、廣告、郵電等經售費用。由各經售銀行自行勻支。

第十九條　本公債利息。依照本公債條例第六條之規定隨同各期中籤債票本金計付。不得將息票剪下另行持兌。並應於中籤債票兌付時按該債票繳購月份計算應付利息數額。隨同本金一併付給黃金。前項認購人應領息金得將所持各期中籤之各類債票合併計算請領。其合併計算息金總額。如仍不滿黃金五市錢或其他尾數不滿黃金五市錢者。按照還本付息表所定最近中籤債票還本期次開始支付日之中央銀行僑匯美金買進牌價折付金圓券。例如持券人請兌債票爲第一三五次中籤者。其不足黃金五市錢之尾數折付金圓券之折合率。得照第五次還本期次開始支付日之中央銀行僑匯美金買進牌價折付金圓券。

第廿條　本公債本息之還付。規定於每月抽籤之次日起開始辦理。以一年爲限。持票人應於限期內向經理銀行辦理兌領手續逾期不再給付。

第廿一條　經理本公債還本付息之銀行。應將經付所收回之債票及附帶息票隨時送交本公債基金保管委員會查點轉送財政部公債司核銷轉賬。

第廿二條　本公債利息於兌領時應照章扣繳所得稅。其應繳之所得稅不滿黃金五錢者。應照各該期利息開始支付日之中央銀行僑匯美金賣出牌價折繳金圓券。

第廿三條　本規則如有未盡事宜由中央銀行提請財政部修改之。

第廿四條　本規則由財政部核定施行。並呈請行政院備案。

附錄七　上海市金業公會撰《買賣黃金現貨辦法》
（1949 年 3 月）

第一條　各金號買賣黃金，由上海市金商業同業公會（下稱公會）原有之會員金號，在公會內集體辦理之。

第二條　前項金號，應由公會重行調查登記，按照會章審查合格後，方得復業。

第三條　買賣黃金，以現貨赤金爲限，由各金號在公會內自行議價交易，以十兩爲一單位（即大條一條）實銷實買，不得有會外交易，以杜流弊。

第四條　金號買賣黃金，須以穩定市價爲宗旨，不得有投機行爲。

第五條　各金號每日派員來會買賣，每號暫以 2 人爲限，由公會發給證章爲憑，

凡業外人，一概不得入會買賣。

第六條　每日交易時間，暫以上午9時半至12時，下午1時半至3時為限，星期日及例假日停市，所有交易，概須當日各自收解清楚，並由各金號自行擔負完全責任。

第七條　每日上午買賣之價格，與上日下午收市之價格相較，其漲落超過百分之十時，應即停止交易。下午買賣價格，與當日上午收市價格相較，漲落超過百分之十時，亦同。

第八條　凡下午成交之買賣，不得在價格上另加利息計算。

第九條　金號鎔鑄赤金，其成色概以九九廠條為標準，凡不合標準之赤金，其成色高者照升，成色低者照補，並由賣方負擔費用。

第十條　公會不得向各金號收取佣金等費，關於集市之一切費用，由加入各金號平均負擔之。

第十一條　各金號與公會間，如須裝置對講電話，每號暫以一具為限（必須直通金號各端處所）。

第十二條　加入買賣之金號，得組織幹事會，管理會場內一應事務。

第十三條　本辦法由各會員共同議定後，由公會員呈報主管機關核准行之，修改時亦同。

附錄八　銀圓及銀圓兌換券發行辦法
（1949 年 7 月 2 日）

茲依動員戡亂時期臨時條款之規定，經行政院會議決議，制定銀元及銀元兌換券發行辦法，公布之。此令。

銀元及銀元券換券發行辦法共十五條。其條文如下：

第一條　中華民國國幣以銀元為單位，銀元壹元總重為二六‧六九七一公分，成色為千分之八八○，含純銀二三‧四九三四四八公分。

第二條　銀元之輔幣分為一分、五分、一角、二角、五角五種，其質量成色另定之。

第三條　銀元及輔幣由中央造幣廠鑄造，中央銀行發行。

第四條　為便利行使起見，由中央銀行發行銀元兌換券及銀行輔幣券。

銀行兌換券之面額分為一元、五元、十元、五十元、一百元五種。

銀行輔幣券之面額分為五分、一角、二角、五角四種。

輔幣及銀元輔幣券每次授受，以合銀元二十元爲限。

第五條　銀元兌換券及銀元輔幣券之發行，應有十足準備，其中銀元、黃金、或外匯合計不得少於六成，有價證券、貨物棧單合計不得多於四成。

第六條　銀元兌換券之兌現地點，經財政部核定後，由中央銀行公告。

第七條　銀元鑄造未充分時，銀元兌換券之兌現得以對金爲之，其兌換率由中央銀行掛牌公告。

第八條　銀元券換券購買外匯，依照管理外匯條例之規定辦理。

第九條　自本辦法公布之日起，所有公私收付，一律以銀元爲計算單位，各級政府稅收及公營事業收費，應一律收受銀元兌換券。

第十條　中央銀行對於政府墊益，非依照本辦法第五條之規定充足準備金，不得支付。

第十一條　銀元兌換券及輔幣券發行數額，由中央銀行按月報請行政院財政部核明公告。

第十二條　中央銀行發行數額及準備金實況，中央銀行監事會應按月實施檢查，並由行政院財政圓請監察院派員會同檢查，如查有不合於本辦法之規定時，應立即糾正。

第十三條　各省省銀行經財政部之核准，得發行面額一元之銀元兌換券及銀元輔幣券，其發行數額及準備實況，應按月報告財政部，並由財政部隨時檢查。

第十四條　銀元、銀元兌換券、輔幣及輔幣券，均不得僞造、變造或故意毀損，違者依妨害國幣懲治條例治罪。

第十五條　本辦法自公布之日施行。

第五章
黃金遷運臺、廈的經緯、阻力與數量

前言

　　對日抗戰勝利後，中國經濟曾有幾個月的穩定時期，然好景不長，在經濟接收與國統區和淪陷區貨幣的收兌比率皆不甚合理。政府雖於此期間，提出各種財政改革方案，但國民政府在國共內戰中節節敗退，使這些方案的成效大打折扣，社會物價飛漲，幣值一瀉千里，至 1948 年底，法定貨幣金圓券已貶值至失去貨幣交易之基本功能。在軍事與經濟都無計可施下，國民政府在大陸的失敗幾可預期，當局權衡之後，決意另尋反攻基地，並將國庫的黃金、白銀等硬貨，遷移至安全地點，使日後經濟有所支撐。中央銀行黃金遷運，一共分三個階段，運送五批黃金來臺，本章在探討黃金遷移構想的起念過程及數量。

第一節　黃金遷運的起念與過程

一、黃金運臺的起念

　　1945 年 12 月，馬歇爾以美國總統杜魯門特使身分，來華調停國共紛爭，一年多後調停失敗，1947 年 1 月 8 日離華，同年 7 月，國民政府明令戡亂，公布《動員戡亂完成憲政實施綱要》。[1] 1947 年 10 月以前，國軍剿共是採取攻勢，10 月以後，形勢開始逆轉。[2] 由於全國經濟混亂，美國又拒絕再伸出援手的情況，種種不利因素，都使蔣介石焦頭爛額，其中真正使蔣介石決定部署後路，危機處理應起因於濟南戰役的

---

[1] 《國民政府公報》，第 2881 號，1947 年 7 月 19 日。
[2] 李雲漢，《中國近代史》，頁 631。

失敗。濟南戰役開始於 1948 年 9 月 16 日，僅僅 8 日的時間，共軍以傷亡 2 萬 6 千餘人代價，便攻佔重兵防守、工事堅固的濟南，國軍傷亡被俘 8 萬多人，綏靖區司令官王耀武被俘，成爲國軍重大挫敗。濟南淪陷，東北戰局亦迅速惡化，1948 年 11 月 2日，瀋陽陷落，東北全境轉入中國共產黨之手。11 月 30 日，國軍放棄徐州，轉進過程中，黃百韜、邱清泉自殺，徐州剿匪副總司令杜聿明被俘，數十萬國軍機械化部隊潰散，國民政府精銳盡失，預告了在大陸失敗的可能性大增。[3]

在濟南失陷後，蔣介石在日記寫下，軍事方面：「尤以高級將領，凡軍長以上者，幾乎多是貪污怕匪，以至軍隊枉然犧牲。」經濟方面：「惟外匯基金日減，黃金減空，子文不學無術，敗壞國事，不勝焦慮之至。」[4]

1948 年 10 月 9 日，蔣介石密召中央銀行總裁俞鴻鈞，首次談及以「改儲金地點」方式來轉運黃金。11 月 2 日，遼瀋會戰失敗，國軍損失 47 萬餘人，其中多爲精銳部隊，也開啟日後國民政府全面潰敗的序曲。遼瀋會戰的全面失敗，也加速了蔣介石佈署退路的腳步。[5]

當時西康、海南、臺灣，都是撤退時的考量地點，蔣介石最終選擇了臺灣作爲反攻基地，而一般皆將張其昀作爲主張撤臺論的最重要人物。張其昀是當時中國著名的地理學家和國家戰略學者，並曾於臺灣光復後前往考察，這樣的背景，使他的建議佔有相當份量。[6]

張其昀當時究竟如何向蔣介石建言，今已不可詳知，但東撤臺灣大致有以下優勢：

（一）臺灣海峽的阻隔，能夠暫時防止沒有海、空軍的共產黨軍隊的追擊。

（二）臺灣的亞熱帶氣候，使物產豐富，糧食等農產品可滿足龐大的軍民所需。

（三）在工業上有日殖時期遺留的基礎，可以快速地進行建設。

（四）臺灣位於太平洋西緣，與美國的遠東防線銜接，在戰略地位顯得相當重要，此因素在將來能使美國爲了自身遠東利益考量下，予以援助。

（五）臺灣長期與大陸阻隔，共產黨組織活動較少，加上 1947 年「二二八事件」

---

[3] 李雲漢，《中國近代史》，頁 633-634。

[4] 指 1946 年 3 月至 1947 年 2 月，宋子文命央銀總裁貝祖詒拋售黃金、外幣，期望收回市場法幣，緊縮物價。期間共拋售 350 餘萬兩黃金，外匯 4 億 5 千餘萬，但市場法幣不但未見減少，反倒增加 2.6 倍，使通貨膨脹變本加厲。吳興鏞，《黃金往事：一九四九民國人與內戰黃金終結篇》，頁 72。

[5] 榮民文化網，「遼瀋會戰」〈http://lov.vac.gov.tw/Protection/Content.aspx?i=25&c=3〉。

[6] 中國共產黨新聞網，「『陳布雷第二』張其昀：首個提出國民黨遷往臺灣」。資料來源：《揚子晚報》〈http://dangshi.people.com.cn/BIG5/85039/11712073.html〉，2010 年 5 月 27 日。

後，中共地下黨的勢力幾乎被掃蕩殆盡，在政治上較爲穩定。[7]

　　基於上述可能的因素，蔣開始著手準備金銀、檔案、賬冊等重要物資向後方遷運事宜，11 月 10 日，手令中央銀行總裁俞鴻鈞曰：「中央銀行總行準備遷駐廣州，其重要檔案賬冊及金銀現款應即分運廣東、福建與臺灣各省切實保存爲要。」[8] 22 日，蔣介石在日記中寫道：「另選單純環境，縮小範圍，根本改造，另起爐灶不爲功，現局之敗，不以爲意矣。」[9] 日記中所指的「單純環境」之地即應指臺灣。[10]

　　1948 年 11 月 28 日宋美齡前往美國爭取經濟援助，遭杜魯門總統冷落，函電蔣經國：「汝父親努力黨國，多年艱苦，決不可輕言辭職不負責任，再者奉化絕非安全居住之所，免得受人暗算，廣東、臺灣似較相宜，請轉告。」[11]、「汝父在京如不能維持則須赴臺灣或廣州……」[12] 由宋美齡電報可見蔣介石在之前已有遷臺之打算，選擇臺灣作爲日後反攻基地。蔣介石宣布下野之前，1948 年 12 月 30 日，任命陳誠擔任臺灣省政府主席，蔣經國爲國民黨臺灣省黨部主任委員。1949 年 1 月 5 日，陳誠就任臺灣省政府主席兼臺灣警備總司令，確定了以臺灣爲反共基地，開始著手人員、文物、金融等遷臺事務。

　　在金融方面，由於已有黃金運臺的構想，爲了保密，乃決定先將全國各地可動用黃金，先運至上海集中，就連反攻基地的臺灣也不例外。從中央銀行檔案得知，黃金集中上海的動作，從 1948 年中已開始進行。從 1948 年 5 月 13 日業務局局長沈熙瑞給張嘉璈的簽呈中，可知當時將臺灣金銅礦務局在貴陽、昆明、重慶等分行所存黃金共 209,233.328 盎司，銀幣 5,307.28 元，局庫所存銀幣 332,823.79 元，雜銀 76,232.10 公兩，運至上海集中。[13]

----

[7]　陳錦昌，《蔣中正遷臺記》，臺北縣：向陽文化，2005 年，頁 50-52。

[8]　〈蔣中正致俞鴻鈞手令〉1948 年 11 月 10 日，檔號：002-010400-00011-010。

[9]　周軍，〈1949・百萬黃金大挪臺碎片拼圖〉，《文史精華》，2012 年 4 期，45 頁。

[10]　楊天石，《找尋眞實的蔣介石——蔣介石日記解讀（二）》，香港：三聯書店，2010 年 10 月，頁 454-455。

[11]　周美華、蕭李居編，《蔣經國書信集——與宋美齡往來函電（上）》，臺北縣：國史館，2009 年 9 月，頁 70。

[12]　周美華、蕭李居編，《蔣經國書信集——與宋美齡往來函電（上）》，頁 71。

[13]　洪葭管主編，《中央銀行史料 1928.11-1949.5（下卷）》，頁 1353。原簽呈內容爲：「各地所存黃金白銀計業庫所存黃金 209,233.328 盎司，又銀幣 5,307.28 元，發庫發存銀幣 332,823.79 元，又雜銀 76,232.10 公兩。據查以貴陽分行業庫所存黃金 89,289.65 盎司，又銀幣 74.00 元，發庫所存銀幣 32,240.65 元；昆明分行業庫所存黃金 35,661.433 盎司，局庫所存銀幣 22,683.75 元，又雜銀 1,877.53 公兩；重慶分行業庫黃金 71,158.259 盎司，發庫所存銀幣 17,570.00 元，又雜銀 3,589.00 公兩等數量較多。除電飭該分行等將上項業務庫所存黃金白銀妥運至滬集中外，其餘各地所存甚微，擬暫緩運集。」

二、第一階段遷運黃金

遷運事宜確立之後，蔣介石即命蔣經國、宋子文、俞鴻鈞[14]三人組成黃金運臺秘密小組，由蔣經國負責溝通護航軍隊，宋子文負責調度海關總署運輸艦，俞鴻鈞則為央行和金庫方面的公文協調，著手進行國庫黃金、白銀及外匯運臺工作，並於1948年底開始遷運。[15]第一批遷運完成後，央行報告中對此次運輸過程有詳細記述：

……奉鈞座密諭，向職局接洽移動庫存準備金項下之一部分黃金至臺北存儲，當經面請鈞座核示移動辦法。奉面諭，此項移動之船隻，由沈代表及粵行丁經理負責辦理。職局應先將庫存內黃金貳百萬兩，先行妥為裝箱，備運臺北，由臺處沈代表祖同負責妥密保管，並飭指派押運人員及長川駐臺北協助沈代表照料庫儲者二人，讓沈代表指揮監督等因。自當遵守。茲已將黃金裝箱手續完成，計共774箱，合純金2,004,459.506市兩。茲又據沈代表、丁經理通知，洽妥海關海星巡艦裝載，海軍總部美朋艦隨行護航，准於十二月一日午夜裝運，首途至基隆登陸轉臺北。……[16]

上文為1948年11月29日中央銀行發行局擬訂公文，向總裁俞鴻鈞報告規劃遷

---

[14] 第一階段兩批運金的主要負責人，皆為中央銀行總裁俞鴻鈞。俞氏與宋子文皆畢業於上海聖約翰大學，身段柔軟，與宋和孔祥熙皆有良好關係。畢業於西洋文學系，英文程度極佳，以上海市政府和外交部的英文秘書進入政壇，國民革命軍北伐時俞氏曾代理上海市政府財政局局長，並不專職於財經領域。直至1941年，宋子文邀請俞氏出任外交部政務次長，時任財政部長的孔祥熙同時邀其出任財政部政務次長，令俞感到為難，並請示於蔣介石，蔣指示去財政部，此後俞便專職於財經界，並與蔣介石建立起關係。

俞鴻鈞在派系林立的國民黨內，沒有派系背景，且表現出對於蔣介石的忠誠，1948年與蔣經國到上海管制經濟期間，雖年齡上大蔣十餘歲，又是蔣的長官，但言必稱經國兄，對於蔣經國的恭讓，也讓蔣經國倍感溫暖，兩人相處的十分融洽。以上種種，皆使蔣介石留下良好的印象，故將密運庫存黃金的重任，委於俞氏，他也不負使命，為了保密，許多事務都以央行總裁之身分親辦，凡事皆事必躬親，不假手他人。跟隨俞鴻鈞多年的機要幕僚何善垣在〈俞先生生平言行補述〉一文即指出：「三十七年，共匪叛亂，舉國騷然，先生鑒於情勢迫切，密將庫存黃金運臺，其時予兼機要科主任，凡公文撰擬、繕寫、用印、封發，均一人任之，即於總裁室後之一小室中辦理，而外間接洽戒嚴、航運、等事，則由發行局陳副局長延祚負責，一切行動，均保持極度機密，啟運之夕，由軍方施行特別戒嚴，斷絕交通，以故當時外間無人知有此事。」

[15] 周軍，〈1949百萬黃金大挪臺碎片拼圖〉，頁46。

[16] 〈中央銀行發行局關於向臺北移運黃金銀元問題與中央銀行駐臺灣代表辦公處的來往文書〉，中國第二歷史檔案館，檔號：2-14915。

運事宜，俞鴻鈞也同意照辦。1948 年 12 月 5 日，這第一批黃金已運抵臺灣。黃金安全運達臺灣，央行臺灣處代表沈祖同即致密電告知中央銀行副總裁劉攻芸，由於事屬機密，所以由副總裁劉攻芸親譯：「昨夜十一時起在基隆卸貨，今晨四時半專車運到臺北，改裝卡車進庫，至十時半完畢。箱數照單點收無訛，桶箱均尚完整。」[17]

　　這也是第一批運到臺灣的黃金，由此可知，黃金密運臺灣最初的時間是從 1948 年 12 月 1 日開始，12 月 5 日安全運抵臺灣保存，共合純金 2,004,459.506 市兩。

　　由於此次運送過程隱密順利，數目也無短缺，故在黃金完成入庫手續後，上海央行與央行駐臺處，皆上簽呈俞鴻鈞、劉攻芸，提報獎勵上海、臺灣兩地搬運黃金得力人員，表示：「鈞座密令，辦理重要物資移運事宜，此項工作事關機密，為免招謠，計均在戒嚴時間辦理，曾由鈞副座親赴警備部洽請協助辦理以來，計先後已有二批，該部人員在寒風凜冽之中，終夜警戒，深著辛勞，是項機密工作，得以順利完成，不無功勞足錄，應否加以犒賞，以示謝意……」[18]獎勵名單包含有出納科主任陳舜、副主任李友仁、襄主任瞿錦波、副主任劉光祿、辦事員金承鈺、助員裘源順、雇員劉龍儀、周馬凱、副主任林綸業、辦事員蔣少麟、劉壽徵、助員于永令、顧員李林定、李永江、業局出納科副主任俞馥、職局辦事員王愷、助員廖定煌、丁茂盛、顧員謝卓材、陳宗泉、屠慰曾，[19]再加上海星巡船員工、憲兵第四團官兵、警備司令部戰車隊官兵、臺灣鐵路管理局車站專車員工、基隆港務局警察所官警、臺灣銀行總行行警等數百人。[20]俞、劉皆認為此次遷運如此成功有犒賞必要，並撥發 10 萬元犒勞金。[21]

　　除了央行自身人員，俞鴻鈞另函淞滬警備司令陳大慶「此次本行奉命裝運重要物資，以事關機密，免致招謠起見，均於戒嚴時間辦理……擘劃佈置週密，並派員在活動區域，嚴為戒備，工作得以順利完成」給予陳大慶犒勞費 10 萬，請他分賞當時負責戒備的各警員。[22]

　　然儘管遷運過程已盡量低調，還是被媒體察覺並報導，如《華商報》在 1948 年

17　〈中央銀行發行局關於向臺北移運黃金銀元問題與中央銀行駐臺灣代表辦公處的來往文書〉，中國第二歷史檔案館，檔號：2-14915。

18　〈中央銀行發行局關於向臺北移運黃金銀元問題與中央銀行駐臺灣代表辦公處的來往文書〉，中國第二歷史檔案館，檔號：2-14915。

19　洪葭管主編，《中央銀行史料：1928.11-1949.5》下卷，頁 1356。

20　洪葭管主編，《中央銀行史料：1928.11-1949.5》下卷，頁 1356。

21　〈中央銀行發行局關於向臺北移運黃金銀元問題與中央銀行駐臺灣代表辦公處的來往文書〉，中國第二歷史檔案館，檔號：2-14915。

22　〈中央銀行發行局關於向臺北移運黃金銀元問題與中央銀行駐臺灣代表辦公處的來往文書〉，中國第二歷史檔案館，檔號：2-14915。

12月3日，即以「徐州慘敗京滬震動，中央銀行偷運金鈔」爲題報導，密運黃金一事也被社會所知悉。

在1948年的最後一天，中央銀行發行局又進行了第二批黃金的運送，第二次給俞鴻鈞的運金簽呈，如同前次的運送，將計畫運輸的過程及數量都有詳述：

> 奉面諭應將現存準備金項下之金銀設法裝運廈行保管。等因。自當遵辦。茲已向海關洽妥「海星」巡艦一艘，准於明晚密爲辦理裝運手續，計裝黃金一百五十一箱，計重純金五七二，八九九‧四八七市兩，銀幣一千箱，計四百萬元。並請海軍總部派「美盛」艦隨同護運……查該輪須于明日（元旦）夜間開始裝船，翌日（二日）清晨啓碇，所裝金銀在元旦例假日無法做帳，且因本月決算關係，故擬即在本月職局庫存現金準備金項下付轉「寄存準備金帳廈門戶」。以上各節，是否可行，理合簽請鈞核示遵。[23]

俞鴻鈞收到發行局的報告後，也立即在同日呈報給蔣介石，將密運金銀執行報告給蔣介石，參見下圖：

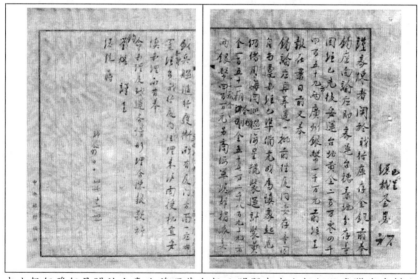

中央銀行發行局關於向臺北移運黃金銀元問題與中央銀行駐臺灣代表辦公處的來往文書（資料來源：中國第二歷史檔案館，檔號：2-14915）

---

[23] 周寧，〈1948-1949年中央銀行密運黃金去臺史料〉，《民國檔案》，南京：中國第二歷史檔案館，1989年2期，頁69。

關於職行庫存金銀，前奉鈞座面諭：應即密運臺、穗等地分存。等因。經已先後妥運臺北黃金 2,004,459 市兩，廣州銀幣 1 千萬元，前經呈報在案。日前又奉鈞諭：應再籌運一批前往廈門妥存。等因。自當遵辦。經已準備完成，爲慎密起見，仍借用海關巡艦「海星」號裝運，計裝黃金 151 箱，合純金 572,899 市兩，銀幣 1 千箱合 400 萬元。另商海軍總部指派「美盛」兵艦隨行護衛，並由職行發行局指派妥員隨艦押運。所有廈門方面一應佈置各事，經召職行廈門分行經理來滬面授機宜，妥愼辦理。所有奉命辦理及啓運各情形，理合陳報，敬祈鈞鑒。

從俞鴻鈞報告可知，蔣基於保密，交辦運金事，都以面告方式告知俞鴻鈞，盡量不留紀錄。[24] 第二批運到廈門的黃金，由中央銀行的檔案中得知，有一筆 1949 年 2 月 7 日，由上海運臺灣黃金 554,394.896 市兩。[25] 從兩者的時間與數量，可合理推敲這批黃金在運廈門不久，即轉運至臺灣存放。只是運臺後黃金數量從 57 萬餘兩變爲 55 萬餘兩，短少了 1 萬 8 千餘兩，可能爲存放在廈門兩個月左右時間有所支出。

至於兩次都以海關巡艦運送，而不用軍艦，一是爲了保密，另一重要因素，則爲蔣介石對海軍的掌控力較弱，且已有中共地下黨活動的痕跡，次年 2 月 25 日，海軍最大噸級的「重慶號」就由艦長鄧兆祥率 574 名官兵在上海吳淞口投共。而海關、郵務等機關，爲早期外國人協助建立，海關至國民政府遷臺前，六任總稅務司都爲外國籍，[26] 時任總稅務司者爲美國籍的李度（Lester Knox Little），這種「洋機關」共產黨滲透時間較晚，[27] 由此也可看出由於運金事務之低調、謹愼，第一階段運送黃金才能夠順利達成使命。

24　〈中央銀行發行局關於向臺北移運黃金銀元問題與中央銀行駐臺灣代表辦公處的來往文書〉，中國第二歷史檔案館，檔號：2-14915。

25　國史館裡存放的中央銀行檔案「運臺保管黃金收付及存餘數量表（卅七年十二月四日至卅九年二月十二日止）」，收入項第二筆爲：第二批由滬運臺（卅八年二月七日）=554,394.896 純金市兩。〈中央銀行彙報各地運臺黃金收付及存餘數量表及中央信託局十月份初外匯與物資報告單〉，國史館，檔號：002-080109-00004-002。

26　分別爲李泰國（Horatio Nelson Lay）、赫德（Robert Hart）、裴式楷（Robert Edward Bredon）、安格聯（Francis Aglen）、梅樂和（Frederick Maze）、李度（Lester Knox Little）。

27　但在運金事務傳開後，也索性冒險以軍艦運送。

三、第二階段遷運黃金

（一）第二階段遷運黃金的背景

第一階段黃金運臺過程可說相當成功，過程因事出突然，阻力也有限，到第二階段黃金遷運時，因消息已傳出，因此要比前次遷運複雜得多。[28]

這時國民政府在軍事上節節敗退，徐蚌會戰接近尾聲，國民黨內部以李宗仁、白崇禧為首的桂系政治集團，以和談名義，逐漸向蔣介石施加壓力，希望他下野出洋。1948 年 12 月 22 日，蔣介石於日記分別寫道：「禮卿（吳忠信）來談，白崇禧派鄧漢祥來告，囑其二人勸告余從速下野，否則後悔莫及，恐各省將有通電勸辭也……」[29] 25 日再記：「週末白之叛跡更顯，且令張篤倫電余威逼促辭，似有迫不及待，一不作二不休之勢……」[30] 26 日又記：「正午岳軍（張羣）、禮卿（吳忠信）、文白（張治中）持白崇禧要求和平，其實即要求下野之電報來談，至十五時方畢。」[31] 戰場的失利和國民黨內部派系的壓力，使蔣介石內外交迫，決定儘速解決黃金搬遷事宜。並加速佈署遷移準備工作。

1949 年元旦當天，蔣即約李宗仁晤面，並電復表態希望他下野的地方實力派華中剿匪總司令白崇禧、河南省主席張軫、湖南省主席程潛等人，意謂已決定下野，但去職工作需一段準備時間，不宜草率行事，勸其稍安勿躁。[32] 意在爭取佈署時間。

蔣除了將親信湯恩伯與張群分派為京滬杭警備總司令和重慶綏靖公署主任，[33] 另一重點便是派陳誠主持臺灣，由於事態急迫，於年底電告陳誠「決任弟為臺省主席，望速準備為要」。[34] 並平息黨內反對意見，力求此事儘早落定。[35] 1 日手諭陳誠「命令

---

28 第一批黃金運出時，意外被英國記者喬治‧瓦因（George Vine）目睹，他在《字林西報》（*North-China Daily News*）刊登了這個新聞，使遷運黃金的消息曝光。此時中共和國民黨內，都已知道這個消息。

29 《蔣介石日記》（未刊本），1948 年 12 月 22 日。

30 《蔣介石日記》（未刊本），1948 年 12 月 25 日。

31 《蔣介石日記》（未刊本），1948 年 12 月 26 日。

32 〈蔣中正致白崇禧電〉、〈蔣中正致張軫電〉、〈蔣中正致程潛電〉（1948 年 1 月 2 日），《蔣中正總統文物》，分見檔號：002-020400-00028-014、002-020400-00028-016、002-020400-00028-015。

33 湯恩伯和張群的任命，在 1949 年 1 月 21 日發表文告宣布引退當天同時發布。《總統府公報》，第 210 號。

34 何智霖編輯，《陳誠先生書信集：與蔣中正先生往來函電》下冊，臺北：國史館，2007 年 12 月，頁 717。

35 蔣介石日記 1948 年 12 月 30 日記道：「黃埔第一期關麟徵、胡宗南等皆反對辭修任臺灣主席，空軍方面亦如之」，《蔣介石日記》（未刊本），1948 年 12 月 30 日。

業已發表，應照伯聰兄〔魏道明〕之意從速交接。」隔日再催促陳誠「爲何不速就職？若再延滯，則必夜長夢多，全盤計畫，完全破敗也。何日就職立復」。[36] 在蔣介石的再三催促下，陳誠於 5 日就任臺灣省政府主席，主持臺灣事確立，蔣才放下心中一顆大石。

　　另外對於黃金運臺事，在一般印象裡，俞鴻鈞爲黃金搬遷事務的主要負責人，但鮮有人知的是，在第二階段的運金任務時，俞已不是央行總裁，並沒有實權，黃金遷運事務的決定權此時落到了新任總裁劉攻芸身上。在一篇關於俞鴻鈞的紀念文章中提起此事：

> 一般人都還忽略了此中的一個重要關節：也許會有人以爲俞氏當時既爲中央銀行總裁，籌劃啓運央行庫存黃金至安全地點，本爲其職責以內的事。其實，俞氏當時並不在中央銀行總裁任內，當時的央行總裁爲財政部長劉攻芸兼任，俞氏不僅已經離職央行，而且他本人並不在上海，後因滬上情況緊急，李宗仁態度曖昧，鑒於中央銀行庫存黃金對國家命運的重大影響，俞氏乃奉命冒險從香港飛往上海，運用他個人與中央銀行在職人員的淵源關係及影響力，擘劃部署，將庫存黃金運來臺灣。俞氏當時並未擔任財經方面的任何公職，完全是本諸個人對國家的忠誠、熱愛，而將個人危險置之度外，爲國家保全了巨款財物，這是難能之處。[37]

　　換句話說，只要新任總裁劉攻芸不批准，誰也沒辦法移動這批黃金。

　　俞鴻鈞是在行政院長孫科 1949 年 1 月就任後，1 月 9 日以「辦理存兌金銀過失」理由免職，[38] 由副總裁劉攻芸代理。蔣介石於 1949 年 1 月 21 日下野前兩天，1 月 19 日「特任劉攻芸爲央行總裁，特派俞鴻鈞爲央行理事兼常務理事」，以持續央行黃金運送事務。[39]

　　另外，因此以往大家認爲這個決定此時爲俞鴻鈞監軍，劉攻芸施行。[40] 但 1 月 8

36　何智霖編輯，《陳誠先生書信集——與蔣中正先生往來函電》下冊，頁 717、719。

37　彥遠，〈俞鴻鈞先生的風範〉，俞氏紀念委員會編，《俞鴻鈞先生紀念集》，臺北縣：文海出版社，1979 年，頁 25。

38　黃純青監修；林熊祥主修；陳世慶纂修，《臺灣省通志稿——卷首 大事記》第三冊，頁188。

39　《總統府公報》第 208 號，1949 年 1 月 20 日。

40　王丰，《蔣介石父子 1949 危機檔案》，臺北：商周出版，2009 年 7 月，頁 157。完整內容爲：「蔣介石在臨下野之前，任命俞鴻鈞爲中央銀行理事暨常務理事，升劉攻芸爲中央銀行

日蔣聽聞行政院長孫科突然在行政院會議上，將中央銀行總裁俞鴻鈞撤職，於日記寫道：「不勝悲痛，自悔不當，以致政策徹底失敗也。」即約俞鴻鈞來談孫科突將其撤職的處分，以爲「其心不可問聞矣，天下事莫過於無恥無賴者，之處理大局全爲其一人所毀矣」，孫科已將想掌握中央銀行的心態表現，但「似已知余決心不爲其去留力爭所脅制，故其對央行人選不敢堅持也。」因此僅將俞去職，由劉代理，尚未決定總裁人選。[41]

當時媒體對俞鴻鈞被免職事多以報導，但因不了解內情，對免職原因皆認爲是處理黃金存兌事務失當所致（資料來源：《星光日報》，1949 年 1 月 9 日）

　　從日記可知，在蔣介石迫於黨內其他實力派壓力，準備下野之際，時任行政院長的孫科也想掌控國庫黃金的所有權，故欲於此混亂之際，撤換掉忠貞於蔣的俞鴻鈞。從這裡也可合理猜測，蔣下野前命俞鴻鈞爲中央銀行理事兼常務理事，並非原先就已計畫，而是在俞鴻鈞被撤職後，仍希望讓俞以同事及老長官的壓力，繼續在中央銀行內部發揮影響力，繼續完成運金工作下的決定。

　　孫科突如其來的決定，讓蔣必須考慮到他如何在下野後，仍能繼續掌握庫存黃

總裁，頗有令俞鴻鈞監軍，督促劉攻芸配合搶運黃金之意味。」
[41]　《蔣介石日記》（未刊本），1949 年 1 月 8、9、11 日。

金。蔣介石決定將中央銀行國庫的金圓券準備金撥作「預支」軍費，以預支爲軍費的方式，將國庫資金編入軍費，這樣就使資金與中央銀行脫鉤。[42] 而軍權是掌握在蔣手裡，所以只要將央行資金預支爲軍費，軍權掌握在手中，誰都不能移動這批黃金，也爲蔣下野後繼續撥用資金提供了合法性。

因將央行黃金撥作軍費，使這個階段運送黃金的主要負責人，改爲軍方的吳嵩慶。[43] 吳嵩慶時任國軍的財務署署長，編制於聯合勤務總司令部內，中將銜。在蔣決定後，立即找吳嵩慶前往商談。吳嵩慶於 1 月 9 日在日記中記道：「昨夜因準備金案，辦理未妥，甚爲焦急，嗣想即照規定，先支半數，今晨即照此方案準備，徵得總司令同意，即晚赴滬接洽。」[44]

從此可知，任命劉攻芸爲央行總裁後，蔣介石內心充滿了危機意識，因此處理黃金撥作軍費的步調相當快。在 9 日找吳商談後，10 日即密令其子蔣經國赴上海，與俞鴻鈞商談黃金事宜，蔣經國於 1 月 10 日日記寫道：「今日父親派我赴上海訪俞鴻鈞先生，希其將中央銀行現金移存臺灣，以策安全。」[45] 可能是在蔣經國向俞鴻鈞溝通協調後，使吳嵩慶商談進展順利，吳嵩慶亦於 10 日的日記寫道：「早點後即赴襄陽南路徐府（按：財政部長徐堪），接洽後即驅車至央行與俞、劉兩總裁、發行局梁、陳二局長、業務局王副局長等洽辦。下午持草約再至徐府，知預支事已得諒解，甚慰。」[46] 11 日日記：「訂約事告一段落，上午決定草約及手續，下午取來。」[47]

1 月 10 日，徐蚌會戰國軍以慘敗收場，其損失超過 55 萬人，杜聿明、黃維被俘，黃百韜、邱清泉陣亡，長江以北險要區域盡失。徐蚌會戰失敗後，來自黨內的壓力越來越大，手握超過 30 萬軍權的華中剿總總司令白崇禧以和談爲由，明確希望蔣介石下野。[48] 桂系對蔣介石的挑戰表面化，並開始作出行動。13 日，白崇禧即在漢

---

[42] 吳興鏞，《黃金往事：一九四九民國人與內戰黃金終結篇》，頁 98。

[43] 吳嵩慶（1901-1991），浙江省鎮海縣（寧波）人，畢業於浙江大學、法國巴黎大學，曾任湖北省財政廳長，中華民國國軍財務署署長，軍需署署長，聯勤總部副總司令等職。1948-1949 年，爲國民政府黃金遷運的主要負責人，爲黃金順利遷運的關鍵人士，逝世之後，中華民國於褒揚令提及：「…大陸易色，搶運庫存軍實，穩定基地金融，應變有方，勳猷益懋。…」

[44] 吳興鏞、謝眾輯注，〈吳嵩慶 1949 年日記（一）〉，《民國檔案》，2010 年 2 期，頁 34。

[45] 蔣經國，《風雨中的寧靜》，臺北：幼獅文化，1973 年 7 月，頁 108。

[46] 吳興鏞、謝眾輯注，〈吳嵩慶 1949 年日記（一）〉，《民國檔案》，2010 年 2 月，頁 34。

[47] 吳興鏞、謝眾輯注，〈吳嵩慶 1949 年日記（一）〉，《民國檔案》，2010 年 2 月，頁 34。

[48] 1948 年 12 月 24 日白崇禧即電請蔣中正下野，25 日李宗仁即宣布和平主張，公開要求蔣中正下野。參見蔣經國，《風雨中的寧靜》，頁 125-126。

口，強迫中央銀行將運往廣州之銀元中途截回。[49]

俞鴻鈞被免職後，1949 年 1 月 16 日，蔣經國於日記寫道：「父親約見俞鴻鈞、席德懋二先生，指示中央、中國兩銀行外匯處理要旨，蓋欲為國家保留一線生機也。」[50]在臺灣事與移金事暫時佈局完成後，蔣「乃決心下野，重起爐灶也。」[51]

（二）第二階段遷運黃金的波折

蔣介石沒想到的是，在他下野後，少了中華民國總統的身分，運送黃金事務即受到阻礙。新任中央銀行總裁劉攻芸認為蔣已下野，不宜繼續搬移國庫資金，因此遲遲未有動作。蔣介石《事略稿本》1 月 27 日記錄：「接見林崇墉局長，商談中央銀行現金運送廈門辦法。……聞劉攻芸總裁對此事進行，面有難色，殊為駭異，喟然曰：『世人能明理識義，始終如一者，誠難得也。』」[52]

因此時劉攻芸為央行總裁，劉若不允庫存黃金移動，其他人也沒辦法。故隨著時間一天天的過去，劉氏都未有動作，除林崇墉外，俞鴻鈞、宋子文、蔣經國等人，皆一再催促劉速將黃金運出。1 月 28 日，宋子文在呈蔣介石的電報提到：「……以前因存兌金銀，故不得不酌于留存，現在政策變更，無此需要，亟宜早日運出，免滋延誤，除密洽劉總裁迅辦外，擬請由經國兄電話催辦……」[53]

1 月 30 日，空軍總司令周至柔、海軍總司令桂永清、聯勤總司令郭懺，與由財務署長改任軍需署長的吳嵩慶一同抵上海拜會劉攻芸，再配合俞鴻鈞以同事之誼再三催促。[54] 2 月 3 日，俞鴻鈞發電報告知蔣經國：「……滬存金銀，已洽劉總裁迅運，此間事務，大體就緒。……」[55] 可知此時劉攻芸態度已軟化，決定將黃金由上海運出。蔣介石為保險起見，再派機要秘書周宏濤前往上海央行督促。蔣介石 2 月 8 日於日記記下：「派宏濤赴滬，指示中央銀行處理要務，以李急於奪取該行也。」[56] 周宏濤到上海和劉攻芸晤談，便試探性詢問，外傳李代總統有命令不准將中央銀行存金外運，劉攻

---

[49] 劉紹唐主編，《民國大事日誌》第二冊，傳記文學叢刊之二十八，臺北：傳記文學出版社，1986 年 11 月，頁 820。

[50] 蔣經國，《風雨中的寧靜》，頁 110。

[51] 《蔣介石日記》（未刊本），1949 年 1 月 16、17 日。

[52] 林秋敏，《蔣中正總統檔案——事略稿本》第 78 冊：民國三十七年十二月至三十八年一月，臺北：國史館，2013 年 11 月。轉引自：王丰，《蔣介石父子 1949 危機檔案》，頁 153。

[53] 〈宋子文電蔣中正處理國庫金銀運存情形〉，國史館，檔號：002-080109-00004-004。

[54] 毛劍傑，〈李宗仁曾力阻國庫黃金搶運入臺〉，《東方收藏》，2011 年 10 期，頁 111。

[55] 〈俞鴻鈞電蔣中正處理國庫金銀運存情形〉，國史館，檔號：002-080109-00004-004。

[56] 吳興鏞，《黃金往事：一九四九民國人與內戰黃金終結篇》，頁 112-113。

芸則表示這種傳言絕對不是事實，中央銀行並未接到此類命令。會談後，周即將劉的答覆匯報給蔣，使蔣安心。[57] 周宏濤的回憶錄也證實此事：「二月八日準備啓程之前，我奉召至慈庵，蔣公再指示抵達上海見到央行副總裁劉攻芸後（按：此時劉攻芸已升任爲總裁），轉達他的命令，也就是清點庫存黃金存量以及移置到臺灣及廈門。」[58]

2月9日宋子文再呈蔣介石的電報：「……攻芸因環境關係，國庫金銀，該員猶豫延遲甚久，鴻鈞臨走日，彼始決定以翌日起，黃金逐漸空運，至白銀如何，似未肯定，現在情形，究竟如何，請注意。」[59] 亦證實了在各方遊說、壓力之下，俞鴻鈞已說服劉攻芸，但從對白銀的疑問，也表示了此時這些人對劉皆已失去信任。

這些黃金最晚應在2月初時，都已運出上海。2月10日蔣介石《事略稿本》紀錄：

二月十日……下午周宏濤秘書自上海歸來，謂公報告「中央銀行所存現金，已大部如期運往廈門、臺灣，現存上海者，惟留黃金二十萬兩」云。公得報爲之一慰，蓋以此項存金爲國民汗血之結晶，與國家命脈之所繫，故不能不負責設法保存，因一再叮囑財政金融主管當局，應將其運至安全地區，俾得妥善保管與運用，免遭無謂之浪費，至今始得完成此一重要工作耳。[60]

蔣經國2月10日也於日記記道：

中央銀行金銀之轉達於安全地帶，是一個重要的工作。但以少數金融財政主管當局，最初對此不甚了解，故經過種種接洽、說明與布置，直至今日，始能將大部分金銀運存臺灣和廈門，上海只留上萬兩黃金。此種同胞血汗之結晶，如不能負責保存，妥善使用，而供諸無謂浪費，乃至資共，那是一種很大的罪惡。[61]

57　〈周國創呈蔣中正請於公費餘股撥付代墊汽油費及周宏濤呈與劉攻芸晤談中央銀行人事與黃金處置等事宜及宋子文電呈已代送費用事〉，國史館，檔號：002-080109-00016-002。

58　周宏濤口述；汪士淳撰寫，《蔣公與我：見證中華民國關鍵變局》，臺北：天下遠見出版公司，2003年，頁93-94。

59　〈宋子文電蔣中正處理國庫金銀運存情形〉，國史館，002-080109-00004-004。

60　周美華編，《蔣中正總統檔案：事略稿本》第79冊：民國三十八年二至四月，臺北：國史館，2013年9月，頁57-58。

61　張日新主編，《蔣經國日記：1925-1949》，北京：中國文史出版社，2010年5月，頁208-209。

　　由此可知，至 1949 年 2 月 10 日止上海國庫的黃金大部分都已移存至臺灣與廈門。

　　2 月 14 日，劉攻芸向代總統李宗仁，報告央行庫存金銀數量：「竊查本行現存純金計共 3,955,213.244 市兩，存純銀計共 11,367,720.792 市兩，存銀幣 39,876,025 元（內包括 1 元幣半元幣及銀角）分儲各地，謹將各地存金存銀列表陳報敬祈鈞察。」[62]

（三）第二階段遷運黃金總數

　　中國第二歷史檔案館編《中國國民黨大事典》，在 1949 年 2 月 10 日提及：「至本日為止，中央銀行將大部分金銀運存臺灣和廈門，上海只留 20 萬兩黃金。」[63]

　　第二階段遷運黃金，所指的半數，周宏濤在回憶錄寫道：「劉攻芸告訴我，外頭傳言並不正確，目前全國黃金存量，運到臺北 260 萬兩、廈門 90 萬兩……」[64] 此數字有其根據，但不正確。原因在於當時負責保管廈門黃金的吳嵩慶，清查後發現帳面數字與實際數量不符，於日記寫下：「聞廈金多出 7 萬兩，劉（攻芸）堅囑電廈著陸襄理（紀臣）即回。」「陸君到粵，知多出 9 萬餘兩，央行糊塗至此，因另擬分配辦法。」[65] 由此記錄可知，運廈黃金帳面少了 9 萬兩，至於短少原因為作業疏失或相關人員動手腳，有意從中謀求利益，不得而知，也因吳氏發現這短缺的 9 萬兩黃金，廈門的黃金總計約在 99 萬餘兩。

　　運出大陸的「銀圓與美鈔數量」，據詹特芳回憶：「有黃金 92 萬兩，銀圓約 3 千萬元及外幣約 8 千萬美元。」[66] 這個金額很接近，只是美鈔應為 7 千萬。因李宗仁回憶錄中提及：「蔣先生在下野的同日，又手令提取中國銀行所存的美金 1 千萬，匯交當時在美國的空軍購料委員會主任毛邦初。」[67] 因此，8,000 萬美金中有 1,000 萬匯給在美國的毛邦初，運到臺灣的為 7,000 萬。

　　較一般人所忽略的是，與此同一時期，還有一批黃金悄悄以民航機運至臺灣。由於這批黃金，並未記載至文獻當中，因此需從其他文獻中做推敲，1949 年 2 月 5 日，中央銀行業務局致發行局的公文：

[62] 〈中央銀行發行金圓券及太平輪失事損失的有關文件〉，中國第二歷史檔案館，檔號：396(2)-517。

[63] 陳興唐主編，《中國國民黨大事典》，北京：中國華僑出版社，1993 年 12 月，頁 712。

[64] 周宏濤口述；汪士淳撰寫，《蔣公與我：見證中華民國關鍵變局》，頁 94。

[65] 吳興鏞，《黃金往事：一九四九民國人與內戰黃金終結篇》，頁 144。

[66] 詹特芳，〈蔣介石盜取黃金銀圓及外幣的經過〉，《文史資料選輯》第九十三輯，北京：文史資料，1984 年 1 月，頁 62-63。

[67] 李宗仁口述；唐德剛撰寫，《李宗仁回憶錄》（下），頁 852。

奉（劉）總裁 2 月 5 日手諭，「由發庫在準備金項下撥出黃金 12 萬兩交業務局，另由業局以同值外匯抵充準金，仰即辦爲要。」等因。查上項黃金 12 萬兩，折合美金 500 萬元，茲以本行美金外匯短絀，擬改撥 600 萬美金同值之港幣 3,200 萬，俾資抵充準（備）金。除已電知香港中國銀行迅就本局港幣戶劃撥，另請關立貴局戶外，相應函請密洽爲荷。此致

　　發行局

　　附：總裁手諭一紙

　　　　由發庫在準備金項下撥出黃金 12 萬兩交業務局，另由業局以同值外匯抵充準金，仰即辦爲要。業務局、發行局。

芸　二·五[68]

這筆從發行局提出的 12 萬兩黃金去了哪呢？2 月 7 日香港的《華商報》報導：「央行又有黃金由中（國）航（空公司）專機飛臺北，央行派出納科郝樹銘押運至臺北。」[69]

此外，在 2 月 8 日，劉攻芸告周宏濤，央行尚有 68 萬兩黃金，至 2 月 10 日，就僅剩 20 萬兩，表示自上海國庫移走了約 48 萬兩。加上蔣介石的專機駕駛衣復恩回憶，在 1949 年曾率飛機奉空軍總司令周至柔命令，從上海運黃金至臺灣。因此將這兩次空運的數量相加，合理推論此批運臺黃金約爲 60 萬兩。

這批黃金運臺，由於是以軍費借支的名義，因此同樣地未見於中央銀行檔案之中，唯一可見其痕跡的，只有上述提過的，時間上剛好符合的宋子文 2 月 9 日呈給蔣介石的電報：「……攻芸因環境關係，國庫金銀，該員猶豫延遲甚久，鴻鈞臨走日，彼始決定以翌日起，黃金逐漸空運，至白銀如何，似未肯定，現在情形，究竟如何，請注意。」[70]

68　中國第二歷史檔案館，〈國民黨政府撤離大陸前向臺北廈門密運現金一組資料〉，《民國檔案》，1989 年第 2 期，頁 69。

69　《華商報》，1949 年 2 月 7 日。轉引自：吳興鏞，《黃金祕檔：1949 年大陸黃金運臺始末》，南京：江蘇人民出版社，2009 年 12 月，頁 84。

70　〈宋子文電蔣中正處理國庫金銀運存情形〉，國史館，002-080109-00004-004。

媒體報導廈門藏金消息（一）

媒體報導廈門藏金消息（二）

廈門媒體於 4 月份，也發現了廈門藏有巨金，陸續有相關報導（資料來源：《廈門大報》，1949 年 4 月 17 日）

　　另外值得注意的是，和上一階段廈門只作爲暫放的地點相比，此一階段遷運黃金，廈門也成爲臺灣之外，另一重要的黃金存放地點。臺灣爲之後的反攻基地，將黃金存放於臺可說相當合理，那爲什麼要將黃金存放於廈門呢？吳興鏞認爲原因至少有三：一可就近作爲軍餉，發給在大陸東南與西南的國民黨部隊；二是廈門距離與臺灣相近，必要時轉運方便；三爲對當時主政臺灣的陳誠，並不完全信任。[71] 上海國庫的黃金，爲國民政府所能運用的最後家底，不將雞蛋放在同一個籃子裡的想法，在此也顯露無遺。

　　筆者認爲，蔣介石深知戰爭中另一戰場，打的就是金錢戰爭，而國民黨軍隊內部派系林立，許多部隊所謂的「理想性」並不高，加上舊軍閥時期遺存的觀念，使其將領在戰爭中，想的往往還是怎麼保全自己的軍隊、地盤等實力。在這種情形下，中央如果發不出軍餉，等到解放軍打來，許多部隊就會未打便降了。蔣介石雖要下野，但仍希望能在背後掌握著黨、政、軍大權，因此將方便運用的軍費黃金，其中一大部分存放到離大陸較近的廈門，之後在軍、政花費支用較爲方便，使南方的局面不致失去掌控。

　　第二階段運送的黃金數量總計爲應爲 159 萬兩黃金，銀圓 3 千萬元，美鈔 7 千萬元，其中黃金 99 萬兩，銀圓 3 千萬元及美鈔 7 千萬元運往廈門；黃金 60 萬兩運往臺灣。

四、第三階段遷運黃金

　　第三批本在 1949 年 2 月便有意遷運，但劉攻芸認爲考慮到國庫開支，另外上海方面人士及中央銀行內部人員，也不希望黃金再外運，爲安撫京滬人心及市場，希望將剩餘黃金保留在上海，安定上海金融，因此便未移動。[72] 但到 5 月 4 日，杭州已被解放軍攻克，爲守上海，將錢塘江大橋炸毀，上海陷入孤立狀態，[73] 易手只是時間早晚問題，蔣介石便命時任京滬杭警備總司令的湯恩伯負責將央行剩餘黃金遷臺。

　　5 月 11 日，蔣介石電時任中央銀行常務理事俞鴻鈞曰：「未知兄赴臺改幣辦法商定否？請兄密約（劉）攻芸兄同先飛廈門相晤，但不必明告其地。何日可到廈，盼即

71　吳興鏞，《黃金秘檔：1949 年大陸黃金運臺始末》，頁 163。
72　〈周國創呈蔣中正請於公費餘股撥付代墊汽油費及周宏濤呈與劉攻芸晤談中央銀行人事與黃金處置等事宜及宋子文電呈已代送費用事〉，國史館，檔號：002-080109-00016-002。
73　蔣經國，《危急存亡之秋》，見《蔣經國先生全集》，頁 431；《中央日報》，1949 年 5 月 5 日。

電復，屆時中亦可如期到達也。」[74]讓俞鴻鈞密約劉攻芸同赴廈門，屆時蔣也會到廈門與他們兩人會晤，不知是否考慮到劉攻芸對黃金外運事態度，也特別提醒俞鴻鈞不向劉氏透漏其他事。另有事讓俞鴻鈞電約劉攻芸到臺，也特別提醒俞「但不提中（正）之意為宜」，[75]似避免劉氏知道是蔣的主意後影響意願。

為爭取時間，滬杭警備總部特意在戰前，召開為期三日的淞滬區政工擴大會議，加強政治動員，部隊師以上政工主官均出席參加，藉此增進士兵守城決心。[76]解放軍於 13 日起發起進攻，始攻乍浦，目的在取得吳淞，14 日起攻打浦東，川沙與南匯被攻克，並於 14 日清晨起全面攻擊上海，上海已陷於包圍之中。[77]

湯恩伯見情勢已至此，急忙開始運金銀事宜，5 月 15 日湯給中央銀行的手令稱：「為適應軍事，貴行現有黃金、銀元除暫留黃金五千兩、銀元三十萬元外，其餘即務存於本部指定之安全地點，需要時陸續提用。」[78]並要求中央銀行即刻查報各局庫存的黃金銀元數字。[79]

面對湯恩伯的要求，中央銀行為此召開臨時會議討論，決議庫存數字，由業務局、發行局、國庫局一起統計後製表送湯。當天三局便將庫存金銀數量分別列表電示。至於是否將庫存金銀移交湯恩伯，決議電請示人在廣州的劉攻芸。

在湯恩伯表示欲移走上海存金時，劉攻芸並沒有立即表示意見。16 日又有手令，表示因近日無飛機，改將金銀移存船，並讓央行派員隨船照料。17 日晚 5 時，京滬杭警備總司令部，派財務處副處長吳本一帶軍人數十人，開來卡車六輛，準備將央行金銀移存，但仍未等到劉攻芸的回覆，只能在央行候命，央行也再發急電給劉攻芸，表示：「……因事機迫急，似難拒絕，可否照辦，敬懇於一小時內電示，以便遵辦……」，並令即刻到廣州，晚 10 時 30 分，劉攻芸從廣州回電，稱「勉准照辦」後，[80]才前往庫房提取黃金銀元，吳本一點收後，由官兵扛出庫房，直至 18 日晨 2 時

[74] 〈蔣中正致俞鴻鈞電〉（1949 年 5 月 11 日），國史館，檔號：002-020400-00037-049。

[75] 〈俞鴻鈞電蔣中正抵臺協助陳誠計畫臺灣省經濟金融事及中央銀行在墨西哥購得白銀將在美開鑄銀幣及蔣中正回電望暫住臺灣並約劉攻芸來臺〉，國史館，檔號：002-080109-00004-009。

[76] 《中央日報》，1949 年 5 月 14 日。

[77] 蔣經國，《危急存亡之秋》，見「蔣經國先生全集」，頁 438。

[78] 〈湯恩伯親筆手令〉，見周寧，〈1948-1949 年中央銀行密運黃金去臺史料〉，《民國檔案》，南京：中國第二歷史檔案館，1989 年 2 期，頁 71。

[79] 〈湯恩伯總司令提取黃金手令相片及相關文件〉，中國第二歷史檔案館，檔號：2-2350。

[80] 〈湯恩伯總司令提取黃金手令相片及相關文件〉，中國第二歷史檔案館，檔號：2-2350。

才搬運完成。[81] 這個「勉」字，也多少表現出劉攻芸對於黃金外運事的態度。

17 日，蔣也密函湯恩伯，其中提及「上海重要物資必須先行運完，不使落於匪手。尤其重要武器不能任意遺棄，貽笑外人。此乃吾弟主要之任務。……此時萬不能作撤退之計，最多只能縮小防區之謀耳。青島部隊務使其能安全撤退，但必極端秘密。」又函曰：「對海空二軍必須密切聯絡……此為上海戰局成敗之關鍵。」[82] 18 日，蔣再電湯恩伯，指示物資輸運事宜，曰：「……各種物資有否作有計畫的起運，何時可以運完，望將計畫詳報。……」[83] 在蔣介石對於這批黃金外運事憂心之時，上海黃金也幾乎於同一時間將黃金運出。

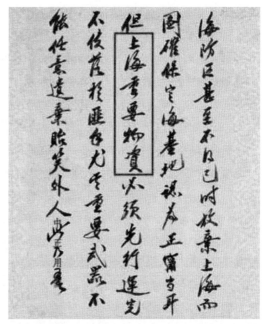

蔣介石致湯恩伯函，1949 年 5 月 17 日，其中「上海重要物資」指的極有可能便是上海存金（資料來源：何創時書法藝術基金會提供）

此時上海庫存黃金數量還有多少？5 月 4 日，廣州央行總裁辦公室曾電函中央銀行發行局，讓上海央行報告庫存金銀地點及數量，經過幾日的調查計算後於同月 9 日回函，其中發行局庫存金銀明細表報告，存於上海倉庫的黃金，金圓券準備金約 13 萬餘兩，代財政部保管的新疆省銀行發行省券準備金約 5 萬餘兩，新疆省銀行發行省券準備金 9 萬餘兩，尚有 27 萬餘兩。

81　〈中央銀行發行局有關移送黃金銀元的文書材料〉，中國第二歷史檔案館，檔號：2-15125。
82　〈蔣中正致湯恩伯函〉（1949 年 5 月 17 日），國史館，檔號：002-080200-00427-009。
83　〈蔣中正致湯恩伯函〉（1949 年 5 月 18 日），國史館，檔號：002-080200-00427-010。

表 5-1-1　發行局出納科庫存金銀明細表　　　　　　　1949 年 5 月 6 日

品名	原幣	置放處所	備註
黃金純金市兩	130,701.542	上海外灘 15 號 6 號庫	金圓券準備金
銀幣	30,640.50	同上	同上
銀幣	123,000.00	同上	金圓輔幣準備金
銀幣	112,000.00	上海麥加利銀行庫內	同上
銀幣	975.00	上海外灘 24 號本局庫內	法幣準備金
銀幣	2,550.00	同上	保管品
生銀毛重公兩	5,235.37	同上	同上
銀角	13,200 角	同上	同上

資料來源：《中華民國貨幣史資料》，第二輯（1924-1949），頁 634。

表 5-1-2　發行局接管庫存金銀明細表　　　　　　　1949 年 5 月 7 日

庫存金銀種類		存放地點	說明
名稱	數額		
黃金 （純金市兩）	50,298.304	上海外灘 24 號本局庫	代財政部保管新疆省銀行發行省券準備金
各國金幣 （生金市兩）	1,354.454	同上	同上
英國銀幣 （先令）	10.00	同上	同上
印度通用英國銀幣 （克郎）	3.00	同上	同上
白銀 （純銀新疆兩）	6800.59	迪化分行庫房	同上
銀元 （元）	8,348.30	同上	同上
白銀 （純銀新疆兩）	374,044.55	新疆省政府庫房	同上。收條存迪化分行，據該電告省府拒提。
黃金	93,118	上海外灘 24 號本局庫	此係新疆省銀行發行省券準備金項下

資料來源：《中華民國貨幣史資料》，第二輯（1924-1949），頁 635。

京滬杭警備總部向中央銀行發行局領款明細
（資料來源：中國第二歷史檔案館，檔號：2-15125）

　　從京滬杭警備總部 1949 年 5 月 17 日的領款收據，可以得到運出貨幣種類與數量：

發行局出納科庫存計：

　　金圓券準備金帳項黃金 120,750.531 純市兩

　　金圓券準備金帳項銀幣 30,475 圓整

　　金圓輔券準備金帳項銀幣 235,000 圓整

　　法幣準備金帳項銀幣 975 圓整

　　保管品帳項銀幣 2,550 圓整

發行局接管科庫存計

　　代財部接收保管新疆省銀行繳存發行準備金項下：

　　黃金 50,298.304 純市兩

　代業局保管發還蘇上達案之黃金 93.118 純市兩

　　黃金共 33 箱 32 桶，共計純金 171,141.953 市兩，銀元 62 箱共計 269,000 元 [84]

　　但這僅是發行局庫存的金銀，加上業務局與國庫局的庫存，據事後央行呈報人在廣州的總裁劉攻芸的數字，合計黃金 192,029.743 市兩，合銀元 1,469,000 元。[85]

　　湯氏於 17 日電央行時曾提到金額：「……現存黃金銀元除業務局必需准暫留黃金五千兩、銀元三十萬元外，其餘黃金十九萬八千兩，銀元及半圓一百二十萬元，希即刻移送安全地點。……」[86]

　　另中央銀行「運臺保管黃金收付及存餘數量表」在收入部分記錄這批運臺黃金的金額為 192,029 兩，[87] 與湯恩伯提到的金額相當接近，可知第三階段遷臺黃金約 19 萬餘兩，另有銀元、半圓 120 萬元。

第二節　劉攻芸在事件中的角色

　　在黃金遷運過程，有一個「關鍵」但不受「關注」的人物——劉攻芸。

　　劉攻芸於上海聖約翰大學肄業後赴美、英留學，後獲得倫敦政經學院經濟學博士學位後返國，先後於中央大學、清華大學教授經濟學，又被推薦進入中國銀行及中央信託局，開始在國府財經體系的服務生涯。抗戰勝利後，四聯總處撤銷，劉攻芸被任中央信託局局長，不久又兼任設在上海的蘇、浙、皖區敵偽產業處理局局長。勝利後的上海，對接收人員的監督有諸多漏洞，加上物質誘惑，接收人員出現不少貪汙情事，有鑑於此，劉攻芸在考慮後，在局內設六組一處，相互監督，並成立審議委員會，請地方孚望人士擔任委員。之後國民參政會質詢劉攻芸是否廉潔時，時任行政院長宋子文公開替劉氏背書。美國眾議員周以德在眾議院介紹中國情形時，提及劉氏是中國廉潔且有能力之官員。在發行金圓券時，不畏觸怒當權，表示不贊成發行金圓券。[88]

---

[84] 〈中央銀行發行局有關移送黃金銀元的文書材料〉，中國第二歷史檔案館，檔號：2-15125。

[85] 〈湯恩伯總司令提取黃金手令相片及相關文件〉，中國第二歷史檔案館，檔號：2-2350。

[86] 〈中央銀行行務委員會致劉攻芸電〉，《1948-1949 年中央銀行密運黃金去臺史料》，民國檔案史料，南京：中國第二歷史檔案館，頁 71。

[87] 〈中央銀行彙報各地運臺黃金收付及存餘數量表及中央信託局十月份初外匯與物資報告單〉，國史館，002-080109-00004-002。

[88] 胡健國編，《國史館現藏民國人物傳記史料彙編》第 28 輯，臺北：國史館，2005 年 8 月，

在 1949 年 1 月，蔣介石下野後，副總統李宗仁代行視事，然當時國民黨內要員大多為蔣親信，對李的命令虛與委蛇，司徒雷登的形容十分貼切：「1949 年 1 月 22 日，副總統李宗仁成為執行總統。但是委員長那些陸海空部隊裡面忠心耿耿的下屬都只希望他當領袖，只聽從他的命令……顯示了中國人傳統道德中，忠君思想是多麼強烈。」[89]「相對于忠於領袖來說，對這個客觀存在的國家本身的忠誠要少一些。」[90]

國府在國共戰爭中失利後，由何應欽組閣作最後努力，司徒雷登在其回憶中曾提道：「當何應欽將軍組閣，實在非常吃力，因為此時，兵荒馬亂，風吹草動，聰敏人都推辭不幹，然而年輕學者如劉攻芸先生，肯於此時出來，為國服務，委實難得。」[91] 司徒雷登的形容並不誇張，劉也不是原來財政部長的首選，李宗仁回憶：

> 我和何應欽要克服無數困難才能組成新政府。我們不容易找到適當的人材來填補政府各部的空額，特別是財政部。前部長徐堪已辭職，不願意再回來。我們打算把這個職位給陳光甫或者張公權，他們都是上海有名的銀行家，但是他們兩人都婉言謝絕了。[92]

劉攻芸在當時的財經成員中，是極少數具有實權又不屬於蔣親信的人士，李宗仁因此對劉氏更加重視，李宗仁表示：「劉（攻芸）和翁（文灝）兩人都得到我最大的尊敬，因為在那個時期沒有人想捲入政界，完全是愛國心使他們為了國家的利益而不顧個人的利益。」[93]

在 1948 年底外運黃金過程，劉攻芸依命行事，順利完成工作，然蔣下野後，對於蔣的命令，即開始表現出既不積極，也不反對，表現出一種「消極的配合」態度。1 月 27 日蔣接見林崇墉，商談中央銀行現金運送廈門辦法。從林處聽聞「劉攻芸總裁對此事進行，面有難色」，[94] 使蔣的計畫日程在劉處耽誤了些時日，過程中多次派親信、同事、前上司，幾次前往上海親晤，希望能給劉氏壓力。2 月 9 日周宏濤到上海時，曾試探性詢問劉攻芸，李宗仁是否有命令不准將央行存金外運，劉氏曾表示並未

頁 496-503。

[89]（美）約翰·司徒雷登著；程宗家譯《在華五十年——司徒雷登回憶錄》，頁 148-149。

[90]（美）約翰·司徒雷登著；程宗家譯《在華五十年——司徒雷登回憶錄》，頁 157。

[91] 胡健國編，《國史館現藏民國人物傳記史料彙編》第 28 輯，頁 504。

[92] 李宗仁口述；唐德剛撰寫，《李宗仁回憶錄》，香港：南粵出版社，1986 年 3 月，頁 612。

[93] 李宗仁口述；唐德剛撰寫，《李宗仁回憶錄》，頁 613。

[94] 林秋敏，《蔣中正總統檔案——事略稿本》第 78 冊：民國三十七年十二月至三十八年一月。轉引自：王丰，《蔣介石父子 1949 危機檔案》，頁 153。

收到李代總統命令。劉說的也屬事實，那時代總統李宗仁的確並未對劉攻芸下達此命令，直到 2 月的 60 萬兩黃金運走後，劉攻芸又電告南京的代總統李宗仁，匯報央行各地庫存金銀數字，李宗仁乃命令劉氏：「現上海庫存金銀，萬不可再運離他處」，劉則表示「敬悉，自應遵照辦理」[95]。

4 月，蔣介石計畫將中央信託局庫存的敵偽珠寶運至臺灣時，劉並沒有違背在李宗仁先前下的命令。5 月湯恩伯要將上海剩餘金銀運出，劉對於幾封「急電」回覆的也往往不即時，但因沒有具體反對的作為，在比預期晚個兩、三天後，黃金最後還是能順利運出。

劉攻芸此種消極配合的態度，對於最後的結果並不會產生什麼改變，對於

李宗仁以代總統身分，令央行總裁劉攻芸不可再將上海金銀運離他處（資料來源：中國第二歷史檔案館，檔號：2-1420）

劉氏的不信任感，卻在過程中與日俱增，加上對於傳統官場文化的不熟悉，或者說沒興趣經營，後來紀錄者採訪劉氏時，他回憶 1949 年 3 月兼任財政部長時提道：「使其惟一耿耿於懷而不能釋然者，拜命之前，未赴溪口向總裁請示，於心欠安。先生每言及此，亦常自責，然事太倉促，時不濟也。」[96] 可看出劉攻芸性格與國民黨官場文化的格格不入，無形之中也使自己被當權群體劃上記號。

在任財政部長期間，服從李宗仁的命令，看來不似為對於不同政治派系的「選邊站」，更像是對於制度的服從。但在派系林立的政治風氣下，難有個人獨善其身的空間，據李宗仁回憶：

1950 年初，劉（攻芸）在香港的時候，向臺北外交部申請要一個護照。中國外交部很謹慎，不敢在沒有得到蔣介石允許的情況下給他發這樣一個重要的護照。他們把收到劉的申請的事向蔣先生報告的時候，蔣先生非常生氣。我從消息可靠人

---

[95]　〈中央銀行等關於各地庫存金銀及保管調查事項的文書〉，中國第二歷史檔案館，檔號：2-1420。

[96]　胡健國主編，《國史館現藏民國人物傳記史料彙編》第 28 輯，頁 504。

士那裏得知，蔣用手捶了一下桌子說：「劉攻芸是已經投降桂系的反動派。」這樣，劉的申請被拒絕了。[97]

可知在擔任李宗仁代理總統時期，何應欽內閣的財政部長後，劉氏也被視爲李宗仁的人馬了。事後看來，劉氏這種性格上的優柔寡斷，多少也帶著一種技術官僚對於時局的無力感。

1950 年 7 月，已遷至臺北的監察院，監察委員丁俊生、曹德宣等人提議：前財政部長兼中央銀行總裁劉攻芸，於上海撤退時，隱藏大量金銀物資，慫恿部下集體投降，與其黨羽林崇墉、李立俠、冀朝鼎等內外勾結，蓄意通匪資敵，罪惡昭彰，居心叵測，特提案糾舉。經監察委員曹浩森、何濟周等 11 位委員審查成立，移送行政院辦理。[98]

其讓職員自行選擇去留，後因有些人於中國共產黨治下的中國人民銀行繼續任事，成爲慫恿部下集體投降的罪證；因內戰未能積極將央行帳簿運出，成爲將帳簿檔案，留上海向匪作完整移交的證明，都成爲了有計畫的通匪行動。可看出在國共二元對立社會環境下，個體生命，尤其有學職之人，欲求其行事獨立自主之不可得。

第三節　黃金集中、遷運過程的反對力量

黃金外運臺灣、廈門過程看似順利，鮮爲人知的是，在遷運黃金過程，也遭遇到地方實力派很大阻力，本章即介紹黃金自集中至遷運過程，各省的反對力量，及運臺後要求運回的相關論述。

一、長沙中央銀行金庫事件

1948 年 8 月 19 日公布《財政經濟緊急處分令》，開始在全國各地發行金圓券，收兌金銀，並計畫由央行各地分行將各城市收兌金銀，集中於上海、廣州統一保管。行政院另於 22 日公布《金圓券發行準備移交保管辦法》，分令財政部、中央銀行及各地處理機關，將各項作爲發行準備金，應行移交金圓券發行準備監理委員會保管的黃

97　李宗仁口述；唐德剛撰寫，《李宗仁回憶錄》，頁 613。

98　監察院實錄編輯委員會編，《行憲監察院實錄》第一編，臺北：監察院秘書處，1983 年，頁 653-655。

金、白銀、外匯、各項國營事業資產及敵偽產業資產清冊契據，迅速移交該會保管，以昭信用，限期一個月內完成。[99]

移金銀事計畫低調處理。長沙方面，由長沙分行以該行庫房狹小，收兌之金銀久存未便爲由，10月4日請示中央銀行業務局移交奉准運滬後，準備裝箱啓運。[100]

10月25日，中央銀行長沙分行經理辛廎（衡若）在自宅宴請湖南省工業會理事長陳雲章和湖南省參議會副議長唐伯球等地方商業界人士，辛氏言談間無意透漏財政部命他將長沙分行所存金銀運至上海集中。宴後，陳、唐與湖南省政府祕書長鄧介松商量後，認爲此事不妥，計畫將這批金銀留在長沙。經陳雲章奔走後，讓湖南省參議會議長趙恒惕借討論物價名義，11月1日召開「留長省參議員座談會」。出席者爲陳雲章、林純生、崔伯鴻、甘子憲等40餘人，主持人爲陳雲章。[101] 陳氏發言時說到：

> 現在各地烽火連天，幾乎沒有一處是安樂土，而我們湖南與其他各地比較起來，尚是比較安全的地帶，這次政府在湖南兌換的3萬3千兩黃金、20餘萬兩白銀、80餘萬元光洋，政府要運到南京去，是不合理的。照目前的情勢看，只有從別處運到安全的湖南來，沒有從安全的湖南運出去的道理。這都是我們湖南人民的血汗，我們要拿出力量來，不准他運走。……我們湖南決不允許重走上海的道路。我提議，要不准黃金白銀運走，說空話是沒有用的，我們大家緊密的團結在一起，共找出路。我相信，說是有天大的困難，我們也能克服的。我們決不准他拿走，我們意志要集中，力量要集中，來解救湖南人民的痛苦。我們團結，不但要團結長沙市的40萬人民，而且要團結湖南三千萬人民。我們要拿出行動來，立即去包圍中央銀行，得到了不運走的保證後，方能罷休。

會中決議由陳雲章、湖南省商聯代理理事長林端長、省總工會理事長林醒民、省農會理事長周鼐古、長沙市商會理事長崔白鴻、市總工會理事長張福雲爲領隊，主持阻止長沙金銀外運事。2日3、40餘人，率隊前往中央銀行長沙分行抗議，與長沙分行經理辛廎、副經理陳忠範，及湖南省政府秘書長鄧介松三方協商，爲阻止黃金離開長沙，初設想以工會、農會、工商聯合會聯合組織名義，要求該行行長辛廎將庫存金

---

[99] 《外交部周報》第88期，1948年9月1日。

[100] 〈中央銀行收到長沙運金被扣的電文及有關事項的文件〉，中國第二歷史檔案館，396(2)-1243。

[101] 陳雲章（1911-2004），學者、實業家。畢業於湖南大學土木工程系，歷任省第九職業學校校長兼常德《新潮日報》社長，湖南省參議員，南京水利學院、湖南大學土木工程系教授。

銀運往省銀行保存。最後由辛廩以保證書形式作爲擔保，大意爲：「中央銀行庫存黃金白銀按帳面數字封存，未經聯合組織許可，保證決不動用及運出。如中央銀行總行或財政部前來提取，保證事先告知聯合組織，決不隱瞞。」[102] 保證書由辛廩書寫，程潛的秘書長鄧介松[103] 代表蓋章。並當場清點封存金銀數量，計存黃金 33,150 兩、銀元 839,000 枚、白銀 22 萬餘兩、美金 840 元、港幣 146 元。[104] 長沙分行與衡陽分行分別向上海總行告知情況，爲請示應如何處理，[105] 得到「將收兌之金銀外幣，仍切實負責運出外，謹電呈報，敬祈鑒核」的回覆。[106]

此時湖南省主席程潛由南京回湖南，召開座談會，聲述此事已奉蔣總統面諭，可以從緩起運，央行則電示總統府，說明原委，確認態度，並說明經各單位討論，認爲仍需將金銀集中，可採分期啓運方式分批運出。[107] 雖無法得知蔣介石對此事態度，但至 1949 年元旦，利用休假，稍稍將中央銀行長沙分行的庫存黃金運出。由於經長沙的車較少，故循公路運衡陽，與衡陽已分裝的 18 箱金銀共純金 3,200 餘兩，純銀 51,000 餘兩，由衡陽馮定一副理，雇員余振鐸由粵漢路特快車，運往廣州分行。[108]

陳雲章得知後，通知省政府，鄧介松趕赴金庫清點，尚存黃金 10,145 盎司，白銀 35,543 兩，銀元 650,336 枚。此事在 2 月 3 日被中央社記者洪君知曉後，向程潛報告，程得知黃金密運事後震怒，令長沙警察局長劉人奎[109] 率員逮捕辛廩，但此時辛氏已離開長沙，計畫經南昌到上海，程潛乃命警備司令在進賢縣將其扣留回南昌，押

---

[102] 朱野樵、夏雨，〈解放前夕的長沙金庫保衛戰〉，《檔案天地》，2009 年 12 期，頁 46。

[103] 鄧介松（1896-1967），又名鄧介山，曾用名紹芬，號太貞、青樹，湖南省湘鄉（今屬雙峰縣）青樹坪鎮人。鄧氏 1945 年任湖南省民政廳長。1946 年任程潛武漢行轅秘書長，爲程潛競選副總統拉選票。1948 年 7 月隨程潛返湘，任湖南省政府秘書長，支持程潛撤銷「戡亂委員會」，成立湖南省人民和平促進會。

[104] 陳雲章，〈省、市工農商「六團體」活動紀實〉，中國人民政治協商會議湖南省委員會文史資料研究委員會編，《湖南文史 第 35 輯》，長沙：湖南文史雜志社，1989 年 8 月，頁 30-32。

[105] 〈中央銀行收到長沙運金被扣的電文及有關事項的文件〉，中國第二歷史檔案館，396(2)-1243。

[106] 〈中央銀行呈行政院代電——衡陽、漢口、蘭州、長沙阻運金銀，但仍令飭四處將金銀切實負責運出，民國 37 年 11 月 18 日〉，《中央銀行檔案》，中國人民銀行總行參事室編，《中華民國貨幣史資料》第二輯（1924-1949），頁 636。

[107] 〈中央銀行收到長沙運金被扣的電文及有關事項的文件〉，中國第二歷史檔案館，396(2)-1243。

[108] 〈中央銀行收到長沙運金被扣的電文及有關事項的文件〉，中國第二歷史檔案館，396(2)-1243。

[109] 劉人奎（1910-）少將。湖南桃江人，黃埔軍校第五期畢業。1947 年後任國防部少將部員、長沙市警察局長、湖南省保安司令部高參兼獨立團團長。

送回長沙。程潛逮捕辛廞後，等於是與中央政府的衝突表面化，此事件後，程潛也索性令警察局副局長黃萃柏，會同司法科長，將剩除存金銀，運入省銀行內，[110] 並逼長沙分行去電將黃金追回。[111]

程潛電任廣東省主席宋子文，將湖南運去的黃金白銀，運還湖南存儲，以息民憤。[112] 長沙金銀密運後，經報導揭發後，激起民眾激憤，數人民團體聯合呈請湖南省政府：（1）拘押辛經理交人民清算追回存金；（2）監封衡陽分行沅陵分行金銀硬幣為湘人存兌保證；（3）即恢復湘省存兌。

此次湖南遷運的黃金，主要來自中央銀行長沙及衡陽分行庫存，衡陽分行金銀外運後，迫於社會壓力，衡陽分行經理陶天爵去電中央銀行廣州分行：「湘南民氣激昂，衡市環境複雜，警衛力薄，一經社會揭露，情勢險惡百倍，為民眾尋釁雪憤，對於敝處暨同人安全無法負責保護，敝處金銀如不能短期提回，後果不堪設想，群情惶惶，不可終日，務情念在敝處同人安全，賜將金銀仍交敝馮副理赴日運衡，以彌後患，而策安全。」告知湖南的情勢艱困，並提出將這些已經運往廣州金銀，以鎳幣名義掩飾，再運回衡陽保管，待長沙社會激憤情緒稍歇後，再伺機運往廣州。[113]

長沙分行也不斷電請央行，准予將原存長沙金銀運回，以解救長沙危局，並命張幼華副理留廣州，一旦央行同意，可立即押運回。[114]

另外長沙六個行局的經理長沙六行局庫經理廖芸梟、侯厚培、朱世映、余景伊、倪金德、姚雪懷聯名通電：

> 長沙行存金運穗，民眾反感甚烈，地方當局無法鎮壓，貴行辛經理在南昌經綏署扣留，聞今解長沙，以後情勢演變甚感嚴重，恐不僅於辛經理個人不利，即貴長沙分行亦有莫大影響，芸梟等誼屬同業友好，連日奔走，迄難轉圜，問題焦點端在存金外運，擬請於情法兼顧之中，迅即撥運相當數量之黃金來長，以饜群情，而彌巨患，如何之處，尚祈卓裁見復。

---

110 朱野樵、夏雨，〈解放前夕的長沙金庫保衛戰〉，頁 57。

111 陳雲章，〈省、市工農商「六團體」活動紀實〉，中國人民政治協商會議湖南省委員會文史資料研究委員會編，《湖南文史 第 35 輯》，頁 32。

112 〈中央銀行收到長沙運金被扣的電文及有關事項的文件〉，中國第二歷史檔案館，396(2)-1243。

113 〈中央銀行收到長沙運金被扣的電文及有關事項的文件〉，中國第二歷史檔案館，396(2)-1243。

114 〈中央銀行收到長沙運金被扣的電文及有關事項的文件〉，中國第二歷史檔案館，396(2)-1243。

長沙分行與衡陽分行的一再來電，給予廣州分行很大壓力，但此事也非廣州分行能擅自決定，因此廣州分行也將央行請示應該如何辦理，央行總行方面，眼看已成僵局，也電行政院，指出金銀運廣州，是奉行政院命令，迅賜轉告程潛當即釋放辛廙，希望由中央給予地方政府壓力，行政院秘書長端木愷，也以行政院長孫科名義，電告程潛各地存金運往集中地點是行政院的命令，各地方政府應該遵照辦理，電請程潛立即釋放長沙分行辛經理。[115]

長沙方面，各方仍堅持原金運回，長沙分行經理辛廙，經各行庫具保後，移往湘雅醫院後綏署並派警務組長率領便衣數人時刻監視，形同軟禁。[116]軟禁期間，讓辛廙以個人名義，說明自身生命安全受到威脅，電告央行將黃金運回長沙：

> ……市面惶恐萬分，商業完全停頓，湘省當局及各方面　以由省行發行銀元輔幣為唯一之救急辦法，而發行準備除中央銀行將黃金運回外別無著落，本分行黃金運粵因之職益為人眾矢之的，群責職即日將黃金運回，職之生命全繫於此包辦令對職之奉公守法完全諒解，目前情勢，已愛莫能助，總之銀圓漲風愈熾群情激昂愈盛，亦即職之生命愈危務新俯奉湘省特殊情形火急，賜電粵行將黃金運湘，或先運回一部分以濟萬急，無任迫切待命之至。

程潛收到行政院命令後，不予理睬，亦不打算釋放辛廙，並打算最後通牒，於2月4日回電行政院，表示央行長沙分行運走湖南存兌黃金3萬餘兩後，湖南民情憤激已極，先前徐堪已答應會電長沙分行緩運，但至今湖南黃金仍存於央行廣州分行，現經他多方聯繫之下，央行長沙分行已派人前往廣州，將黃金運回湖南，廣州分行張副理也表示，只要央行總行交辦，即可馬上將黃金交由長沙分行運回。此事關係國家信用及地方金融甚巨，湖南3千萬人民之向背，其價值何止黃金數萬兩，希望政府能顧全大局，即刻電令廣州分行將黃金交還運回長沙分行存儲，以順民情。[117]

然行政院方面仍未正面回應，此事便在央行分行內部，長沙、衡陽分行給廣州分行壓力；湖南省政府給中央銀行壓力；中央銀行給行政院壓力；行政院再以中央電令

---

[115] 〈中央銀行收到長沙運金被扣的電文及有關事項的文件〉，中國第二歷史檔案館，396(2)-1243。

[116] 〈中央銀行收到長沙運金被扣的電文及有關事項的文件〉，中國第二歷史檔案館，396(2)-1243。

[117] 〈中央銀行收到長沙運金被扣的電文及有關事項的文件〉，中國第二歷史檔案館，396(2)-1243。

地方；地方政府都不予執行的僵持之下，最後不了了之，但在長沙率先將央行金銀集中保管，另有想法的事曝光後，各地政府也陸續開始出現反抗情事。

二、其他截留金銀事件

（一）白崇禧阻運漢口白銀

漢口方面，1948 年底湖北省主席張篤倫函與湖北省參議會商議後認為自財政經濟緊急處分辦法施行以來，物價狂漲，幣信動搖，此次黃金白銀如再運往他處，人心益增惶惑，故仍將些金銀存漢口央行為宜，嘗試將金銀留在漢口。[118]

1948 年底，白崇禧主和電報，通過張治中轉呈蔣介石，內容主張與中國共產黨和談，並邀請美蘇兩國進行調停。湖北省參議會議長何成濬、副議長艾毓英前往上海商討議和事宜，河南省政府主席張軫此時也通電主張政府應與共產黨議和，讓蔣總統下野，由桂系黃紹竑在香港與共產黨談判。[119] 李宗仁、白崇禧與蔣的矛盾日益檯面化，1949 年 1 月 12 日，便致電財政部長徐堪，表示中央銀行漢口央行所存 7 萬餘兩黃金，之前才被運至上海，現在又要將銀元外運，命其不准將中央銀行漢口央行所存銀元外運，以穩固金融，安定人心。表示若將來情勢危急，屆時再行處置，徐堪也無法阻擋，也能同意，「電央行宜緩運」[120]，當時吳嵩慶到徐堪寓所商量借款事，談到漢口方面金銀事，徐堪為此事「甚感焦急」。[121] 白崇禧也為極少數在蔣介石未下野之前，便敢在金銀事上公開執反對意見者。

（二）蘭州阻止金銀外運

1949 年 2 月 8 日，中央銀行蘭州分行急電總行，表示西北軍政長官公署，令蘭州分行將庫存黃金白銀數目報署核備，且庫存金銀之後運用或外運，均須先行報署核奪，應如何辦理請上海總行指示。此時劉攻芸已真除為總裁，收到電報後，劉表示查核後回覆，原認為應該不是太大問題。然而 3 月 12 日，蘭州分行再電總行，表示甘肅省政府參議會，讓央行蘭州分行應該把庫存黃金白銀外幣交出，由有關機關組織保

[118] 洪葭管主編，《中央銀行史料 1928.11-1949.5》下卷，頁 1338-1339。

[119] 陶晉生編，《陶希聖日記》下冊，臺北：聯經出版，2014 年 12 月，頁 1024-1025。

[120] 〈華中「剿總」政務委員會主任委員白崇禧致財政部長徐堪電——漢口央行現存銀元暫勿外運〉《中央銀行檔》，參見中國人民銀行總行參事室編，《中華民國貨幣史資料第二輯（1924-1949）》，頁 637。

[121] 吳嵩慶著；吳興鏞編注，《吳嵩慶日記（一）1947-1950》，1949 年 2 月 3 日，頁 309。

管委員會共同保管，應該如何處理，請急電示。劉攻芸思考後，將庫存金銀數目報告長官公署，其他要求則草擬大略爲：

1. 此事已奉代總統通令不得擅提。
2. 央行對現存蘭州金銀外幣並無移動計畫。
3. 組織委員會共同保管有礙體制，難以同意。

在 14 日上海央行正式回覆蘭州分行時，還特意將「本行對現存蘭州金銀外幣，並無移動計畫，請地方當局無庸顧慮」加了「保證二字」，意在使蘭州地方放心。劉知蘭州方面不會輕易作罷，於同日電告總統府、行政院、財政部，表示：「本行各地分行庫存金銀，均係發行準備，攸關幣信，前途甚鉅。」希望以中央的高度迅予制止，同時電告任西北軍政長官張治中，希望藉重他在西北地方的影響力，表示支持中央。

3 月 19 日張治中即自蘭州去電劉攻芸，表示會「轉飭照辦」。21 日李宗仁去電劉攻芸，表示此事已分電張治中，以及當時另一位在西北極具影響，甘肅省政府主席、西北行轅副主任郭寄嶠，讓他們轉知蘭州地方取消原議，有了李宗仁和張治中的保證，劉攻芸旋即將收到的電文，轉電蘭州洽照，此事方告一段落。[122] 而李宗仁雖然令蘭州地方政府、議會不得阻止黃金運滬，但也去電劉攻芸，告其「上海庫存金銀，萬不可再運離他處」。[123]

（三）薛岳截留廣州白銀

4 月，央行接獲中央命令，將存於廣州的 11 萬 5 千枚銀元，運往柳州、南昌、長沙等地，作爲當地部隊 4 月份的副食費，央行廣州分行接到命令後，即向廣州綏署公署主任余漢謀報告，並獲得余的批准；但 13 日薛岳突致電廣州分行，要求該行勿將白銀起運。廣州分行認爲此次運出白銀，奉總行命令及綏署批准，故於 14 日仍將此批重達 4 噸的銀元，分裝成 39 箱，由兩架 C47 型機在白雲機場運出，而薛岳獲悉後，當即派廣州警備司令葉肇親率部隊、憲兵、警察及廣東省政府、參議會人員前往機場截留，並強行將原數白銀押解回省政府，薛岳表示這次制止央行將白銀運走，旨在「保存廣東元氣」，並指出 10 幾年前（指白銀收歸國有時），廣東曾有白銀 2 億元

[122] 中國第二歷史檔案館，〈中央銀行等關於各地庫存金銀及保管調查事項的文書〉，檔號：2-1420。
[123] 中國第二歷史檔案館，〈中央銀行等關於各地庫存金銀及保管調查事項的文書〉，檔號：2-1420。

被中央運走，廣東不能再讓第二次運走白銀。[124]

（四）中央信託局珠寶事件

　　抗戰勝利後，1945 年 10 月底，行政院在上海成立上海區敵偽產業處理局，後擴大為蘇浙皖區敵偽產業處理局，由劉攻芸任局長負責接收事宜。同年底，軍統局上海辦事處底下的逆產清理委員會與處理局合作，成立蘇浙皖區敵偽產業處理局逆產組，專門辦理漢奸產業的查扣、保管、處理等業務，逆產組的正副組長分別由鄧葆光[125]及陳乃昌擔任。[126]

　　1946 年 4 月，軍統局上海辦事處查扣的漢奸財產分別移交蘇浙皖區敵偽產業處理局處理。在查扣的七類財產項目中，除房地產、家具兩類由中央信托局地產處接管，其餘部分由逆產組負責接收保管。[127]

　　這些珠寶首飾、金銀寶石皆保管存放於上海中國銀行保管庫 FC 號保險櫃內。保管櫃內物品，需鄧葆光、陳乃昌，及蘇浙皖區敵偽財產處理局逆產組保管科科長傅錫寶，三人的印鑑齊全才能提取，程序可說十分嚴密。[128]

　　而在 2 月初，一批 60 萬的上海庫存黃金運抵臺灣後，蔣介石想起中央信託局的這批珠寶，2 月 8、9 日，周宏濤奉蔣介石命令，前往上海與劉攻芸晤談，便詢問到中央信託局這批敵偽珠寶情況，當時劉表示此項財產隨時可運臺灣，並附上珠寶詳單。[129]當時蔣並沒有馬上處置這批珠寶，兩、三個月後，才命蔣經國趕赴上海，將信託局這批珠寶運至臺灣。

　　蔣經國對於此事，曾有詳細敘述：

> 當我到達上海以後，李宗仁已經知道了這回事，立刻下令，不准移動這箱珠寶。

---

[124] 陸融，〈寧粵經濟鬥法記〉，《經濟導報》第 117 期，1949 年 4 月 19 日。

[125] 鄧葆光（1908- ？），原名鄧寶光，湖北省黃安（今屬紅安）縣人，國民黨軍統少將。鄧氏1934 年考入日本中央大學，後入軍統工作，抗日戰爭爆發後，被戴笠委以重任。抗戰勝利後任上海敵產處理局逆產組長，負責接收日本人及漢奸的數十萬冊書籍和檔案。

[126] 傅錫寶口述、傅錫志整理，〈蔣介石劫運珠寶赴臺未遂內情〉，《世紀》，頁 41-43。逆產組下設總務科、調查科、保管科三科，傅錫寶時任其保管科科長。

[127] 傅錫寶口述、傅錫志整理，〈蔣介石劫運珠寶赴臺未遂內情〉，《世紀》，2011 年 2 期，頁43。

[128] 傅錫寶口述、傅錫志整理，〈蔣介石劫運珠寶赴臺未遂內情〉，《世紀》，2011 年 2 期，頁43。

[129] 〈周國創呈蔣中正請於公費餘股撥付代墊汽油費及周宏濤呈與劉攻芸晤談中央銀行人事與黃金處置等事宜及宋子文電呈已代送費用事〉，國史館，檔號：002-080109-00016-002。

後來竟吩咐那個保管保險箱的人，飛到香港去，使我無法取出。我因向父親建議：「據所知道的情形，這一箱珠寶已經用了不少，剩餘的東西，僅值二三十萬美金，我們何必為此區區之物，同人家傷和氣。」父親卻指責我說：「到了臺灣，當軍隊糧餉發不出的時候，就是一塊美金也是好的！」我聽了無言可答，只好依從父親的意思去進行；但結果還是沒有法子把這批珠寶搬出來。[130]

除了李宗仁的攔阻外，中信局內部也出現分歧。1949 年 4 月，鄧葆光令傅錫寶將珠寶裝箱，一道將珠寶運往香港，裝箱後，傅錫寶表示不願前往香港。當時中信局能有權實際控制此批珠寶的人，只有局長劉攻芸和總秘書沈冠亞。傅錫寶乃與沈冠亞聯繫，告知鄧氏託辦一事，沈氏得知後即寫函呈給劉攻芸，大意為李代總統曾令和談期間，所有金銀貴重物資皆不得南運。劉攻芸在此事件中，立場向來中立，在李宗仁命令下，劉攻芸即批示「緩辦」，這批珠寶自然就未能運出上海了。[131]

這批敵偽珠寶的價值，根據劉攻芸 2 月份的報告，上海方面約價值 1 千條黃金左右，南京及各地則僅值幾十條黃金。

（五）閻錫山通令各地嚴禁擅提庫款

閻錫山在 1949 年 6 月 13 日，在廣州就任行政院長兼國防部長職後，26 日，便以行政院長身分，通令各地方長官，嚴禁擅提庫款：[132]

時事艱難，至今已極，在此危急存亡一髮千鈞之際，國家財政入不敷出，以致軍政各費未能按時發放，政府時切疚心，乃據報近來各省每有擅提庫款情事，此真所謂上無道揆，下無法守也，長此以往，將何以定國是而平匪亂，錫山就任以來，深以財政支絀為致命之源，日夜籌思開源節流辦法，冀收支歸於適合。第以中央祗居於首腦發動部位，指臂之使，則各省任之，況土地人民之實質全在地方，若據地為政，不能遵守中央之法令，不復維護中央之措施，則所有計畫將全成畫餅，力量既分，形勢轉弱首腦之權能既失，指臂之效用亦窮，徒召分崩，寧能自保，望我各省軍政長官體念國步之艱危，力圖風舟之共濟，此後對於國家財政，務須保持國家地方之經常系統，不再擅自提扣國庫準備之金銀外匯及其他稅

---

[130] 蔣經國，《我的父親》，臺北：中央日報出版部，1986 年 10 月，頁 50-51。

[131] 傅錫寶口述、傅錫志整理，〈蔣介石劫運珠寶赴臺未遂內情〉，頁 43。

[132] 〈行政院關於保持國家地方系統不再擅提國庫準備金銀給經濟部的電文〉，中國第二歷史檔案館，檔號：4-40032。

款，其他提用者，亦須報明用途，以便核銷，紀綱既立，斯調節有方，中央自當責成主管機關，通盤籌畫，以求達到收擬適合之目的，如此則軍政之費用有著，地方之困難亦除，豈惟國家之幸，抑亦人民之福也，此令。

閻除了對各地方行政長官動之以情，期盼相忍爲國，保持國家地方之系統；同時運用強勢手段，力阻擅自扣留金銀作爲軍費。

7月9日，財政部長徐堪給蔣介石電文，便表示：「閻院長對於各種款項之支付，極爲嚴格……凡一切軍政各款非經其親自核准者，皆不予支付，以往濫支之弊，或可糾正。」[133] 可知閻的措施仍具有一定成效。

以下將各地阻運金銀或部分外幣運滬數字列表如下：

表 5-3-1　1948-1949 年各地民意機關阻止外運金銀數量表

	黃金	白銀	銀元	銀角	美鈔	港鈔
蘭州	4,231	152,609	674,430	7,716	已運滬	已運滬
長沙	33,699	237,907	863,184	-	已運滬	已運滬
衡陽	3,872	51,979	139,041	50,544	已運穗	已運穗
沅凌	169	1,173	27,962	114	329	-
漢口	73,614	551,882	5,205,915	37,156	已運滬	已運滬
北平、天津	81,000	1,794,930	2,261,969	44,892	已運滬	112-

資料來源：洪葭管主編，《中央銀行史料（1928.11-1949.5）》下卷，中國金融出版社，頁 1339。
註：原數據資料記至小數點二至三位，在此省略。

由上述可知，大陸淪陷前後，蔣介石雖爲國民政府內最有權勢者，但在對外戰事失利，對內面對其他政治集團的壓力，皆嚴重打擊了蔣的威信，政令的影響力也在快速削減。至國民政府遷臺前夕，除南京、上海、江浙一帶，及南方的幾個大城市如廣州、成都、重慶外，其他省份的實質控制力已相當薄弱。因此，原來將中央銀行各分行金銀運臺的構想，許多地方未能實現，但佔整體數量並不多。

三、要求金銀運回的聲浪

1949 年 1 月，蔣介石宣布下野，由副總統李宗仁，代行總統職權，然而蔣介石或

---

[133] 〈運撥廣州貴陽重慶漢中黃金銀元〉，檔案管理局，檔號：B5018230601-0038-0210-3730。

許考慮到存放地點的安全，或許為了能在下野後繼續支配，在 1948 年底下令將上海國庫大部分的黃金運往臺灣，並將運往廈門的黃金列作軍費，這些舉措，使蔣在下野之後，雖然失去總統職權，但仍能以國民黨總裁的身分，動用支配運臺、廈的黃金、白銀與外幣。

李宗仁代行總統後，經過 1 個月餘較為客氣的時期後，因事局演變，許多政令刻不容緩，到了 3 月雙方矛盾即浮上檯面。3 月 21 日，蔣介石聽聞立法、監察院似要提議將存廈門、臺灣黃金運回後，即以周宏濤名義電吳忠信曰：「聞京中運動立監委提議，將在外國與廈臺新存外匯金銀約 3 億美金，集中運回提用為軍政經費，每月所需計 5 千萬美金，內計軍費 4 千萬，其他 1 千萬元名為吃老本，以半年為準吃光了事云。此種無意識之謠諑，此間並不置信，如果政府真有此意，是無異將僅存之國脈民命貢奉共匪，而自絕其生計，不啻飲鴆止渴，必遭全國軍民激劇之反對，其後果將不堪設想。」並讓吳聯繫張治中、何應欽（時任行政院長）和顧祝同（時任參謀院長）商討此事。[134] 當日在日記寫道：「擬電稿致禮卿（吳忠信）轉何（應欽）、顧（祝同），以李（宗仁）、白（崇禧）運動立委，欲將所存於臺、廈現金運回，支付政費，期以半年用光了事。此種卑劣陰謀，不惜其斷送國脈民命，貢獻於共匪以為快也，可痛。」對於李宗仁、白崇禧策畫此事十分不快。[135]

上述提議在 4 月落實到正式的政令層面，4 月 14 日，監察院通過運回移存臺廈之金銀案，令其將先前自上海運出的黃金白銀運回。[136] 此舉等於是將國民黨內呼籲將金銀運回的聲浪公緒於社會，對於中國共產黨而言，自然不會錯過此宣傳機會，18 日新華社即對監察院通過此案進行，寫道：「南京國民黨政府監察院內政委員會及財政委員會聯席會議在 14 日通過的一項決議中，承認匪首蔣介石劫走國庫現金的行動加速了偽金圓券信用的崩潰，造成物價猛烈波動，從而加深了國民黨統治區人民的災難。該項決議要求立即運回根據蔣介石的命令而移存臺灣及廈門的庫存黃金、白銀及外匯。據各方消息披露：在匪首蔣介石引退前後，偽中央銀行的庫存黃金為 390 萬兩，銀元 7 千萬枚，外匯 7 千萬美元，三項合計約值 3 億美元。在匪首蔣介石引退後，偽中央銀行已奉蔣賊之命，陸續將約值 2 億美元之金銀外匯運至臺灣及廈門。以上數目尚未計入偽中央銀行奉命運往華南其他城市及海外的國庫財產，其中包括存在香港的 1 億元港幣在內。」[137] 將黃金外運事，在其控制地域內再一次地宣傳讓民眾知道。

---

[134] 〈蔣中正致吳忠信電〉（1949 年 3 月 21 日），國史館，檔號：002-010400-00012-062。

[135] 〈蔣介石日記〉（未刊本），1949 年 3 月 21 日。

[136] 中華民國年鑑社編輯，《中華民國年鑑》，臺北：中華民國年鑑社，1951 年，頁 1028。

[137] 《人民日報》，1949 年 4 月 18 日。

到了 5 月，此時政府已遷往廣州，而李宗仁身為代總統，卻遲遲未到廣州，希望藉此給蔣介石壓力，5 月 2 日蔣介石接到行政院長何應欽電，告以李宗仁不肯赴廣州的原因，其最主要原因，即在過去三個月軍政、經濟大權均未能行使，另中國國民黨秘書長鄭彥棻電蔣經國，告以白崇禧表示如要李宗仁到廣東負責，條件是必須讓蔣介石將軍權、財權交出。[138] 對於此要求，蔣介石記曰：「李德鄰（宗仁）留桂不來穗，其目的在要求軍權與財權，但未敢明言又不能直說⋯⋯其真意乃欲余出國，否則他不願來穗以逼之。」由於蔣介石「如國內有寸土可為我革命立足之地，則余不敢放棄此責任」，不接受黨內要他出國的要求。[139]

李宗仁見暗示收不到善意的回應，也不再找人在幕後傳話，3 日致函行政院長何應欽，並附談話紀錄一份，請其轉呈蔣介石。李在其談話紀錄中，提出六項條件，其中一點即令其將黃金運回，曰：「所有前移存臺灣之金銀外匯，請由先生同意，命令政府運回，以應政府急需。」[140] 接到條件書後，蔣介石記曰：

> 接敬之（何應欽）航空來信，內附李德鄰（宗仁）六條件之要求，以及其談話錄之措辭，十足表示其蠻橫要脅，爭權奪利，最卑劣無賴之形態，乃以一笑付之。與蔚文（林蔚）、（陶）希聖商議覆信要旨，此李叛跡奸計已畢露無遺，決不能希望其回頭革命矣。[141]

對於李宗仁的要求，蔣介石於 6 日函何應欽，表示與李宗仁「應決然斷絕關係，不復有所希冀。故彼之來穗與否，皆可置之不顧」，並讓其代為轉交答覆書，轉達其意。答覆中對於李宗仁所提要求，一一回覆，黃金一項蔣介石表示：「中（中正）在職時，為使國家財富免於共黨之劫持，曾下令將國庫所存金銀轉移安全地點；引退之後，未嘗再行與聞。一切出納收支，皆依常規而進行，且財政部及中央銀行簿冊具在，儘可稽考。」[142]

經過此事，蔣介石了解到李宗仁想掌控黃金的迫切，心想之後可能會有其他動作，即令秘書曹聖芬，飛廣州代轉達參謀次長林蔚、臺灣省主席陳誠，告如之後又有

---

[138] 〈何應欽致蔣中正電〉、〈鄭彥棻致蔣中正電〉（1949 年 5 月 2 日），國史館，檔號：002-020400-00028-109、002-020400-00031-025。

[139] 《蔣介石日記》（未刊本），1949 年 5 月 2 日。

[140] 〈李宗仁致蔣中正電〉（1949 年 5 月 3 日）、〈何應欽致蔣中正電〉（1949 年 5 月 4 日），國史館，檔號：002-020400-00028-110、002-020400-00031-026。

[141] 《蔣介石日記》（未刊本），1949 年 5 月 4 日。

[142] 〈蔣中正致何應欽電〉（1949 年 5 月 6 日），國史館，檔號：002-020400-00028-111。

要求運回動作時，不可拒絕政府將黃金運出臺灣，但有三個原則：「甲、此金必須用於剿共之軍費；乙、此金應仍爲改革幣制之基金，不宜過於分散；丙、運存地點必須比臺灣更爲安全，切勿爲匪所劫奪，或送解於匪耳，此外決不准對其運出也。」[143]

　　但在同時在廣東召開的行政院召集的財政糧食會議，對於陳誠的出席又表示不滿，於日記寫道：「陳辭修（誠）不問利害與結果如何，貿然前往參加，如果桂系李、白向其要求運出臺灣存金，而彼因應不宜，甚可爲其所害……」[144] 作法上還是在防範其他勢力將黃金運出臺灣。

　　至於廈門黃金，24 日蔣介石與行政院長何應欽、中央銀行總裁劉攻芸、聯勤總司令郭懺、臺灣省主席陳誠等談下月軍費之提用，及今後金融幣制改革辦法。會中何應欽及劉攻芸建議將廈門僅有黃金全部運出，蔣介石認爲此舉會是無益的消費，尤其對劉攻芸不滿，表示「而劉之言行前後不誤，尤爲可痛」，並當天於日記曰：「接敬之（何應欽）致石祖德，欲調運存廈現金，突如其來，令人不知所解，甚歎。」[145]

　　李宗仁方面，也表示了對因蔣不將財政權交出，使他無所作爲的不滿，6 月，在與立委張道藩的晤談及國民大會秘書長洪蘭友的報告中，蔣介石獲悉李宗仁、白崇禧在中央政治委員會上指他藏匿 1 億餘美金，會中財政部長徐堪與中央銀行總裁劉攻芸，表示央行所有各種現款，只有 2 億 7 千萬美金，並沒有李宗仁等人說的 4 億多元，更無 7 千萬美金之藏匿。此事件增添了蔣介石與李宗仁的矛盾，記曰：「彼之欲毀滅黨國及陷害於余之心事，已明目張膽，毫不掩飾矣。」[146]

　　在幾番努力後，李宗仁等人知道要讓蔣介石把黃金再拿出來，希望渺茫，也不再做徒勞之努力。

　　10 月，宋美齡告蔣介石，美國各報刊載李宗仁、白崇禧批評蔣介石不發軍餉，造成軍事不利，美國許多政要得此消息表示，若所稱是事實，以後「甚難再爲我聲援」，馬歇爾也詢問宋美齡，是否有扣留軍火及金銀之情事，宋美齡擔心影響擴大，讓蔣介石趕緊做出澄清。美國政府中許多人原本即對國府有中飽私囊的印象，今又有此報載，恐怕對今後的中美貸款事造成影響，考慮到事情的嚴重，蔣則在與幕僚研究之後，以正式更正方式發出消息。[147] 日記曰：「接美國各報，皆登此次廣州與衡陽失敗，大局形成如此惡劣者，皆由余扣留現金不發，以致崩潰之故也，閱之心痛。此乃

---

[143] 《蔣介石日記》（未刊本），1949 年 5 月 21、22 日。

[144] 《蔣介石日記》（未刊本），1949 年 5 月 21 日「上星期反省錄」。

[145] 《蔣介石日記》（未刊本），1949 年 5 月 24 日。

[146] 《蔣介石日記》（未刊本），1949 年 6 月 1、3 日。

[147] 〈蔣中正致黃少谷電〉（1949 年 10 月 13 日），國史館，檔號：002-090106-00017-398。

內外仇？皆使余永無翻身之日，凡有罪惡皆歸余一身，非澈底毀滅蔣某，不足以快其心也，但亦惟有置之而已。」[148]

11月，華中已盡入中國共產黨之手，華中軍政長官白崇禧撤往廣西，希望在其崛起及掌控度最高的地方重起爐灶，11月10日致函財政部長關吉玉表示：「自衡、穗撤守，桂林成為西南前方唯一兌換處所，鈔券流通範圍日狹，其流入桂市以求兌現者日多。加之政府西遷，大軍後撤，人心不免驚慌，因而群趨兌現。供應愈少，需求愈多，往復迴圈，幣值始終處於貶落之狀。」為另謀穩定金融，配合軍政，加強作戰力量，召集有關單位會商後，決定推出軍政配合穩定幣值辦法六點，其要點為：

（一）中央應在可能範圍內，多運銀元來桂，以轄區支付為例，每月至少須有銀元二百萬元，方敷兌現。

（二）中央運桂黃金，桂林一市銷場有限，應分運柳、邕等地，交當地央行掛牌售兌銀元、運桂備兌。

（三）轄區軍政支付財務補給機關，應與央行一體配合密切聯系。

（四）南寧地位日形重要，應請中央從速辦理兌現，以適應需要，兼以減輕桂林央行之負荷。

（五）政府稅收、公營事業收費一律限收銀元券，不得收受銀元之政令，務必徹底執行。

（六）嚴密查緝銀元券貶折行使、拒用、套兌等情事，務須執法以繩。

但此辦法要想順利執行，仍有許多困難之處，其中之一即為需要中央黃金支持，因此令其：

（一）中央務于周內運銀元1百萬元、黃金2萬兩來桂。

（二）准金運到後，一面發行銀元券以推行幣制，一面辦理金銀兌現以鞏固幣信。（另擬有支付軍政費用及金銀兌現暫行辦法附後）[149]

而其運臺黃金，沒得蔣介石的允許，財政部長也無權動用，在1949年底，各城市紛紛易手，大陸的失陷只是時間前後的問題，蔣介石已將資源集中臺灣，以建日後反攻力量，對於各方需用金銀的要求，自然也就越來越保守了。

---

[148]《蔣介石日記》（未刊本），1949年10月13日。

[149]〈華中軍政長官白崇禧致財政部長關吉玉──擬訂軍政配合穩定幣值辦法〉，《財政部檔》，參見中國人民銀行總行參事室編，《中華民國貨幣史資料》第二輯（1924-1949），頁681-682。

第四節　遷運黃金總額

由上述探討，統計由央行國庫移出的黃金數目約 435 萬兩，而國史館《央行總裁俞鴻鈞呈蔣總統的中央銀行黃金收支簽呈》（1950 年 6 月 2 日），[150] 內容提此黃金數目為 375 萬餘兩，再加上紀錄上未見的 60 萬兩，合計也為 435 萬兩，因此可合理敲定，自上海央行運出的黃金數目約為 435 萬餘兩。

表 5-4-1　上海中央銀行國庫運出黃金總計表

運送批次	運送時間 年 / 月 / 日	起迄 / 目的地	黃金數量（市兩）
第一階段（第一批）	1948/11/29	上海 - 臺灣	2,004,459.506
第一階段（第二批）	1949/1/1	上海 - 廈門（2 月份轉運臺灣）（註 1）	572,899.487（註 2）
第二階段（第一批）	1949/1-2	上海 - 廈門	990,000（註 3）
第二階段（第二批）	1949/2/5-/2/9	上海 - 臺灣	600,000
第三階段	1949/5/17	上海 - 臺灣	192,029.743（註 4）
總　　計：			4,359,388.736

註 1：轉運臺灣後僅剩 554,394.896 市兩。
註 2：另有銀幣 400 萬元。
註 3：另有美鈔 7,000 萬元。
註 4：另有銀圓、半圓 120 萬元。

然世人常誤以為上海運出的黃金，即等於臺灣之後可以運用的黃金，事實上大部分廈門的黃金，都已再運回大陸作為軍政費用，這些用掉的黃金，自始至終都未到過臺灣，自然也不應該加總在運送到臺灣的黃金總額之中。讓臺灣能夠運用的黃金數額接近原貌，不過度膨脹，更能真實的看出存於臺灣的黃金在運用上所得到的成效。

在廈門的黃金作為國民政府維持大陸軍政機關及戰事的支出，然並未用完，在 1949 年下半年，解放軍威脅到福建沿海時，在 8 月 16 日開始運臺，將剩餘的 31 餘萬兩黃金運至臺灣。加上自國民政府在大陸失利後，美國政府態度便曖昧不明，1949 年 4 月，解放軍攻佔南京，美國大使館也沒有像包括蘇聯在內的外國大使一同隨國民政府南遷廣州，而是留在南京，希望與中國共產黨政權進行接觸。美國的曖昧態度，使國府方面開始擔心，萬一日後在中國正統權的爭奪中，美國不支持中華民國，那國民

---

[150] 〈中央銀行行務委員會致劉攻芸電〉，參見周寧，〈1948-1949 年中央銀行密運黃金去臺史料〉，《民國檔案》，南京：中國第二歷史檔案館，頁 71。

政府存在美國的外匯很有可能拿不回來。

宋子良時在美國，便開始安排中國銀行在美外匯的情形，以便日後方便動用，1949 年 5 月 2 日，便電呈蔣介石：「中國銀行存美外匯，因監理官嚴格審核，如無實際用途，難以支撥，似可以支付購買必要器材方式，由政府向中央銀行借用，經該行在臺董事會通過，用通常業務電報電美照辦，如此則美當局在手續方面，亦難有借口留難之處，不知鈞意如何。中行在美資產不大，宜另闢途徑，目前美朝野對我態度轉變……美政府過去對華政策之錯誤甚受指摘，有不得不轉變之可能，所踟躕……」[151]

也因為有此顧慮，便在 1949 年 8 月，兩岸局勢大致底定之前，將存在美國的近 20 萬兩黃金運回臺灣存放。另在 1949 年底，將原存於菲律賓交通銀行的 1,500 萬枚銀幣，透過陳納德經營的民航空運隊，每日由馬尼拉轉運存臺北，為了加快速度，1 月 3 日起由空運隊和菲律賓航空公司，每天運輸機 12 架次，於 9 日前全部運抵臺北。[152] 總計之後，存放在臺灣的黃金約為 386 萬餘兩。

表 5-4-2　運至臺灣黃金總計表

運送批次	運送時間 年／月／日	起迄／目的地	黃金數量（市兩）
第一階段（第一批）	1948/11/29	上海 - 臺灣	2,004,459.506
第一階段（第二批）	1949/1/1	上海 - 廈門 - 臺灣	554,394.896
第二階段（第二批）	1949/2/5-/2/9	上海 - 臺灣	600,000
第三階段	1949/5/17	上海 - 臺灣	192,029.743
原第二階段（第一批）剩餘黃金	1949/8	廈門 - 臺灣	312,500
原存國外黃金	1949/8	美國 - 臺灣	199,074.608
總　　計：			3,862,458.753

筆者整理各家所提及黃金數量的數額於下表，由下表可知，吳興鏞、周宏濤、與代總統李宗仁的推估，當為最接近實際數額者。

[151] 〈宋子良呈蔣中正中國銀行在美外匯受到監管情形，及美政府對華政策轉變與因應對策，及蔣中正回電望隨時函告，另轉俞鴻鈞參考〉，國史館，檔號：002-080109-00005-002。
[152] 《中央日報》，1949 年 1 月 4 日、10 日。

表 5-4-3　各家所提運至臺灣黃金數量表

提及人	數量	出處
詹特芳	黃金 92 萬兩，外幣 8,000 萬美元，銀元 3,000 萬元	《文史資料選輯－第九十三輯》
臺灣金融研訓院	黃金 92 萬兩	《臺灣金融發展史話》
王昭明	100 萬兩	《嚴前總統家淦先生哀思錄》
嚴演存	200 萬兩	《早年之臺灣》
國民黨	227 萬兩	《國民黨黨產報告》
李度（Lester Knox Little）	黃金 80 多噸與白銀 120 多噸（黃金 80 公噸，約等於黃金 260 萬兩左右）	《中國的海關總稅務司（1868-1907）》
王丰	294 萬餘兩	《蔣介石父子 1949 年危機檔案》
袁穎生	黃金 300 多萬兩，白銀 1,136 萬兩，銀元 398 萬元	《光復前後的臺灣經濟》
任治平	黃金 375 萬兩	《這一生——我的父親任顯群》
周宏濤	375 萬 5,540 餘兩	《蔣公與我》
吳興鏞	375 萬餘兩	《黃金往事》
李宗仁	黃金 390 萬盎司，外匯 7,000 萬美元，價值 7,000 萬美元的白銀	《李宗仁回憶錄》
李登輝（註）	960 萬兩	《聯合報》
周宏濤	3,880 萬兩	周宏濤呈蔣介石與劉攻芸晤談中央銀行人事與黃金處置報告

註：李登輝的數字爲眾家說法中最高者，但他也是唯一稱此黃金並未到臺灣者。李稱：「不要以爲臺灣今天的繁榮是國民黨抵臺時運來了 960 萬兩黃金，事實上沒那個事！那艘船從南京來臺灣時，早在揚子江（長江）口就沉了。」

　　其中需要仔細探討的，則爲國民黨的黨產報告，及周宏濤呈蔣介石的報告。

　　近年來臺灣社會呼籲國民黨公開黨產的呼聲日益高漲，因此國民黨在 2016 年 3 月 16 日的中常會，由行政管理委員會主委林佑賢進行「國民黨黨產報告」，報告中提到 1949 年大陸遷臺時，當時運到臺灣黃金有 227 萬兩黃金。[153] 上述提及，當時許多遷運，都是由蔣介石以「口諭」方式，直接命俞鴻鈞、吳嵩慶等人辦理，遷運事宜並非所有皆見於官方文件。

　　1949 年 2 月 8、9 日，周宏濤奉蔣介石命，到上海與中央銀行總裁劉攻芸晤談。並於 10 日到奉化，向已下野的蔣介石報告，並有報告呈報，其中提及：「現全國黃金

---

[153]《聯合報》，2016 年 3 月 17 日。

臺北存 2,600 萬兩，廈門 900 萬兩，美國 380 萬兩，共計 3,880 萬兩，而上海留存 20 萬兩。」[154] 2015 年出版的《蔣中正先生年譜長編》，也將這段報告抄錄入內容，進而引起學界討論。

抗戰勝利後，當時是中國黃金存量的高點，約 600 多萬兩，經過 1946 年 3 月至 1947 年 2 月的大量拋售，拋售數量超過 300 萬兩，此後雖陸續在市場上回收黃金，但從此沒再回到抗戰勝利時的黃金數，如果運臺黃金數量達此鉅數，那怎麼說明其他論著數量之誤。另外這個數字，除了這份報告，在目前可見關於中國近現代經濟史的論著中，都不見有政府黃金庫存超過 2,000 萬兩的記載，所謂孤證不立。[155]

再者，在 2 月份報告時，已從上海遷運 260 萬兩至臺灣，90 萬兩至廈門，美國存 38 萬兩，加總後共計 388 萬兩，這些數字都與周宏濤呈蔣介石報告的數字對得上，又恰好皆少了一位數，因此雖未見劉攻芸提供給周宏濤的數字，但可合理懷疑是報告的小數點填錯或看錯之可能。

三者，周宏濤在 2003 年口述出版的《蔣公與我》，內容也有關於黃金數量的回憶文字：「依當時央行總裁於 1950 年 6 月 7 日呈總統的報告指出，1949 年以來運至臺灣的純金來源及數量如下：除了自上海分三批運臺數量最大，共 275 萬餘兩之外，另從美國、日本運回再加上原先置於廈門的純金，全部共有 3,755,540 餘兩。」[156] 另在注釋中寫道，這段文章摘至周氏錄於 1950 年的日記，表示不是 2003 年受訪時的回憶。如果不過時隔一年，央行報告數量與實際差異如此大，周氏應會有所紀錄，而不至於毫無反應。

第五節　中國共產黨建政初期的黃金儲備

在長期的宣傳下，人們普遍認為 1949 年蔣介石將「全中國」的黃金搶運到臺灣，留給中國共產黨政權一個「一窮二白」的中國大陸，這種觀念也深植許多人心。

在現在普遍見到的數字，國府離開大陸時，新政府的黃金儲備僅 6,000 兩，也有其他的數字，但與此數字差別不大。[157]

---

[154] 〈周宏濤致蔣中正報告〉（1949 年 2 月 9 日），國史館，檔號：002-080109-00016-002。

[155] 指考訂史實時，單一的歷史材料不能成立，應該多方求證，避免僅憑孤立的證據，即草率下結論。參考自杜維運，《史學方法論》，臺北：華世出版社，1979 年 2 月，頁 65-72。

[156] 周宏濤口述；汪士淳撰寫，《蔣公與我：見證中華民國關鍵變局》，頁 297-298。

[157] 如劉山恩著作便稱：「當時新中國從國民黨政權接收的只有區區七千兩黃金」，參見劉山

　　除了上述觀念，近年對於此事，也開始出現另外一種說法，即當時蔣介石帶出大陸的黃金數量其實很有限。這個說法的一個重要根據，為中國社會科學院經濟研究所研究員的武力，在名為〈中華人民共和國成立前後的貨幣統一〉一文中所提供的數字，文中指出，「以廣東省為例，1950 年一年共收兌黃金 745.5 萬兩、銀元 101.2 萬枚、純銀 5323.6 萬兩。」[158]

　　而蔣介石當年帶出大陸的金銀，究竟比例為何？由於缺乏統計資料，下列略述各省及省會城市在 1950 年初期的黃金收兌量，嘗試藉此推估中國共產黨建政初期擁有的黃金儲備量。

　　1949 年 4 月 25 日《中國人民解放軍布告》，第三條規定：「沒收官僚資本。凡屬國民黨反動政府和大官僚分子所經營的工廠、商店、銀行⋯⋯，均由人民政府接管。」

　　廣東省的財經接管工作，由廣州市軍管會財經接管委員會金融處具體負責，廣東省行部分於 1949 年 11 月 5 日清點完畢，經過兩個多月的工作，金融接管工作於 1950 年 1 月 11 日完成，由中共中央華南分局召開總結大會，其中接管的現金及金銀外幣類別包括大洋券、金圓券、銀元券、鎳幣、銀元、毫銀、白銀、黃金、港幣、美鈔、英鎊、澳洲鎊、紐西蘭鎊、越幣、荷蘭盾、法朗、菲幣等，其中黃金 6,758 市兩，白銀 7,270 兩，銀元 365,256 元。[159] 民間收兌部分則未有總計。

　　湖南省在中國共產黨 1949 年 8 月入駐長沙後，長沙市軍管會頒發《金銀管理暫行辦法》，規定金銀、銀元不得買賣和計價行使，准許人民保存。1950 年 6 月，根據中共中財委關於加強對黃金及銀元管理的指示，湖南開始取締金銀黑市。7 至 9 月，全省查獲偷運、販賣金銀等案件共 197 件，共沒收黃金 538 市兩，白銀 143 市兩，銀元 7,658 枚。另外湖南在 1949 年，即在省內建立人民銀行，開始收兌金銀，1949 年 8 月至 12 月，全省收兌銀元 1,090,000 枚。1950 年湖南省人民銀行制定《金銀收兌辦法》，同時列出省內 18 個收兌重點行，1950 年湖南省收兌黃金共 35,474 市兩，白銀 116,431 市兩，銀元 973,840 枚。1950 年 2 月，湖南省人民政府指示省內農會動員農民兌換金銀，是年金銀收兌數量大增，總計黃金 117,068 市兩，白銀 977,170 市兩，銀元 4,815,630 枚。1952 年共產黨開展「三反」、「五反」運動，是年收兌量都較前年增

　　恩，《破繭：解密中國黃金市場化歷程》，北京：中國財政經濟出版社，2013 年 8 月，頁 18。

[158] 武力，〈中華人民共和國成立前後的貨幣統一〉，《當代中國史研究》，1995 年第 4 期，頁 6。

[159] 廣東省地方史志編纂委員會編，《廣東省志・金融志》，廣州：廣東人民出版社，1999 年 2 月，頁 315-317。

加，總計黃金 138,956 市兩，白銀 1,080,165 市兩，銀元 6,012,887 枚。1953 年金銀收兌量開始下降，約較前年減少六成，總計黃金 45,324 市兩，白銀 397,636 市兩，銀元 2,367,778 枚。上述 1949 至 1953 年湖南收兌金銀數額總計爲黃金 337,360 市兩，白銀 2,571,545 市兩，銀元 15,260,135 枚。[160]

河南省人民政府在 1949 年 7 月宣布《金銀管理暫行辦法》，禁止金銀出境、行使、流通、買賣，並不得以金銀計價。1950 年 7 月，中南軍政委員發出通令，要求各地加強緝私，以凍結金銀。1951 年 2 月，河南省人民銀行對黃金和銀元採取嚴禁流通，定價收兌方針。總計 1950 至 1952 年，河南省黃金白銀收兌數量爲黃金 61,609.6 市兩，白銀 352,390.4 市兩，銀元 11,222,700 枚。[161]

福建省於 1949 年底開始實行華東區人民銀行指示，嚴禁金銀流通。並於 1950 年 9 月起，在全省開始收兌金銀，在「土改」、「三反」、「五反」運動的影響下，群眾大量將金銀兌換人民幣，加上福建華僑眾多，初期僑匯中斷，因此轉移至金銀收兌業務，1949 至 1952 年，福建省收兌金銀數量總計黃金 80,183 市兩，白銀 2,383,614 市兩，銀元 3,472,314.0 枚。[162]

江西省部分，1949 年中旬爲穩定金融，6 月 18 日南昌市軍事管制委員會宣布禁用銀元，江西省人民銀行於 6 月 25 日於南昌市設立 17 個兌換處，掛牌收兌銀元。7 月 23 日江西省人民政府頒布《江西省金銀管理暫行辦法》，嚴禁金銀帶出省境、流通、買賣，允許人民儲存。9 月 11 日制定金銀折實存兌臨時辦法，自 12 日起開始辦理金銀折實存兌，通告民眾限期存兌。1952 年「五反」運動展開後，江西省人民銀行配合公安部門，在省內 11 個城市對金銀黑市進行一次大規模的取締工作，僅南昌市便查出案件較大案件 117 起，違反買賣、行使案件 602 起，經過這次取締，金銀黑市基本被肅清。江西省收兌金銀情形，至 1949 年末，共收兌黃金 1,372.7 市兩、白銀 6,232.5 市兩、銀元 179,467 枚。1950 年開始對收兌金銀實行低價凍結，嚴格管理，兌換數量則不予限制。6 月 17 日選定南昌、九江、吉安、贛州、浮梁、上饒、袁州、寧都、撫州 9 處爲收兌中心行。1951 年 3 月江西省人民銀行發布「關於收兌農民鬥爭果實金銀問題處理意見暨補充的指示」，要求各行加強收兌力度，截至 1951 年 11

[160] 湖南省地方志編纂委員會編，《湖南省志・金融志》，長沙：湖南出版社，1995 年 12 月，頁 740-747。

[161] 河南省地方史志編纂委員會編，《河南省志・金融志》，河南人民出版社，1992 年 9 月，頁 296-298。

[162] 福建省地方志編纂委員會編，《福建省志・金融志》，北京：新華出版社，1996 年 3 月，頁 476-478。

月底，江西省內連同緝私、抗美援朝揭獻、工商業重估增資、營業收兌等共計黃金48,236 市兩，白銀 1,019,780 市兩，銀元 2,182,698 枚。1952 年江西省總計收兌黃金56,058 市兩，白銀 761,456 市兩，銀元 2,309,214 枚。共計 1949 至 1952 年，江西省收兌黃金 104,294 市兩，白銀 1,781,236 市兩，銀元 4,491,912 枚。[163]

山西省部分，省會太原市在易手初期金銀黑市猖獗，太原市軍事管制委員會於1949 年 4 月 25 日發出布告，宣布嚴禁金銀在本市行使、買賣，開始實行堅決取締、凍結收兌方針，1949 年 5 月至 1951 年 7 月，各地查獲倒販金銀案件 1,115 件，查獲黃金 1,150.2 兩，白銀 8,478 兩，銀元 78,405 元。另開始收兌金銀政策，收兌來源主要包括礦產金銀與群眾手持部分，總計 1949 年至 1952 年山西省收兌黃金 31,490 市兩，白銀 779,432 市兩，銀元 4,358,662 枚。[164]

河北省早在 1949 年 4 月 27 日，華北人民政府便頒布《華北區金銀管理暫行辦法》，辦法中規定：「嚴禁一切金銀帶出解放區。在解放區內允許人民儲存，並允許向人民銀行按牌價兌換人民幣，但不得用以計價、行使、流通與私相買賣。」在取締金銀買賣和禁止金銀流通過程加強對金銀的管理。另將金店銀樓的飾品原料，改由人民銀行配售，藉以防止投機行為，在貴金屬市場縮小後，再組織金店銀樓轉業或停業。總計 1949 至 1952 年中國人民銀行河北省分行收兌金銀數額分別為黃金 37,791 市兩，白銀 269,329 市兩，銀元 3,557,139 枚。[165]

北平市在北平市軍管會接管北平後，1949 年 2 月和 3 月先後發布了《金字第 2號》與《金字第 3 號》通令，明令禁止銀元在市面上流通。1949 年至 1950 年 10 月金銀投機活動嚴重，在前門五牌樓、珠寶市、廊房、天橋、東單、東四等地皆為金銀投機客經常活動地區。1949 年 3 月 16 日，中國人民銀行北平分行開業第二天，便根據《金字第 3 號》通令，制定《違反銀元管理具體處罰辦法》，規定違法買賣銀元規定者沒收其全部銀元，另有擾亂金融情事者，除沒收外另處以查獲數額兩倍至十倍罰金。4 月 27 日，頒布《華北區金銀管理暫行辦法》，辦法中規定境內金銀由中國人民銀行統一管理，統購統配，禁止人民行使、買賣。金銀管理暫行辦法的公布加強了金銀市場的法律依據，中國人民銀行北京分行並與工商管理、公安部門聯合取締金銀黑市，

---

[163] 江西省金融志編纂委員會編，《江西省志·金融志》，合肥：黃山書社，1999 年 7 月，頁365-367。

[164] 山西省地方志編纂委員會編，《山西通志 第三十卷 金融志》，北京：中華書局，1991 年 4月，頁 181-184。

[165] 河北省地方志編纂委員會編，《河北省志·金融志》，北京：中國書籍出版社，1996 年 12月，頁 474-477。

1949 年至 1950 年 10 月，北京市查獲金銀違法案件超過 6,000 起，查獲黃金 4,000 多兩，白銀 84,000 餘兩，銀元 77,000 多枚，到了 1952 年，「三反」「五反」運動展開後，北京的金銀黑市被基本消滅。[166]

青海省在中國共產黨接管後，1949 年 9 月 13 日中國人民解放軍西寧市軍事管制委員會即發出通告，禁止金銀流通。1950 年 11 月 24 日青海省人民委員會頒布《青海省金銀管理辦法》，規定金銀買賣統由中國人民銀行經理。另針對青海特點分步驟、分地區禁止銀元流通。至 1958 年前，全省皆禁用銀元。在 1950 至 1956 年取締銀元過程，共計收兌銀元 708 萬枚。[167]

黑龍江省在 1947 年時，哈爾濱市庫存黃金即有 4 萬兩，到 1949 年 6 月，哈爾濱有私營金店 31 家，從業人數 136 人，資本金 47.3598 億元（東北幣）。同年，東北行政委員會頒布《東北金銀買賣業暫行管理辦法》，授權東北銀行為金銀買賣的管理檢查機關。至此，對金銀業的管理更加嚴格，至 1950 年 2 月，哈爾濱私營金店剩 15 家，再經打擊後，至 11 月僅剩天寶源、小中原兩間金店。

1951 年 1 月，東北人民政府公布《關於攜帶金銀入關應辦理登記手續的規定》，此後，凡攜帶金銀入關均需居住地區政府的證明文件。1952 年 8 月，中國人民銀行松江省分行發布《協助政府取締私營金銀業的通知》，在「五反」運動後，取消省內各城市私營金銀業。黑龍江省未見其收兌金銀數字，但東北天然資源豐富，也是礦金重埴，1946 年 6 月嫩江省地方銀行建立初期，便開始組織礦金收購，東北銀行嫩江省分行成立後接辦礦金收購業務，後由金礦局統一交售給東北銀行總行。1949 年後松江與黑龍江兩省東北銀行及人民銀行在重點產金縣支行，先後開辦礦金收購，收購金銀集中繳省分行，再由省分行繳總行。1953 年至 1955 年，松江、黑龍江兩省共收購礦金 46,082 市兩。[168]

重慶市從 1950 年 2 月至 1954 年 6 月，共收兌黃金 188,880 市兩，白銀 468,440 市兩，銀元 3,271,436 枚。[169]

上述為幾個省份在 1950 年初期的收兌情形，下就幾個省會收兌情形進行簡述。

---

[166] 北京市地方志編纂委員會編，《北京志‧綜合經濟管理卷‧金融志》，北京：北京出版社，2001 年 12 月，頁 444。

[167] 青海省地方志編纂委員會編，《青海省志‧金融志》，合肥：黃山書社，1997 年 12 月，頁 403-407。

[168] 黑龍江省地方志編纂委員會編，《黑龍江省志‧金融志》，哈爾濱：黑龍江人民出版社，1989 年 12 月，頁 595-602。

[169] 四川省地方志編纂委員會編，《四川省志‧金融志》，成都：四川辭書出版社，1996 年 5 月，頁 468。

1949 年 2 月 8 日，合肥市軍事管制委員會發布通令，禁止直接使用銀元購買物品。當時市場普遍使用金銀計價，許多投機者利用黑市交換差額操縱市場，藉以從中圖利。合肥鄰縣及皖西鄉鎮的金銀多數經由合肥轉流江南。金肥銀樓業受五洋、木商、紗布原業委託代收金銀，因所獲利潤豐厚，許多金銀小販應運而生，游資多以金銀形態出現，造成市面金融混亂，6 月 1 日，黃金每兩舊人民幣 4.4 萬元，銀元每枚舊人民幣 600 元，10 日以後便漲至每兩 12 萬元及每枚 1,800 元。6 月底合肥市軍管會依據《華東區金銀管理暫行辦法》及《華東區私營銀飾業管理暫行辦法》通令，取締金銀市場，禁止銀元流通。1949 至 1950 年，合肥市共查獲非法買賣金銀 22 起，坦白自首的銀元販子 31 人，交待購賣數量計 7,448 枚。收兌金銀方面，1949 年初華中銀行合肥分行即開展金銀收兌業務，1949 年 2 至 12 月，合肥市共收兌黃金 83.107 兩，銀元 31,468 枚，分別占同時皖北分行收兌總數的 13.15% 和 27.27%，可推估同期皖北收兌總數分別為黃金 632 餘兩，銀元 115,394 餘枚。1950、51、52 年的數字缺，1953 年收兌數額為黃金 709 兩，白銀 1,624 兩，銀元 32,167 枚。[170] 可藉以推敲 1949 至 1953 年中的大致收兌數量。

　　南京市作為國府首都，自然也是重點收兌城市，1949 年 4 月 23 日，中國人民解放軍南京市軍事管制委員會發布公告，禁止銀元計價流通、買賣，由中國人民銀行掛牌收兌。5 月 16 日開始收兌，收兌初期，自 6 月 11 日至 7 月 15 日，共收兌銀元 123,185 枚，另取締違法銀元販 1,143 人，收繳黃金 106.13 市兩，銀元 9,406 枚。1951 年南京全市共收兌黃金 15,469 市兩，白銀 68,595 市兩，銀元 524,496 枚。1952 年「三反」運動開展後，金銀收兌數明顯增加，1 至 5 月收兌數額分別為黃金 27,527 市兩，白銀 58,938 市兩，銀元 334,219 枚，1952 全年一共收兌黃金 45,760 市兩，白銀 128,960 市兩，銀元 890,000 枚，1949 至 1952 年，南京收兌共黃金 61,332 市兩，白銀 197,555 市兩，銀元 1,537,681 枚。[171] 收兌金額至 1952 年後逐年減少。

　　杭州市在 1949 年中國共產黨便對金銀實行統一管理政策，5 月 17 日杭州市軍管會發出第 3 號公告，禁止金銀、銀元行使、買賣，由人民銀行設立銀元兌換所進行交易，初始杭州市兌換所共 3 處。在《華東區金銀管理暫行辦法》頒布後，杭州市軍管會開始清查市內金銀販子，共查獲 228 人，沒收黃金 449.48 兩，銀元 2,191 枚。收兌黃金部分，人民銀行杭州市支行於 1949 年 5 月 21 日開始收兌銀元，隨後陸續增加收

---

[170] 合肥市地方志編纂委員會編，《合肥市志》第二冊，合肥：安徽人民出版社，1999 年 9 月，頁 1740-1746。

[171] 南京市地方志編纂委員會編，《南京金融志》，南京：南京出版社，1995 年 10 月，頁 593-594。

兌黃金、白銀、白金，其中 1950 至 1952 年收兌數額爲黃金 70.6 兩，白銀 180.8 兩，銀元 1,136.159 枚。[172]

成都市爲管理金銀，制止投機，1950 年 1 月 1 日軍管會金融處即派員進駐原中央銀行、中國銀行、交通銀行、農民銀行、中央信託局、中央合作金庫、山西裕華銀行在成都的分支機構，以及四川銀行總行、四川銀行成都分行、西康省銀行辦事處、陝西省銀行辦事處和造幣廠，查封物資，造具清冊。1949 年底，成都私營行莊基本都已歇業，根據人民銀行頒發《私營行莊停業暫行辦法》和人行西南區行頒發的《西南區管理私營銀錢業暫行辦法》，川西分行開始對私營行莊進行整頓。1950 年 2 月 6 日，成都市軍管會發布布告，實施《西南區金銀管理暫行辦法》，規定「除經政府批准特許出境者外，嚴禁金銀帶出國外或帶出待解放之區域。在解放區內允許人民存儲，但不得用以計價行使流通與私相買賣」。2 月 7 日川西行署成立後，隔日即發出布告，宣告嚴禁黃金、銀元、外幣行使，對金銀流通進行硬性凍結。1952 年開始放寬金銀收兌，成都市人民銀行當年收兌計黃金 32,582.85 兩，白銀 64,836.11 兩，銀元 846370.85 元。[173]

貴陽市根據 1950 年 4 月中國人民銀行頒發的《金銀管理暫行辦法草案》開始相關工作，爲方便銀元收兌，同年 10 月貴州省分行制發《關於銀元分版辦法的規定》，至 1950 年止，貴陽共收兌黃金 4,570.84 兩，白銀 811.48 兩，銀元 11,411 元。[174]

西安部分，中國共產黨主政西安初期，西安按當時市場情況，靈活自主收兌黃金。1952 年開始，西安黃金與收兌執行全國統一牌價。在 1952 年的「三反」、「五反」運動時期，即收兌黃金 1,691 公斤，白銀 1,997 公斤，銀元 74 萬枚。共計至 1949 至 1952 年收兌數額分別爲黃金 69,231 市兩，白銀 73,971 市兩，銀元 1,026,603 枚。[175]

長春市在 1948 年 11 月東北銀行長春市分行成立後，即開始收兌黃金，設收兌處辦理金銀收兌，1949 年收兌數量爲黃金 177.26 市兩，雜銀 621,219 市兩，銀元 96,226 枚，此後逐年減少，至 1955 年當年共兌數減爲黃金 39 市兩，雜銀 13,329 市兩，銀元

[172] 杭州市地方志編纂委員會編，《杭州市志》第五卷，北京：中華書局，1997 年 10 月，頁 263-265。

[173] 成都市地方志編纂委員會編，《成都市志·金融志》，成都：四川辭書出版社，2000 年 3 月，頁 342-347。

[174] 貴陽市志編委會編，《貴陽市志·金融志》，貴陽：貴州人民出版社，2003 年 12 月，頁 476。

[175] 西安市地方志編纂委員會編，《西安市志·經濟（下）》第四卷，西安：西安出版社，2004 年 12 月，頁 740-742。

25,536 枚。[176]

　　武漢至 1949 年以來，市人民銀行即開始配合公安部門打擊社會倒賣金銀情事，1950 年 1 月至 1951 年 4 月，共查獲倒賣金銀案件 592 起，查獲黃金 455 市兩，白銀 2,085 市兩，銀元 30,423 枚。[177]

　　在金圓券幣制改革章節裡提到，在收兌金銀前三日，北平市收兌黃金爲 1,214 餘市兩，僅占總收兌數約 2%。[178] 北平作爲最重要的城市之一，收兌前三日黃金僅收兌到一千餘兩，可以看出當時中央政府對於地方的控制力其實十分有限，這也意味著除了實行嚴格管制、取締的上海一帶，其他廣大地域存金很可能仍存於社會之中。

　　上述簡略幾個省份及城市在 1949 至 1952 年間的金銀收兌情形，將上述省份、省會收兌數字相加，共計黃金約 111 萬 7 千 6 百餘市兩，白銀 812 萬 9 千 5 百餘市兩，銀元 5,239 萬 6 千 8 百餘枚。然而筆者目前所見，有統計數字的僅廣東、河南、湖南、福建、江西、山西、河北、北京、重慶、青海、黑龍江等省市。湖北、安徽、江蘇、浙江、四川、貴州、陝西、吉林等省份皆缺乏資料，在此僅以所屬省會城市計算，另上海市、天津市則無較客觀數字，山東、廣西、寧夏、內蒙古、海南等省份，則暫查無該省及省會收兌數字。

　　上述雖以 1949 至 1952 年爲限進行初估，但有相關數量的省份有些僅有其中一年，或一個時期，並無這三、四年的完整統計。因此這裡列出的數字，僅是希望作爲一個最低標準，意即五十年代初期的官方黃金儲備量的下限，儲備量不可能低於此數。

　　再者，此處雖以 1952 年爲一個統計節點，1952 年也因政治運動，確爲收兌金額較高的一年，但 1953 年後並未停止收兌、取締，許多城市之後幾年的收兌數字也仍可觀，如福建省 1949 至 1952 年的收兌黃金數字爲 80,183 市兩，1953 至 1962 年收兌黃金數字仍有 267,187 市兩，爲 1952 年時的數倍。[179]

　　而在 1966 年文化大革命開始後，提出「破舊立新」的口號，「紅衛兵」查抄金銀，群眾不敢保存金銀，使收兌金銀又達到了一個高潮，以山西省爲例，1949 至 1952 年，平均每年收兌金銀數字爲黃金 10,497，白銀 259,810，銀元 1,452,887，而

---

[176] 長春市地方志編纂委員會編，《長春市志・金融志》，長春：吉林文史出版社，1993 年 2 月，頁 305-306。

[177] 武漢地方志編纂委員會主編，《武漢市志・金融志》，武漢：武漢大學出版社，1989 年 4 月，頁 175。

[178] 郭榮生，〈八月份各地收兌金銀外幣統計〉，《中央銀行月報》，新 3 卷第 9 期，1948 年 9 月，頁 77-79。

[179] 福建省地方志編纂委員會編，《福建省志・金融志》，頁 478。

1966 年文革第一年，當年收兌黃金爲 11,263 兩，白銀 415,096 兩，銀元 1,104,622 枚。[180] 這些情形可知說明在 1949 年國府遷臺之後，中國大陸社會的金銀存量仍十分可觀。

1949 年中國共產黨建政後，即禁止黃金自由買賣，在經濟政策上，也不將黃金作爲手段，進行拋售和發行公債，黃金基本可說是只進不出，根據《新中國五十年統計資料匯編》中表示：「1952 年，我國保有的黃金儲備已經達到 500 萬盎司，並一直維持到 1958 年。」[181] 此處雖不能表示至 1952 年底，中國大陸黃金儲備是否達到此數，但此時黃金儲備數字已十分可觀則是可以確定的。

至於武力文中提及的廣東省 1950 年一年共收兌黃金 745.5 萬兩，文中並未說明這個數字的統計出處，僅就上述提及廣東省及全國收兌情況，這個數字是很值得再商榷的。

回論此節國府帶走的金銀部分，應該說國府帶走當時上海國庫的金銀，接近於上海庫存金銀的總額，在當時國民政府對其他省分的機關與民間的控制力相當薄弱的情形下，仍有一定數額的金銀在各地分行。尤其是此時的中國社會，仍存有十分豐富的金銀，這些民間存金也在新政府的收兌政策中逐漸被兌出。

小結

在 1949 年大廈將傾之際，國府決定以臺灣作爲之後的重要基地，在此背景下，利用海、空運輸工具，多次將庫存的黃金、白銀運往臺灣，運輸過程因社會反對、蔣介石失去了總統身分、其他勢力的阻力而困難重重，但最後還是在蔣介石爲主的大力運作下，將大陸國庫的金銀大部遷往臺灣，攜去臺灣的黃金，主要來源爲抗戰期間利用美援自美國購回，及發行金圓券收兌取得，這些黃金也成爲國府在臺灣實施經濟改革，與供給兩岸政經開銷的基礎。

---

[180] 山西省地方志編纂委員會編，《山西通志 第三十卷 金融志》，頁 183-184。

[181] 國家統計局國民經濟綜合統計司編，《新中國五十年統計資料匯編》，北京：中國統計出版社，1999 年 10 月，頁 72。

第六章
一九四九年前後國府軍政經費的金銀支出

前言

　　隨著 1949 年 6 月中國共產黨在渡江戰役中取得勝利，南京、上海、杭州等幾個江南大城市皆在戰役後易手，國民政府遷往廣州，大陸政局及雙方掌握領土皆已逆轉。這個階段大陸已無所謂黃金政策，然而南方大部分城市尚掌握在國府手中，華南、西南、西北及華中幾座城市更顯重要，但在稅收大減的情況下，如何維持軍政機關和龐大軍隊、公務員的運作，使經濟不提前崩潰，成為一大問題，在此情況下，黃金仍成為維持局面的重要工具，然而僧多粥少，如何分配，如何運用，運用多少等，皆成為當局亟為重要的考量。

　　大陸方面的軍政經費，1949 年初開始以銀元發放軍餉，並以銀元、外匯購買臺幣，購買臺灣的米、糖等，6 月開始動用黃金，而這些黃金很大部分由廈門分行支出。在上一章提到，當時上海存放金銀不全部運往臺灣，而在將卸任總統職務前，將一部分運存廈門，吳興鏞認為主要有三個原因：「一，下野已成定局，不能再拖，『代總統』李宗仁（10 天以後）[1]就要上任，到時候他就無權使用國庫金銀外匯了；二，藏起的金銀外匯就毋須受立法院監督，要知道國民黨政府當時還是立憲的政府，質詢時，內閣財政部長還是要答覆立法委員的，雖然他可以不理會，但還是會很尷尬。蔣是獨斷專行慣了的人，又已下野，怎禁得起民主議會的折騰？三，經由央行的廈門分行及財務署先父（吳嵩慶）那兒藏起的軍費，用起來不但方便而且有『效率』。前線有重要軍事行動時，金銀就及時運到那兒，對維繫作戰部隊的士氣有立竿見影的效果。無須費事費時地經過行政院，申請財政部撥款，更不必受主計系統的監督和預算的限制。」[2]

1　　從上海運送金、銀之日起算。

2　　吳興鏞，《黃金秘檔──1949 年大陸黃金運臺始末》，頁 65-66。

表 6-1-1　1949 年廈門所藏黃金、銀元數量表

年/月/日 （由/運到）	黃金（市兩/噸） （運輸船艦）	銀元（塊） （運輸船艦）	備註
1949/1/1 （上海/廈門）	57.3 萬兩/18 噸（海關「海星」號）	400 萬（海關「海星」號）	中央銀行檔案（中國第二歷史檔案館藏，下同）〔2 月 7 日前運臺灣 55.4 萬兩（大溪檔案）〕
1949/1/20 （上海/廈門）		800 萬（海軍「美朋」號）；1,000 萬（商船「海平」號）	中央銀行檔案
1949/1-2 月 （上海/廈門）	90 餘萬兩/33 噸（國軍財務署點收 99 萬兩）（海軍軍艦）		劉攻芸總裁告蔣介石秘書（1949/2/8）及「黃金軍費秘檔」（吳嵩慶/詹特芳）
1949/2/15 （廣州/廈門）	33 萬兩/10 噸（海關「福星」號）	550 萬（商船「海平」號）	美國合眾社 2 月 15 日電
合計	156.3 萬-190.3 萬兩	2,200 萬-2,700 萬	

資料來源：吳興鏞，《黃金秘檔——1949 年大陸黃金運臺始末》，頁 162-163。

　　上表為上海金銀運往廈門的批次和數量，之所以選擇廈門，主要可方便就近運往東南、西南等地，支付軍政費，與臺灣距離也近，必要時可很快轉運，存於廈門的近百萬兩黃金與 3 千萬塊銀元，主要用於 1949 後半年軍費，支應各地區軍隊作隊所需。存廈黃金當時多屬秘密運用，見於帳上的細目不多，因此本章也以參與時人的記錄為主要參考內容。

第一節　在華中方面的運用

　　1949 年後，政府稅收大減，軍事方面壓力吃緊的情勢下，正常經濟措施已難以收效，只能以黃金、白銀、銀元作為彌補財政短缺的最主要手段，此時已脫離政策，直接將其作為給付軍、政所需，此節將對金、銀在華中各城市、各方面的運用進行梳理。

一、被圍城市以空投方式援助

　　1948 年秋季至 1949 年初，國府在北方喪失的面積日益增加，幾個尚在手中的大城市，也都深陷共軍的包圍圈內，整個北方的易手只是時間早晚的問題，但為了政治與軍隊士氣，仍持續將資源投入援助北方的孤軍、孤城。

　　以軍隊為例，在徐蚌會戰屆臨結束前夕，1 月 9 日聯勤總部開會，討論組織緊縮方案，力求節約支出，當天仍空投杜聿明部 4,000 萬，不出一日杜聿明即被俘，物資同時損失殆盡，[3] 在戰場上類似情事層出不窮。以城市為例，太原自 1948 年秋天被共軍包圍後，易手也只是時間早晚的問題，但由於政治地位重要，自包圍後即開始定期以空投方式援助太原，2 月 15 日，閻錫山便抵上海商談空運糧事，吳嵩慶也與徐堪、龐松舟[4] 討論，認為空運物資容易造成浪費，[5] 但由於高層既定方針，除縮減數額，勉勵精確空投位置外，基本政策不變。2、3 月聯勤總部空運至太原的薪餉及副秣費便達 11 億 7,000 萬元，糧食另計，此類空運支援要求，劉攻芸也都儘量撥給。[6]

　　美駐華大使司徒雷登，對於國府空投事，曾形容：

> 政府其實很願意這麼做（指解決經濟問題），但是效果都被一些反常的事情抵消了，比如空投給青島和太原部隊的食物。不屈不撓堅持戰鬥的原山西督軍閻錫山在太原已經被包圍很久了，如果要堅持下去就必須給他空投食物。太原讓一部分共產黨軍隊一直堅守不動，如果不是這樣的話，他們就會騰出手來攻擊其他地方。但是北平和天津失守之後，守衛太原的重要性已經下降了。軍工廠當時仍然在生產軍火，城市失守的話，軍火就會落入共產黨之手。空投一般在急需物資的地方進行，比如漢口，但是反空投的炮火也讓這個方法變得非常危險。其實空投最多也就是推遲投降的時間而已。但是窮困潦倒的政府投票決定把錢浪費在這上面，每天大概要花 30 多萬美元，可以和柏林空投相匹敵了。這件事表明人際關係在中國是那樣的重要，政治掛帥的觀點到處都在掩蓋基本的常識。[7]

3　吳嵩慶著；吳興鏞編注，《吳嵩慶日記（一）1947-1950》，1949 年 1 月 9 日，頁 298。

4　時任行政院主計處主計長。

5　吳嵩慶著；吳興鏞編注，《吳嵩慶日記（一）1947-1950》，1949 年 2 月 15 日，頁 310。

6　〈中央銀行業務局為上海黃金買賣案與秘書處來往函〉，中國第二歷史檔案館，檔號：2-2547。

7　（美）司徒雷登著；陳麗穎譯，《在華五十年：從傳教士到大使——司徒雷登回憶錄》，頁 155-156。

司徒雷登這一段話，形容的可謂相當貼切，政治考量很多時候制約了經濟判斷，在軍事不利下，徒耗不少資源。由此處也可知關於空投事每日即需花費 30 多萬美元，對於當時空虛的財政而言可說十分龐大。

二、南京、上海、杭州方面的運用

徐蚌會戰結束後，解放軍控制長江以北之華東、中原地區，南京及上海則處於直接威脅之下，做力守京、滬的準備。3 月 6 日，共產黨軍隊林彪部隊兩縱隊沿平漢路南下，[8] 解放軍也開始集結徐州，實施大量徵兵徵糧，在黃河淮河徵集渡江材料，並進行渡江宣傳。3 月中旬，長江方面，陳毅主力已到達江北前線，整補完成，並開始對龍漢港、三江營、裕溪口、施家橋、劉家渡、土橋等橋頭堡陣地進行小規模攻擊，將其縱隊改編成 18 個軍，分為 4 個兵團，大量搜集食糧及民伕，並加緊製造木船，修築公路作渡江準備，同時津浦線鐵路及公路，由北向南軍運繁忙，林彪部約數軍已南下，抵達徐州附近。華中方面，劉伯承及陳賡部主力約 6 個軍，沿平漢路南進，已抵新蔡、固始、潢川、光由等附近，似準備進攻平漢路，武勝關一帶；關中方面也開始做其準備。[9] 4 月 30 日，因「顧及上海特殊環境」，為鼓舞上海官兵士氣，薪餉改銀元發放，將官月發銀元 8 元、校官 6 元、尉官 4 元，每月官長薪餉即約 30 萬銀元。[10] 一週後，湯恩伯又為鼓勵淞滬作戰部隊士氣，請示每月再撥給官兵犒賞銀元 2 元，需要 30 至 40 萬銀元。蔣介石或許是知道成功守住上海的機會不大，只答應先給 5 月份的銀元，且以銀元 20 萬為限。[11] 5 月下旬，決戰在即，蔣為激勵將領盡力守城，函上海師長以上將領，必須團結全軍堅強奮鬥外，也又犒賞官長每人銀元 5 元，士兵每人 2 元，如有特殊勳績官兵可再報請獎勵。[12] 除南京、上海，其他江南城市都面臨著經費上的困難，浙江省主席周喦便因浙省財政艱困，向政府請撥銀元週轉，決議後由中央銀行代運款內，提付銀元 30 萬元，到高雄提領。[13]

4 月 20 日，國民政府拒絕在中國共產黨提出的《國內和平協定（最後修正案）》

8　《華商報》，1949 年 3 月 7 日。

9　《中央日報》，1949 年 3 月 18 日。

10　〈湯恩伯請發淞滬杭財務處銀元及部隊細賞費〉，檔案管理局，檔號：B5018230601-0038-0210-3612。

11　〈中央銀行業務局為上海黃金買賣案與秘書處來往函〉，中國第二歷史檔案館，檔號：2-2547。

12　〈蔣中正致朱致一函〉（1949 年 5 月 23 日），國史館，檔號：002-080200-00427-017。《蔣介石日記》（未刊本），1949 年 5 月 23 日。

13　〈中央銀行業務局為上海黃金買賣案與秘書處來往函〉，中國第二歷史檔案館，檔號：2-2547。

上簽字，共軍即砲擊長江南岸，南京各機關準備疏散。[14] 翌日，毛澤東和朱德發布進攻命令。李宗仁電令各部會，除有關治安及防衛者外，應即日遷移廣州。[15] 至 23 日，政府全體軍政機關，已緊急撤離南京。[16]

　　國軍潰不成軍，解放軍 23 日攻克南京，5 月 3 日攻克杭州，5 月 10 日解放軍進攻江蘇省崑山、太倉；華中武漢保衛戰揭幕，[17] 華中軍政長官白崇禧返回漢口主持防務。[18] 然而無力回天，華中軍政長官公署進而南遷衡陽，以長沙、常德為前線。[19] 共軍 5 月 16 日攻克漢口，17 日攻克武昌、漢陽。22 日攻克南昌，27 日攻克上海，6 月 2 日攻克崇明島，至此，渡江戰役告一段落。渡江戰役後，南京、上海、杭州等幾個江南大城市皆在戰役後易手，國民政府遷往廣州，國府尚能控制的華南、西南、西北及華中幾座城市更顯重要。福州綏靖公署主任朱紹良即表示福建省部隊 4 月份官兵薪餉，僅發 680 億元，5 月副食費未見分文，直接讓廈門央行撥銀元 336,899 元，不要紙幣，以安軍心，維持治安。[20]

　　當局擔心湖南、福建兩省部隊軍心不穩，怕湖南政局有變，即令郭懺由廈門空運 14 萬元至湖南，作為部隊副食費。[21] 以 4 月的福州與廈門軍費共 115,776 元而言，這筆金額足供一時之需。廈門警備司令石祖德得知後，去電俞濟時，表示廈門部隊亦有與湘閩兩省同樣情形不佳。[22]

　　渡江戰役後，個別部隊往華南撤退，朱紹良以南遷部隊日增，需用浩大，再向廈門央行借銀元 500 萬元。[23] 央行總裁劉攻芸收到電報後，允由中央銀行廈門分行撥銀

14　黃純青監修；林熊祥主修；陳世慶纂修，《臺灣省通志稿——卷首 大事記》第三冊，頁 198。

15　《臺灣省政府公報》，1949 年夏字第 27 期，頁 381。

16　《外交部週報》，第 115 期；秦孝儀，《蔣總統大事長編》，頁 363；閻伯川先生紀念會編，《民國閻伯川先生錫山年譜長編初稿》第六冊，頁 2302。

17　黃純青監修；林熊祥主修；陳世慶纂修，《臺灣省通志稿——卷首 大事記》第三冊，頁 201。

18　《中央日報》，1949 年 5 月 14 日。

19　黃純青監修；林熊祥主修；陳世慶纂修，《臺灣省通志稿——卷首 大事記》第三冊，頁 202；及李品仙，《戎馬生涯皖疆述略》，臺北：大中書局，1971 年 6 月，頁 247。

20　〈存廈門金銀〉，檔案管理局，檔號：B5018230601-0038-0210-4024。

21　〈廈門央行銀元收支暨黃金運臺、穗、渝〉，檔案管理局，檔號：B5018230601-0038-0210-0024。

22　〈廈門央行銀元收支暨黃金運臺、穗、渝〉，檔案管理局，檔號：B5018230601-0038-0210-0024。

23　〈廈門央行銀元收支暨黃金運臺、穗、渝〉，檔案管理局，檔號：B5018230601-0038-0210-0024。

元 25 萬元，運往福州分行給朱紹良，另撥 10 萬元給交通部第一交通警察總局，使其維持秩序。另撥黃金 3 千兩，銀元 5 萬枚，給江蘇、安徽、江西，作爲先前欠發的購糧款。當時廈門庫存金銀，由石祖德保存，石祖德收到劉命令後，即發電向臺北的俞濟時請示意見，可知廈門存金連央行總裁劉攻芸都無法自主運用。[24] 俞濟時也命石祖德，之後廈門所有庫存金銀，若憑郭懺總司令和吳嵩慶署長的文件可直接提運，其他人若要提領須先請示，此顯然爲蔣介石的命令。

三、至 1949 年 6 月，廈門存金銀運用情形

除了撥發各地方政府維持局面的費用，其中也有很大一部分，不按地域，直接撥給三軍運用，如 1949 年 1 月，爲獎卹作戰官兵，鼓勵士氣，即撥銀元 3 千萬元，作爲撫卹傷亡，救濟遺族及犒賞有功官兵之用。

此特別獎卹銀元 3 千萬元擬辦要點爲：

特別獎卹金之用途如：（1）自製頒之日起綏靖作戰國軍傷亡官兵之撫卹；（2）自奉頒之日起綏靖作戰有功國軍官兵之犒獎；（3）綏靖作戰陣亡官兵及奉頒之日起作戰官長眷屬等之救濟；（4）其他特別救濟。

特別獎卹金依軍種之分配如：（1）陸軍 1,500 萬元；（2）空軍 1,200 萬元；（3）海軍 300 萬元。

特別獎卹金陸軍部分依其用途規定如：（1）撫卹占前條分配數 40% 犒獎 10%；（2）陣亡官兵及軍眷之救濟各占前條分配數 10%；（3）其他特別救濟占 20%。空軍、海軍部分照前條分配數另定之。

特別獎卹金之承辦機關如：（1）陸軍傷亡官兵之撫卹救濟犒賞以聯合勤務總司令部爲承辦機關；（2）海空軍之撫卹救濟犒賞以海空軍總司令部爲承辦機關。

臨陣傷亡官撫卹陸軍部分不論階級不分傷等依左列規定一次給與之：（1）陣傷者每人 30 銀圓；（2）陣亡者每戶 100 銀圓。

陸軍傷亡官兵及官長眷屬救濟不論階級不分傷等依左列規定一次給與之：（1）陣亡官兵遺族原籍淪爲匪區流亡異鄉貧苦無依者每戶 40 銀圓；（2）作戰官長眷屬因原籍淪爲匪區流亡異鄉生活困苦者每戶 40 銀圓。

空軍、海軍前二條撫卹及救濟金之數目另定之。

---

[24] 〈廈門央行銀元收支暨黃金運臺、穗、渝〉，檔案管理局，檔號：B5018230601-0038-0210-0024。

犒獎金分團體犒賞個人獎金二種依左列規定一次給與之：（1）團體犒賞陸軍由國防部隨時簽奉核准後發交部隊長具領不分階級平均配發之海空軍由各該總部核發後報備；（2）個人獎金陸軍由各級部隊長召開「官兵獎懲撫恤委員會」評議功等冊報國防部核後分別給與之海空軍由各該總部核發後報備。[25]

而這 3 千萬銀元各軍施行情形如何，就空軍看，空軍在獲撥獎恤金 1,200 萬銀元，即召集各司令、各部隊長舉行會議，商討運用、分配事宜，經研究後決定，為體念作戰人員辛勤，以福利金名義，救濟全軍官兵，其中對空勤軍士酌從優厚，以資激勵士氣，其標準規定如下：

部隊空勤官佐每月每人 25 元。

部隊空勤軍士每月每人 13 元。

學校空勤教官及各司令部空勤官佐每月每人 17 元。

學校及空勤各司令部空勤軍士每月每人 9 元。

地勤官佐每月每人 9 元。

地勤空軍軍士每月每人 6 元。

技術兵每月每人 2 元。

人數和每月撥給數額分別為：

表 6-1-2　1,200 萬銀元空軍獎恤金人數及每月撥給數額

身分		人數	每月給與數	每月總數
空勤	部隊空勤官佐	1,806	25	45,150
	部隊空勤軍士	688	13	8,944
	學校及各司令部空勤官佐	460	17	7,820
	學校及各司令部空勤軍士	55	9	495
地勤	地勤軍佐	18,379	9	165,411
	地勤軍士	24,751	6	148,506
	技術兵	11,784	2	23,568
每月應撥總數				399,894

資料來源：〈空軍總部黃金銀元保管運用案〉，檔案管理局，檔號：B5018230601-0038-200.3-3010。

總數每月約發出 40 萬銀元，自 1949 年 3 月開始發給。這些支出則以銀元向中央銀行折換黃金，銀元 350 萬元，按每市兩折合銀元 86.1 計，折換黃金 40,650.407 兩；

第二次銀元 216 萬元計，折換黃金 25,609.756 兩，共計 66,260.163 兩。[26]

此時撥給各地的特支獎恤金，也是主要支出之一：

表 6-1-3　廣州本部保管獎恤金支、墊付明細

廣州本部保管之獎恤金原額		500 萬元
（一）支付部分		
1. 湯總部特支費	10 萬元	
2. 湯總部官佐獎金	30 萬元	
應開支者共計		40 萬元
（二）墊付部分		
1. 五月份兵工業務費	40 萬元	
2. 湘桂路借支煤款	10 萬元	
3. 資遣費	60 萬元	
4. 疏散費（兵工廠在內）	50 萬元	
5. 軍需工廠副食費	28 萬元	
6. 西北部隊開撥費	24 萬元	
7. 新疆部隊開撥費	100 萬元	
應由財政部撥還歸墊者共計		312 萬元

資料來源：〈存廈門金銀〉，檔案管理局，檔號：B5018230601-0038-0210-4024。

另如 1949 年，空軍服費需銀元券 60 萬元，但因銀元券貶值嚴重，故以 1949 年 7 月 30 日央行公告牌價，折付黃金計每市兩黃金，按銀元 90 元折算，共計折合純金計為 6,666.667 兩，於 8 月 2 日向中央銀行，派員到廣州提運赴臺備用，可看出此時廣州的金銀也有再流入臺灣的部分。

6 月，因感時局不穩，俞鴻鈞、吳嵩慶與俞濟時商討後，決將 50 萬兩黃金運重慶，1 萬兩交聯勤總部抵付臺灣 5 月份軍費，其餘留廈門，以備西北緊急情況時方便撥發，並請示蔣介石，蔣則表示：「現在存廈金銀現款均即移運臺灣可也。」[27] 此也為廈門金銀在大陸運用的一分水嶺。

---

[26] 〈空軍總部黃金銀元保管運用案〉，檔案管理局，檔號：B5018230601-0038-200.3-3010。

[27] 〈存廈門金銀〉，檔案管理局，檔號：B5018230601-0038-0210-4024。

表 6-1-4 廈門中央銀行銀元收支一覽表（截至 1949 年 5 月 26 日）

類別	摘要	奉准撥發文電	金額	備註
收入	原存		98,125.75	
	二月二日總庫撥交		22,000,000.00	內有 300 萬係輔幣準備金
	合計		22,098,125.75	
支出	撥海軍巡防處（四月一日）		17,649.00	警備司令部尚未成立
	撥福州廈門軍費	卯迴（24/4）溪謨電	115,776.00	
	撥聯勤總部	卯有（25/4）溪謨電	5,500,000.00	
	撥聯勤總部	卯儉（28/4）滬電	3,000,000.00	
	撥上海中央銀行	卯儉（28/4）未滬電	921,696.00	原奉准發二百萬元後奉令停發故實發如表列數
	廈門警備部週轉金	卯卅（30/4）滬電	10,000.00	
合計			9,565,121.00	
結存			12,533,004.75	

除上表所列者外五月十九日曹秘書奉派赴廈飭發：
1. 借發福建省府 50 萬元
2. 胡部特別費墊款 34 萬元
又 鈞座批准石司令祖德五月十九日報告第一二兩項計
1. 撥 25 萬元運福州交朱主席
2. 撥交警第一總局五月份薪餉十萬元
以上計又共撥出 119 萬元計現存廈門銀元為 11,343,004.75 元

資料來源：〈廈門央行銀元收支暨黃金運臺、穗、渝〉，檔案管理局，檔號：B5018230601-0038-0210-0024。

　　上表為截止 5 月底，中央銀行廈門分行銀元的收支，主要支出撥聯勤總部，由聯勤總部轉撥各地，作為軍費支出，另上海、福州、廈門等地部分費用，因需用緊急，由央行廈門分行直接撥給。

　　1949 年 6 月尚存廈門金銀，蔣介石令存廈門金銀現款轉存臺灣後，6 月 6 日吳嵩慶將存廈金銀處理辦法，列表呈蔣鑒核。從下表可知黃金尚存 68 萬餘兩，其中 30 萬兩運重慶，10 萬兩運貴陽，可知國府決將西南作為在中國大陸一重要據點，以圖複製抗戰時那樣從西南反攻。銀元部分尚存 1 千餘萬元，主要撥交聯勤總部，作為之後軍費支出。從吳嵩慶呈給蔣介石的修正及請示內容，可知黃金用途雖前有規畫，亦隨著大陸局勢變化而調整。

表 6-1-5　中央銀行廈門分行黃金、銀元收支情形

原奉蔣介石規定	數額	請蔣介石准予修正及請示事項
甲、黃金		1.2.3.5.7.8. 遵辦
一、實存	689,000 兩	6. 臺灣區五月份官兵薪餉副秣 11,069 兩
二、分配		查五月份臺灣區官兵薪津副食曾因給
1. 運重慶	300,000 兩	與調整分二次請款：
2. 運貴陽	100,000 兩	（一）原給與臺幣 685 億餘元折 7,484 兩
以上兩項令空軍代運由聯勤總部派員押運		（二）增加給與臺幣 430 億餘元折 3,585 兩
3. 運廣州	30,000 兩	
4. 運香港	150,000 兩	
以上均由中央銀行自運		共 11,069 兩
5. 發空軍裝運費	2,400 兩	9. 國防部五月份官兵薪餉副食及六月
6. 發國防部臺灣區官兵薪津 - 折發	2,985 兩	份副食尾款應折發 24,129 兩
7. 發聯勤總部（購糧款）	3,000 兩	查上款尾數 1,689,078 銀元經劉部長指
以上由聯勤部領運轉發		定折發黃金按每兩折 70 銀元應發黃金
8. 運漢中	100,000 兩	如上數（24,129 兩）
但先運臺灣，待命再運漢中，交聯勤總部代運代保管		以上兩項共折發 35,178 兩除原第六項已列 2,985 兩外計欠列 32,213 兩
		4. 運香港擬減為 118, 401 兩
三、尚餘　　存廈門中央銀元	515 兩	三、尚餘 401 兩
		四、請示
		查各重要地區應撥糧款經劉攻芸召集
		會議決定為 474 萬餘銀元茲經劉攻芸
		批：分區撥發銀元或黃金按每兩折 70
		銀元則應折 67,785 兩（正確數字應為
		67,714 兩），此款應否撥發在運港款內
		酌扣請示
乙、銀元		
一、實存	1,124 萬元	一、實存
		據吳嵩慶向廈門央行調查實存為 11,005,414 元
二、分配		二、分配
1. 聯勤總部	7,000,000 元	1. 聯勤總部軍費上次決定 784 萬元內 84 萬元係舊欠

原奉蔣介石規定	數額	請蔣介石准予修正及請示事項
2. 雲南購糧款	50,000 元	2. 糧款奉劉攻芸核定有四筆 （一）雲南糧　8 萬元 ＼ 　　　　　　　　　照發 （二）福建糧　5 萬元 ／ （三）西康糧　5 萬元 ＼ 　　　　　　　　　暫緩 （四）軍糧運費　10 萬元 ／
3. 聯勤總部所存獎恤金餘款	1,660,000 元	遵辦
4. 廣州所存獎恤金內墊撥聯勤總部各款應由廈存銀墊還	1,500,000 元	4. 廣州所存獎恤金內墊款而應由財政部撥還者共爲 312 萬元，爲保持獎恤金起見，擬請先由財部折發黃金，按每兩折 70 元，計共需金 44,571 兩，運臺併案保管仍在運港數內扣撥
5. 空軍總部（運費）	300,000 元	遵辦
6. 臺灣省政府	350,000 元	6. 臺灣省政府 35 萬元可否折發黃金按每市兩折銀元 50 元計（臺灣每市兩金價在 50 元以下）則需 7,000 兩
7. 福建省政府	380,000 元	7. 福建省政府 38 萬元可否折發黃金按每市兩折銀元 65 元（廈門每市兩金價尚不及 65 元）則需 5,846 兩 6.7. 兩項如准折發，則仍在運港黃金內扣撥惟折合率，因各地市價不同恐多爭執擬由各該省政府逕洽財政部辦理抑照上擬折率辦理 以上 4、6、7 三項共約需 57,417 兩
		8. 國防部五月份經費、六月份副費再 100 萬元 以上四項共計 1,093 萬元 與劉攻芸表示的實存數相較僅餘 31 萬元
三、餘款	無	三、餘款　31 萬元（照吳嵩慶調查僅餘 7 萬餘元）

資料來源：〈存廈門金銀〉，檔案管理局，檔號：B5018230601-0038-0210-4024。

第二節　1949 年金銀購糧與武漢、福州的運用

1949 年中，在幾乎沒有稅源的情況下，爲維持龐大部隊的糧食、薪餉與後勤，此時軍糧全改以金、銀購買。可以說這些黃金、白銀維持了部隊不至未戰先潰。渡江戰役後，到了 1949 年中，武漢與福州成爲國府在華中尚存的最主要城市，當局供應這二個城市的金銀數額與用途，也是此節所要梳理的部分。

一、購糧與分配

在 1949 年渡江戰役後，軍事方面稍微平靜了一段短暫的時間，國府也在此時加緊商討、解決軍糧問題。李宗仁自 3 月任命劉攻芸任財政部長後，即令自 1949 年 4 月 1 日起，糧食部結束作業，原業務移交財政部田糧署接辦，使李能更好地掌握糧食，由田雨時爲田糧署署長。[28] 在貨幣嚴重貶值情形下，軍糧多靠金銀換購。

1949 年 6 月 9 日，中央銀行、財政部、主計處、國防部、聯勤總部召開聯合會議，商討各地區軍糧籌撥，與會者 20 餘人，由於事關重要，財政部長、央行總裁劉攻芸、參謀總長顧祝同、聯勤總司令郭懺、主計長龐松舟國防部次長秦德純皆親自出席，決定臺灣之外，中國大陸各區軍糧分配。

按 5 月 30 日會議的決定，糧款需 4,745,000 銀元，扣已撥 130,000 外，其餘銀元折撥黃金 65,929 兩，近日於廈門、香港兩地撥付。西安區需款 137 萬 5,000 銀元，先行撥發黃金 8,800 兩，折合銀元 61 萬 6,000 元，同於廈門、香港兩原撥付，其餘不敷的 759,000 元，在 7 月內撥清。上二項折撥之黃金，共爲 74,729 兩，均暫按每兩銀幣 70 元計算，折合銀幣 5,231,000 元，之後照實際折購情形，由財政部與聯勤總部組織小組審查核實結算。5 月 28 日決定，應撥各地糧款共爲 14,508,600 銀元，連同新增西安綏署管區 250,000 包糧款，1,375,000 銀元，總計共應撥 15,883,600 銀元，除已提撥黃金 3,000 兩，銀幣 180,000 枚及第一、二兩項所列，近日以黃金折撥 5,231,000 銀元外，餘款 10,262,600 銀元，應於 7 月 15 日以前撥付二分之一，8 月上旬全部撥清。第二期作戰屯糧 342,000 包，在所撥經常糧款內提前購屯。[29] 由統計可知，6、7 兩月，

---

[28] 《臺灣省政府公報》，1949 年夏字第 6 期，頁 96。

[29] 一、行政院財糧會議決定各地區籌至本年 9 月底止軍糧除征糧外，尚應購糧 244 萬 9,600 包，共需糧款 15,883,600 元（內已提撥黃金 3 仟兩銀幣 18 萬元）；二、本表先購各重要地區，6、7 兩月份糧 73 萬 5 千包需款 5,231,000 元按黃金每兩 70 元，折發黃金 7 萬 4,729 兩；三、上列二項兩抵尚應續撥糧款 10,652,600 元，經本月 9 日上午 9 時國防財政兩部，及主計處聯勤總部會商分於 7 月 15 日以前撥發二分之一，8 月上旬全部撥清。

大陸軍糧便需花費黃金約 75,000 兩（但有些會以銀元支付）。

表 6-2-1　各重要地區決定先撥糧款表

地區	可補給月份	糧數	糧款	折合黃金兩數	承領機關
合計		735,000 包	5,231,000 銀元	74,779 兩	
華中區	六、七月份	100,000	600,000	8,571	白長官
川湘鄂邊區	六、七月份	50,000	300,000	4,286	宋司令官
湖南區	六、七月份	100,000	500,000	7,143	長沙綏署程主任
廣東區（包括海南特區）	六月份及七月中旬	150,000	1,050,000	15,000	廣東補給區周司令遊
川康滇黔	六月份	100,000	500,000	7,143	西南軍政長官公署張長官
江西區	六月份	50,000	300,000	4,286	江西補給分區徐司令文明
漢中區	六、七月份	110,000	616,000	8,850	西安綏署胡主任
綏包區	五、六月份	20,000	110,000	1,571	綏遠省政府董主席
甘肅區	六至九月	50,000	275,000	3,929	甘肅省政府郭主席
李彌兵團	途糧	5,000	30,000	429	李司令官
儲運費			150,000	2,143	聯勤總部
集運包裝褲費			800,000	11,428	財政部田糧署

資料來源：各重要地區軍糧籌撥會議紀錄，〈存廈門金銀〉，檔案管理局，檔號：B5018230601-0038-0210-4024。

二、武漢、福州方面的運用

　　7 月起，華中地區緊張情勢再起，大有一觸即發之態。7 月 2 日，華中軍政長官白崇禧找來總統府祕書長邱昌渭、內政部長李漢魂、廣西省政府主席黃旭初、廣西綏靖公署主任李品仙等人，在長沙舉行會議，討論湘桂兩省軍事、政治及經濟聯繫等問題。[30] 5 日再赴常德與宋希濂將軍洽商湖南西北防務，此行皆在加強湖南西北防務進行部署，9 日返回長沙部署，做力守長沙之準備。[31] 然而解放軍攻勢猛烈，於 14 日攻

---

[30] 程思遠，《李宗仁先生晚年》，北京：文史資料出版社，1980 年 12 月，頁 103-104。

[31] 《中央日報》，1949 年 7 月 10 日。

克江西吉安；[32] 17 日攻克宜昌沙市；[33] 24 日攻克江西泰和；[34] 28 日已經打到常德，雙方於常德城外圍激戰。[35]

福州此時也處於危局之中，這兩地成為此時支援重點，7 月緊急撥給福州 5 千兩黃金，供福建省政府應用[36]，另撥 5 千兩先到廣州購糧，再運往福州。[37] 此款 13 日才送到，[38] 17 日蔣經國便再囑吳嵩慶，多運 5 千兩給福州，從臺灣省政府留款抵撥。[39]

白崇禧聽聞解放軍在贛江將有軍事行為，由 12 個渡口強渡，也催請中央立即發送薪餉，當局收到電報後，即令央行將重慶、華中、湖南、江西、福建各款限今日匯撥，其江西及陝西以北均發現銀。[40]

除了軍費，兩地的軍糧也是重要問題，7 月 13 日，蔣介石手諭臺灣省政府陳誠，對陳誠仍未將先前命他運福州糧食運到表示不滿，曰：「聞福州之糧食，粒米未送。此種不管友軍死活，只知自保自足，殊為可歎！中雖知臺灣負擔之重，但無論如何，必須湊足三千噸，限三日內送到，千萬勿延為要。」[41]

陳誠收到蔣電後，即將過去臺灣省對大陸的供應一一道來，澄清其絕無保全自己，不顧同志之舉，曰：

> 查本省供應軍糧，依照卯（4 月）灰（10 日）上海糧食會議決定，自 4 月起，
> 按 15 萬人撥發，自上海撤退後，已增至 34 萬人，（內中自然有虛報者）所需軍
> 糧，均經照數墊撥，計 4、5、6 三個月，除 15 萬人外，加墊撥超額米 9,473 噸，
> 計自職接省政迄今，中央對於糧款，並未發分文，閩省軍民，糧食不敷，經朱主
> 席（紹良）派員洽商，已盡力予以協濟，先後於辰（5 月）儉（28 日）運濟三百
> 噸，辰世（31 日）200 噸，巳（6 月）寒（14 日）300 噸，午（7 月）佳（9 日）
> 100 噸，並預定午哿（20 日）再運廈 300 噸，迭次撥濟，事實俱在。

32　三軍大學戰史編纂委員會編纂，《國民革命軍戰役史》，戡亂第六冊（上），臺北：國防部史
　　政編繹局，1993 年，頁 278。
33　三軍大學戰史編纂委員會編纂，《國民革命軍戰役史》，戡亂第六冊（上），頁 239。
34　三軍大學戰史編纂委員會編纂，《國民革命軍戰役史》，戡亂第六冊（上），頁 279。
35　《中央日報》，1949 年 7 月 29 日。
36　〈運撥廣州貴陽重慶漢中黃金銀元〉，檔案管理局，檔號：B5018230601-0038-0210-3730。
37　吳嵩慶著；吳興鏞編注，《吳嵩慶日記（一）1947-1950》，1949 年 7 月 12 日，頁 340-341。
38　吳嵩慶著；吳興鏞編注，《吳嵩慶日記（一）1947-1950》，1949 年 7 月 13 日，頁 341-342。
39　吳嵩慶著；吳興鏞編注，《吳嵩慶日記（一）1947-1950》，1949 年 7 月 17 日，頁 343。
40　吳嵩慶著；吳興鏞編注，《吳嵩慶日記（一）1947-1950》，1949 年 7 月 12 日，頁 340-341。
41　何智霖編輯，《陳誠先生書信集：與蔣中正先生往來函電》下冊，頁 736。

另曰：

> 現新稻雖先後登場，新賦尚未啓徵，公家毫無存糧，公教有米延欠未發，目前糧食，實爲極端困難之時期，正派員赴緬購米，運省接濟。鈞電所示限期，決無法辦到……本省對中央已盡最大努力，且長此以往，臺省勢必非至崩潰不可，恐非鈞座之願望也。總之，閩省需糧，當與朱主席商洽，儘量接濟，以副鈞望。

向蔣介石承諾福州這批食糧，將儘量接濟，同時也讓蔣知道，如臺省繼續這樣無限制地應付中國大陸所需，則不出多久時日，臺灣經濟便將崩潰，希望蔣能就此政策再行考慮。[42]

7 月 30 日，行政院於政務會議，閻錫山提議湘主席程潛呈請辭職，專任長沙綏靖公署主任職務，並任命陳明仁兼理湖南省政府主席。[43] 8 月 2 日，在運金往長沙後，白崇禧再次催運，當局固決定再運 8 萬兩黃金應急。但就在隔日，吳嵩慶即聽聞湖南綏靖公署主任兼省主席的程潛脫離政府，[44] 此傳言與事實無誤，8 月 3 日，程潛與新任湖南省政府主席陳明仁即通電投共，解放軍第 40 軍攻克長沙，[45] 陳明仁率軍撤向湘潭。[46]

7 月底，福州又電經費緊張，請中央撥金銀，或許已看出福州局勢已難挽救，此次便不再運去金銀，而回覆表示之前已由央行逐撥黃金銀元共折合銀元 60 萬元，又奉蔣介石命令，撥金 1 萬 5 千兩，應該足夠統籌支用，不須另撥。[47]

福州存金相關報導（資料來源：《廈門大報》，1949 年 8 月 12 日）

---

[42] 何智霖編輯，《陳誠先生書信集：與蔣中正先生往來函電》下冊，頁 736-737。

[43] 《中央日報》，1949 年 7 月 31 日。

[44] 吳嵩慶著；吳興鏞編注，《吳嵩慶日記（一）1947-1950》，1949 年 8 月 2、3 日。

[45] 三軍大學戰史編纂委員會編纂，《國民革命軍戰役史》，戡亂第六冊（上），頁 243。

[46] 《中央日報》，1949 年 8 月 5 日。

[47] 〈存廈門金銀〉，檔案管理局，檔號：B5018230601-0038-0210-4024。

　　確實幾天之後，到 8 月 15 日，國軍在衡山、贛州等地與解放軍對峙，福州西南的永泰、東北的連江、西北雪峰小箸附近都已有激烈戰事，使福州外圍 180 度的弧形線，益加緊縮。福州市面的商店，爲了急於求現都降價求售，但因銀根甚緊，購買力衰弱，交易冷清。[48] 17 日，解放軍攻克福州，29、31 兩個軍旋即控制市區，福州市各機關都被接收，銀行倉庫全被標封。[49]

三、西北方面的運用

　　西北地區，尤其蘭州、西寧也屬政府支應金銀的一重點城市，西北也確實是用銀主要地區，在 3 月中旬，軍政長官公署人員即改發銀元，准尉 10 元，每階差額 2 元，最高爲上將 28 元。[50] 中央也一直定期運去銀元，給予支付軍費，6 月聯勤總部派中央航空公司飛機 4 架，由廣州包運銀幣赴蘭州途中，還曾發生失事事件，損失數量不明。[51] 除定期運去銀元，西北軍也會派員到廣州、廈門、重慶，請求支援，如石祖德 5 月 30 日電便提及馬步芳派員來廈，請提西北區軍費銀元 50 萬元。[52]

　　渡江戰役之後，江南多數城市易手，西北位置也更顯重要，6 月時氣氛便已一觸即發，5 月 18 日國軍在西安撤退後，彭德懷便率其第 1、第 2 兵團及山西部分軍力經三原、涇陽西進，沿涇渭河谷及西蘭公路進攻，胡宗南協調蘭州綏靖公署以寧夏隴東兩兵團，由邠州靈臺間，經西蘭公路兩側東進，36 軍由斜谷進出渭河南岸東向攻，17 軍出子午谷，第 3 軍出大峪谷，雙方大軍在 6 月 9 日開始交戰。[53]

　　關中會戰在國軍隴東兵團與陝綏署裴昌會兵團的圍擊下，解放軍暫時停止進攻西北步伐，形成對峙，也給予西北國軍準備時間。[54] 7 月 3 日，西北軍政長官馬步芳便派其代表由蘭州飛抵廣州，要求提供補給各種武器彈藥等軍需品，同時派飛機助戰，期待能收復西安，打出潼關。[55]

48　《中央日報》，1949 年 8 月 16 日。

49　《中央日報》，1949 年 8 月 18 日。

50　黃純青監修；林熊祥主修；陳世慶纂修，《臺灣省通志稿——卷首 大事記》第三冊，頁 195；及《中央日報》，1949 年 3 月 17 日。

51　《中央日報》，1949 年 6 月 6 日。

52　〈存廈門金銀〉，檔案管理局，檔號：B5018230601-0038-0210-4024。

53　胡宗南上將年譜編纂委員會，《胡宗南上將年譜》，臺北：國防部印製廠，1972 年 2 月，頁 236。

54　《中央日報》，1949 年 6 月 27 日。

55　《中央日報》，1949 年 7 月 4 日。

除了軍事協助，經濟支援更為迫切，7 月中旬，中央決派財務署審核司司長奚壽康運金蘭州。[56] 14 日請吳嵩慶電臺北王逸芬處長，準備 5 萬兩黃金小條，最晚必須於後天空運往蘭州。[57]

然而當局似乎又認為西北易手為時間早晚問題，應將有限資源集中，以利之後反攻，因此 17 日蔣經國臨時命吳嵩慶，將原計畫運蘭州的 5 萬兩黃金改運重慶。[58] 23 日吳崇慶得到俞濟時電，又決再運一批黃金赴蘭州，收到電派後，吳嵩慶回電俞濟時，表示蘭州 5 萬兩將於近日聯繫空軍派機，由廈門送出。[59] 並於 30 日電告，蘭州 5 萬兩已於 27 日，由空軍從廈門派機送往，另外一批黃金則在 29 日運到。[60]

在黃金有限，在大陸數個城市又都需支援下，當局頗有捉襟見肘之感，8 月 2 日，甘肅天水及江西遂川易手。[61] 隔日，吳嵩慶即接到俞濟時的電話，問運往蘭州的黃金，是否可以運回 1.5 萬兩，吳則表示此事需與徐堪部長會商才知結果。與徐堪討論之後，決定以大塊黃金不發生作用，因此先將其運重慶改鑄為理由，派飛機前往蘭州，將黃金 5 萬兩運回，同時改運銀元到西北。[62] 8 月 5 日，吳嵩慶親赴機場處理，原定派 3 架飛機赴蘭州，上午卻只到了 1 架，因時間緊急，吳氏囑即刻飛蘭。其餘 2 架，下午裝銀元赴定海。[63] 8 月 8 日，蔣介石辦公室又來電話，催吳嵩慶設法將運往蘭州的黃金運回，[64] 隔日再訪徐堪商議此事，徐表示已無法運回，吳氏想待明日帶郭懺及央行函件聯繫，嘗試看能否運回。[65] 這幾日命令的反反覆覆而無定論，使吳嵩慶都忍不住抱怨：「此固遵令運往，運前運後均有報告，今忽有此變，何也？非出爾反爾，蓋政治如捉迷藏耳。」[66] 郭懺則表示運蘭州黃金與軍費是兩件事，不能因為蘭州事牽及到軍費，不論蘭州事如何，軍費都應繼續運濟。[67]

56　吳嵩慶著；吳興鏞編注，《吳嵩慶日記（一）1947-1950》，1949 年 7 月 13 日，頁 341-342。

57　吳嵩慶著；吳興鏞編注，《吳嵩慶日記（一）1947-1950》，1949 年 7 月 14 日，頁 342。

58　吳嵩慶著；吳興鏞編注，《吳嵩慶日記（一）1947-1950》，1949 年 7 月 17 日，頁 343。

59　吳嵩慶著；吳興鏞編注，《吳嵩慶日記（一）1947-1950》，1949 年 7 月 23 日，頁 346-357；〈存廈門金銀〉，檔案管理局，檔號：B5018230601-0038-0210-4024。

60　〈存廈門金銀〉，檔案管理局，檔號：B5018230601-0038-0210-4024。

61　胡宗南上將年譜編纂委員會，《胡宗南上將年譜》，頁 241；及三軍大學，「國民革命軍戰役史第五部——戡亂」，第六冊戡亂後期（上），頁 279-280。

62　吳嵩慶著；吳興鏞編注，《吳嵩慶日記（一）1947-1950》，1949 年 8 月 3 日，頁 351。

63　吳嵩慶著；吳興鏞編注，《吳嵩慶日記（一）1947-1950》，1949 年 8 月 5 日，頁 352。

64　吳嵩慶著；吳興鏞編注，《吳嵩慶日記（一）1947-1950》，1949 年 8 月 8 日，頁 353-354。

65　吳嵩慶著；吳興鏞編注，《吳嵩慶日記（一）1947-1950》，1949 年 8 月 9 日，頁 354。

66　吳嵩慶著；吳興鏞編注，《吳嵩慶日記（一）1947-1950》，1949 年 8 月 8 日，頁 353-354。

67　吳嵩慶著；吳興鏞編注，《吳嵩慶日記（一）1947-1950》，1949 年 8 月 9 日，頁 354。

8月11日，西北軍政長官公署長官馬步芳到廣州與重慶聯繫運金蘭州事，[68] 但其時蘭州已在危局，中央便不繼續支應金銀作無謂之花費。8月21日，解放軍第2、4、6、63、64軍及第1軍主力，8月20日午夜向蘭州外圍東方與南方兩地同時猛攻，醞釀多日之蘭州保衛戰至此展開。[69] 26日早晨，解放軍攻進市區，蘭州易手，甘肅省政府遷至武威辦公。在郊外，則戰事繼續進行，解放軍增援至8個軍，約24萬軍力，與國軍寧夏兵團，策應的胡宗南部開始交戰。[70]

9月4日，彭德懷部分兩路向永登及循化、享堂進攻，國軍循化部隊不戰而潰，享堂部隊急忙往湟源撤退，馬步芳急調隴東兵團支援，在經過大通河谷時遭遇截擊，援部潰失，9月5日解放軍攻克西寧。[71] 在大勢已去之後，儘管仍有殘部，西北至此被屏除在金銀運用規劃之外了。

第三節　廣州與重慶政府的運用

1949年隨著國、共雙方有戰場上的情勢逆轉，於1949年1月16日將政府遷至廣州，6月2日渡江戰役結束，南京、杭州、武漢、上海等大城市和蘇、浙、贛、皖、閩、鄂廣大地區，國府通過守住長江防線，劃江而治的計畫落空，隨後政府於10月13日疏遷至重慶，11月29日再西遷至成都。因1949年解放軍的進逼，1949下半年，華南和西南成為國府尚能控制中的主要區域，此節也將梳理1949年下半年廣州、西南、西北區域的金、銀運用。

一、廣州、漢中方面

廣州作為華南最重要的城市，與臺灣地理接近，交通便捷，從上海運出的黃金，以廈門作為臺灣之前，在中國大陸的存放地，以廣、廈作為轉運大陸其他城市的樞紐，許多臺灣支應大陸金銀都運至廣州，改鑄成小條、銀元後，再由廣州分運至華中、西北、西南等區域，7月2日，李代總統頒布改革幣制令，公布制定《銀元及銀

---

[68] 吳嵩慶著；吳興鏞編注，《吳嵩慶日記（一）1947-1950》，1949年8月11日，頁354-355。

[69] 《中央日報》，1949年8月22日。

[70] 《中央日報》，1949年8月28日。

[71] 國防部史政編譯局，《戡亂戰史》（十一），臺北：國防部史政編譯局，1982年12月，頁252-253。

元兌換券發行辦法》，發行銀元券，以廣州作爲發行使用重點。[72] 4 日財政部長徐堪，提出財政金融方面重點，電請各區軍政長官及各省主席協助。[73] 6 日行政院令各部會及省市政府，今後所有各項罰金、罰鍰及規費，一律收受銀元兌換券。[74]

黃金運廣州相關報告（資料來源：《江聲報》，1949 年 8 月 27 日）

黃金運廣州相關報告（資料來源：《江聲報》，1949 年 9 月 21 日）

　　廣州作爲銀元券實行的最重要城市，對於黃金白銀需數甚鉅，加上其樞紐地位，

---

[72] 〈銀元及銀元兌換券發行辦法〉，《總統府公報》，第 231 號，1949 年 7 月 4 日。

[73] 《中央日報》，1949 年 7 月 5 日。

[74] 《總統府公報》，第 232 號，1949 年 7 月 11 日。

金銀運送頻繁，廣州也成為大陸中談論最廣、報導最多的城市，每隔幾日，便有黃金運廣州的相關報導，直至 10 月廣州易手。

1949 年 10 月 6 日，洪蘭友從廣州電請蔣介石撥黃金 20 萬兩應急：「目前財政困難情形再閱 1、2 日國庫即將停止，計上月欠 3 千萬，本月上半月應付出 2 千 5 百萬元，共需 5 千 5 百萬元，而國庫分文無著，關（吉玉）部長擬請求於 10 日前先撥黃金 20 萬以濟眉急……」[75] 此應為廣州最後一次向臺灣索要黃金援助，10 月 9 日，中國國民黨非常委員會開會決定保衛廣州軍事部署。[76] 然廣州幾乎沒有激烈戰鬥，即告易主。因自衡陽易手後，白崇禧所部全部向廣西後撤，使湘贛粵邊境的解放軍得以全力向廣州進攻。解放軍除以其主力向廣州正面進攻外，並以一部配合其他共軍分向清遠、四會攻勢。粵漢鐵路正面的共軍，於 11 日至 12 日間陸續向廣州進迫，[77] 加上國軍守軍，第 109 軍所屬第 154 師叛變，致解放軍一部得以向廣州長驅直進，如入無人之境。13 日清晨，解放軍先頭部隊距廣州市東郊及北郊，各僅 50 公里而已。[78] 13 日凌晨，參謀總長顧祝同在召集華南軍政長官余漢謀等人後，決定「立即撤離廣州」，並下達口頭指示，其概要為：（1）中央政府遷移重慶；（2）中樞各部院及各地區黨政首長，先向海南島撤退；（3）廣東省政府先向合浦撤退；（4）華南軍政長官公署向湛江撤退，余漢謀長官則應先馳往高要西江指揮所，籌策爾後之作戰事宜。各首長遵即令知所屬，著手撤離之準備。[79]

由於國府所能掌握的大城市日益減少，貴陽也為 1949 年中的重點金援城市，7 月 30 日吳嵩慶發俞濟時電，黃金 3 萬 5 千兩已於 27 日請空軍派機，由廈門飛送貴陽。又蔣介石令郭懺，40 萬元空運貴陽。[80]

漢中方面，4 月 21 日北京和談破裂，解放軍分由蕪湖江陰突破長江天險，南京易手，西安綏靖公署主任胡宗南考慮到陝西、山西的共軍，勢必合力南下，故於 4 月 26 日決定放棄蒲城、銅川據點，主力撤至涇河渭河南岸，5 月 4 日決定放棄三原、高陵、涇陽，主力撤過涇河，而以一個師以游擊姿態掌控三原，12 師、135 師部署第二線陣地。第 1 師撤至寶雞，以便之後入川。月中彭德懷部第 1、第 3 兩兵團已合力向

[75] 〈洪蘭友電蔣中正財政經濟小組商擬先撥黃金二十萬兩以濟財政眉急〉，國史館，檔號：002-080109-00004-015。

[76] 《中央日報》，1949 年 10 月 9 日。

[77] 秦孝儀總編纂，《總統蔣公大事長編初稿》，卷 7（下），頁 391-392。

[78] 國防部史政編譯局，《戡亂戰史》第 12 冊，臺北：國防部史政編譯局，1982 年 12 月，頁 101-102。

[79] 國防部史政編譯局，《戡亂戰史》第 12 冊，頁 101-102。

[80] 〈存廈門金銀〉，檔案管理局，檔號：B5018230601-0038-0210-4024。

南進攻，16 日雙方在永樂激戰，主力祕密渡過涇河，直犯咸陽北原。解放軍第 18、第 19 兩兵團，同時由潼關韓城渡河，企圖迫使於關中決戰。此時當地國軍僅 5、6 萬人，原允推進至邠州相策應部，反向涇川平涼後撤。胡宗南見西安已無可能守住，為之後戰略考慮，18 日胡宗南率部撤離，遷至漢中。[81]

　　胡宗南一直以來都是蔣介石最為器重的其中一位將領，在軍費糧款方面也都給予不少資源，胡宗南部抵漢中後，由於地處重要又為中央軍部隊，獲得蔣介石許多金銀挹注，使漢中獲得不少資源，在胡宗南 18 日初抵漢中，19 日便由廈門墊撥給胡宗南部 34 萬銀元作為特別費。[82] 6 月，又撥給漢中 10 萬兩黃金，另給胡宗南部糧款 137 萬 5,000 元，折合黃金 1 萬 9,643 兩，[83] 先折發黃金 8,850 市兩，約合 61 萬餘銀元，餘數之後再另籌撥。[84] 不久後，即將剩下的款項 759,000 銀元補上，補發部分則在原運港款內扣撥。[85]

　　6 月 3 日，俞濟時電石祖德，10 萬兩運漢中的黃金，奉命須先運臺灣，交聯勤總部代為保管，之後再由聯勤總部負責代運漢中。[86] 後由於黃金數量日減，蔣便下命：「運漢中改為 5 萬兩可也。」[87] 7 月 16 日吳嵩慶報告中曰：「運漢中之 5 萬兩，尚存臺灣聯勤總部第十二財務處候令。」[88]

　　9 月，聯勤總部保管一筆現洋 100 萬元，蔣即令郭懺將其中的 50 萬，由聯勤總部運漢中交胡宗南，相較其他部隊，胡宗南部獲得資源可謂相對充足許多。[89] 在西北失守後，蔣介石即囑吳嵩慶將原有的西北款全部移交給胡宗南，並在臺灣存金內，扣撥作特支費。[90] 11 月又讓俞濟時電吳嵩慶，將黃金 1 萬 5 千兩，改鑄 5 兩小條，由空軍

[81] 《中央日報》，1949 年 5 月 20 日。

[82] 〈廈門央行銀元收支暨黃金運臺、穗、渝〉檔案管理局，檔號：B5018230601-0038-0210-0024。

[83] 〈廈門央行銀元收支暨黃金運臺、穗、渝〉檔案管理局，檔號：B5018230601-0038-0210-0024。

[84] 〈廈門央行銀元收支暨黃金運臺、穗、渝〉檔案管理局，檔號：B5018230601-0038-0210-0024。

[85] 〈存廈門金銀〉檔案管理局，檔號：B5018230601-0038-0210-4024。

[86] 〈廈門央行銀元收支暨黃金運臺、穗、渝〉檔案管理局，檔號：B5018230601-0038-0210-0024。

[87] 〈存廈門金銀〉檔案管理局，檔號：B5018230601-0038-0210-4024。

[88] 〈存廈門金銀〉檔案管理局，檔號：B5018230601-0038-0210-4024。

[89] 〈運撥廣州貴陽重慶漢中黃金銀元〉檔案管理局，檔號：B5018230601-0038-0210-3730。

[90] 吳嵩慶著；吳興鏞編注，《吳嵩慶日記（一）1947-1950》，1949 年 9 月 27 日，頁 372-373。

運交胡宗南。空軍總司令周至柔表示，此批黃金已於 10 日空運一次運往。[91]

二、西南方面

自抗戰開始，重慶的精神意義與實際戰略意義可謂僅次於南京，而有陪都之稱，國府也確有防守重慶的決心，並將重慶作爲西南、西北的樞紐，經常由廈門給重慶劃撥黃金，西北、西南城市所需的一部分再由重慶方面代爲轉撥。在廈門金銀報告便記1949 年上旬，廈門應撥黃金 57 萬 5,778 兩，再由重慶分撥貴陽、昆明、蘭州各 5 萬兩，其餘 42 餘萬兩，由重慶留用，將來由財政部查酌情形，如不敷需要時可再另請增撥，手筆不可謂不大。成都欠撥的 64 萬銀元，也由廈門尚未運往重慶的款項裡，折發黃金 9,143 兩運往。[92]

有了足夠的資源，西南軍政長官張羣希望對經濟進行整理，使西南經濟環境更爲單純，使西南成爲國府在臺灣之外，另一軍事、經濟重心。6 月 3 日開始，即批准轄區各省市之金銀准許自由流通，不加限制，轄區以外攜帶金銀入境者，不予限制。省與省之間金銀流通辦法另定。[93] 7 月 2 日，西南軍政長官公署，將平抑物價工作交由重慶警備司令部嚴格執行。司令部經召集有關機關會議，決定先行積極勸導各商號攤販，遵照社會局物價評議會所評之價格出售。爲求徹底執行，並組織物價檢查隊負責檢查取締違反議價商人。檢查隊由該部稽查處主持，定自 5 日起分區展開工作。[94] 表現出對平抑物價的決心，也期望在重慶重建經濟制度。

6 月 6 日，行政院通過各機關遣散職員辦法，經決定後，按各單位原編制遣散三分之二，留用人員 70% 赴重慶辦公。[95] 7 月 9 日起，同時行政院也決議通過各機關分地辦公辦法，近日來積極進行疏運工作。國防部大部人員已分由水陸兩路赴重慶，其他留廣州眷屬及部分人員也定於 12 日飛機赴重慶。[96]

在廣州開始撤離後，重慶地位更顯重要，7 月 6 日，中央即運 300 萬銀元到重慶，10 日，徐堪表示銀元體質笨重，運送困難，爲發放前線軍費便利起見，必須以銀元小塊黃金及銀元兌換券配搭使用，故重慶、成都造幣廠宜提前開工，充分鑄造小金

[91] 〈運撥廣州貴陽重慶漢中黃金銀元〉檔案管理局，檔號：B5018230601-0038-0210-3730。
[92] 〈存廈門金銀〉，檔案管理局，檔號：B5018230601-0038-0210-4024。
[93] 周開慶，《民國川事紀要》，頁 413。
[94] 周開慶，《民國川事紀要》，頁 414。
[95] 《總統府公報》，第 228 號，1949 年 6 月 13 日。
[96] 《中央日報》，1949 年 7 月 10 日。

塊，望從速鑄造，以供支應原核定運重慶之數。[97] 13 日，吳嵩慶電臺北俞濟時，先前蔣介石答應陸續運濟重慶的黃金，徐堪部長催辦甚急，可否先運黃金小條 5 萬兩交重慶分行，請俞代爲請示蔣介石。收到催促的來電後，第一時間便令由廈門運金到重慶支應。[98]

存廈門金銀中，其中計畫要給予重慶 29 萬 778 兩黃金，因蔣介石令暫緩撥運，原計畫延後至 7 月 19 日，除保留福州、廈門工事費 1 萬 5 千兩侯令處理外，其餘 27 萬 5,778 兩由廈門運重慶，交央行重慶分行接收。但考慮到黃金日減，簽呈送蔣批示後，蔣令只先運重慶 5 萬兩。[99]

因財政困難已瀕臨崩潰邊緣，閻錫山函蔣介石表示：「國庫款已用盡，徐（堪）部長向財務署備黃金 2 萬兩，能支持兩天，今日藉星期，不辦公，不發款，明日即成問題，徐部長已託岳軍（張群）長官代陳鈞座，伊對山言，如不准辭，精神事實上均難支持，山擬即准辭職，提俞鴻鈞繼位，請即電示再示，再多服費，因無款，國防部擬令各軍隊向人民征借，山未予批可，因此令一下政府即等於瓦解，但部以爲再遲即趕不上穿用，財政部長問題山以爲必須即行解決，不能再緩……」[100] 向蔣介石表達抗議，並以辭職威脅黃金支援。蔣介石收到函件後，即冷漠回覆閻錫山，表示剛與徐堪商討最近財政狀況，大約尚能支撐一個月，由美運到銀洋共 3 千萬元，存有黃金 16 萬兩以上，其他各項金銀可以應用者亦不在少數，實際情形並不如閻所言的急迫，希望閻錫山別再提辭職一事，經濟問題則等蔣介石近日到廣州後再商議。[101]

後隨著華南情境日壞，重慶街上出現些微騷動，9 月 6 日，重慶市開始實施宵禁，西南局勢詭變，[102] 閻錫山 7 日赴重慶見蔣介石時，要求扣留盧漢，蔣介石以雲南爲西南最重要之後方反對，建議和平處理滇省問題。閻錫山在赴重慶與蔣介石、赴廣州與李宗仁交換意見後，於 9 日晚召開 88 次行政院政務會議，報告西南各省之軍事部署，討論西南聯防計畫等問題。[103]

97　〈運撥廣州貴陽重慶漢中黃金銀元〉，檔案管理局，檔號：B5018230601-0038-0210-3730。

98　〈運撥廣州貴陽重慶漢中黃金銀元〉，檔案管理局，檔號：B5018230601-0038-0210-3730。

99　〈存廈門金銀〉，檔案管理局，檔號：B5018230601-0038-0210-4024。

100　〈閻錫山函蔣中正國庫款已用盡徐堪向財務署借黃金二萬兩〉，國史館，檔號：002-020400-00032-027。

101　〈蔣中正電閻錫山見徐堪商討最近財政現狀存有黃金十六萬兩〉，國史館，檔號：002-020400-00032-034。

102　周開慶，《民國川事紀要》，頁 420。

103　《中央日報》，1949 年 9 月 10 日；秦孝儀，《總統蔣公大事長編初稿》卷七（下），頁 355-356。

10 月 11 日，李宗仁以代總統身分，頒布命令表示：「政府遷廣州辦公，爲時半載，在此時期中，政府爲鞏固廣州及西南大陸反攻根據地，已有既定之部署……爲增強戰鬥力量，減少非戰鬥人員對軍事上之不必要負擔，中央政府定於本月十五日起在陪都重慶開始辦公。所有保衛廣州之軍政事宜，著由華南軍政長官余漢謀負責統一指揮。」令中央政府於本月 15 日起在重慶辦公。[104] 行政院則決定於 10 月 20 日起全部在重慶辦公。[105]

重慶成爲中央政府所在地後，當局也希望穩定重慶政治、經濟，遏止漲風。中央銀行爲鞏固銀元券使用，14 日起在成都、重慶兩地同時拋出大量黃金，遏止由廣東游資西來，引起的金價漲風。在央行出手後，14 日成都金價每兩即由銀元 145 元降至118 元。[106]

據央行統計，直至 1949 年 10 月爲止銀元券發行數額，全國僅 1 千餘萬元。要控制經濟環境，依靠民衆失去信心的銀元券是不可能的，還需要有黃金在手，10 月 14日，坐鎮重慶的張群自重慶發電，向臺灣尋求援助：「此次因財部央行主管變更，加以廣州銀券跌落，此間銀元券已慘落百分之四十，日來用盡方法維持，即待業軍餉之現銀亦挪付央行支持兌現，勉維穩定，關佩衡迄尚未來渝，目前財政金融已成脫節，現奉囑監督運渝黃金運用一節，自當盡力，弟本爲央行普通理事，必不得已時亦好以常理自居，預聞行務矣。」[107]

根據央行重慶分行消息，先前委託墨西哥鼓鑄的銀元，短期內可從香港運重慶，估計需要 50 架以上飛機載運；重慶市 20 兵工廠代鑄銀元正日漸增產；黃金銀元銀塊將集中重慶，最近每日均有大量金銀運到，關於兌現時以銀元或以黃金折付，央行得酌量情形辦理，有信心做到十足兌現。[108]

1949 年 10 月徐堪同時辭去財政部長與央行總裁職務，財政部長一職由關吉玉接任，央行事務也暫由關氏負責（後由俞鴻鈞繼）。關吉玉即在重慶主持總分行業務會

---

[104] 《總統府公報》，第 240 號，1949 年 9 月 30 日；按《中央日報》載 12 日零時頒布；《總統蔣公大事長編初稿》亦作 12 日。當鄂西的解放軍，轉鋒南進，追逐南撤各軍，進窺兩廣之際，政府眄衡當時全般情勢，原擬以昆明爲根據地，確保西南大陸；惟以西南長官公署所部主力，均遠戍川湘鄂邊區及陝南一帶，尤以川陝甘邊區綏署胡宗南所部，遠在秦嶺（陝南渭水南岸），距昆明外圍，達 2 千餘公里，徒步行軍，非三月以上，不克到達，礙於時空所限，只能遷就事實，遷都重慶，至四川作戰，頓成西南之重心。參見：國防部史政編譯局編，《戡亂戰史》第 13 冊，臺北：國防部史政編譯局，1983 年 1 月，頁 15。

[105] 《中央日報》，1949 年 10 月 12 日。

[106] 《中央日報》，1949 年 10 月 16 日。

[107] 〈張羣電黃少谷運渝黃金運用事〉，國史館，檔號：002-080109-00004-016。

[108] 《中央日報》，1949 年 10 月 16 日。

報，關於鞏固幣信一事，決定動用臺灣存金 60 萬兩，分批於 3 個月內陸續空運往成都，交四川造幣廠，改鑄成 5 錢及 1 兩的金條，供應西南各地央行，作為銀元券兌現之用。至於黃金的牌價，今後將逐日釐定，決不輕易提高或掛低。又當局在國外訂購之墨西哥銀元 3 千萬枚，運國內者已 2 千餘萬枚。18 日，中央銀行成都分行經理盧定中，乘專機由重慶運黃金返成都，此次除運黃金 10 萬兩外，另 1 分、5 分銀輔幣各 5 千元。[109]

11 月 22 日，決將行政機關遷成都辦公，除由非戰鬥人員隨行外，餘均留重慶，由擔任策劃西南反攻軍事的何應欽、顧祝同兩人指揮。成都地方接到中樞命令，即著手籌劃交通工具及各院部會辦公用屋等事宜。[110]

原計畫以政治成都，軍事重慶，將兩座城市聯合起來，增加西南防守的可能，然時局變化快速，11 月 29 日，解放軍進攻黃桷椏陣地及江津至銅罐驛右翼，炮聲和機槍聲響徹市內。商店整日關門，主要街道則有軍隊把守，公共汽車已停駛，只有幾輛卡車駛過；但在內江卻有卡車 600 輛等待渡江，以駛成都。下午已可以聽見長江南岸傳來的槍聲。同時有些街巷在布置防禦工事。[111] 來重慶坐鎮的蔣總裁召開軍事會議，指示重慶外圍作戰計畫，此時市內已聞槍聲，秩序混亂，蔣介石乃決定於 30 日晚，撤守沿江北岸的指揮部署，並指示第 1 軍後撤。[112] 同日，宣布中央機關遷成都辦公。[113]行政院長閻錫山和財政部長關吉玉，也電臺灣方面，應即運黃金赴成都救急：

關於動用庫存黃金 20 萬兩事，茲奉閻院長傳示，惟以一、軍費，除以前所欠不計外，11 月份必須早付，而仍欠者約千餘萬元，另尚有緊急糧款數百萬元必須立付，現已 11 月下旬，12 月副食，併應支付。二、政府資遣，國防部方面已付 5 千兩金，聞尚約多需 3 千兩，行政院方面至少亦需等數。三、白長官及胡副長官均以維持兌現，需金萬急，併均說如緩即無法支持，經核均係實情。四、維持銀元券兌現，及軍隊領各種款，均絕對迫付三分一許之黃金，庫存已不足應付，擬請轉陳總裁，可否仍准一次運畢……如仍宜分兩次，可否首准即日飛運成都趕鑄小條，因今日之事，必須爭取時間，晚 3、5 天，即有重大關係，務請婉陳邀准，

[109] 《中央日報》，1949 年 10 月 19 日。
[110] 《中央日報》，1949 年 11 月 23 日。
[111] 《中央日報》，1949 年 11 月 30 日。
[112] 秦孝儀總編纂，《總統蔣公大事長編初稿》卷 7（下），頁 485-486。
[113] 《中央日報》，1949 年 11 月 30 日。

俾得應急至禱。[114]

　　在 12 月 6 日，川中戰役揭開序幕後，[115] 四川易手已是時間早晚問題，在撤離四川之前，行政院長閻錫山為減輕人民損失，飭中央銀行現存黃金 1 萬 1,500 兩及鎳幣材料掃數撥交四川省政府，責成四川省銀行參照成都市黃金市場價格，議定比率收回，務使各縣鄉 流通之銀元券，均能全部收回。[116] 12 月 9 日，行政院於臺灣開始辦公。[117] 此後國府在西南的控制僅存雲南部分地區，主要城市皆已失去。

第四節　其他方面的金銀支出

　　隨著財政稅收的銳減，各地方同時面臨財政不足的問題，地方實力派遂向中央索要經費，為避免地方派系投向共產黨懷抱，因此有限度的提供金銀以穩定地方。另外考慮到財政赤字過鉅和機關遷移便利，各單位也開始遷移與資遣，由於紙幣價值日益低落，大家都不希望領到紗紙，因此這些遣散工作的推展，全依賴於庫存金銀。

一、各省地方勢力索要黃金

　　黃金白銀外運的事傳開後，除了當局主動給予外，各省地方實力人物，也常主動去電，或親自去找蔣索要，都希望手裡能有黃金可供支配，1949 年 4 月 18 日，重慶市長楊森致財政部長劉攻芸特急電，表示：「近因央行現鈔奇缺，5 萬、10 萬大鈔發行、交通事業加價，刺激物價，金融紊亂、生活高昂、民愈困苦。加以公教人員待遇仍未調整，應得之薪金亦遲未匯到，以致罷教怠工，險象環生。共黨地下分子恃和平為護符，利用經濟危機嗾使職業學生策動學潮……擬請飭主管速運現鈔，拋售金銀，改五區待遇為四區，速匯公教人員薪餉，以解倒懸，並祈電復。」[118]

　　但就算是財政部長，劉攻芸對於遷運出上海的金銀，也沒有完全的支配權，6 月 23 日，行政院臨時政務會議中，大家勸徐堪儘速就職財政部長，徐則表示「存金尚不

---

[114] 〈閻錫山電陳誠黃金運成都事〉，國史館，檔號：002-080109-00004-016。

[115] 《中央日報》，1949 年 12 月 8 日。

[116] 《中央日報》，1949 年 12 月 9 日。

[117] 《中央日報》，1949 年 12 月 10 日。

[118] 中國人民銀行總行參事室編，《中華民國貨幣史資料第二輯（1924-1949）》，頁 624。

能隨便動用」。[119] 確實，存金是否可用？如何用？蔣介石才是最重要的決定者，而這也影響著徐堪就任財政部長的意願。

不僅大陸的軍事實力人物，由於最大一部分黃金存於臺灣，臺灣方面也一直希望能動用這批黃金，5 月 12 日，臺灣省參議會舉行經濟金融座談會，便議決電請中央政府，將存臺黃金物資准由臺灣省運用。[120]

關於定海生產建設計畫所需資金，蔣介石令臺灣省主席陳誠，先由臺灣銀行借支，之後再由國防部歸還，但由於此時臺灣銀行並無銀元可資墊借，陳誠想動用海陸空軍存款先撥付，他知道蔣介石對其金銀使用的介意，特意去信給蔣的親信黃少谷，請其代為詢問蔣。[121] 黃金撥付與否，數量多寡，蔣有絕對的決定權，有其自己的衡量標準。

4 月 29 日，石祖德電俞濟時，表示廈門警備事宜急需推進，惟各種事務，在在需款，如按此發展再一週便會斷炊，望撥發銀元以利業務。由於廈門存有重金，在規劃中十分重要，蔣介石旋即表示准撥。[122] 而 5 月 14 日西安綏靖公署主任胡宗南，向蔣要黃金時，蔣電胡曰：「中央政府所有全部現洋尚不足 2 千萬元之數，而且所有金銀非由政府與國防部命令，決非個人所能任意支配，否則即為違法，更予人以口實。此種困難，當非弟等所能了解也。此時各部只有作自立自強之打算，中可只在不違法之內，從中設法協助而已。」[123] 表示現庫存有限，且支用金銀程序有法律規定，並非蔣個人所能支用，讓胡自己想辦法。但在胡宗南部遷至漢中後，因為戰略地理重要，環境亦不同，蔣又主動給予黃金、銀元，作為其部軍薪、軍餉。所謂「非個人所能任意支配」，只是作為拒絕的一個推託說法。[124]

9 月 6 日，盧漢到重慶面見蔣介石，與蔣談了 2 個多小時，旨在向蔣要求增編滇省部隊 6 個軍，並給予現銀 2 千萬，蔣介石當場拒絕，僅表示可撥盧漢經費 1 百萬銀元。當日在日記裡寫道：「彼仍以為余有權將存臺金銀可任意支配也。」[125]

有別於地方實力人物對於金銀的需求，就將金銀運回使用的政策，也有其不同的意見。4 月 12 日，立法院舉行祕密會議，會中對財政部長兼中央銀行總裁劉攻芸提出

[119] 吳嵩慶著；吳興鏞編注，《吳嵩慶日記（一）1947-1950》，1949 年 6 月 23 日，頁 328-330。

[120] 《中央日報》，1949 年 5 月 13 日。

[121] 何智霖編輯，《陳誠先生書信集：與蔣中正先生往來函電》下冊，頁 344-345。

[122] 〈存廈門金銀〉，檔案管理局，檔號：B5018230601-0038-0210-4024。

[123] 〈蔣中正致胡宗南電〉（1949 年 5 月 14 日），國史館，檔號：002-020400-00028-117。

[124] 〈蔣中正致胡宗南電〉（1949 年 5 月 14 日），國史館，檔號：002-020400-00028-117。

[125] 《蔣介石日記》（未刊本），1949 年 9 月 6 日。

質詢，表示國庫金銀始則運往臺灣、廈門，繼又運回一部分並向市場拋售，是徒增豪門搶購庫藏的乖謬政策。劉攻芸則回覆表示當時金銀外匯運往臺灣、廈門，是考量到因徐蚌會戰的安全關係，目前拋售黃金旨在收回通貨，抑制物價上漲，並且是依市價拋售，買者並無利可圖，這些金銀存儲地點也都在中央銀行的其他分行，如有需要當然可以隨時運回應用。[126]

二、遷移與資遣

在平津會戰（又稱平津戰役）後，國共開始在北平進行和談，由於普遍對於合談結果並不樂觀，各政府機構也開始準備遷移工作，此類支出並不在原定預算內，也使當局徒增許多費用，如 3 月時監察院即往廣州遷移，便請政府撥款遷移費金圓券 500 萬元。而隨時局變化，此類支出大增，5 月聯勤總部由於替各機關運輸轉移，行政院便電央行撥發聯勤總部 1 萬 5 千億金圓作為緊急運輸費，5 月 21 日，而各機關轉移期間，各種支出加上遣散職員費用金額繁鉅，也紛紛以公務或私人影響方式，向當局索求借款，如教育部長杭立武則向政府請求墊撥 100 億金圓，給社會局、教育局薪水及一般使用。這個時期，遷移、運輸、薪餉等，也為政府原預算之外的緊急支出。[127]

6 月 6 日，行政院召集各部次長會報，討論中央各機關疏運問題。至於各機關遣散職員辦法，經決定後，按各單位原編制遣散三分之二，被遣人員及眷屬返鄉或他往之交通工具，由政府設法協助，留用人員 70% 赴重慶，20% 隨各首長在廣州辦公。[128] 隨著時局變化及政府遷臺方針的確立，大陸方面各機關逐步開始頻繁遣散所屬單位的職員工。

各單位也根據情況，訂立自身的資遣辦法，如中央銀行資遣辦法如下：

（一）本行員工之資遣依照本辦法規定辦理。

（二）員工資遣標準如左。

1. 自願資遣經奉核准者。

2. 業務上暫無需要者。

3. 年力就衰不勝繁劇者。

4. 按照淪陷地區行員內遷報到處理辦法應予資遣者。

---

[126]《外交部週報》，第 113 期，第一版。

[127]〈中央銀行關於墊撥各政府機關遷移、疏散等費的函電〉，中國第二歷史檔案館，檔號：396(2)-1320。

[128]《總統府公報》，第 228 號，1949 年 6 月 13 日。

（三）員工遣散費計算方式如左。

1. 抗戰以前進行者（民國 26 年 7 月以前）給予遣散費 5 個月。

2. 抗戰時進行者（民國 26 年 7 月以後）給予遣散費 4 個月。

3. 抗戰勝利以後進行者（1945 年 9 月以後）給予遣散費 3 個月。

4. 進行服務未滿 1 年者給予遣散費 1 個月。

上項遣散費按照資遣月份，原服務行處或報到行處待遇標準結算。

（四）資遣行員除發給遣散費外，得由行另給回籍旅費，按資遣月份服務行處待遇標準發一個月，外省警工亦得發給回籍旅費 1 個月，本省警工不給旅費。

（五）成績平庸工作不力者，或到行未滿半年，經各主管認為業務上無需要者，應即停止任用，給予遣散費 1 個月，不另發給其他各費。

（六）凡資遣之員工，經主管審核認為與行務無礙得匯案報由秘書處轉呈總裁副總裁核准辦理，在各分行處如事先不及呈准，得將辦理情形匯案報由秘書處轉呈總裁副總裁備案。

（七）資遣行員一律作為停薪留資，由行發給證明書。

（八）本辦法實施後，行員退職辦法應予廢止，退休辦法仍繼續有效。[129]

1949 年 11 月，西南局勢驟變，18 日，國防部討論資遣辦法問題，關吉玉答應拿出黃金 5,000 兩、20 萬銀元，其餘發銀券，作為資遣費用，此時許多員工擔心拿不到遣散費，便包圍央行索要金錢。關於資遣費問題，參謀總長顧祝同認為士兵不應發這麼多，另對於財務署資遣人員過多，恐影響今後業務，讓財務署再行研擬。[130]

各單位本訂有資遣辦法，但時局變化太過迅速，只是在原辦法上再作修改，且一律用黃金、銀元，不發鈔票，央行即對原資遣辦法中的問題作出補充：

（一）所請照成都標準發給資遣費一節，查本行資遣人員本訂有資遣辦法，在渝在蓉兩度放寬，原為顧念隨行同人遠道跋涉備嘗辛苦，私人亦不無損失，故特從優資遣，茲為體念在臺同人生活起見，可援按重慶鼓勵資遣辦法辦理。

（二）所請援照蓉例發給銀元，並按黃金每兩 50 元作價折付黃金，一切查蓉例僅係部分配發硬幣且亦無黃金每兩照 50 元作價之例，目前臺幣幣值尚稱穩定，應仍照目前待遇標準發給。

（三）雇員技工司機雇工，另有規定辦法隨函抄奉。

（四）不分省籍一律辦理一節自可照辦。

---

129 〈大陸時期人事——資遣案〉，檔案管理局，檔號：A347000000N-0038-000906-1。

130 吳嵩慶著；吳興鏞編注，《吳嵩慶日記（一）1947-1950》，1949 年 11 月 18、22 日，頁 389-390。

（五）宿舍問題可照港處成例辦理，即房屋如未遷讓，資遣費即予扣發。

（六）在行未滿1年者，依例只發資遣費1個月，在渝在蓉均照此辦理，臺處未便例外。

（七）請發資遣證明書及將來勝利後優先復職一節自可照辦。

（八）同人離境赴港行方自可酌予協助。[131]

可看出此時資遣費用，按照例應發銀元，按黃金作價折付黃金，也開始訂立資遣後到臺灣人員的相關辦法。

24日，重慶開資遣會議，吳嵩慶認為：「資遣費只按黃金塊數計算，不按純金計算，以資簡捷。」並加緊核定各單位人數，連夜算出資遣費總數。[132] 同日，顧祝同也電蔣介石，表示目前重慶軍費已萬分困難，中央銀行以國庫支絀欠撥本部軍費數額頗鉅，9月份尚欠撥薪餉1百萬元，服裝費2百萬元，10月份糧款2百餘萬元等，至11月底，已欠撥2千餘萬元。由奉令準備撤守，墊付緊急運輸、租車購油等費用甚多，為應付特殊緊急用途，免誤事機，希望能將存臺灣「特吅金保管款」內，提運黃金2萬兩到重慶應急，蔣介石收到電報後，則只同意撥黃金1萬兩給顧祝同使用。[133]
25日，重慶方面開始發放資遣費，除若干單位外，均於今日發清。國府原先遷至西南時，即已資遣過許多公務機關人員，在西南即將易手之際，還在西南的軍政機關，則須在行政院縮編辦法後，再對編餘人員進行再次資遣，各單位也擬具相關辦法，如央行即再擬具五項資遣辦法：

（一）各單位遵照行政院令縮編後，擬予保留員額之分配，由各單位主管自行決定後，開列去留人員名單，送秘書處匯案呈請總裁核定。

（二）經濟研究處歸併秘書處之技術問題，由秘書處主管與經濟處洽商辦理，國庫局歸併業務局之技術問題，由趙局長洽商國庫局辦理之。

（三）總行及代表處在臺人員援照總行在渝時資遣辦法，全體一律先發資遣費，其需留用之人員另案呈請總裁核准後，再分別通知到行辦公。

（四）在臺資遣人員資遣費發給之標準，援照總行在渝鼓勵資遣辦法辦理，其已配給宿舍者，在未交還行方房屋以前，資遣費暫緩發給。

（五）關於資遣人員之出路，行方當儘量協助從事生產事業，將來軍事向前推

---

[131] 〈大陸時期人事——資遣案〉，檔案管理局，檔號：A347000000N-0038-000906-1。

[132] 吳嵩慶著；吳興鏞編注，《吳嵩慶日記（一）1947-1950》（1949年11月24日），頁391。

[133] 〈廈門央行銀元收支暨黃金運臺、穗、渝〉，檔案管理局，檔號：B5018230601-0038-0210-0024。

進，行務擴展時，資遣人員並得儘先復職派用。[134]

　　此辦法可知有許多行員已先行遷至臺灣，此辦法也規劃了資遣到臺人員，之後在臺復職派用的規定，可以看出此時中央銀行已決定遷至臺灣了。

　　至於各單位的資遣發放辦法，原定爲「每單位數目有一定，各單位所需黃金由監察人監視包好，不能有絲毫之差別……每塊黃金編號，每人抽籤取金……」但此時西南隨時都有可能易手，兵荒馬亂，人心惶惶，導致發放工作不能有序進行，26 日財務署發放資遣費後，吳嵩慶即日：「上午發本署資遣費，一切辦法均未照規定辦法……國家紀律蕩然，能不敗得乎？」[135]

　　29 日，60 萬銀元運到，但中午時解放軍已到江邊，央行副總裁陳行催銀元車速行，只能在路上發款，發楊森[136]部等 11 餘萬，最後「足敷發款，發差無幾」。[137]至此，重慶資遣工作乃告一段落。

第五節　臺灣軍政經費支出情形

　　1949 年上半年，陸續有部隊及機關遷往臺灣，臺灣作爲後方一重要基地，軍政費用也日益繁重。3 月，中央撥給在臺灣部隊 1、2 兩月份的薪餉及各項加給臺幣 474 億 102 萬 8 千元，[138]副秫費臺幣 39 億 6,241 萬 8,800 元，合計薪餉臺幣 51,363,446,800 元，已分成 4 次，在 2 月 26 日前折合金圓券照撥。[139]

　　可知 1949 年初，臺灣部隊的薪餉，尙由在大陸的中央政府，由金圓券撥付。到了 5 月份，金圓券已完全無用了，臺灣部隊的軍費，即改由撥黃金 1 萬餘兩，運臺後改算成等額臺幣支付。[140]如 5 月 2 日，一筆需付費用臺幣 68,579,079,980 元，[141]即由

---

[134] 〈大陸時期人事——資遣案〉，檔案管理局，檔號：A347000000N-0038-000906-1。

[135] 吳嵩慶著；吳興鏞編注，《吳嵩慶日記（一）1947-1950》，1949 年 11 月 26 日，頁 391-393。

[136] 楊森，此時任重慶市市長，兼任西南車政長官公署副長官。來臺後，歷任總統府國策顧問、中華全國體育協進會理事長等職。

[137] 吳嵩慶著；吳興鏞編注，《吳嵩慶日記（一）1947-1950》，1949 年 11 月 29 日，頁 394。

[138] 1949 年 6 月 15 日幣制改革前的「舊臺幣」。

[139] 〈中央銀行墊撥國防部官兵薪餉簽函（内有臺灣陸軍薪餉）〉，中國第二歷史檔案館，檔號：2-1315。

[140] 〈存廈門金銀〉，檔案管理局，檔號：B5018230601-0038-0210-4024。

[141] 舊臺幣當時已通貨膨脹相當嚴重。

聯勤總部運黃金按市價在臺折發。[142]

1949 年中以後，國府對於兩岸之間在挹注資助的先後次序開始明顯調整。6 月 3 日，蔣即表示：「今後應以臺灣防務為第一矣。」[143] 而此時臺灣部隊人數及每月需多少費用？陳誠在 6 月指示臺灣軍政要點裡，記錄 6 月 4 日，臺灣陸海空軍總兵額為 40 萬人，每月需 1 千 2 百萬銀元。[144] 23 日的行政院臨時政務會議中，徐堪也提及臺灣省府每月應負擔軍費為 1 千 2 百萬元。此次會議中，與會者勸徐堪盡快就任財政部長，徐則表示，現存外幣總數不到 2 千萬，現每月稅收約 1,000 萬，必須支出 4,500 萬，收支實在過於懸殊。陳立夫則表示現必須集中所有銀元發餉，以維軍心。[145] 此時軍事費用支出龐大，中樞機關與省府面積又多所重疊，因此都希望臺灣省政府幫忙墊款，如 7 月參謀總長簽呈給東南區 800 萬元，便請臺灣省政府幫忙墊付 300 萬，[146] 也使臺灣省政府的財政壓力與日俱增。

8 月 31 日國防部討論東南區業務費問題時，即表示「如無解決辦法，即將黃金扣作軍糧」，[147] 此時軍費短支問題十分嚴重，到了 9 月初，討論軍費配撥問題時，參與會議的吳嵩慶即記曰：「議八月份如何善後，九月份談不到，財政瀕於絕境，奈何。」[148]

9 月、10 月，軍費所需仍為鉅資，9 月 17 日，軍費中央每月僅能出 1,300 萬，其餘不足的 1,500 萬須交由地方籌措。[149] 10 月 28 日，吳嵩慶在算清舊賬時曰：「計九月應補 596 萬（銀圓），十月應補 204 萬，共計 800 萬。但如將臺灣經費扣算（560 萬 +100 萬），將僅餘 140 萬，有數錢作無數用，決難支持。」[150]

12 月中旬當局開始研究東南區預算所需數額，吳嵩慶稱所提方案的費用可稱為最低限度，但一個月仍需 2 千萬銀元的鉅款，「如何籌措，實堪焦慮。」吳之所以稱為最低限度方案，乃因此數額並未將主食、服裝、工事、油料、防空等費用計算在內。如將其他費用列入，則一個月約需 2,200 餘萬。[151] 計算明年度預算問題時，認為每月

---

[142] 〈中央銀行墊撥國防部官兵薪餉簽函（內有臺灣陸軍薪餉）〉，中國第二歷史檔案館，檔號：2-1315。

[143] 《蔣介石日記》（未刊本），1949 年 6 月 3 日。

[144] 何智霖編輯，《陳誠先生書信集——與友人書》下冊，臺北：國史館，2009 年 3 月，頁 731-732。

[145] 吳嵩慶著；吳興鏞編注，《吳嵩慶日記（一）1947-1950》，1949 年 6 月 23 日，頁 328-330。

[146] 吳嵩慶著；吳興鏞編注，《吳嵩慶日記（一）1947-1950》，1949 年 7 月 6 日，頁 336-337。

[147] 吳嵩慶著；吳興鏞編注，《吳嵩慶日記（一）1947-1950》，1949 年 8 月 31 日，頁 360。

[148] 吳嵩慶著；吳興鏞編注，《吳嵩慶日記（一）1947-1950》，1949 年 9 月 3 日，頁 368-369。

[149] 吳嵩慶著；吳興鏞編注，《吳嵩慶日記（一）1947-1950》，1949 年 9 月 17 日，頁 368-369。

[150] 吳嵩慶著；吳興鏞編注，《吳嵩慶日記（一）1947-1950》，1949 年 10 月 28 日，頁 382-383。

[151] 吳嵩慶著；吳興鏞編注，《吳嵩慶日記（一）1947-1950》，1949 年 12 月 13、17、24 日，頁

最高需要黃金 29 萬兩，最低也需要黃金 22 萬兩，約 1,760 萬銀元，「恐國力仍難負擔」。[152]

1950 年 1 月，討論預算問題，財政廳長任顯群表示，臺灣省府原擬加稅 13 種後，每月也只能籌到 1 千餘萬臺幣，加上加稅法令尚未通過，還未能徵收，公債推行辦法通過後約可籌 3 千萬，但也仍在擬訂中，現省府籌款方式，只能賣公產，因此省府負擔千萬銀元，實已盡最大努力，因此省府僅能負擔原定支付數額，無法再增加。國軍財務處則正在擬 63 萬部隊預算，預算仍在增加，不能平衡。東南軍政長官公署[153] 預算為 2,671 萬，中央可籌出款項為 1,185 萬，臺灣省政府應補貼 1,400 餘萬，1 月份暫籌到 1 千餘萬。[154]

面對預算短缺問題，財政部提出方案，擬先拿出黃金 36 萬兩，作為 3 個月的經費，其中 10 萬兩換鈔 4 千萬臺幣，另以糖 2 萬 8 千噸（值 300 萬美金）、鹽六萬噸（值 80 萬美金）作保證準備。但至 1949 年 6 月 15 日臺幣改革後，1 兩黃金為 280 元臺幣，10 萬兩黃金等於 2 千 8 百萬元臺幣，現在要換 4 千萬，有關人員研究後認為有難度，決再向蔣介石報告。[155]

1950 年 2 月 25 日的軍費審核小組談話會，決定今後每月軍費預算按照此次研擬結果辦理，主要內容包括：

（一）三月份軍費總額仍為 2,777 萬元（銀元），除由臺灣省政府在物資處理愛國公債防禦捐項下提補 1,472 萬元外，其餘 1,305 萬元（約合黃金 14 萬兩）先由國庫撥發黃金 10 萬兩，餘數約黃金 4 萬兩，應儘先在軍用物資處理所得款項下劃撥抵充，但如在 3 月 10 日前不能籌足此數時，則欠籌部分仍由國庫於 3 月 14 日前以黃金補撥之。

（二）國防部應於五月底前在三個月內將軍費總額縮減至 2,000 萬元為度，並先擬定 2,000 萬元之軍費支配標準，然後依此標準擬定逐月縮減方案，切實施行。

（三）臺灣省政府籌補軍費每月固定為 1,472 萬元，無論軍費總額縮減或增加均不變更。

（四）四月份軍費由國庫撥發黃金 10 萬兩，五月份軍費由國庫撥發黃金 8 萬兩，

401-405。

[152] 吳嵩慶著；吳興鏞編注，《吳嵩慶日記（一）1947-1950》，1949 年 12 月 15 日，頁 402。

[153] 東南軍政長官公署（1949.8.15-1950.3.31），統一指揮轄區內軍事政治，包括福建（金門、馬祖）、浙江（大陳、舟山群島）及臺灣。

[154] 吳嵩慶著；吳興鏞編注，《吳嵩慶日記（一）1947-1950》，頁 414-415。

[155] 吳嵩慶著；吳興鏞編注，《吳嵩慶日記（一）1947-1950》，1950 年 1 月 20 日，頁 418。

六月份起每月均由國庫撥發黃金 6 萬兩，非有特殊原因不予增減。

並表示穩定物價為實施本案之首要條件，此辦法應由臺灣省政府全力支持辦理。[156]

3 月 28 日，決定預算方案為 70 萬人，每月需 2,310 萬元，除省府補貼外，國庫負擔 838 萬，約合黃金 9 萬兩，暫定由財政部撥 1 萬 5 千兩，國庫發 7 萬 5 千兩。[157]

由上述可知，臺灣當局一重要方針，即在努力達到財政預算平衡，為達此平衡，每當財政支出短缺時，即動用黃金，如 1952 年財政短缺時，蔣介石即決定：「財政之短少已准動用黃金為之抵補（10 萬兩），內部矛盾與紛爭，或可暫時消弭……」[158] 此雖不是長久之策，但黃金的運用，確實使當局與省府都有更充足的時間擬定政策，增加財源。

第六節　裁減部隊與軍政機關

除了政府機關人員的資遣外，鑒於龐大部隊對於財政壓力過大，裁減員額也成為一急欲處理的問題，運至臺灣的金、銀，也用來支付裁軍的所需經費。

一、裁減部隊員額

在 1948 年 4 月的經費報告中載：「查所稱關於人事經費實際發餉員兵為 493 萬餘人一節，查各部隊缺額甚多，如照第五廳編制之人數作為發餉之根據，而不著眼於如何核實，今後如總以軍費困難預算不能配合需要以請求追加為藉口，不在核實方通設想苦下工夫，則軍費永無平衡之日，希切實檢討糾正。」[159] 由上述報告內容，便可窺出軍隊吃空額情形，一直是國軍難以解決的問題，抗戰勝利後，蔣介石即決心改造軍需系統，希望能健全軍隊發餉問題，採美國顧問建議的新制，而這就需要一位既熟悉軍需事務，又通外語，方便與美顧問溝通，而吳嵩慶為一合適人選，吳曾任聯勤總部財務署署長、軍需署副署長，又曾在國外留學多年，蔣便希望由吳嵩慶來主持改革工

---

156 吳嵩慶著；吳興鏞編注，《吳嵩慶日記（一）1947-1950》，頁 431-432。

157 吳嵩慶著；吳興鏞編注，《吳嵩慶日記（一）1947-1950》，1950 年 3 月 28 日，頁 446。

158 《蔣介石日記》（未刊本），1952 年 1 月 12 日，「上星期反省錄」。

159 吳嵩慶著；吳興鏞編注，《吳嵩慶日記（一）1947-1950》，1948 年 4 月 28 日，頁 243。

作，並於 1948 年元旦上任，任國府在大陸最後一任國軍財務署署長。[160]

在吳嵩慶的相關紀錄中，也可看出 1949 年 1 月 6 日，吳嵩慶在了解之後即表示「發餉人數問題，始終沒有搞清，其原因為部隊人數都是假的。今年工作，當以親到部隊去看為原則。」[161] 9 日至總部討論緊縮案，會後頗為感慨，當日即記曰：「我們組織要由大縮小，總覺顧慮太多，因之悟由儉入奢易，由奢入儉難二語之真理。惟有時時儉約，重要關頭有立刻從奢入儉之決心。個人國家何莫不然。」[162]

臺灣方面，陳誠任職臺灣省主席兩個月後，將這兩個月觀察到的臺省情形，向蔣介石報告，軍事方面，陳誠表示：「軍糧原預算係 7 萬 5 千人，現每月增至 17 萬人。而實際人數，則不足 5 萬人。希望中央能將不必要單位機關，盡量設法歸併或減少。並指定負責機關，統籌辦理，力求核實。」[163] 不足 5 萬人的單位，竟報至 17 萬，可知其數字之浮誇。陳誠也認為此事是最當務之急事之一，5 月 11 日電呈蔣介石，為應付危機請核數事，認為：「應付當前嚴重危機，黨政領導亟應建立戰時體制，組織非常時期之機構……裁撤一切妨礙戰事減低效率之機關……」[164] 至於此時臺灣的兵力與軍費狀況為何？在 5 月 14 日給參謀總長顧祝同的電報中提到：「查此間兵力，雖月發軍糧 17 萬人以上，而戰鬥部隊，則僅 4 萬餘人……軍費問題，此間僅人事事務經費，即月需 1 千 5 百餘億臺元。而業務費，最近須 6 千餘億臺元……」除了軍人，加上其他公務人員，「中央遷臺之機關、學校、工廠，以及黨政軍人員之眷屬，已近 50 萬人。」[165]

1949 年 7 月，江南一帶的主要城市皆已易手，政府遷往廣州、重慶，局勢日壞，在開源無門的情況下，只能盡量從節流下手，「國家預算目前已至最高限度，只有求員額之減少。」[166] 7 日吳嵩慶與陳誠面晤，陳誠對於東南局勢及裁軍情況表示：

（一）東南區 60 萬人，實不公平，因此間已裁併九個軍，而他區尚有保留叛軍番號者，無異獎勵不整編——要公平必須照原有番號人數計算。

（二）央行黃金基金 80 萬兩，抵作中央墊款者 60 餘萬兩，現僅餘十餘萬兩。

（三）現閩省 11 個軍——已裁併為 5 個軍：浙省 5 個軍——已裁併為 2 個軍：臺

160 吳嵩慶著；吳興鏞編注，《吳嵩慶日記（一）1947-1950》，吳興鏞序，頁 5。

161 吳嵩慶著；吳興鏞編注，《吳嵩慶日記（一）1947-1950》，1949 年 1 月 6 日，頁 297。

162 吳嵩慶著；吳興鏞編注，《吳嵩慶日記（一）1947-1950》，1949 年 1 月 9 日，頁 298。

163 何智霖編輯，《陳誠先生書信集：與蔣中正先生往來函電》下冊，頁 727-729。

164 何智霖編輯，《陳誠先生書信集：與蔣中正先生往來函電》下冊，頁 730。

165 何智霖編輯，《陳誠先生書信集——與友人書》下冊，臺北：國史館，2009 年 3 月，頁 339-340。

166 吳嵩慶著；吳興鏞編注，《吳嵩慶日記（一）1947-1950》，1949 年 7 月 1 日，頁 335。

省 4 個軍——已裁併爲 3 個軍，連原 2 軍共 5 個軍。[167]

裁減員額，爲國軍一急欲處理的問題，21 日，閻錫山主持國防部召開會議，討論軍隊裁減人數、經費問題，表示 8 月起，經費限定在 2,800 萬，現要研究如何裁減員額，與會的吳嵩慶表示這個月已至下旬，希望經費仍照上月 350 萬[168] 人數發放。[169] 至 9 月，檢討部隊後勤問題，「決定總員額爲 250 萬人，至如何裁減，下午小組研究。」隔日繼續相關討論，吳氏提到：「現在每月按實有人數發餉，並非按編制人數。」但也提出疑問，表示：「以後每月只有 1,300 萬，對各省採協餉辦法，則如各省不能籌足的款，將如何處理？」沒有得到明確的回應，當日感慨寫道：「在上者無能無定策，在下者泄泄杳杳、國不亡，得乎？」[170]

8 月，解放軍已進攻福州，東南局勢日急。蔣介石請陳誠速成立東南軍政長官公署，陳誠於 15 日正式就職公署長官，副長官爲林蔚、湯恩伯，警備總部正式撤廢。原警備總部人員一部分調往長官公署，一部分調往保安司令部，相關公務由林蔚負責辦理。[171]

國軍在大陸所能掌控的城市日減，東南地位也更顯重要，9 月空軍總部即開會討論東南區問題，由林蔚主持，會中決議：

（一）東南區總員額 50 萬人，國防部直接單位不在內。

（二）國防部直屬單位，其底薪由國防部發，至差額如東南區不能負擔，則由國防部補貼。

（三）特種業務專案呈請外，一般業務費由東南區統籌。

（四）海空軍經費照規定人數發給。[172]

在大陸部隊陸續撤往臺灣後，吳國楨回憶其就任臺灣省主席時：

軍隊要由省政府在每月 15 日發餉，總數達 1,500 萬新臺幣。但由於我被委任爲省主席是在 12 月 15 日，陳誠沒在那天支餉。當我在 12 月 21 日到任時，武裝部隊的代表已等在接待室，嚷著要餉，不可能延誤。所以我下令支付，新臺幣發行

---

[167] 吳嵩慶著；吳興鏞編注，《吳嵩慶日記（一）1947-1950》，1949 年 7 月 7 日，頁 337-339。

[168] 中共估計此時國軍人數尚餘 150 萬。

[169] 吳嵩慶著；吳興鏞編注，《吳嵩慶日記（一）1947-1950》，1949 年 7 月 21 日，頁 345-346。

[170] 吳嵩慶著；吳興鏞編注，《吳嵩慶日記（一）1947-1950》，1949 年 9 月 20-22 日，頁 370。

[171] 《中央日報》，1949 年 8 月 16 日及秦孝儀總編纂，《總統蔣公大事長編》卷 7（下），頁 345。

[172] 吳嵩慶著；吳興鏞編注，《吳嵩慶日記（一）1947-1950》，1949 年 9 月 25 日，頁 371-372。

量遂達到 1.95 億，給我留下 500 萬元的餘地了。[173]

除此之外，蔣介石向吳國楨表示，從 1 月份（1950 年）開始，他每月需要有 4,200 萬新臺幣給他的軍隊，並向吳國楨說：「我打算給你臺灣省主席以全權，將不干預省政府的任何事務，但我們撤到臺灣的軍隊現達 60 萬人，每月需要有 4,200 萬元的軍餉，這是我唯一要你替我辦的事，也將是我給你的唯一命令。」對於蔣介石的命令，吳國楨言道：「除了同意外，我別無選擇。」[174]

此時每月用在軍費上的黃金，據周宏濤回憶：「消耗純金最大宗為軍費，平均每個月必須撥付近 18 萬兩純金。」[175] 另財務署趙志華回憶：「曾在近 9 個月中經手約 12 次，每次以 10 萬兩黃金，以每兩 280 元，換為新臺幣 2 千 8 百萬作為國軍薪餉。」[176] 黃金耗費驚人，若長此以往，有限的庫存黃金很快就將被消耗殆盡，因此裁減軍額的工作也更形重要並有其急迫性。

1950 年 1 月 21 日，蔣介石與財政部長關吉玉，中國銀行董事長徐柏園，省府廳長嚴家淦、任顯群及吳嵩慶、陳良等人會商軍費問題，並決議：（1）一月份軍費照給；（2）軍額減為 80 萬人；[177]（3）軍餉應直接發到官兵身上。[178] 23 日，吳嵩慶得到空軍告以「空軍尋求以 11 萬人列軍額，並均以東南區待遇」。（原東南尚匡列 9 萬人，並以 8 萬人列東南區待遇）認為空軍的要求過份了，並表示：「此亦可反應多少矛盾奇異之現象，把很簡單事變成很複雜，探本窮源，即國民政府失敗之原因也。」[179] 27 日吳嵩慶赴陽明山革命實踐研究院，講預算財務部門，由吳崇慶的紀錄可知 1950 年 1 月大致預算為一般給與之預算 1,185 萬，東南區加給 1,931 萬，兩者合計 3,116 萬，但實際尚須減去 408 萬，實為 2,708 萬，因省府本月僅能負擔 1,064 萬，其他短缺部分由中央負擔。現財政問題還需要靠軍事預算減少，只有從縮減人數著手，

---

[173] （美）裴斐（Nathaniel Peffer）、（美）韋慕庭（Martin Wilbur）訪問整理；吳修垣譯，《從上海市長到臺灣省主席（1946-1953 年）：吳國楨口述回憶》，上海：上海人民出版社，1999 年 11 月，頁 115-116。

[174] 裴斐、韋慕庭訪問整理；吳修垣譯，《從上海市長到臺灣省主席（1946-1953 年）：吳國楨口述回憶》，頁 116。

[175] 周宏濤口述、汪士淳撰寫，《蔣公與我：見證中華民國關鍵變局》，頁 298。

[176] 吳興鏞，《黃金檔案：國府黃金運臺，1949 年》，臺北：時英出版社，2007 年 8 月，頁 147-148。

[177] 軍額人數原為 100 萬。

[178] 吳嵩慶著；吳興鏞編注，《吳嵩慶日記（一）1947-1950》，1950 年 1 月 21 日，頁 418。

[179] 吳嵩慶著；吳興鏞編注，《吳嵩慶日記（一）1947-1950》，1950 年 1 月 23 日，頁 419。

「現在所希望者，能實行點名發餉一事。」[180] 但隔日的非常委員會，審查 1950 年預算，結果部隊人數仍以 80 萬人計算，總預算仍為 2,777 萬元，使吳頗為失望，「國是如此，真不堪再問。」[181]

3 月 31 日舉行員額會議，蔣介石表示，員額必須在將來減至 60 萬人，參謀總長周至柔亦表示欲配合財政，不能減生活（所需），只有減（部隊）員額，希望各位支持。討論後決定先減至 70 萬人，分別為空軍 82,500 人、海軍 42,750 人、海南部隊 140,000 人、臺灣及金門、定海陸軍 434,750 人。[182] 7 月，總統府會報討論經濟問題，軍費部分吳嵩慶表示軍費收支情形以後每月向軍政費小組報告，另發餉至團，從本月開始做起，每月結帳。同時也對參謀總長周至柔在會上表示軍糧按 67 萬人籌備，是一種欺騙行為。[183]

至 1951 年 1 月，本月整軍調員計畫已實行十之九，尤以粵軍三師皆撥屬於各軍最為重要，[184] 1951 年中旬，環境已逐漸穩定，然蔣介石仍在思考減臺灣省軍政費用的方針，8 月 13 日記曰：「減省軍政費之方針，對軍費只有裁併子機關與冗閑人員，其他已增之經費不宜裁減。」[185] 另關於美國顧問團參加編訂軍事預算與會計工作，反對的人很多，認為此為干預內政，但蔣認為讓美國顧問介入軍事財政，對於核實收支有益處，故贊成美國軍事顧問團協助參加編訂軍事預算與會計工作，並期待此舉能將久不能順利整頓的財政澈底核實澄清。[186] 蔣也對於自己的這個決定抱以十足期待，隔日記曰：「本週整軍要案解決甚多，下年度總預算方針及下月份撥配現金數量皆已決定，此皆內部根本問題，自覺本週進步非尟也。」[187]

二、裁撤軍政機關

臺灣原只有第 6、80 兩個軍，第 6 軍駐守臺灣北部，第 80 軍駐守南部。自大陸

---

[180] 吳嵩慶著；吳興鏞編注，《吳嵩慶日記（一）1947-1950》，1950 年 1 月 27 日，頁 420-421。

[181] 吳嵩慶著；吳興鏞編注，《吳嵩慶日記（一）1947-1950》，1950 年 1 月 28 日，頁 421。

[182] 吳嵩慶著；吳興鏞編注，《吳嵩慶日記（一）1947-1950》，1950 年 3 月 31 日，頁 447。

[183] 國軍人數為 80 萬（見 1950/1/8 日記注），少報 13 萬人，預算上好看，以後再追加，故有欺騙之嘆。參見吳嵩慶著；吳興鏞編注，《吳嵩慶日記（一）1947-1950》，1950 年 7 月 5 日，頁 484。

[184] 《蔣介石日記》（未刊本），1951 年 1 月 31 日，「本月反省錄」。

[185] 《蔣介石日記》（未刊本），1951 年 8 月 13 日。

[186] 《蔣介石日記》（未刊本），1951 年 9 月 21 日。

[187] 《蔣介石日記》（未刊本），1951 年 9 月 22 日，「上星期反省錄」。

撤守後，各部隊先後自上海、青島、廣州來臺。[188]

1949、1950 年間，大陸各部隊先後到臺灣、金門、馬祖、舟山及海南島等地。由大陸轉進來臺軍、師部隊衆多，有些軍僅剩 1 個師，有些師僅有數千人，多數部隊均已殘破，各部隊人數無法掌握，雜亂無章，番號混亂，亟待整補充實，因此國府遷臺後，將部隊的整編列爲第一要務。[189]

最早自京滬等地來臺，及臺灣原有的軍事機關與部隊計有：（1）京滬杭警備總部；（2）首都衛戍總部杭州警備部；（3）淞滬防衛部第 1 及第 7 綏靖區司令部；（4）第 6、第 8、第 12、第 13 及第 17 各兵團司令部；（5）第 1 及第 9 編練司令部；而作戰部隊則有第 4 軍、第 5 軍以及第 123 軍等共計 60 餘個軍。以上各機關部隊經過第一次整編後（在淞滬撤退後），各部隊從 60 個軍編併爲 21 個軍。

1949 年 8 月 15 日，陳誠兼任東南軍政長官公署長官，坐鎮臺北，指揮東南區戰事。[190]長官公署成立後，實行第二次整編，將上述各個高級指揮部的職權歸屬到長官公署，改編爲：（1）福州綏靖公署，（2）舟山指揮部及防衛部，（3）臺灣防衛部，（4）澎湖防衛部，（5）廈門警備部，（6）第六、第八、第十二及第二十二兵團部，從 21 個軍整編爲 16 個軍。

1949 年 10 月，古寧頭戰役勝利後，臺海軍事暫告一段落，於是進行第三次整編，其隸屬長官公署的僅剩：（1）舟山指揮部，（2）臺灣、金門兩個防衛部，（3）澎湖防守部，部隊從 16 個軍編併爲 11 個軍。[191]

1949 年底至 1950 年，又有許多部隊由大陸陸續來臺，1950 年 4 月陸軍總部於高雄鳳山復制後，即開始積極著手整編部隊，將所有來臺的長官公署、兵團、司令部等單位均予裁撤，計裁撤各指揮機構 240 餘個，成立北、中、南防衛司令部，整編野戰部隊，主要爲軍、師級部隊，裝甲、傘兵部隊等，藉由調整兵力結構，簡化指揮階層，減少成本，提升戰力。[192]

1950 年 9 月 30 日，完成第一次整編，編爲 12 個軍，39 個師。1952 年夏，美國恢復援助臺灣，乃運用美援裝備，依據國防部中美聯席會議決定，將臺灣、澎湖地區

---

[188] 于豪章述；國防部史政編譯局資料整理，《七十回顧》，臺北：國防部史政編譯局，1993 年，頁 137。

[189] 龔建國，《國府遷臺後陸軍之整編（1950-1961）：一個組織再造的實例》，國立臺灣師範大學政治學研究所在職進修碩士班碩士學位論文，2007 年，頁 75。

[190] 《中央日報》，1049 年 8 月 16 日。

[191] 薛月順編輯，《陳誠先生回憶錄——建設臺灣》上冊，臺北：國史館，2005 年 7 月，頁 95-96。

[192] 龔建國，《國府遷臺後陸軍之整編（1950-1961）：一個組織再造的實例》，頁 75。

的軍、師級部隊分期實施整編，共編爲 12 個軍，28 個師。[193]

軍事機構裁減工作進行同時，政府機構也在隨後開始進行精簡，1950 年 1 月 25 日中國國民黨非常委員會，舉行第 14 次會議，由蔣介石主持，會中對如何簡化政府機構，緊縮支出，以配合當前局勢交換意見，並討論政府人事。[194] 2 月 8 日，非常委員會第 15 次會議，通過《簡化中央政府機構辦法》等案。另於 7 月通過中國國民黨改造案，對黨機構也從事組織再造工作。此工作一直到 1951 年仍在進行，8 月 25 日，蔣介石記曰：「減政裁費之計畫已著手實施。」[195] 也收到很好的成效。

1951 年 11 月 23 日，行政院長陳誠在立法院報告過去一年的工作成效時，即將此作爲執政中最重要的成績，曰：「我們確定財政上節流重於開源與開源的原則，一方面厲行緊縮政策，裁併機構，裁減軍公人員，停辦不急要的事業，嚴格控制預算，使支出減少；另一方面努力增加生產，整頓稅收與公營事業，使收入增加。」在減少黃金支出方面，可謂相當成功，陳誠曰：「去年做到從每月動用彌補差額的庫存黃金 16 萬兩逐漸減至 1 萬 5 千兩，今年則完全沒有動用。」[196] 1952 年 3 月 15 日爲陳誠就職行政院長滿二週年。《中央日報》發表社論，述說陳誠這兩年的成就與施政檢討，其中對於整軍、裁減軍事機構，給予相當高的評價：

第一批撤銷裁併八十九個軍事單位，裁減海陸空軍員額約十五萬人，第二批又裁減四十三個單位，以簡化上層，裁併下層，並裁汰不能服役之殘病老弱官兵一萬四千人，所有整編部隊，一面嚴加訓練，一面補充新武器。去年另征兵一萬二千人，充實各特種部隊。在臺國軍總數達六十萬……。

同時以過去當局在大陸，對於黃金揮霍浪費爲例，褒獎了陳誠在減少黃金支出上的貢獻。

兩年前，由於大陸劇變，收少支多，每月必須以庫存黃金 16 萬彌補差額，此後即逐月減少，到去年年底（1951 年 12 月）止，連一兩都沒再動用。自然每月還有差額，而政府咬緊牙關絕不增加發行；仍自節流開源下手。在大陸上，黃金潮已成了催命湯，但今日陳閣的鐵腕卻把金鈔管制得很順利。[197]

以往改革，總以涉及人事部分，最爲困難。在半年的時間，能夠順利精簡如此多的軍事單位，實屬不易。成功減少了指揮機構的層次，也節省了經費的浪費，使軍事

---

[193] 龔建國，《國府遷臺後陸軍之整編（1950-1961）：一個組織再造的實例》，頁 76-77。

[194] 《中央日報》，1950 年 1 月 26 日。

[195] 《蔣介石日記》（未刊本），1951 年 8 月 25 日，「上星期反省錄」。

[196] 中華民國年鑑社編輯，《中華民國年鑑》，1952 年，頁 129-138。

[197] 中央日報資料室，〈兩年以來——陳閣兩週年檢討施政〉，《中央日報》，1952 年 3 月 15 日。

成本有效縮減。

第七節　軍政經費的支出數額

國府於 1949 年陸續將主要資源與人員遷到臺灣，行政院也於同年 12 月 9 日遷至臺北辦公。與此同時，上述的主要城市，及大陸東南一帶，在龐大軍隊與零星的稅收外，大部分所需經費皆由臺、廈兩地的黃金撥給，以維持運作，因此軍政每也是以往觀念中，黃金花費最鉅的部分。

關於 1949 年 1 月 10 日至月底，以軍艦密運存廈門，作為「軍費」而不在中央銀行帳上的黃金，吳興鏞有很詳細的記錄。

表 6-7-1　1949 年秘密軍費黃金預算及支出概數

	時間	黃金（萬兩）	用途	備註
第二批	1 月 10 日	99.0		軍艦運廈門
預算（蔣介石）	6 月 12 日	43.0	重慶、貴陽、廣州款	在廈門
		37.0	陝西、新疆、甘肅款	運臺灣存財務署
		5.0	香港款	存財務署
		8.0	糧款	存財務署
		6.0	經費	存財務署
廈門分行	(1)6 月 14 日	35.654	代付撥交聯勤總部署長吳嵩慶	大溪檔案
廈門分行	(2)6 月 25 日	0.9143	同上	大溪檔案
廈門分行	(3)7 月 5 日	4.5079	同上	大溪檔案
廈門分行	(4)7 月 11 日	5.0	同上	大溪檔案
廈門分行	(5)7 月 18 日	1.5	同上	大溪檔案
廈門分行	(6)7 月 26 日	5.0	代付運交蘭州分行收	大溪檔案
廈門分行	(7)7 月 26 日	3.5	代付運交貴陽分行收	大溪檔案
廈門分行	(8)8 月 17 日	22.5778		大溪檔案
支軍費	(至 8 月中)	78.654		大溪檔案
	10 月 15 日	12.500		大溪檔案
	(財務署軍費支出合計)	(91.054)		

資料來源：吳興鏞，《黃金祕檔—1949 年大陸黃金運臺始末》，頁 285-286。

　　廈門存金由蔣介石直接控制，用來支應 1949 年的軍費，廈門軍費黃金在 1949 年內用去 786,540 市兩，剩餘約 22 萬餘兩在 1949 年 8 月運回臺灣。

　　從國史館「中央銀行運臺保管黃金收付報告表」裡，有各項黃金支出的項目，整理成下表：

表 6-7-2　中央銀行運臺保管黃金收付報告表（一）

付出	
（甲）本行駐臺代表辦公處給付（三十八年十二月二十日止）	
（1）撥付臺灣銀行新臺幣發行準備金（三十八年六月）	700,000（註）
（2）運渝總行	275,001
（3）撥運廣州總行	50,000
（4）撥運廣州總行	50,031
（5）撥運廣州總行	7,000
（6）撥運定海分行	3,005
（7）撥運成都分行	49,975
（8）撥付東南軍政長官公署	125,000
（9）撥付東南海航委會經費抵押	20,000
（10）撥付空軍總部	66,260
（11）撥付海軍總部修艦費	5,747
（12）撥付聯勤總部運蓉	20,000
（13）撥付國防部亥月軍費	66,900
（14）沖付第 263 號原箱差數	0.981
以上共計撥付黃金	1,438,922

資料來源：〈中央銀行運臺保管黃金收付報告表〉，國史館，檔號：002-080109-00010-005。

註：共 80 萬兩，另 10 萬兩爲同年 12 月，中央銀行總行遷臺後方撥付，故無顯示在上述表格內。

　　從上表可知，央行黃金運臺後，又將部分黃金運回大陸支撐 1949 下半年國府的軍政費用。將上表支出與大陸有關第 2 到 7 項，與第 9 到第 13 項相加，可得知運臺後，再回運大陸使用黃金約 61 萬餘兩。

表 6-7-3　中央銀行運臺保管黃金收付報告表（二）

付出	
（乙）總行遷臺後經付（四十六年七月三十一日止）	
（1）撥付臺灣銀行（三十八年十二月）	100,000
（2）撥付臺灣銀行（三十九年一月）	126,000
（3）撥付臺灣銀行金門新臺幣發行準備金（三十九年三月）	35,000
（4）撥付臺灣銀行墊款抵押	27,000
（5）撥付臺灣銀行國庫調度運用	100,000
（6）撥付臺灣銀行墊款抵押	98,000
（7）撥付三十九年一月至十二月份軍費	818,129
（8）沖付 C 字第 3 號及 256 號原箱差數	6
（9）撥付臺灣銀行掉換美金發交外交部備用	8,376
（10）撥付臺灣銀行掉換美金外匯	100,000
（11）撥付臺灣銀行掉換美金外匯	5,000
（12）撥付臺灣銀行掉換美金外匯	28,333
（13）撥付臺灣銀行掉換美金外匯	44,444
（14）撥付臺灣銀行掉換美金外匯	43,845
以上共計撥付黃金	1,534,135

資料來源：〈中央銀行運臺保管黃金收付報告表〉，國史館，檔號：002-080109-00010-005。

除了前述提及的 1949 年兩岸軍費支出，從表中第 7 項可知 1950 年一整年的軍費支出為 81 萬餘兩。約略估計 38、39 兩年，軍事費用支出達 1,432,048 兩黃金。

從上述探討已知黃金的幾個主要運用範圍。至於每月支出黃金數量及用途，如果細看這批黃金每月的使用情形，可以看出雖然大項目不多，但其使用的單位與機構頗多，在此以 1949 年 7 月為探討範圍。

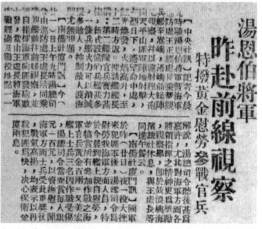

提撥黃金慰勞前線官兵（資料來源：《江聲報》，1949 年 9 月 22 日）

表 6-7-4　中央銀行黃金折付庫款表

1949 年 7 月 1 日至 31 日			
機關名稱	銀元數額	折合率	黃金數額
聯勤總部財務署副秣費戶	1,884,737.78	75	25,129.837
聯勤總部財務署副秣費戶	1,011,141.38	75	13,481.885
聯勤總部財務署副秣費戶	32,367.94	82	394.731
聯勤總部經理署	369,041.87	82	4,341.669
交通部補貼費戶	98,049.52	85	1,127.006
聯勤總部財務署副秣費戶	322,859.55	87	4,304.794
聯勤總部財務署緊急購糧款	767,999.98	75	8,827.586
聯勤總部財務署緊急購糧款	6,340.05	87	84.534
蒙藏委會主持班禪坐庫典禮旅外費	33,202.97	75	386.081
湘桂黔鐵路局付煤款	33,361.81	86	387.928
聯勤總部財務署副秣費戶	2,063,315.73	86	25,162.387
聯勤總部經理署	26,640.81	82	296.009
海軍總司令部	798,147.72	90	8,868.308
臺灣銀行廣州通訊組	872,081.10	90	9,689.790
江西省政府穗 XX 以 X	147,387.69	90	1,637.641
國防部測量局第一製 X 廠	7,863.93	90	87.377
第二補給區司令部	185,899.95	90	2,065.555
聯勤總部財務署副秣費戶	60,000.03	90	666.667
財部稅警總團	22,308.84	90	247.876
聯勤總部第一財務處	6,235.02	90	69.278
聯勤總部財務署副秣費戶	309,960.00	90	34,444.000
海南特區長官署	125,730.00	90	1,397.000
立法院	45,000.00	90	500.000
憲兵 X 團官兵薪餉副食費	3,500.01	90	38.889
國立南寧師範學院院長陳一百	2,999.80	90	33.320
海南空軍基地指揮部	16,650.00	90	185.000
64 軍司令部	89,599.95	90	995.555
資源委員會	262,494.00	90	2,916.600
南京市政府	7,200.00	90	80.000
47 供應站	49,995.00	90	555.500
交通部總務司	16,992.00	90	188.800
合計	12,469,104.43		148,591.603

資料來源：〈徐堪呈蔣中正，接任中央銀行職務以來支付軍政款項及外匯收支概況表〉，國史館，檔
　　　號：002-080109-00004-010。

註：表內「X」為檔案看不清楚部分。

這時雖各項支付大部分均以銀元券支付，但付軍政款項必須運往前線各地或尚未開始兌現地點，使用者因銀元券在當地未能大量流通行使，不得不以銀元支付或以黃金折付，所以主要還是以黃金作為支撐。

自上表可知，1949 年 7 月的黃金支出為 14 萬 8 千餘兩，蔣介石機要秘書周宏濤曾稱政府平均每個月必須撥付近 18 萬兩純金，[198] 由此大約可知每月黃金支出數額的大致範圍。

表 6-7-5　中央銀行銀圓券兌現支付銀圓表

1949 年 7 月 4 日至 7 月 31 日止			
分行	兌入	兌出	實際兌出數
廣州	872,111	7,165,821	
重慶	201,168	6,655,932	
福州	54,642	213,530	
衡陽	85,400	481,000	
長沙	-	87,494	
桂林	61,535	461,473	
貴陽	256,902	296,810	
成都	409,900	368,200	
蘭州	948,474	368,935	
廈門	15,510	13,200	
其他各地	151,154	-	
合計	3,056,796	11,112,395	8,055,599

資料來源：〈徐堪呈蔣中正，接任中央銀行職務以來支付軍政款項及外匯收支概況表〉，國史館，檔號：002-080109-00004-010。

再以同月份來看黃金之外，銀元部分的支出。此時國民政府在大陸的流通貨幣，已從金圓券改制為銀元券。自 7 月 4 日廣州開始辦理兌現，重慶、衡陽、桂林、貴陽、成都、蘭州、福州、廈門、長沙等地，陸續開兌。由於國民政府在大陸聲勢的江河日下，加上金圓券發行時民眾得到的慘痛教訓仍歷歷在目，使民眾對銀元券完全沒有信心。從上表可知，兌入較兌出多出約 3.65 倍，不到一個月的時間，銀圓就被兌出 8 百餘萬。銀元的消耗，也是相當快速且驚人的。

---

[198] 周宏濤口述；汪士淳撰寫，《蔣公與我：見證中華民國關鍵變局》，頁 297-298。

如部隊以 150 萬人計算，如都發銀元、黃金，每月軍費便是 1,500 萬銀元，或 20 萬兩黃金。國府早在美國及各地趕鑄銀元，另外也用搭配半數的銀元券方式，降低金銀開支。總計，從 1949 年 5 月底國府退出上海到 12 月底遷往臺灣，這半年左右的時間，總共須花費軍費 1.1 億銀元，除了 6、7 千萬枚的新舊銀元外，尚需黃金約 60 萬至 80 萬兩（其中以搭配銀元券方式減少實際黃金支出）。[199]

1949 年 11、12 月，臺灣銀行墊借軍費 8 千餘萬元，折合黃金 30 餘萬兩。如此鉅額資金，在短期間內放出，足以形成市面資金的泛濫，還須依賴黃金儲蓄，將一部分游資收回，以避免物價波動，保持幣制的安全。臺灣省政府函請中央能允許將中央銀行所存黃金，撥出半數（即 15 萬市兩），抵還墊借軍費的一部分，藉以適應收縮通貨急需，蔣介石也表示同意。

到了 1950 年，國軍總人數按官兵 80 萬人，馬 4 千匹計算。各區人數及所需經費照國防部一般給與計，則東南區 60 萬人需 881 萬元（包括海、空軍）；海南區 14 萬人需 180 萬元（不含海、空軍）；大陸區 4 萬 5 千人需 35 萬元；中央駐臺單位 1 萬 5 千人需 43 萬元；國防部直發事業費 166 萬元，共需 1,305 萬元。

東南區 60 萬人，照該區公布給與計算，共需 2,353 萬元，除照一般給與分配 881 萬元外，其差額 1,472 萬元，向臺灣省政府就變賣物資推行公債及增加稅收項下負責如數撥付。

海南區 14 萬人之主食費，照一般給與規定為每人 2 元，但一月份該區主食照每人 6 元發給，按一月份給與數每人須另增加給 4 元，15 萬人共須增加 56 萬元，此項增加額即在作戰臨時費內撥發。詳數見下表：[200]

---

[199] 吳興鏞，《黃金秘檔——1949 年大陸黃金運臺始末》，頁 213。

[200] 〈國防部民國三十九年度軍費預算及每月軍費概算等表及該年元月至九月軍費撥付黃金明細表等〉，國史館，檔號：002-080102-00033-003。

表 6-7-6　1950 年 1 月至 9 月份軍費撥付黃金明細表

月份	總計	日期	明細
一月份軍費	161,510.374 （純金市兩）	1949/12/26	22,222.000 （純金市兩，下同）
		1950/1/20	65,000.000
		1950/1/31	60,771.820
		1950/2/7	13,516.554
二月份軍費	140,619.307 （純金市兩）	1950/1/27	47,894.567
		1950/2/7	46,930.248
		1950/2/13	35,079.824
		1950/3/4	10,714.668
三月份軍費	140,000.000	1950/2/25	39,108.539
		1950/2/25	28,501.018
		1950/3/8	32,390.443
		1950/3/23	40,000.000
四月份軍費	70,000.000	1950/3/28	40,000.000
		1950/4/8	15,000.000
		1950/4/14	15,000.000
五月份軍費	70,000.000	1950/4/22	30,000.000
		1950/5/4	15,000.000
		1950/5/16	25,000.000
六月份軍費	60,000.000	1950/5/24	25,000.000
		1950/6/5	20,000.000
		1950/6/15	15,000.000
七月份軍費	56,000.000	1950/6/24	20,000.000
		1950/7/5	15,000.000
		1950/7/14	21,000.000
八月份軍費	45,000.000	1950/7/25	15,000.000
		1950/8/4	15,000.000
		1950/8/15	15,000.000
九月份軍費	30,000.000	1950/8/25	15,000.000
		1950/9/5	10,000.000
		1950/9/15	5,000.000

資料來源：〈國防部民國三十九年度軍費預算及每月軍費概算等表及該年元月至九月軍費撥付黃金明
　　　　細表等〉，國史館，檔號：002-080102-00033-003。

由於蔣介石表示 1950 年年底，中央及臺灣銀行黃金總額，應永保存 100 萬兩之額（其中臺灣銀行應存 65 萬兩；中央應存 35 萬兩）。因此 1950 年第 4 季的軍費給予方式做了若干改變，10 至 12 月，原由中央以黃金給付的軍政費 3 萬兩，由國庫在 3 個月內，撥付 15,000 兩黃金以後，即停付黃金。10 月份國庫應撥的 15,000 兩黃金，仍於 9 月 25 日照預發方法撥付。其他部分由中國銀行月籌撥美金 30 萬元；臺灣銀行籌撥美金 20 萬元；中信局籌撥美金 10 萬元，共 60 萬元。[201]

小結

下野後的蔣介石，為確保金銀能在自己的掌握，將其中一部分劃為軍費，存於廈門。這筆廈門金銀，並不見於當時帳上，並無公開在帳，皆是透過負責人吳嵩慶直接密電或親呈報告蔣介石。蔣對於以金銀供應軍餉起初並不很贊成，如 1949 年 4 月 24 日，劉攻芸前往溪口和蔣介石商談金融方針，其中談及之後軍餉發現洋事，蔣介石十分反對，但也表示：「但本月底（軍餉）不能不發也……」[202] 因蔣很明白，再不發銀元，前線隨時有崩潰的危機。

1949 年時的軍費可分為撥款、金及銀三類，在資源有限下，如何分配則考驗著領導者的智慧。如 1949 年 7 月 20 日，吳嵩慶即記道：「上午 11 時又赴財政部討論撥款日期及方法，分撥款、發金及銀三類。西北（新疆陶峙岳部）仍發金，漢中（胡宗南部）、長沙（陳明仁部，後由黃杰接任）、贛州、昆明（余程萬部、李彌部）、海南島發銀元，餘均匯發銀券……」[203] 廈門軍費金銀，吳嵩慶是執行者，蔣介石是決定者，從發餉的方式，也可看出蔣介石軍事布局的重點及信任程度，嫡系部隊及較重要的區域發給金銀，其他則發給銀元券。

進入 1949 年 6 月，為了維繫軍心，國軍只好全以現銀與黃金發餉、購糧、製作冬季服等。隨著 1949 年 6 月中國共產黨在渡江戰役中取得勝利，南京易手後，國府遷往廣州，後又遷往西南，可說 1949 年下半年的國府在遷移中度過，除了每月固定的政費、龐大部隊的軍費，遷移、遣散、撫卹等皆須龐大費用支應，在缺乏財政收入，銀元券又快速貶值的情況下，當局利用黃金及銀元，維持華中、華南、西南的局

[201] 〈國防部民國三十九年度軍費預算及每月軍費概算等表及該年元月至九月軍費撥付黃金明細表等〉，國史館，檔號：002-080102-00033-003。

[202] 《蔣介石日記》（未刊本），1949 年 4 月 24 日。

[203] 吳嵩慶著；吳興鏞編注，《吳嵩慶日記（一）1947-1950》，1949 年 7 月 20 日，頁 345。

面，雖無法改變最後離開大陸的結局，但黃金運用使國府控制區域的經濟不在軍事之前先行崩潰，並給機關、企業、生產器械、各類人員遷往臺灣提供了較爲從容的時間。

第七章
國府遷臺初期財政經濟方面的黃金運用

前言

　　1949 年臺灣的經濟環境，由於國民政府在大陸的軍事情勢更趨劣勢，導致金圓券急劇貶值，臺幣因與金圓券聯繫，自然難以擺脫金圓券貶值影響，在匯兌上遭受嚴重的損失。臺幣對金圓券的匯率在 1949 年 1 月 28 日調整為 90：1，2 月 3 日又調到 53：1，[1] 雖然一再調整，但始終趕不上金圓券的貶值速度，也造成了臺灣的物價波動，通貨膨脹情形相當嚴重。

　　國際情勢方面，美國發表《中美關係白皮書》，把在中國失敗的的責任，完全歸咎於國民政府，此時的國民黨在美國政府眼裡，即是一個無能和腐敗的政黨，美國停止了對國民政府的所有經濟援助，並認為中國共產黨將在 1950 年底佔領臺灣，在無任何國際援助下，國民黨必須完全依靠自身力量，重建臺灣的貨幣體系，1948-49 年國府在大陸貨幣改革遭遇到的慘痛教訓，使國民黨意識到經濟是成敗的重要關鍵，在此情況下，國民黨只能依靠從大陸帶來的國庫黃金作為經濟政策的後盾，力求經濟改革的成功。[2]1949 年下半年後，正值大陸局勢最混亂的時刻，軍政機構、公營事業及大量軍民陸續播遷臺灣，混亂之際，1949 年 6 月 15 日發行的新臺幣，正好在此時收到效果，暫時止住了來自大陸的漲潮，將經濟抵擋在崩潰邊緣，使國民政府得以於兵荒馬亂中，稍稍喘一口氣。

　　自新臺幣幣制改革至 1952 年底，有關改善經濟的政策有幣制改革、籌募公債、徵收防衛捐、增加煙酒公賣收入、發售愛國獎券、整頓稅收、整頓政府機構、國營事業、結匯證制度、複式匯率、黃金儲蓄政策、優利存款制度等，令人眼光撩亂。這些政策，有些與黃金有關，有些則毫無關聯，以下將對以黃金作為支撐，或與黃金有所

---

[1]　黃純青監修；林熊祥主修；陳世慶纂修，《臺灣省通志稿——卷首 大事記》第三冊，頁 191。

[2]　Shih-hui Li, The Currency Conversion in Postwar Taiwan: Gold Standard from 1949 to 1950, *The Kyoto Economic Review* 74(2), December 2005, pp.191-203.

關聯的政策加以敘述，探討黃金對臺灣經濟穩定過程中的角色。

第一節　臺灣光復至國府遷臺初期經濟情勢

在抗戰後期，國府鑑於勝利之日已不遠，開始規劃戰後臺灣的經營辦法，其中對於經濟、金融方面也訂定了一系列的相關辦法。然而行政長官公署的統制經濟形態，和中國大陸經濟惡化，都對戰後初期臺灣的經濟情勢產生了顯著的影響。

一、光復初期臺灣貨幣情形

1945 年 3 月臺灣調查委員會向國民政府行政院提交了《臺灣接管計畫綱要》（見附錄一）、《臺灣金融接管計畫草案》（見附錄二）、《臺灣地政接管計畫草案》、《臺灣土地問題研究會報告書》等四份方案，[3] 其中對臺灣銀行和貨幣的接收與清理工作作了大致的規劃，即「成立國家銀行之分支行或地區銀行」；「接管後應由中央銀行發行印有臺灣地名之法幣，並規定其與日本佔領時代貨幣之兌換率及其期間」；「日本在臺設立之公私銀行及其它金融機關，我國政府接管後先予監督，令其繼續營業，一面調查情形，予以清理、調整及改組，必要時得令其停業」[4] 等等，惟在勝利突然到來，法幣嚴重貶值情況下，來臺接收的陳儀，對接收後的臺灣貨幣有了不同的做法。

1945 年 8 月 15 日日本投降，當時臺灣的流通貨幣為臺灣銀行券。在日本投降到國民政府在臺成立行政機構接收以前，臺灣仍暫受日本人統治。日本當局利用此空窗期，大量增發紙鈔，還對在臺日本職工加發金額龐大的「退職金」和「慰問金」。到 10 月 25 日臺灣省行政長官公署成立時，臺銀券的發行額從投降前 7 月份的 14 億，增加至 10 月份的 29 億圓。9 月到 11 月間的貨幣發行增加率，較平時增加近一倍。[5]

3　陳鳴鐘、陳興唐主編，《臺灣光復和光復後五年省情》上冊，頁 49-72。

4　鄭梓，《戰後臺灣的接收與重建：臺灣現代史研究論集》，臺中：新化圖書公司，1994 年，頁 265-274。

5　二戰前期的 1931-1941 年間，臺灣銀行紙幣發行增長幅度堪謂穩定，但自 1942 年以後，由於日本戰線太長，軍費日益劇增，而戰爭形勢又越來越對日本不利，日本殖民者開始濫發紙幣以籌措戰爭經費，使得通貨發行也陡然增長。1943 年臺灣銀行券的發行較 1942 年增長 28%，1944 年較 1943 年又增長 69%，1945 年較 1944 年更是增長 192%。這使得光復初期臺灣金融存在一定程度的通貨膨脹。劉翠溶、周濟等著，《中華民國發展史 5——經濟發展》上冊，臺北：國立政治大學、聯經出版公司，2011 年，頁 80。

因此臺灣省行政長官公署成立後，馬上宣布凍結日幣，但爲融通戰時遭破壞的復員資金，及中央在臺機關的墊款，臺銀仍以增發臺銀券來籌湊資金，從 1945 年 10 月到 1946 年 5 月 18 日，命令臺灣銀行繼續增發 10 億元金票，至此臺灣銀行券發行量達到了 39 億元。[6]

臺灣省行政長官公署於 1945 年 10 月 25 日成立，10 月 31 日公布《臺灣省當地銀行鈔票及金融機關處理辦法》，因時間倉促，故准許當時臺灣仍沿用日殖時期的臺銀券作爲流通貨幣。1946 年 5 月 20 日，臺銀正式接收改組，同時發行臺幣，臺灣乃獨立於中國大陸之外，另成一個貨幣區。[7]

由於臺幣與臺銀券採等值兌換，而臺銀券到末期的發行額已相當大，故臺幣的發行額從開始時便很驚人。在光復初期，爲了防止法幣在大陸惡性通貨膨脹的現象影響臺灣，臺灣省行政長官陳儀採取「維持臺幣政策」，1945 年 10 月 10 日通告原臺銀券繼續流通，並禁止法幣入臺，但此政策遭到孔宋家族的反對，認爲「維持臺幣即是國家貨幣不統一」，後經妥協，乃於 1945 年 11 月 3 日公布《臺灣與中國本土匯兌流通管理辦法》，1946 年 9 月，又公布《臺灣銀行券辦法》，明訂法幣在臺灣不得少於發行總額的百分之四十，這使臺灣經濟仍與法幣有相當程度的連結，[8] 也使臺灣難以避免於大陸惡性通貨膨脹漩渦。1946 年 9 月，臺灣銀行改組完成。在這個新銀行體系中，臺灣銀行作爲臺灣金融樞紐，除具有一般銀行之業務外，兼具臺灣地區中央銀行之功能。[9]

1946 年 5 月，改組完成後的新臺灣銀行正式發行新的臺灣銀行券（即今日俗稱的舊臺幣）。同年行政長官公署下令從 9 月 1 日起，以 1：1 的比率收兌舊臺灣銀行券，限期 2 個月，至 10 月 31 日止不再收兌。據統計，舊臺灣銀行券在市場上的實際流通額爲 39 億元左右。到 10 月 12 日，各銀行僅收回 17.1 億多元，僅占總流通額的 41%。爲顧及持券人利益起見，經行政長官公署呈財政部核准，收兌期限延長一月。至最後截止日，共回籠臺灣銀行券 34.4 億元。[10] 從臺幣發行後，即受法幣貶值影響，從 1946 年 5 月 1 日，1：30 的匯兌比率到 1948 年 8 月 18 日臺幣和法幣的兌換已貶到 1：1,635，造成臺灣與大陸匯兌及商業上的困擾，以下列表說明臺幣發行後與法幣兌換的比率。

6　吳聰敏、高櫻芬，〈臺灣貨幣與物價長期關係之研究：1907 年至 1986 年〉，《經濟論文叢刊》第 19 卷第 1 期，臺北：國立臺灣大學經濟學系出版，1991 年，頁 28。

7　劉翠溶、周濟等著，《中華民國發展史 5——經濟發展》上冊，頁 81。

8　陳正茂編著，《臺灣經濟發展史》，臺北縣：新文京開發，2003 年，頁 147。

9　《臺灣銀行網站》，「臺灣銀行成立沿革」，〈http://www.bot.com.tw/〉。

10　劉政傑，〈舊臺幣的故事〉，《臺灣文獻別冊》第三輯，南投：國史館臺灣文獻館，2002 年 12 月，頁 60-64。

表 7-1-1　戰後初期臺幣與法幣匯兌市場的變化表

	臺幣對法幣匯兌比率	比率調整次數
1946 年 5 月 1 日	30	
8 月 20 日	40	
9 月 23 日	35	
1947 年 4 月 24 日	40	
5 月 16 日	44	
6 月 2 日	51	
7 月 3 日	65	
9 月 1 日	72	
11 月 13 日	76	
11 月 22 日	79	
12 月 3 日	84	
12 月 24 日	90	
1948 年 1 月 13 日	92	機動調整開始
2 月 28 日	142	16 次
3 月 25 日	205	10
4 月 27 日	248	7
5 月 20 日	346	11
6 月 28 日	685	15
7 月 31 日	1,345	11
8 月 18 日	1,635	5

資料來源：臺灣銀行《臺灣銀行季刊》，2 卷 3 期，1949，頁 41-42。轉引自：翁嘉禧，〈第七章 戰後初期金融政策的評析〉，《二二八事件與臺灣經濟發展》，臺北：巨流，初版，2007 年，頁 136。

二、光復後至國府遷臺前夕臺灣經濟的問題

　　當時國民政府在法幣與臺幣的匯兌制定上不甚合理，1945 年 12 月行政院核准實施臺幣政策，最初將臺幣與法幣的匯率訂為 1：20。此後由於法幣持續貶值，1946 年 9 月至 1947 年 3 月間的官定匯率是 1：35，但在 1947 年 1 月，臺北的躉售物價指數為 161，上海則是 8,031；其比率約為 1：50，等於臺灣與大陸的貿易，在匯率上臺幣每元就損失 80%，估計這使當時臺灣損失超過 40 億以上。[11]

11　翁嘉禧，《臺灣光復初期的經濟轉型與政策（1945~1947）》，頁 169。

在接受日本留下的財產，也出現許多讓人詬病之處。日本統治臺灣 50 年，其中重要的工商產業，都由日本當局及日本商社所控制，農林方面 70% 以上土地為公有，工商、交通、電力企業有 80% 以上為公營和日本資本所有，其財產的累積相當可觀。[12]

國民政府接收臺灣，指定陳儀為臺灣省行政長官公署行政長官，並非偶然，陳儀留日並曾出版《臺灣考察報告》及鼓吹「福建經濟學臺灣」等，在當年國府黨政要員中，陳儀確實屬較了解臺灣者。[13]

在其主持的「臺灣調查委員會」會議中，就曾表示戰後收復臺灣利權的三項基本主張：

（一）主張採取黨政軍統一接收模式，實踐全部的總理遺教。

（二）主張扭轉日殖資本主義化走向，採取國有化與公營化的民生主義政策。

（三）主張隔離大陸惡習，續走日殖現代化道路。

可以說，此時的陳儀心目中向響往的，是以國家強權統制經濟，及一切皆公營化的國家社會主義理念。[14]

陳儀將日產皆收歸公有，由資源委員會和長官公署所壟斷。陳儀頗為響往社會主義思想，加上個性上較為強硬，因此上任之初，即對臺實行高壓的經濟統治政策，將各種產業實施專賣，配合公營事業。陳儀的原意在於：（1）使臺灣的重要進出口物資掌握在政府手中，避免奸商操縱，牟取暴利；（2）把貿易所獲的盈餘全部投到經濟建設上來。[15]

陳儀主政福建時，就實行統制經濟制度，他認為：「戰爭時代運輸必須政府統制，此乃各國通例，惟不識政治之人，故有反對。然政府必行其任務，以顧大局。」但結果卻使「狡滑者則乘機舞弊，或與奸商合作，有意緩運商家貨物，居奇貿利，造成百物高貴之悽慘狀況」。統制政策最後失敗了，陳儀也遭受到嚴厲的抨擊，但他在主政臺灣後，看到日本在臺灣專賣制度的成功，更加強了他的統制思想。因此設置專賣局、貿易局，幾乎壟斷了臺灣的民生貿易與工業各層面，與民爭利。[16]

這樣的統制經濟制度，也引發民眾的怨懟。勝利初期，中央銀行派員到臺灣考察

12　翁嘉禧，《臺灣光復初期的經濟轉型與政策（1945~1947）》，頁 165。

13　鄭梓，《戰後臺灣的接收與重建：臺灣現代史研究論集》，頁 49。

14　鄭梓，《光復元年：戰後臺灣的歷史傳播圖像》，新北市：稻鄉，2013 年 9 月，頁 210-211。

15　于百溪，〈陳儀治臺的經濟措施〉，《陳儀生平及被害內幕》，北京：中國文史出版社，1987 年，頁 119。

16　賴澤涵總主筆，《「二二八事件」研究報告》，臺北：時報文化，1994 年，頁 25-26。

臺灣經濟狀況，報告中提及：「民間對經濟現象，最大的不是，是公營事業，有一部分輿論，是這樣指摘，臺灣公營事業太龐大，吮吸了大量的臺幣。」[17]

在陳儀的統制經濟下，官員的貪污行為十分嚴重，如臺灣前進指揮所主任葛敬恩吞佔黃金 120 公斤，臺北縣長陸桂祥侵佔公款 1 億多元，臺義化學工廠貪污案金額達 2 億餘元，貿易局勾結商人獲利 1 億餘元，臺北市教育局舞弊千萬元，紡織有限公司文書科長費綿卿侵挪公款法幣 3 億餘元等等。[18] 加上此時大陸的國共內戰方殷，臺灣需提供大陸各種資源，應付龐大軍需，長官公署透過農會系統，大量調動米糧，使臺灣缺糧嚴重。這些光復以來經濟問題的積累，與來臺的公務員，常流露出優越感，以「統治者」自居，視臺人為被統治者，自己是統治者，使臺人視這些外省人為「新統治者」，造成臺民心裡不滿，[19] 引發了 1947 年 2 月的「二二八事件」。

三、二二八事件後採取的經濟善後政策

二二八事件發生後，國民政府高層開始察覺臺灣經濟情況的嚴重性。在 1947 年 3 月中旬，事件告一段落，開始提出許多善後政策。此事件本就為經濟因素所引起，因此事後的善後政策，自然也以經濟政策調整為主。現以表格呈現二二八事件，各方面對改革臺政所作的建言：

表 7-1-2　二二八事件後有關經濟政策之重要建議彙整表

建議人	時間	資料名稱	主要建議內涵
陳儀	3.13	陳儀呈蔣主席	財政經濟仍須維持原有政策，不能改取放任態度，但方法可以改善，人事可以調整。……對於專賣貿易兩局，多數明白事理之本省人，並無主張廢止者，彼等只要求多參加本省人而已。
蔣介石	3 月	蔣主席對臺灣民眾廣播詞	1. 民生工業之公營範圍應儘量縮小，公營與民營之劃分辦法，由經濟部資源委員會迅呈報試院核准實施。 2. 臺灣行政長官公署現行之經濟制度及政策，其有與國民政府頒行之法令相牴觸者，應予分別修正廢止。

---

[17] 〈周彭年向中央銀行陳報考察臺灣經濟財金狀況〉，中國第二歷史檔案館，檔號：2-7276。

[18] 賴澤涵總主筆，《「二二八事件」研究報告》，頁 21。

[19] 賴澤涵總主筆，《「二二八事件」研究報告》，頁 22-23。

建議人	時間	資料名稱	主要建議內涵
蔣夢麟	3.25	蔣夢麟呈蔣主席：「處理臺灣事件辦法建議案」	1. 臺灣公營事業範圍儘量縮小，其原則為：凡重工業及民力有所不勝者，應以國營或國省合營為原則，如石油礦、銅礦、鋁礦、燒鹼業等。 凡已接收之工廠，不得停工，應使繼續生產。 凡公營之輕工業，應儘量售予民營。 各項公營事業，人民仍得依法經營之。 糖、紙兩項民生工業，應發行股票或分廠陸續出售。
何漢文	3.26	何漢文呈蔣主席：「建議臺灣事件善後處理辦法」	以改變原有統制與特殊化之消極政策，易以積極開放發展之政策，其辦法有九： 1. 東南行轅設立經濟委員會，指導臺灣經濟政策之決定與推行。 2. 取消專賣制度。 3. 取消臺幣制度。 4. 中小以下企業，儘量撥歸民營。 5. 中央應以大量資金維持並補助臺灣特有產業之發展。 6. 切實解決失業問題。 7. 利用日人遺留之土地與房屋，實行大規模民營。 8. 水陸交通及電信，由中央直接控制，並將現有臺籍員工逐期與內地互調。 9. 糧政管制，應就日人原有管制方法，重新釐定。
白崇禧	4.14	白崇禧呈蔣主席：「對今後臺政改進意見」	1. 為復興臺灣農工企業，於三年內在經濟上中央似應扶助臺灣，而不取給臺灣，方可收攬人心。 2. 從事將公有土地放租，又不必保留之飛機場25處，亦可同時放租。 3. 專賣制度可改為煙酒公賣局，樟腦可另組公司經營，火柴則廢除專賣，藉平臺胞之怨。 4. 貿易局撤銷，改為類似物資供應局，僅統一管理省營工業成品外銷或機器原料之採購。 5. 調整臺幣與法幣之比率，按 1：35 逐步調高到 1：50 以資補救。 6. 極力減少公營企業之範圍，輕工業儘量開放，鼓勵民營，規定臺人有優先承購或承租權。 7. 臺省接收封存之食糖十五萬噸，可將售出之半數，約值國幣一千億，撥給臺糖公司，以增加臺省銀行法幣周轉，俾能安定金融並協助臺省經濟建設。

建議人	時間	資料名稱	主要建議內涵
楊亮功 何漢文	4.16	「臺灣善後辦法建議案」	1. 撤銷專賣局，改為菸酒公賣局；撤銷貿易局，改為物資供應處。 2. 中央應以大量資本維持並輔助臺灣產業之發展。 3. 接收日人企業中屬於重工業部分，悉照中央規定由國營或國省合營，其規模較小或適於人民直接經營企業，可招標出售。 4. 救濟失業為目前最迫切問題，地方當局應按照實際調查，詳密計畫。 5. 注意農村經濟之發展與農民生活之改善。 6. 政府接收日人在臺公有土地之處理，應注意：（1）將全部土地確實分與佃農及半甲以下之貧農；（2）絕對取消中介人制度；（3）機關、工廠應限制佔用公有土地之數量。 7. 對於地主，應注意：（1）切實執行二五減租，逐漸達到政府公地之最低租率；（2）嚴格取締糧食囤積。 8. 實行積穀制度。 9. 發展農村合作，並大量發放農貸。
臺灣國大代表等（19人）	3.17	臺灣國大代表等致白部長、陳長官電文	1. 為安定臺灣金融經濟，請暫維持臺幣政策。 2. 專賣制度，係臺省經費收入之重要財源，在未有新財源前，仍暫存在，但人事及經營方法，似宜改善。 3. 公營貿易制度，擬請照調整專賣制度辦法，加以改善。 4. 鐵路、公路及航業，因地理環境，請仍由省營。

資料來源：翁嘉禧，《二二八事件與臺灣經濟發展》，初版，臺北市：巨流，2007。

原引自：中研院近史所，《二二八事件資料選輯（二）》；陳興唐主編，《臺灣二二八事件檔案史料》，
　　　　臺北：人間出版社；臺灣省文獻委員會，《二二八事件文獻續錄》。

　　綜合分析上述各種改革建議，主要集中在：（1）統制經濟應作調整，民生工業應允許人民經營，並酌情允許臺人參與；（2）專賣局、貿易局應調整經營，加以改善；（3）臺幣與法幣匯率應調整；（4）土地問題應開放放領；（5）中央應以大量資本貿易協助臺灣產業發展，解決失業問題。這些建議，如能實施，臺灣經濟或有改善的機會。

　　二二八事件的發生，使當局開始正視臺灣的經濟問題，並對臺灣的經濟政策做出調整。魏道明 1947 年 5 月 15 日接任臺灣省主席後，[20] 改行新經濟政策，著重「調節」

---

[20]　臺灣省文獻委員會編，《臺灣省政府功能業務與組織調整文獻輯錄》上冊，南投：臺灣省文

兩字，他說明具體的辦法，一方面調節物資，以求經濟市場的安定，一方面酌將省營事業部分開放民營，提倡經濟自由，[21]並開始進行改革。其主要內容包括：公營事業民營化、貨幣政策調整、糧食與土地政策改革、經貿機構重整。

（一）公營事業民營化

日殖時期，臺灣重要產業多為公營或為幾個日本資本所壟斷。光復後，這些產業全由資源委員會和行政長官公署接收，這些接收日產，大致分為公有財產、企業財產、私有財產三部門。

在日產處理上，之所以遭到詬病，原因為國民政府為應付軍需，將臺灣盛產的米、糖等農業作物大量供應大陸。而行政長官公署公營事業政策，也與原先民間對企業民營化的期盼相違背。故在經濟政策調整裡，公營事業開放民營為重點項目，但因現實考量，最後只有少數縣市營企業轉移民營，公營事業體制並未有太大更動。[22]

（二）貨幣政策調整

光復初期，為避免大陸的通貨膨脹對臺灣經濟造成影響，因此採「維持臺幣政策」。1945 年 10 月 10 日臺灣前進指揮所通告：「原臺灣貨幣仍繼續流通，並禁止法幣在臺使用。」即將臺灣的貨幣與大陸流通的法幣相隔。但此政策引起孔祥熙、宋子文反對，經過調和，政府於 1945 年 11 月 3 日公布《臺灣與中國本土匯兌流通管理辦法》。1946 年 9 月，中央公布《臺灣銀行券辦法》，規定銀行發行準備，其中規定法幣不得少於發行總額的 40%，使臺灣通貨仍受到法幣一定程度的影響。

在制定臺幣與法幣匯率的不合理，使投機商人得以在其中套利，讓臺灣在與大陸貿易蒙受重大損失，因此進行匯率調整，改善臺灣與大陸匯率的不公平。此一政策自 1948 年 1 月 13 日採取至同年 8 月 19 日改行金圓券，這段期間，臺幣與法幣匯率共調整 72 次之多，其比率從 1：92 提高到 1：1635，可見其變動幅度之大。[23]

（三）糧食改革

光復後，長官公署控制整體糧食供應與行銷。由於大陸局勢惡化，因此將臺灣的

獻委員會，1999 年 12 月，頁 161。

21　〈周彭年向中央銀行陳報考察臺灣經濟財金狀況〉，中國第二歷史檔案館，檔號：2-7276。

22　翁嘉禧，《二二八事件與臺灣經濟發展》，臺北：巨流，2007 年，頁 190-192。

23　翁嘉禧，《二二八事件時期臺灣之經濟情勢與經濟對策》，高雄：國立中山大學，1999 年 2 月，頁 124-125。

農產品大量運往大陸。政府又透過農會系統，大量調動米糧，使臺灣缺糧情形嚴重。二二八事件後，白崇禧、楊亮功等人建議將公地放租，取締不肖商人囤積糧食，並實行二五減租與積谷制度。1947 年 5 月 1 日公布：《臺灣省糧戶餘糧及合作社糧商存糧出售辦法》，透過糧食收購辦法，改進隨賦徵購稻穀與肥料換穀政策，使農戶損失減少並穩定物價。

（四）土地改革政策

在土地改革方面，依據《臺灣省公有土地佃租徵收辦法》、《臺灣省公有耕地放租辦法》、《臺灣省公有耕地放租辦法施行細則》、《各縣市公有耕地放租委員會組織規程》，藉以加強公有土地放租及推廣合作農場制度。[24]

（五）經貿機構重整

陳儀主政臺灣時，依舊沿用日殖末期的戰時經濟統制，堅持專賣、貿易局等政策。在政府獨占公營事業時，缺少監督機制下，官員貪污舞弊，使民間商業難以生存。在事件後，當局決定裁撤貿易局，另組「物資調節委員會」，主要任務在物資供需的調節，而不在財政上的收益。另改組專賣局。在 1947 年 5 月省政府成立後，即撤消專賣局，另設菸酒公賣局，樟腦公司改歸為建設廳，火柴公司開放民營。[25] 以上這些調整，對臺灣經濟的穩定都有一定的效果。

四、國府遷臺初期臺灣經濟情勢

1949 年，國民政府在國共內戰的敗局已定，於 1948 年底至 1949 年期間，開始將各種資源及政府部門往臺灣遷移，打算以臺灣為之後的主要基地。國民政府也在 1949 年 12 月 7 日遷往臺北，[26] 行政院於 12 月 9 日正式在臺辦公。[27]

1948 年底至 1949 年，臺灣在短短幾個月的時間，湧進近 200 萬軍民，約為當時臺灣總人口的三分之一。臺灣面積僅約三萬六千平方公里，且地勢多山，平原有限，

---

[24] 翁嘉禧，《二二八事件與臺灣經濟發展》，頁 198-202；楊義隆，〈臺灣光復後的土地改革〉，《空大學訊》395 期，2008 年 4 月，頁 76-83。

[25] 翁嘉禧，《二二八事件與臺灣經濟發展》，頁 202-207。

[26] 政府遷設臺北，並在西昌設大本營，統率陸海空軍在大陸的指揮作戰。《中央日報》，1949 年 12 月 8 日。

[27] 《中央日報》，1949 年 12 月 9 日。

龐大人口的移入，對臺灣造成了很大的糧食供應壓力。[28] 移入的人口職業，又以軍公教人員為多數。他們無法投入產業的生產，且需耗費政府龐大的薪餉，對當時財政狀況已至谷底的政府，無疑是相當沉重的負擔。

雖然當時也有部分的企業家追隨國民政府來臺，除了少數像遠東集團創辦人徐有庠、臺元紡織吳舜文嚴慶齡大妻，早已做了到臺灣建紡織廠的決定，將機器早已運往臺灣，大部分企業家都有經營及生產技術的經驗，但在機器、工廠等硬體設施留在大陸，又缺乏資金的情形下，對於當下經濟的立即提升實亦有限。[29]

除臺灣自身的因素，1949 年 8 月 5 日，美國政府發表長達 1,054 頁的《中美關係白皮書》，白皮書的編撰方式，由史迪威時代駐重慶的美國代表，以反蔣著稱的戴維斯[30] 來安排。白皮書中表示將不再支持中華民國政府。此舉對於正為中國統治權做最後努力的國民政府而言，無疑是重重一擊。身為馬歇爾使華重要隨員的白魯德，[31] 於 1949 年 7 月 25 日簽覆美國國務卿的信函，便提到：「際茲國共生死搏鬥之秋，美國此舉，將

表 7-1-3　光復前後期臺北市躉售物價指數

（基期：1937=100）

日期	物價指數
1937	100
1938	116.6
1939	133.9
1940	151.3
1941	164.6
1942	162.7
1943	274.2
1944	460.1
1945	2,360.3
1946 年 12 月	12,555.0
1947 年 6 月	35,064.0
1947 年 12 月	97,462.0
1948 年 6 月	154,542.0
1948 年 12 月	1,111,364.0
1949 年 1 月	1,514,073.0
1949 年 6 月	13,214,952.0

資料來源：潘志奇，《光復初期臺灣通貨膨脹的分析》，頁 18、27。

---

[28]　陳紹馨，〈臺灣人口問題〉，《臺灣的人口變遷與社會變遷》，臺北：聯經出版，1992 年 3 月，頁 214-215。

[29]　陳雅潔、陳良榕、鄭功賢，〈六十年企業，一頁兩岸變遷史，曾經倉皇遷臺，如今反攻大陸〉，《財訊》第 331 期，2009 年 10 月 22 日。

[30]　戴維斯（John Paton Davies, Jr.1908-1999），為國民政府大陸時期美國駐中國外交官，因立場向來較為親向中國共產黨，與其他兩位立場相同的「中國通」范宣德（John Carter Vincent, 1900-1972）、謝偉思（John Service, 1909-1999），當時被稱為「三個 Johns」。梁敬錞，〈美國對華白皮書之經緯與反應——艾契遜一石三鳥政策之一〉，《中國現代史論集——第十輯國共鬥爭》，張玉法主編，臺北：聯經出版，1982 年 6 月，頁 429-430。

[31]　白魯德（Henry A. Byroade, 1913-1993），為美國國務院職員。國共內戰時，曾隨馬歇爾來華，時任調處執行部執行長。

促速國府之崩潰……」[32]。次年 1 月 5 日，美國總統杜魯門（Harry S.Truman, 1884-1972）發表聲明中，更明確暗示美國將不會阻止中國共產黨進攻臺灣。[33]國民政府失去了美國的支持，中國共產黨在大陸勝利後，也開始積極地佈署對臺作戰，使臺灣社會充滿了不安與恐懼。在種種不利因素下，惡性通貨膨脹蔓延全臺灣。

我們從前面表格中的數字可看出，1937 年至 1945 年，再延伸到 1949 年 6 月，臺北市的薑售物價指數，1937 年中日戰爭發生時為基數 100，1944 年物價漲了 4.6 倍，1945 年戰爭結束時漲了 23.6 倍，但是國民政府接收臺灣後一年多，物價漲了 125 倍，到 1949 年 6 月漲了 13,214.95 倍，也就是 1945 年光復後物價飆漲了約 5,600 倍。政府只能不斷地趕印鈔票，來面對如此劇烈的物價膨脹。臺灣銀行除舊臺幣外，本票於 1947 年 10 月開始發行，原意是使臺灣銀行節省現鈔收付手續以及應付市場上的需求，於 1948 年 5 月起在市場上開始流通。至 1949 年 6 月 14 日幣制改革前，定額本票的發行額為 1 萬 2 千餘億元，已至氾濫程度。臺幣已到了非作改革不可的時間了！以下以表格方式呈現臺灣從 1946 年 5 月 18 日到 1949 年 6 月 14 日，發行額度增加情形：

表 7-1-4　舊臺幣發行額表　　　　　　　　　　　　　　　　（金額單位：圓）

日期	發行額	指數（基期：1946 年 5 月 18 日 =100）	附：定期本票發行額
1946 年 5 月 18 日	*2,943,949,321.00	100	-
1946 年年底	5,330,592,809.50	181	-
1947 年年底	17,133,236,000.00	582	-
1948 年年底	142,040,798,000.00	4,825	78,696,965,000.00
1949 年 6 月 14 日	527,033,734,425.75	17,902	1,213,580,535,000.00

註：＊係接收前日臺灣銀行券發行額。
資料來源：臺灣銀行經濟研究室編，《臺灣之金融史料》，頁 3。

---

[32] 梁敬錞，〈美國對華白皮書之經緯與反應——艾契遜一石三鳥政策之一〉，張玉法主編，《中國現代史論集——第十輯 國共鬥爭》，頁 436。

[33] 林博文，《1949 石破天驚的一年》，臺北：時報文化，2009 年 5 月，頁 118-132。

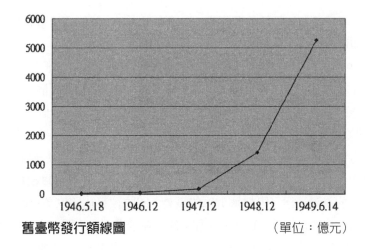

舊臺幣發行額線圖　　　　　　　　　　　　　　（單位：億元）

　　臺幣的發行總額從 1946 年底的 50 餘億，開始緩慢成長，然至 1947 年底後，受到大陸戰事的影響，開始大量增發，至 1949 年 6 月中旬幣制改革前，已增發至 5 千餘億。從新臺幣發行額度不斷增加，也可看出政府遷臺前後，臺灣經濟情勢惡化情形，如何抑制惡性通貨膨脹繼續蔓延，成為國府 1949 年遷臺時亟需克服的首要問題。

第二節　幣制改革

　　在金圓券崩潰後，大陸各省如湖南、四川、雲南、貴州，陸續發行地方幣券，地方財政逐漸獨立，中央財政金融體制幾乎解體。臺灣雖限制金圓券匯入，但因大量墊借中央機關經費，加上龐大的人口流入，臺幣仍不斷貶值。此時大陸移臺人口攜帶的黃金，不斷擴大著地下錢莊，因臺幣貶值使民間投機活動更形熱絡，省府於是自 1949 年 1 月再度收兌黃金外幣，並禁止黃金買賣，結果是使臺幣因金鈔黑市流通數量增加而貶值更快。

　　在 1949 年 2 月，省府規定臺灣銀行對政府駐臺機關墊付款項，由臺灣的關、鹽稅收與中央在臺資產抵還，中央與臺灣省政府的關係也開始改變。

　　由於外匯收入在匯兌過程的損失，省參議會要求行政院，讓臺幣與美元直接聯繫，並將臺灣出口所得，由臺灣銀行直接結匯與撥用。並認為應該將公營企業開放民營、出售日產、拋售存金與裁減機構等，然臺幣改革涉及到中央在臺資源的動用權限，因此中央對此並不積極，直至上海撤退前夕，才同意拋售在臺物資償還臺銀墊借

款項，並委託臺銀管理外匯及代理國庫，在國府喪失在大陸的經濟重心後，臺幣改革的腳步開始加速進行。[34]

隨著 1949 年 5 月上海易手，臺灣與大陸的貿易迅速結束。臺灣經濟在日本和中國被剝奪了保護市場的出口權之後，第一次重新建立自己的獨立經濟。[35] 中國大陸金圓券和銀元券的失敗，也傳達給一個重要訊息，即臺灣有必要有一個與中國國家貨幣（CNC）不同的獨立貨幣。[36]

根據西方國家的經驗，貨幣體系的穩定需要平衡的預算，和一個獨立的中央銀行。前者減輕了貨幣當局的壓力，為財政赤字提供資金，後者可以拒絕政府要求貸款。但在當時的臺灣，為了阻擋解放軍的威脅，國防預算佔國家預算的 80% 以上，上述的財政和貨幣措施都是不可能的。加上國府在軍事上的失敗，美國凍結了原先答應給予的經濟援助，[37] 加上金圓券改革的失敗教訓才在眼前，因此臺幣改革最主要的方式，即要使民眾將對黃金的信心，轉化為對新臺幣制的信心。[38]

另外此項幣制改革在以臺灣省主席陳誠的堅持下，決定其要點為：（1）用臺灣銀行的鈔票；（2）以美金為計算單位；（3）地區以臺灣一省為限。與宋子文提出的主張：（1）用中國銀行的鈔票；（2）以英磅為計算單位；（3）將閩粵臺三省連在一起，兩相比較有明顯的差異。[39] 由此也可看出，至國民政府遷臺前後，臺灣的財經決策，實際上已非在大陸時期的孔祥熙、宋子文等人及此系統內的核心份子所能參與。[40]

幣制改革的法令於 1949 年 6 月 15 日頒布，其中重要的法令有：《臺灣省幣制改革方案》（見附錄三）、《新臺幣發行辦法》（見附錄四）、《臺灣省進出口貿易及匯兌金銀管理辦法》（見附錄五）、《修正臺灣銀行黃金儲蓄辦法》（見附錄六）等。[41] 此幣制

---

[34] 王繡雯撰，《新臺幣改革之分析》，國立臺灣大學政治研究所碩士學位論文，1991 年，頁 58-62。

[35] Lin, Ching-yuan, *Industrialization in Taiwan, 1946-72: Trade and Import-Substitution Policies for Developing Countries*, New York: Praeger Publishers (1973), p.39.

[36] Lee Sheng-Yi, *Money and Finance in the Economic Development of Taiwan*, Houndmills, Basingstoke, Hampshire: Macmillan (1990), p.72.

[37] 1948 年 1 月，美國國會通過了中國援助法案，授權中國在過去 12 個月內向中國購買商品 2.75 億美元的贈款。但由於國民政府在內戰中處於劣勢，美國決定決定經濟援助，實際上只收到 1.62 億美元。

[38] Shih-hui Li, The Currency Conversion in Postwar Taiwan: Gold Standard from 1949 to 1950, *The Kyoto Economic Review* 74(2), December 2005, pp.196-197.

[39] 陳誠，《陳誠先生回憶錄──建設臺灣》上冊，頁 66。

[40] 王作榮口述，工商時報經研室紀錄，《王作榮看臺灣經濟》，臺北：時報文化，1988 年 11 月，頁 30-31。

[41] 《臺灣省政府公報》，1949 年夏字第 62 期，頁 770-772。

改革最重要之處，即中央撥給臺灣省政府黃金 80 萬市兩作為改幣基金，當時大陸尚未完全淪陷，新臺幣仍係地區性貨幣，並未完全脫離中央金融系統，故由中央撥借黃金，藉此鞏固幣信。[42]

依據《臺灣省幣制改革方案》，新幣發行的幾個重要要旨為：

（一）臺灣銀行發行新臺幣總額二億元。

（二）新臺幣對美金之匯率，以新幣五元折合美金一元。

（三）新幣對舊臺幣之折合率，定為舊臺幣四萬元折合新幣一元。

（四）新幣應以黃金、白銀、外匯及可換外匯之物質十足準備。

（五）為鞏固幣信計，新幣在省內得透過黃金儲蓄辦法，兌換黃金。在省外得透過進口貿易，兌換進口所需之外匯。[43]

而《新臺幣發行辦法》施行要點為：[44]

（一）臺灣省政府指定臺灣銀行發行新臺幣。

（二）新臺幣單位為 1 元，幣券面額分 1 元、5 元、10 元、100 元四種，輔幣分 1 分、5 分、1 角、5 角四種。

（三）舊幣四萬元折新幣 1 元，限民國 38 年 12 月 31 日前無限制兌換新幣。

（四）自新幣發行，本省公會計一律以新幣為單位。

此次臺幣改幣最重要部分，在於對足夠的黃金作為貨幣支撐，80 萬兩黃金的價值，相當於新幣發行總額的 112%，以此建立民眾對新臺幣的信心。

幣制改革的兩個要件，在於使其貿易收支的平衡，與財政收支的平衡。貿易收支部分，由於國民政府在大陸的政權正逐漸易手，各單位陸續播遷來臺，已不必再向大陸方面供應龐大糧食與農產品，除了減少匯差損失外，這些經濟作物可轉而輸出，增加外匯，故貿易收支不平衡方面可較為和緩。

財政收支部分，以往幾次的幣制改革失敗原因，財政支出遠大於收入，使財政赤字嚴重，政策無足夠資源支持，使幣改的美意最終皆形同具文。與前不同的是，此次臺幣改革，以黃金 80 萬兩作為後盾，價值等於全部發行總額的 112%，民眾可隨時拿貨幣向政府兌換黃金，手中的鈔票兌得到黃金，民眾自然對新貨幣有信心，加上可結購外匯進口物資，在對內可兌黃金，對外可兌外匯物資情形下，使幣信得以鞏固。[45]

1949 年 6 月宣布進行貨幣改革，其中包括一種名為新臺幣（NT$）的新貨幣，其

---

[42] 《臺灣省政府公報》，1949 年夏字第 62 期，頁 770-772。

[43] 《臺灣省政府公報》，1949 年夏字第 62 期，頁 770-772。

[44] 《臺灣省政府公報》，1949 年夏字第 62 期，頁 770-772。

[45] 財政廳長嚴家淦之書面談話見《中央日報》，1949 年 6 月 15 日。

黃金和外匯的儲備爲 100%，匯率掛鉤在美元的 20%。但實際上，由於臺灣銀行資助了政府預算赤字，以及公共企業的投資支出，貨幣政策實際上完全被動了。公共支出的巨大增長（80% 用於軍事目的）不是也不能與增加的稅收相匹配。貨幣擴張的通貨膨脹效應因供應嚴重不足而加劇，因爲 1947-1948 年的產量降至戰前水平以下的 40-50%。[46]

在此情況下，以黃金穩定作爲貨幣準備的作用便更顯重要，至 1950 年 5 月 31 日，新臺幣發行約 1 億 9 千萬元與輔幣 3 千萬，但由於臺銀於 1949 年 12 月墊付了 20 萬兩黃金作爲軍費，造成準備金不足，經臺灣省主席吳國禎向蔣介石求助後，蔣亦批准央行於 1949 年 12 月 31 日撥付臺銀 10 萬兩，1950 年 1 月 20 日又借予臺銀 12.6 萬兩，用以充實準備金，新臺幣準備金不足的問題逐得到解決，至於黃金儲蓄造成黃金消耗問題，在下節詳述。[47]

第三節　黃金儲蓄存款

幣制改革要成功，需要其他經濟政策相配合，而其中最重要的一個核心政策，即爲黃金儲蓄政策。黃金儲蓄存款施行時間，在幣制改革之前，1949 年 5 月 20 日，即開始實施。該方案主要內容爲：

（一）開立存戶，每人以開立一戶爲限。

（二）定期存款利率 1 個月爲 1%，2 個月爲 3%，3 個月以上爲 4%。

（三）可以選擇定期和活期兩種存款，第一次存入時，最低爲黃金 1 市錢，每戶最高存額以黃金 50 市兩爲限。[48]

希望透過黃金儲蓄計畫，鼓勵儲蓄和勸阻支出，一方面可以作爲取金的手段，一方面利用收回的存款以恢復政府公信力。[49]

而黃金儲蓄的主要動機爲：

---

[46] Erik Lundberg, *Fiscal and Monetary Policies, Walter Galenson, Economic Growth and Structural Change in Taiwan: The postwar Experience of the Republic of China*, New York: Cornell University Press (1979), p.282.

[47] 〈中央銀行彙報各地運臺黃金收付及存餘數量表及中央信託局十月份初外匯與物資報告單〉，國史館，檔號：002-080109-00004-002。

[48] 《臺灣省政府公報》，1949 年夏字第 38 期，頁 486。

[49] Lee Sheng-Yi, *Money and Finance in the Economic Development of Taiwan*, The Macmillan Press (1990), p.73.

（一）藉由直接與黃金兌換，減少人民對於紙幣的不信任。

（二）因人民視黃金為保值工具，將金價維持在一定水準，可間接維持物價的穩定。

（三）藉由黃金出售，回收市面上的新臺幣，減輕通貨膨脹的壓力，抵補收支赤字。[50]

依據當時臺灣省政府財政廳發表的報告，臺灣銀行舉辦的黃金儲蓄，即等於以新臺幣兌換黃金，可結購進口物資，即可以新臺幣兌換外幣，進口物資。如此對內可以兌換黃金，對外可兌換外匯物資，以求幣值穩定。依新臺幣發行辦法規定，新臺幣對美元匯率，為新臺幣 1 元兌換美角 2 角，而 35 美元視合純金 1 盎司，新臺幣與黃金實已間接聯繫。[51]

6 月 15 日施行新臺幣改革，同時公布《修正臺灣銀行黃金儲蓄存款辦法》（見附錄四），與原辦法主要差異為：

（一）擴大辦理地方，從原有的五大都市擴及全省。

（二）縮短兌取期限，原須存滿 1 個月，改為只須存滿 10 天即可兌取黃金。

（三）將原每戶每月存入最高額不得超過 50 市兩限制，改為每戶每 12 個月計支取黃金條塊總額。

修改辦法旨在便利兌換條件，藉以增加民眾兌換意願與防止大存戶大量套購黃金。[52]

嚴家淦在推行新臺幣改革時即認為，「要得到人民的信仰，第一要有準備，第二要能兌換」，[53] 而此次新臺幣與黃金儲蓄搭配，即達到這樣的條件。新臺幣改革後不久，由於大陸東南沿海的威脅日增，物價大幅上揚，為了安定經濟，省府一方面加緊取締民間金融買賣與走私，嚴重擾亂金融者，甚至可以戒嚴法擾亂治安罪判處死刑，另一方面則加強黃金儲蓄，提高普通存款的利息，並令臺銀動用平準基金平抑物價波動。[54]

各單位偶爾也利用黃金儲蓄存單換購其他必需品，比如臺糖公司便曾與臺銀訂定以黃金儲蓄存單收購農蔗辦法，而臺銀也計畫收回新臺幣 2 千萬元供臺糖公司收購甘

50　袁壁文，〈臺灣之貨幣發行〉，《臺灣銀行銀刊》第 20 卷 1 期，1969 年 3 月，頁 39。

51　林霖，〈談談外匯審核制的得失〉，《財政經濟月刊》第 1 卷第 2 期，1951 年 1 月，頁 39。

52　潘志奇，《光復初期臺灣通貨膨脹分析》，臺北：聯經出版，1980 年，頁 109。

53　《中央日報》，1949 年 6 月 15 日。

54　《中央日報》，1949 年 10 月 20 日。

蔗。[55]

　　藉由拋售黃金換回新臺幣，不僅可以轉放軍政機關所需，又可控制通貨膨脹，因此在新臺幣制度尚未穩定前，一直維持黃金儲蓄存款的施行。[56]

　　黃金儲蓄辦法施行時，規定每市兩為新臺幣 280 元，以每美元合新臺幣 5 元計算，黃金每市兩合美金 56 元。後因世界金價逐漸降低，臺灣省黃金儲蓄的官價偏高，且與匯率脫節，故於 1950 年 2 月決定將貿易商進口採用代購公營事業結匯證，每美元合新臺幣 8 元，使黃金儲蓄的金價與世界金價及匯價得以大致維持平衡。

　　雖然該規定黃金存款收效明顯，但幾乎所有人都以新臺幣開立存款。此外，黃金的官方價格是 1 兩 280 元，而黃金的市場價格是 300 元以上。因此，投機性的存款和取款頻繁發生。[57] 黃金儲蓄與黃金存兌價格有密切關係，如黃金官價低於市價，則將產生套購甚至走私出口的情形，導致黃金的枯竭，自黃金儲蓄存款施行以來，至 1950 年 12 月止，黃金官價 1949 年 6 月 15 日以前，每臺兩合舊臺幣 1,440 萬元，而臺北市市價則為 1,730 萬元，[58] 二者相差 290 萬元。[59] 官價低於市價，存戶在存款到期提取時，必然支取黃金實物，而有套購黃金現象。至新臺幣時，官價為每市兩合新臺幣 280 元，折合每臺兩為 330 元，當時臺北市每臺兩買進價格為 357 元，賣出為 365 元，雖然差距較舊臺幣時小，但官價低於市價，如此則難以避免存戶套購黃金的現象發生。[60]

　　當時人民可依官價向臺灣銀行兌換黃金，同時也可在市場出售兌得的黃金，但卻不准將黃金輸出，於是走私出口現象層出不窮。有心人透過黃金儲蓄存款所提取的黃金運往香港獲差額利益牟利。1950 年下半年黃金市價上漲，偷渡香港售黃金獲利更豐，每日存入量激增至 13,000 至 18,000 市兩，中央銀行現存黃金僅剩 40 餘萬市兩，如照最近存儲情形繼續不止，則所存黃金已難以維持。[61]

---

[55] 《中央日報》，1949 年 12 月 15 日。

[56] 王繡雯，《新臺幣改革之分析》，頁 70-72。

[57] Shih-hui Li, *The Currency Conversion in Postwar Taiwan: Gold Standard from 1949 to 1950*, pp.197-198.

[58] 陳榮富撰；臺灣銀行經濟研究室編，《臺灣之金融史料》，臺北：臺灣銀行經濟研究室，1953 年，頁 95。

[59] 根據 1949 年 5 月 17 日臺灣省政府訂定《臺灣銀行黃金儲蓄辦法》，黃金公定價格，由閩臺行署監察委員、省參議會、省政府財政廳、物資調節委員會及臺灣銀行派代表一人，及省主席指定人員，參照各地市況逐日議定公告之。

[60] 王雅瓊，《臺灣光復初期匯率政策之演進與決策研究（1945-1963）》，國立中興大學經濟學研究所碩士學位論文，1996 年，頁 20-24。

[61] 〈俞鴻鈞呈蔣中正十月份中央銀行庫存黃金暨經理外匯收支情形及臺灣銀行發行準備及黃金儲蓄各情形〉，國史館，檔號：002-080109-00010-001。

　　俞鴻鈞即表示：「今日金融上最嚴重的問題，爲黃金外流之加劇。」俞鴻鈞之所
以感到憂心，在於此「外流」不僅是由政府流向市面，而是流出省外。其主要原因有
二：「一爲資金逃避。由於共軍揚言進攻臺灣，準備赴港澳及國外逃難者，紛紛均以
其資金移送省外。……二爲商人套匯。黃金套匯走私，雖經政府嚴查重懲；然而大利
所在，刑罰難禁。目前美金市價既高至每元合新台幣 12 元以上，例如商人以千元美
金在臺灣售出，向臺銀購置黃金 43-44 兩，走私運港，可復購進美金 1,700 元，故即
以其三分之一作走私各項費用，仍有厚利可獲。」並表示在這二種原因的相互激盪
下，臺灣銀行現有的黃金準備在一、二個月內即會完全流出，而動搖到臺幣信用。[62]
俞鴻鈞認爲此是因爲金價、匯價與物價之間互相脫節的緣故。現物價與美金市價已漲
至新臺幣改革時的二倍以上，但黃金儲蓄仍維持原價不變，外匯官價僅加 60%，使套
購黃金走私者有厚利可圖。[63]

　　臺銀在 1949 年下半年共兌出黃金 82 萬盎司，國府遷臺後，新臺幣因軍政需要，
發行大增，爲抑止通膨，1950 年上半年便兌出 177 萬盎司，金融機構回收的貨幣不足
以供應放款，因此規定黃金儲蓄存戶自 5 月起只准提取黃金。[64] 1950 年 6 月 16 日，
爲彌補軍政需要，發行「節約建國有獎儲蓄券」，黃金儲蓄存款也開始搭配儲蓄券，
搭配數額隨官價與市價的距離逐日掛牌，儲蓄券雖能到期還本，但搭配之後黃金官價
等於變相提高。至 7 月 16 日起，儲蓄券不再發行，改搭愛國公債，每市兩搭配 135
元，因此形成黃金官價高於市價的情形，自然也難產生吸收儲蓄的作用。

　　1950 年底起，因各種原因，金鈔突起猛漲，物價又呈上揚，加上外匯審核制度公
布後，臺灣銀行黃金儲蓄業務異常熱絡，由原來每日存儲數兩，變爲日儲千兩，使黃
金準備有枯竭之虞，因此臺銀於 12 月 27 日，宣布暫停黃金儲蓄存款業務，後於 1951
年 8 月 13 日，明文公布廢止其《修正臺灣銀行黃金儲蓄辦法》，在宣布暫停黃金儲蓄
業務後，市場金鈔價格一度混亂。[65]

　　至 1951 年 3 月，金鈔黑市持續上漲，爲遏止波動，行政院分別於 1951 年 4 月 9
日宣布《懲處違反金融措施規定之法令》，旨在取締金鈔黑市維持經濟安定，12 日宣
布《禁止六項奢侈品買賣辦法》。

---

[62] 〈財政金融黃金外流原因與補救之道與暢通進出口貿易廢止進口貨物自備外匯簽證制度及金
　　融外匯方針補充原則草案〉，國史館，檔號：002-080109-00005-004。
[63] 〈俞鴻鈞呈蔣中正臺灣銀行發行準備外匯暨黃金儲蓄及收付各情形〉，國史館，檔號：002-
　　080109-00005-005。
[64] 陳榮富撰；臺灣銀行經濟研究室編，《臺灣之金融史料》，頁 30。
[65] 瞿騰蛟，《外匯制度與臺灣的經濟發展》，東吳大學經濟學研究所碩士學位論文，1980 年，
　　頁 65。

表 7-3-1　臺灣銀行儲蓄部黃金儲蓄存款每日收付報告表（1950 年 6 月份）

（單位：市兩）

日期	存入	付出
6/1	3,560.616	11,986.750
6/2	5,329.703	11,610.329
6/3	5,155.536	10,626.698
6/4	13,564.831	17,903.750
6/6	8,295.553	11,842.077
6/7	9,336.450	4,056.278
6/8	8,413.838	11,646.509
6/9	2,993.002	10,394.825
6/9	1,860.793	6,913.516
6/12	1,680.126	11,048.159
6/13	2,007.028	7,296.556
6/14	-	2,248.275
6/15	4.5.592	11,966.455
6/16	252.1.198	7,089.086
6/17	131.608	9,126.460
6/19	80.229	9,548.137
6/21	221.254	-
6/21	121.597	6,464.097
6/22	156.883	2,687.949
6/23	191.485	3,031.048
6/24	116.221	1,793.794
合計	64,784.628	169,280.748

資料來源：〈俞鴻鈞呈蔣中正臺灣銀行發行準備外匯暨黃金儲蓄及收付各情形〉，國史館，檔號：002-080109-00005-005。

　　該行黃金儲蓄，自省府公布搭配節約儲蓄獎券後，存入銳減，由上表看，計自 6 月 1 日起至 6 月 24 日止，共存入黃金儲蓄 64,784 兩，實際支出黃金 169,280 兩，尚未付黃金儲蓄餘額 19,507 兩。

　　黃金儲蓄實行搭配節約儲蓄獎券後，黃金市價頻起漲風，而搭配儲蓄券亦隨黃金市價遞增，1950 年 6 月黃金市價每市兩為 380 元，根據 6 月 30 日每臺兩市價 457 元，該行搭配儲蓄券 25 張，連公價計算，每市兩共合 405 元，實已超過市價，查其逐日存數最低 6 月 19 日只有 80 兩，24 日也只 1 百餘兩，對防止黃金流出達到初步效

果。[66] 下列分別以 3 個半年爲期，觀察其黃金儲蓄收付變化。

表 7-3-2　臺灣銀行儲蓄部黃金儲蓄存款每日收付報告表（1950 年 10 月份）

（單位：市兩）

日期	存入	付出	餘額
9/30	-	-	7,095.712
10/2	113.334	75.376	7,133.670
10/3	53.071	68.074	7,118.667
10/4	66.358	107.813	7,077.212
10/5	69.337	51.478	7,095.071
10/6	53.057	103.502	7,044.626
10/7	232.051	45.969	7,230.708
10/9	352.476	163.540	7,419.644
10/11	155.163	155.233	7,419.574
10/12	253.987	113.426	7,560.135
10/13	386.318	107.181	7,839.272
10/14	438.443	109.278	8,168.437
10/16	851.294	168.311	8,851.420
10/17	3,383.437	230.389	12,004.468
10/18	1,836.347	84.780	13,756.035
10/19	849.609	187.366	14,418.278
10/20	2,092.408	113.575	16,397.111
10/21	1,619.879	128.253	17,888.737
10/23	1,797.956	386.284	19,300.409
10/24	371.979	261.028	19,411.360
10/26	150.443	680.599	18,881.204
10/27	187.551	2,607.434	16,461.321
10/28	116.319	1,441.327	15,136.313
10/30	137.603	2,417.719	12,856.197
10/31	80.083	1,641.497	11,294.783
合計	15,648.503	11,449.432	

資料來源：〈俞鴻鈞呈蔣中正臺灣銀行發行準備外匯暨黃金儲蓄及收付各情形〉，國史館檔案，檔號：002-080109-00005-005。

---

66 〈俞鴻鈞呈蔣中正臺灣銀行發行準備外匯暨黃金儲蓄及收付各情形〉，國史館，檔號：002-080109-00005-005。

　　此前黃金存儲每市兩合新臺幣 280 元，另搭配公債新臺幣 135 元，自 10 月 30 日將公定價格，調整爲每市兩折合新臺幣 410 元後，不再搭配愛國公債，10 月份存儲情形在上半月尚屬正常，月中曾因市價變動，有利可圖，存儲忽又增加，數日後，因市價回跌，存儲即又減少，9 月存付數量，均較 9 月份爲多，計共存入 15,648 市兩，付出 11,449 市兩，月底未付餘額，尚有 11,294 市兩。10 月份黃金市價最高每市兩 421 元，最低每市兩 393 元，均較 9 月份爲高。

表 7-3-3　1951 年臺灣銀行黃金儲蓄存款每日收付報告表　　　（單位：公分）

月　　日	收入	付出	餘額
5/31	-	-	79,973.8
6/1	-	256.9	79,716.9
6/2	-	79.8	79,637.1
6/4	-	382.6	79,254.5
6/5	-	129.0	79,125.5
6/6	-	207.0	78,918.5
6/7	-	161.0	78,757.5
6/8	-	59.1	78,698.4
6/9	-	81.1	78,617.3
6/11	-	68.5	78,548.8
6/12	-	72.3	78,476.5
6/13	-	310.4	78,166.1
6/14	-	65.4	78,100.7
6/15	-	912.2	77,188.5
6/16	-	54.5	77,134.0
6/18	-	70.3	77,063.7
6/19	192.9	237.1	77,019.5
6/21	5,558.3	5,552.7	77,025.1
6/22	-	293.1	76,732.0
6/23	-	44.2	76,687.8
6/25	0.1	78.1	76,609.8
6/26	0.3	167.6	76,442.5
6/27	-	138.1	76,304.4
6/28	-	115.1	76,189.3
6/29	-	179.9	76,009.4

月　日	收入	付出	餘額
6/30	1,382.8	1,535.1	75,857.1
合計	7,134.4	11,251.1	

資料來源：〈俞鴻鈞呈蔣中正四十年六月份臺灣省市場動態對外貿易美援情形及臺灣銀行發行準備外
　　　　匯黃金儲蓄庫存黃金及經理國庫外匯收支情形〉，國史館，檔號：002-080109-00005-008。
註：（1）本月份利息轉帳收入計 7,134.4 公分 @0.032 折合 228.301 市兩。
　　（2）本月份付出計 11,251.1 公分 @0.032 折合 360.035 市兩。
　　（3）本月份未付餘額計 75,857.1 公分 @0.032 折合 2,427.427 市兩。

　　黃金儲蓄存款，在 6 月份仍照常支付，在停止存儲以前，所存到期應付之黃金，依照表報除利息收入轉帳外，全月共付出黃金 360 市兩，至 6 月底未付餘額尚有 2,427 市兩。其 6 月底存金總數與 5 月底相同，並無變動。

　　從大陸的失敗經驗可知，貨幣必須穩定，其他財經政策的推行才有可能見得到成效。當民眾無法信任流通貨幣時，則必然將造成金融體系的紊亂，當務之急應以挽回民眾信心為優先。當局開辦黃金儲蓄存款，允許人民存在臺灣銀行的短期存款，可在到期日按公告價格來兌換黃金，以收縮性措施配合幣制改革。黃金儲蓄存款的作用在於讓存款者得以低於市價的價格購存黃金，利息也可以提取黃金，這樣在幾個月後，即可獲得預期金價上漲的利益，又可利用黃金來保值。

　　然黃金儲蓄存款是否有達到預期的效果，成功挽回人民的信心呢？或許從前經濟建設委員會副主任委員葉萬安的訪談中，可略知一二。葉萬安回憶：「記得在幣制改革之前，五月份開始實施（黃金儲蓄存款），明訂 10 兩黃金（筆者：此為口誤，正確應為 1 兩）是 280 塊臺幣，存一個月就可以兌換黃金。我曾經拿了 140 塊錢去存半兩，到月底拿到黃金以後，高興得不得了。這證實政府有十足的黃金準備。當時還跟同事湊足 280 塊存進臺灣銀行，拿出來的時候市價已經 400 多塊，趕快賣掉賺錢，這就是黃金存款。」[67]

　　由此可知，由於初歷經在大陸財經策略的失敗，故人民起初對於此政策大多半信半疑，行為也顯得保守，但當民眾真正兌換到黃金時，心中的疑慮削減大半，也就敢大膽兌換了。

　　總計黃金儲蓄存款實施期間，至 1950 年 5 月 24 日止，黃金儲蓄存款共計支付黃金 1,592,700 餘市兩，收存黃金 106,300 餘市兩。自 1949 年 12 月起，每日以新幣折

[67] 《臺灣金融發展史話》，發行：臺灣金融研訓院，類別：DVD，片長：155 分鐘，發行日期：2005 年 4 月。

存黃金，平均約爲 5 千市兩，每月共付出黃金 15 萬市兩以上。[68] 此期間黃金價格上漲 22%，與物價相較尚屬穩定。[69] 至存款暫停收兌時，吸收的金額即達新臺幣 4 億 4 千多萬元，超過新臺幣發行限額 2 倍以上。[70] 後因政府存金實難以爲繼，臺灣銀行乃於 1950 年 12 月 27 日宣布暫停收存，後於 1951 年 8 月 13 日，臺灣省政府宣布廢止黃金儲蓄存款辦法。[71] 此存款辦法施行時間雖不長，僅一年七個月，但在這約一年半的時間，正是臺灣經濟最爲動盪不確定的時期，黃金儲蓄存款對於穩定幣信，穩定民眾心理，可說起到關鍵作用。

第四節　配合黃金儲蓄的經濟政策──愛國公債與優利儲蓄存款

黃金儲蓄政策效果良好，卻也使當局耗金快速，爲使黃金儲蓄政策能達到更大的效果，同時間也推行其他經濟政策相配合。

一、愛國公債

1950 年 6 月韓戰爆發後，世界與臺灣金價均告上升，黃金儲蓄券於是從該年 6 月 16 日起搭配有獎儲蓄券，隨著搭配數量的增加，等於逐漸提高黃金的官價。一個月後，改配愛國公債，每市兩搭配 135 元，連同官價 280 元，計 415 元。愛國公債在 1949 年 7 月 23 日公布條例，8 月 1 日開始發行，當時國民政府尚能掌握的南方城市，由於缺乏財源，加上銀圓券甫發行，臺灣方面的經濟情勢也還不穩定，政府在財政狀況出現嚴重的短缺，爲了應付龐大的軍事費用，與支持銀圓券的發行，因此公布《中華民國三十八年愛國公債條例》（見附錄七），發行愛國公債，以銀圓爲單位，也是臺灣各種公債中，唯一以銀圓計價的一種。[72] 此條例要點如下：

---

[68]　〈俞鴻鈞呈蔣中正十月份中央銀行庫存黃金暨經理外匯收支情形及臺灣銀行發行準備及黃金儲蓄各情形〉，國史館，檔號：002-080109-00010-001。

[69]　陳榮富撰；臺灣銀行經濟研究室編，《臺灣之金融史料》，頁 74。

[70]　宋文彬等編撰，《臺灣金融發展歷程》，臺北：合作金庫調查研究室，1994 年。

[71]　劉寧顏、臺灣省文獻委員會編，《重修臺灣省通志──卷四經濟志 金融篇》，南投市：臺灣省文獻委員會，1992 年，頁 434。

[72]　財政部財政史料陳列室，「中央政府在臺發行公債史料」，〈http://www.mof.gov.tw/museum/ct.asp?xItem=3786&ctNode=37〉，2009 年。

（一）本公債年息四厘，自發行日起，每六個月付息一次。

（二）自第五期付息期起開始還本，每六個月平均還本一次，分十五年還清，每次還本以抽籤法定之。

（三）認購本公債，除照票面以銀元或銀元兌換券繳購外，得以白銀黃金或外國幣券或政府指定之實物，按照市價折合繳購。

（四）本公債還本付息，一律以銀元或銀元兌換券給付。

（五）票面分五十元、一百元、五百元、一千元、五千元、一萬元六種，均爲無記名式，不得掛失。

儲蓄券由西部五大縣負責推銷，並在 5 月底利用鄉鎮分配方式如期銷售完畢。[73]

5 月 30 日臺灣省各縣市長會議通過：「自 6 月 1 日起全省各縣市黃金儲戶，應將儲存利得全部購買節約救國有獎儲蓄券，由各縣市政府派駐臺灣銀行勸募。」[74] 雖然吳國楨回憶的內容簡易而略有出入，但這些措施顯然深入腦海，應該是他記憶中最重要穩定新臺幣政策。

從「蔣中正總統檔案」中對於愛國公債有一段文字記載，可知政府對於此次公債發行的重視：「卅八年愛國公債額定三億銀元。公債條例早經院會通過。公債籌費委員會人選，亦經政院聘之。其臨時收據、正式債票，均已印妥。並已交央行運往重慶保管。……爲此次發行公債……，在意義上實行發行愛國公債平衡預算，此次則不僅平衡預算，實爲輸財救國、破產保產。在方法上言以往爲勸募爲自由認購。此次則爲派募、爲強迫攤購。……只許超募，不得短募，只許成功不許失敗。……」[75]

國府遷臺後，本想利用發行愛國公債方式，來籌募建設資金的重要來源，以半強迫手段來要求民眾認購，爲推行愛國公債，財政部門採取各種手段，對於認購人會在報紙上給予表揚，不認購者則在報紙上公布姓名，並派警察協助勸募，屆時未購足指定數通，則由警局逐日傳訊，直到購買爲止，然而民眾對於此公債實無信心，因此還是有相當多的富戶不願意配合，1949 年 10 月，黃少谷密張群的電報，也提及：「公債甫開始舉募，一時尚難集有成數」，[76] 可知勸募的情形並不順利。到了原先的指定到期

---

[73] 董中生，《七省主席幕中記》，臺北，董昌立，1999 年，頁 135-137。轉引自王連渧，《臺幣改革（1945-1952 年）——以人物及其政策爲中心之探討》，淡江大學歷史學系碩士在職專班碩士學位論文，2009 年，頁 134-135。

[74] 〈臺灣經濟日誌（1940.4.1-6.30）〉，《臺灣銀行季刊》第 3 卷第 4 期，1950 年 10 月，頁 176。

[75] 〈蔣中正總統檔案〉，國史館，財政金融，103 號。轉引自劉葦卿，《臺灣人的發財美夢：愛國獎券》，臺北：臺灣書房，2011 年 4 月，頁 10-11。

[76] 〈黃少谷提報發行愛國公債等情〉，國史館，檔號：002-080109-00004-016。

日 1950 年 3 月 31 止，全臺僅募得新臺幣 3,000 多萬元，與預定的 9,000 萬元相去甚遠，因此仍繼續勸募，但至 5 月底，也只募到半數。但省府已決定，不募足預計數額絕不鬆手，因此對欠繳未繳各戶，決定延長其期限，為了及早達成，乃於 7 月 16 日起，與臺灣銀行辦理之黃金儲蓄存款搭配，每市兩配 135 元，每市錢配 10 元。[77] 每市兩搭配 135 元，連同官價 280 元，計共 415 元。當時的臺灣銀行結匯證價格，每美元為 10.35 元。每市兩黃金約美金 40 元，表示黃金市價當在 400 元左右，每市兩的官價與搭配的公債價值結合後，造成市價低於官價情形。

1950 年 9 月聯合國中國同志會第四次座談會上，即就搭配公債事進行重點討論，時任資委會委員、生管會常委的張峻認為臺灣黃金政策現是維持 280 元新臺幣原幣，另搭配公債，此是一箭雙雕的辦法，既可吸收通貨實踐的諾言，兼以推銷公債。否則如因金價與外匯脫節便調整金價，臺灣銀行單在黃金儲蓄一項上便要虧損很多。至於公債的還本付息，張峻認為：「那是以後的問題，戰時財政，只要拿得到錢，便算成功。」

時任中國紡建公司董事長的束雲章則表示儲蓄搭配公債的辦法是「不倫不類」，因如要調整金價便公開調整，何必另立名目，況金價調整以後，可增加政府收入。張翰書則認為黃金政策應顧及人民信心，有臺灣不容再蹈大陸覆轍，而現行政策既聲明維持原價，卻又實行搭配公債，等於變相提高官價，尤其是規定提取以前所儲蓄的黃金也要搭配公債，更使人民吃虧，且這些吃虧者都是公務員與大多數中產以下人民。

王撫洲則表示大陸過去為了維持黃金官價，不惜壓低外匯，結果以失敗告終，而臺灣與大陸情況不同，臺灣 1949 年時新臺幣發行額約為 7 千萬元，1950 年上半年已近 2 億元，連同限外發行已超過 2 億，而物價上漲指數與發行相符，黃金貼補敗政所得不會有效果，徒然損失巨額黃金，如繼續壓低外匯，則將摧毀生產事業的發展。臺灣與大陸情況不同，因此黃金無維持官價的必要，當局以搭配公債辦法，變相提高黃金價格，將來如何還本利息，恐怕難以為繼。因為認為黃金外匯不必有官價，只要獎勵生產限制發行，便可穩定金融增加收入。

對於中國黃金政策有深入研究的趙蘭坪認為，是時實際美匯即已提高到新臺幣 10.3 元，黃金官價自可予以調整，而不搭公債，如此可免當局將來還本付息的負擔，同時臺灣銀行的準備金亦可照黃金新價格折算。如果黃金仍維持原價，而單取消搭配，則照當下國際金價，美匯亦須抑低至每元合新臺幣 7 元，此對於出口業的打擊太大，因此雖黃金官價提高而不搭配公債，可能使黃金市價漲至官價以上，但仍建議此

---

[77] 張敦智，《臺灣百年樂透》，臺北縣：博揚文化，2006 年 3 月，頁 97-103。

時已是取消搭配公債的時機。[78]

　　綜觀討論意見，多數皆建議已到取消搭配公債的時機，為避免搭配公債兩年後的還本負擔，當局決定自 1950 年 10 月中旬，不再搭配公債，將黃金官價訂為賣出 410 元，買進 390 元。[79]

二、優利儲蓄存款

　　面對臺灣人口的驟增，及劇烈的變動，雖然漲勢減緩，新臺幣的發行額還是逐月遞增，9 月時發行額已比三個月前增加近一倍，12 月又比 9 月時增加近一倍，年底已至 1 億 9 千 7 百萬元，已達當初制定發行上限邊緣。眼看新臺幣 2 億元的發行限額已守不住，臺灣銀行遂提議將新臺幣輔幣自限額中劃出，單獨針對輔幣訂定發行辦法。然而將輔幣單獨出來後，使輔幣發行額大增，1950 年 2 月後，開始加印外島地名的省外發行。將輔幣與外島發行額度排除後，到 1950 年 2 月 5 日公布臺幣發行額是 177,923,782.5 元。[80]

　　回想起 1948 年的金圓券，最終就是因棄守發行限額，最終導致其貨幣價值一瀉千里，為了不讓新臺幣的發行額超過限額，必須再提出其他的政策因應。在防止新臺幣超出限額，但又不至於因過份緊縮金融阻礙到工業的發展，決定在凱恩斯主義風行草偃的年代，臺灣省政府一反壓低利率，刺激經濟的風尚，在 1950 年 3 月指示各行庫開辦「優利儲蓄存款」，藉此來吸收社會上過剩的通貨，減輕通貨膨脹的壓力，同時將資金用來作為經濟發展。[81]

　　1950 年 4 月 15 日公布實施《臺灣省各行庫舉辦優利儲蓄存款辦法》，其要點如下（見附錄八）：

　　（一）每次存入金額，不得低於新臺幣三百元。

　　（二）每次存儲期限，不得少於一個月，逾期不提取者，逾期利息照乙類活期存款計算。

　　（三）存款利率為月息 7 分（即每 100 元每月 7 元）。

---

[78] 〈我國黃金政策與經濟制度之建立問題：聯合國中國同志會第四次座談會紀要〉，《大陸雜誌》第 1 卷第 5 期，1950 年 9 月 15 日。

[79] 徐柏園編述，《政府遷臺後之外匯貿易管理初稿》，出版地、出版社不詳，1967 年，頁 11。

[80] 《中央日報》，1950 年 2 月 5 日。

[81] 臺灣銀行經濟研究室編，《臺灣金融之研究》，臺北：臺灣銀行經濟研究室，1969 年，頁 103。

（四）各行庫收受存款後，專存於臺灣銀行。由臺灣銀行轉放於物資調節委員會或其他公營及民營事業，轉存利息按月息 8 分。

（五）存款存戶得持本存款存單，向存款銀行申請質押借款，但借款金額不得超過質押存單面額七成。存單質押借款利率定為月息 9 分，但得隨本存款利率調整而調整。

（六）本存款專為獎勵人民儲蓄而舉辦，軍政公款不得比照本辦法之規定辦理。[82]

葉萬安分析優利存款的優點：「三個月的存款月息是 9%，年息就是 180%。所以存 100 塊，一年後就會有 180 塊的利息。因此也吸收了不少存款，至少對貨幣供應量及增加率，產生緩和的作用。」[83]

但可想而知，如此高的存款利率，只是為了要因應經濟現況的權宜之計，絕不可能長久，因此在 1950 年 5 月和 6 月，物價分別較前月下跌 10.2% 及 5.2%，表示物價已在控制當中，便在 1950 年 4 月 17 日和 6 月 21 日兩度調整存款利率，在通貨膨脹獲得控制後，更大幅調降放款利率，將定期放款利率由 1950 年初的月息 9%，降至年底的 3.9%，定期質押、透支、質押透支的放款利率也都做同等幅度調降。[84]

表 7-4-1　優利儲蓄存款利率變動表（1950 年 3 月 -1952 年 11 月）　　（月息：%）

調整日期	一個月期	二個月期	三個月期	半年期
1950 年 3 月 25 日	7	-	-	-
1950 年 4 月 17 日	7	8.0	9.0	-
1950 年 7 月 1 日	3.5	4.0	4.5	-
1950 年 10 月 1 日	3.0	3.3	3.3	-
1951 年 3 月 26 日	4.2	4.5	4.5	-
1952 年 4 月 28 日	3.8	4.0	4.0	4.2
1952 年 6 月 2 日	3.3	-	3.6	3.9
1952 年 7 月 7 日	3.0	-	3.2	3.4
1952 年 9 月 8 日	2.4	-	2.6	2.8
1952 年 11 月 30 日	2.0	-	2.15	2.3

資料來源：陳榮富撰；臺灣銀行經濟研究室編，《臺灣之金融史料》，頁 89。

82　《中央日報》1950 年 3 年 25 日。

83　《臺灣金融發展史話》，臺灣金融研訓院，類別：DVD。

84　張紹臺、王偉芳、胡漢揚編撰，《臺灣金融發展史話》，臺北：臺灣金融研訓院，2005 年 10 月，頁 29-30。

　　從上表可知，「優利儲蓄存款」開辦後，以三個月期利率來看，4 月時利率尚在 9%，至 7 月時通貨膨脹獲得控制後，便將利率大幅調降至原本一半的 4.5%，之後屢次調整，自 1951 年 3 月起，利率每次調整皆為下修利率，至 1952 年底，利率已降至 2.15%，僅約開辦時的四分之一。

　　然優利儲蓄存款是否有達到預期的效果，成功收回市場上過剩的游資呢？此問題或許可以優利存款額的增減情形來觀察。

表 7-4-2　優利存款額增減情形（1950 年 3 月 -1952 年 12 月）

年　月	存款額（新臺幣千元）	比 1950 年 4 月為 100 之增減情形
1950 年 3 月	1,725	-
4 月	20,461	100
5 月	32,180	157
6 月	33,295	163
7 月	28,241	139
8 月	35,437	173
9 月	35,453	173
10 月	26,184	128
11 月	23,932	117
12 月	20,518	100
1951 年 1 月	17,285	84
2 月	23,547	115
3 月	27,185	133
4 月	37,123	181
5 月	56,609	277
6 月	83,306	407
7 月	120,027	587
8 月	139,808	683
9 月	166,043	812
10 月	163,766	800
11 月	175,886	800
12 月	163,783	800
1952 年 1 月	183,985	899
2 月	227,943	1,114
3 月	268,846	1,314

年　月	存款額（新臺幣千元）	比 1950 年 4 月為 100 之增減情形
4 月	344,118	1,682
5 月	440,003	2,150
6 月	489,575	2,393
7 月	523,472	2,558
8 月	548,792	2,682
9 月	538,467	2,632
10 月	538,578	2,632
11 月	521,558	2,549
12 月	457,325	2,235

資料來源：許榮昌，〈臺灣優利存款之研究〉，《臺灣銀行季刊》第 5 卷第 4 期，1953 年 3 月，頁 104。轉引自潘志奇，《光復初期臺灣通貨膨脹的分析（民國三十四年至四十一年）》，頁 98。

　　從上表中，可知優利儲蓄存款額由 1950 年 3 月時的 1,725,000 元，至 4 月升至 20,461,000 元，較前月增加 11.86 倍，5 月時達 32,180,000 元，較 3 月時相比，僅兩個月的時間，存款額便增加了 18.65 倍，至 8 月時達 35,437,000 元，較 3 月增加 20.54 倍，此後逐漸平穩，也表示通貨膨脹的情形已經受到控制。而從最危急的 1950 年 3 月至 5、6 月間，存款額增加 10 餘倍，至 8 月時達到 20 餘倍，可見優利儲蓄存款原定收回貨幣的成效是顯而易見的。

　　除極為誘人的存款利率外，優利儲蓄存款尚有另一特點，即為轉存款辦法。意思是當商業銀行收取的優利存款，超過其有利之放款，在投資時超額的部分可以較高的利率轉存至臺灣銀行，使商業銀行不致於虧損，用意在吸收社會上的游資，而且不輕易貸放，以此來避免利息損失。[85]

　　臺灣銀行由於當時扮演中央銀行的角色，透過商業銀行來吸收貨幣，意指增加一元優利存款，經濟體系就減少一元的強力貨幣，商業銀行也因減少一元的存款，及作為創造信用之準備金，這種作法十分有效的遏止通貨膨脹，使金融情勢得到和緩。[86]

　　經濟學家蔣碩傑評優利儲蓄存款辦法時曾說：「這一存款的舉辦，指出了金融當局有意將過去完全不顧可投資的供需情形，把銀行利率壓低至與市場利率比較，低到可笑程度的傳統政策，加以修改。這項政策對於銀行制度吸引較大額的儲蓄有相當大

---

[85]　張紹臺、王偉芳、胡漢揚編撰，《臺灣金融發展史話》，頁 30。

[86]　潘志奇，《光復初期臺灣通貨膨脹的分析（民國三十四年至四十一年）》，頁 103-105。

的成功。」[87] 由此可知以優利儲蓄存款方式收回市場過剩通貨的政策，可說是相當成功的，達到了穩定幣值與人民心理的目的，但也只能短期實施。

第五節　經濟環境漸穩，黃金功成身退

　　由上述的統計可知，自大陸運來的黃金數量約接近 4 百萬兩。從前面敘述，亦可確定運臺黃金的主要用途，爲大陸及臺灣軍政費用、儲蓄與拋售黃金政策幾個主要支出用途。這幾項相加已超過 300 萬兩黃金。俞鴻鈞 1950 年 6 月給蔣介石的報告，已撥付臺灣銀行發行準備金 80 萬市兩，撥借臺灣銀行 26 萬 1 千市兩。另外自 1949 年 6 月起，平均每月撥付 17 萬 9 千餘市兩。至 1950 年 5 月底，已支出純金 3,212,540 市兩，央行實存純金 542,911 市兩。[88] 而從當時任蔣介石機要秘書的周宏濤回憶，及臺灣銀行的黃金收付報告表可知，1950 年 5 月的央行黃金剩餘約 50 餘萬[89] 至 110 餘萬兩[90] 之間。由此可知，黃金就以上述幾樣爲主要支出，雖如新成立於陽明山的總裁辦公室的公費支出、《民族報》和《聯合報》的開辦費及公務人員的獎恤金等，都有運用到遷臺的黃金，但支用的數額都很有限。以上各政策所發揮的效果，將新臺幣的發行量成功地控制在一定範圍之內。從下表也可看出自 1951 年 3 月之後，新臺幣在輔幣與限外發行部分的發行幅度也都開始趨於穩定。

87　蔣碩傑，〈臺灣之利率問題〉，《臺灣經濟發展論文集——臺灣貨幣與金融論文集》，于宗先主編，臺北：聯經出版，1975 年，頁 313。轉引自張紹臺、王偉芳、胡漢揚編撰，《臺灣金融發展史話》，臺北：臺灣金融研訓院，頁 29。

88　〈俞鴻鈞呈蔣中正臺灣銀行發行準備外匯暨黃金儲蓄及收付各情形〉，國史館，檔號：002-080109-00005-005。

89　周宏濤表示：「依當時央行總裁於一九五〇年六月七日呈總統的報告指出，一九四九年以來運至臺灣的純金來源及數量如下：除了自上海分三批運臺數量最大，共二百七十五萬餘兩之外，另從美國、日本運回再加上原先置於廈門的純金，全部共有三百七十五萬五千五百四十餘兩。但這些純金自政府遷臺後至五月底止，連同撥付臺銀的臺幣發行準備金八十萬兩在內，總共耗掉三百二十一萬二千五百四十兩，僅剩五十四萬兩千九百一十兩多。」參見周宏濤口述；汪士淳撰寫，《蔣公與我：見證中華民國關鍵變局》，頁 297-298。

90　〈臺灣銀行發行部黃金收付報告表（民國三十六年六月至四十六年七月底止）〉中，紀錄庫存黃金爲：1,106,248 市兩。〈臺灣銀行發行部黃金收付報告表〉（民國三十六年六月至四十六年七月底止），國史館，檔號：002-080109-00010-005。

表 7-5-1　新臺幣發行額表（1949 年 6 月 -1952 年 12 月）　　　　　　（單位：千元）

年　　月	限內發行	輔幣	限外發行	合計	定基指數	環比指數
1949 年 6 月	56,455	-	-	56,455	100	-
9 月	107,658	4,778	-	112,436	199	199
12 月	192,417	5,211	-	197,628	350	1,746
1950 年 3 月	190,418	39,998	-	230,416	408	117
6 月	195,740	38,696	-	234,436	415	102
9 月	196,462	39,876	49,000	285,338	505	122
12 月	198,544	39,371	50,000	287,915	510	101
1951 年 3 月	189,306	64,803	100,000	354,109	627	123
6 月	199,059	72,282	145,000	416,341	637	118
9 月	189,121	63,305	191,000	443,426	785	107
12 月	199,615	82,320	191,000	472,935	838	107
1952 年 3 月	198,891	80,663	239,650	519,204	920	110
6 月	198,679	99,565	274,650	572,894	1,015	-
9 月	198,323	90,850	274,000	563,173	998	-
12 月	199,045	115,908	390,000	704,953	1,249	-

資料來源：張仁明，《臺灣銀行季刊》，第 20 卷第 1 期，頁 68。

　　1949 年後新臺幣發行數能有效控制，黃金準備為一重要因素。宣傳表示新臺幣有黃金十足準備，但自新臺幣發行一年半以來，黃金準備比率並未能每月維持十足的目標，從下表可知自 1949 年 7 月起至 11 月止，每月黃金準備率為 100%，12 月開始略減，減少部分以白銀補足。1950 年 1 月至 3 月的比率，均為 100%。4 月只有 85.76%，不足部分以美匯補充，5 月減至 65.20%，減少部分以白銀及美匯補足，而美匯佔 32.51%。6 月更減，黃金準備率僅為 57.90%，其餘為白銀與外匯。7 月比率為 60.73%，8 月為 72.40%，9 月增為 85.52%，此三個月不足之數均以美匯填補。到 10、11、12 三個月，表面上均回增至 100%，然而實際上如以原定黃金官價計算，僅等於 71.79%。另外如將所謂限外發行額一併算入，則 7 月比率減至 50.33%，8 月減至 58.74%，9 月減至 68.44%，10 月減至 58.94%，11 月減至 58.64%，12 月減至 57.33%。

表 7-5-2　新臺幣發行黃金準備比率表（1949 年 6 月 15 日 -1950 年 12 月 31 日）

（單位：新臺幣元）

項目 日期	發行	準備	準備比率
1949 年 6 月 15 日 ｜ 7 月 31 日	新臺幣： 　　68,702,070.00 未收回舊臺幣及本票： 　　9,662,079.80 合計（元）： 　　78,434,149.80	黃金數量（市兩）： 　　280,121.964 黃金金額： 　　78,434,149.80 合計（元）： 　　78,434,149.80	黃金： 　　100% 合計： 　　100%
1949 年 8 月 31 日	新臺幣： 　　89,064,610.00 未收回舊臺幣及本票： 　　5,294,179.89 合計（元）： 　　94,358,789.89	黃金數量（市兩）： 　　336,995.679 黃金金額： 　　94,358,789.89 合計（元）： 　　94,358,789.89	黃金： 　　100% 合計： 　　100%
1949 年 9 月 30 日	新臺幣： 　　108,673,490.00 未收回舊台幣及本票： 　　3,762,861.16 合計（元）： 　　112,436,351.16	黃金數量（市兩）： 　　401,558,397 黃金金額： 　　112,436,351.16 合計（元）： 　　112,436,351.16	黃金： 　　100% 合計： 　　100%
1949 年 10 月 31 日	新臺幣： 　　118,659,530.00 未收回舊臺幣及本票： 　　3,109,919.35 合計（元）： 　　121,769,449.35	黃金數量（市兩）： 　　434,890.89 黃金金額： 　　121,769,449.35 合計（元）： 　　121,769,449.35	黃金： 　　100% 合計： 　　100%
1949 年 11 月 30 日	新臺幣： 　　141,880,100.00 未收回舊臺幣及本票： 　　2,548,400.57 合計（元）： 　　144,428,500.57	黃金數量（市兩）： 　　515,816.074 黃金金額： 　　144,428,500.57 合計（元）： 　　144,428,500.57	黃金： 　　100% 合計： 　　100%

日期 項目	發行	準備	準備比率
1949年 12月31日	新台幣： 197,270,953.35 未收回舊臺幣及本票： 357,217.00 合計（元）： 197,628,170.35	黃金數量（市兩）： 515,816.074 黃金金額： 197,540,295.75 白銀數量（市兩）： 62,553.60 白銀金額： 87,874.60 合計（元）： 197,628,170.35	黃金： 99.96% 白銀： 0.04% 合計： 100%
1950年 1月31日	新臺幣： 177,923,782.50	黃金數量（市兩）： 635,442.081 黃金金額： 177,923,782.50 合計（元）： 177,923,782.50	黃金： 100% 合計： 100%
1950年 2月28日	新臺幣： 192,331,190.50	黃金數量（市兩）： 686,897.109 黃金金額： 192,331,190.50 合計（元）： 192,331,190.50	黃金： 100% 合計： 100%
1950年 3月31日	新臺幣： 190,418,261.00	黃金數量（市兩）： 680,065.218 黃金金額： 190,418,261.00 合計（元）： 190,418,261.00	黃金： 100% 合計： 100%
1950年 4月30日	新臺幣： 196,608,269.00	黃金數量（市兩）： 602,172.389 黃金金額： 168,608,269.00 美匯數量（美元）： 3,500,000.00 美匯金額： 28,000,000.00 合計（元）： 196,008,269.00	黃金： 85.76% 美匯： 14.24% 合計： 100%

項目 日期	發行	準備	準備比率
1950 年 5 月 31 日	新臺幣： 196,392,266.00	黃金數量（市兩）： 457,329.522 黃金金額： 128,052,266.00 白銀數量（銀元）： 1,500,000.00 白銀金額： 4,500,000.00 美匯數量（美元）： 7,980,000.00 美匯金額： 63,840,000.00 合計（元）： 196,392,266.00	黃金： 65.20% 白銀： 2.29% 美匯： 32.51% 合計： 100%
1950 年 6 月 30 日	新臺幣： 195,740,471.00	黃金數量（市兩）： 404,787.397 黃金金額： 113,340,471.00 白銀數量（銀元）： 1,500,000.00 白銀金額： 4,500,000.00 美匯數量（美元）： 8,200,000.00 美匯金額： 77,900,000.00 合計（元）： 195,740,471.00	黃金： 57.90% 白銀： 2.30% 美匯： 39.80% 合計： 100%
1950 年 7 月 31 日	新臺幣： 198,366,167.00	黃金數量（市兩）： 430,236.311 黃金金額： 120,466,167.00 美匯數量（美元）： 7,790,000.00 美匯金額： 77,900,000.00 合計（元）： 198,366,167.00	黃金： 60.73% 美匯： 39.27% 合計： 100%

項目 日期	發行	準備	準備比率
1950 年 8 月 31 日	新臺幣： 193,493,850.50	黃金數量（市兩）： 500,335.181 黃金金額： 140,093,850.50 美匯數量（美元）： 5,340,000.00 美匯金額： 53,400,000.00 合計（元）： 193,493,850.50	黃金： 72.40% 美匯： 27.60% 合計： 100%
1950 年 9 月 30 日	新臺幣： 196,462,488.00	黃金數量（市兩）： 600,044.600 黃金金額： 168,012,488.00 美匯數量（美元）： 2,845,000.00 美匯金額： 28,450,000.00 合計（元）： 196,462,488.00	黃金： 85.52% 美匯： 14.48% 合計： 100%
1950 年 10 月 31 日	新臺幣： 183,391,483.00	黃金數量（市兩）： 470,234.573 黃金金額： 183,391,483.00 合計（元）： 183,391,483.00	黃金新率： 100% （舊率）： （71.79%） 合計新舊： 100% （舊率）： （71.79%）
1950 年 11 月 30 日	新臺幣： 178,321,736.50	黃金數量（市兩）： 457,235.222 黃金金額： 178,321,736.50 合計（元）： 178,321,736.50	黃金新率： 100% （舊率）： （71.79%） 合計新舊： 100% （舊率）： （71.79%）

項目 日期	發行	準備	準備比率
1950 年 12 月 31 日	新臺幣： 198,544,218.00	黃金數量（市兩）： 509,087.739 黃金金額： 198,544,218.00 合計（元）： 198,544,218.00	黃金新率： 100% （舊率）： （71.79%） 合計新舊： 100% （舊率）： （71.79%）

註：（1）黃金每市兩折合新臺幣 280 元。從 1950 年 10 月份起，黃金每市兩折合新臺幣 290 元，是
　　為新率。舊率是指原定黃金每市兩折合新臺幣 280 元而言。（2）白銀每市兩折合新臺幣 1.40479
　　元；每一銀元折合新臺幣 3 元。（3）美匯於 4、5 月份，每 1 美元折合新臺幣 8 元，6 月份每一
　　美元折合新臺幣 9.5 元，從 1950 年 7 月起至 12 月止，美元 1 元折合新臺幣 10.3 元。
資料來源：林霖，〈談談黃金貨幣與新臺幣〉，《財政經濟月刊》，第 1 卷第 3 期，1951 年 2 月，頁 7-8。

　　根據《限外發行辦法》，並無規定以黃金為發行準備，只規定「物資與外匯」等
為準備。而「準備」的種類及數量見下表。單就黃金準備看，新臺幣的幣信是不成
問題的，因為此比例的保證金仍屬相當雄厚。如美聯儲的法定黃金準備，自 1945 年
起，已從 40% 減至 25%。此數字還沒有新臺幣實際黃金準備率最低月份高（1950 年
7 月準備率為 50%），可知在新臺幣發行背後，其黃金準備的重要性。只是新臺幣發
行數量已超過臺灣經濟現階段所必需的飽和量，將致每一單位的價值，以貨物及勞務
顯示的價值有貶值現象，當局堅定反通貨膨脹立場，不再動用發行準備用黃金，亦不
再提高準備用黃金公定價格。

表 7-5-3　新臺幣限內與限外發行黃金準備比率表（1950 年 7 月 -12 月）

（單位：新臺幣元）

項目 日期	發行	準備	準備比率
7 月 31 日	限內：198,366,167.00 限外：41,000,000.00 合計：239,366,167.00	黃金數量（市兩）：430,236,311 黃金金額：120,468,167.00	50.33%
8 月 31 日	限內：193,493,850.50 限外：45,000,000.00 合計：238,493,850.50	黃金數量（市兩）：500,335.181 黃金金額：140,093,850.50	58.74%

項目 日期	發行	準備	準備比率
9 月 30 日	限內：196,462,488.00 限外：49,000,000.00 合計：245,462,488.00	黃金數量（市兩）：600,044.600 黃金金額：168,012,488.00	68.44%
10 月 31 日	限內：183,391,483.00 限外：40,000,000.00 合計：223,391,483.00	黃金數量（市兩）：470,234.573 黃金金額：183,391,483.00	比率： 82.09% （舊率）： （58.94%）
11 月 30 日	限內：178,321,736.50 限外：40,000,000.00 合計：218,321,736.50	黃金數量（市兩）：457,235.222 黃金金額：178,321,736.50	比率： 81.63% （舊率）： （58.64%）
12 月 31 日	限內：198,544,218.00 限外：50,000,000.00 合計：248,544,218.00	黃金數量（市兩）：509,037.739 黃金金額：198,544,218.00	比率： 79.88% （舊率）： （57.35%）

註：從 1950 年 10 月份起，黃金每市兩折合新臺幣 390 元。舊率是指原定黃金每市兩折合新臺幣 280
元計算比率。

資料來源：林霖，〈談談黃金貨幣與新臺幣〉，《財政經濟月刊》，第 1 卷第 3 期，1951 年 2 月，頁 9。

表 7-5-4　新臺幣限外臨時發行數量及準備統計表（1950 年 7 月 -12 月）

（單位：新臺幣千元）

項目 日期	發行金額	準備種類			
	新臺幣	商業承兌匯票	棧單	打包放款	見箱貸款
7 月 31 日	41,000	26,000	15,000		
8 月 31 日	45,000	30,000	9,000	3,500	2,500
9 月 30 日	49,000	31,950	9,075	5,500	2,475
10 月 31 日	40,000	21,950	9,750	6,000	2,300
11 月 30 日	40,000	21,950	11,250	4,500	2,300
12 月 31 日	50,000	31,200	13,800	2,700	2,300

資料來源：林霖，〈談談黃金貨幣與新臺幣〉，《財政經濟月刊》，第 1 卷第 3 期，1951 年 2 月，頁 9。

從下表的躉售物價指數變動來看，仍受大陸戰局影響，經濟最動盪的 1949 年，
物價較 1937 年增加 34 倍之多。至 1950 年物價大幅下降到 3 倍，由於貨幣改革及政
府種種措施，可知最危急的時候已經過去。

　　臺灣的物價自 1952 年 5 月起，開始逐漸穩定下來，擺脫了惡性通貨膨脹的陰霾，臺灣的經濟至此已獲得穩定，生產與貿易俱已逐漸恢復，接近光復前的最高水準。1952 年可以說為臺灣經濟在光復後轉向穩定發展的關鍵時期。[91]

表 7-5-5　光復初期臺北市薑售物價指數變動表　　　　　基期及公式：見附註

時間及區分	1946	1947	1948	1949	1950	1951	1952
一月	-	129.02	109.75	136.24	119.58	113.05	102.41
二月	132.62	150.82	113.41	148.68	110.72	104.27	102.76
三月	119.45	111.66	114.75	133.85	101.13	97.61	102.61
四月	113.48	106.77	103.67	151.37	101.72	103.40	101.25
五月	120.71	111.78	102.01	202.01	102.75	106.98	97.59
六月	107.60	107.70	104.98	143.43	96.69	101.91	98.22
七月	104.02	109.04	123.40	107.95	99.75	101.61	99.19
八月	104.08	114.12	120.21	104.26	107.73	101.82	99.86
九月	94.82	118.61	123.95	108.83	110.85	101.61	99.58
十月	103.89	137.49	207.56	121.46	112.15	104.70	99.17
十一月	105.71	119.59	207.10	111.67	101.89	103.31	99.04
十二月	112.45	114.58	90.99	109.44	102.41	103.84	101.88
年平均指數 2	9,510.2	45,788.9	381,044.3	218.91	887.76	1,473.51	1,814.31
年指數上漲 %	297.32	381.47	732.18	3,405.74	305.54	65.98	23.13

附註：（1）分月指數皆為環比指數，各以其上月為基期 100。
　　　（2）年平均指數係定基指數，以民國二十六年上半年平均為基期 100；公式為簡單幾何平均。
資料來源：袁穎生，《光復前後的臺灣經濟》，〈第十章 金融、物價的劇烈動盪與轉機〉，初版，臺北市：聯經出版公司，1998 年，頁 191。

　　成立於 1932 年 11 月的資源委員會（以下簡稱資委會），抗戰勝利後負責全國接收工作，1948 年初，生產總機構共有 96 個，附屬廠礦為 291 個單位，員工數達 22 萬餘人，為資委會的全盛時期。[92]

　　資委會除大陸地區，同時負責臺灣光復後的接收工作。若無意外，資委會應當負

---

[91]　另據殷乃平，〈六十年來中華民國與美國經濟關係〉，一文分析臺北市薑售物價上漲率 1950 年為 88.5%，1951 年降為 53%，1952 再降為 19.8%。見李本京編，《中華民國與美國六十關係之回顧：1950-2010》，臺北市：中美文化經濟協會，2012，頁 197。

[92]　程玉鳳，〈一九四九年前後的資源委員會〉，一九四九年：中國的關鍵年代學術討論會編輯委員會編，《一九四九年：中國的關鍵年代學術討論會論文集》，臺北縣：國史館，2000，頁 411-412。

起國民政府遷臺後的經濟發展重任。但在國共內戰後期，國軍戰局每況愈下，在抉擇時刻，資委會主任委員孫越崎選擇帶著副主任委員吳兆洪、財務長季樹農、附屬各事業單位主持人陳中熙、惲震等人密謀加入中共，將資委會在大陸各生產事業單位的所有資產、技術人員等移交給中國共產黨，[93] 可說是國共鬥爭期間，國民政府倒戈最徹底的機關。使一手催生其單位的蔣介石痛心疾首，也宣告了臺灣地區資委會的終結。

1949 年 5 月 31 日，臺灣省政府成立「臺灣區生產事業管理委員會」（以下簡稱生管會），由尹仲容、徐柏園、楊陶等人籌劃，生管會隸屬於臺灣省政府，各事業不再對仍在大陸的資委會負責，而對臺灣省政府負責，也開啟了生管會主導臺灣經濟政策時期。生管會雖為省府的地方機構，但職權根據中央指示，任務在統合中央與地方的生產事業，故為國民政府遷臺初期至 1953 年實際的經濟指揮中心。[94]

中國農村復興聯合委員會（以下簡稱農復會），也是政府遷臺初期的重要機構。農復會成立於 1948 年 10 月，是依據美國「一九四八年援外法案」之「援華法案」第 407 款，由中華民國與美國聯合組成，以推動中國農村復興為目的成立的農業專門機構。[95] 在 1949 年 8 月隨國民政府遷臺後，成為臺灣最重要的農業部門。大力支持援助臺灣省 375 減租的土地改革，支援美金 7 萬 8 千元；[96] 實施農村衛生計畫支出 17 萬美元；[97] 為解決農民缺乏資金的問題，遷臺初期旋即推動「肥料換穀」政策，即農民所需要肥料，由政府先行出借，待稻穀收成後，再以一定比例的稻穀交換。這個政策使政府有充足的糧食，供應臺灣的龐大人口的糧食需求，農民也可以在手上缺乏現金時取得肥料以增加生產。

生管會與農復會可說是當時負責臺灣經濟發展最重要的單位，順利引領臺灣走向 1953 年第一期的經建計畫。然生管會與農復會在 1949 至 1952 年的營運過程裡，並無運用運臺黃金的蹤影，也可由此作為臺灣經濟穩定背後財政來源的一個側面。這批黃金的運用在 1949 年到 1951 年間，協助穩定了當時的臺灣動盪的經濟情勢，使飛漲的惡性通貨膨脹得到控制。但在 1951 年，遷臺黃金已消耗大半，韓戰爆發後，此時美

[93] 程玉鳳，〈一九四九年前後的資源委員會〉，一九四九年：中國的關鍵年代學術討論會編輯委員會編，《一九四九年：中國的關鍵年代學術討論會論文集》，頁 412。

[94] 陳思宇、陳慈玉，〈臺灣區生產事業管理委員會對公營事業的整頓（1949-1953）〉，一九四九年：中國的關鍵年代學術討論會編輯委員會編，《一九四九年：中國的關鍵年代學術討論會論文集》，頁 450。

[95] 文化部臺灣大百科全書，「中國農村復興聯合委員會」，〈http://taiwanpedia.culture.tw/web/content?ID=3923〉，2009 年 9 月 24 日。

[96] 《中央日報》，1950 年 1 月 28 日。

[97] 《中央日報》，1950 年 2 月 11 日。

援如及時雨般注入臺灣，適時塡補了臺灣經濟發展中資金上的空缺，[98] 因此在 1952 與 1953 年開始第一期經建計畫的經濟起飛時期，就已無遷臺黃金在其中起直接作用的痕跡。

第六節　戰時、戰後與遷臺初期黃金政策的差異

一、戰時黃金政策

抗戰前中國並無所謂黃金政策，政府既不收購，也不出售黃金，人民可自由持有、買賣。1937 年抗戰開始後，資金一度外逃，1938 年 3 月，華北僞中國聯合準備銀行成立，進行套匯，爲因應此情事，開始對外匯方面實行管制，管制開始後外匯黑市也隨之而生，造成外匯基本僅有支出而無收入，也開始了收購黃金政策，也充實外匯基金。收購黃金的方式以吸收民間存金，及收買各地所產生金爲主，所購黃金約在 50 萬兩左右，然行之不久後金價漸漲，官價並未隨之調整，黑市價格遠在收金官價之上，收購黃金政策遂成空文。[99]

太平洋戰爭後，中國成爲美國在遠東的盟友，於 1942 年 2 月貸款 5 億美元給中國，國府決定將其中 2 億從美國購運黃金來華出售，並於 1943 年 11 月開始出售美國運來的黃金，中國黃金政策也由收購黃金政策，轉爲出售黃金。太平洋戰爭發生後，中國對外交通幾乎完全斷絕，對外貿易亦陷入完全停頓的狀態，匯價與物價完全脫節，因此政府拋售黃金，目的單純在收縮通貨，彌補收支的不平衡，並不在維持法幣的匯價。

自 1944 年至 1945 年，雖然回籠法幣 800 億元，但 1944 年法幣發行增加了 1,141 億元，物價上漲了 180.8%，1945 年上半年法幣發行增加 2,083 億元，物價由戰前的 587 倍漲至 2,133 倍。[100]

當時中國稅收主要爲關、鹽、統稅三種，後又增加了所得稅，這幾種稅收在抗戰時期皆微不足道，且西南、西北各省經濟落後，人民負稅能力有限，增加稅收的想法

---

[98] 王作榮在〈臺灣經濟發展之路〉一文中提及，美國平均每年給予臺灣 1 億美元援助，成爲穩定經濟，促進投資，和改善社會環境的重要力量之一。見《臺灣經濟發展論文選集》，臺北：時報文化，1981 年 8 月，頁 6。

[99] 後於 1943 年 6 月 4 日，政府廢止了收購黃金政策，恢復黃金的自由買賣。

[100] 楊培新，《舊中國的通貨膨脹》，北京：人民出版社，1985 年。

也不現實，抗戰時期中國領地大幅淪陷，銷內公債地區大量減少，加上市場利率，因物價上升快速，公債銷路更加困難，因此發行公債的想法也無法實行。結果只有仰賴發行，應付戰時財政支出，通貨膨脹也是必然結果。

短時期內大量拋售黃金，或許能使財政收支暫時得到平衡，然大量拋售不可能持續，一旦結束，通貨膨脹復起，但原存黃金已不復返。高速通膨時期，物價上漲程度必大於通貨膨脹程度，市場將持續通貨不夠之感，造成利率高漲，在此情況下若拋售黃金數額過多，足令銀根過緊，使金融恐慌。總計自 1943 年 11 月 3 日出售黃金現貨至 1946 年 2 月 13 日停止交易為止，售出黃金數量約在 2,800,000 兩左右。[101]

抗戰前期，國府黃金收購政策雖效果有限，未能達到大量收進黃金目的，但也一定程度防止了黃金的流失。抗戰後期所採取的拋售黃金與黃金儲蓄政策，雖未能遏止通膨，但也幫助穩定了幣制。

二、戰後黃金政策

1945 年日本投降後，國內黃金價格驟跌，政府為穩定金融，重新訂定黃金買賣價格，指定重慶中國銀行，承辦黃金買賣業務。政府乃於 1945 年 9 月 28 日，授權中國銀行買賣黃金，進價 85,000 元，售價 89,000 元。想將金價穩定在此價格區間。[102]當時黃金價值較牌價低，人們紛紛向政府售金，公開買賣的黃金政策成只進不出，然至 1945 年底 1946 年初，金價飛漲，黃金又變為只出不進，後因存金日少，不得不於 1947 年 2 月 17 日，明令停止配售，禁止民間黃金交易，進而收購黃金，違者交易者除沒收黃金外，並嚴厲懲處，意在藉禁止黃金自由買賣，使黃金投機份子受頭寸壓迫，將所購黃金按牌價售予中央銀行。但當時央行收購價格 48 萬元，黃金市價則已在 60 萬元以上，因此售者寥寥無幾。

自 1947 年 2 月 17 日至金圓券幣制改革之前，由於中央銀行美金匯牌價始終定成 1 萬 2 千元，故黃金牌價亦始終在 48 萬元，然 1947 年 7、8 月美鈔黑市已漲至 4、5 萬元，之後雖在 1947 年 8 月 17 日宣布修正管理外匯辦法，設外匯平衡基金委員會，隨時核定外匯基準價格，不過黃金黑市價格，始終在收金官價之上，收購黃金，不過一紙具文，此時期雖禁止買賣，但可自由持有。[103]

1948 年 8 月 19 日，發行金圓券，頒布財政命令緊急處分令，同時公布《人民所

---

[101] 趙蘭坪，〈吾國黃金政策之演變〉，《中央銀行月報》，（新）第 4 卷第 4 期，1949 年 4 月。

[102] 趙蘭坪，〈吾國黃金政策之演變〉，《中央銀行月報》，（新）第 4 卷第 4 期，1949 年 4 月。

[103] 趙蘭坪，〈吾國黃金政策之演變〉，《中央銀行月刊》，1949 年 4 月，頁 1-9。

有金銀外幣處理辦法》，其中規定黃金白銀銀幣及外國幣券，禁止流通買賣或持有，並須在 1948 年 9 月 30 日前，將所持有金銀向中央銀行兌換金圓券。《人民所有金銀外幣處理辦法》十五條，其中規定：「自本辦法公布之日起，黃金白銀銀幣及外國幣券，在中華民國境內，禁止流通買賣或持有。」；「人民持有黃金白銀銀幣及外國幣券者，應於中華民國三十七年九月三十日以前，向中央銀行或其委託之銀行，依左列各款之規定，兌換金圓券。（一）黃金，按其純含量，每市兩兌給金圓券二百圓。」

　　金圓券改革下的收兌黃金，以法幣制度收購黃金的差異方面，以往雖禁止人民自由買賣，但並未禁止民眾持有，而金圓券改革則規定禁止私自持有，需交給中央銀行換兌金圓券。另外法幣時期收購黃金官價雖有調整，始終在市價以下，收購黃金成效自然不佳，而金圓券制下的收兌辦法規定：「所有以前發行之法幣，以三百萬元折合金圓一圓。」表示金圓券 1 元，等於 3 百萬法幣。而「黃金，按其純含量，每市兩兌給金圓券二百圓」。等於一市兩黃金折合 6 億元法幣，與當時上海黃金黑市價格相比，收兌價格約高出一成，此時外地價格比上海低，收兌價格約高出三至五成，這也是收兌金銀外幣能夠成功的原因之一。[104] 原收兌期限規定至 9 月 30 日截止，後又延長至 10 月底，只是到了 10 月下旬，金圓券制下的通貨已在迅速膨脹，因此並未如期停止，但事實上此時也已收兌不到金銀了。至 11 月，黃金黑市價格早在收兌官價之上，因此於 11 月 11 日公布《修正人民所有金銀外幣處理辦法》，規定黃金白銀以及外國幣券，准許人民持有，於 11 月 23 日起在上海、北平等地，開始實施，至此收兌黃金政策方正式結束。僅從收兌黃金方面看，這個階段的黃金收兌成果可以算是最「成功」的一次，但此「成功」的收兌，也使國府因此失去了大量的民心。

　　11 月 11 日修正的《人民所有金銀外幣處理辦法》中規定金銀外幣准許人民持有，並可以金圓券向央行兌換黃金，因此自 12 月 17 日開始，規定每人得憑身分證，兌換黃金 1 市兩，三個月可兌換一次，後因兌換民眾過多，發生擠兌，擠死者數人，為避免事態更加嚴重，於 12 月 24 日宣告暫停兌換。至 1949 年 1 月金價大漲，為平抑金價，穩定物價，開始委託金號在市場拋售黃金，同時也買進黃金，持續至 1949 年 5 月上海易手而自然停止。

---

104 趙蘭坪，《現代中國貨幣制度》，頁 199。

三、遷臺初期黃金政策

　　臺灣時期，最重要的黃金政策，當屬黃金儲蓄存款。新臺幣幣制改革於 1949 年 6 月 15 日頒行，而黃金儲蓄存款在 5 月 17 日便公布實施，目的在收縮通貨，防止通膨。6 月 15 日新臺幣改革後，為保證幣制改革的成功，黃金作為其重要配套，同時公布《修正臺灣銀行黃金儲存款辦法》八項。黃金儲蓄存款實施後，價格固定在純金 1 市兩等於新臺幣 280 元，方式為存戶可憑身分證存儲 280 元，經過 10 天，再提取純金 1 市兩。目的在利用黃金儲蓄收回新臺幣，補助財政收支所不敷的差額。而提高黃金官價，雖可收回較多新臺幣，但也等於貶低新臺幣幣值，可能引起物價上漲，因此雖然修正辦法規定黃金價格可「參照各地市況，逐日議定公告之」，但既調整可能面臨風險，便不更改其官價。1950 年 6 月 1 日起黃金儲蓄存款開始加配節約儲蓄券，理論上黃金官價配搭儲蓄券後不受影響，但事實上因暗息很高，面額 5 元的儲蓄券，與 2 年後還本的 5 元新臺幣相差很大。因此黃金官價名義仍為 280 元，實際上則與提高無異。7 月 16 日起儲蓄券停止發行，也加搭愛國公債，1 市兩搭配 135 元，再加官價 280 元，共 415 元，施行至 10 月中旬，黃金儲蓄不再搭配公債，並將官價定為進 390 元，出 400 元，至 12 月 27 日黃金儲蓄存款暫停實施。在黃金儲蓄存款暫停後，原本穩定的金價開始飆高，1951 年 1 月黃金 1 兩漲至 567 元，當局為平抑金價開始拋售黃金，結果金價愈拋愈高，乃於 1951 年 4 月頒布《有關金融措施規定辦法》，禁止黃金自由買賣。

　　以開立戶頭方式出售黃金，大陸以往實行過兩次，一次在法幣制度下，即在重慶時代，在 1943 年 11 月 3 日開始至 1945 年 6 月 25 日停止，先後實行 1 年 7 個月，那次通貨折合黃金存款辦法，與臺灣所行的大致相似，不同之處主要在於存儲時間的長短，法幣時期存款滿 6 個月便可提取黃金，而臺灣則存期在「六一五」以前滿 30 天，「六一五」後滿 10 日即可。第二次在金圓券制度下，即在金圓券推行三個月後（1948 年 11 月下旬），准許人民以一定價格（每兩 2 千元）向國家銀行購買黃金，初且不加限制，後又規定須憑身分證，每人每季僅可購買 1 兩。此辦法施行至 1949 年春季改為公開市場拋售辦法。

　　而臺灣銀行黃金儲蓄辦法，亦規定須憑身分證，每人以開立一戶為限，每戶每 12 個月，累計支出黃金不得超過 50 市兩，論限制要點，則與金圓券的兌換意思相似。因此臺灣銀行黃金儲蓄辦法，不算是獨創，而可視為大陸黃金政策的延長，但臺銀的黃金存兌辦法，與大陸所行辦法有一要點不同，即存款人得以黃金或以通貨存入，支取時亦得支取黃金或按價折付通貨，非一方面的兌現，乃兩方面的互換，存款人且有

選擇之自由，此為創新之處。[105]

　　綜上所述，此三個階段黃金政策有相同，亦有相異之處，這與其設定的目標有很大關係。抗戰後期國府希望以黃金吸收游資，希望藉此回籠法幣；抗戰勝利後拋售目的有二，一即抑平物價，回籠法幣，此為戰時出售黃金政策的延長，二即穩定金價，並藉由穩定金價間接穩定匯價與物價，第二部分即為此黃金開放時期中，戰時與戰後的不同之處。遷臺初期隨著前期黃金政策的經驗，遷臺初期的黃金政策在方法上更為細膩，也更考慮經濟環境與政策信用等因素。

第七節　經濟穩定的其他因素及對社會的影響

　　黃金政策能否收效，除政策本身因素之外，也需仰賴其他有利因素的配合。另外在 1948 年 8 月金圓券幣制改革，強制收兌黃金，許多人民將手上僅有的黃金兌換金圓券，使政府收兌了 160 餘萬兩的巨額黃金。1948 年底至 1949 年，國府在蔣介石的規劃下，將上海國庫黃金運出至臺灣、廈門，在兩岸分治後，這些黃金便被留在臺灣使用。此事本就為社會所不諒，加上共產黨的持續宣傳，使國民黨失去了不少民心。因此國府在大陸末期，遷臺之初，對於此事雖未否認，但也不主動提及，呈冷處理的態度。對於黃金的支用，則常刻意低調，如 1949 年 5 月上海防衛戰後，蔣介石令以金銀犒賞師長及有功士兵，隔日即電告周至柔、湯恩伯等負責執行者，表示犒賞一事切勿讓外界知曉。[106] 但在兩岸分治局勢較為明朗，蔣介石在臺灣復行視事後，在政治、經濟方面，又善用民眾這種對臺灣多金的印象，以穩定民心，此節即略述此種印象的延伸應用及其他有利因素的影響。

一、經濟穩定的其他有利因素

（一）放棄銀元券

　　新臺幣幣制改革於 1949 年 6 月 15 日在臺灣宣布推行，半個月後，7 月 3 日廣州也宣布幣制改革，改行銀元券，此時廣州雖為國民政府中樞所在地，但此時的代總統為李宗仁，考慮到未來撤退基地的維持，在資源有限的情況下，必須做出選擇。

---

[105] 張果為，〈黃金問題的研究〉，《財政經濟月刊》，第 1 卷第 4 期，1951 年 3 月。

[106] 〈蔣中正致周至柔電〉、〈蔣中正致湯恩伯電〉、〈蔣中正致桂永清電〉（1949 年 5 月 24 日），國史館，檔號：002-010400-00013-009、002-010400-00013-010、002-010400-00013-011。

7月3日公布制定的《銀圓及銀圓兌換券發行辦法》中規定：「銀元兌換券及銀元輔幣券之發行，應有十足準備，其中銀元、黃金、或外匯合計不得少於六成，有價證券、貨物棧單合計不得多於四成。」然而此時銀圓券的發行準備仍是極其有限的，也因此時任財政部長徐堪於7月5日急電吳嵩慶，表示「銀元兌換券已開始在穗發行，所請原定運渝之29萬餘兩中，提出5萬兩在臺掉換小條，空運來穗一節，實至急要，希轉陳懇予照准，以固幣信」，吳嵩慶接到電報後，於隔日速發蔣介石請示意見，蔣介石則表示此事「暫緩議」，也可看出蔣介石在新臺幣與銀元券改革中，作出了取捨。[107]

據李宗仁回憶，這些黃金使得新臺幣得以支撐，也是廣州銀元券難以續存的關鍵，當時遷至廣州的國民政府想以臺灣存金作爲銀元券的發行準備，但被蔣介石否定，蔣介石只答應每月提供廣州國民政府1,200萬銀元，這有限的銀元並無法彌補廣州國府龐大的財政赤字，只能增發無法兌現的銀元券彌補，而導致銀元券的最終崩潰。[108]

因此雖然1949年下半年每月仍需支出大陸龐大的軍政費用，但由於經濟方面的取捨，得以使大部資源集中臺灣，也增加後續臺灣經濟政策成功的可能。

（二）蔣介石對於黃金運用的重視及有計畫地減少每月黃金支出

二戰之後短短幾年，大陸經濟便陷入崩潰，給蔣介石造成很大的打擊，因此退臺初期，許多經濟上的決策，都有以大陸失敗事例爲鑒的痕跡。如1953年4月5日召見時任行政院秘書長黃少谷，指示其對採購糧食辦法，切勿使用庫存黃金購糧。因大陸時期黃金拋售的失敗，深深影響了蔣介石在臺灣的黃金運用觀念，認爲如輕易動用黃金，則「此無異三十六年子文私自動用改革幣制基金，迨余發覺已不及補救法幣崩潰之罪惡相等。以政府今日之存糧，無異大陸法幣之基金也」。[109]

雖然上海存金基本皆順利運抵臺灣，然數量終究是有限的，因此蔣介石從1949年底開始，即有計畫地逐減黃金撥付數量。12月20日，蔣經國即代表蔣介石，與吳嵩慶談黃金運用事，表示「軍費希望能節至每月10萬兩內」，但考量當時的實際情況，吳嵩慶也僅能無奈表示「甚難辦到」。[110]

1950年3月1日，蔣介石於臺北復行視事，事實上在復職之前，蔣介石便因考量

---

[107]〈運撥廣州貴陽重慶漢中黃金銀元〉，檔案管理局，檔號：B5018230601-0038-0210-3730。

[108] 李宗仁口述、唐德剛撰寫，《李宗仁回憶錄》下冊，頁978。

[109]《蔣介石日記》（未刊本），1953年4月5日。

[110] 吳嵩慶著；吳興鏞編注，《吳嵩慶日記（一）1947-1950》，頁403。

到經濟問題而頗爲猶豫。徐永昌於同年 2 月 23 日便記道：「蔣先生對復職尙有躊躇者，即爲經濟問題，聞標金只剩百餘萬（日前在草山，黃少谷云只剩 92 萬兩，昨聞已剩 80 餘萬。前兩月每月 14 萬兩，現擬改爲每月 10 萬兩。雖如此，似亦支不到半年）。」[111]

因此蔣介石在復行視事之前，即在黨內及政府召開會議，研擬緊縮預算及黃金使用計畫。1950 年 2 月 8 日國民黨非常委員會第十五次會議，即重點討論緊縮預算一事。時任財政部長的關吉玉表示關、鹽兩稅收入經整理後，每月平均可達新臺幣 600 萬元，較原預期數目增加 30 萬元。然而此數對於支出費用而言可謂杯水車薪，從國防部長顧祝同報告中，軍事費用原爲每月銀圓 3,116 萬元，依照核實兵員、節約機構、調整編制、愼重事業四項原則辦法改善，雖按規定需緊縮至 2 千萬元，然而每月緊縮至銀圓 2,777 萬元已是極限，因此即以銀圓 2,777 萬元，合新臺幣 8,331 萬元列支。原每月短虧銀圓 533 萬元，軍事費用較原規定數目增加 777 萬元，合共銀圓 1,310 萬元，所有短虧之數，暫時只有請以庫存黃金撥補，1,310 萬元約合黃金 14 萬兩。爲期預算徹底緊縮，仍應就軍事預算詳加審該，逐項檢討，以求覆實，會議決議推舉閻錫山、于右任、何應欽、張群、陳立夫、王世杰、顧祝同、陳誠、關吉玉、吳國楨、林蔚、陳良、嚴家淦、任顯群、周至柔、桂永清 16 人，組織軍費審核委員會，由閻錫山召集，繼續緊縮軍費。[112]

然而上述報告的數字僅爲軍費，當局所有費用如照 1950 年 3 月，新任財政部政務次長張茲闓向駐美大使顧維鈞提及，臺灣省政府預算以新臺幣計約 1,300 萬元，國府行政預算約 9,500 萬元，軍事預算 7,000 萬元，共合美元 1,500 萬元，每個月的亦字由出售中央銀行的庫存黃金彌補，按張茲闓估計，大約僅可維持四、五個月。[113]

1950 年 2 月 15 日在陽明山舉行軍費審議座談會，張群、王世杰、關吉玉、嚴家淦、俞鴻鈞、吳國楨、任顯群、何應欽、吳嵩慶等軍政高層皆到場，在聽到軍費運用情形的報告後，蔣介石指示今後軍費每月補助不得超過 5 萬兩。[114] 復行職事之後，3 月 30 日，蔣介石即對於臺灣銀行拋售黃金太多深表不滿，大罵任顯群，使時任臺灣

[111] 徐永昌著；中央研究院近代史研究所編，《徐永昌日記》第 10 冊，臺北：中央研究院近代史研究所，1991 年，頁 24。

[112] 〈非常委員會第十五次會議紀錄〉（1950 年 2 月 8 日），陳鵬仁主編；劉維開編輯，《中國國民黨黨務發展史料——非常委員會及總裁辦公室資料彙編》中國現代史史料叢編，第 24 集，臺北：近代中國出版社，1999 年 12 月，頁 79-81。

[113] 顧維鈞著；中國社會科學院近代史研究所譯，《顧維鈞回憶錄》第 7 分冊，北京：中華書局，1988 年 2 月，頁 632-633。

[114] 吳嵩慶著；吳興鏞編注，《吳嵩慶日記（一）1947-1950》，頁 427。

省主席吳國楨難堪。經過討論預算後，蔣介石表示黃金支出應以每月 6 萬兩爲限。[115] 隔日蔣介石的記錄中，則表示每月黃金支出不能超過上限爲 7 萬兩。記曰：「新臺幣雖未澎漲〔膨脹〕，但黃金售出之數，三個月來已有 60 餘萬兩之多，現存黃金總數已不足 150 萬兩，而米價已上漲至百元，殊爲可慮，幸軍費確定，今後財政運用與收支已定有辦法，當不致如過去漫無管束與限制矣。議定每月黃金售出總數，不得超過 7 萬兩之數。」[116] 在 5 月 19 日的經濟會報中，吳嵩慶表示每月軍費限 6 萬兩。[117]

8 月 14 日的財經會談中，討論 9 月份的軍費問題，會中決定將中央黃金支付減爲每月 3 萬兩，並指示今後經濟與財政方針，規定每月報告辦法，蔣對此進度表示滿意，於當日記曰：「此實爲最爲重要之政務。」[118] 同月 24 日，蔣介石召集舉行經濟會報，主要討論美援餘額及繼續討論今後軍政費用尋求收支平衡辦法，並於會議中宣布黃金分配事，表示「國庫應保存（黃金）40 萬兩；臺（灣銀）行保存 60 萬兩。」[119] 對於中央與地方的職權與資源分配，做一基本分配。

在 1952 年 3 月 15 日行政院長陳誠就職滿二週年時，《中央日報》刊載一篇名爲「陳閣兩年來的成就」的社論，文中表示：「財政方面——從前財政和經濟是脫節的，而現在則置財政於經濟基礎之上。一方面節流開源，充實稅收，力謀收支平衡，一方面則訂定生產政策，有效運用美援，積極增產，向『藏富於民』的途徑前進。兩年前，由於大陸劇變，收少支多，每月必須以庫存黃金 16 萬瀰補差額，此後即逐月減少，到去年年底止，連 1 兩都沒再動用。自然每月還有差額，而政府咬緊牙關絕不增加發行；仍自節流開源下手。在大陸上，黃金潮已成了催命湯，但今日陳閣的鐵腕卻把金鈔管制得伏伏貼貼。」[120] 可知至 1951 年底，在解決經濟問題上便已不再動用庫存黃金了。

（三）財經官僚的作用

臺灣光復後，陳儀決定向中央爭取臺灣貨幣金融特殊化的同時，雖獲得蔣介石的

---

[115] 計軍費每月預算爲 2,497 萬，除省籌 1,472 萬、財部籌 2 萬兩外，由庫月撥 9 萬兩，五月份由財部再籌黃金 1 萬兩，此 1 萬兩在運用黃金中籌。六月份起再就整理稅收籌 2 萬兩，則庫撥爲 6 萬兩，以後均照此辦理。參見吳嵩慶著；吳興鏞編注，《吳嵩慶日記（一）1947-1950》，頁 447。

[116] 《蔣介石日記》（未刊本），1950 年 3 月 31 日。

[117] 吳嵩慶著；吳興鏞編注，《吳嵩慶日記（一）1947-1950》，頁 466。

[118] 《蔣介石日記》（未刊本），1950 年 8 月 24 日。

[119] 吳嵩慶著；吳興鏞編注，《吳嵩慶日記（一）1947-1950》，頁 502。

[120] 中央日報資料室，〈兩年以來——陳閣兩週年檢討施政〉，《中央日報》，1952 年 3 月 15 日。

首肯，但也使得時任行政院長宋子文與財政部長俞鴻鈞的不快，因由孔宋家族所掌控的國家行局因此無法進入臺灣，雖還是可透過來臺接收的資源委員會進入臺灣，但從開始時，孔宋財經勢力對於臺灣經濟的影響力也相對大陸來得有限。[121]

金圓券幣制改革 6 位核心人物中的嚴家淦與徐柏園，在遷臺初期的經濟決策中，也扮演著重要的角色，他們對於金圓券失敗的經驗，有切身的體會，在制定政策時，也更能避免重蹈其覆轍，同時大量起用年輕、專業且派系色彩不明顯的技術官僚，這批人士敢做敢為，沒有包袱，如兩位前後任經濟部長張茲闓與江杓，皆為內閣大員，但在討論經濟問題時，沒有客套，沒有中國式的「調和折中」，而是據理力爭，各不相讓，認真時甚至拍起桌子差點要動手打架。[122] 又如 1950 年，政府赤字已到非增發新鈔，無法解決的地步，但當時新臺幣發行額已逼近發行上限。時任臺灣省政府財政廳長兼臺銀董事長的任顯群，很清楚若此上限不守住，則臺幣很有可能重蹈金圓券的命運。因此自行決定以營業部從發行部領取現鈔，由營業部以暫收款記帳，並出具收據以作為抵押發行部的庫存，等通膨情形緩解後，再由營業部陸續歸還，使帳目不顯示增發臺幣，也使臺幣再一次成功渡過了超額發行的危機。此事本就屬不合程序之事，蔣介石知曉後，便撤換了任顯群的職務。任氏的此次決定使不穩的物價不致再起漲勢，但也讓他丟掉了官位，從此與政治核心漸行漸遠。[123]

然而儘管這批官員的專業與經驗再豐富，如果沒有資源可供運用，也是巧婦難為無米之炊。運臺黃金，即為政府在動盪時期，手中最實質的資源。同樣地，如果有豐富的資源，而無廉潔有能力的決策者與執行者，那也只是使有心貪汙之人，得以從中上下其手，使政權多苟延些時日而已。黃金政策之所以能收到效果，確為人才與資源相互綜效之故。

（四）環境穩定

在 1949 年金門的古寧頭戰役，成功遏止進攻的解放軍，對於臺灣的士氣影響甚大。[124] 至 1950 年 6 月韓戰爆發後，美國支持漸趨明朗，都有助於當局專心面對島內經濟問題。

[121] 王連潔，《臺幣改革（1945-1952 年）——以人物及其政策為中心之探討》，頁 117。

[122] 陳慈玉、莫寄屏訪問；陳南之、蔡淑瑄、潘淑芬紀錄，《蔣碩傑先生訪問紀錄》，臺北市：中央研究院近代史研究所，1992 年 12 月，頁 82。

[123] 王作榮，〈臺灣經濟發展之路〉，《臺灣經濟發展論文選集》，頁 1-53。

[124] Erik Lundberg, *Fiscal and Monetary Policies, Walter Galenson, Economic Growth and Structural Change in Taiwan: The postwar Experience of the Republic of China,* p.269.

在臺灣經濟環境，不發達國家通貨膨脹的另一個重要因素為糧食供應不穩定，糧價上漲對工資和其他價格產生強烈的影響，是大多數最不發達國家普遍的經驗。在臺灣，特別是在二十世紀五十年代和六十年代初，臺灣相對價格穩定的基本背景，是農業部門的高生產率增長和基本食品的充足供應，當局從一開始就高度重視農業，農產品價格的溫和上漲，使臺灣在預防一般價格上漲方面，取得相對成功的戰略條件，這種情況與許多其他不發達國家的情況不同。[125]

另外早在國府遷臺之前，省府即逐漸開始著手清除地下錢莊，企圖恢復其經濟秩序。當時臺灣民間，盛行黃金標會，許多物資更以金銀標價，地下錢莊以高利貸吸收存款後再轉放謀利，使各銀行及合作社的存放款業務逐漸減少。省府為解決此事，一面提高行庫利息，一面取締地下金融，於 1949 年 4 月 20 日查抄當時最大的地下錢莊「七洋貿易行」，抄獲金條 445 兩，並在 5 月初限令全省地下錢莊在一個月內自行結業，否則嚴辦。在此命令影響下，民眾紛紛擠向地下錢莊提取存放物資，造成地下錢莊多所倒閉。[126] 因此在國府遷臺之前，臺灣地下經濟環境已較為單純，遷臺之後，為嚴防黃金美鈔外流，繼續採取非常手段取締投機，如 1950 年 1 月 22 日，臺灣省警務處、財政廳、新聞處、臺灣銀行等聯合會同動員 30 餘人，在基隆港口突擊檢查已打算開往香港的盛京輪，從中查獲大批私運出境的黃金、美鈔、銀元及其他外幣。[127]

上述各種有利因素，都使執行的經濟政策能收到更好的成效。

二、增進社會信心的一個側面──參觀金庫

1949 年 6 月，實行新臺幣幣制改革，希望從新整頓財政貨幣。但不到一年以前，金圓券幣改失敗的經驗，歷歷在目，如何重建人民對新幣制的信心，一直是當局極為重視的問題。面對社會對於當局財政的懷疑，在頒布幾項經濟政策之外，也想出了個沒有技術難度，不需增加成本，又具一定傳播廣度的方式──參觀金庫。

以往國庫在上海時，一向是作為看守重地，禁止閒雜人等靠近，也使金庫在民眾印象裡多了分神祕色彩，並容易滋生傳言，以訛傳訛。

到臺灣後，則一反以往在大陸時期觀念，只要社會一出現財政不穩的消息，新臺幣發行監理會及金融相關單位，便會邀請臺灣各縣市的民意機構代表，及各報記者參

---

[125] Erik Lundberg, *Fiscal and Monetary Policies, Walter Galenson, Economic Growth and Structural Change in Taiwan: The postwar Experience of the Republic of China*, p.272.

[126] 王繡雯，《新臺幣改革之分析》，頁 61-62。

[127] 《中央日報》，1950 年 1 月 23 日。

觀金庫。如 1950 年 3 月的參觀活動，即開宗明義揭示目的在「為使全省各界明瞭新臺幣發行實況，以事實掃除一切無稽謠言起見」[128]。

在臺幣改革後，每當社會出現幣制不穩相關傳言時，新臺幣發行準備監理委員會便舉行參觀活動，4 月物價動盪較大時，即有如下報導：「在不久以前，市場曾傳出謠言，說是新臺幣的發行準備不足，引起民間懷疑。該會為使全省民眾明瞭發行準備實際情形，以事實澄清無稽謠言。」[129]

參觀臺灣銀行的人士身分，從 1950 年 4 月的參觀分析，地方議會人士有：「屏東市議會議長張吉甫、臺中市議長黃朝清、澎湖縣副議長郭石頭、臺中縣副議長賴維種、臺北市議長周延壽、嘉義市議長李茂松、基隆市副議長葉松

《中央日報》關於參觀黃金準備報導（1951 年 5 月 24 日）

濤、臺東縣參議員連蓮增、新竹縣副議長劉梓勝、花蓮縣議長劉輅聲、臺南市議長葉禾田、臺南縣議長陳華宗、彰化市副議長賴通堯、省參議會副議長李萬居、參議員謝沁儒」；地方政府則有：「高雄市主任祕書蔡景軾、新竹市主任祕書陳其詳」；除地方政府及議會成員，另分屬中央、新生、中華、全民、公論、民族、經濟等報社的記者皆在邀請名單。受邀群體主要為臺灣全省參議會地方議員及報社記者，這些議員許多皆非 1949 年前後隨國府來臺人士，而是在之前便在臺的地方仕紳、社會賢達，在當地都有一定程度的實力與影響力，[130] 此舉希望影響的並不在黨政高層，而是盡可能讓社會民眾知曉，並逐漸產生庫存充足的印象。[131]「最近有人懷疑準備情形，為使全省同胞明瞭實情，邀請各縣市民意代表及本市報社代表，參觀準備金庫藏，希望透過各

---

[128]《中央日報》，1950 年 3 月 5 日。

[129]《中央日報》，1950 年 4 月 23 日。

[130] 國府遷臺後，在 1950 年開始，便嘗試在臺灣舉行普選，實行民主，在 1950 年第一屆臺中市長選舉，由國民黨的林金標與地方仕紳，無黨籍的楊基先競選，在國民黨資源的大力挹注下，最後仍由無黨籍的楊基先勝選，當選臺中市長。由此例可知當時臺灣社會，地方仕紳仍具有相當的影響力，相對的，國民黨到臺初期，對於地方上的控制力仍屬有限，因此在治理及政令宣傳等各方面，仍需依靠這批臺灣本省籍人士提供協助。

[131]《中央日報》，1950 年 4 月 23 日。

位，使全省同胞澈底瞭解。」[132] 每當社會上有相關通膨傳言，這兩個群體便會受邀參觀，並於參觀後協助宣傳。

1950 年 12 月，為穩定民心，特地打開厚重的金庫大門招待記者參觀新臺幣準備金（資料來源：《影像中國——臺灣卷》）

　　至於參觀流程，則常由新臺幣發行準備監理委員會主任委員楊陶，親自招待介紹後，接著向來訪人員報告最新的新臺幣發行數額，發行準備的變化，最後引導參訪人員參觀保險庫，表現政府金融準備充足，並讓與會人員回各縣市後向地方上傳達。介紹儲藏發行準備金的總數，各桶及箱分裝數量、重量等，並由保管人員，在參觀人員面前，當場逐一啟封，核對確鑿。

　　定期招待新聞記者，在參觀臺灣銀行庫存的黃金準備後，透過他們將庫房滿是黃金的照片透過報導傳播給社會。民間代表除了透過他們在地方上的影響力彌平謠言外，也借重他們在當地的聲望，將參觀經過寫成報告，由當地政府分發各區里，張貼於各交通要道，使不看報的民眾也能得到消息。如 1950 年 4 月，在嘉義頗具影響力的李茂松議長，便在單獨參觀庫存準備後寫下報告：「新臺幣發行準備金，現存有黃金 70 萬兩，三月底發行總額為 1 億 9 千萬元，以 280 元折合黃金 1 兩計算，確係十足黃金準備，本人深覺本省金融前途，極其樂觀……謠言恐係投機份子，故弄玄虛；希望同胞不可輕信，現在準備十足，幣值非常穩定，物價自不會有所波動，請勿杞人

132　臺幣發行監理委員會主任委員楊陶語，參見《中央日報》，1950 年 4 月 27 日。

之憂。」交由嘉義縣府印後張貼於嘉義各處。[133]

雖心理層面影響的效果不容易藉由數據印證，或許能從其他角度考察其傳播層面。以報紙發行總量看，1945 年臺灣剛光復時，發行量約爲 10 萬份，至 1960 年時發行量已達 40 萬份，1965 年即成長一倍，1968 年已有 31 家報社，發行量超過 100 萬份。[134] 以傳播範圍看，王惕吾則表示：「……今年（1964）應是臺灣報業激盪衝擊飛躍發展的一年，……過去一年來本報（聯合報）所增加的 3 萬 1 千多份報紙中，城市方面增加了 1 萬 6 千份左右，鄉鎮方面增加了 1 萬 5 千份……報紙已普遍深入社會各階層和廣大的農村。」[135] 可知報紙在臺灣，不僅以極快地速度增長，且範圍不止只在城市、都會區，而是擴散至各個鄉村，這種增長也幫助了當局希望藉此方式，傳播新臺幣準備充足，發行額度在 2 億總額之內，達到穩定社會，安定人民心理的效用。

小結

雖然國府是在 1949 年 12 月才遷往臺灣，但在 1949 年 5 月上海易手後，當局在之後的政經規劃已有明顯改變，因此在 1949 年中，臺灣和大陸都實行幣改時，爲避免資源分散，當局將大部分的黃金投入在臺幣改革上。並在臺灣積極實行黃金儲蓄存款、優利儲蓄存款等與黃金有關的經濟政策，這些政策也收到了很好的效果，幫助當局穩定了原先極不穩定的社會經濟，雖說政策取得成功，有其環境因素，但從大陸黃金政策的失敗吸取積極並改善方法，也是其關鍵。在韓戰之後美國改變對華政策，美援挹注，加上臺灣經濟環境日益穩定，由大陸運到臺灣的黃金，也完成它的階段任務，逐漸退出臺灣的經濟舞台。

---

[133] 《中央日報》，1950 年 4 月 27 日。

[134] 朱維瑜，《臺灣經濟發展中報紙功能之研究》，國立政治大學新聞研究所碩士學位論文，1968 年，頁 28。

[135] 王惕吾，〈經濟發展與報業發展〉，《聯合報》，1964 年 9 月 16 日。

附錄

附錄一　臺灣接管計畫綱要
（1945 年 3 月 14 日）

第一　通則

1. 臺灣接管後一切設施，以實行國父遺教、秉承總裁訓示、力謀臺民福利、劃除敵人勢力為目的。

2. 接管後之政治設施：消極方面，當注意掃除敵國勢力，肅清反叛，革除舊染（如壓制、腐敗、貪污、苛稅、酷刑等惡政及吸雅（鴉）片等惡習），安定秩序；積極方面，當注重強化行政機關，增強工作效率，預備實施憲政，建立民權基礎。

3. 接管後之經濟措施，以根絕敵人對臺民之經濟榨取、維持原有生產能力、勿使停頓衰退為原則（其違法病民者除外），但其所得利益，應用以提高臺民生活。

4. 接管後之文化設施，應增強民族意識，廓清奴化思想，普及教育機會，提高文化水準。

5. 民國一切法令，均通用於臺灣，必要時得制頒暫行法規。日本占領時代之法令，除壓榨、鉗制臺民、抵制三民主義及民國法令者應悉予廢止外，其餘暫行有效，視事實之需要，逐漸修訂之。

6. 接管後之度量衡，應將臺民現用之敵國度量衡制換算民國之市用制及標準制布告周知，克期實行，並限制禁用敵國之度量衡制。

7. 接管後公文書、教科書及報紙禁用日文。

8. 地方政制，以臺灣為省，接管時正式成立省政府。下設縣（市）就原有州、廳、支所、郡、市改組之，街、庄改組為鄉鎮、保甲。

9. 每接管一地，應盡先辦理左列各事：

（甲）接收當地官立公立各機關（包括行政、軍事、司法、教育、財政、金融、交通、工商、農林、漁牧、礦冶、衛生、水利、警察、救濟各部門），依照民國法令分別停辦改組或維持之。但法令無規定而事實有需要之機關得暫仍其舊。

（乙）成立縣（市）政府，改組街庄為鄉鎮。

（丙）成立國家銀行之分支行或地區銀行。

（丁）迅釋政治犯，清理獄囚。

（戊）廢除敵人對臺民之不良管制設施。

（己）表彰臺民革命忠烈事跡。

（庚）嚴禁煙毒。

（辛）舉辦公教人員短期訓練，特別注重思想與生活。

10. 各機關舊有人員，除敵國人民及有違法行為者外，暫予留用（技術人員盡量留用，雇員必要時亦得暫行留用），待遇以照舊為原則，一面依據法令原則實施訓練，考試及銓敘。

11. 接收各機關時，對於原有之檔案、圖書、帳表、房屋、器物、資產均應妥善保管整理或使用。

第二 內政

12. 接管後之省政府，應由中央政府以委託行使之方式賦以較大之權力。

13. 臺灣原有之三廳，改稱為縣，不變更其區域。原有之州（市），以人口（以十五萬左右為原則）、面積、交通及原有市、郡、支廳、疆界（以合二、三郡或市或支廳不變更原有疆界為原則）為標準，劃分為若干縣（市），縣可分為三等。街庄改組鄉鎮，其原有區域亦暫不變更。地方山川之名稱除紀念敵人或含有尊崇敵人者應予改變外，餘可照舊。

14. 縣（市）政府在接收後，省政府應賦以較大之權力，在穩定社會秩序維持地方治安之範圍內，得作緊急措施。但應呈報省政府備案，並於地方秩序恢復後解除之。

15. 接管後應積極推廣地方自治。

16. 警察機關改組後，應注重警保組織，並加強其力量。對於敵國人民及臺民戶口之分布，須迅速調查登記，警察分配區域及戶政在不抵觸法令範圍內，得暫時維持原狀。

17. 雅（鴉）片毒物之禁種、禁售、禁運、禁制、禁吸，接管後，須嚴厲推行，完全根絕。

18. 對於蕃族，應依據建國大綱第四條之原則扶植之，使能自決自治。

第三 外交

19. 涉外事件，以中央派員處理為原則。

20. 敵國人民居留在臺省，依照對於國內日本僑民處理原則辦理。

第四 軍事

21. 臺灣應分區駐紮相當部隊，以根絕敵人殘餘勢力。

22. 軍港、要塞、營房、倉庫、兵工廠、飛機廠、造船廠及其他軍事設備、器械、原料接管後應即加修整。

第五 財政

23. 接管後對於日本時代之稅收及其他收入，除違法病民者應予廢止外，其餘均

暫照舊徵收，逐漸整理改善之。專賣事業及國營事業亦同。

24. 接管後之地方財政，中央須給予相當之補助。

25. 接管後暫不立預算，但應有收支報告。省政府應有緊急支付權，至會計、審計事項，應另定簡便之暫行辦法，俟秩序完全安定，成立正式預算。

第六　金融

26. 接管後應由中央銀行發行印有臺灣地名之法幣，並規定其與日本占領時代貨幣（以下簡稱舊幣）兌換率及其期間。兌換期間，舊幣暫准流通，舊幣持有人應於期內按法定兌換率兌換法幣，逾期舊幣一概作廢。

27. 敵人在臺發行之鈔票，應查明其發行額（以接管後若干日在該地市面流通者爲限），酌量規定比價，以其全部準備金及財產充作償還基金，不足時應於戰後對敵國媾和條約內應明訂我國政府對敵國政府要求賠償。

28. 在對敵媾和條約內，應明訂敵國政府對於臺灣各銀行及臺灣人民所負擔之債務須負償還責任。

29. 日本在臺所發行之公債、公司債等，我國政府接管後停止募集，分別清理，並責由敵方償還。

30. 接收後如金融上有救濟之必要時，政府應予救濟。

31. 日本在臺所設立之公私銀行及其他金融機關，我國政府接管臺灣後先予監督，令其繼續營業，一面調查情形，予以清理、調整及改組，必要時得令其停業。

第七　工礦商業

32. 敵國人民在臺灣之所有工礦、交通、農林牧、商業等公司之資產權益一律接收，分別予以清理或改組。但在中國對日宣戰以後其官有公有產業移轉爲日人私有者，一律視同官產公產，予以沒收。

33. 關於工礦商業之維持、恢復及開發所需資金，由四聯總處及省政府統籌貸放，物資人力亦應預先準備。

34. 敵人對於臺之不良管制設施廢除後，其資產及所掌握之物資，應由省政府核定處理辦法。

35. 關於工人福利之增進，應依照法令盡可能增加之。

36. 恢復臺灣、內地及輸出入口貿易。對於輸出曾，應加管制，並計畫增加土產銷路。

37. 工礦商業之處理經營，以實現民生主義及實業計畫爲原則，配合國家建設計畫，求其合理發展。

38. 戰前由盟國及中立國經營之工礦商業，應由政府與各國政府或其業主協商處

理之。

39. 各項產業之開發資金，歡迎友邦之投資，技術上亦與友邦充分之合作。

第八　教育文化

40. 接收後改組之學校，須於短期內開課。私立學校及私營文化事業如在接管期間能遵守法令，准其繼續辦理。否則，接收、改組或停辦之。

41. 學校接收後，應即實行左列各事：（甲）課程及學校行政須照法令規定。（乙）教科書用國定本或審定本。

42. 師範學生（校）接收改組後，應特別注重教師素質及教務訓育之改進。

43. 國民教育及補習教育應依照法令積極推行。

44. 接管後應確定國語普及計畫，限期逐步實施。中小學校以國語爲必修科，公教人員應首先遵用國語。各地方原設之日語講習所應即改爲國語講習所，並先訓練國語師資。

45. 各校教員、社教機關人員及其他從事文化事業之人員，除敵國人民（但在專科以上之學校必要時得予留用）及有違法行爲者外，均予留用。但教員須舉行甄審，合格者給予證書。

46. 各級學校、博物館、圖書鋪、廣播電臺、電影制片廠、放映場等之設置與經費，接管後以不變動爲原則，但須按照分區設校及普及教育原則妥爲規劃。

47. 日本占領時強迫服兵役之臺籍學生，應依其志願與程度予以復學或轉學之便利。其以公費資送國外之臺籍學生，得斟酌情形，使其繼續留學。

48. 日本最近在各地設立之練成所，應一律解散。

49. 派遣教育人員赴各省參觀，選派中等學校畢業生入各省專科以上之學校肄業，並多聘學者到臺講學。

50. 設置省訓練團、縣訓練所，分別訓練公教人員、技術人員及管理人員，並在各級學校開辦成人班、婦女班，普及國民訓練，以灌輸民族意識及本黨主義。

51. 日本占領時印行之書刊、電影片等，其有詆毀本國、本黨或曲解歷史者，概予銷毀。一面專設編譯機關，編輯教科參考及必要之書籍圖表。

第九　交通

52. 接管後，各項交通事業（如鐵道、公路、水運、航空、郵電等）不論官營、公營、民營，應暫設一交通行政臨時總機關，統一指揮管理。

53. 交通事業接收後，盡快恢復原狀，並須與各部門事業配合。

54. 接管後必須補充之各種交通工具（如船舶、火車、汽車、飛機等）及器材須先預估計、籌劃或制造，尤宜注重海運工具。

55. 接管後應分置鐵路、輕便鐵路、公路、電信、橋樑、飛機場等修復工程隊及必要之護路人員。

56. 民營交通事業，應先令繼續營業。其有產權糾紛者，由政府先行接管，依法解決。

57. 凡公路運輸、水路運輸以及電話等器材工具之制造，可准民營者，由政府預先公布，加以保障獎勵。

第十　農業

58. 敵國人民私有或與臺民合有之農林牧漁資產權益，一律接收，經調查後分別處理。

59. 接管後應特別注重保障農民、漁民利益，實施恢復耕作，貸給供應種籽、牲畜、農具，保護佃農各項。

60. 盟國或中立國人民在臺之工礦、交通農林漁牧等公司之資產權益，應即予重新登記，分別處理。

第十一　社會

61. 原有人民團體，接管後一律停止活動，俟舉辦調查登記後，依據法令及實際情況加以調整，必要時得解散或重新組織之。

62. 調查人民生命財產之傷亡損失，加以救濟。其有革命忠烈事蹟者，應特予表彰，其因參加抗日戰爭而傷亡之臺民，應予安置或撫恤。

63. 農民復業所需農具、牲畜、種籽、肥料、資金等之救助，城鄉住宅之修復，應輔導人民組織合作社辦理，必要時得暫用查戶取保墊發資金物料及其他方法辦理之。

64. 日本占領時代之合作組織，應予登記，逐漸依法辦理。並輔導民眾組織各種合作社，協助救濟工作，承辦物品供銷。

65. 日人占領時代之社會福利設施應繼續辦理，並發展之。

66. 臺灣之習俗禮節，應為合理之調整。

67. 關於救濟工作，應與國際善後總署及其他救濟行政機關密切聯係，並以振農振工為主。

第十二　糧食

68. 糧食應專設機構管理之。

69. 接管後之糧食調查、登記、運銷等，應依照法令，參酌當地實際情形，分別辦理。

70. 接管後如發生糧荒現象，應由省政府轉請中央救濟。

第十三　司法

71. 接管後除首先迅速釋放政治犯、清理獄囚外，並應將未終結之民刑案件，分別審結。

72. 接管後須成立司法事項之臨時研究機關，研究下列各問題。

（甲）各種法律適用問題。

（乙）因舊法廢止而發生之民刑案件糾紛處理問題。

（丙）其他有關司法問題。

73. 接管後應培養司法人員，並改善監獄及監犯待遇。

第十四　水利

74. 接管後水利工作，應以迅速修復已破壞之工程為主。

75. 臺民私有之水利權益，經調查無違法行為者，仍准其繼續辦理。

第十五　衛生

76. 接管後之衛生行政工作，應注重左列事項：

（甲）維持原有醫療及有關衛生工作，使不停頓。

（乙）防止流行疫病，廣設臨時醫療機關。

（丙）補充藥品及衛生醫療器材。

77. 培養衛生醫藥人員，除擴充充實高等醫藥教育外，並須辦訓練班。

第十六　土地

78. 土地行政接管後，由省政府設置機關管理之。

79. 敵國人民私有之土地，應於接管臺灣後，調查其是否非法取得，分別收歸國有或發還臺籍原業主。

80. 前條規定以外之私有土地，其原有之土地權利憑證，在新憑證未頒發以前，經審查後，暫准有效，其權益尚未確定者，由地政機關分別查明處理之。

81. 接管後應即整理地籍（原有地籍、圖冊在未改訂以前暫行有效，如有散失，迅予補正。一面清理地權，調查地價，以為實行平均地權之準備。

82. 日本占領時代之官有、公有土地及其應行歸公之土地，應予接管臺灣後，一律收歸國有，依照我國土地政策及法令分別處理。

附錄二　臺灣金融接管計畫草案

（1945 年）

一、由財政部指派四聯總處、四行、二局會同臺灣省政府組織接管臺灣金融委員會（以下簡稱接管委員會），辦理接管臺灣金融事項。接管臺灣金融委員會，於各銀

行改組後結束，以後地方金融行政由財政廳設科主管。

二、接管第一步由接管委員會派員至臺灣各銀行及其他金融機關監督其繼續營業，以免金融停滯而引起社會之不安。一面著手清理與調整，以爲接管改組之準備。

三、接管第二步手續視臺灣各銀行之業務情形，分別由省政府及四行、二哥主持接管，並予以改組，惟仍應秉承接管委員會辦理之。

（甲）臺灣銀行，除將其發行及代理國庫業務移交中央銀行、外匯業務移交中國銀行外，應改爲臺灣省銀行，由臺灣省政府主持接管改組及事項。

（乙）日本勸業銀行辦理農貸可由中國農民銀行主持接管，並將其改爲中農之分行。

（丙）臺灣商工銀行可由交通銀行主持接管，改爲交通之分行。

（丁）臺灣儲蓄銀行，可由信託局主持接管，改爲信託局之分局。

（戊）華南銀行可由中國銀行主持接管，必要時，得令其停業。

（己）三和銀行有華僑及臺胞投資，清理後，改組爲純粹臺胞資本之銀行，仍准繼續營業。

（庚）郵政儲金及保險部分可由郵政儲匯局接管。

四、臺灣原有之市庄及農業信用組合，爲純粹下層之金融機構，由地方政府整理或改組，並予以扶助及獎勵。

五、除上列經接管改之五行及中央銀行與中國銀行分行外，非遇實際需要時，其他銀行，暫不在臺灣設立分行。

六、臺灣銀行雖爲私人集資之銀行，然其過去實爲敵國政府侵略及剝削臺灣人民之有力工具，其資產應予以無條件之沒收。

臺灣各銀行，經接管改組後，除戰爭罪犯所有之股本，應予以沒收外（其他應予沒收之股本，亦得沒收），其餘日人之股本得酌定價格，可分年償還，每年之股息照付，而不分發紅利。

七、中央銀行應按原有流通之臺灣銀行券，印制一元、五元、十元及五十元之地名流通券（以下簡稱新幣），以適當之比率，陸續兌換臺灣銀行券。至新幣對法幣及外匯之比率，視當時國內外幣值情形，另行規定。

八、中央銀行應派員隨軍進發，設立兌換站。接收一重要地區後，即於該地迅速設立辦事處或分行，以辦理新幣之發行及兌換事項。

九、接管初期，中央銀行新幣發行時，首應（登記各該地區人民臺幣之持有額）規定兌換期間（不宜太長）及每人兌換之數額，以防止敵人之套取。

十、臺灣原有之輔幣，暫時仍准流通。

十一、清算臺灣銀行之發行數額，並向敵國政府要求準備金之償還。

十二、清算各銀行之存放款總數。其負債額以各該行之資產抵補之。

十三、接管初期，應限制每一存戶之提款數額每月不得超過若干（以能維持每一存戶每月之最底生活爲原則）。必要時，敵國人民得暫時停止其提款。

十四、各銀行之原有放款，如在敵國內者，應要求敵國政府負責收回；如確係不能收回之呆賬，應向敵國政府索還。

十五、清算敵國政府及公司企業在臺灣發行之各種證券及其基金數額與還本付息之狀況，並規定清理辦法。

（甲）屬於敵國發行之公債，應立即停止付息還本，其臺胞所持有之債券登記總數後，應向敵國政府索還。

（乙）屬於敵國政府及公司企業發行之他種證券，如基金缺乏及未能如期付息還本者，應向敵國政府要求償還。

（丙）屬於私家企業發行者，如有缺乏基金及未能如期付息還本情事，則責令各該企業償還或強制以其資產抵償。

十六、接管臺灣各銀行之總分行所需之上中級業務人員，應由四聯總處六行局及臺灣調查委員會儲備訓練。至原有各行之中下級臺籍人員應盡量留用，其中下級之日籍人員，則需經審查後，再酌予分別留用。

十七、臺灣各銀行在外資產（除中國外），其處理辦法由中央政府另定之。

附錄三　臺灣省幣制改革方案
（1949 年 6 月 15 日公布）

臺灣省農工生產，原有良好基礎，財政收支，亦可保持平衡；惟戰時損毀慘重，光復後歷任政府，雖力求恢復，但仍未完全達成原生產之最高額。近數月來復因中央在臺之軍公費用及各公營事業之資金，多由臺省墊借，歷時既久，爲數又鉅，以及臺幣與金圓券聯繫，受金圓券貶值影響，使臺省在匯兌上蒙受重大虧損。去年十一月以降，臺幣對金圓券之匯率，雖屢經調整，但適值京滬局勢緊張，中央軍政款項之墊借尤爲龐大，以致臺省金融波動，物價狂漲。京滬撤守後，臺省之地位益見重要，亟須改革幣制，以保持經濟安定。最近中央已決定劃撥經費來源，抵付在臺軍公墊款；進出口貿易及外匯管理，交由臺灣省統籌調度；並撥黃金八十萬兩爲改革幣制基金；另撥借美金一千萬元，作爲進口貿易運用資金。是則改革幣制之條件，至此已臻完備。

（甲）新幣之要旨：

（一）遵照中央指示，由本省臺灣銀行發行新臺幣總額二億元。

（二）新幣應以較穩定之貨幣爲計算標準。現國際上以美金比較穩定，且臺省對外貿易，大部分輸往日本及其他美金區域，均照美金計價，故新幣應以美金爲計算標準。

（三）新臺幣對美金之匯率，以新幣五元折合美金一元，較戰前之幣值略低，足以刺激生產，增進出口。

（四）新幣對舊臺幣之折合率，定爲舊臺幣四萬元折合新幣一元。查最近美鈔市價約爲每美金一元，合舊臺幣二十三、四萬元，似覺太高；但爲避免市場波動，發生不景氣現象計，壓抑不宜過低。茲將出口與進口、生產與消費兼籌並顧，以美元每元合舊臺幣二十萬元爲標準，照前條新幣五元合美金一元之規定，新幣一元應合舊臺幣四萬元。

（五）新幣應以黃金、白銀、外匯及可換外匯之物資十足準備，並組設新幣發行準備監理委員會，專責監督保管，以昭大信。

（六）新幣發行總額，按臺省實際需要定爲二億元，折合美金四千萬元。查戰前臺幣發行額約合美金二千五百萬元，約等於今日之美金五千萬元。惟估計現在臺省農工礦業生產，平均約合戰前百分之六十，則在一切經濟穩定時，約需相當於美金三千萬元之發行額。但爲準備將來經濟發展起見，定爲美金四千萬元，折合新幣二億元。

（七）爲鞏固幣信計，新幣在省內得透過黃金儲蓄辦法，兌換黃金；在省外得透過進出口貿易，兌換進口所需之外匯。再由臺灣銀行以平準基金運用調劑，必可使幣值穩定。

（乙）實施辦法要點：

（一）制定新臺幣發行辦法、新臺幣發行準備監理委員會組織規程、進出口貿易及匯兌金銀管理辦法，並修正臺灣銀行黃金儲蓄辦法，公布施行。

（二）爲使幣值穩定起見，財政收支必須平衡：

子　切實增進各種賦稅及公賣收入，督促各公營事業所得盈餘，依限解庫。

丑　中央有臺軍公支出，由中央指定中央在臺收入及金銀外匯物資抵付之。

寅　中央在臺物資，交由臺灣省政府組織委員會，從速清理處理。

卯　交通及公用事業等之費率，按實際成本及其維持費用計算，以期自給，免由公庫貼補。

辰　省、縣、市各級駢枝機關，應予裁併，冗員應予淘汰。

巳　文武公教人員之待遇，應使能維持合理生活，予以調整，一律以新臺幣支給。

（三）爲使幣值穩定起見，必須增加生產、節省消費、促進進出口貿易，俾省內

經濟得以穩定，對外貿易收支得以平衡：

子　各生產事業，無論國營、國省合營或省營，應充分配合，以謀發展，由生產事業管理委員會統一管理之。

丑　凡本省需要及可供國外運銷之物資，應儘量增產，並提高其品質，減低其成本。

寅　金融機關，對上項生產事業應充分貸款外，對一般商業貸款，應予緊縮。

卯　貸款利息，應予減低；但原有未清償之貸款，仍照原定利率計算。

辰　物資之消費，應儘量節省。凡生產所需器材、原料、動力等，如遇求過於供時，應釐定優先次序，妥善分配。對社會一般生活，應力求合理，並提倡節約；對奢侈性之消費，並得以重稅政策取締，兼以增裕庫收。

（四）本省進出口貿易及匯兌金銀管理辦法第一條規定各附表，遵照中央規定，由財政部、經濟部、中央銀行、臺灣省政府、臺灣銀行，各派代表一人審定之，應即由省政府代表召集審編，在尚未編成以前，即以現行之修正進出口貿易辦法之附表為準，即日施行，以期暢通貿易。

（五）進出口貿易之外匯，現歸本省統籌調度，由省政府撥定貨幣平準基本，交由臺灣銀行運用，以穩定幣值。其運用方法，由省政府指定人員隨時議定之。

（六）臺灣銀行黃金儲蓄存款，應將原辦法修正，加強辦理，縮短以新幣折合繳存者兌取黃金之期限，並擴大辦理此種儲蓄之地區。

附錄四　新臺幣發行辦法

第一條　臺灣省政府自本辦法公布之日起，特指定由臺灣銀行發行新臺幣。

第二條　新臺幣發行總額以二億元為度。

第三條　新臺幣之單位為一元，新臺幣券面額分為一元、五元、十元、百元四種。

第四條　新臺幣之輔幣為角及分，以十分為一角，十角為一元，輔幣券面額則分為一分、五分、一角、五角四種。

第五條　新臺幣對美金之匯率，為新臺幣一元兌美金兩角。

第六條　自本辦法公布之日起，臺灣銀行以前發行之舊臺幣以四萬元折合新臺幣一元，限於中華民國三十八年十二月三十一日以前無限制兌換新臺幣，在兌換期內，舊臺幣暫照上列折合率流通行使。

第七條　自本辦法公布之日起，本省公私會計之處理一律以新臺幣為單位，凡依法應行登記之事項須載明金額者，應於六個月內為變更之登記。

第八條　自本辦法公布之日起，所有以舊臺幣計算之公私債權債務，均應按本辦法第五條規定之折合率折合新臺幣清償。

第九條　新臺幣以黃金白銀外匯及可以換取外匯之物資十足準備。

第十條　凡持有新臺幣者，得照臺灣省進出口貿易及匯兌金銀管理辦法之規定結購外匯，或照黃金儲蓄存款辦法之規定，折存黃金儲蓄存款。

第十一條　新臺幣發行準備之檢查保管設新臺幣發行準備監理委員會辦理之，其組織規程另定之。

第十二條　新臺幣發行數額，應由臺灣銀行於每月終列表報告臺灣省政府，及新臺幣發行準備監理委員會。

第十三條　新臺幣發行準備監理委員會應於每月終了後，檢查新臺幣發行數額及準備情形，作成檢查報告書公告之，同時報告臺灣省政府。

第十四條　新臺幣發行準備監理委員會如發現新臺幣發行準備不足時，應即通知臺灣銀行停止發行，收回其超過發行準備之新臺幣，並報告臺灣省政府。

第十五條　臺灣銀行接到前條通知後，應即收回其超過部分之新臺幣，或補足其發行準備，非經新臺幣發行準備監理委員會檢查認可後，不得續增發行。

第十六條　新臺幣不得偽造變造或故意損毀，違者依法治罪。

第十七條　本辦法自公布之日施行，並呈報行政院備案。

附錄五　臺灣省出口貿易及匯兌金銀管理辦法
（1949 年 6 月 15 日公布）

第一條　臺灣省進出口貨品，由臺灣省政府照左列分類編列詳表公布之。

准許進口類（附表甲）。

無限額（附表甲之一）。

限　額（附表甲之二）。

暫停進口類（附表乙）。

禁止進口類（附表丙）。

禁止出口類（附表丁）。

第二條　出口貨物，除禁止出口者外，凡輸出國外者，均得照第三條之規定憑證輸出，凡輸往內地各省市者，均得照第六條之規定辦理。

第三條　出口廠商對國外輸出貨品，應將售貨所得外匯，以百分之二十按新臺幣對外匯之匯率結售於臺灣銀行，經審核貨價相符後，發給出口證明書，其餘百分之八十於交付臺灣銀行後，換取等值之結匯證明書。但其價值低於美金二十五元，或其

他相等幣值是非作商業上之用者，免驗出口證明書。

　　第四條　前條之結匯證明書，出口廠商得自用或轉讓於進口廠商償付進口貨款。出口廠商並得按新臺幣對外匯之匯率，結售於臺灣銀行。

　　第五條　航運業、保險業、及其他勞務，在本省內所得之外匯，以及僑胞所有之外匯須匯到本省者，均應照本辦法第三條之規定，結售於臺灣銀行，或換取結匯證明書。

　　第六條　出口廠商對內地各省市輸出貨品，凡可供銷國外者，應照本辦法第三條之規定結售外匯及換取結匯證明書，其他貨品及可供銷國外之貨品，經證明確係在國內銷售，並經臺灣省物資調節委員會核准者，均得輸往內地各省市。但其每批總值在新臺幣一萬元以上者，應由銀行保證，將其售貨所得價款之百分之八十，按臺灣銀行規定之匯率匯回本省。

　　第七條　進口廠商輸入貨品，均得分別照第八條及第十四條之規定，由國外或內地各省市購運進口。

　　第八條　進口廠商由國外運購貨品，凡合於第一條附表甲之（一）及（二）兩表之規定者，應憑結匯證明書向海關報運進口，其所需外匯，得憑銀行信用狀（或委託購買證）或貨物到埠證明文件，連同結匯證明書向臺灣銀行提取之。

　　第九條　進口廠商除購用結匯證明書外，得以所存黃金或外條繳交臺灣銀行，按規定價格兌換外匯，換取結匯證明書，並得以自備外匯，由國外購運合於第一條附表甲之（一）及（二）兩表規定之貨品，向臺灣銀行登記，取得登記證，憑向海關報運進口。

　　第十條　凡有正當用途，如留學、旅行等需用外匯者，呈經臺灣省政府核准後，得準照前條之規定購用結匯證明書或兌換外匯，並得以新臺幣繳交臺灣銀行，按新臺幣對外匯之匯率結購外匯。

　　第十一條　左列國外輸入品，得逕向海關報運進口：

　　美國經濟合作總署依照協定輸入之物資。

　　物資供應局依照協定輸入之美國剩餘物資、租借貨品，及政府利用國外借款購買之物資。

　　第十二條　左列國外輸入品，得逕向海關申請核明報運進口。

　　各國駐臺領事館及外交人員，因公務或私人所需輸入貨品，經證明其用途者。

　　慈善宗教團體，及教育機關接受國外捐贈之貨品，或為本省使用輸入之貨品不需結匯者，但各該團體機關內個人使用，及禁止進口貨品之輸入，不在此限。

　　第十三條　不需外匯之國外輸入品，如國外私人餽贈、商業樣品、及非賣品，其

價值不超過美金二十五元（或相等幣值）者，可免驗證進口，但禁止進口之貨品不適用之。

第十四條　進口廠商由內地各省市輸入本省之貨品，凡合於第一條附表甲之（一）及（二）兩表之規定者，均得進口。其屬於第一條附表乙之貨品，經臺灣省物資調節委員會核准者，亦得進口。

第十五條　進口廠商由內地各省市購貨須向內地匯款者，得照省外匯款審核辦法之規定，以新臺幣繳交臺灣銀行，按規定匯率結購內地通用之貨幣。

第十六條　在臺服務之公教人員，家屬住在省外須匯款贍養者，得照公務人員贍家匯款辦法之規定，赴內地旅行或求學者，得照省外匯款審核辦法之規定，以新臺幣繳交臺灣銀行，按規定匯率結購內地通用之貨幣。

第十七條　凡需由內地各省市匯款來臺者，得以外匯、或黃金、白銀、或當地通用貨幣，按臺灣銀行規定價格折合新臺幣交匯，但必要時，臺灣銀行得視各地情形，規定匯款限額。

第十八條　在本省境內人民所有之黃金白銀及外幣，除照本辦法第九條之規定兌換外匯外金銀准許持有或轉讓外幣准許持有，但除照本辦法第十九條規定外，均不得攜帶出境。

第十九條　旅客出境每人攜帶金飾總量以不超過二市兩爲限，銀飾總量以不超過二十市兩爲限，外國幣券總值以不超過美金二百元爲限。

第二十條　過境旅客所有之金銀外幣仍須攜帶出境者，應於入境時報明海關送交臺灣銀行封存保管，於出境時領回原物，但於入境六個月後仍未請求發還攜帶出境者，應照本辦法第十八條及第十九條之規定辦理。

第二十一條　本辦法自公布之日施行，並呈報行政院備案。

附錄六　修正臺灣銀行黃金儲蓄辦法
（1949 年 6 月 15 日公布）

臺灣省政府爲便利軍民並獎勵儲蓄起見，特訂定本辦法。

臺灣銀行儲蓄部及各地分部，自即日起收受「黃金儲蓄存款」。凡在本省之官兵商民，均得以黃金繳存，或照黃金公定價格，以新臺幣折合繳存之。

上項黃金公定價格，由閩臺行署監察委員、省參議會、省政府、財政廳、物資調節委員會及臺灣銀行各派代表一人，及主席指派人員，參照各地市況，逐日議定公告之。

「黃金儲蓄存款」應憑本省戶口總檢查查訖之國民身分證或軍事機關發給之正式

符號證件，填具印鑑，並註明住址或通信處，開立存戶，每人以開立一戶爲限。

「黃金儲蓄存款」第一次存入時，最低額爲黃金一市錢，以後續存，不予限制。

「黃金儲蓄存款」分定期及活期兩種，定期用存單，活期用存摺，悉聽存戶選擇。

「黃金儲蓄存款」之利息，按週年計算，暫定如次：

（一）活期：一釐。

（二）定期：一個月者二釐，二個月者三釐，三個月以上者四釐。

「黃金儲蓄存款」支取時，每次不得低於黃金一市錢，臺灣銀行儲蓄部得付給黃金條塊，或照黃金公定價格，折付新臺幣，悉聽存戶選擇。但以新臺幣折合繳存者，須存滿十天後始得支取得黃金條塊。其每戶每十二個月累計支取黃金條塊，總額不得超過五十市兩。又黃金一市錢以下之零數，一律折付新臺幣。

本辦法自公布之日施行。

附錄七　1949年愛國公債條例
（1949年7月23日）

第一條　政府爲激發人民愛國情緒，集中財力，平衡預算，穩定幣制，以達成戡建大業，發行公債，定名爲民國三十八年愛國公債。

第二條　本公債定額爲銀元　億元，於民國三十八年八月一日，按照票面額十足發行。

第三條　本公債年息四厘，自發行日起，每六個月付息一次。

第四條　本公債自第五期付息期起開始還本，每六個月平均還本一次，分十五年還清，每次還本以抽籤法定之。

第五條　本公債向全國愛國人士派募，其踴躍認銷者，優予獎勵，其辦法另定之。

第六條　本公債承購人志願將所購債票全部或一部損獻政府者，應給予特別獎勵，其辦法另定之。

第七條　認購本公債，除照票面以銀元或銀元兌換券繳購外，得以白銀黃金或外國幣券或政府指定之實物，按照市價折合繳購。

第八條　本公債還本付息，一律以銀元或銀元兌換券給付。

第九條　本公債還本付息基金，由財政部就鹽稅收入項下撥存中央銀行按期支付。

第十條　本公債還本付息，指定中央銀行及其委託之銀行經理之。

第十一條　本公債票面分五十元、一百元、五百元、一千元、五千元、一萬元六

種，均爲無記名式，不得掛失。

　　第十二條　本公債得自由買賣抵押及充公務上保證金，並得爲金融業之保證準備金。

　　第十三條　對本公債有僞造或毀損信用之行爲，由司法機關依法懲治。

　　第十四條　本公債得設立籌募委員會，推進籌募事宜，其組織規程另訂之。

　　第十五條　本條例自公布日施行。

附錄八　臺灣省各行庫舉辦優利儲蓄存款辦法
（1950 年 3 月 24 日）

　　臺灣省各行庫爲配合政府緊縮通貨政策，獎勵人民儲蓄起見，訂立本辦法。

　　臺灣省各行庫得隨時收受優利儲蓄存款（以下簡稱本存款）。

　　本存款每次存進金額，不得低於新臺幣三百元整。

　　本存款每次存儲期限，不得少於一個月，逾期不來提取者，其逾期利息，照乙類活期存款計算。

　　本存款利率定爲月息七分（即每百元每月七元）但得視辦理情形酌予調整。

　　各行庫收受本存款後，應即專存臺灣銀行。由臺灣銀行轉放於物資調節委員會或其他公營及民營事業，轉存利息按月息八分計算。

　　各行庫收受存款，得商請臺灣銀行准予免繳存款保證準備金。

　　本存款存戶得持本存款存單，向存款銀行申請質押借款，惟借款金額，不得超過質押存單面額之七成。上項存單質押借款利率定爲月息九分，但得隨本存款利率調整而調整之。

　　各行庫頭寸，倘因舉辦本存款而受影響，得申請臺灣銀行，按實際需要，酌予拆借。

　　本存款專爲獎勵人民儲蓄而舉辦，所有軍政公款，不得比照本辦法之規定辦理，如有發現，照軍政公款不得存儲臺灣銀行以外其他銀行之規定處理。

　　本辦法未規定事項，按照定期存款章程辦理。

　　本辦法自公布之日施行。

結論

　　中國長久以來，社會交易往來主要皆用銀，隨著近代與世界經濟連結日益密切的影響，中國經濟已不能孤立於世界之外，受到世界浪潮的影響，黃金在中國經濟的比重日益增長。到了 1935 年 11 月，中國實行法幣改革，法幣實施後，廢除銀本位制，黃金與白銀同列為法幣準備，將白銀收歸國有，但對於黃金許其自由流通，使法幣完全與銀脫鉤，可以說法幣改革，割斷了中國貨幣與白銀的直接聯繫。當時中國外匯固定在英匯 1 先令又 2.5 便士，黃金自由流通，外匯較易穩定，[1] 這樣的作法可認為是一種廣義的虛金本位制度。

　　中國黃金交易在銀本位時代為公開的，上海標金交易所為當時遠東最大的市場之一，法幣政策實行後，因匯價穩定，金價起伏很小，標金交易自然一落千丈。

　　在抗戰以前，中國長期為銀本位國家，重視白銀，黃金在社會上更多作為儲藏與裝飾用途，在法幣改革的過程中，黃金開始進入中國的貨幣體系，但重要性仍有限。抗戰期間，國民政府將美國的貸款中 40% 換購成黃金，由美國購來 580 餘萬兩黃金，國民政府手中擁有空前的黃金存量，開始認真思考黃金在經濟政策扮演的角色。

　　抗戰爆發的半年時間，外匯在自由買賣的情況下，仍屬穩定，但以有限的外匯資源，想維持自由的外匯市場，付出的代價太大，政府因欲搜集黃金，以求充實外匯基金起見，因此在 1938 年春季便開始實行外匯管制，外匯管制後黃金仍准自由流通，使游資移往黃金買賣，導致黃金價格逐步上漲，幣值漸低，外匯跌價，因此在 1938 年底當局實行黃金國有政策。抗戰前期，於 1937 年 5 月 28 日公布《金類兌換法幣辦法》；1938 年 10 月 21 日公布《限制私運黃金出口及運往淪陷區辦法》及《實施收兌金類辦法》；1938 年 11 月 1 日頒布《監督銀樓業收兌金類辦法》；1939 年 1 月 4 日頒布《收兌金類通則》；1939 年 3 月公布《非常時期開採金礦施行辦法》；1939 年 8 月

---

[1]　即外匯收縮時，可照法定匯率出售黃金，外匯放長時，可照法定匯率買進黃金，藉以維持匯率不變。

29 日頒布《取締收售金類辦法》；1939 年 10 月 1 日頒布《取締金融典當業質押金類辦法》；1939 年 11 月 1 日公布《增加金產辦法》；1939 年 11 月頒布《收購生金辦法》等，直到 1943 開放黃金市場為止，共頒布法令辦法計九種之多。以上各種辦法，使戰時黃金的集中、收買及開採有縝密規定，可稱為集中國有時期。

戰時為防止黃金外流，尤其要防止流入淪陷區，以免黃金資敵，因此收購黃金實屬必要，1938 年起，除資金逃避，貿易入超外，又有敵偽在套購外匯，使當局不得不實行外匯管制，但管制愈嚴，則外匯黑市愈盛，於是僑匯與出口外匯，大部分流入黑市。進口貿易所需外匯，則照當局維持的價格，由國家銀行供應。因此外匯基金僅有支出極少收入，長此以往則必定枯竭，收購民間黃金也有其必要性。收購內地所產砂金，同時嚴禁黃金自由買賣，關閉收購生金店舖，規定由四聯總處所設的收兌金銀辦事處統一收購。但行之不久後由於物價漸高，黃金黑市價格與各地所產砂金成本，已遠漲至收金官價之上，因此收購黃金遂成具文，至 1943 年黃金政策轉變為止，所購黃金大約 50 萬兩左右。

戰時財政方面，戰前中國的主要稅收主要是關、鹽、統稅三種，而在抗戰時期，這三種主要稅收比照當時物價簡直微不足道，至於所得稅因開始徵收時間不長，加上當時仍屬農業社會，故稅收甚少。至於發行公債，抗戰時期，全國金融中心相繼淪陷，可銷納公債的地區日益減少，市場利率又因物價日高而上升，公債銷路更益困難。加上國統區日益縮小，使增進金產量的效果有限，而美方黃金的運入，則很好填補了政府財政方面的不足。

在確立將 5 億美元貸款中的 2 億美元用於購買黃金運華運用後，國府忽獲此鉅額黃金，對於黃金政策的想法遂大為轉向，1943 年 11 月 3 日，開始出售黃金政策。最初出售黃金現貨，售價每市兩 12,000 元，1944 年 9 月 26 日增至每月 17,500 元，同時加搭儲蓄券一成，1944 年 10 月 20 日改為加搭儲蓄券二成，1944 年 11 月後，因政府存金與先前輸入的黃金已售完，在美購買的黃金遲遲不能到達，故將黃金現貨改為不定期的黃金期貨。1945 年 3 月 29 日將原本加搭的儲蓄券取消，並將黃金官價提高至 35,000 元，但黃金期貨期限不定，受到各界責難。1945 年 5 月停止出售黃金期貨，專辦法幣折合黃金存款，即所謂黃金儲蓄。法幣折合黃金存款開始於 1944 年 8 月 25 日，[2] 法幣折合黃金存款最初因社會多購黃金現貨，故存者不多，後因現貨改為期貨，且為不定期的期貨，許多人才改作法幣折合黃金存款。後來因黃金官價的一再提高，人民以法幣折存黃金者日益增加，到了 1945 年 6 月 25 日，法幣折合黃金存款停止，

2　辦法即照當時黃金官價，向中央銀行存儲法幣，滿 6 個月後提取黃金，並有少許法幣利息。

抗戰時期的出售黃金政策方告結束。

　　抗戰後期，國府鑑於戰時國際門戶大開，民間黃金收歸國有，實際上已無太大效果，反而促成了黃金外流，尤其是上海等淪陷區，高價收買黃金，使淪陷區金價高漲，國府統治區金價低落，因此便有單幫走私，國府統治區的黃金皆流入日人手中，至此黃金國有政府只能再作變更。恢復黃金自由買賣，一方面由中央銀行照市價買賣黃金，一方面又禁止國統區黃金流出，在此情形下，敵我兩方無形間均以提高金價爲手段，展開爭購黃金的鬥爭。[3]乃一面向美國借運黃金，曾加法幣信用，一面令中央銀行定出收買黃金價格，以穩定金價。[4]

　　中央銀行的官價，比淪陷區金價高，以免國統區黃金外流，日本方面也運用黃金發行金證券，藉以穩定金價。雙方這種金價平準的辦法，就事實看可說都不成功，因在惡性通貨膨脹下，人民對貨幣缺乏信心，而競相購金，因此各地金價不斷上漲。

　　從 1943 年 11 月至 1947 年 2 月 16 日行政院頒布經濟緊急措施方案，復行禁止黃金自由買賣爲止。這段期間政府開放人民自由買賣黃金，且隨時由中央銀行按官定價格拋售黃金，以吸收游資，希望藉此回籠法幣，可稱爲開放黃金市場時期。

　　雖都爲開放，但辦法有所不同，抗戰勝利後，1946 年 3 月，當時黃金出售方法，採取「明配暗售」方式，「明配」是由金號銀樓申請配購，中央銀行按照當天定價，分別配給黃金；「暗售」則是由中央銀行委託金號，在市場中拋售。在明配與暗售之外，中央銀行有時也在市場中乘低補進，但補進數量遠在出售數量之下。

　　此時主要拋售目的有二，一即抑平物價，回籠法幣，此爲戰時出售黃金政策的延長，二即穩定金價，並藉由穩定金價間接穩定匯價與物價，第二部分即爲此黃金開放時期中，戰時與戰後的不同之處。因在 1946 年中國對外貿易已經恢復，金價與外匯黑市都在上漲，在此環境下進、出口貨物必隨之騰貴，因此拋售黃金，期望能平抑物價。戰時沒有對外貿易關係，因此能不顧金價的上漲，以收縮通貨爲唯一目標，主要目的並不相同，抗戰勝利後對外貿易既已恢復，金價、匯價的上升，即爲物價騰貴的一大因素。因此如想平抑物價，除平衡財政收支，阻止通貨膨脹外，須同時穩定金價與匯價，因此這個時期的出售黃金政策也以穩定金價爲主要目的。

　　但穩定金價、匯價與平衡財政收支爲相輔輔生的關係，金價匯價雖因大量拋售黃金，能在短時期內獲得一定程度的穩定，但如出售黃金、外匯所得代價依然不能抵補

---

[3]　方式即國統區金價高於淪陷區時，日人便提高金價防止淪陷區黃金向國統區流入；淪陷區金價高於國統區時，中央銀行便停止出售黃金，使國統區的金價上漲，以免黃金向淪陷區流出。這段爭奪黃金的結果，便造成兩邊的物價皆上漲不已。

[4]　即市價高於收買價時，央行便出售黃金，反之則收進黃金。

財政收支的不足，則黃金有限，法幣無窮，自然無法穩定。1946 年 3 月 4 日開放外匯，3 月 8 日開始出售黃金後，因外匯供應數量極大，黃金配售數額不加限制，金價匯價能獲相當穩定，但隨後因政治軍事不穩定，導致軍事支出劇增，雖將黃金提價，但價愈高買者愈多，市面已呈供不應求之勢，故至 1947 年 2 月 10 日起將市場暗售停止，配售黃金以銀樓業爲限。配售減少，更促進了金價的上升，2 月 17 日，宣布「經濟緊急措施方案」，停止配售黃金。這一時期的出售黃金政策，也是國府大陸時期施行的黃金政策中最被各方所批評的階段。如許滌新、吳承明即表示：「……此舉完全是悖理的。因爲黃金外匯原是國庫發行紙幣和國家銀行信貸的準備，不能作爲財政用途……此舉只是出賣家底，是一種傾家蕩產的政策。」[5] 1947 年 2 月 16 日，經濟緊急措施方案施行之後，政府又頒布《取締黃金投機買賣辦法》及《金飾處理辦法》，復行禁止黃金交易。

1947 年 2 月後，黃金政策又出現轉變，由出售黃金轉爲收購黃金，自 1947 年 2 月 18 日起，收購價格，按中央銀行美匯牌價 40 倍計算，同時禁止黃金自由買賣，違者沒收黃金並予以懲處。目的在凍結黃金，使投機份子將所購黃金售予中央銀行。但收購政策開始時，中央銀行美匯牌價定在美金 1 元合法幣 1 萬 2 千元，而美鈔黑市也大約在 1 萬 2 千元左右，牌價與市價大抵相等，黃金的收購價格爲美匯牌價的 40 倍，爲 48 萬元 1 市兩。當時國際市場的黃金市純金 1 盎司約合美金 50 元，上海黃金黑市價格約爲法幣 60 萬元，自然沒人將黃金售予中央銀行，收金官價一直固定在 48 萬法幣，然市面金價日漲，至 1947 年 8 月時，黃金市價 1 市兩已 250 萬法幣，美鈔黑市 1 元已超過法幣 4 萬元，有鑑於此，當局於 1947 年 8 月 17 日頒布《修正管理外匯辦法》，隨時調整收金價格。方式爲美金 1 元合法幣 1 萬 2 千元，在官價之外，另設外匯平衡基金委員會，隨時核定外匯基準價格，即所謂外匯基準牌價。收購金價即以純金 1 市兩，合美金 40 元之比，再乘美匯基準牌價計算。但當時在國外，純金 1 盎司約合美金 50 元，中國則照美金 40 元收購，自然還是收購不到市面上的黃金。既未收到原定收購黃金的效果，反因外匯基準牌價的一再掛高，反而加速了法幣制度的崩潰。

1948 年 8 月 19 日金圓券幣制改革時，同時頒布《人民所有金銀外幣處理辦法》，規定人民禁止持有黃金，強制限時將其兌換金圓券，金圓券制下的黃金政策，由收購改爲收兌，也爲國府歷次黃金政策中，最爲嚴屬的時期。以前雖禁黃金自由

5　許滌新、吳承明主編，《中國資本主義發展史第三卷：新民主主義革命時期的中國資本主義》，北京：社會科學文獻出版社，2007 年 5 月，頁 519。

買賣，但未禁止人民持有，而此次改革非但禁止黃金白銀外幣的自由買賣，且禁止持有。須在規定期限內售給中央銀行，已實行金銀外幣的國有。

　　因厲行收兌金銀外幣而放出的大量通貨，泛濫市場，實行金圓券制後，進而硬性的壓低銀行利率，利率既低，增發的大量通貨並不流入銀行，於是一方面在市面搶購物資，另外即爲購買金鈔，使黃金黑市價格迅速上升，到了 1948 年 10 月下旬，政府已收兌不到金銀了，造成的物價暴漲，也使當局大受各方抨擊。只能於 1948 年 11 月 11 日宣布《修正人民所有金銀外幣處理辦法》，又准許人民持有金銀及外國幣券，並得以金圓券向央行銀行兌換黃金，但因人民對政府與金圓券已失去信心，紛紛請兌黃金，發生擠兌風潮，造成多人死傷，故於 12 月 24 日起暫停兌換。到了 1949 年爲平抑金價，穩定物價，遂又恢復黃金市場，並委託金號在市場中拋售黃金，遇金價稍低時則乘機補進，如此明拋暗補的方式，持續至 1949 年 5 月上海易手爲止。

　　至 1949 年國府離開大陸爲止，黃金政策歷經多次轉變與辦法上的修正，其中有的收效甚大，有的則乏善可陳，其收效多寡，除政策本身內容外，實與當時政治、經濟環境有其密不可分的關係。抗戰勝利後，國民政府接收日本與其扶植的汪精衛政權，遺留下的龐大財產，加上戰後全國市場的欣欣向榮，使人忽略了可能的經濟危機，因此常將焦點放在 1948 年國民政府在軍事情勢上的逆轉，及金圓券改革的失敗。透過本文的探討可知，早在戰後的接收工作及國統區和日本、汪僞佔領區的經濟統合過程，就埋下了往後幾年，國民政府在經濟上的被動與無力的種子。

　　與戰後國民政府在東北軍事上的失利一樣，如不能防微杜漸，在問題浮現時將其解決，往往就如蝴蝶效應般蔓延開來，以至無法收拾的局面。在 1946 年經濟問題浮現時，由於專業財經官員無法進入權力核心參與決策，加上決策者宋子文過於迷信政府持有大量黃金，企圖透過政府持有的大量黃金，解決國內通貨膨脹的問題。在黃金運用與財經決策沒能有效配合的情形下，導致國庫近 600 萬英兩的黃金，損失了 3,531,680 餘兩，約占政府儲備黃金的 60%。遺憾的是，通貨膨脹問題並未解決，且日益惡化。

　　當局並非不想解決問題，而是不知如何解決，從此時期的行政院長、財政部長至中央銀行總裁頻繁的人事更迭即可窺出，此時國民政府由於國共紛爭未化解，內戰規模日益擴大，生產不能恢復，歲入不足，戰費劇增，對於根本解決經濟問題已束手無策。因爲情勢至此，已非單純的人事或單一政策上的問題。國民政府在國共戰爭中的挫敗拖累了經濟，而經濟的衰敗又失去了民心，大廈將傾，獨木難撐，這固然是大環境使然，惟政府勝利後接收失敗，官吏貪腐，亦是人謀不臧所致。

　　通貨的動態，本來第一要做交易的媒介，第二要做價值的標準。在幣值無時無刻

不在貶值中，這兩個任務就都不容易達到了。而幣值的快速貶值，當局有時為避免損失過鉅，在應該履行的條件上打了折扣，也影響了政府施行黃金政策的誠信。

如宋子文為籌集軍費制定了黃金獻金條例，在 1945 年 7 月 31 日，儲蓄到期應支付黃金時，臨時宣布法幣折合黃金存戶，所存黃金存款一次捐獻四成，作為義務捐獻，儲額一律按六成支付黃金，使民眾對於政府與法幣信任一落千丈。1947 年陳果夫向蔣介石商討黃金政策時，仍表示當時此舉使政府無所得卻失信於人民甚多，至今仍有許多責難的聲音。

就發行公債論，本來藉發行公債平衡預算，收縮通貨，原是最穩健的財政政策。從 1928 年南京國民政府成立後，即立時整理北洋政府時代的一切內外公債，照常還本付息，間接即是加強本身發行的庫券公債的信用，一面復組國債基金保管委員會，延聘金融界聲望卓著人士主持事務，因至 1937 年抗戰爆發為止，在此十年間國府發行的公債獲得人民普遍信任。

也因此自抗戰後期開始，經費短缺時，當局便發行美金等外幣債券以及黃金儲蓄券，藉以吸引人民購買，初時收效的確相當宏大，但過後每每因政府不能忠誠地履行原定辦法，致使持票人感到失望，致債信破產，而影響到黃金公債政策的推行，最終也影響到了執政的根基。

筆者在撰寫此書的過程中，對於黃金政策施行過程，有一深刻的體會，即時間的急迫性，為什麼大陸時期黃金政策的推行效果較為有限，除非極為特殊的情況，否則任何政策的更弦，任何方法的實驗，皆需要讓時間來體現出它的影響，但在國共競爭國府日趨弱勢的情況下，在政權更迭這樣大的歷史潮流面前，此時便已沒有時間等待任何政策、實驗來慢慢見效了，即使他們的立意是良好的。

在 1949 年下半年，國民政府在大陸已失去了實質的統治，其中黃金運臺是蔣介石一個重要危機處理的決定，也是一影響深遠的決定。是否是這個政策，造成了國民政府在大陸最終的結局？事實上，若單就經濟層面來看，法幣、金圓券、銀圓券、黃金政策等，每一次政策的失敗，都增加了下一次改革的難度。在時間與環境都為連貫的情況下，每次的改革，都深受前次失敗的影響所壟罩，最終只能如骨牌效應般，全盤皆倒。再者，就當時大陸整體情勢而言，縱使有再優秀的專業人才與財經政策，在軍事失利、財政困窘、經濟崩潰、民心盡失的情境下，丟掉大陸江山，似乎只是時間早晚的問題。

聚焦於黃金運臺事件本身，可以確定幾個主要的事實，即此政策的最初構想與決定者，為蔣介石本人，並非行政院、財政部或中央銀行等單位的提議，在事件中扮演重要角色的俞鴻鈞、吳嵩慶等人，皆只是在執行蔣介石的命令。

在上海國庫運出的黃金數量上，筆者運用相關史料與著作進行分析，推估約在435萬兩，而最後運至臺灣部分，則約為380萬兩上下。上海運出的這批黃金，接近於當時上海國庫的總額，但在當時國民政府對其他省分的機關與民間的控制力相當薄弱的情形下，還是有相當多的黃金在各地央行的分行及民間。

此外，國庫黃金運臺，造就國民政府在臺灣統治權的穩定與經濟的發展，這樣的說法是過於簡單了。在臺灣光復後，經濟一直呈現不穩定的局面，1947年爆發了「二二八事件」，人民經濟生活的艱困即為引起事件的重要因素。事件後，當局雖採取了善後的財政措施，但臺灣人民對於國民政府的向心力已不像以往凝固。

1949年國府遷臺，馬上面臨了島內經濟情勢的嚴峻考驗。在太平洋戰爭中受損的電力、交通，尚未完全恢復，糧食奇缺，市場貨幣浮濫，人口短時間內大量增加，增加人口中，多為軍公教人員，使已瀕臨崩潰的政府財政雪上加霜，惡性通貨膨脹蔓延全島。外在壓力方面，美國停止美援並發表「對華白皮書」，等於放棄在臺的中華民國政府，解放軍集結福建，蓄勢待發，準備解放臺灣，此時的臺灣猶如孤島遺民，肅殺緊張的氣氛，令人窒息，政治、經濟情勢十分嚴峻。

1949年中旬，金圓券已隨國府的失利，在大陸黯然失色，當局決意將最終希望寄託於臺灣，以總值甚至超過新臺幣發行總額的80萬兩黃金，作為臺幣改革的準備金，便可看出決心。在1949至1950年間，臺灣採行了100%黃金儲備的黃金標準，可說是世界上最獨特的制度。儘管國府是國際貨幣基金組織的原始成員，但在國共內戰中漸趨劣勢時，便被排除在了布雷頓森林體系之外，因此，臺灣的黃金標準一開始即與國際體系無關。在沒有美國及其他國際組織幫助下，臺灣只能獨自為遏止惡性通貨膨脹努力，依靠黃金儲備來改革衰落的貨幣體系。[6] 當時許多隨國府來臺的富商巨賈，對國府能否守住這海角一隅，深感憂心，許多人往往在抵臺後不久，旋即轉赴英、美，一時間去國千里者眾。但更多的人民對當局雖未完全失去信心，卻也不免恐懼，因為恐懼，自然會試探其決策。政府當局，由於自身經濟資源不足，又缺乏魄力，政策常一月數改，自相矛盾，難以貫徹，使人民對其政策缺乏信心。而以往在貨幣價值受到民眾懷疑，引發擠兌危機時，因深怕事態擴大，造成黃金、金銀等有限庫存再度流失，便即刻宣布限額兌換，企圖減少損失。但恰恰是這種心虛，證實了民眾心中的懷疑，此時民眾不管是否承受損失，只要能夠拿手中的貨幣，換回一點僅剩的金銀，對民眾而言，這樣就算是設下了停損點。

6　Shih-hui Li, The Currency Conversion in Postwar Taiwan: Gold Standard from 1949 to 1950, *The Kyoto Economic Review* 74(2): 191-203 (December 2005), p.202.

反之，當局如能在政策開始時，便盡力證明所訂定之政策能確實地執行，使人民的試探，能得到合理的回應，往往可以避免之後混亂情勢的產生。如前面提到的，經濟建設委員會副主委葉萬安回憶，1949 年時，看政府推行黃金儲蓄政策，條件優渥，但因先前的不良紀錄，使其對於政策真實性多所懷疑，開始只敢先存半兩黃金的錢，待到期日順利拿到黃金，心中的懷疑不復存在，便轉而熱烈的支持其政策。[7] 由此可知，只要能夠讓民眾得到安全感，一般都會配合政府政策之推行，也必須使民眾對於貨幣政策能建立基本的信心，繼續施行財政、外匯等更進一步的政策，才有成功的可能。《銀行週報》社論即表示：「所謂國信，不僅國家對於人民所負銀錢上的債務，即推而至於一切對人民的諾言，也就是代表國信的支票，總要使之一一兌現。」[8]

1949 年 12 月底古寧頭戰役後，共產黨氣勢稍挫，又因缺乏渡海攻臺的工具，臺灣當局在軍事上的壓力暫時獲得緩解，即決定集中力量，推行一系列的財經政策，全力穩定島內經濟。在記取大陸經濟任用親信，政策失敗的惡果後，在臺的蔣介石將財經重任改放到與政治較無淵源的財經技術官員上，如俞鴻鈞、嚴家淦、徐柏園、尹仲容、楊繼曾、李國鼎、費驊、嚴演存、任顯群等人，這些財經人才的特點為歷經對日抗戰，有經歷面對通貨膨脹與發展生產事業的豐富經驗，[9] 加上其中多人早在光復初期即赴臺參與經濟事務，又年輕有朝氣，嚴演存回憶：「當時接收工礦人員，高級人員年紀在三十歲至四十多歲之間，只少數才在五十以上；中級人員多在二十餘歲至四十餘歲間。均朝氣蓬勃，且多數有中國讀書人的節操風度。」[10] 也正是這樣的專業與廉潔，使初遷臺的國民政府在經濟上得以振衰起弊，逐漸恢復生產，培養出經濟發展的元氣與環境，並能在政局尚不穩之際，便可開始進行經濟改革。這些技術官僚在獲得最高當局的信任，排除掉派系與政治考量，將經濟政策轉化成實際的經濟效益，逐漸控制了惡性通貨膨脹，人民生活日益改善。[11] 然而儘管這批官員的專業與經驗再豐富，如果沒有資源可供運用，也是巧婦難為無米之炊。運臺黃金，即為政府在動盪時期，手中最實質的資源。同樣地，如果有豐富的資源，而無廉潔有能力的決策者與執行者，那也只是使有心貪汙之人，能以從中黃金上下其手，使政權多苟延些時日而已。黃金政策之所以能收到效果，確為人才與資源相互綜效之故。

政府遷臺後，利用運來臺灣的黃金，支付軍政開銷、實行貨幣改革、支持新臺

---

[7]　《臺灣金融發展史話》，臺灣金融研訓院，類別：DVD。

[8]　社論〈從黃金公債說到債信與國信〉，《銀行週報》，1949 年第 33 卷第 5-6 期，頁 2。

[9]　王作榮口述，工商時報經研室紀錄，《王作榮看臺灣經濟》，頁 30-31。

[10]　嚴演存，《早年之臺灣》，臺北：時報文化，1991 年 6 月，頁 22。

[11]　王作榮，〈臺灣經濟發展之路〉，《臺灣經濟發展論文選集》，頁 1-53。

幣幣信、穩定物價、提振民心士氣。時任中央通訊社社長曾虛白回憶：「臺灣銀行外匯存底完全枯竭，不久開始負債，臺銀開出的信用狀，國外銀行拒絕接受，財政部不得不將中央銀行從大陸搶運出來的黃金，重新熔鑄分成小塊，賣給銀樓，換取現金來應付政府開支，整個經濟已到了崩潰的邊緣。」[12] 這過程中遭遇到的難度也很大，因1947 年至遷臺前，國民政府不斷地推翻自己訂立的金融政策，使民眾的信心日減，至政府遷臺時，臺灣省主席陳誠即表示，當時政府在一般人民心目中，其信用甚至不及一間私人銀樓。[13] 這時再要訂定新的政策，人民試探的力度就會越大，時間也會越長。相對地，政府也必須以更大的代價，來挽回民心。在幣制改革後，透過黃金的運用，及以黃金作支撐推出的財經政策，陸續推行「黃金儲蓄」、「優利存款」等政策，並利用私人銀樓，往市場上大量的拋出黃金，就如同徙木立信，將手中掌握的黃金，大量地運用於重建人民對政府的信心。而信心與懷疑相同，在人民的感受上，都是會堆疊累積的，當信心一旦建立後，政策的推行便事半功倍，也成功地遏止了臺灣惡性的通貨膨脹，穩定臺灣與大陸南方若干尚能掌握城市的軍、政事務，平息公務人員及民眾的恐慌心理，使臺灣得以安然度過這段風雨飄搖的時期。

　　1945 年到 1952 年是臺灣從戰後破敗的經濟中，整合復甦的過程，重點在穩定惡化的經濟情勢。[14] 在湧入了大量人潮後，1950 年臺灣人口約 7 百萬，全年國民所得估計不超過新臺幣 30 億元，欲其負擔戰時全部國庫支出是不可能的（1950 年全年預算總額約計新臺幣 10 億 4 千餘萬元），當局只能以黃金彌補部分赤字。[15] 臺灣經濟發展的奠基，起始於 1953 至 1968 年，為期 16 年有系統並連貫的四期經濟建設計畫。經過這四期的經建計畫後，臺灣搖身一變，成為亞洲經濟的領先者。而美援在這 16 年的經濟發展過程，佔有最重要的位置，長期且大量地美援挹注，據統計 1951 年到1965 年，臺灣共接受 14.8 億美元援助，在財經人員與政策有效地運用美援下，使經濟建設的計畫實行地非常順利，使臺灣基礎建設與民間資本累積奠定堅實基礎。[16] 相對於美援的光芒，運臺的黃金由於在國民政府遷臺之初，全力穩定經濟的過程裡已耗費將盡，至 1951、1952 年間，運臺黃金大約只剩下 50 萬兩，占運臺黃金的 13.3%，

---

[12] 曾虛白，《曾虛白自傳》中集，臺北：聯經出版事業公司，1990 年，頁 510。

[13] 薛月順編輯，《陳誠先生回憶錄──建設臺灣》下冊，臺北：國史館，2005 年 7 月，頁 67。

[14] 殷乃平，〈六十年來中華民國與美國經濟關係〉，見李本京主編，《中華民國與美國六十關係之回顧：1950-2010》，臺北：中美文化經濟協會，2012 年，頁 199。

[15] 〈俞鴻鈞呈蔣中正臺灣銀行發行準備外匯暨黃金儲蓄及收付各情形〉，國史館，檔號：002-080109-00005-005。

[16] 殷乃平，〈六十年來中華民國與美國經濟關係〉，見李本京主編，《中華民國與美國六十關係之回顧：1950-2010》，頁 202-209。

僅剩的數目，已很難再產生影響力。故於韓戰爆發，第七艦隊協防臺灣，人心漸穩定，美援逐漸恢復之際，就由美援銜接取代黃金的位置，僅剩的幾十萬兩黃金便整理入庫，不再輕易動用。這批黃金至此完成了它的歷史使命。

　　早期由於大陸方面過度誇大國民政府將黃金運臺，導致國民政府諱言黃金在穩定臺灣經濟的作用；加之在日後經濟發展的過程中，黃金已不再發揮積極的功能，頂多在臺幣貶值，人心浮動時，成功穩定人心的工具，因此在評價上，黃金的貢獻一直是較被低估的。然而經濟的發展，是一個連貫的過程，無法切割成個別的期間來經營。

　　平心而論，當時以臺灣所面臨的國內外在經濟與政治上的諸多威脅，在韓戰未爆發前，最有力的盟友美國與遷來臺灣的中華民國劃清界線，中國共產黨在席捲全大陸後，摩拳擦掌準備一鼓作氣解放臺灣，臺灣島內的經濟、政治、軍事，都存在嚴重的危機。當時在臺的中華民國政府，可說是風雨飄搖，幾乎看不到明天。如果 1949、1950 年的臺灣，沒有穩定下來，而像 1948 年底，1949 年初的大陸一樣，因為惡性通貨膨脹，經濟崩潰，導致軍事及政事的全面潰敗，那此時的中國共產黨，哪怕海、空軍實力尚屬薄弱，要解放臺灣也非不可能之事，日後縱有再多的美援，又有何用呢？

　　1953 年以後，在臺灣經濟快速發展的過程中，幾乎不見黃金的蹤跡，常使討論臺灣經濟發展相關議題的人，忽視了運臺黃金在早年臺灣經濟發展中的重要性；另一認為黃金作用有限的原因，在於黃金運用的期間太短，至多只有 2 至 3 年的時間。誠然以今日的觀點，黃金在經濟發展過程中發揮影響力的期間的確不長，但在當時，並不會預想到 1950 年會發生韓戰，使美國對華政策轉彎，所以中華民國政府在遷臺前後，面對風雨飄搖的環境、險惡的政治、經濟情勢，在當時的心裡是沒底的。加上在大陸的金圓券改革失敗後，臺灣人民對此時政府政策的信任度相當薄弱，在巨大的失敗後，短時間內再行大規模的經濟改革，成功率有多少，誰都不敢保證。在黃金快速消耗的同時，對外還得不動聲色，讓社會誤以為政府的黃金取之不盡，用之不竭，絲毫不能減少其力度。假設後來得到的結果是黃金全花完了，結果還是沒能讓社會的經濟穩定下來，還是沒能成功挽回民眾的信心，那此時政府的處境會是如何呢？

　　在此情形下，當權者還願意將身上僅存的「家底」，全拿出來解決臺灣的經、政問題，穩定社會、人心，而不為退路做準備，是很不容易的。這段時間，如果沒有當局的決心，並用這批黃金作為財經政策的支持，今日兩岸的歷史，是有可能完全改觀的。

　　對於黃金的貢獻雖然不可低估，然當時臺灣經濟，如同一個病入膏肓的病人，在下了黃金這帖猛藥後，黃金耗盡忽然停止非常可能引起如大陸時期的經濟動盪，但很幸運地因韓戰爆發導致美援挹注等外因，來稀釋之後可能產生的副作用，此亦不容忽

視之處。

　　除了經濟，黃金政策在臺推行過程，也在政治方面產生了正面的影響。所有後發現代型國家，有一個天然的難題，即要想政策確實執行，產生良好效果便須集權，但一方面現代化的本質就是分權。而國府在臺重起爐灶的過程中，其黃金政策的推行過程，也可看出當局如何利用集權的力量推動分權，為臺灣日後的政經體制，建構了一個較為良好的土壤。

　　綜合上述，筆者認為運臺黃金使 1949 年至 1952 年臺灣的經濟、生產逐漸恢復，使政府能有穩定財政，財政穩定，稅收恢復才又能漸減少庫存黃金的動用，對於臺灣的經濟穩定，有其積極正面的貢獻；臺灣也在 1953 年後得以順利規劃、開展系統的經濟建設，並在一定程度上，改變了兩岸的歷史進程，使兩岸關係為今日我們所見到的樣貌。

後記

　　本書以黃金政策作爲研究主題，嘗試探討黃金在各個經濟政策及歷次幣制改革的運用與收效，以及時代變遷過程中黃金職能的變化。萌生對黃金政策的興趣，源起於大學階段，偶然讀到吳興鏞先生《黃金檔案：國府黃金運臺一九四九年》一書，是我對 1949 年黃金遷運事件最開始的了解。隨著認識的深入，越發好奇此事前後，及其他相關人、事的連結與影響，遂開始查找資料，尋找答案。因吳興鏞先生這些年在黃金遷運事件上持續不懈地深掘，使我得以有繼續延伸探究的條件，在此表示眞摯的謝意。

　　此著內容是在我碩士論文的基礎上，於就讀博士班期間修改、擴充而成，能夠有幸向同好介紹自己的研究心得，最要感謝兩位指導教授——劉常山老師及臧運祜老師。

　　隨著對此歷史事件了解的深入，也萌生對其前後脈絡，相關人物及影響的興趣，碩士期間在導師劉常山教授的支持與指導下，即以運臺黃金運用及對臺經濟影響爲題，撰寫學位論文。劉老師自題目發想之初，即給予極大地鼓勵。撰寫過程中，由於大學並非就讀歷史相關科系，最初對於史學論文面臨不知該如何著手，對於相關人物的掌握；主、次要問題的拿捏；相關資料常捨近求遠等各種問題，老師都花費很多心力爲我指出論文內容的錯誤，內容之外，史學觀念及方法的建立，使我不至在浩瀚的史學領域中迷航，並從過程中逐漸建立最開始的信心。其後幾次的補充及修改，老師亦給予很多的指導與鼓勵，使拙著得以逐漸完善。

　　臧運祜老師的指導，使我受益良多，每有不能想通的問題，老師總能對論文一針見血的指正，並指出文中缺乏細密考證而產生的錯誤。由於此著的研究主題，與同時進行的博士學位論文關注問題並不相同，加之能力有限，關注一個歷史問題時，常容易「身陷其中」，可說「兼顧」的並不好，感謝老師對我的容忍。並在幾次感覺無法完成，讓悲觀佔據上風時，因爲老師的鞭策鼓勵，使拙著得以付梓，不至成爲鹿橋〈幽谷〉中，那朵枯萎的蓓蕾。

兩位恩師所給予的不倦指導、啓示與關懷，學生銘感於心。

撰寫此書的過程，曾得到許多學界老師的幫忙，獲益匪淺。余瓊宜、陳哲三、古鴻廷、楊雨青、尚小明、劉維開、林桶法、唐啓華、苗秋玲、王奇生、李建緯、趙學軍等諸位老師，都曾給予非常多的幫助，並指引出需要再進一步思考與反省的地方，使內容愈臻完善，亦使我受益良多。他們提攜後輩之情，在此願奉上個人最誠摯的感激。

過程中遭遇挫折，覺得力有未逮，難以突破時，感謝曉寧的鼓勵支持及陳妙女士、魏志達、徐逢謙、海霖、周文、楊尚及金賦群等長輩、好友所給予我的幫助，這些溫情與協助，都是此著能順利寫就的重要因素，在此表達眞摯的感激。在求學過程中，得到許多同儕的諸多幫助，有限篇幅實在難於窮盡，在此一同致謝，那些討論與砥礪，在生活、學習中對我的幫助，那些互相鼓勵，共同進步的日子，實在難忘，也將畢生珍惜。在許多摸索、嘗試的過程中，更了解到自己的不足，明白了很多事，只是想做是遠遠不夠的，我也將帶著許多老師、同學給予的這份情誼，繼續前行。

本書付梓之際，亦要特別感謝巨流出版社的沈志翰、邱仕弘先生與張如芷女士的細心編輯及協助。由於學力有限，難免存在許多錯誤與缺漏，一切謬失，由筆者個人負責，掛一漏萬之處，還望讀者先進不吝賜教指正。

最末卻非微末，感謝我親愛的母親傅秋媛女士、家姊婉婷、姊夫明昭等家人，他們對我的關懷，如同陽光和空氣，時刻圍繞著我，使我總能樂觀的面對挑戰，並能無後顧之憂地在浩瀚的史海中，盡情地落筆。

書成之時，先父馮熊玄先生逝世已六年，成長階段因性情浮躁，不能靜心，蹉跎了不少光陰，但先父從未對我失去過信心，並耐心地任我在各種嘗試中，摸索出自己心嚮神往的方向。在先父生命的最後時刻，我剛開始學習該如何撰寫碩士論文，那幾個月兩代對坐，一人學文，一人習字的畫面，會是伴我一生的珍貴回憶。有召即重來，若亡而實在，敬以本書爲馨香一抹，永念父恩。

馮健倫　謹識

2020 年 8 月于蘭陽家中

大事紀（**1927** 年至 **1952** 年）

年月日	事　　件
1927.1.14	關稅委員會討論附加稅存放問題，將設公庫於上海，惟外國銀行存放權頗生問題。
1927.4.20	江蘇兼上海財政委員會成立。
1927.7.31	南開大學成立社會經濟研究委員會，由何廉主持，並由中華教育文化基金董事會調查補助四千元開辦費。
1927.8.1	國民政府令派張人傑、王寵惠、伍朝樞、古應芬、錢永銘爲關稅委員會委員。
1927.8.17	國民政府指令中央銀行：依據金庫辦法通令各徵收機關將應解款項彙解中央銀行，以期國庫統一一案，已交財政部辦理。
1928.1.3	國民政府增設建設部，調任孫科爲部長，所遺財政部長缺，由國民政府委員宋子文兼任。
1928.2.23	國民政府財政部著手整理中央財政。
1928.4.12	中國國民黨中央常會通過任命蔡元培、張靜江、葉楚傖、陳果夫、于右任、譚延闓、丁惟汾爲中央財務委員會委員。
1928.4.27	國民政府委員會議：決廢兩改元，統一國幣辦法。
1929.1.4	國民政府國務會議議決由關稅新收項下提款整理內外債。
1929.1.7	上海總商會電請中央裁撤釐金、產銷、二五附加稅等。
1929.2.20	財政部通令各省財政廳調查貨幣，俾便整理全國幣制。
1929.2.23	外交部照會英、美、法、日、義、荷、比、葡、丹九國，決定從新關稅收入項下撥款整理外債。
1929.3.6	上海中央銀行副總裁陳行發表談話，說明中央銀行準備金充足，望民眾切勿聽信謠言，影響金融。
1929.11.1	上海市政府咨請財政部廢兩改元。
1930.1.17	國民政府明令：自十月十日起，裁撤釐金及類似釐金之一切稅捐。
1930.2	中國海關進口關稅計徵改行金單位。
1930.2.4	行政院會議通過「金貴銀賤救濟辦法」。
1930.3.2	上海標金漲至五百十九兩五錢，爲從來所未有。
1930.5.15	行政院明令財政部轉飭各海關禁止銀塊輸入、金塊輸出。

年月日	事　件
1930.5.26	上海標金漲至白銀五二九兩以上。
1930.6.13	上海市商會發布救濟金價暴漲辦法。
1930.6.21	上海標金市價高漲，已逾白銀六一〇兩以上。
1930.6.26	津海關實施交納關稅之通融辦法。
1930.10.6	國民政府明令：全國釐金及類似釐金之一切稅捐准展緩兩月裁撤。
1930.12.15	財政部長宋子文宣布自明年元旦起裁撤釐金。
1930.12.23	財政部長宋子文再度通電說明貫徹明年元旦裁釐之決心。
1930.12.26	國民政府主席蔣介石通電各省市，嚴令如期裁釐。
1931.1.1	全國實行裁撤釐金及海關進口新稅則。
1931.4.3	國民政府明令不舉辦特種消費稅；各省政府應遵奉裁釐，勿擅自徵收各項類似釐金之稅捐。
1931.5.7	國民政府明令公布海關出口稅則，並定自本年六月一日起施行。
1931.11.12	國民政府任命林森等二十三人為財政委員會委員，蔣介石為委員長，並公布「財政委員會組織大綱」。
1932.2.12	國民政府特任宋子文為中央銀行總裁。
1932.2.24	國民政府令劃部分海關稅作為內債基金。
1932.2.26	財政部長宋子文在滬商發救國公債。
1932.7.7	財政部長宋子文召集銀行界會商廢兩改元問題。
1932.7.23	財政部成立「廢兩改元研究會」。
1933.1.18	財政部召集各部會代表，討論國庫統一整理辦法。
1933.2.1	國民政府訓令施行「中央各機關經管收支款項由國庫統一處理辦法」。
1933.3.4	財政部宣布：本月八日頒佈銀本位幣鑄造條例；新銀元與上海「銀兩」的換算率為銀幣一元等於上海銀元銀七錢一分五釐；一元銀幣為一切交易的單位；成立中央造幣廠。
1933.3.10	上海市實行廢兩改元。
1933.4.5	國民政府明令規定銀兩與銀幣換算率。以規元銀七錢一分五厘折合銀幣一圓為標準，概以銀幣收付。
1933.4.5	國民政府明令規定：除中央造幣廠廠條外，所有可供鑄幣銀類運送出口者，徵稅2.25%。
1933.4.6	財政部通令：自本日起實行廢兩改元；錢銀各業公會議決因應辦法。
1933.4.15	中央銀行總裁孔祥熙就職。
1933.4.16	國民政府特派行政院副院長兼財政部長宋子文前往華府參加經濟討論。
1933.10.4	全國經濟委員會正式成立，常務委員汪兆銘、宋子文、孫科就職；並發表為統制棉業告國人書。
1933.10.21	國民政府公布「修正中央造幣廠組織法」及「修正銀本位鑄造條例第十二條條文」。

年月日	事　　件
1933.10.29	中國國民黨中央政治會議與中央常務委員會議通過財政部長兼行政院副院長宋子文辭職，由孔祥熙繼任。
1933.11.1	新任財政部長兼行政院副院長孔祥熙到職視事。
1934.1.1	中央造幣廠開始發行合銀本位幣一千圓之甲、乙兩種廠條。
1934.1.1	鹽務及稅務機關今起採用新度量衡（萬國公制）。
1934.1.27	財政部與上海十六家銀行團簽訂合同，抵押借款四千四百萬元。
1934.2.20	上海銀行公會電美總統羅斯福，請對美國復興計畫中之提高銀價慎重考慮。
1934.2.24	實業部成立銀價問題研究會，派許仕廉等為委員。
1934.2.28	中國國民黨中央政治會議批准白銀協定。
1934.3.6	財政部向上海銀行團借款一千四百萬元，已自上月起分四個月解繳。
1934.3.8	立法院審查白銀協定案，決議我國幣制本位之改革不受該協定拘束。
1934.3.9	立法院決議批准白銀協定，惟聲明：「如與中國產業有危險時，中國得採取必要行動」，以免受協定限制。
1934.3.16	國民政府派席德懋為中央銀行業務局總經理，胡祖同為中央銀行國庫局總經理。
1934.3.21	國民政府批准白銀協定，但附保留聲明。
1934.4.6	海關徵收現銀出口稅，稅率 2.25%。
1934.4.12	美白銀專家羅傑士來華調查遠東經濟及白銀問題。
1934.4.13	財政部設立幣制研究委員會，聘張嘉璈等十四人為委員。
1934.4.17	行政院決議中央銀行資金增為國幣一億元。
1934.4.18	財政部長孔祥熙談召開財政會議問題。
1934.4.29	財政部組織整理外債委員會。
1934.5.1	財政部修正「財政部幣制研究委員會章程」。
1934.6.5	財政部長孔祥熙電請劉湘制止川省私鑄低色銀幣。
1934.8.9	美國總統羅斯福宣布白銀收歸國有。
1934.8.13	財政部禁止外國銀幣入口。
1934.8.19	財政部長孔祥熙否認將禁止現銀出口及加徵銀出口稅。
1934.9.7	財政部長孔祥熙宣稱不禁止白銀出口。
1934.9.9	財政部令取締標金外匯投機。
1934.9.10	廣州市政府發行短期金庫券毫銀五十萬元。
1934.9.14	立法院長孫科談國際情勢與白銀問題。
1934.9.17	財政部令標金結價改按關金單位計算。
1934.9.22	駐美公使施肇基照會美國務卿，抗議白銀政策。
1934.10.14	財政部通令加徵白銀出口稅及徵收平衡稅。
1934.10.14	全國商聯會等聯合呈請財政部設法防止存銀出口。
1935.4.21	財政部咨各省市防止白銀外流。
1935.4.24	美國再度提高白銀價格。

年月日	事　件
1935.4.25	中國駐美公使施肇基訪美國務卿商談白銀問題。
1935.5.20	美國財長宣布禁止外國銀幣入口，並派員調查中國貨幣及收集商業材料。
1935.5.21	行政院會議決議：嚴禁偷運銀幣、銀類出洋。
1935.5.27	財政部長孔祥熙與中國銀行董事長宋子文及上海銀行界會商安定金融辦法。
1935.6.15	香港禁運中國銀幣出口。
1935.6.19	國民政府通令全國遵行禁運白銀出口。
1935.6.24	漢口連日倒閉兩銀號。
1935.7.16	美國經濟考察團主席福勃斯認為美白銀政府打擊中國商業至鉅。
1935.11.3	國府宣布實行法幣政策：定中央、中國、交通三銀行所發行之鈔票為法幣，所有公私收付以法幣為限，不得行使現金；並設立「發行準備管理委員會」保管準備金及辦理法幣之發行收換事宜。
1935.11.4	幣制改革，實行法幣政策，廢止銀本位制，改行紙幣制。
1935.11.6	南京、武漢各地因應政府新貨幣政策，物價略漲。
1935.11.6	美國對中國新貨幣政策表示懷疑。
1935.11.8	日本駐滬領事館武官磯谷廉介聲明反對中國幣制改革，並表示將制止華北現銀南運。
1935.11.13	廣東省自訂「管理貨幣辦法」六項；又定「廣東法幣發行準備管理委員會組織章程」。
1935.11.15	財政部公布「兌換法幣辦法」及「銀製品用銀管理規則」。
1935.11.24	財政部公布「運輸銀幣銀類請領護照及私兌私帶處罰辦法」。
1935.11.25	發行準備管理委員會訂定施行「中中交三行接收中南等九銀行發行鈔券及準備金辦法」。
1935.12.9	財政部公布「收兌雜幣雜銀簡則」。
1935.12.19	財政部公布「運輸銀幣銀類請領護照及私運私帶處罰辦法」以及「修正緝獲私運銀類銀幣處罰給獎辦法」。
1936.1.11	國民政府令公布輔幣條例。
1936.2.10	中央銀行電財政部正式發行新輔幣。
1936.2.13	美國財政部長摩根索宣布決定與中國合作穩定幣制。
1936.5.18	美國財長摩根索發表中美協定內容，美國將購大批華銀，以協助穩定中國政府新幣制政策。
1936.7.10	廣東濫發紙幣，拒絕推行中央法幣政策，並將現金準備私售與外商。
1936.7.11	陳光甫等返國發表談話謂：在美折衝貨幣問題，已樹立兩國經濟合作基礎。
1936.7.20	財政部派宋子良為駐粵特派員，謀整頓廣東財政金融。
1936.8.20	財政部長孔祥熙發表整理粵省幣制辦法。
1936.8.28	財政部令各儲蓄銀行，應繳存保證準備。
1936.8.29	日本改任小林躋造為臺灣總督。

年月日	事　　件
1937.3.25	國民政府公布「財政收支系統法施行條例」。
1937.6.18	中國銀行董事長宋子文抵粵，整理粵省金融。
1937.6.20	中央改革粵省幣制，公布四項實施辦法，確定毫券與法幣比率，全國貨幣統一完成。
1937.7.9	財政部長孔祥熙與美國財政部長摩根索發表共同宣言，以中國白銀購美國黃金，實行貨幣合作。
1937.8.15	財政部公布「非常時期安定金融辦法」，以防止資金逃避，維護銀錢業的地位。
1937.8.18	財政部爲安定戰時金融，維持資金流通，於重要都市設立中央、中國、交通、中國農民四銀行聯合辦事處。
1937.9.28	通過「金類兌換法幣辦法」。
1937.10.10	財政部頒布「金類兌換法幣辦法暫行細則」。
1938.5.9	財政部在廣州開始實施「出口貿易外匯集中辦法」。
1938.10	財政部頒布「監督銀樓業收兌金類辦法」。
1938.10.21	財政部頒布「限制私運黃金出口及運往淪陷區域辦法」。
1938.10.25	美國財政部長摩根索宣布同意貸款予中國。
1939.1	財政部頒布「收兌金銀通則」。
1939.9.8	國民政府特派蔣介石爲中、中、交、農四銀行聯合辦事總處主席，並公布「鞏固金融辦法綱要」及「戰時健全中央金融機構辦法綱要」。
1939.9.16	財政部頒布「取締收售金類辦法」。
1939.10.28	頒布「取締金融業典當業質押金類辦法」。
1940.2.13	臺灣總督府在臺北設立米穀配給統制公會。
1940.2.17	臺灣總督府設物價調整課，以管制物價。
1940.3.7	美國聯邦進出口銀行決定貸予中國二千萬美元。
1940.7.30	行政院會議決議設置「全國糧食管理局」，派盧作孚爲局長。
1940.8.13	行政院會議決議取締糧食及日常用品囤積居奇辦法等案。
1940.8.14	臺灣總督府計畫實施統制八十餘家舊式糖廠，開會審議各實施辦法。
1940.11.9	修正取締收售金類辦法。
1940.11.16	臺省總督府爲配合中央工業振興第二次四年計畫，訂立「臺灣大工業化計畫」。
1940.12.1	美國總統羅斯福宣布對華信用貸款一億美元。
1940.12.2	美國參眾兩院通過對華一億元美貸款案。
1940.12.7	臺灣總督府公布「外匯管理法」、「產金法」等。
1940.12.10	英國政府宣布貸予中國一千萬鎊。
1940.12.31	全臺本年經濟統制違犯事件達十萬餘件。
1941.1.6	汪僞政權「中央儲備銀行」開幕，周佛海兼任總裁。
1941.2.16	臺灣總督府決定本年度儲蓄目標爲二億五千萬日元，又因米荒加劇，全臺展開「節省糧食運動」。

年月日	事　件
1941.10.19	外匯管理委員會實施牌價劃一、集中購買制度，增進管理效果。
1942.1.2	外交部長宋子文電呈蔣介石，建議向美國要求貸款五億元。
1942.2.1	經濟部物資局成立。
1942.2.21	美國財政部長摩根索以五億元借款草約全文致送外交部長宋子文。
1942.3.10	中央銀行發行新輔幣。
1942.3.21	中美借款五億美元協定簽字，兩國發表聯合聲明。
1942.3.21	外交部長宋子文電行政院副院長兼財政部長孔祥熙，報告借款協約第二條刪除並簽字。
1942.3.24	行政院會議決議發行美金節約建國儲蓄券辦法等案。
1942.3.24	財政部長孔祥熙向報界說明中美借款經過與意義及使用計畫，該部並公布美金節約建國儲蓄券發行辦法。
1942.3.27	行政院副院長兼財政部長孔祥熙電在美外交部長宋子文，請轉美財政部長先撥兩億美元，作為中國發行公債及儲蓄券之擔保基金。
1942.4.1	財政部公布發行「美金節約建國儲蓄券」及流通「關金券」。
1942.4.16	財政部公布中美貸款美國已先撥付美金二億元。
1942.4.19	中國財政學會成立並選出理監事。
1942.5.1	美國財政部長摩根索致函蔣介石，表示今後願繼續協助中國財源。
1942.5.4	財政部公布制定「獎勵承購美金公債辦法」。
1942.5.6	駐英大使顧維鈞致電外交部，報告英國對中國借款用途不加任何限制，其他條款允比照美國協定辦理。
1942.5.8	中央銀行發行關金券。
1942.5.17	西南聯大伍啓元、費孝通教授等發表「我們對於當前物價問題的意見」一文。
1942.5.19	駐英大使顧維鈞、財政部次長郭秉文，電呈行政院副院長兼財政部長孔祥熙，報告英國政府對借款協約修正草案更改之點。
1942.5.19	財政部英籍顧問羅傑士函呈蔣介石，報告已將中英平衡委員會所經管事項移交於平準基金會。
1942.7.1	財政部成立專賣事業司。
1942.10.29	國民參政會通過加強管制物價方案。
1942.12.17	行政院兼院長蔣介石通電各部及各省市政府首長，自三十二年元月十五日起，實施管制物價方案。
1943.2.17	財政部統一徵收機構，次第合併各省稅局。
1943.3.10	國民政府通令直轄各機關遵行財政部改進劃撥中央各機關經費辦法。
1943.5.6	國民政府頒布「防止私運暨攜帶金銀出口暫行辦法」。
1943.6.5	財政部准許人民自由採售黃金。
1943.7.24	駐美大使魏道明致函美國財政部長摩根索，擬自美國經援中，提撥二億元作購金之用。

年月日	事　件
1943.9.10	行政院副院長孔祥熙向委員長蔣介石報告接洽黃金運輸情形。
1943.11.10	行政院副院長孔祥熙電示駐英國大使顧維鈞及財政部次長郭秉文與薛穆大使晤洽借款事。
1943.11.10	中國向美方接洽貸款代表席德懋、宋子良向行政院副院長孔祥熙請示，可否接受美方提議，由美財政部於聯邦準備銀行中，經常維持一千萬美元之黃金，以備運送中國。
1943.11.15	行政院副院長孔祥熙向蔣介石報告向美貸購二億美元黃金運華後之運用辦法。
1944.7.15	國際貨幣金融會議通過中國貨幣基金攤額爲五億五千萬美元，居第四位。
1944.8.1	國家總動員會議通過加強管制物價等案。
1944.8.21	財政部成立專賣事業局。
1944.9.15	中央銀行開辦黃金及法幣折合黃金存款。
1944.10.11	中國向聯合國善後救濟總署提出戰後救濟計畫。
1944.11.13	國民政府頒發「第一期經濟建設原則」。
1944.11.16	戰時生產局成立，由經濟部長翁文灝兼局長。
1944.12.6	財政部長俞鴻鈞兼財政部外匯管理委員會主任委員。
1945.1.8	戰時生產局成立中美聯合生產委員會。
1945.1.21	行政院善後救濟督辦總署成立，蔣廷黻就任督辦。
1945.2.26	行政院副院長孔祥熙在美函促美財政部長摩根索依約速運黃金，以緩和中國通貨膨脹。
1945.3.20	國民政府實施黃金政策，已收回法幣達一百八十億元。
1945.3.29	財政部規定黃金官價每兩三萬五千元。
1945.3.29	重慶發生「黃金舞弊案」。
1945.4.6	國民參政會促請政府徹查黃金提價消息透漏案。
1945.4.12	美國總統羅斯福患腦溢血逝世。
1945.4.12	中央設計局設立東北與臺灣兩委員會。
1945.4.19	外交部長宋子文謁杜魯門總統於白宮，中國向美加請黃金、消費物資及運輸工具事獲其贊同。
1945.4.21	代理行政院長宋子文與美國財長摩根索商談關於解決黃金問題。
1945.4.23	財政部長俞鴻鈞電孔祥熙等促美財政部依約續運黃金，以資紓困。
1945.5.5	政府出售黃金收回法幣到期，數目達一百零八億元，無法兌現黃金。
1945.5.8	代理行政院長宋子文在華盛頓與美財長摩根索交涉未動用之借款餘額二億四千萬美元，未獲結果。
1945.5.9	代理行政院長宋子文再與美財長摩根索交涉美國履行黃金運華仍無結果。
1945.5.14	行政院代院長宋子文謁美總統杜魯門商黃金運華等問題，並探詢雅爾達協定。
1945.5.15	代理行政院長宋子文電呈主席蔣介石，報告與美財長交涉黃金運華事之經過情形及應繼續交涉之原因。

年月日	事　件
1945.5.17	代理行政院長宋子文在美交涉黃金運華及物資供應已達成任務，飛返舊金山繼續參加聯合國會議。
1945.5.19	蔣介石採納宋子文提議，准設立售金委員會，並聘美方駐渝人員參與，使明瞭售金情形，改正對中國觀感。
1945.5.26	戰後中國工業化方案草擬完成，預估需經費十八億七千萬美元，部分將獲租借法案支援。
1945.6.1	政府為改善士兵待遇，舉辦獻糧獻金運動。
1945.6.8	財政部調整黃金官價每兩為法幣五萬元。
1945.6.24	財政部宣布明起暫停辦理法幣合黃金儲蓄存款。
1945.7.1	財政部部長俞鴻鈞就中央銀行總裁兼職。
1945.7.7	財政部、經濟部會銜公布修正「非常時期銀樓業管理規則」。
1945.7.19	滬上法幣對偽幣升值，一元可兌六百元。
1945.7.20	國民政府制定「財政部財政研究委員會組織條例」公布施行。
1945.7.27	中國向美定購二億二千萬美元之黃金，覆行運華者僅達百分之十三，因使中國幣信遭受重大損害。
1945.7.30	行政院公布黃金購戶存戶獻金辦法。
1945.8.1	新任中央銀行總裁俞鴻鈞到任視事。
1945.8.10	國民參政會駐會參政員首次會議，擁護購金獻金辦法。
1945.8.15	日本接受《波茨坦宣言》投降，結束在臺灣51年的殖民統治。
1945.8.19	臺灣銀行發行千圓券及百元券。
1945.8.20	財政部公布穩定渝市金融辦法：黃金、美鈔、桐油續下跌。
1945.8.26	國民政府明令：公布批准「國際貨幣協定」、「國際銀行協定」。
1945.9.1	行政院制定收復區五項緊急措施辦法。
1945.9.1	國民政府令派張茲闓為經濟部蘇浙皖京滬特派員。
1945.9.1	國民政府在重慶成立臺灣行政長官公署，並任命陳儀為行政長官。
1945.9.4	國民政府特派張嘉璈為經濟委員會主任委員。
1945.9.7	臺灣總督府公布：廢止企業許可令，並解散各種統制司令。
1945.9.10	黃金價跌落至每兩五萬元左右。
1945.9.13	財政部公布訂定「收復區調整貨物管制緊急實施辦法」，並將商業貸款增至五十億元。
1945.9.15	國民政府制定「臺灣區日幣收繳辦法」，南京中央銀行復業。
1945.9.19	財政部對收復區之敵偽債券、庫券，限於十月底收繳登記。
1945.9.22	中央銀行在上海正式復業。
1945.9.28	財政部指定中國銀行買賣黃金。
1945.9.29	財政部公布訂定「收復區商營金融機關清理辦法」及「收復區商營保險公司復員辦法」等多種。

年月日	事　件
1945.10.6	國民政府對臺灣前日總督安藤發出第一號通告；臺灣前進指揮所發表告臺灣同胞書。
1945.10.10	臺灣前進指揮所公告：原臺灣貨幣繼續流通，法幣在臺禁止使用。
1945.10.15	臺灣省前進指揮所公告：禁止日本人公私財產轉移。
1945.10.24	行政院公布制定「上海區敵偽產業處理辦法」。
1945.10.24	滬中央造幣廠鑄五種金幣，專作準備金。
1945.10.25	財政部令公布訂定「中央銀行臺灣流通券發行辦法」及「臺灣省匯兌管理辦法」。
1945.10.28	臺灣行政長官陳儀接收總督府官有部分企業、財產。
1945.10.31	行政長官公署公布管理糧食臨時辦法。
1945.10.31	行政長官公署開始接收舊株式會杜「臺灣銀行」及其他一切的金融機關。
1945.11.1	行政長官公署成立臺灣省糧食局。
1945.11.3	陳儀政府頒定實施「臺灣省管理糧食辦法」，全面管制糧食。
1945.11.3	國民政府財政部公布臺灣與中國本土匯兌流通管理辦法。
1945.11.6	行政長官公署公布日本銀行券處理辦法。
1945.11.8	臺灣警備總司令部通告，法幣不准在臺灣市面使用。
1945.11.23	農林處制定「臺灣省食糧徵購調整委員會組織辦法」。
1945.11.25	黃金暴漲，出現黑市，與政府牌價差距日大。
1945.11.26	蔣介石在最高經濟委員會成立會上宣布經濟建設之目標及其五年計畫。
1945.11.27	行政院決議取銷戰時生產局及戰時運輸管理局，另設置中國紡織建設公司。
1945.11.27	行政長官公署成立臺灣經濟委員會，陳儀兼任主任委員。
1945.11.27	行政長官公署派了二十多個「糧食勸徵隊」，分赴臺灣各地徵糧。
1945.11.30	行政長官公署嚴禁食糖私運出省。
1945.11.30	行政長官公署禁止食糧輸出。
1945.12.3	因國府接收的米穀均被運往中國大陸，臺灣米價由每斤 0.3 元暴漲為 1 元。
1945.12.3	因臺北市食糧不足，行政長官公署開始實施米配給。
1945.12.6	財政部公布訂定「中央銀行派員監理臺灣銀行發行新臺幣辦法」。
1945.12.9	行政長官公署公布第二期稻作征收獎勵辦法。
1945.12.10	行政長官公署實施平抑物價對策，先從特種營業限價著手。
1945.12.13	因貨幣不統一，中國大陸四銀行（中國、中央、交通、農民）暫時不設立臺灣分行。
1945.12.19	黃金提價洩漏消息案，王紹齋處徒刑八年。
1945.12.28	行政長官公署專賣局要求私貨登記封存，並獎勵密告者，造成密告文化。
1945.12.29	不法接收官員劫收臺灣物資到中國大陸變賣，造成各地物價暴漲，各地物價騰貴，達到光復之初的數十倍。
1945.12.31	行政院宋子文在北平宣布「處理敵偽產業辦法」十六條。

年月日	事　件
1945.12.31	財政部海關復員工作告竣，總稅務司署移滬辦公。美國務院分析中國庫資金存九億元以上。聯合徵信所統計，物價較上年約漲七倍。
1946.1.11	將臺灣米穀大量運往中國大陸，米價由去年底每斤 1 元暴漲爲 10 元。
1946.1.11	行政長官公署修正食糧管理辦法，停止配給制度，准許自由買賣。
1946.1.14	行政長官公署公布「臺灣省查禁私運食糖出境辦法」，禁止砂糖走私輸出。
1946.1.18	「臺灣省菸酒專賣局組織規程」公布實施。
1946.1.22	專賣局開始派員到處強制取締專賣品私貨販賣。
1946.1.22	臺北市千餘人示威抗議物價暴漲。
1946.1.28	臺灣省專賣品販賣辦法及其取締辦法公布。
1946.2.9	行政長官公署取締阻撓糧食運輸行爲及米商的壟斷囤積。
1946.2.11	行政長官公署將接收的臺灣省貿易公司改稱爲「臺灣省貿易局」。
1946.2.12	貿易局公布米糖交換比率爲 1.5 斤對 1 斤。
1946.2.15	將臺灣米穀大量運往中國大陸，致臺灣米價由每斤 10 元暴漲爲 17 元。
1946.2.16	公布日僑私有不動產一律沒收，各人只准攜帶千元以下離臺。
1946.2.26	行政長官公署公布臺灣省貿易局組織規程。
1946.2.26	國民政府特任貝祖詒爲中央銀行總裁。
1946.2.27	行政長官公署決定所屬公務員每月支給米 60 斤。
1946.2.28	行政長官公署公布查禁私運食糧，及取締囤積居奇，又阻撓運輸辦法。
1946.3.4	警備總部下令，取締強購糧食及囤積的地主、米商。
1946.3.21	行政院通過臺灣省公私產業處理原則。
1946.3.22	行政長官公署釋出米糧，米價由一斤 19 元降爲 16 元。
1946.4.20	接收舊臺灣銀行，成立新臺灣銀行，資本 6 千萬元，由國庫出資。
1946.4.21	臺灣銀行開始發行 1 元，5 元，10 元三種新鈔，並開始收回日殖時代的臺銀券與日銀券。
1946.4.22	國民政府明令：經濟部資源委員會改隸行政院，特任錢昌照爲該會主任委員。
1946.5.16	國民政府特任王雲五爲經濟部長。
1946.6.1	接收勸業銀行分行，成立臺灣土地銀行。
1946.6.3	華南、商工兩銀行對上海之匯兌業務開始。
1946.6.27	行政長官公署轉頒「糧食管理治罪條例」，規定對囤積者處死。
1946.7.1	接收臺灣銀行後，合併原日本三和銀行臺北分行及臺灣貯蓄銀行。
1946.7.1	臺灣省營建局成立。
1946.7.1	臺灣銀行發行新臺幣 30 億元。
1946.7.15	國民政府公布，臺灣人口數爲 633 萬 6,329 人。
1946.7.16	糧食局決定從八月份開始田賦征實。
1946.7.25	行政院公布臺灣糖漲價眞相處理辦法。

年月日	事　件
1946.8.1	閩、臺區接收清查團抵臺。
1946.8.1	臺灣省田賦征實開始實施。
1946.8.2	行政長官公署將臺灣劃分為八個糧食區，嚴禁糧食越區販賣。
1946.8.2	臺銀辦理省外匯兌，法幣對臺幣交換率改為 40：1。
1946.8.17	財政部公布訂定「財政部派員監理臺灣銀行發行新臺幣辦法」。
1946.8.19	財政部部長俞鴻鈞談稱：准出口物品一律免稅，不准出口者仍加管制。
1946.8.21	中國國民黨中央常會決議穩定物價，政府所控制物資決不加價。
1946.8.21	輸出砂糖 8 千噸至上海。
1946.8.30	財政部顧問楊格發表聲明，認為中國當前急務必須裁減軍費，始得集中資源，用之於復興建設。
1946.9.1	將勸業銀行臺北分行改稱臺灣土地銀行，正式營業。
1946.9.1	臺灣省發行新臺幣。
1946.9.10	行政長官公署下令臺銀接收日殖下的儲蓄銀行。
1946.9.25	行政長官公署發布田賦徵實達到 63%。
1946.10.5	將原產業組合金庫改為省營「合作金庫」，資金 2,500 萬元。
1946.10.11	公布臺灣地區戶口清查情形，計人口 6,336,329 人。
1946.10.20	行政長官公署決定「分糖辦法」。
1946.10.23	國民政府特任錢昌照為資源委員會委員長。
1946.10.30	行政長官公署公布公務員待遇調整辦法。（本薪 20 倍，加基本數 1400 元）
1946.10.30	日月潭發電所戰後重建工作結束。
1946.11.14	國民政府與美國協議從美方輸入 20 萬噸肥料。
1946.11.25	行政長官公署公布臺灣省餘糧登記辦法。
1946.12.12	國府行政院資源委員會主任委員錢昌照來臺灣視察。
1946.12.15	國府行政長官公署禁止七種主要的糧食未經許可不得輸出、移出。
1946.12.16	行政院長宋子文在滬召集會議，研商平抑金價及工商貸款。
1947.1.9	陳儀宣布，臺灣的土地稅提高 30%，引起很大民怨。
1947.1.14	公布臺灣省五年經濟建設計畫總綱。
1947.1.16	中央銀行發行新版鉅額關金券，並限制國幣出國。
1947.1.22	蔣介石批准國家五年經濟建設計畫。晚宴美國駐華大使司徒雷登，有所晤商。
1947.1.23	臺灣銀行開始大量發行千元、萬元本票。
1947.1.29	臺幣膨脹情形惡化，行政長官公署暫行停止內地公務人員和商業的匯款。
1947.2.1	糧食局拋售五萬噸米。
1947.2.1	行政長官公署宣布，拍賣沒收日產的政策。
1947.2.2	米價哄抬，民間組織臺灣民眾反對抬高米價行動團，散發傳單抗議。
1947.2.4	全島米價下落，金、布類、美金卻大幅上升。

年月日	事　件
1947.2.5	輸出推廣委員會成立，行政院長宋子文兼任主任委員，王雲五等七人爲委員。
1947.2.5	國府將米穀大量運往中國大陸，造成臺灣米價由每斤 1 元暴漲爲 42 元。
1947.2.6	國府公布徵收所得稅、營業稅等中央稅法處理辦法。仍沿用日本舊制。
1947.2.8	蔣介石接見行政院長宋子文，聽取報告上海金鈔與物價情形。
1947.2.10	蔣介石令中央銀行停止黃金配售。
1947.2.12	總裁蔣介石主持中國國民黨中央常務委員會，決定設經濟政策研究會。
1947.2.12	行政院院長宋子文召見財政部長兪鴻鈞等，商談平抑物價金融波動對策。
1947.2.12	中央銀行常務理事孔祥熙要求徹查出售黃金全案帳目及收購行號人名。
1947.2.12	國府禁止黃金、外幣買賣，黃金黑市突破五萬元，糧價越來越貴。
1947.2.13	國府主席蔣介石接見行政院長宋子文，決定停拋黃金，平抑物價，取締投機等方案。
1947.2.14	蔣介石手諭上海淞滬警備司令部有效防止物價波動，派鄭介民赴滬組經濟偵察團。
1947.2.14	國府行政長官陳儀發表物價管制的緊急措施。
1947.2.15	蔣介石召集五院院長與財經首長，商定經濟緊急措施方案。
1947.2.15	中國國民黨中央經濟政策研究會建議禁止黃金買賣。
1947.2.15	立法院會議立法委員抨擊行政院長宋子文經濟政策。
1947.2.15	國民參政員傅斯年在「世紀評論」發表「這個樣子的宋子文非走開不可」。
1947.2.15	國民參政會建議恢復和平，禁止黃金外匯交易。
1947.2.16	監察委員谷鳳翔等趕抵上海加緊徹查「金潮」。
1947.2.17	國民政府宣布「經濟緊急措施方案」，禁止黃金買賣與外幣流通。
1947.2.17	國民參政會駐會參政員會議，請政府徹查黃金潮責任。
1947.2.17	「上海經濟偵察團」今起辦公。
1947.2.17	國府在臺北市實施米配給。
1947.2.23	蔣介石指示上海經濟偵察團徹查「金潮」涉嫌者。
1947.2.24	蔣介石手令在滬經濟監察團，限月底前查明金潮案眞相報核。
1947.2.25	行政長官公署實施經濟緊急措施方案，反而使民生經濟益形凋敝。
1947.2.27	國府專賣局臺北分局查緝員打傷婦女林江邁，擊斃陳文溪。
1947.2.28	專賣局緝私血案，造成民眾激烈抗議，軍人開槍，致引發 228 事變。
1947.3.1	國防最高委員會決議：宋子文辭行政院長照准，院長一職由蔣介石暫兼。
1947.3.1	國際貨幣基金正式開辦，中國存有黃金與法幣五萬五千萬元。
1947.3.2	張嘉璈繼任中央銀行總裁。
1947.3.3	「228 事件處理委員會」成立。
1947.3.6	最高經濟委員會成立物價委員會。
1947.3.10	陳儀下令解散 228 事件處理委員會。
1947.3.15	監察院彈劾原任行政院長宋子文案審查成立。

年月日	事　　件
1947.3.16	行政院副院長翁文灝抵滬主持國營事業發歸民營計畫委員會會議，通過出售辦法草案十餘條。
1947.3.17	國府公布開始依中央所得稅法徵收臺灣的所得稅。
1947.3.22	國民黨中央執行委員會通過，彈劾陳儀及要求其辭職。
1947.3.26	國民政府爲取締黃金投機買賣辦法部分條文修正，訓令行政院等知照。
1947.3.28	陳儀受命提出辭呈，蔣介石於 31 日接受。
1947.4.2	中國國民黨中央常務委員會通過臺灣省行政長官陳儀應即撤職查辦。另請行政、監察院處理金潮案。
1947.4.7	行政院公布制定「國營生產事業酌售民營辦法」。
1947.4.7	國府下令設置「經濟警察」。
1947.4.22	中央銀行適應需要便利收付，准予發行萬元券。
1947.4.22	美國政府宣布：原允貸予中華民國五億美元撤銷。
1947.4.23	財政部公告，對於僞中央儲備銀行及僞中國聯合準備銀行鈔票，准以一元兌換法幣四角，並以本年九月三十日爲收換截止期。
1947.4.24	國民政府令：臺灣省行政長官公署改制爲臺灣省政府，並任命魏道明爲臺灣省政府委員兼主席。
1947.4.26	資源委員會公布制定臺灣電力、肥料、鹼業、糖業、水泥等公司章程與組織規程等，以促使臺灣地區現代化。
1947.4.28	行政院長張羣主持全國經濟委員會，新聞指稱物價上漲比率已達戰前兩萬倍，公務員待遇待調整。
1947.4.30	行政院院長張羣續召開物價委員會會議，商平抑物價，並規定可徵購各地餘糧。
1947.5.6	蔣介石令京滬市政府取締囤積居奇擾亂糧價奸商，並頒布調節糧食辦法四項。
1947.5.13	新任臺灣省政府主席魏道明赴任前在滬與中央銀行總裁張嘉璈商臺幣對法幣匯率。
1947.5.16	臺灣省政府正式成立，宣布將暫時解除戒嚴及各項交通管制。
1947.5.18	警備司令部宣布解除戒嚴。
1947.5.23	「臺灣省專賣局」改名爲「臺灣省菸酒公賣局」。
1947.5.23	上海米價每石由三十萬元突漲爲四十三萬元。
1947.5.30	臺灣省政府委員會議通過省貿易局改爲省物資調節委員會。
1947.6.1	主席蔣介石接見中央銀行總裁張嘉璈，聽取報告法幣發行額日增之危機。
1947.6.9	上海市民食調配委員會成立，實施計口授糧。
1947.6.11	中央銀行總裁張嘉璈對糧食部在上海市配合糧食之調度有異議；並促贊成各市糧食配給辦法。
1947.7.3	全國經濟委員會決定收回臺灣、東北及新疆地方貨幣，以確定法幣統一地位。
1947.7.12	上海中央銀行業務局長林鳳苞配售黃金舞弊案宣告無罪。
1947.7.21	全國經濟委員會通過經濟改革方案。
1947.7.29	蔣介石接見中央銀行總裁張嘉璈，商討維持幣信。

年月日	事　件
1947.7.31	行政院公布制定「全國經濟委員會國營生產事業出售監理委員會組織規程」。
1947.8.1	國民政府國務會議決定開放對日貿易原則三項及經濟改革方案等。
1947.8.17	行政院會議通過「中央銀行管理外匯辦法」及「進出口貿易辦法」。
1947.8.18	外匯基金平衡委員會成立。
1947.8.18	外匯修訂後，各地物價上揚。
1947.8.19	輸出入管理委員會在上海中央銀行成立。
1947.9.18	臺灣省政府頒布嚴禁私運糧食出省（臺灣）辦法。
1947.9.19	國府臺灣省政府決定臺灣金融經濟問題處置三要點。
1947.9.22	行政院公布「整理省市財政辦法」。
1947.9.22	臺灣省三年建設計畫委員會成立，魏道明任主任委員，端木愷任副主任委員。
1947.9.24	廣州黃金外幣狂漲。
1947.9.25	臺灣省政府對公務人員實施糧食配給。
1947.10.14	爲處理接收日軍物資，臺灣省供應局成立委員會。
1947.10.27	中美救濟協定在南京外交部簽字，美將以價值約三億美元之米、布及日用品接濟中國。
1947.11.3	立法院財政、經濟、司法三委員會決議，攜帶外幣入國境限制條文。
1947.11.18	聯總中央批准撥款執行救濟中國計畫。
1947.11.18	行政院公布「糧食流通管理辦法」。
1947.11.18	資源委員會決以臺灣爲經建主要基地。
1947.11.20	行政院長張　　在全國經濟委員會報告外匯政策不變。
1947.11.26	國民政府特派王雲五兼善後事業委員會主任委員。
1947.12.2	行政院會議決議：在上海、天津、廣州、漢口設置「金融管理局」。
1947.12.10	中央銀行發行二萬、四萬、十萬元大鈔，各地物價暴漲。
1947.12.12	美國總統杜魯門提出 3 億美元援華計畫。
1947.12.13	立法院通過中央銀行管理外匯條例。
1947.12.13	美國會通過「緊急援外法案」，中國在受援之列。
1947.12.19	國民政府修正「黃金外幣買賣處罰條例」。
1947.12.23	行政院通過加強管制金融業務辦法。
1947.12.25	國民政府明令公布「中央銀行管理外匯條例」。
1947.12.26	財政部電各機關、解釋人員攜帶黃金非牟利者不干法令。
1948.2.1	臺灣銀行發行新百元券。
1948.2.7	行政院決定將日產的收入（約臺幣 70 億元）當作臺灣復興建設費。
1948.2.17	國府核准舉辦放領公地開墾荒地，推行耕者有其田政策，扶植自耕農。
1948.5.6	全國經濟委員會決議暫准銀幣流通。
1948.5.17	臺灣銀行爲因應嚴重的通貨膨脹，發行 5 百元、1 千元兩種大鈔。
1948.5.20	行憲第一屆總統蔣介石、副總統李宗仁在南京就任。

年月日	事　　件
1948.5.31	總統蔣介石明令：特任王雲五爲財政部長，關吉玉爲糧食部長，孫越崎爲資源委員會委員長，徐堪爲主計部主計長。
1948.6.10	國府發行的臺幣總額高達 249 億 7,000 餘萬元。
1948.7.3	中美關於經濟援助之「中美雙邊協定」在南京簽字，外交部長王世杰並就美援問題發表聲明，敍說其經過及內容：計美援 4 億，經援 2 億 7 千 5 百萬，特種贈予 1 億 2 千 5 百萬元，美方保有隨時停止援助之權。
1948.7.7	上海市經濟會報決議普查銀行倉庫，以防囤積居奇，哄檯物價。
1948.7.10	上海警備司令部加緊偵查投機商人，以遏止物價不斷高漲。
1948.7.12	上海市舉行檢查倉庫檢討會，修正實施要點並分區調查，舉辦貧民配米；市長吳國楨電請行政院嚴查無錫囤糧和倉庫。
1948.8.2	行政院長翁文灝爲整頓金融穩定物價，決合併銀行錢莊六千家爲二千家。
1948.8.3	中美同意組織「農村復興委員會」在京換文。
1948.8.5	中美兩國換文，組織「中國農村復興聯合委員會」。
1948.8.11	行政院派蔣夢麟、晏陽初、沈宗瀚爲中國農村復興聯合委員會委員。
1948.8.13	物價連日猛漲，黃金每兩超過六億元法幣，現洋（銀行）每元近八百萬元法幣。
1948.8.17	總統蔣介石令「全國經濟委員會組織條例」、「經濟部工商輔導處組織條例」，著即廢止。
1948.8.19	國民政府公布「財政經濟緊急處分令」，並公布「金圓券發行辦法」、「人民所有金銀外幣處理辦法」、「中華民國人民存放國外外匯資產登記管理辦法」、「整理財政及加強管制經濟辦法」，實行幣制改制。
1948.8.19	廢止臺幣與法幣的兌換，改以金圓券交換。
1948.8.20	國府決定金圓券對臺幣的兌換率爲 1：1835。
1948.8.21	爲加強經濟管制，特在各地設置經濟管制督導員，並特派俞鴻鈞、張厲生、宋子文等爲上海、天津、廣州三地區督導員，蔣經國、王撫洲、霍寶樹等協助督導。
1948.8.22	行政院公布「金圓券發行準備移交保管辦法」。
1948.8.22	金圓券發行準備監理會在滬成立，並舉行首次會議。
1948.8.23	開始發行金圓券，首日兌出四百餘萬圓。各地市場大體平靜。
1948.8.23	上海區經濟管制督導員蔣經國勉戡建大隊人員做好經濟管制工作。
1948.8.25	中央銀行統計，三天兌出金圓券二千四百多萬。躉售物價回跌，銀根由緊轉鬆。
1948.8.26	總統蔣介石公布「整理財政補充辦法」。
1948.8.26	行政院公布「銀行錢莊存放款利率限制辦法」、「中央銀行外幣外匯存款交付辦法」、「行政院經濟管制委員上海區物價審議委員會組織規程」，以及「行政院經濟管制委員會上海區物資調節委員會組織規程」。
1948.8.26	行政院公布「行政院經濟管制委員會上海區檢查委員會組織規程」。
1948.8.27	行政院經濟管制委員會在上海設置檢查、物資調節及物價審議三個委員會，並發布委員名單。

年月日	事　件
1948.8.28	上海經濟管制督導員蔣經國統一指揮檢查機構，展開檢查，非法藏金擡價商號多家遭處罰。
1948.9.2	金圓券幣制改革洩密，財政部祕書陶啓明乘機拋售紗股牟利被拘。
1948.9.2	上海區經濟管制，拘捕不法商人榮鴻元、詹沛霖、黃以聰、吳錫麟等；擾亂金融案主犯王春哲等被上海特刑庭處以極刑。
1948.9.3	國府下令一律禁止攜帶黃金、白銀、外國幣券出國。
1948.9.4	行政院會議通過政府外幣債券處理辦法，整理外幣公債發行原則，以及外匯資產申報登記國外指導委員會組織規程等案。
1948.9.8	行政院公布行政院經濟管制委員會廣州區物資調節委員會、檢查委員會、物價審議委員會，以及行政院物資供應委員會處理物資督導團等組織規程。
1948.9.9	行政院公布「實施取締日用重要物品囤積居奇辦法補充要點」。
1948.9.9	上海市工業會常務理事會決議，擁護政府改革幣制政策，通知各會員工廠將所有黃金、美鈔外匯送繳中央銀行。
1948.9.25	大上海青年服務總隊舉行成立典禮，隊員宣誓推行新經濟政策。
1948.9.27	成立臺灣省物價審議委員會。
1948.9.30	上海區經管督導處決定完成物資檢查，各業存貨登記結束。金銀外幣收兌共計兌出三億七千多金圓。
1948.10.1	財政部通令：金銀外幣兌換期限延長二月。
1948.10.1	臺灣銀行停止收兌金銀外幣（臺銀奉令繼續辦理，延長一月）。
1948.10.2	金圓券發行準備監理會公告：金圓券發行總額已逾九億五千萬，收兌金鈔支出六億。
1948.10.5	全島實施全面配米。
1948.11.6	國府公布，臺幣對金圓券兌換率採機動性調整。
1948.11.11	總統蔣介石特任徐堪爲財政部部長，原任部長王雲五辭職准免本兼各職。
1948.11.12	行政院公布「修正金圓券發行辦法」及「修正人民所有金銀外幣處理辦法」（其最要者爲政府鑄造金圓，金圓券照規定購買外匯，人民可持有金、銀、外幣，銀元可流通及提高金、銀、外幣兌價等，時財政部長王雲五已去職，此辦法爲新任財長徐堪建議）。
1948.11.22	中央銀行開始辦理存款兌換黃金與銀元。
1948.12.1	中央銀行續在各地辦理金銀兌現，物價回跌。
1948.12.6	國府治下臺灣銀行發表臺幣發行量達 880 多億元。
1948.12.12	臺灣銀行發行 1 萬元券。
1948.12.15	財政部通令取締各地銀元攤販，全國收兌法幣已逾百分之七十。
1948.12.21	美政府決定停止對國府長期援助計畫。
1948.12.22	總統蔣介石頒布命令：徐堪爲財政部長、孫越崎爲資源委員會主任委員。
1948.12.22	上海市民存兌金銀，擠斃數人。

年月日	事　件
1948.12.25	財政部下令停兌金銀。
1948.12.30	中國國民黨中央決定由鄭彥棻代理中央黨部祕書長，蔣經國爲臺灣省黨部主任委員。
1948.12.31	立法院通過「國營事業管理法」。
1949.1.1	總統蔣介石任命陳誠爲臺灣省政府主席。
1949.1.4	中央銀行公布「改善金圓券存款兌現辦法」；並規定自五日起，依照新辦法恢復存兌。
1949.1.6	四川省參議會通過請中央廢止田賦徵借，核減兵役配額，照原價發還前收兌四川省銀行之黃金、白銀、銀元等重要議案。
1949.1.8	行政院會議，財政部提出公教人員存兌黃金補救辦法。
1949.1.9	中央銀行總裁俞鴻鈞因辦理存兌金銀過失被免職。
1949.1.10	蔣介石派蔣經國赴上海訪俞鴻鈞，希其將中央銀行現金移存臺灣，以策安全。
1949.1.13	華中剿匪總司令白崇禧在漢口，要求中央銀行將運往廣州之銀元運回南京。
1949.1.16	行政院會議決議廢止黃金兌換。
1949.1.16	行政院會議決議發行黃金短期公債。
1949.1.17	臺灣省政府公布「臺灣省境內黃金外幣買賣取締及兌換辦法」。
1949.1.19	總統蔣介石公布制定「民國三十八年黃金短期公債條例」。
1949.1.19	行政院決議免俞鴻鈞中央銀行總裁職，以劉攻芸繼任。
1949.2.4	臺灣省主席陳誠宣布實施「三七五減租」。
1949.2.4	臺灣省政府命令臺灣銀行停止辦理中國匯款來臺業務。
1949.2.10	中央銀行金銀之轉運於安全地帶工作，經種種佈置，直至本日，始將大部分金銀運存臺灣和廈門，上海只留 20 萬兩黃金。
1949.2.16	代總統李宗仁令中央銀行總裁劉攻芸，不得將中央銀行存金他運。
1949.2.19	行政院公布制定「民國三十八年黃金短期公債基金保管委員會組織規程」。
1949.2.21	從中國大陸撤退來臺的人急速增加，臺灣省政府公布房屋租賃條例，限期超過實際需要的房屋出租。
1949.2.22	臺灣省政府公布制定「中央駐臺機關及人員經費墊付暫行辦法」。
1949.2.22	糧食局停止米配給，放出大量糧食。
1949.2.23	行政院政務會議通過「財政經濟改革草案」，金銀准民間買賣。
1949.2.24	行政院會議通過財政金融改革案。
1949.2.25	代總統李宗仁頒布「財政金融改革案」，並下令即日實施。
1949.3.1	實施軍人、公務員、教員及旅客入境臺灣辦法。
1949.3.3	臺灣銀行開始拋售黃金，臺灣物價回跌。
1949.3.16	行政院會議通過公教配給代金辦法。
1949.3.16	西北武職人員，本月起改發銀元。

年月日	事件
1949.3.18	糧食部公告民國三十八年二月份青島、武漢、湖北、貴州、重慶五省市公教員工食米代金標準表。
1949.3.22	上海黃金業市場開始交易。
1949.3.22	部分立法委員要求政府將所存臺、廈現金運回，期作半年之用。
1949.3.23	何應欽就任行政院長，劉攻芸為財政部長、孫越崎為經濟部長。
1949.4.5	行政院會議通過特派張羣為西南軍政長官，白崇禧為華中軍政長官。
1949.4.7	財政部公布廢止「銀樓業收兌及製造金飾辦法」。
1949.4.7	臺灣省政府電令將「三七五」地租列為三十八年度中心工作。
1949.4.8	中央核准臺灣銀行為外匯指定銀行。
1949.4.9	國民黨臺灣省黨部主委蔣經國辭職，由陳誠接任。
1949.4.9	臺幣與金圓券兌換率150:100。黃金與美元暴漲。
1949.4.9	首批美援肥料一萬六千噸運抵基隆。
1949.4.12	立法院質詢財政部兼中央銀行總裁劉攻芸，關於濫發大鈔及國庫金銀始則運臺繼而又運回一部拋售等乖謬政策。
1949.4.14	監察院通過運回移存臺廈之金銀案。
1949.4.15	臺灣省物資調節委員會訂定經營方針。
1949.4.16	臺北市商會舉行金融座談會，贊成臺幣改革。
1949.4.17	國府與美國簽署總值425萬美元的美援肥料協定。
1949.4.22	臺灣省政府布告全省開始實行三七五減租。
1949.4.24	政府廢止「臺灣省黃金外幣買賣取締辦法」，惟人民持有外幣仍予禁止流通。
1949.4.26	臺灣銀行停止對上海、福建的匯兌業務。
1949.4.28	臺灣省參議會駐會委員開會討論幣制改革及金融安定的問題。
1949.4.30	國府公布，規定美元1元合臺幣8萬元，匯率固定永不變更。
1949.5.1	臺灣省政府主席陳誠就任兼中國國民黨臺灣省黨部主任委員。
1949.5.2	上海警備司令部嚴禁銀元自由買賣，並規定銀元一元兌換金圓券四百萬元。
1949.5.12	臺灣省參議會議決電請中央政府，准運用存臺黃金物資。
1949.5.17	臺灣銀行公布訂定「臺灣銀行黃金儲蓄辦法」，自五月二十日起實行。
1949.5.17	臺北市參議會議決請臺灣銀行拋售黃金，並電請中央政府拋售物資，以抑止漲風。
1949.5.26	美援運用委員會等商議運用美援建設臺灣。
1949.5.30	行政院長何應欽辭職。
1949.5.30	臺灣省政府公布制定「臺灣省物資調節委員會組織規程」、「臺灣區生產事業管理委員會組織規程」及「臺灣省中央在臺物資處理委員會組織規程」，成立生產事業管理及物資處理兩個委員會，全面控制民生物資。
1949.6.1	臺灣省成立中央在臺物資處理委員會，臺灣省政府主席陳誠兼任主任委員。
1949.6.2	臺灣省參議會向中央要求，停止臺幣與金圓券的兌換業務。
1949.6.2	在美國要求下，國府成立「臺灣省美援運用聯合委員會」。

年月日	事　件
1949.6.3	代總統李宗仁提名閻錫山出任行政院長，立法院會議通過。
1949.6.3	西南軍政長官張羣批准轄區各省市之金銀准許自由流通，不加限制。
1949.6.6	代總統李宗仁任命孫越崎兼經濟部資源委員會主任委員。
1949.6.12	代總統李宗仁特任徐堪爲財政部長，劉航琛爲經濟部長。
1949.6.13	監察院向行政院財政部提出「通貨貶值，幣制紊亂，外幣充斥，公私交困，財政當局熟視無睹，聽其自然，應予糾正案」。
1949.6.13	臺灣省政府公布訂定「臺灣省買賣銀元管理辦法」。
1949.6.15	臺灣省實施幣制改革，舊臺幣四萬元折合新臺幣一元。
1949.6.15	臺灣銀行開始辦理黃金儲蓄存款，黃金的公定價格爲 1 市兩 280 元新臺幣。
1949.6.15	臺灣省政府公布修正「臺灣省進出口貿易及匯兌金銀管理辦法」。
1949.6.16	臺灣銀行停止臺幣與金圓券的匯兌業務。
1949.6.20	臺灣省政府電知中央駐臺各機關，自七月一日起，未取得中央銀行擔保者，臺灣省不再墊付其經費。
1949.6.20	中央在臺物資處理委員會成立。
1949.6.22	行政院通令金圓券五億元兌換銀元一元。
1949.6.26	行政院長閻錫山通令各地方長官：嚴禁擅提庫款。
1949.6.29	行政院會議討論改革幣制方案。
1949.7.1	臺灣省政府公布三十八年度扶植自耕農貸款辦法。
1949.7.1	臺灣省政府主席陳誠指示私有金條須存臺灣銀行，否則被竊政府概不負責。
1949.7.2	代總統李宗仁頒布幣制令，發行銀元券，公布制定「銀元及銀元兌換券發行辦法」。
1949.7.4	中央銀行在廣州外匯掛牌，黃金一市兩兌銀元七十五元。
1949.7.5	臺灣銀行發行五角、一角、五分等三種新臺幣輔幣。
1949.7.5	戰時經費籌募委員會決定發行「愛國公債」。
1949.7.11	臺灣銀行開始掛牌兌換銀元與新臺幣，但通匯地區只限廣州一地。
1949.7.15	臺灣省政府電令嚴密查緝私帶金銀外幣出境。
1949.8.1	國民黨在臺北草山成立「總裁辦公室」。
1949.8.5	美國國務院發表「中美關係白皮書」，責備國民黨失去中國。
1949.8.9	財政部公布「省銀行發行銀元壹元券及輔幣券辦法」。
1949.8.15	國民政府成立「東南軍政長官公署」，撤廢臺灣警備總司令部。
1949.8.16	行政院公布制定「幣制恢復銀元本位後規定地價及徵收土地稅費補充辦法」。
1949.9.8	國府下令中央造幣廠臺北分廠開始鑄造銀元。
1949.9.11	行政院長閻錫山發表聲明，中國國民黨總裁蔣介石從未私自處分黃金，美國參議員康納利所說絕非事實。
1949.9.16	臺灣銀行降低放款利率。

年月日	事　件
1949.9.22	臺灣省政府與美經合總署簽約，接受 1950 年第一期美援肥料 6 萬噸
1949.10.1	中央造幣廠臺北廠鑄造新臺幣一角與五角兩種輔幣。
1949.10.2	中國向墨西哥購買白銀，以穩定銀價。
1949.10.3	代總統李宗仁特任關吉玉爲財政部長。
1949.10.5	代總統李宗仁特任關吉玉兼任中央銀行總裁。
1949.10.11	省警務處突擊檢查各銀樓，取締金鈔黑市。
1949.10.14	中央銀行在成都、重慶拋出黃金，遏止漲風。
1949.10.17	實施戶口米擴大配售，有戶口者隨時可購。
1949.10.18	中央銀行成都經理盧定中由渝運大量金銀來蓉。
1949.10.23	爲抑制物價，臺灣省政府派遣經濟警察至各市場。
1949.11.3	新臺幣與銀元券匯率暫停掛牌。
1949.12.1	臺灣銀行正式發行新臺幣金屬輔幣，並減低放款利率。
1949.12.7	國府撤守臺灣。美國停止對國府的軍援。
1949.12.8	行政院長閻錫山飭中央銀行收兌四川省銀元券。
1949.12.9	中央銀行、中央信託局撤退來臺北。
1949.12.9	日本賠償物資 2 千餘噸運抵基隆。
1949.12.9	行政院開始在臺北辦公。
1949.12.10	蔣介石、蔣經國父子由成都搭機前往臺灣。
1949.12.11	國民黨中央黨部撤退來臺。
1949.12.23	臺灣省糧食局實施全省各地食米配給。
1949.12.23	英國財政部宣布凍結國民政府存款。
1949.12.28	國府將存在菲律賓的中國政府銀元一批約美金 1 千萬元，運存臺灣。
1949.12.28	臺灣省糧食局宣布食米擴大配售，以穩定糧價。
1950.1.3	中央銀行自菲律賓空運銀元來臺北趕製新銀幣，彌補頭寸奇缺。
1950.1.4	臺灣省政府財政廳長任顯群表示，新臺幣發行決不超過二億，對物價平抑有充分決心，望商人與政府合作。
1950.1.5	國民黨在臺北舉行來臺後的第一次中常會。
1950.1.9	原存於菲律賓交通銀行一千五百萬枚銀幣全部運抵臺北。
1950.1.20	臺灣省政府委員會通過愛國公債籌募辦法。
1950.1.20	一直無法平穩糧價，臺灣省糧食局將食米配售範圍擴及 96 市鎮。
1950.1.25	行政院局部改組，嚴家淦任經濟部長。
1950.2.1	臺灣省政府發行「愛國公債」。
1950.2.1	美國參、眾兩議院的外交委員會，通過延長援臺期限。
1950.2.2	縮減新臺幣發行量，以安定幣值。
1950.2.3	臺中市爲籌募愛國公債，決定在委員會下成立「勸募總隊」。

年月日	事　件
1950.2.7	臺北市爲籌募愛國公債，決定大刀闊斧進行，調查詳列富戶名單。
1950.2.8	國府公布出國護照配購愛國公債的額度硬性規定，最高銀元一萬、最低五十元。
1950.2.10	美國會通過「延長經濟援華法案」。
1950.2.15	臺灣銀行公庫部經理主辦發售愛國公債不力，省財政廳長任顯群下令免職。
1950.2.18	各縣市展開登門勸募愛國公債，對隱匿財產不購債者，催繳三次執行沒收。
1950.2.22	行政院物資外匯調配委員會成立，閻錫山任主任委員。
1950.3.1	蔣介石在臺北宣告復職，續任國民政府總統。閻錫山內閣則全體總辭。
1950.3.1	臺北市富戶劉航琛等人，不肯認購國府的公債配額，遭公布姓名。
1950.3.12	總統蔣介石頒布行政院任免令：嚴家淦任財政部長、鄭道儒任經濟部長。
1950.3.21	國府開始在臺北市分區清查，強迫商民認購「愛國公債」。
1950.3.21	臺北市開始分區清查，催繳愛國公債。
1950.3.22	美國參、眾兩院的外交委員會，通過援助臺灣五千萬美元案。
1950.3.25	臺灣省政府爲補籌愛國公債之不足，決定發行愛國獎券。
1950.4.1	對於未照配額繳購愛國公債的商號，決定由稅捐處取消營業牌照。
1950.4.6	爲推銷債券，由行政院長陳誠領銜發起「良心購債運動」。
1950.4.7	對臺北市商店強迫配售愛國公債，平均每家 900 元，大戶 3,300 元。
1950.4.11	臺灣銀行第一期愛國獎券開始發售，以收入抵補國府配募公債不足額。
1950.4.14	警務處破獲利用秘密電臺聯絡的港臺黃金套匯案，逮捕 26 人。
1950.4.15	日本歸還戰時掠奪的白銀十八噸。
1950.4.15	至今年三月止，臺灣計有 133 萬 2,905 戶，745 萬 4,886 人。
1950.4.30	臺灣省政府財政廳長任顯群答覆記者稱：美金寄存證無限額出售，黃金儲蓄戶只可提黃金。
1950.5.5	美參院通過經濟援華案，至少以五千萬美元援臺。
1950.5.14	臺灣銀行對各水利委員會貸款改以黃金支付。
1950.5.17	浙江省銀行通告自即日起至 27 日爲止，在臺灣銀行實施銀元券（舟山區發行）與新臺幣的交換。
1950.5.24	經濟部顧問尹仲容飛東京，與盟軍總部商洽簽訂中日貿易協定，並提出我方經呈奉核定之貿易辦法大綱草案，以爲商談之依據。
1950.5.26	省政府通過臺灣省節約救國有獎儲券辦法。
1950.6.1	臺灣省政府開始發行第一期節約愛國有獎儲券。
1950.6.1	臺灣銀行強制分配節約救國有獎儲券給黃金儲蓄存款者。
1950.6.14	臺灣省參議會與省政府聯席會議決定：續辦黃金儲蓄搭配債券。
1950.6.21	行政院會議通過各公私機關會計改以新臺幣爲記帳單位。
1950.7.15	監察院提案糾舉前京滬警備總司令湯恩伯、前上海市長兼物資疏運委員會主任委員陳良，奉令疏運敵僞逆產珠寶，有侵占嫌疑。
1950.7.17	臺灣銀行改定黃金儲蓄存款愛國公債分配額。

年月日	事　件
1950.7.19	臺灣省主席吳國楨准墊付償還臺銀在光復時所凍結之匯款。
1950.7.24	臺銀開始償還光復時所凍結之匯款。
1950.8.5	中國國民黨中央改造委員會成立。
1950.8.14	臺銀存款達三億元，已超過新臺幣發行總額。
1950.9.19	物調會結束中央在臺物資緊急處理。
1950.10.7	臺灣省政府通過「中日貿易實施辦法」。
1950.10.14	生產事業管理委員會決定抑制砂糖、石油之價格。
1950.10.16	臺灣銀行實施貸款緊縮措施。
1950.10.30	臺灣銀行廢止黃金儲蓄存款者的愛國公債分配。
1950.11.9	臺灣省成立稅制改革委員會，兼主任委員任顯群談改革任務。
1950.11.22	行政院通過耕地三七五減租條例草案。
1950.11.24	臺灣省政府通過 1951 年起統一發票辦法試辦一年。
1950.11.25	生產事業管理委員會通過中央及本省各機關的對外貿易辦法。
1950.12.9	臺灣銀行頒布「開發 A/P L/A 及普通國外匯款審核辦法」。
1950.12.12	臺灣省政府公布「臺灣省營利事業統一發票辦法」及「臺灣省統一發票給獎暫行辦法」。
1950.12.15	臺灣省政府通過 1951 年 1 月開始實施地籍整理暨放領公地扶植自耕農兩方案。
1950.12.27	臺灣銀行暫停黃金儲蓄，並待審核辦法通過後再行恢復。
1951.1.1	實施統一發票。
1951.2.8	臺灣省政府重新規定開發統一發票辦法，不論攤販商號金額一律開發。
1951.3.10	臺灣省政府公告臺灣銀行董事長免由財政廳長兼任，並任命徐柏園為臺灣銀行董事長。
1951.4.9	行政院為取締金鈔黑市維持經濟安定，頒布新金融措施。
1951.4.11	臺灣銀行公布外匯結匯證買賣辦法。
1951.5.30	司法行政部解釋有關借貸金鈔債務之清償辦法。
1951.6.11	保安司令部督察處長陳仙舟向新聞界報告取締黃金外鈔黑市情形。
1951.7.2	臺灣省政府令頒「耕地三七五減租條例」。
1951.7.13	臺灣省政府為確保財政收支平衡，電省屬各機關自七月份起停止追加預算。
1951.8.4	省糧食局公布貸放稻作肥料辦法，前頒稻穀換肥補充辦法廢止。
1951.8.6	總統蔣介石明令廢止中華民國三十七年十一月十一日公布之修正「人民所有金銀外幣處理辦法」。
1951.8.13	民間買賣飾金得依官價交易，不再取締。
1951.8.14	正式廢止黃金儲蓄辦法。
1951.12.28	省政府通過「愛國獎券發行辦法」。
1952.2.1	臺灣銀行董事長徐柏園辭職，由俞鴻鈞繼任。
1952.2.29	省政府撤廢物資調節委員會。

年月日	事　件
1952.3.1	臺灣省物資局成立。
1952.4.19	臺灣省政府會議決定「產金小組」改隸省政府。
1952.4.24	與日本同意延長「日臺貿易協定」。
1952.7.24	國民黨中央改造委員會公布從 1953 年 1 月開始實施「耕者有其田」政策（限田政策），並在本年內完成其準備工作。
1952.7.31	行政院宣布：撤銷資源委員會。
1952.11.8	行政院成立公營事業出售價格評價委員會，由經濟部長張茲闓任主委，決定出售原則三項。
1952.11.17	中央信託局再次接受優惠定期信託存款。
1952.12.10	總統蔣介石裁可臺灣經濟建設四年計畫。

參考文獻

一、檔案

〈一年來之黃金外匯〉，中國第二歷史檔案館，檔號：396(2)-505。

〈上海市軍事管制委員會財政經濟接管委員會重工業處關於接管各單位所凍結黃金、銀元、外幣、現鈔各項應請各單位負責人至 1949 年 6 月 23 日前負責按照辦法處理並按原系統轉報的通知〉，上海市檔案館，檔號：G97-1-99-5。

〈上海商業儲蓄銀行關於幣制改革以來大事記〉，上海市檔案館，檔號：Q275-1-1619-18。

〈中央銀行、財政部及蔣介石等關於外匯、黃金事宜函、統計表等（中、英文）〉，中國第二歷史檔案館，檔號：2-267。

〈中央銀行收到長沙運金被扣的電文及有關事項的文件〉中國第二歷史檔案館，檔號：396(2)-1243。

〈中央銀行金銀平準委員會第 1 至 7 周工作報告〉，中國第二歷史檔案館，檔號：396(2)-2741。

〈中央銀行發行局有關移送黃金銀元的文書材料〉，中國第二歷史檔案館，檔號：2-15125。

〈中央銀行發行局關於向臺北移運黃金銀元問題與中央銀行駐臺灣代表辦公處的來往文書〉，中國第二歷史檔案館，檔號：2-14915。

〈中央銀行發行局關於國外各公司停印小額券改印較大額券的有關文件〉，中國第二歷史檔案館，檔號：396(2)-2424（4）。

〈中央銀行發行局關於增加金圓券發行限額問題與行政院的來往文書〉，中國第二歷史檔案館，檔號：2-14927。

〈中央銀行發行金圓券及太平輪失事損失的有關文件〉，中國第二歷史檔案館，檔號：396(2)-517。

〈中央銀行等關於各地庫存金銀及保管調查事項的文書〉，中國第二歷史檔案館，檔號：2-1420。

〈中央銀行業務局爲上海黃金買賣案與秘書處來往函〉，中國第二歷史檔案館，檔號：2-2547。

〈中央銀行業務局爲上海黃金買賣案與秘書處來往函〉，中國第二歷史檔案館，檔號：2-2547。

〈中央銀行業務局爲上海黃金買賣案與秘書處來往函〉，中國第二歷史檔案館，檔號：2-2547。

〈中央銀行業務局買賣黃金現貨日報〉，中國第二歷史檔案館，檔號：2-695。

〈中央銀行墊撥國防部官兵薪餉簽函（內有臺灣陸軍薪餉）〉，中國第二歷史檔案館，檔號：2-1315。

〈中央銀行徹查黃金案〉，中國第二歷史檔案館，檔號：2-55。

〈中央銀行稽核處處理外匯私逃、黃金買賣及林鳳苞貪污等事宜案〉，中國第二歷史檔案館，檔號：2-12444。

〈中央銀行關於中央印刷廠遷臺計畫及預算等與該廠往來函電〉，中國第二歷史檔案館，檔號：2-1146。

〈中央銀行關於存兌黃金的文件〉，中國第二歷史檔案館，檔號：2-3158。

〈中央銀行關於黃金美鈔統計表（英文）〉，中國第二歷史檔案館，檔號：2-995。

〈中央銀行關於墊撥各政府機關遷移、疏散等費的函電〉，中國第二歷史檔案館，檔號：396(2)-1320。

〈交通銀行代僞央行在港、滬兩地拋售外匯、黃金的報告〉，上海市檔案館，檔號：Q55-2-1099。

〈行政院關於保持國家地方系統不再擅提國庫準備金銀給經濟部的電文〉，中國第二歷史檔案館，檔號：4-40032。

〈京滬等七地黃金黑市價格〉，中國第二歷史檔案館，檔號：4-40301。

〈周彭年向中央銀行陳報考察臺灣經濟財金狀況〉，中國第二歷史檔案館，檔號：2-7276。

〈俞鴻鈞與各方往來函電〉，中國第二歷史檔案館，檔號：2-629。

〈翁文灝關於聘用李銘擔任金圓券發行準備委員會主任委員事的函件〉，上海市檔案館，檔號：Q270-1-292-45。

〈湯恩伯總司令提取黃金手令相片及相關文件〉，中國第二歷史檔案館，檔號：2-2350。

〈經濟部冀熱察綏區特派員辦公處與北平市黨政接收委員會等關於接收平津區日僞機
　　關聯繫文書〉，中國第二歷史檔案館，檔號：536-207。
〈劉攻芸重要私函〉，中國第二歷史檔案館，檔號：2-109。

引自史料集的中國第二歷史檔案館檔案：
中央銀行檔，〈中央銀行天津分行致總行電——存兌銀幣登記，秩序又轉惡劣〉。
中央銀行檔，〈中央銀行呈行政院代電——衡陽、漢口、蘭州、長沙阻運金銀，但仍
　　令飭四處將金銀切實負責運出，民國 37 年 11 月 18 日〉。
中央銀行檔，〈中央銀行發行局致各分行處代電——各地開始發行銀元券日期及應行
　　注意事項〉。
中央銀行檔，〈中央銀行業務局致中央信託局、中央合作金庫上海分庫、上海銀錢信
　　託業三公會函〉。
中央銀行檔，〈中央銀行漢口分行致總行電——報告漢口擠兌金銀混亂情況〉。
中央銀行檔，〈西康省政府主席劉文輝致財政部長兼中央銀行總裁徐堪電——銀元券
　　尚不敢發行，請速指定兌換地點，並趕運銀元來康〉。
中央銀行檔，〈徐堪複劉文輝電〉。
中央銀行檔，〈華中「剿總」政務委員會主任委員白崇禧致財政部長徐堪電——漢口
　　央行現存銀元暫勿外運〉。
財政部檔，〈上海市長吳國楨敦財政部長徐湛電——辦理存兌金銀，發生傷亡事故〉。
財政部檔，〈內政部致財政部函——柳州拒用銀元券〉。
財政部檔，〈行政院代電——實行「幣制改革」，以銀元為本位，並發行銀元兌換券〉。
財政部檔，〈行政院長兼國防部長閻錫山致財政部長關吉玉電——四川綿竹一帶已拒
　　用銀元券，請速謀解決對策〉。
財政部檔，〈行政院長兼國防部長閻錫山致財政部代電——據報廣西已停用銀元券，
　　請速派機運現赴桂〉。
財政部檔，〈西南軍政長官張羣致各省市政府代電——規定各項輔助推行銀元券辦
　　法〉。
財政部檔，〈財政部上海金融管理局副局長畢德林呈財政部長徐堪函——報告上海辦
　　理存兌金銀混亂情況〉。
財政部檔，〈財政部呈行政院文——會查銀元券發行總額及準備金情形〉。
財政部檔，〈財政部長兼中央銀行總裁徐堪的財政金融報告（有關金圓券崩潰情況及
　　墊發黃金、白銀數目）。

財政部檔，〈華中軍政長官白崇禧致財政部長關吉玉函──擬訂軍政配合穩定幣值辦法〉。

〈大陸時期人事──資遣案〉，檔案管理局，檔號：A347000000N-0038-000906-1。

〈中央銀行彙報各地運臺黃金收付及存餘數量表及中央信託局十月份初外匯與物資報告單〉，國史館，檔號：002-080109-00004-002。

〈中央銀行運臺保管黃金收付報告表〉，國史館，檔號：002-080109-00010-005。

〈中央銀行總裁貝祖詒呈本行辦理黃金買賣經過〉，國史館，檔號：001-084251-00001-007。

〈中國國際經濟協會呈兩萬萬美元黃金如何利用意見書〉，國史館，檔號：002-080106-00041-005。

〈孔祥熙呈軍事委員會委員長蔣中正為利用美國借款購運黃金回國銷售平抑物價辦理情形及有關文電〉，國史館，檔號：001-088330-00002-010。

〈孔祥熙呈軍事委員會委員長蔣中正為美國黃金運用辦法初稿〉，國史館，檔號：001-088330-00002-012。

〈孔祥熙呈軍事委員會委員長蔣中正為郭秉文等來電報告關於洽辦由美空運黃金來渝事〉，國史館，檔號：001-088330-00002-011。

〈孔祥熙呈蔣中正有關向美國借款五億美元擬將二億美元購買黃金與美方洽商經過節略〉（1943年11月），國史館，檔號：002-020300-00031-031。

〈孔祥熙呈蔣中正運用黃金辦法〉（1943年11月15日），國史館，檔號：002-020300-00031-032。

〈孔祥熙電呈軍事委員會委員長蔣中正為借用美國黃金吸收游資一案與美國商洽情形請鑒察〉，國史館，檔號：001-016052-00014-002。

〈孔祥熙電蔣中正列多路即將開通望增加對我接濟軍械交通工具物資以利反攻及請速啟運黃金等中美合作事〉，國史館，檔號：002-090103-00005-207。

〈孔祥熙電蔣中正為中央銀行黃金提價引起波動業已遵令調整業務局負責人並陳明相關業務及國人外匯存款情形〉，國史館，檔號：002-080109-00022-003。

〈孔祥熙電蔣中正重慶售金風潮不知何方在美國擴大宣傳圖阻黃金運華〉，國史館，檔號：002-020300-00031-074。

〈存廈門金銀〉，檔案管理局，檔號：B5018230601-0038-0210-4024。

〈何應欽致蔣中正電〉（1949年5月2日），國史館，檔號：002-020400-00028-109

〈何應欽致蔣中正電〉（1949年5月4日），國史館，檔號：002-020400-00031-026。

〈吳國楨呈蔣中正譯呈宋子文十八日電示國際新聞社黃金案報導〉國史館，檔號：

002-020300-00031-075。

〈宋子文呈蔣中正建議黃金價格事〉，國史館，檔號：002-080109-00024-006。

〈宋子文致蔣中正電〉（1945 年 8 月 19 日），國史館，檔號：002-090105-00014-135。

〈宋子文電蔣中正有關摩根索授意宣布黃金案大公報攻擊中國政府之評論〉，國史館，
　　檔號：002-020300-00031-066。

〈宋子文電蔣中正到美國後與財長交涉黃金運華經過情形〉，國史館，檔號：002-
　　020300-00031-065。

〈宋子文電蔣中正美國政府對黃金案極爲注意嗣後黃金發售應設委員會處理〉，國史
　　館，檔號：002-020300-00031-072。

〈宋子文電蔣中正美國財政部因中國出售黃金流弊滋多反對運金赴華〉，國史館，檔
　　號：002-020300-00031-056。

〈宋子文電蔣中正重慶三月二十八日黃金案美詢中國政府如何懲處犯法人員〉，國史
　　館，檔號：002-020300-00031-071。

〈宋子文電蔣中正晤摩根索談黃金問題及與國務卿會晤情形〉，國史館，檔號：002-
　　020300-00031-054。

〈宋子文電蔣中正處理國庫金銀運存情形〉，國史館，檔號：002-080109-00004-004。

〈宋子文電蔣中正處理國庫金銀運存情形〉，國史館，檔號：002-080109-00004-004。

〈宋子文電蔣中正處理國庫金銀運存情形〉，國史館，檔號：002-080109-00004-004。

〈宋子文電蔣中正報告與美國財政部要員對中國出售黃金事答詢情形〉，國史館，檔
　　號：002-020300-00031-055。

〈宋子文電蔣中正黃金事經提出裝運日期下星期二可望解決〉，國史館，檔號：002-
　　020300-00031-063。

〈宋子文電蔣中正黃金運華已圓滿洽成美國已允照運金清單方式以空運船運陸續運
　　華〉，國史館，檔號：002-020300-00031-068。

〈宋子文電蔣中正與摩根索爲黃金運華及五億美元平衡基金事談話要點〉，國史館，檔
　　號：002-020300-00031-060。

〈宋子良呈蔣中正中國銀行在美外匯受到監管情形，及美政府對華政策轉變與因應對
　　策，及蔣中正回電望隨時函告，另轉俞鴻鈞參考〉，國史館，檔號：002-080109-
　　00005-002。

〈李宗仁致蔣中正電〉（1949 年 5 月 3 日），國史館，檔號：002-020400-00028-110

〈防止黃金流入奸僞夷區及改定查禁攜運金銀起點案〉，國史館，檔號：014-040400-
　　0060。

〈周宏濤致蔣中正報告〉（1949 年 2 月 9 日），國史館，檔號：002-080109-00016-002。

〈周國創呈蔣中正請於公費餘股撥付代墊汽油費及周宏濤呈與劉攻芸晤談中央銀行人
　　事與黃金處置等事宜及宋子文電呈已代送費用事〉，國史館，檔號：002-080109-
　　00016-002。

〈空軍總部黃金銀元保管運用案〉，檔案管理局，檔號：B5018230601-0038-200.3-
　　3010。

〈俞鴻鈞呈軍事委員會委員長蔣中正為檢討現行運用黃金政策擬暫仍繼續辦理及調整
　　金價〉，國史館，檔號：001-080006-00002-006。

〈俞鴻鈞呈蔣中正十月份中央銀行庫存黃金暨經理外匯收支情形及臺灣銀行發行準備
　　及黃金儲蓄各情形〉，國史館，檔號：002-080109-00010-001。

〈俞鴻鈞呈蔣中正中央銀行業務局報告最近由美國運往印度重慶等地黃金數量〉，國史
　　館，檔號：002-080109-00014-012。

〈俞鴻鈞呈蔣中正四十年六月份臺灣省市場動態對外貿易美援情形及臺灣銀行發行
　　準備外匯黃金儲蓄庫存黃金及經理國庫外匯收支情形〉，國史館，檔號：002-
　　080109-00005-008。

〈俞鴻鈞呈蔣中正金融設施與財政經濟宜相輔尤應迅謀幣值物價穩定及調整黃金牌價
　　之意見〉，國史館，檔號：002-080109-00024-008。

〈俞鴻鈞呈蔣中正臺灣銀行發行準備外匯暨黃金儲蓄及收付各情形〉，國史館，檔號：
　　002-080109-00005-005。

〈俞鴻鈞致蔣介石代電〉（1945 年 10 月 12 日），國史館，檔號：001-084100-0005。

〈俞鴻鈞電蔣中正抵臺協助陳誠計畫臺灣省經濟金融事及中央銀行在墨西哥購得白
　　銀將在美開鑄銀幣及蔣中正回電望暫住臺灣並約劉攻芸來臺〉，國史館，檔號：
　　002-080109-00004-009。

〈俞鴻鈞電蔣中正處理國庫金銀運存情形〉，國史館，檔號：002-080109-00004-004。

〈洪蘭友電蔣中正財政經濟小組商擬先撥黃金二十萬兩以濟財政眉急〉，國史館，檔
　　號：002-080109-00004-015。

〈席德懋宋子良電孔祥熙與美商談值二億美元黃金劃入中方帳戶事〉，國史館，檔號：
　　002-020300-00031-030。

〈徐堪呈蔣中正，接任中央銀行職務以來支付軍政款項及外匯收支概況表〉，國史館，
　　檔號：002-080109-00004-010。

〈徐堪呈蔣中正對當前中央銀行庫存情形及急需支付軍政款項暨整理稅收可能結果與
　　今後財政收支等情擬定處理辦法〉，國史館，檔號：002-080109-00004-005。

〈徐堪呈蔣中正請核定民國三十八年黃金短期公債條例草案〉，國史館，檔號：002-080109-00004-003。

〈財政金融黃金外流原因與補救之道與暢通進出口貿易廢止進口貨物自備外匯簽證制度及金融外匯方針補充原則草案〉，國史館，檔號：002-080109-00005-004。

〈國防部民國三十九年度軍費預算及每月軍費概算等表及該年元月至九月軍費撥付黃金明細表等〉，國史館，檔號：002-080102-00033-003。

〈張羣電黃少谷運渝黃金運用事〉，國史館，檔號：002-080109-00004-016。

〈張靈甫致蔣中正電〉（1947 年 5 月 6 日），國史館，檔號：002-020400-00014-007。

〈陳果夫呈軍事委員會委員長蔣中正爲羅霞天建議借用美國黃金公開買賣吸收游資消除當前經濟危機等情〉，國史館，檔號：001-016052-00014-001。

〈陳果夫呈蔣中正黃金猛漲人心震盪關於黃金國有說萬不可行謹陳所見〉，國史館，檔號：002-020400-00036-056。

〈陶希聖、俞鴻鈞、張嘉璈呈蔣中正調查金融市場大幅波動問題與停業上海商業行莊以助物價安定情形及外匯國庫收支墊款發行等〉，國史館，檔號：002-080109-00003-006。

〈湯恩伯請發淞滬杭財務處銀元及部隊細賞費〉，檔案管理局，檔號：B5018230601-0038-0210-3612。

〈黃少谷提報發行愛國公債等情〉，國史館，檔號：002-080109-00004-016。

〈廈門央行銀元收支暨黃金運臺、穗、渝〉，檔案管理局，檔號：B5018230601-0038-0210-0024。

〈運撥廣州貴陽重慶漢中黃金銀元〉，檔案管理局，檔號：B5018230601-0038-0210-3730。

〈臺灣銀行發行部黃金收付報告表（民國三十六年六月至四十六年七月底止）〉，國史館，檔號：002-080109-00010-005。

〈劉攻芸呈國民政府主席蔣中正爲請加強實施黃金及緊縮政策之建議〉，國史館，檔號：001-080006-00002-007。

〈蔣中正致俞鴻鈞手諭〉（1945 年 9 月 12 日），國史館，檔號：002-080200-00582-004。

〈蔣中正致陳立夫電〉（1946 年 7 月 28 日），國史館，檔號：002-010400-00003-022。

〈蔣中正致羅卓英電〉（1947 年 9 月 18 日），國史館，檔號：002-080200-00320-026。

〈蔣中正致白崇禧電〉（1948 年 1 月 2 日），國史館，檔號：002-020400-00028-014

〈蔣中正致張軫電〉（1948 年 1 月 2 日），國史館，檔號：002-020400-00028-016

〈蔣中正致程潛電〉（1948 年 1 月 2 日），國史館，檔號：002-020400-00028-015。

〈蔣中正致張羣手諭〉（1948 年 3 月 25 日），國史館，檔號：002-080200-00591-001。

〈蔣中正致俞鴻鈞手令〉（1948 年 11 月 10 日），國史館，檔號：002-010400-00011-010。

〈蔣中正致吳忠信電〉（1949 年 3 月 21 日），國史館，檔號：002-010400-00012-062。

〈蔣中正致何應欽電〉（1949 年 5 月 6 日），國史館，檔號：002-020400-00028-111。

〈蔣中正致俞鴻鈞電〉（1949 年 5 月 11 日），國史館，檔號：002-020400-00037-049。

〈蔣中正致胡宗南電〉（1949 年 5 月 14 日），國史館，檔號：002-020400-00028-117。

〈蔣中正致湯恩伯函〉（1949 年 5 月 17 日），國史館，檔號：002-080200-00427-009。

〈蔣中正致湯恩伯函〉（1949 年 5 月 18 日），國史館，檔號：002-080200-00427-010。

〈蔣中正致朱致一函〉（1949 年 5 月 23 日），國史館，檔號：002-080200-00427-017。

〈蔣中正致周至柔電〉（1949 年 5 月 24 日），國史館，檔號：002-010400-00013-009

〈蔣中正致桂永清電〉（1949 年 5 月 24 日），國史館，檔號：002-010400-00013-011。

〈蔣中正致湯恩伯電〉（1949 年 5 月 24 日），國史館，檔號：002-010400-00013-010

〈蔣中正致黃少谷電〉（1949 年 10 月 13 日），國史館，檔號：002-090106-00017-398。

〈蔣中正接受俄新任駐華大使彼得洛夫呈遞國書另分致美英法蘇四國領袖電賀歐洲盟軍完全勝利又宋子文電稱摩根索對以往借款未用餘額兩億四千萬意存抵賴係對我政府過去運用美金公債儲券及黃金等事不滿另據鄭介民稱蘇日戰爭即以東四省為戰場且外蒙與蘇聯有攻守同盟之約行將捲入漩渦〉，國史館，檔號：002-060100-00200-008。

〈蔣中正電孔祥熙查法院審查黃金案結果對中央銀行業務局正副局長皆發現重大嫌疑請即日回國親自主持中行另即電中行速調換業務局長照法院手續受審以明是非〉國史館，檔號：002-090106-00017-199。

〈蔣中正電閻錫山見徐堪商討最近財政現狀存有黃金十六萬兩〉，國史館，檔號：002-020400-00032-034。

〈鄭彥棻致蔣中正電〉（1949 年 5 月 2 日），國史館，檔號：002-020400-00031-025。

〈閻錫山函蔣中正國庫款已用盡徐堪向財務署借黃金二萬兩〉，國史館，檔號：002-020400-00032-027。

〈閻錫山電陳誠黃金運成都事〉，國史館，檔號：002-080109-00004-016。

國史館，〈蔣中正致宋子文電〉（1946 年 7 月 22 日），國史館，檔號：002-010400-00003-018。

Morgenthau Diaries, vol.668, p.68, September 29, 1943; *Hearings*, Part 35, p.1987.

Morgenthau Diaries, vol. 802, pp.1-3, December 9, 1944; *Hearings*, Part 35, pp.1993-1994.

Morgenthau Diaries, vol. 847, pp.36-37, May 15, 1945; *Hearings*, Part 35, p.2029.

Morgenthau Diaries, vol. 847, pp.144-145, May 16, 1945.

The possible sale of gold in China, July 3, 1942, memo by Arthur. N. Young, Folder, Gold, 1942, Arthur N. Young Paper, Box 85.

二、史料彙編

〈蔣介石致俞鴻鈞代電〉（1945 年 9 月 8 日），《民國檔案》，1990 年第 3 期。

中研院近史所，《二二八事件資料選輯（二）》，臺北：中央研究院近代史研究所，1992 年。

中國人民銀行金融研究所編，《美國花旗銀行在華史料》，北京：中國金融出版社，1990 年。

中國人民銀行總行參事室編，《中華民國貨幣史資料 第二輯（1924-1949）》，上海：上海人民出版社，1991 年 3 月。

中國科學院上海經濟研究所、上海社會科學院經濟研究所編，《上海解放前後物價資料彙編（1921-1957）》，1992 年。

中國國民黨中央委員會秘書處編印，《中國國民黨中央改造委員會會議決議案彙編》，臺北：中央委員會秘書處，1954 年。

中國第二歷史檔案館、中國人民銀行江蘇省分行、江蘇省金融志編委會合編，《中華民國金融法規檔案資料選編（上）》，北京：檔案出版社，1989 年。

中國第二歷史檔案館編，〈國民黨政府撤離大陸前向臺北廈門密運現金一組資料〉，《民國檔案》，1989 年第 2 期。

中國第二歷史檔案館編，〈抗戰勝利前國民黨政府接收臺灣準備工作檔案史料選〉，《民國檔案》，1989 年第 3 期。

中國第二歷史檔案館編，《中華民國史檔案資料彙編：第五輯第二編財政經濟（三）》，江蘇：江蘇古籍出版社，1997 年。

中國第二歷史檔案館編，《中華民國史檔案資料彙編：第五輯第三編財政經濟（一）》，南京市：鳳凰出版社，2010 年 6 月。

中國第二歷史檔案館編，《中華民國史檔案資料彙編：第五輯第三編財政經濟（二）》，江蘇省：鳳凰出版社，2010 年 6 月。

中國第二歷史檔案館編，《中華民國史檔案資料彙編：第五輯第三編財政經濟（三）》，南京：鳳凰出版社，2010 年 6 月。

世界知識出版社編，《中美關係資料匯編》第一輯，北京：世界知識出版社，1957 年

12 月。

交通銀行總行、中國第二歷史檔案館合編，《交通銀行史料》第 1 卷（下冊），北京：中國金融出版社，1995 年 12 月。

何智霖編輯，《陳誠先生書信集：與蔣中正先生往來函電》下冊，臺北：國史館，2007 年 12 月。

何智霖編輯，《陳誠先生書信集——與友人書》（下），臺北：國史館，2009 年 3 月，頁 339-340。

吳岡編，《舊中國通貨膨脹史料》，上海：上海人民出版社，1958 年 2 月。

吳興鏞、謝棠輯注，〈吳嵩慶 1949 年日記（一）〉，《民國檔案》，2010 年 2 期。

周美華、蕭李居編，《蔣經國書信集——與宋美齡往來函電（上）》，臺北縣：國史館，2009 年 9 月。

周寧，〈1948-1949 年中央銀行密運黃金去臺史料〉，《民國檔案》，南京：中國第二歷史檔案館），1989 年 2 期。

河原功解題，《琉球官兵顛末記 - 沖繩出身官兵等の臺灣引揚げ記録》，東京：不二出版，2012 年。

侯坤宏、楊蓮福主編，《民國時期暨戰後臺灣資料彙編——政治篇》第一冊，臺北：博揚文化，2011 年。

南京市檔案館編，《審訊汪偽漢奸筆錄》，南京：江蘇古籍出版社，1992 年。

洪葭管主編，《中央銀行史料》（下冊），北京：中國金融出版社，2005 年。

胡健國編，《國史館現藏民國人物傳記史料彙編》第 28 輯，臺北：國史館，2005 年 8 月。

重慶市檔案館、重慶市人民銀行金融研究所編：《四聯總處史料》（中），北京：檔案出版社，1993 年 7 月。

海峽兩岸出版交流中心編，《館藏民國臺灣檔案》第 34 冊，九州出版社，2007 年。

祝毓等編輯，《接收處理敵偽物資工作清查團總報告》，1947 年。

秦孝儀，《總統蔣公思想言論》，卷 37，臺北：中央委員會黨史會，1984 年。

秦孝儀主編，〈行政院各部會署局派遣收復區接收人員辦法〉，《中華民國重要史料初編——對日抗戰時期 第七編 戰後中國（四）》，臺北市：中國國民黨中央委員會黨史委員會，1981 年。

秦孝儀主編；中國國民黨中央委員會黨史委員會編，《中華民國重要史料初編——對日抗戰時期》，第三篇，《戰時外交》（一），臺北：中央文物供應社，1981 年。

秦孝儀主編；張瑞成編，《光復臺灣之籌劃與受降接收》，臺北：中國國民黨中央委員

會黨史委員會，1990。

財政部統計處編，《中華民國戰時財政金融統計》，財政部統計處，1946 年。

國民參政會史料史料編委會編，《國民參政會史料》，臺北：國民參政會在臺歷屆參政
　　委員聯誼會，1962 年。

張海鵬主編；馮琳、褚靜濤副主編，臺灣光復史料匯編（第一編）‧政府文件選編
　　（一），重慶：重慶出版社，2017 年 4 月。

張海鵬主編；馮琳、褚靜濤副主編，臺灣光復史料匯編（第二編）‧政府文件選編
　　（二），重慶：重慶出版社，2017 年 4 月。

張海鵬主編；馮琳、褚靜濤副主編，臺灣光復史料匯編（第三編）‧政府文件選編
　　（三），重慶：重慶出版社，2017 年 4 月。

陳榮富撰；臺灣銀行經濟研究室編，《臺灣之金融史料》，臺北：臺灣銀行，1953 年。

陳鳴鐘、陳興唐主編《臺灣光復和光復後五年省情》（上），江蘇：南京出版社，1989
　　年。

陳興唐主編；戚如高、馬振續編輯，《臺灣二二八事件檔案史料》，臺北市：人間出版
　　社，1992 年。

善後救濟總署臺灣分署經濟技正室編，《臺灣省經濟調查報告》，1947 年。

監察院實錄編輯委員會編，《行憲監察院實錄》第一編，臺北：監察院秘書處，1983
　　年。

臺灣省工業研究所技術室，《臺灣省經濟調查新稿》，1946 年。

臺灣省文獻委員會，《二二八事件文獻續錄》南投：臺灣省文獻委員會，1992 年。

臺灣省文獻委員會編，《臺灣省政府功能業務與組織調整文獻輯錄》（上），南投：臺
　　灣省文獻委員會，1999 年 12 月。

臺灣省行政長官公署，《臺灣省五十一年統計提要》。

臺灣銀行，臺灣工礦業調查資料，1944 年。

賴澤涵總主筆，《「二二八事件」研究報告》，臺北：時報文化，1994 年。

蘇瑤崇主編，《最後的臺灣總督府：1944-1946 年終戰資料集》，臺中：晨星出版，
　　2004 年 4 月。

蘇瑤崇主編，《臺灣終戰事務處理資料集》，臺北：臺灣古籍，2007 年 5 月，

三、大事記、年鑑、日誌

〈臺灣光復後之經濟日誌〉，《臺灣銀行季刊》創刊號，1947。

〈臺灣經濟日誌（1940.4.1-6.30）〉，《臺灣銀行季刊》第 3 卷第 4 期，1950 年 10 月。

中華民國年鑑社編輯，《中華民國年鑑》，臺北：中華民國年鑑社，1951 年。

中華年鑑社編，《中華年鑑》，南京：中華年鑑社，1948 年。

陳興唐主編，《中國國民黨大事典》，北京：中國華僑出版社，1993 年 12 月。

臺灣通信社，《臺灣年鑑》，臺北：臺灣通信社，1944 年。

四、日記

《蔣介石日記》（未刊本）。

公安部檔案館編注，《周佛海獄中日記》，北京：中國文史出版社，1991 年。

王世杰，《王世杰日記》第六冊，臺北：中央研究院近代史研究所，2012 年 12 月。

吳嵩慶著；吳興鏞編注，《吳嵩慶日記（一）1947-1950》，臺北：中央研究院臺灣史研究所，2016 年 6 月。

徐永昌著；中央研究院近代史研究所編，《徐永昌日記》第 10 冊，臺北：中央研究院近代史研究所，1991 年。

陶晉生編，《陶希聖日記》（下冊），臺北：聯經出版，2014 年 12 月。

五、年譜

王壽南編，《王雲五先生年譜初稿》第二冊，臺北：臺灣商務印書館，1987 年。

呂芳上主編，《蔣中正先生年譜長編》1-12 冊，臺北：國史館，2014 年 12 月。

林秋敏，《蔣中正總統檔案：事略稿本》第 78 冊：民國三十七年十二月至三十八年一月，臺北：國史館，2013 年 11 月。

周美華編，《蔣中正總統檔案：事略稿本》第 79 冊：民國三十八年二至四月，臺北：國史館，2013 年 9 月。

姚崧齡編著，《張公權先生年譜初稿（下冊）》，臺北：傳記文學出版社，1982 年 1 月。

胡宗南上將年譜編纂委員會，《胡宗南上將年譜》，臺北：國防部印製廠，1972 年 2 月。

秦孝儀總編纂，《蔣總統大事長編》，臺北市：出版者不詳，1967 年。

秦孝儀總編纂，《總統蔣公大事長編初稿》卷 6（下），臺北：出版者不詳。

秦孝儀總編纂，《總統蔣公大事長編初稿》卷 7（上），臺北：出版者不詳。

秦孝儀總編纂，《總統蔣公大事長編初稿》卷 7（下），臺北：出版者不詳。

秦孝儀總編纂，《總統蔣公大事長編初稿》卷 11，臺北：中正文教基金會。

國史館編，《蔣中正總統檔案：事略稿本》第 66 冊：民國三十五年六月至八月，臺

北：國史館，2012 年 6 月。

國史館編，《蔣中正總統檔案：事略稿本》第 69 冊：民國三十六年三月至五月，臺
　　北，2012 年 7 月。

國史館編，《蔣中正總統檔案：事略稿本》第 71 冊：民國三十六年九月至十二月，臺
　　北：國史館，2012 年 9 月。

六、回憶錄、口述歷史、傳記

（美）裴斐（Nathaniel Peffer）、（美）韋慕庭（Martin Wilbur）訪問整理：吳修垣譯，
　　《從上海市長到臺灣省主席（1946-1953 年）：吳國楨口述回憶》，上海：上海人民
　　出版社，1999 年 11 月。

于豪章述；國防部史政編譯局資料整理，《七十回顧》，臺北：國防部史政編譯局，
　　1993 年。

王雲五，《岫廬八十自述》，臺北：臺灣商務印書館，1967 年 7 月。

何智霖編，《贛南與淞滬剳記》上冊，臺北縣：國史館，2009 年。

吳修齊，《八十回憶》（上），龍文出版社，1993 年

李宗仁口述；唐德剛撰寫，《李宗仁回憶錄》，香港：南粵出版社，1986 年 3 月。

李宗仁口述；唐德剛撰寫，《李宗仁回憶錄》（下），臺北市：遠流出版，2012 年 2 月。

李品仙，《戎馬生涯皖疆述略》，臺北：大中書局，1971 年 6 月。

陳逸松口述、吳君瑩記錄、林忠勝撰述，《陳逸松回憶錄》，臺北：前衛，1994 年。

陳慈玉、莫寄屏訪問；陳南之、蔡淑瑄、潘淑芬紀錄，《蔣碩傑先生訪問紀錄》，臺北
　　市：中央研究院近代史研究所，1992 年 12 月。

曾虛白，《曾虛白自傳》中集，臺北：聯經出版事業公司，1990 年。

黃天才、黃肇珩著，《勁寒梅香：辜振甫人生紀實》，臺北：聯經出版，2005 年。

董顯光，《蔣總統傳》，臺北：文化大學出版部，1980 年。

薛月順編輯，《陳誠先生回憶錄——建設臺灣》（上），臺北：國史館，2005 年 7 月。

薛月順編輯，《陳誠先生回憶錄——建設臺灣》（下），臺北：國史館，2005 年 7 月。

顧維鈞著；中國社會科學院近代史研究所譯，《顧維鈞回憶錄》第 7 分冊，北京：中
　　華書局，1988 年 2 月。

七、專書

Anthony Y. C. Koo, *The Role of Land Reform in Economic Development: A Case study of
　　Taiwan*, Praeger (1968).

Arthur N. Young, *China's Wartime Finance and Inflation, 1937-1945*, Harvard University Press, Cambridge, Massachusetts (1963).

Ching-yuan Lin, *Industrialization in Taiwan, 1946-72: Trade and Import-Substitution Policies for Developing Countries*, New York: Praeger Publishers (1973).

Foreign Relations of the United States: Diplomatic papers, 1934 V.3 the Far East, Washington: GPO (1950-1952).

Fu-Lai Tony Yu, *Taiwan's economic Transformation in Evolutionary Perspective: Entrepreneurship, Innovation Systems and Government*, New York: Nova Science (2007).

Gregor A. James, *Ideology and Development Sun Yat-sen and the Economic History of Taiwan*, Berkeley: Institute of East Asian Studies, University of California, Berkeley, Center for Chinese Studies (1981).

Gunter Schubert, *Routledge Handbook of Contemporary Taiwan*, Abingdon, Oxon; New York: Routledge (2016).

Joel D. Aberbach, *The Role of the state in Taiwan's Development*, M.E. Sharpe (1994).

John C. H. Fei, *Growth with Equity-The Taiwan Case*, New York: Oxford University Press (1979).

Joseph S. Lee and Chi Schive, *Taiwan's Economic Development and the Role of SMEs*, Singapore: Graham Brash Pte Ltd. (2003).

Kwoh-ting Li, Tzong-shian Yu, *Experiences and Lessons of Economic Development in Taiwan*, Academia Sinica (1982).

Ronald I. Mckinnon, *Money and capital in Economic Development*, Washington: Brookings Institution (1973).

S. Y. Lee, *Money and Finance in the Economic Development of Taiwan*, New York: St. Marton's (1991).

Samuel P. S. Ho, *Economic Development of Taiwan, 1860-1970*, New Haven: Yale University Press (1978).

Shirley W. Y. Kuo, *Economic Policies: The Taiwan Experience 1945-1995*, Taipei: Hwa-Tai Publishing Company (1997).

Tai-Chun Kuo and Ramon H. Myers, *Taiwan's economic transformation: leadership, property rights and institutional change: 1949-1965*, London; New York: Routledge (2012).

Thomas B. Gold, *State and Society in the Taiwan Miracle, Armonk*, New York: M.E. Sharpe

(1986).

United States Relations with China. With Special Reference to the Period 1944-1949, GPO (1949).

Walter Galenson, *Economic Growth and Structural Change in Taiwan*, London: Cornell Univerity Press (1982).

Yongping Wu, *A political explanation of economic growth: state survival, bureaucratic politics, and private enterprises in the making of Taiwan's economy, 1950-1985*, Cambridge, Mass: Harvard University Asia Center (2005).

Yu-kang Mao and Chi Schive, *The Economic Transformation of the Republic of China on Taiwan*, Taipei: Council of Agriculture, Executive Yuan (1991).

久保亨編著，1949 年前後の中国，東京都：汲古書院，2006 年 12 月。

石田浩著，臺湾経済の構造と展開：臺湾は「開発独裁」のモデルか，東京都：クレ ス出版，2013 年 7 月。

若林正丈編著，臺湾──転換期の政治と経済，東京都：田畑書店，1992 年 9 月。

高橋亀吉著，現代臺湾経済論，臺北：南天書局，1995 年 1 月。

陳振雄著，臺湾の経済発展と政府の役割：いわゆる「アジア NIES 論」を超えて， 專修大學出版社，2003 年 3 月。

園田哲男著，戦後臺湾経済の立証的研究。

（日）城山智子著；孟凡禮、尚國敏譯，《大蕭條時期的中國：市場、國家與世界經濟 （1929-1937）》，南京：江蘇人民出版社，2010 年 3 月。

（美）柯文著；杜繼東譯，《作爲事件、經歷和神話的義和團》（典藏版），北京：社會 科學文獻出版社，2015 年 7 月。

（美）約翰・司徒雷登著，《司徒雷登回憶錄》，江南出版社，1984 年 2 月。

（美）約翰・司徒雷登著；程宗家譯，《在華五十年：從傳教士到大使──司徒雷登 回憶錄》，北京：北京出版社，1982 年 4 月。

（美）約翰・司徒雷登著；陳麗穎譯，《在華五十年：從傳教士到大使──司徒雷登 回憶錄》，上海：東方出版中心，2012 年 5 月。

（美）楊格著；李雯雯譯；于杰校譯，《抗戰外援：1937-1945 年的外國援助與中日貨 幣戰》，成都：四川人民出版社，2019 年 9 月。

（美）楊格著；陳冠庸譯校，《中國的戰時財政和通貨膨脹（1937-1945）》，廣東：廣 東省社會科學院，2008 年 4 月。

（意）哥倫布著；楊巍譯《孤獨與榮譽：哥倫布航海日記》，南京：江蘇鳳凰文藝出版

社，2014 年 11 月。

三軍大學戰史編纂委員會編纂，《國民革命軍戰役史》，第六冊（上），臺北：國防部
　　史政編譯局，1993 年。

上海金融史話編寫組，《上海金融史話》，上海：上海人民出版社，1978 年。

于宗先、王金利，臺灣通貨膨脹（1945-1998），臺北：聯經出版，1999 年。

工商部工商訪問局編，《金貴銀賤問題叢刊 民國十九年（上）》，1930 年。

中國時報編著，《臺灣：戰後 50 年——土地‧人民‧歲月》，臺北：時報文化，1995
　　年。

中國國民黨上海特別市黨部宣傳部編，《金貴銀賤風潮民國十九年》，1930 年。

中國廣播公司研究發展考訓委員會編輯，《中廣五十年》，臺北：空中雜誌，1978 年 8
　　月。

文史精華編輯部編，《宋子文與蔣介石的恩恩怨怨》，北京：中國文史出版社，2005
　　年 2 月。

王丰，《蔣介石父子 1949 危機檔案》，臺北：商周出版，2009 年 7 月。

王作榮，《臺灣經濟發展論文選集》，臺北：時報文化，1981 年 8 月。

王作榮口述，工商時報經研室紀錄，《王作榮看臺灣經濟》，臺北：時報文化，1988
　　年 11 月。

王章陵編著，《蔣經國上海「打虎」記：上海經濟管制始末》，臺北：正中書局，1998
　　年。

王雲五，《岫廬八十自述》，臺北：臺灣商務印書館，1967 年 7 月。

王鍵，《日據時期臺灣總督府經濟政策研究》，北京：社會科學文獻出版社，2009 年
　　10 月。

王麗，《楊格與國民政府戰時財政》，上海：東方出版中心，2017 年 1 月。

史明，《臺灣人四百年史》，臺北：草根文化，1998 年。

石柏林，《凄風苦雨中的民國經濟》，河南：河南人民出版社，1993 年。

石毓符，《中國貨幣金融史略》，天津：天津人民出版社，1984 年 3 月。

戎向東編著，《蔣介石評說古今人物》，北京：團結出版社，2007 年 1 月。

朱斯煌主編，《民國經濟史：銀行週報三十週年紀念刊》，上海：銀行學會銀行週報
　　社，1948 年 1 月。

吳相湘，《民國百人傳》（第四冊），臺北：傳記文學，1971 年。

吳景平，《宋子文評傳》，福州：福建人民出版社，1992 年 9 月。

吳景平等著，《近代中國的金融風潮》，上海：東方出版中心，2019 年 4 月。

吳濁流，《無花果》，臺北：草根出版，1995 年。

吳興鏞，《黃金檔案：國府黃金運臺，1949 年》，臺北：時英出版社，2007 年 8 月。

吳興鏞，《黃金秘檔：1949 年大陸黃金運臺始末》，南京：江蘇人民出版社，2009 年 12 月。

吳興鏞，《黃金往事：一九四九民國人與內戰黃金終結篇》，臺北：時報文化，2013 年 11 月。

宋文彬等編撰，《臺灣金融發展歷程》，臺北：合作金庫調查研究室，1994 年。

李本京主編，《中華民國與美國六十關係之回顧：1950-2010》，臺北：中美文化經濟協會，2012 年。

李守孔，《中國現代史》，臺北：三民書局，1973 年 9 月。

李敖、汪榮祖，《蔣介石評傳（下）》，吉林：時代文藝出版社。

李雲漢，《中國近代史》，臺北：三民書局，1985 年 9 月。

李權時，《李權時經濟財政論文集》，上海：商務印書館，1941 年 11 月。

杜維運，《史學方法論》，臺北：華世出版社，1979 年 2 月。

卓遵宏編著，《抗戰前十年貨幣史資料：（一）幣制改革》，臺北：國史館，1985 年 11 月。

卓遵宏等編，《抗戰前十年貨幣史資料：（三）法幣政策》，臺北：國史館，1988 年 9 月。

周宏濤口述；汪士淳撰寫，《蔣公與我：見證中華民國關鍵變局》，臺北：天下遠見出版公司，2003 年。

周開慶，《民國川事紀要》，臺北縣：四川文獻月刊，1972 年。

林桶法，《從接收到淪陷——戰後平津地區接收工作之檢討》，臺北市：東大發行，1997 年。

林博文，《1949 石破天驚的一年》，臺北：時報文化，2009 年 5 月。

金國寶，《中國幣制問題》，上海：商務印書館，1928 年 7 月。

金雄白，《汪政權的開場與收場（上）》，臺北：風雲時代，2014 年。

洪葭管，《中國金融通史》（第 4 卷），北京：中國金融出版社，2008 年 5 月。

美國國務院編，《美國與中國的關係》，臺北縣：文海出版社，1982 年。

胡惟德，《奏請整頓幣制摺（節錄）》，清光緒 29（1903）年 9 月。

夏廥英編，《金貴銀賤問題之研究》，上海：北新書局，1930 年 3 月。

徐柏園編述，《政府遷臺後之外匯貿易管理初稿》，出版地、出版社不詳，1967 年。

秦孝儀主編，《中華民國經濟發展史（第二冊）》，臺北：近代中國出版社，1983 年。

秦孝儀主編，《中國國民黨九十年大事年表》，臺北：中國國民黨中央委員會黨史委員會，1984 年 11 月。

翁嘉禧，《臺灣光復初期的經濟轉型與政策（1945-1947）》，高雄：高雄複文，1998年。

翁嘉禧，《二二八事件時期臺灣之經濟情勢與經濟對策》，高雄：國立中山大學出版，1999 年 2 月。

翁嘉禧，《二二八事件與臺灣經濟發展》，臺北市：巨流，2007 年。

耿愛德（Edward Kann）著；蔡受白譯，《中國貨幣論》，上海：商務印書館，1929 年11 月。

耿愛德（Edward Kann）著；蔡受百譯，《中國貨幣論》（上），太原：山西人民出版社，2015 年 12 月。

袁穎生，《光復前後的臺灣經濟》，臺北：聯經出版事業公司，1998 年。

財政部甘末爾設計委員會，《中國逐漸采行金本位幣制法草案 附理由書》，上海：銀行週報社，1929 年 11 月。

國防部史政編譯局，《戡亂戰史》第 11 冊，臺北：國防部史政編譯局，1982 年 12 月。

國防部史政編譯局，《戡亂戰史》第 12 冊，臺北：國防部史政編譯局，1982 年 12 月。

國防部史政編譯局編，《戡亂戰史》第 13 冊，1983 年 1 月。

崔國華編著，《抗日戰爭時期國民政府財政金融政策》，臺北：臺灣商務印書館，2004年 1 月。

康有為撰，《南海先生四上書記》四卷，梁啟超輯，西政叢書，31 種（2），清光緒 23年（1897）。

張公權著、楊志信摘譯，《中國通貨膨脹史（1937-1949 年）》，北京：文史資料出版社，1986 年。

張日新主編，《蔣經國日記：1925-1949》，北京：中國文史出版社，2010 年 5 月。

張玉法主編，《中國現代史論集 第 10 輯：國共鬥爭》，臺北：聯經出版，1980 年。

張秀莉，《幣信悖論：南京國民政府紙幣發行準備政策研究》，上海：上海遠東出版社，2012 年 4 月。

張宗漢，《光復前臺灣之工業化》，臺北：聯經出版事業公司，1980 年。

張忠民、朱婷，《南京國民政府時期的國有企業（1927-1949）》，上海：上海財經大學出版社，2007 年 12 月。

張朋園，《梁啟超與民國政治》，上海：上海三聯書店，2013 年 6 月。

張素民，《白銀問題與中國幣制》，上海：商務印書館，1936 年。

張紹臺、王偉芳、胡漢揚編撰，《臺灣金融發展史話》，臺北：臺灣金融研訓院，2005年 10 月。

張敦智，《臺灣百年樂透》，臺北縣：博揚文化，2006 年 3 月。

張瑞成編，《光復臺灣之籌畫與受降接收》，臺北：中國國民黨中央委員會黨史會委員會，1990 年。

張嘉璈著；于杰譯，《通脹螺旋：中國貨幣經濟全面崩潰的十年：1939-1949》，北京：中信出版社，2018 年 10 月。

梁敬錞，《開羅會議》，臺北：臺北商務印書館，1974 年。

許介鱗，《臺灣史記》（卷一），臺北：文英堂，2001 年。

許滌新、吳承明主編，《中國資本主義發展史 第三卷：新民主主義革命時期的中國資本主義》，北京：社會科學文獻出版社，2007 年 5 月。

郭廷以編著，《中華民國史事日誌》第四冊，臺北：中央研究院近代史研究所，1979年。

陳正茂編著，《臺灣經濟發展史》，臺北縣中和市：新文京開發，2003 年。

陳孝威，《為什麼失去大陸》（下），臺北：躍昇文化事業，1988 年 7 月

陳度，《中國近代幣制問題匯編‧銀兩》上海：上海瑞華印務局，1932 年。

陳度編，《中國近代幣制問題彙編（一）》，臺北：學海出版社，1972 年 7 月。

陳振驊，《貨幣銀行原理》（第三版），上海：商務印書館，1935 年 5 月。

陳紹馨，《臺灣的人口變遷與社會變遷》，臺北：聯經出版，1992 年 3 月。

陳錦昌，《蔣中正遷臺記》，臺北縣：向陽文化，2005 年。

陳錦濤，《幣制綱要》，民國元年。

陶德琨，《幣制改革中之「金單位」問題》（上篇），北平：北平河北省政府圖書室，1930 年 9 月。

陸仰淵、方慶秋主編，《國民社會經濟史》，北京：中國經濟出版社，1991 年 11 月。

彭信威，《中國貨幣史》（2 版），上海：上海人民出版社，2015 年 4 月。

曾健民，《1945 破曉時刻的臺灣：八月十五日後激動的一百天》，臺北：聯經出版事業公司，2005 年。

程思遠，《李宗仁先生晚年》，北京：文史資料出版社，1980 年 12 月。

黃宇人，《我的小故事》（下冊），多倫多：自印。

黃純青監修；林熊祥主修；陳世慶纂修，《臺灣省通志稿——卷首 大事記》第三冊，南投：臺灣省文獻委員會，1951 年。

黃通、張宗漢、李昌槿，《日據時代之臺灣財政》，臺北：聯經出版事業公司，1987

年。

楊天石，《找尋眞實的蔣介石——蔣介石日記解讀（二）》，香港：三聯書店，2010 年 10 月。

楊雨青，《美援爲何無效？——戰時中國經濟危機與中美應對之策》，北京：人民出版社，2011 年 5 月。

楊培新，《舊中國的通貨膨脹》，北京：人民出版社，1985 年。

楊瑞春，《中國國民黨大陸工作組織研究：1950~1990》，北京：九州出版社，2012 年 11 月。

楊蔭溥，《民國財政史》，北京：中國財政經濟出版社，1985 年 8 月。

董中生，《七省主席幕中記》，臺北，董昌立，1999 年。

虞寶棠，《國民政府與國民經濟》，上海市：華東師範大學出版社，1998 年 12 月。

榮孟源主編；孫彩霞編輯，《中國國民黨歷次代表大會及中央全會資料》（下），北京：光明日報出版社，1985 年。

精琦，《中國新圜法條議》，清光緒 30 年。

精琦《中國新圜法案詮解》，清光緒 30 年。

臺灣省文獻委員會，《臺灣史》，臺北：衆文圖書公司，1980 年。

臺灣省文獻委員會編印，《臺灣近代史》（經濟篇），南投：臺灣省文獻委員會，1995 年。

臺灣銀行經濟研究室編，《臺灣金融之研究》，臺北市：臺灣銀行經濟研究室，1969 年。

趙蘭坪，《現代幣制論》，上海：商務印書館，1936 年。

趙蘭坪，《現代中國貨幣制度》，臺北：中華文化出版事業委員會，1955 年 4 月。

劉紹唐主編，《民國大事日誌》第二冊，傳記文學叢刊之二十八，臺北市：傳記文學出版社，1986 年 11 月。

劉葦卿，《臺灣人的發財美夢：愛國獎券》，臺北：臺灣書房，2011 年 4 月。

劉寧顏、臺灣省文獻委員會編，《重修臺灣省通志——卷四經濟志金融篇》，南投市：臺灣省文獻委員會，1992 年。

劉翠溶、周濟等著，《中華民國發展史 5 ——發濟發展（上冊）》，臺北：國立政治大學、聯經出版公司，2011 年。

劉慧宇，《中國中央銀行研究：1928~1949》，北京：中國經濟出版社，1998 年 11 月。

歐陽哲生主編，《傅斯年全集》第四卷，長沙：湖南教育出版社，2003 年 9 月。

潘志奇，《光復初期通貨膨脹的分析（民國三十四至四十一年）》，臺北：聯經出版，

1980 年。

蔣經國，《風雨中的寧靜》，臺北：幼獅文化，1973 年 7 月。

蔣經國，《危急存亡之秋》，臺北：正中書局，1976 年。

蔣經國，《我的父親》，臺北：中央日報出版部，1986 年 10 月。

鄭友揆，《中國的對外貿易和工業發展（1840-1948）》，上海：上海社會科學院出版社，1984 年。

鄭梓，《戰後臺灣的接收與重建》，臺中：新化圖書公司，1994 年。

鄭梓，《光復元年：戰後臺灣的歷史傳播圖像》，新北市：稻鄉，2013 束 9 月。

閻伯川先生紀念會編，《民國閻伯川先生錫山年譜長編初稿》第 6 冊，臺北：臺灣商務，1988 年。

戴學文，《從息借商款到愛國公債，細說早期中國對內公債（1894-1949）》，臺北市：商周出版，2017 年 9 月。

羅敦偉，《中國戰時財政金融政策》，重慶：財政評論社，1944 年 4 月。

關吉玉，《民國四十年來之財政》，臺北：經濟研究社，1976 年 9 月。

嚴演存，《早年之臺灣》，臺北：時報文化出版，1991 年 6 月。

黨營文化事業專輯編纂委員會編，《中國廣播公司》，臺北：中國國民黨中央文化工作會印行，1972 年。

八、專文

Shih-hui Li, The Currency Conversion in Postwar Taiwan: Gold Standard from 1949 to 1950, *The Kyoto Economic Review* 74 (2), December 2005.

William C. Kirby, Mainland and on Taiwan, 1943-1958, *The Australian Journal of Chinese Affairs*, No. 24 (Jul., 1990).

〈中央銀行拋金記〉，《中國新聞》，1949 年第 4 卷第 4 期。

〈我國黃金政策與經濟制度之建立問題：聯合國中國同志會第四次座談會紀要〉，《大陸雜誌》，第 1 卷第 5 期，1950 年 9 月 15 日。

〈國內經濟紀要（元月十六日至二十二日）：存兌金銀辦法之停止與黃金短期公債〉，《金融週報》，1949 年第 20 卷第 4 期。

〈論黃金政策與官僚資本：上海各經濟團體聯誼會成立記詳〉，《經濟週報》，1946 年第 2 卷第 21 期。

丁洪範，〈亟應實區金本位以安人心：改組後的政府應做的一手〉，《清議》，1947 年第 1 卷第 1 期。

于百溪，〈陳儀治臺的經濟措施〉，《陳儀生平及被害內幕》，北京：中國文史出版社，
　　1987年。

于景讓，〈臺灣之米〉，《臺灣銀行季刊》，1948年第2期。

工商團體座談，〈黃金與物價〉，《大公報》，1943年10月18日。

中央銀行經濟研究處座談會，〈再論如何利用英美貸款解除我國當前經濟困難〉，《大
　　公報》，1942年7月10日，第3版。

毛劍傑，〈李宗仁曾力阻國庫黃金搶運入臺〉，《東方收藏》，2011年10期。

王作榮，〈臺灣經濟發展之路〉，《臺灣經濟發展論文選集》，臺北：時報文化，1983
　　年4月。

王惕吾，〈經濟發展與報業發展〉，《聯合報》，1964年9月16日。

史惠康、吳大琨、吳承禧等座談，〈外匯與黃金〉，《經濟週報》，1945年第1卷第4
　　期。

司徒，〈黃金短期公債今日上市開拍 成交單位黃金一兩〉，《誠報》，1949年3月4
　　日。

石見，〈論金銀存兌辦法的改善〉，《經濟評論》，1948年第4卷第10期。

伍啓元，〈黃金與外匯〉，《大公報》，1944年10月1日。

朱亦松，〈二萬萬黃金用途之研討〉，《財政評論》，第11卷第1期，1944年1月。

朱野樵、夏雨，〈解放前夕的長沙金庫保衛戰〉，《檔案天地》，2009年12期。

朱斯煌、李宗文、吳承禧等，〈黃金之前途〉，《銀行週報》，1947年第31卷第36期。

池，〈論復員時期之黃金政策〉，《銀行通訊》，1945年第25期。

何善垣，〈俞先生生平言行補述〉。

何魯瞻，〈中國新貨幣制度之檢討〉，《民鐘季刊》，1卷4期，1935年12月。

吳景平，〈宋子文與抗戰時期中美五億美元借款交涉〉，《檔案史料與研究》，1990年
　　第4期。

吳濁流，《波茨坦科長》，封祖盛編《臺灣中篇小說選——波茨坦科長》，桂林：廣西
　　人民出版社，1984年。

吳聰敏，〈1910年至1950年臺灣地區國內生產毛額之估計〉，《經濟論文叢刊》第19
　　輯第2期，1991年6月。

吳聰敏、高櫻芬，〈臺灣貨幣與物價長期關係之研究：1907年至1986年〉，《經濟論
　　文叢刊》，第19輯第1期。

宋同福，〈發行黃金短期公債平議〉（續昨），《金融日報》，1949年1月23日。

宋同福，〈發行黃金短期公債平議〉，《金融日報》，1949年1月22日。

李立俠，〈金圓券發行前的一段舊事〉，文史資料研究委員會編，《法幣、金圓券與黃金風潮》，北京：文史資料出版社，1985 年 2 月。

李濁照，〈菩薩蠻（迎金圓券）〉，《中國青年》第 1 期，1948 年 12 月 20 日。

汪朝光，〈簡論 1947 年的黃金風潮〉，《中國經濟史研究》，1999 年第 4 期。

周伯棣，〈黃金政策之過去與今後〉，《時與文》，1947 年第 2 期。

周軍，〈1949 · 百萬黃金大挪臺碎片拼圖〉，《文史精華》，2012 年 4 期，45 頁。

松光，〈黃金公債叫誰來買？〉，《經濟週報》，1949 年第 8 卷第 3 期。

林美莉，〈抗戰勝利後國民政府收兌汪偽中儲券問題〉，一九四九年：中國的關鍵年代學術討論會編輯委員會編，《一九四九年：中國的關鍵年代學術討論會論文集》，臺北縣：國史館，2000 年 12 月。

林霖，〈談談外匯審核制的得失〉，《財政經濟月刊》第 1 卷第 2 期，1951 年 1 月

林霖，〈談談黃金貨幣與新臺幣〉，《財政經濟月刊》，第 1 卷第 3 期，1951 年 2 月。

社論〈運用黃金政策的商榷〉，《中央日報》，1943 年 10 月 13 日。

社論〈論黃金儲蓄存款〉，《國民公報》，1944 年 8 月 9 日。

社論〈黃金舞弊案怎樣了結？〉，《新華日報》，1945 年 4 月 17 日。

社論〈再論黃金公債〉，《銀行週報》，1949 年第 33 卷第 7 期。

邱人鎬、沈松林，〈略論「金圓本位」貨幣政策、新幣制與新經濟〉，《浙江經濟月刊》，1948 年第 5 卷第 2 期。

邵毓麟，〈勝利前後（四）〉，《傳記文學》，第 10 卷第 1 期，1976 年 1 月。

青，〈黃金公債安身何處？〉，《飛報》，1949 年 2 月 3 日。

姚念慶，〈金本位與貨幣穩定〉，《經濟建設季刊》，1945 年第 3 卷第 3-4 期。

彥遠，〈俞鴻鈞先生的風範〉，俞氏紀念委員會編，《俞鴻鈞先生紀念集》，臺北縣：文海出版社，1979 年。

唐理凌，〈恢復黃金自由買賣的意見〉，《財政評論》，1943 年第 10 卷第 4 期。

徐柏園遺稿，〈徐柏園先生有關金圓券的紀錄〉，《傳記文學》，44 卷 4 期，1984 年 4 月。

殷乃平，〈六十年來中華民國與美國經濟關係〉，李本京主編，《中華民國與美國六十關係之回顧：1950-2010》，臺北：中美文化經濟協會，2012 年。

草明山禾，〈一月經濟金融動態（三月份）：黃金政策和黃金潮〉，《錢業月報》，1949 年第 20 卷第 4 期。

袁進安，〈防止黃金資敵〉，《商務日報》，1945 年 3 月 7 日。

袁壁文，〈臺灣之貨幣發行〉，《臺灣銀行銀刊》，第 20 卷 1 期，1969 年 3 月，

高公，〈張嘉璈與貝祖詒的比較〉，《中國新聞》，1947 年第 1 卷第 9 期。

婁立齋，〈黃金的面面觀〉，《經濟周報》，1946 年第 2 卷第 13 期。

康永仁，〈二萬萬美元的黃金如何運用問題〉，《益世報》，1943 年 9 月 26 日。

康永仁，〈金鈔無罪辦法不通〉，《世紀評論》，1947 年第 1 卷第 9 期。

康有為，〈金主幣救國議〉，《國風報》第 1 年第 15、16 期，宣統 2 年 6 月。

張一凡，〈我國應採之外匯與黃金政策〉，《財政評論》，1946 年第 14 卷第 3 期。

張之洞，〈奏駁虛金本位疏〉，《張文襄公全集》卷 63。

張果為，〈黃金問題的研究〉，《財政經濟月刊》，第 1 卷第 4 期，1951 年 3 月。

張瀛，〈接管上海中央印制廠鬥爭的前前後後〉，《中國錢幣》，1991 年 3 期。

張鵬，〈天津冶金工業史略〉，《天津文史資料選輯》，第 51 輯，1990 年 7 月。

梁春芳，〈二月金潮剖析與瞻望〉，《浙江經濟月刊》，1947 年第 2 卷第 2 期。

梁啓超，〈幣制條議〉，《國風報》第 1 年第 7 期，清宣統 2 年 3 月。

梅塢，〈證交下月復業推銷黃金公債各業公會攤購〉，《鐵報》，1949 年 1 月 20 日。

盛慕傑，〈論張嘉璈氏的路線〉，《經濟週報》，1947 年第 4 卷第 14 期。

盛慕傑，〈論張群氏的經濟路線〉，《經濟週報》，1947 年第 4 卷第 18 期。

許榮昌，〈臺灣優利存款之研究〉，《臺灣銀行季刊》，第 5 卷第 4 期，1953 年 3 月。

許滌新，〈金的問題〉，《群眾》，第 8 卷第 13、14 合刊。

郭榮生，〈八月份各地收兌金銀外幣統計〉，《中央銀行月報》，新 3 卷第 9 期，1948
　　年 9 月。

陳思宇、陳慈玉，〈臺灣區生產事業管理委員會對公營事業的整頓（1949-1953）〉，
　　一九四九年：中國的關鍵年代學術討論會編輯委員會編，《一九四九年：中國的
　　關鍵年代學術討論會論文集》，臺北縣：國史館，2000 年。

陳雅潔、陳良榕、鄭功賢，〈六十年企業，一頁兩岸變遷史，曾經倉皇遷臺，如今反
　　攻大陸〉，《財訊》第 331 期，2009 年 10 月 22 日。

陳雲章，〈省、市工農商「六團體」活動紀實〉，中國人民政治協商會議湖南省委員會
　　文史資料研究委員會編，《湖南文史 第 35 輯》，長沙：湖南文史雜志社，1989 年
　　8 月。

陸融，〈寧粵經濟鬥法記〉，《經濟導報》第 117 期，1949 年 4 月 19 日。

傅錫寶口述、傅錫志整理，〈蔣介石劫運珠寶赴臺未遂內情〉，《世紀》，2011 年 2 期。

曾銳成，〈略談黃金公債的發行〉，《穗商月刊》，1949 年第 3 期。

程大成，〈我參與「金圓券」條例起草的若干回憶〉，《上海文史資料存稿匯編經濟金
　　融（4）》，上海：上海古籍出版社。

程玉鳳，〈一九四九年前後的資源委員會〉，一九四九年：中國的關鍵年代學術討論會編輯委員會編，《一九四九年：中國的關鍵年代學術討論會論文集》，臺北縣：國史館，2000 年。

程紹德，〈我國目前不宜立刻施行金本位之理由〉，《銀行通訊》，1945 年第 23-24 期。

程紹德，〈通貨膨脹與貨幣改革：中國能實行金本位嗎？〉，《現代經濟文摘》，1947年第 1 卷第 4 期。

馮子明，〈黃金公債與游資〉，《銀行週報》，1949 年第 33 卷第 5-6 期。

楊志信，〈對於恢復黃金自由買賣之意見〉，《大公報》，1943 年 6 月 23 日。

楊叔進，〈黃金借款的運用問題（一）〉，《時事新報》，1943 年 10 月 26 日。

楊叔進，〈黃金借款的運用問題（二）〉，《時事新報》，1943 年 10 月 27 日。

楊叔進，〈黃金借款的運用問題（三）〉，《時事新報》，1943 年 10 月 29 日。

楊義隆，〈臺灣光復後的土地改革〉，《空大學訊》395 期，2008 年 4 月。

楊樹人，〈甘末爾改革幣制方案〉，大陸雜誌社編輯委員會編，《近代史研究論集》，第二輯第五冊，臺北：大陸雜誌社，1967 年。

萬里，〈「黃金公債」保證兌現現金撥中外人士保管〉，《羅賓漢》，1949 年 1 月 19 日。

詹特芳，〈蔣介石盜取黃金銀圓及外幣的經過〉，《文史資料選輯》，第九十三輯，北京：文史資料，1984 年 1 月。

趙迺搏，〈重論政府公布的經濟方案〉，《大公報》，1947 年 8 月 24 日。

趙錦津，〈調整匯率與黃金政策〉，《經濟評論》，1946 年第 1 卷第 3 期。

趙蘭坪，〈吾國幣制改革與本位問題〉，《中央銀行月報》，1947 年新 2 第 12 期。

趙蘭坪，〈吾國黃金政策之演變〉，《中央銀行月報》，（新）第 4 卷第 4 期），1949 年4 月。

劉政傑，〈舊臺幣的故事〉，《臺灣文獻別冊（3）》，南投：國史館臺灣文獻館，2002年 12 月。

劉維開，〈國防最高委員會的組織與運作〉，《國立政治大學歷史學報》，第 21 期，臺北，2004 年 5 月。

潘世傑，〈新金本位制實施之商榷〉，《銀行通訊》，1946 年新第 12 期。

蔣碩傑，〈臺灣之利率問題〉，《臺灣經濟發展論文集——臺灣貨幣與金融論文集》，于宗先主編，臺北：聯經出版社，1975。

鄭梓，〈國民政府對「收復臺灣」之設計——臺灣接管計畫之研擬、爭議與定案〉，《東海大學歷史學報》，1988 年第 9 期。

鄭會欣，〈宋子文與戰後初期對外貿易政策的演變〉，吳景平主編，《宋子文與戰時中

國（1937-1945）》，上海：復旦大學出版社，2008 年。

鄭會欣，〈關於戰後偽中儲券兌換決策的制定經過〉，吳景平、戴建兵主編，《近代以
　　來中國金融變遷的回顧與反思》，上海：上海遠東出版社，2012 年 5 月。

駱清華，〈運用黃金政策之重檢討：注視黃金資敵之嚴重問題〉，《大公報》，1944 年
　　10 月 30 日。

戴建兵、陳曉榮，〈抗日戰爭時期國民黨政府的黃金政策研究〉，《黃金》，2004 年第
　　3 期。

濤，〈黃金短期公債行莊准許買賣〉，《誠報》，1949 年 3 月 19 日。

鍾毓，〈黃金政策走入歧途〉，《經濟評論》，1948 年第 4 卷第 11 期。

寶樹，〈黃金公債宣告辦理結束〉，《飛報》，1949 年 5 月 20 日。

蘇瑤崇，〈「終戰」到「光復」期間臺灣政治與社會變化〉，《國史館學術集刊》，2007
　　年第 13 期。

九、公報

《外交部周報》，第 88 期，1948 年 9 月 1 日；第 89 期，1948 年 9 月 8 日；第 90 期，
　　1948 年 9 月 15 日；第 101 期，1948 年 12 月 1 日；第 106 期；第 105 期，1948
　　年 12 月 29 日；第 113 期，第一版；第 115 期。

《國民政府公報》，第 2752 號，1947 年 2 月 18 日；第 2782 號，1947 年 3 月 25 日；
　　第 2810 號，1947 年 4 月 28 日。

《臺灣省政府公報》，1949 年春字第 39 期；1949 年夏字第 6 期；1949 年夏字第 27
　　期；1949 年夏字第 38 期；1949 年夏字第 62 期。

《總統府公報》，第 80 號，1948 年 8 月 20 日；第 82 號，1948 年 8 月 23 日；第 150
　　號，1948 年 11 月 11 日；第 187 號，1948 年 12 月 25 日；第 208 號，1949 年 1
　　月 20 日；第 216 號，1949 年 2 月 28 日；第 226 號，1949 年 5 月 30 日；第 228
　　號，1949 年 6 月 13 日；第 231 號，1949 年 7 月 4 日；第 240 號，1949 年 9 月
　　30 日。

十、報刊、周報、月刊

《人民日報》，1949 年 4 月 18 日。

《力報》，1949 年 3 月 1 日。

《大公報》，1944 年 9 月 15 日。1945 年 4 月 11 日、14 日。1947 年 2 月 14、17 日、
　　18 日、23 日；3 月 14 日；4 月 24 日；8 月 20 日；9 月 30 日；12 月 11 日、23

日。1948 年 1 月 30 日；6 月 13 日、16 日、17 日、18 日；7 月 5 日、20 日；8 月 21 日、24 日、25 日、27 日、28 日；9 月 10 日、25 日；9 月 4 日、10 月 1 日、3 日；11 月 2 日；12 月 22 日。1949 年 1 月 19 日。

《大剛報》，1943 年 9 月 24 日。

《大眾夜報》，1949 年 2 月 12 日、22 日、26 日；10 月 8 日。

《小日報》，1948 年 2 月 13 日。

《中央日報》，1944 年 8 月 8 日、19 日、28 日。1945 年 4 月 19 日；5 月 13 日；7 月 1 日、11 日、28 日。1946 年 3 月 5 日、6 日、27 日。1947 年 2 月 25 日；7 月 13 日、29 日。1949 年 1 月 4 日、10 日；3 月 17 日、18 日、23 日；5 月 5 日、13 日、14 日、20 日；6 月 6 日、15 日、27 日；7 月 4 日、10 日、31 日；8 月 5 日、16 日、18 日、22 日、28 日；9 月 10 日、11 日、24 日；10 月 9 日、12 日、16 日、19 日、20 日；11 月 23 日、30 日；12 月 8 日、9 日、10 日、15 日。1950 年 1 月 13 日、23 日、26 日、28 日；2 月 5 日、11 日；3 月 5 日、25 日；4 月 23 日、27 日。1952 年 3 月 15 日。1955 年 12 月 6 日。1960 年 2 月 25 日。1962 年 1 月 30 日。1963 年 5 月 26 日。1967 年 9 月 3 日。1977 年 7 月 8 日、10 日。1983 年 11 月 21 日。1992 年 10 月 3 日。

《中央銀行月刊》，第 2 卷第 6 期。

《中央銀行月報》，新 1 卷第 1 期，1946 年 1 月。

《中國新聞社》，1962 年 7 月 26 日。

《中華時報》，1949 年 3 月 3 日；4 月 8 日、12 日。

《申報》，1947 年 2 月 17 日、20 日；3 月 2 日、12 日、14 日、16 日；5 月 3 日；6 月 5 日；8 月 11 日、24 日、31 日；12 月 19 日、24 日。1949 年 1 月 17 日。

《江聲報》，1949 年 8 月 27 日；9 月 21 日、22 日。

《自由時報》，2007 年 4 月 25 日。

《和平日報》，1947 年 3 月 18 日、19 日；4 月 8 日。

《東方雜誌》，卷 43 第 6 號，1947 年 3 月 3 日。

《知識與生活》，第 8 期，1947 年 10 月 1 日。

《金融日報》，1947 年 3 月 18 日、19 日、24 日。1948 年 2 月 18 日。1949 年 1 月 17 日、24 日；2 月 13 日、17 日、21 日、27 日；3 月 2 日、9 日、22 日。

《金融周報》，第 20 卷 12 期，1949 年 3 月 23 日。

《金融匯報》，1946 年第 23-24 期。

《前線日報》，1945 年 7 月 21 日。

《前鋒報》，1949 年 9 月 13 日。

《星光日報》，1949 年 7 月 20 日。

《時事新報》，1944 年 8 月 5 日。

《時事新報晚刊》，1947 年 3 月 18 日。1949 年 2 月 11 日、3 月 26 日。

《益世報》，1945 年 4 月 11 日。1949 年 1 月 20 日；2 月 19 日。

《商務日報》，1944 年 7 月 30 日；8 月 22 日；11 月 13 日、14 日、19 日、29 日；12 月 15 日。1945 年 2 月 6 日、3 月 14 日、29 日；4 月 4 日、18 日、21 日、25 日。

《商報》，1949 年 1 月 18 日。

《國民公報》，1943 年 11 月 5 日。1944 年 9 月 26 日。1945 年 7 月 10 日。

《華商報》，1947 年 2 月 13 日、16 日、19 日、22 日；3 月 6 日；5 月 3 日、6 日、7 日、9 日、27 日。1949 年 2 月 7 日；3 月 7 日；7 月 29 日。

《華僑日報》，1947 年 9 月 25 日。

《廈門大報》，1949 年 8 月 12 日。

《新中國週報》，1945 年 5 月 28 日。

《新民報》，1945 年 4 月 13 日。

《新華日報》，1943 年 6 月 19 日；1944 年 9 月 26 日、10 月 30 日。1945 年 4 月 7 日、17 日。

《新蜀報》，1944 年 11 月 19 日。1945 年 5 月 2 日。

《新聞天地》，1948 年 9 月 15 日。

《新聞報》，1948 年 11 月 1 日。1949 年 3 月 9 日、24 日。

《經濟導報》，第 134 期，1949 年 8 月 16 日。

《銀行周報》，第 13 卷第 8 期，1929 年 3 月 5 日。

《銀行周報》，第 31 卷第 24 期，1947 年 6 月 16 日。

《徵信所報》，1949 年第 915 期。

《聯合報》，1987 年 11 月 20 日。2006 年 10 月 30 日。2016 年 3 月 17 日。

《羅賓漢》，1949 年 3 月 9 日。

十一、數位、網路資源

《1949 大遷徒前傳——國共失金記》，發行：電視線國際多媒體有限公司，類別：DVD，片長：99 分鐘，發行日期：2012 年 12 月 10 日。

《財政部財政史料陳列室》，「中央政府在臺發行公債史料」，〈http://www.mof.gov.tw/museum/ct.asp?xItem=3786&ctNode=37〉，2009 年。

《臺灣金融發展史話》，發行：臺灣金融研訓院，類別：DVD，片長：155 分鐘，發行
　　日期：2005 年 4 月。

《臺灣銀行網站》，「臺灣銀行成立沿革」，〈http://www.bot.com.tw/〉。

文化部臺灣大百科全書，「中國農村復興聯合委員會」，〈http://taiwanpedia.culture.tw/
　　web/content?ID=3923〉，2009 年 9 月 24 日。